JN275008

発達精神病理学からみた精神分析理論

Psychoanalytic Theories:
Perspectives from Developmental Psychopathology

ピーター・フォナギー,メアリー・タルジェ 著
馬場禮子,青木紀久代 監訳

岩崎学術出版社

Psychoanalytic Theories: Perspectives from Developmental Psychopathology
by Peter Fonagy and Mary Target
© 2003 Whurr Publishers Ltd.
First published 2003 by Whurr Publishers Ltd 19b Compton Terrace London N1 2UN
England and 325 Chestnut Street, Philadelphia PA 19106 USA
Japanese edition © Iwasaki Gakujutsu Shuppansha 2013
All Rights Reserved. Authorized translation from the English language edition
published by John Wiley & Sons Limited. Responsibility for the accuracy
of the translation rests solely with Iwasaki Gakujutsu Shuppansha and is not
the responsibility of John Wiley & Sons Limited.
No part of this book may be reproduced in any form without the written permission
of the original copyright holder, John Wiley & Sons Limited. Japanese translation
rights arranged with John Wiley & Sons, Ltd., Chichester, West Sussex, UK through
Tuttle-Mori Agency, Inc., Tokyo

目 次

日本版への序　ix
シリーズまえがき　xi
序　文　xiii
謝　辞　xv

第 1 章　本書と精神分析基本モデルの紹介　1
　1.1　精神分析について学ぶこと　1
　1.2　精神分析の基本仮説　3
　1.3　発達の連続性という仮説　5
　1.4　精神病理学への発達的アプローチ　7
　1.5　精神分析理論の一般的批判　8
　　　1.5.1　諸理論のエビデンス基盤（evidential basis）　8
　　　1.5.2　画一性という仮説　11
　　　1.5.3　選びうる精神分析的説明　12
　　　1.5.4　環境に対するスタンス　12
　　　1.5.5　ジェンダーの課題：フェミニストの批判　15
　　　1.5.6　特異性の欠如　Lack of specificity　22
　　　1.5.7　発達的パースペクティブの弱さ　23
　　　1.5.8　トラウマ，再構成，記憶，幻想　24
　1.6　精神分析理論の概観　26
第 2 章　フロイト　36
　2.1　発達に関する Freud モデルの概説　36
　　　2.1.1　第 1 段階：情動－トラウマモデル　38
　　　2.1.2　第 2 段階：局所論的モデル　39
　　　　　2.1.2.1　心の 3 システム　40
　　　　　2.1.2.2　精神性的発達　41

　　　　　2.1.2.3　神経症理論　*46*
　　　2.1.3　第3段階：構造論モデル　*47*
　　　　　2.1.3.1　心の構造　*48*
　　　　　2.1.3.2　防衛メカニズム　*50*
　　　　　2.1.3.3　神経症理論　*53*
　　　2.1.4　批判と評価　*55*
第3章　構造論的アプローチ　*60*
　3.1　発達への構造論的アプローチ　*60*
　　　3.1.1　Hartmann の自我心理学のモデル　*60*
　　　3.1.2　構造モデルでの心的発達　*64*
　　　　　3.1.2.1　Erikson　*64*
　　　　　3.1.2.2　Spitz　*66*
　　　　　3.1.2.3　Jacobson　*68*
　　　　　3.1.2.4　Loewald　*68*
　3.2　発達精神病理学の構造論モデル structural model　*71*
　　　3.2.1　モデルの一般的特徴　*71*
　　　3.2.2　神経症の構造論モデル　*72*
　　　3.2.3　パーソナリティ障害の構造論　*72*
　　　3.2.4　境界性パーソナリティ障害のモデル　*74*
　　　3.2.5　反社会性パーソナリティ障害の構造論　*75*
　　　3.2.6　精神病の構造論　*76*
　3.3　批判と評価　*76*
第4章　構造論モデルの修正と発展　*80*
　4.1　Anna Freud の発達モデル　*80*
　　　4.1.1　発達ラインと他の発達的概念　*81*
　　　4.1.2　発達的精神病理に関するアンナ・フロイト派の視点　*87*
　　　　　4.1.2.1　モデルの一般的特徴　*87*
　　　　　4.1.2.2　アンナ・フロイト派の不安に関するモデル　*89*
　　　　　4.1.2.3　発達の不調和という考え　*91*
　　　　　4.1.2.4　アンナ・フロイト派の重篤なパーソナリティ障害についてのモデル　*93*
　　　4.1.3　評　価　*95*
　4.2　マーラー派のモデル　*100*

   4.2.1　Margaret Mahler の発達モデル　*100*
   4.2.2　分離‐個体化と精神病理　*103*
   4.2.3　Mahler の発達モデルについての実証的エビデンス　*106*
   4.2.4　批判と評価　*109*
  4.3　Joseph Sandler の仕事　*110*
   4.3.1　発達理論での進歩　*111*
    4.3.1.1　表象世界と情動の表象　*111*
    4.3.1.2　感情状態の概念　*112*
    4.3.1.3　実現化，役割応答性，および内的対象関係　*113*
    4.3.1.4　3つのボックス・モデル　*114*
   4.3.2　Sandler の心理的障害のモデル　*116*
    4.3.2.1　神経性障害：強迫観念，抑うつ，トラウマ　*116*
    4.3.2.2　原始的メカニズム：投影同一化　*117*
   4.3.3　批判と評価　*118*

第5章　対象関係論序説　*121*
  5.1　対象関係論の定義　*121*
  5.2　古典的アプローチと対象関係論的アプローチの折衷　*125*
   5.2.1　精神分析理論へのフランスのアプローチ：André Green の業績の例　*126*
   5.2.2　批判と評価　*130*

第6章　クライン‐ビオン　モデル　*133*
  6.1　発達に関するクライン派モデル　*133*
   6.1.1　モデルの一般的特徴　*133*
   6.1.2　2つの基本的なポジション　*134*
   6.1.3　投影同一化の概念とその他の発達的概念　*136*
   6.1.4　Klein モデルにおける体験の位置づけ　*140*
   6.1.5　ロンドンのクライン派　*141*
  6.2　クライン派の精神病理モデル　*143*
   6.2.1　病理の一般的モデル　*143*
   6.2.2　神経症のモデル　*144*

        6.2.3　Rosenfeld の自己愛の発達モデル　*145*
        6.2.4　境界状態のモデル　*147*
    6.3　クライン派の定式化に合致するエビデンス　*150*
    6.4　批判と評価　*152*
第7章　英国精神分析の「独立」学派　*155*
    7.1　英国学派の発達モデル　*155*
        7.1.1　英国学派の概観　*155*
        7.1.2　独立派グループの発達についての貢献　*156*
    7.2　英国独立学派の発達精神病理学への貢献　*166*
        7.2.1　精神病理一般への見方　*166*
        7.2.2　シゾイドと反社会性パーソナリティ障害　*167*
        7.2.3　境界性パーソナリティ障害　*170*
    7.3　ウィニコット派の発達モデルと精神病理モデルに一致するエビデンスと矛盾するエビデンス　*174*
    7.4　批判と評価　*183*
第8章　北米の対象関係理論家たち　*187*
    8.1　Kohut の自己心理学　*187*
        8.1.1　発達理論　*187*
        8.1.2　Kohut の発達精神病理モデル　*192*
            8.1.2.1　病理の一般的モデル　*192*
            8.1.2.2　自己愛性パーソナリティ障害　*194*
            8.1.2.3　その他の障害　*197*
        8.1.3　自己発達および達成という概念と一致するエビデンス　*201*
        8.1.4　コフートモデルの批判的評価　*206*
    8.2　Kernberg の対象関係と構造論学派との統合　*210*
        8.2.1　Kernberg の発達論　*210*
        8.2.2　Kernberg の発達精神病理モデル　*213*
            8.2.2.1　Kernberg の病理の枠組み　*213*
            8.2.2.2　Kernberg の自己愛性パーソナリティ障害のモデル　*216*
            8.2.2.3　Kernberg の境界性パーソナリティ障害のモデル　*220*

　　　　8.2.3　Kernbergの定式に一致するエビデンス　*224*
　　　　8.2.4　カーンバーグモデルの評価　*228*
第9章　対人的‐関係論的アプローチ──SullivanからMitchellへ　*231*
　　9.1　関係論者のアプローチの概観　*231*
　　　　9.1.1　Sullivanのパーソナリティ発達のモデルと対人論者のアプローチ　*233*
　　　　9.1.2　Mitchellの関係論モデルと精神分析的関係論学派　*240*
　　　　9.1.3　精神病理とその治療に関する関係論的観点　*246*
　　9.2　対人的‐関係論的理論の評価　*254*
　　　　9.2.1　このアプローチの評価　*254*
　　　　9.2.2　関係論的な考え方への批判　*258*
第10章　ボウルビィの愛着理論モデル　*261*
　　10.1　発達研究に基づいた精神分析的アプローチ序論　*261*
　　10.2　Bowlbyの発達モデル　*262*
　　10.3　Bowlby理論に関する他の精神分析的観点　*267*
　　10.4　愛着理論の実証的発展　*268*
　　　　10.4.1　乳児期の愛着パターン　*269*
　　　　10.4.2　対人関係の決定要因としての愛着システム　*270*
　　10.5　愛着と精神病理　*273*
　　　　10.5.1　無秩序型愛着　*277*
　　　　10.5.2　乳幼児期から成人の病理への道のり　*278*
　　10.6　愛着理論の精神分析的な進歩　*282*
　　10.7　愛着理論と研究の評価　*286*
第11章　スキーマ理論と精神分析　*288*
　　11.1　Horowitzの人物スキーマ理論　*288*
　　11.2　Sternのアプローチ　*291*
　　11.3　Ryleの認知分析療法：病理と療法の手続きモデルの充分な実用化　*301*
第12章　フォナギーとタルジェによるメンタライゼーション・モデル　*305*
　　12.1　FonagyとTargetの発達図式　*305*
　　12.2　FonagyとTargetの枠組みによる発達的病理のモデル　*315*
　　12.3　メンタライゼーション・モデルの評価　*319*
第13章　精神分析理論の実践　*321*

13.1　精神分析における理論と実践の関係　*321*
　　　　　　13.1.1　精神力動論による臨床実践はいかなる精神分析の臨床
　　　　　　　　　　理論からも論理的に推論することはできない　*322*
　　　　　　13.1.2　臨床素材との関連では推論的な理由づけより帰納的な
　　　　　　　　　　理由づけが使われる　*326*
　　　　　　13.1.3　用語の曖昧な使用　*328*
　　　　　　13.1.4　臨床観察を共有して検証するのを認めること　*329*
　　　　　　13.1.5　理論と実践との関係の本質　*330*
　　　　　　13.1.6　精神力動論的研究からの理論生成　*331*
　　　13.2　精神分析の効果に関する研究　*333*
　　　　　　13.2.1　精神分析治療におけるエビデンスの基盤　*335*
　　　　　　13.2.2　方法論の必要性　*339*
　　　　　　13.2.3　将来への希望　*342*
第14章　終わりに，そして将来に向けて　*343*
　　　14.1　精神分析は有望か　*344*
　　　　　　14.1.1　遺伝学からの挑戦　*344*
　　　　　　14.1.2　無意識の志向性　*347*
　　　　　　14.1.3　無意識の動機　*348*
　　　　　　14.1.4　早期幼児期の体験　*350*
　　　　　　14.1.5　心的表象と対象関係　*352*
　　　　　　14.1.6　精神分析モデルの独特な強み　*352*
　　　14.2　最終考察　*353*

文　献　*357*
監訳者あとがき　*433*
人名索引　*437*
事項索引　*441*

日本版への序

　日本の精神分析の伝統は，世界的に見ても最も古く，また優れたものの一つです。独創性があり，しかも現代の精神分析的思考によく適合しているのに，その割には西欧で知られていないのは残念なことです。本書が日本で翻訳される可能性があると聞いて，私たちは非常に嬉しく思いました。なぜなら，日本の多くの精神分析家たちの発達論へのアプローチは，私たちのアプローチと一致しているという感触を持っているからです。Dr 馬場と Dr 青木は，この発達論的精神分析の伝統の中にいる優れた研究者なので，二人が本書を丁寧に訳して下さることに感謝しています。

　主として20世紀に発生し，今日まで追求され続けている発達論的観点による精神分析の諸学派からの提言が，精神分析の伝統に馴染もうとしている臨床家や研究者や学生に受け入れられ，関心を持たれることを，私たちは願っています。精神分析的思考の興味深い一面は，その累積的という性格にあります。新しい着想はそれ以前の伝統を補完するために生まれるのであって，置き換えるためはありません。これは精神分析が伝統や歴史を尊敬しているゆえでありますが，それ以上に，精神分析の思想家たちが提出している心のモデルが，いずれも部分的な性質のものだということを意味しているでしょう。

　精神分析の理論を包括的に理解するためには，学徒はあらゆる理論を学び理解する必要がある，なぜならそれらを組み合わせてこそ，適切な精神分析的な心の理論に到達できるのだ，と私たちは考えています。私たちが異なる理論を相互に並列させ，競合させずに提示しようとしたのはこの意図からです。それぞれの新しい革新的な着想について私たちは，それがこれまでの伝統の中で明らかになってきたギャップを，よりよく埋めている部分を重視したいと願いました。私たちはたいてい，どれかの伝統的理論に同一化する一方で，実際には自分特有のやり方で着想を組み合わせて使っています。特に臨床的領域では，理論的着想が活気づくのは常に人間の体験と出会った時です。なぜなら私たちの体験は─臨床的にも社会的にも文化的にも─非常に異なっているので，自分が出会っている体験に伴う現象を理解するためには，おそらく根本的に異なる

理論の組み合わせが必要なのです。

　日本のサイコロジスト，精神科医，ソーシャルワーカーその他 21 世紀の日本で働いている人たちに，私たちが提供している理論のごった煮がどのように取り入れられるのか，私たちには予測がつきません。私たちが提供している着想が，全く異なる文化的背景を持つ読者が読んでも，その考え方や概念や示唆は自分の体験にしっくり合う，と同一化できるほどに，十分に明確であるようにと心から願っています。翻訳という骨の折れる仕事を通して，本書の着想は可能な限りわかりやすくなったことでしょう。もし明瞭さを欠くところがあるとすれば，それは英語版原著のせいに違いないので，すべての責任は私たちにあるものとしてお詫び致します。

　Dr 馬場と Dr 青木の努力に再度感謝し，また読者が私たちの述べる概念や，私たちがとっている発生と成長に関する着想に価値を見いだして下さることを願っています。私たちはこの想いを籠めて，本書を未来の日本での精神分析的着想の発展のために捧げ，そして日本の精神分析学会がその優れた歴史と力と知恵をもって，指導的な使命を遂行されることを願っています。

2012年11月

　　　　　　　　　　　　　　　　　　　　　　　　ピーター・フォナギー

シリーズまえがき

　精神分析は，百年を超える歴史の中で，重要で独立した知的伝統になるまでに成熟し，われわれの多くの文化領域で確立されている真理に対して挑戦できるほどの力を，充分に持ち続けています。世紀の変わり目すなわち，Freud時代のウィーンの神経疾患の専門家と同様に，現在では生物学的立場をとる精神科医は，精神分析から「課題を投げかけられて」います。精神分析的着想に同意しているか否かに関わらず，今日の文化解説者たちは，精神分析が20世紀の文化にもたらした，無意識の動機や防衛，幼少期の経験，その他無数の発見を考慮せざるをえません。とりわけ，精神分析的着想は，精神疾患の治療や精神力動的心理療法といった手法を生み出し，少なくとも西欧では，多くの国で主要な学問となっています。

　精神分析的思想が，中傷する人たち，つまり，精神分析的な認識論や概念や臨床的主張に異議を唱える人たちに出会い続けることは，少しも不思議なことではありません。ある意味失望すべきことではありますが，このようことは，精神分析が挑戦や異議を引き起こすユニークな能力を持つことを示しているのかもしれません。どうしてこうなのでしょうか。精神分析はヒトの動機づけについて探求する深さにおいて他に並ぶものがなく，また，その答えが正しいか否かに関わらず，精神分析の認識論によって，ヒトの体験に関する最も難しい問題に立ち向かうことができるのです。逆説的ですが，人間存在の身体的な基礎に関する新たな理解——細胞や神経系，内分泌機能——が，精神分析に取って代わるのではなく，むしろ，生物学的なレベルに至るまでヒトの適応に影響すると認識され始めている記憶や欲望や意味づけを検討するための，補完的な学問分野が早急に求められているのです。主観的体験の研究を通さずに，いかにして，社会的環境の中に個人の生物学的な「行方が示される」ことを理解できるのでしょうか。

　したがって，われわれの文化において，才気あふれる識者たちの中に，精神分析に魅かれて止まない人々がいることは驚くべきことではありません。これらの識者たち全てが，精神分析的臨床医や心理臨床家というわけではありませ

ん。生物学的な決定因子を扱っている精神疾患の研究から，文学，芸術，哲学そして歴史学といった幅広い分野における著名な研究者たちです。この人々には，経験の意味を詳しく説明する必要が常にあるでしょう。主観性を理解することに専念する精神分析は，このような知的で人間的な課題を実行する上で，最良の位置にあります。多くの国の大学で精神分析的な研究への関心が高まっているのは，驚くべきことでありません。本シリーズは，このような教育的なプロジェクトに成功をもたらしたものと等しい知的探究心に呼びかけることを目的としています。

　Whurr Series in Psychonanalysis が，この領域で最も関心の高い，創造的な人々をひきつけてきたことを，われわれは誇りに思っています。われわれが深く関わるのは，特定の流派や特定の専門家集団にではなく，意味や解釈に関する疑問を，体系的かつ学術的に探求する知的な挑戦に関わるのです。とはいえ，本シリーズが，特に心理療法的コミュニティや，悩みを抱えている人々のために自身のこころと人間性を用いようとする人たちに，語りかけるものであれば幸いです。

　本シリーズは，精神分析的発想の過去，現在，未来についてわれわれが感じている知的興奮を伝えることに焦点を当てています。本シリーズの著者らや編集者らの仕事が，ますます増えていく，世界中の学生，学者そして実践家たちに，精神分析的発想に親しんでいただくお役に立てることを願っています。

ピーター・フォナギー
メアリー・タルジェ
ユニバーシティ・カレッジ・ロンドン
2002年8月

序　文

　本書は，精神分析と発達心理学の関係について，長年，考えてきたことの集大成です。われわれは，Freud の娘によって設立されたロンドンのアンナ・フロイト・センターで働く中で，こころや異常行動や心理療法的介入を精神分析的に理解する上で，発達上の問題がいかに不可欠であるのかを痛感してきました。子どもの心的能力を引き出して行くことは，もし不適切であれば，この後の児童期，あるいは成人後の心理的機能に問題を生じさせ得るような，挑戦を迫られる過程です。確かに，発達学の伝統に従えば，精神的機能のあらゆる側面は，個人の発達の軌跡における地勢図(topography)の変遷として理解できます。逸脱した軌跡と通常のものを区別したことが Anna Freud の偉大な業績の一つですが，実際に発達的視点は，全ての精神分析的定式化を際立たせることに役立っています。

　Anna Freud は，父親が確立した発達論の伝統を引き継ぎましたが，その父親は生物学や特に発生学から発想を借り，受精卵から新生児までの胎児の発達段階と類似した，明確な存在論の段階として，精神の発生を考えました。その後，精神分析では，それぞれ主要な理論が発展していきました。その中には発達のモデルがあり，そこでは，乳幼児期から成人期までの成長の過程にそって，成熟や環境的な体験がいかに心理的な機能障害のリスクを生み出すのかといったモデルが含まれています。精神分析的モデルは常に，こころがどのように機能するのかという常識的な認識を超えて，心的異常を解明するために，発達論的な構成概念を求めているのです。成熟した水準で機能するこころの部分と，より未熟な活動や理解のモードを示す部分とのずれは，恐らく精神分析的発達理論にとって最も一般的なメタファーです。多くの理論で，心理療法の治癒的性質でさえ，発達的文脈の中で考えられていて，あたかも，早期の子ども時代に失った段階を取り戻すために，時間を巻き戻そうとするかのようです。

　本書は，発達研究のレンズを通して精神分析理論を紹介しています。発達論が役に立つ背景であるのは，精神分析的なこころのモデルに影響を与える，子どもの発達の正常と異常をともに，これによって理解できるようになるからで

す。われわれは，発達研究と主要な英米の精神分析の流派からの知見を統合しよう，あるいは少なくとも同時に考えようと試みました。本書は，精神分析的視点についての予備知識を前提としていません。実際，本書が想定する読者は，心理学に関心をもちおそらくは訓練を受けていて，パーソナリティ発達に関するさまざまな精神分析的モデルについてもっとよく知り，それらが入手可能な実証的エビデンスといかに合致するかについて知りたいと思っている人々です。間もなくお分かりになるように，多くの精神分析的理論と関連のある実証的エビデンスは，ほとんど関係ないか，僅かな関係しかありませんが，そうであっても，実証的エビデンスとの関連で，理論の位置づけを知ることは重要であると，われわれは考えています。

精神分析的モデルは，精神分析の臨床実践を超えて，多くの領域の研究と関連があります。つまり，文学や歴史や，さらには認知行動療法や薬物治療のような非精神分析的療法の作用についても，無意識の諸要因を理解することによって，光りを当てることができるのです。同様に，家族関係，グループのプロセス，組織，政党などのまったく心理療法的な特性をもたない関係や行動について説明するうえで，精神分析的モデルが役に立つこともよく見られます。本書の目的は，集中的な心理療法の中で生じる，個人の考えや感情や人との関わり方についての徹底的な研究を通して，何世代もの精神分析家たちが到達した心理機能のモデルについて基本的な理解を得ることです。また，精神分析の妥当性を押し進めると同時に，その限界についても考慮しています。前世紀の偉大な考えの多くは，発達の過程で人間が出会う困難を理解するためのFreudの考えを基にしています。そうした考えのモデルは，詳細な研究に値する非常に豊かな発想の源を示しています。われわれが提供する要約が，学生たちや関心を持ってくださる読者たちにとって，この道を辿る助けになることを願っています。

謝　辞

　執筆者として，本書の執筆にあたってサポートをしてくださった方たちに感謝を述べさせていただきます。原稿や参考文献を準備し，進行にそってテクストを編集するという大きな負担を，Clare Welch 氏と Kathy Leach 氏が，数年間，引き受けてくださいました。Anna Higgitt 博士は，本書の様々な草稿の準備に，広範囲にわたって，思慮深く，惜しみない貢献をしてくださいました。Elizabeth Allison 博士からの並外れた編集上の尽力や知識，気の利いた建設的な意見は計り知れません。友人の Gyrögy Gergely 博士と Efain Bleiberg 博士は 12 章について考える重要な役割を担っていただきました。彼ら一人ひとりとの共同制作は，ここ数年，大きな喜びと同時にインスピレーションでもありました。書評をいただいた Stephen Frosh 教授，Enrico Jones 教授，Shmuel Erlich 教授の 3 名の思慮深いコメントと励ましは非常に大きな助けとなり，大変感謝しております。この領域において，経験豊富で，聡明な学者であり編者の一人であります Elizabeth Spillius 博士からは期せずして丁寧に読んで内容を吟味していただきました。おかげで貴重な最終改訂ができました。とりわけ，超人的な自制力を持つ出版社の Colin Whurr 氏は，本プロジェクトの様々な段階で励まし，導き，忍耐強く原稿を待ってくださり，感謝の言葉もみつかりません。作業はその時点で終わったのですが，仕上げまで見届けて下さったことに非常に感謝しています。お名前をあげた皆さまには，ご自分の作業の範囲を超えて，助けていただきました。本書は皆さまに依るところが大きいです。不備があるとすれば，それはわれわれの責任です。

第1章　本書と精神分析基本モデルの紹介

1.1　精神分析について学ぶこと

　本書は精神分析的な発達精神病理学という特殊な視点からの精神分析に関する著書である。発達精神病理学とは，不適応に関する個々人のパターンの起源や軌跡についての学問である（Sroufe and Rutter, 1984）。精神分析はこの分野でこれまで実質的に貢献してきたし，現在もそれは続いている。精神分析は適応あるいは不適応のパターンの，持続や変化に潜在する心理的プロセスについて，われわれの理解を助けてくれる。危機の時期での体験から，より強く，豊かになって脱する者もいれば，そこからしだいに適応や対処が難しくなる者もいるというのはどういうことだろうか？　精神分析理論は発達を，人が自分の体験に意味を加え，その付与された意味が結末を変えていくという，活発で力動的なプロセスと見なしている。個々の生体は，そのような体験を形作ると同時に，それらによって形づくられていく。これから検討していく精神分析的理解は，実に野心的な組み立てであり，われわれの生涯を通じての道筋について，無意識の意味やその影響についての説明を加えて，理解を深めることを目指すものである。

　精神病理学への発達的アプローチとは，精神分析においては伝統的な枠組みであり（Tyson and Tyson, 1990 参照），それは発達の各段階と，幼児期と成人期に生じるさまざまな障害について，その発達段階と帰結（後遺症）を明らかにし，またその帰結に影響を及ぼす諸要因を明らかにすることを目指している（Sroufe, 1990; Sroufe, Egeland and Kreutzer, 1990）。本書は，古典的および現代的な構造論，自我心理学モデルの発展，そして英国と米国の対象関係的アプローチを含む，広範な精神分析理論のレビューを提供している。こうした精神分析学派の議論はそれぞれに，原因と治療とエビデンスを通してできる発達精神病理学への貢献に光を当てようと意図している。われわれは精神分析と発達精神病理学の両者をつなぐことで，Freud の時代以来精神分析の理論

づけと治療の核となってきたものが明らかになるのだと主張したい。

　精神分析の文献がきわめて広汎となっている現状では，われわれはもはやどの理論についても充分に公平であることはできない。われわれはフランスやドイツ，イタリア，ラテンアメリカで生まれた多くの重要な考えを取り上げていない。われわれは，アングロアメリカンの精神分析の伝統を取り上げるだけで手一杯である。われわれはそれぞれの理論について，その発達的な要素に注目し，生涯を通じての不適応の経過を，発達論的な着想によって説明しようとしてきた。このような説明の適切さを最も明瞭に検証しようとして，われわれはとかくパーソナリティ障害に焦点をおくことになりやすい。それぞれの理論について，われわれは提示されている着想を支えるに足る，組織的に収集されたデータを探している。精神分析理論には，求めるより以上に多くのものがある。その多くは重なり合ってはいるが，各理論の根幹には独自の特徴があるのも事実である。その中からどれかを選ぶのは，精神分析を研究する者にとって，大きな挑戦である。知られている事実と調和することと，一貫性があることという2点を，選択の基準とし，われわれは，検討の対象となる理論に，この2つの基準を適用しようとしてきた。

　本書は実践よりもアイディアをより多く扱っている。臨床的に役立つかどうかという視点から各理論を比較するというのも，たしかにわれわれが精神分析的モデルを査定する際のもう1つの基準である（そしてそれを使っている人々もある）。しかしながら，本書は，基本的に精神分析理論を学ぶ学徒を対象としており，その学徒たちは精神分析の視野を他の学問分野に応用することや，あるいは苦しんでいる患者を援助する能力を向上させることを目指している。学問分野としての精神分析は，精神分析的心理療法を遥かに越えて広がりをみせている。心についての精神分析的理解は，特に発達論的な視野からのそれは，認知行動的技法を用いる者にも，また薬物療法を行っている者にとってさえ，伝統的な精神療法を行う者と同様に，関連の深いものである。発達論的精神分析は，心を学ぶアプローチであり，おそらく現在使える理論的準拠枠のなかで，最も豊かで生産的である。今世紀における偉大な知性のいくつかは，発達の過程で人々が遭遇する困難を理解するための，Freudの着想を土台にして構築されてきた。こうしたモデルは，詳細に研究するに値する，きわめて豊かな着想のまとまりを示している。本書が提供する概要にそって，学徒たちが歩み始めることを願っている。

1.2 精神分析の基本仮説

Freud が発見し，練り上げた心理学は，解釈のための準拠枠として，かなりの成功を収めてきた。これは，その基本的仮説や命題が，終わりのない修正と改良とに開かれているからであり，そしておそらく，実証の根拠を提供する臨床的手続きが，人間の心についてのユニークな視点を提供するからである。本書ではまだ僅かしか触れていないが，これから検討しようとしている特殊な命題のほぼすべては資料に基づいたものであり，つまりそれらは，精神分析の理論構造の統合性を損ねることなく，修正されたり省かれたりするかもしれないものである。しかしながら，本書の中で論じようとしている理論はすべて，共通する一連の仮説を共有している。基本的な精神分析モデルの核となる仮説 (Sandler, 1962a; Sandler and Joffe, 1969) には，次の各項が含まれる。(a) **心的決定論** psychic determinism　病理の認知的，情動的，および行動的側面には，（単なる身体的な因果関係や偶発的な生物学的出来事ではなく）心理的な根拠があるという信念。(b) **快 – 不快原則** pleasure-unpleasure principle　行動を，心的苦痛を最小にし心的快楽や精神内部の安全の感覚を最大にしようとする努力として捉える。(c) 生体の**生物的特質** biological nature が心理的適応を促す。(d) **力動的無意識** dynamic unconscious は，心的な力が表出しようとせめぎ合う際に，どの考えや感情を意識に到達させるかの決定を助ける。(e) **発生的 – 発達的** genetic-developmental 命題は全ての行動は早期（最も早期の乳児期でさえある）から発達している行為の連続体として理解できると明言する。以上の諸点について詳しく説明しよう。

(a) 精神分析家たちは，心的な障害については，心的因果論のレベルで有益な研究ができると仮定する。すなわち，過去の体験の表象や，その意識的，無意識的な解釈と意味づけが，外界に対する個々人の反応や外界に適応する能力を決定するのだと仮定する。心的な因果関係を強調することは，生物学的要因や，家族的またはより広い社会的要因といった精神医学的な問題への他のレベルでの分析を，無視したり不当に扱ったりすることではない。とは言っても，精神医学的な問題は，たとえ根底に遺伝的，体質的，社会的な原因があるとしても，精神分析家には子どもの信念や思考や感情の意味のある結末として見なされ，それゆえ心理療

法が適用できると考えられている。人の行為はその人の心的な状態（思考，感情，信念，欲求）によって説明できるというのは，考えもせずに使っている常識的な心理学の一部である（Churchland, Ramachandran, and Sejnowski, 1994）。このモデルを無意識的な信念や感情にまで広げたことが，おそらく Freud の最大の核心を突く発見といえるであろう（Hopkins, 1992; Wollheim, 1995）。

(b) 複雑な**無意識の心的過程**は，意識的な思考や行動の内容に影響していると想定される。特に，本能的欲求の充足（過去の快楽）あるいは安全感（Sandler, 1987b）と結びついた無意識的幻想は，行動や情動調整や社会環境への対処能力を動機づけ，決定する。無意識の観念作用が情動の状態を生成し，それが心的機能を導き編成すると考えられている。

(c) 他者と共にある自己の体験は内在化し，**対人的相互作用の表象構造**を作り出す。最も単純なレベルでは，それらは他者の行動についての予測を生み出すが，より複雑化すると，それらは自己と他者の表象の「形 shape」を決定し，その組み合わせが個人の内的世界を構成する。

(d) 心的**葛藤**は偏在し，それが不快（あるいは安心感の欠落）体験をもたらすと仮定されている。内的な葛藤は避けられないものではあるが，しかし，不運な幼少期の環境が圧倒的な強さの葛藤をもたらすことがある。そのような背景をもつ子どもたちは，たとえ後々の葛藤が通常の範囲内の体験であっても，それに対処することができなくなる。それゆえトラウマ（親の死のような）や虐待や長期にわたるネグレクトは，相容れない願望を強めたり，葛藤を心的に解決する子どもの能力を弱めることによって，パーソナリティの発達を蝕む。

(e) 子どもは，意識的思考には受け入れがたい無意識の欲求を修正するために，不快を避ける働きをする**防衛機制**を，発達的階層を通して使う傾向がある。この階層は個人の病理の程度を反映しており，通常，早期の防衛を用いるほど，より重篤な混乱に結びつく。

(f) 精神分析家は，治療の文脈での患者のコミュニケーションが，患者の意図を超えた意味をもっていると仮定する。防衛機制やそれに似た機制が症状に**多層的な意味**をもたせ，さらに，他者や他者との関係性についての内的表象の性質を反映させると考える。分析家は患者の行動のうち，自我異和的で理解しがたい側面に，患者の注意を向けさせることができる。相互に関連づけることによって分析家は，患者の症状行動が，たと

え苦悩に満ちた，望ましくない，そしておそらく不合理なものとして体験されているとしても，無意識的な心的体験と心的な因果関係という二重の想定によって，合理的に思えているのかもしれないと，例示することになる。

(g) 治療の焦点は分析家との関係性である。それは，患者の他者に対する期待を知る機会を提供し，また患者が自分のものとは認めない思考や感情の側面を明らかにする媒体となることができる。過去の関係性での拒絶された要素や，それらをめぐる過去の空想や，現在の両親や同胞や重要な人物との葛藤的な要素が，**転移**による置き換えに含まれているかもしれない (Tyson and Tyson, 1986)。患者の言葉や行為（再演 re-enactments）が分析家に影響し，そのように患者によって位置づけられた分析家の役割の探求を通して，分析家は患者が抱える役割的関係性の表象や，それについての彼らの感情をよりよく知ることができる。

(h) 現代の精神分析は，患者の現在の状態と，現在の環境および過去の関係性とそれに対する適応との関連を重視する。分析家は心理療法が患者の生活において，抱えるとかコンテインするという重要な機能をもち，それは解釈や洞察という特定された影響力を超えるものであることを認めている。一人の人間としての分析家と実際に関わり合うことは，患者の内的世界の再統合や再編成を可能にし，そしてそれはその後の発達をも促進する。一人の人との開かれた，強力な，安全な関係性を確立することは，新しい内在化の基礎となり，過去の葛藤のより健全な解決と，喪失したものの修復をもたらすであろう。

1.3 発達の連続性という仮説

本書の中心となる精神分析理論の核心的な仮説は，いわゆる発生的，あるいは発達的視点であり，精神分析のテキストはこれをさまざまな程度に承認している。あらゆる時期をとおして Freud の考え方にみられる本質的着想は，病理は発生様式を再現するという考え方であった。つまり，心の障害は幼児期の体験と，心的機能の原始的な様式の名残りとして最もよく理解できるというものであった (Freud and Breuer, 1895; Freud, 1905d; 1924; 1926 参照)。このことは，パーソナリティのタイプや神経症的な症状が，発達上のある特定の段階と関連し，症状は，健常な発達の早期段階への固着および退行として理解さ

れうることを意味していた。例えば，成人の精神病を説明するために，自己愛あるいは乳幼児期の自己発達の理論が引き合いに出され，逆に，乳幼児期の心的生活への見方は，多分に成人の精神病理の観察を基に構築された。彼の概念である幼児的誇大感（infantile grandiosity）は，多くの精神病の事例で観察された誇大感からもたらされたものである。Freud が乳幼児に仮定した混乱や幻覚体験や現実検討の欠如は，精神病的体験に相当すると思われる。Freud にとって，そして彼に続いたほとんどの精神分析家にとって，病理と発達は同形態（isomorphism）という暗黙の仮説が存在し，それが幼児期と病理との双方向的な因果的推論を可能にする。この仮説はあらゆる精神病理とあらゆる発達段階にわたっている。例えば，フロイト派の分析家は，神経症の病理を，主として3歳から5歳までの時期でのエディパル関連の残滓として説明した。性格障害は，多くは2歳から始まる幼児期からエディプス期までの残滓のせいと見なされた。

　Freud (1905d) の精神・性的発達理論は，乳幼児期や早期幼児期の体験という視点から成人の障害への理解を構築した点で革命的であった。Karl Abraham (1927) は性格形成，神経症，精神病と，本能の発達との特殊な関連を特定することを，彼のモデルの細部にまで行き渡らせた。現代における Freud の支持者たちは，これに代る臨床の焦点を提示したが，そのどれもが発達的な定式化に基づいている。Alfred Adler (1916) は，権力や成熟を求める成人の努力の根源として，幼児期の劣等感に焦点を当て，Sandor Ferenczi (1913) は，子どもの現実感が発達すると同時に幻想的な万能感が放棄されるという変動について概観した。さらに，Otto Rank (1924) の焦点は，出生外傷というより早期にあり，それがそれ以降に生じるあらゆる葛藤や防衛や努力の根拠となると捉えた。Carl Jung (1913) が提示したモデルでさえも，いくらか否定的な感はあるものの発達論的であり，真の成熟や精神的健康は「子どもの自己 child-self」をあきらめることにあるとしている。

　より近年の精神分析理論も，発達論的主題を踏襲している。Anna Freud (1936) は，自我防衛の発達的モデルを提示し，その後に (1965) パーソナリティの発達における正常と異常の側面を基に，精神病理の包括的な理論を提示した。Melanie Klein (1935; 1936) は，Ferenczi と Abraham の影響を受けて，対人関係と本能的発達の要因を結びつけて捉えた先駆者であり，重篤な精神疾患と子どもの発達についての他とは異なる急進的な視点を提示している。その間，米国では，Heinz Hartmann (1939) が Kris と Loewenstein (1946)

と共に，同じく発達論的でありながらも，適応に必要な精神構造の進化に焦点をあてた従来と異なる発達的枠組みを提示し，早期幼児期の心的構造内部で生じがちな発達的葛藤を詳細に検討した。また，Margaret Mahler (1979) と共同研究者ら (1975) は，生後3年間の力動的な図式を北米の伝統をもつ精神分析家に提供して，障害の発達的起源をたどる機会を与えた。Fairbairn (1952) は，未熟な依存から成熟した依存に到る対象希求の発達を描き出し，Jacobson (1964) は自己と他者の表象の発達を探求した。Kernberg (1975) は，Klein, Hartmann, Jacobson の先行研究を援用し，境界性および自己愛性障害の発達的モデルを提示し，Kohut (1971; 1977) は早期養育の欠損という推定に基づく自己愛性障害のモデルを構築した。

1.4 精神病理学への発達的アプローチ

最近発生した発達精神病理学 (Garmezy and Rutter, 1983; Cicchetti, 1990a; Garmezy and Masten, 1994) という領域は，精神分析と発達心理学との関わりを密接なものにしている。発達精神病理学の研究が示すところでは，発達の連続性とは実証的に捉えにくく，概念的に複雑な問題であって (Kagan, 1987; Emde, 1988b)，精神分析家たちが従来してきたように単純には想定され得ないことを明らかにしている。

近年，このような実証的観察を心的表象の構成概念と一致させる試みが，認知科学（例えば Mandler, 1985) から喚起されている。一般的な精神分析理論（例えば Jacobson, 1964) や，特に精神分析の対象関係理論（例えば Bretherton, 1985; Sroufe, 1989; Westen, 1991b) は，心の構造的メカニズムがどのようにして，体験を内在化する過程や対人世界の心理的モデル形成を支えるのかに関心を抱いてきた。発達精神医学や発達心理学ではしだいに，幼児期の主要な他者との早期体験の内的表象が，後の人間関係の形成に影響を与えるに至る道筋に焦点を当てた研究が多くなってきている。こうした発達の流れが結果的に，なんらかのタイプの関係性障害を招いたり，生涯のどこかで精神病理的状態を生じたりするかもしれない (Emde, 1988a; Sroufe and Fleeson, 1988; Cicchetti, 1989; 1990a; Sameroff and Emde, 1989; Zigler, 1989)。

1.5 精神分析理論の一般的批判

精神分析理論，特に Freud の着想が 20 世紀の思想に深い影響を与えたことを疑う者はいないだろうが，21 世紀への影響を確かなものとして認める者も少数であろう。過去 20 年間にわたって精神力動的思考への死亡記事が大量に掲示されている (Grünbaum, 1984; Crews, 1995; Webster, 1995)。Frederick Crews (1993) はおそらくこうした批判の代表者であろう。Crews は精神分析理論がいかなる実験的あるいは疫学的支持ももたず，Freud の怪しげな洞察の上に作られた知識の大部分は流砂の中に消え去ろうとしており，「改良しようとする善意の努力にもかかわらず，精神分析は偽科学のままである」と主張した（p.55）。

Freud の屍への攻撃は決して新しいものではない。John Watson (1930) は「今から 20 年の間に，フロイト派の概念や用語を用いる分析家は骨相学者と同じ地平に置かれるであろう」（p.27）と予測しながら，それでもなお，通常精神分析的な発想の絶頂と見なされるものへと案内したのであった。しかしながら，近年における批判の広がりや激しさは，最もコミットしているフロイト派でさえも軽視できないものがある。発達精神病理学への精神分析的アプローチが新たな時代に入っていくことで，精神分析的アプローチは直面する難問と取組み，認識的な枠組みの根本的な再評価に着手するべきであろう。精神分析的アプローチが，発達精神病理学の着想を発展させる上で，時機を得た意義深い貢献ができるとわれわれは信じている。本節では，現代の精神分析学的発想がもつ，いくつかの重要な限界について考えてみたい。それは精神分析的思考が今，真に取り組むべきものであろう。

1.5.1 諸理論のエビデンス基盤 (evidential basis)

精神分析の理論づけは大部分臨床家によるものであり，彼らは彼らの推測を実証的には検証してはいない。それゆえ，これらの理論のエビデンスの基盤がしばしば不明瞭なのは驚くべきことではない。例えば，Melanie Klein は，乳児が母の乳房や父のペニスの表象を形成すると主張した。このことについて，直接的なエビデンスはなかったことを認めた最初の人物は彼女自身であった (Spillius, 1994 参照)。むしろ，成人の患者の言うことを理解しようとするなかで，クライン派の精神分析家は，そのような空想があると仮定することが役

に立つと気づくのである。臨床的素材を三角測定するためのさらなるエビデンスを求めるに際して，われわれはもはや操作主義や検証主義や，その他の論理実証主義の面目を失った残滓（例えば Leahey, 1980; Meehl, 1986 参照）に戻ることはない。統制された観察や検証可能な仮説とは相容れない領域にみずからを限定することによって，精神分析は，データと理論との相互作用を導き出し，それが20世紀の科学の発展に多大な貢献を果たしている。直接観察が使えない場合には，精神分析家は臨床的観察という間接的エビデンスか，あるいは権威に助けを求めるかに後退せざるを得ないことも多いのである。

　発達的仮説を証明するために臨床データを取り入れることは，科学の哲学者（例えば Grünbaum, 1984; 1992）からの残忍な反対に対してばかりでなく，常識に対しても，真向うから逆らうことである。遡及的な仮説を受け入れるには，面接室で観察された病理的状態が，その構造としても機能としても，初期の発達段階と同質だという，ありそうもない仮定が必要になる。精神分析的発達理論の「奇形学的な Pathomorphic」（Klein, 1981）特質は，精神分析の説明を異常性の方向へ偏らせ，したがって，発達の説明が病理と関連した発達の側面を強調することになるであろう。幼児期に不全な養育を受けた有名人の逸話的研究や成人の臨床的事例や，子どもへの強いストレス事象の影響に関する組織的な研究（Cicchetti et al., 1993 参照）など，強いトラウマについての報告があるけれども，そうした説明は，心理的なレジリエンスに光を当てるには程遠いのである。

　精神分析的な着想は，当然ながら，ある特定の理論家たちを熱中させた臨床上の問題を反映している。例えば Sullivan（1940; 1953）は，人間の状態の中核的困難として社会的疎外やアノミーの問題に焦点をあて，また母親からの感染を原因として生じる乳児期不安 infantile anxiety を提唱した。また Winnicott（1965a）は，不確実性と偽りの自己を中核的問題として捉え，「ほどよい」養育と抱える環境の失敗に焦点を当てた。Kohut（1971; 1977）の臨床上の中心的疑問は衰弱した自己がどのように発達するのかということであり，そこで母親の共感的な応答性を強調した。Melanie Klein（1946）の関心は成人の病理にある幼児期の原始的思考の残滓にあり，彼女の発達的着想の中心は，誤った内在化の結果として，幼児精神病の核がパーソナリティの中で優位を得て持続するということを中心にしていた。それぞれの精神分析的アプローチが，臨床事例の特定のカテゴリーと結びつくかどうか，あるいは，もっとありうることとして，理論家たちがその理論と適合するように患者の病歴を再構成でき

るかどうかが明らかになることは稀である。

　精神分析理論を立証することは，研究者に恐るべき挑戦をおしつける。大部分の変数は個人的に複雑で抽象的であり，操作化や検証が難しい。精神分析的説明は非常に離れた病因論的な変数に焦点を当てるので，構成概念が明らかに操作可能である時でさえ（例えば自我分裂やマゾキズム，万能感），反論を受け入れられるほど充分正確に定式化されることはめったにない。

　再構成論者の立場について言えば，さらに重要な論理的な問題がある。最も単純なレベルでも，発達についての臨床的理論は，早期幼児期に起きた出来事を想起しようとしている，今まさに悩んでいる人々の説明を基にしており，その早期幼児期の最も重要な時期は前－言語の時期である。精神分析は早期体験の記憶の歪みについて，われわれが最近の理論を洗練させるのに著しい貢献をしてくれている（Brewin, Andrews, and Gotlib, 1993）。明らかに危険なのは，幼児期に何かが不適切でなければ，この人々はこんな困難を抱えることはなかっただろうという，回りくどい仮説である。それゆえ多くの発達理論は母親側の怠慢や責任というさまざまな間違いに頼ることになるが，その多くは遡及的に検証するのが難しい。逆もまた事実で，他の面では障害のある人に健全な反応があると，臨床家は，そうでなければ荒廃している対人的環境の中に「良い対象」が存在したのだというような緩和要因を仮定する。このような確証上の先入観は，列挙型の帰納主義につきものであって，発達の臨床的理論には避けがたいものである（Cooper, 1985）。

　臨床的な素材は，理論モデルの例証として大きな価値をもつ。またより形式的な調査研究を行うための仮説を生成することの助けになる。しかしながら臨床的洞察 insight は，発達上はかけ離れていると思われる変数がある個人の障害を位置づけると考えられる場合に，その理論の不一致を解決する役には立ちにくい。その理由の1つは，経験を積んだ臨床家たちの観察がいつも共通の再構成に集中するとは限らないことである。臨床的データは理論構築のための豊かな土壌を提供するが，良い理論と悪い理論やマシな理論とを区別する土壌は提供しない。臨床的理論が激増（心理療法のアプローチ，または「学派」は400以上ある）していることが，臨床的データは理論の評価よりも理論の生成に適しているという最もよいエビデンスである。

　しかしながら，仮説の検証に最も有用であり，変数の統制を最大限可能にし，妥当性への脅威を最小にし，原因からの影響を最大限可能にするような実証的データであっても，それが心理学的理論を構成するのに最も役に立つと，容易

に仮定するべきではない。Westen (1990a; 1990b) は統制された研究から導きだされた近年の精神医学や心理学の理論には，豊かな理論が比較的少ないと指摘している。精神病理学に関する多くの心理学理論は，精神分析的着想の恩恵を率直に認めており，事実，こうした着想は実証的研究に豊かな描線を与えてきた。例えば，Seligman の学習性無気力や抑うつについての研究（Seligman, 1975），Ainsworth らの愛着研究（Ainsworth et al., 1978），Beck の抑うつに関するスキーマ理論（Beck, 1967; 1976），Slade の摂食障害に関する機能分析（Slade, 1982）がそれに当たる。

今後の精神分析理論の比較検討に際しては，列挙型の帰納主義を離れて，現代の社会科学に適用できるデータ収集の方法との密接な結びつきを発展させる必要がある。現象を壊さずにそのようなデータを収集することは，現代の分析家世代にとって重要な挑戦である。

1.5.2 画一性という仮説

精神分析的発達モデルは，ある特定の異常 abnormality のパターンと，ある特定の発達のコースとの間に一対一の対応関係をつけられる水準での抽象化を目指している。したがって，どの理論にも，それぞれに境界性パーソナリティ障害や自己愛の病理などについてのモデルがある。実証的研究は一般に，こうした説明と必ずしも一致しない。摂食障害を例にとると，多くの精神分析的説明には，早期の家族関係に特有の病理があることを含んでいるが，親子の相互作用の変数（Kog and Vandereycken, 1985 参照）や，家族力動（Grigg, Friesen and Sheppy, 1989）を検証した実証研究では，摂食障害との関連は示されていない（Yager, 1982; Stober and Humphrey, 1987; Stern et al., 1989）。

精神分析理論が画一性を不適切に仮定することが多いのには，さらなる意味があるし，それは今まさに議論していることを理解する助けとなるだろう。対象関係は，共感や理解や，関係を維持する能力や，自己と他者の表象など（Kernberg, 1984 参照），多くの有益な機能を包含する単一の現象として扱われがちである。近年の研究はこのような階層的モデルとは一致せず，連結してはいるが独立した多くの心的機能があること，それが社会行動や社会的認知を維持していることを示唆している（Fonagy, Edgcumbe et al., 1993 参照）。例えば Westen(1991a, 1991b)は，対象関係の4つの側面について論じている。それは，（1）人々の表象の複雑さ，（2）関係性のパラダイムがもつ情動のトーン，（3）情緒を投入する能力，（4）社会的な因果関係の理解，である。彼は，

さまざまな病理のどれにも，多かれ少なかれこれらの諸側面に発達的な不足があるという見方を支持する実証的データを提示している。例えば境界性の人々は，人に対する表象の複雑さにおいては何の不足も見られないものの，他の側面ではかなりの病理を示す。そしてこうした主要な分類の中でさえ，それぞれ特殊な障害に伴う対象関係の異常性や，各人の異質性についてはほとんど分かっていない。

　精神分析家たちは，全体的な構成概念に関心を向けるのではなく，より一層に，個々人の心的過程やその進化や変遷，そしてそれが病理的機能に果たす役割へと，関心を向けるべきである。そのためには，明確に説明する力と，鑑別や精密さとを交換することになるかもしれない。しかしながら，精神分析が生き残るためには，単一の個人からではなく，個人の集まり（一連の事例集）へと，一般化する分析のレベルをひき上げねばならないであろう。

1.5.3　選びうる精神分析的説明

　臨床的観察の理論的な説明を比較している精神分析的著者たちには，共通の欠落がある（例外として Hamilton, 1993 参照）。にもかかわらず，どの枠組みも新たなデータを組み込むように拡大されているので，扱いにくくなり，比較しにくくなっている。

1.5.4　環境に対するスタンス

　Freud は，彼の患者の症状には，その人生の「純粋に人間的社会的環境」との関連がありうると気づいていた（Freud, 1905a, p.47）にもかかわらず，しだいにこうした症状を全面的に内因的なプロセスの作用として扱おうとするようになった。精神分析的な説明の中で環境をどの程度強調するかについては，説明によって相違があるが，その影響について考えることに関しては，どの説明も充分洗練されていない。われわれは最早期の母子関係の出来事に集中的に焦点づけたことについてはすでに触れた。Winnicott (1948) は，クライン派が乳幼児を病理的に見がちであり，その病理を多少とも集中的に乳幼児自らの欲動に帰した傾向を修正した点では正しかったであろう。しかしながら，「普通の乳児たちは狂気ではない」（すなわち，妄想的でも抑うつ的でもない）と述べた時，彼は病理を説明する1つの代替案を認めていたのだ——それは母親である。Kohut や Adler や Modell，Masterson，Rinsley，そして Bowlby や Stern でさえもが，あらゆる種類の精神病理の原因として母親の欠陥に焦

点を当て続けてきた。この極端な例は，何人かの精神分析家が，親の乳幼児への影響によって，最も重度の精神障害を説明しようとした，失敗に終わった試みである（例えば Fromm-Reichmann（1948）の「分裂病因性の母親 Schizophrenogenic mother」という着想である）。より重度の障害は，より過酷な養育環境か，過酷さは低いもののより人生の早期に体験された環境によって生じると考えられた。どちらのモデルも統合失調症のような精神病的障害について見出されたこととは一致しなかった（Willick, 2001）。

環境の役割についての考え方を，よりいっそう洗練させる必要があることは明らかである。子どもと環境との作用は相互的なものであって，この年代のリスクには体質的要因と養育的要因との相互作用がある（例えば Rutter, 1989a; 1993 参照）。相乗的相互作用アプローチ transactional approach によるある研究は，適合するモデルが少ないことを示している。例えば，映し返したりメンタライズしたりすることに乗気でない両親のもとに生まれた，気質的に難しい子どもは，大きなリスクを負うであろうが，どちらかの要因が単独にある場合は，困難は生じにくいかもしれない。

環境の影響についての精神分析的観点はまた，より広い文化的文脈を多少とも見過しているので，この点でも洗練度を欠いている。これは，精神分析の定式化が生物学的な起源をもつことからの遺産かもしれないが（例えば Pine, 1985 参照），全ての力動的モデルの特徴では決してない（例えば Sullivan, 1953; Lasch, 1978 参照）。ある種の発達的現象は，極めて深く生物学に根ざしているゆえに，文化間で不変なものもあるかもしれない（Bowlby, 1969 参照）。しかしながら，最も基本的な心理的プロセスでさえ，文化的要因によって加速されたり，抑制されたりするというエビデンスが，益々蓄積されている。例えば Sissons Joshi と MacLean（1995）は，見かけと現実の区別課題 appearance-reality task で，子どもが大人に対して感情を隠しているかを尋ねると，インドでは4歳でかなり正確に答えるのに対して，イギリスの子どもは一貫して間違えるという所見を得た。研究者たちはこの違いについて，インドの子どもたち，特に女児が，大人に対するより大きな尊敬と服従とを求められるからだとしている。自己の発達に関して，文化的要因が中心的役割を担うという観点（Mead, 1934 参照）からすると，精神分析家たちは彼らが西欧文化に根を下ろしていることを，危険を覚悟で無視しているのかもしれない。多くの精神分析的定式化の中心にある個別化した自己 individualed self も，その方向性において，また非西欧文化では最も強調される関係的自己 relational self との

対比において、きわめて西欧的である（Sampson, 1988 参照）。非西欧文化は、自己 - 他者境界がより浸透的で流動的であることと、個人の統制を遥かに超えた社会的統制を重視することを特徴とする。関係的自己にとってのアイデンティティの単位は、他者の内的表象ではなく、自我理想によるその抽象化や精緻化でもなく、むしろ家族やコミュニティである。ここで特に記しておかなければならないことは、境界性パーソナリティ障害という診断は、多くの場合女性につけられるということである（米国精神医学会, 1987）。文化的な強制力や体質的素因の結果として、男性よりも女性の方が個別化した自己という西洋的理念に適合しにくい、と考えることもできる（Gilligan, 1982; Lykes, 1985）。個別化した自己を発達的階層の頂点に置くことは、自民族中心主義という危険や、他の社会的文脈では適応的な機能様式かもしれないものを病理と見なすという危険を冒すことである。

　日本とアメリカとの親 - 子関係についての研究から得られたことは、母子の共生的結合が長引いたとしても、個人の自律性を獲得する能力を蝕むことはないという示唆である（Rothbaum et al., 2000）。精神分析の文献（以下を参照）に特有の仮説は、接近欲求と分離欲求との間には葛藤があること、それに関連して、自己の要求と他者の要求との葛藤は避けがたいということである。葛藤は西欧の発達理論（精神分析的）にとって中心的であるが、日本の幼児期についての認識では本質的ではない。精神分析に基づく自己の概念は、定義によればほぼ独立した存在であるが、一方、日本の文化では、自己は相互依存的な構造として考えられている（Markus, 1991）。西洋の育児の実践は、表現と探索を行為の動機づけとするような分離した自己を形成しようとしているように思われる。自律性と、自己表現を通しての自己探索によって自己決定を達成することにその価値体系を置く精神分析は、完全にこうした育児実践と一致している。これとは対照的に、アジアの子育ての実践は「共生的調和 symbiotic harmony」（Rothbaum et al., 2000）という経路に沿って行われ、そこでは独立への励ましが少なく、指示は控え目であり、乳児期での親密さはより寛容に受け入れられるという特徴がある（Okimoto, 2001）。共生的調和のプロトタイプは、日本の母親の極度の寛大さと、母親への子どもの多大な依存（甘え）にある（Doi, 1973）。接近と分離との苦闘ではなく、その苦闘は、他者の要求に適合するように自己を合わせることに引きつけられ続けることに根ざしている。幼児期や自己性に関するこの観点は、精神分析家が普遍的だと考えてきたモデルとは、きわめて一致しがたい。このことは、それが精神分析の用語で理解で

きないという意味ではなく，他の文化の乳幼児が経験する非常に異なる早期環境をも網羅するには，精神分析の着想をかなり広げる必要があるだろうということである。

1.5.5　ジェンダーの課題：フェミニストの批判

　精神分析の発達論的説明は，多くの人がジェンダーバイアスとして捉えるような見方をもっている。これには2つの側面がある。Freud の最初期の研究（1900）以来，精神分析では男性性の発達の方が女性性のそれよりも一貫性をもって描かれ続けてきた（Orbach and Eichenbaum, 1982）。これとは対照的に，発達的モデルでは，病理のプロセスに関して，圧倒的に多くの場合，父親よりも母親を巻き添えにしている（例えば Limentani, 1989）。両方の性別による「養育者 caregiver」について書かれた理論が次第に増加してはいるが，どの程度実際の性差が病理の発生に影響しているのかは分かっていない。

　驚くに値しないであろうが，Freud は彼の理論が描き出した社会的な不平等性については無関心であった。彼は階級のない社会の実現という目標は錯覚の上に成り立っていると主張した（Freud, 1933）。彼は，人々が摩擦なしに共に生きることは決してできないであろうと信じたが，それは，「あらゆる種類の社会共同体に存在する人間の本性という制御しがたい特性の難しさ」を，見落としているからであろうと考えた（Freud, 1933, p.219）。フェミニストの著者の中には，Freud が，女性を再生される使用人として，あるいは最も理想化されたとしても，教養のある養育的な天使として見るような，保守的なビクトリア王朝の父権主義に影響されすぎたのだと見る者もいる（例えば Millett, 1971）。にもかかわらず，Appignanesi と Forrester（2000）が指摘しているように，その歴史的な時期を言いわけにするとしても，女性は男性によって損なわれるしかないという，時代限定の偏見を，世界のモデルへと変換し，このモデルから逸脱した人々は自動的に精神分析的治療の事例になるというのは，受け入れがたいことである。Freud の存命中でさえも，女性に関するよりいっそう論争を巻き起こすような表明に対して反論が増加し，精神分析の早期のパイオニアの何人かは，Freud の女性についての表明に挑戦して，「破門」の危機を負った。この中には，Ernest Jones, Helene Deutsch, Melanie Klein, Jeanne Lampl de Groot のような偉大な人物も含まれる。

　しかしながら，記しておくべきことは，フェミニストと精神分析との関係は初めからアンビバレントなものであり，そのアンビバレンスゆえにあたかも，

フェミニストの批判「それ」のみが唯一の難問であるかのように語られたという事実である。Kleinのような研究者は，Freudのいくつかの考えに対するフェミニストの批判にもかかわらず精神分析の設定内に留まることを選んだ。なぜならフェミニストの理念にコミットしている者の中には，精神分析が何らか彼らの政治的課題に貢献するものを有しているかもしれないと感じている者もいたからである。例えばフェミニストの作家であるEmma Goldmanは，Freudが1909年に行った講演を聴いて感銘を受け，その直後にエッセイを出版し，セクシュアリティが男性と同様，女性の形成においても顕著であることを精神分析が認識しているという事実によって，精神分析とフェミニズムの類似性を指摘した（Buhle, 1998）。父権的な傾向があるにせよ，精神分析は科学的で，かつ神学的説話のいう道徳的反省からは自由で裁かない言葉を用いて，女性のセクシュアリティを明確に表現したのである。Goldmanの時代の後，1960年代に，性的生活の自由を強調した性の革命という文脈で，女性の解放が再び台頭した。その革新的なイデオロギーには，精神分析的なセクシュアリティの常態化（normalization）が実質上貢献した（例えばReich, 1925; 1933）。

　しかしながら，性革命へのこのような貢献にもかかわらず，1960年代，70年代の性差意識の高まる風潮の中で，Freudは，当初，男性優位主義を擁護する主要な人物として描写された。Kate Millett（1971）は，精神分析の到来についてこう記している。

　　そこへ，別世界からの古い教義に科学という最新流行の言語をまとわせようと，新たな預言者が現れた。Sigmund Freudは疑う余地もなく，性的政治のイデオロギーについては，革命に対抗する最も強力な人物であった。(p.178)

Millettは1930年から60年という時期を，性の反革命の時期と見なし，その政治的戦いの相手はナチスドイツやソ連であり，イデオロギーの戦いの相手は精神分析や社会機能主義であるとしていた。Betty Friedan（1963）は，『新しい女性の創造 The Feminine Mystique』において，さらに進めて次のように主張している。

　　世界大恐慌の後，大戦の後，フロイト派の心理学は人間行動の科学，病むものへの心理療法というよりも，はるかに大きなものとなった。それは，アメリカのイデオロギーを包括し，新たな宗教ともいえる……フロイト派や擬似フロイト派の理論は，ま

るで細かな火山灰のように至るところに定着した。(pp.114-15)

　MillettやFriedmanのように痛烈な批判を行った作家たちの焦点は次のような事柄であった。(1) 少女を，去勢された発育不良の男として見るような男性中心の考え方，(2) 女性の超自我（道徳性）は弱く依存的で，決して男性ほどには強固ではないというFreudの見解，(3) 女性の人生における嫉妬や羨望の役割をFreudが強調したこと，(4) 成熟した女性のセクシュアリティを生来的に受動的でマゾヒスティックであると描いたこと，(5) 女性は生物的衝動に支配されており，したがって男性に仕えることを宣告された性であるというFreudの考え方，(6) 成熟した女性は優れた形での性的快感を体験することができ，それは「膣のオーガズム」に起因するというFreudの誤解（MastersとJohnsonの研究によって決定的に信用を落とした），そしてオーガズムをクリトリスで体験する者はどこか未成熟で，神経症的で，意地が悪いかあるいは男性的であるという意味づけ，(7) Freudが幼年期の性的虐待を報告した女性患者の信頼を失い，当時台頭していたメンタルヘルスの専門家に，自己満足的で共犯的な遺産を残した点である。

　Juliet Mitchellの『精神分析と女の解放 Psychoanalysis and Feminism』(Mitchell, 1973) の出版は，Freud（と精神分析家たち）の女性の描写の限界に対して，Millettのような作家による力づくの打撃ではなく，より繊細できめの細かい批判を発展させる糸口となった。例えば，ペニス羨望という概念は，当初は擬似科学的神話として無条件に否定されたが，正確ではあるが誤って解釈された観察として捉えられるようになった。女性が羨望を向けるのは解剖学上の男性ではなく，男性という性別の不当な社会的優位性なのである。ペニスへの羨望は社会的に去勢されること（無力化されること）への女性の怒りを象徴しているのであろうが，Freudはこれを見落とし，この根の深い問題の表面的な様相に焦点を当てることを好んだ。Janine Chasseguet-Smirgelはまた，女性のペニス羨望を，母親のアイデンティティから分離したアイデンティティを確立しようとする少女の願望として捉えうると示唆した（Chasseguet-Smirgel, 1970）。Freudがペニス羨望に注目を集めなければ，後のフェミニストの作家たちはこれに代わる解釈へと駆り立てられなかったということは認めるべきであろう。

　Toril Moiは，Cora Kaplanに追随し（Moi, 1985），Millettのフロイト派の精神分析家たちへの攻撃は，父権支配による女性への性的圧迫に関して，精

神分析が意識的計画的な筋書きを提供したと見なすことの効果のゆえであると指摘している。このことを論じるには，Millett は，Freud の主要な洞察の1つについての認識を抑制しなければならない。その洞察とは，意識的な行為は無意識の欲動に影響されるということである。したがって，女性嫌いはすべて意識化しているわけではないし，また女性は無意識のうちに圧迫者たちの見方や態度に同一化し，加害者-被害者のスキーマを複雑化させるような仕方で彼らを内在化しているかもしれない。したがって，男性の父権的なイデオロギーの働きに意識的に気づくことは必要ではあるが，女性解放の十分な条件とはなり難い。Mitchell (1973) は，根底にある無意識的葛藤に光を当て，女性の従属性を説明し，父権的社会での性別に関する理論を発展させるために，フェミニズムにとって精神分析が必要であると指摘している。

　Mitchell らによってアングロアメリカンの読者にもたらされたさらなるつながりは，ラカン派の精神分析とフェミニズムという，表面的にはありえないと思われるような提携で，最初はフランスで 1968 年以降に発展したものである。Freud の著作への激しい非難で彼との付合いを始めたアングロアメリカンのフェミニズムとは異なって，Moi は最初から次のように記している。

　　フランス人たちは，精神分析が個人の解放の理論と無意識の探求への道を提供できることを当然と見なしており，この 2 つとも，父権制社会での女性への圧迫を分析する上できわめて重要なものである。(Moi, 1985, p.96)

　Julia Kristeva, Luce Irigaray, Hélène Cixous のような作家たちが Jacques Lacan の著作に特に関心を持ったことは，イギリス学派と英国学派 (English and British Schools) の精神分析が母-乳幼児関係（第 5―8 章参照）に焦点化しているのと対照的に，Lacan の Freud 理解が基本的に，人間の実体を構成し性意識を捉える上での父親と「ファルスの機能 phallic function」に焦点化していることを考えると，驚くべきことと思われる。Cixous, Irigaray, Kristeva らの著作は，Lacan の「フロイトへ還れ」という呼びかけに応じたものとして描くこともできるであろう。しかしながら，彼らの Freud についての結論は必ずしも Lacan の結論と一致するとは限らなかった。例えば，Luce Irigaray はその後に出版した博士論文『検鏡，もう一人の女性について Speculum de l'autre femme』によって，1974 年，出版後瞬く間に彼女は Lacan のパリ・フロイト派 (École Freudienne) から追放された。フランスの

フェミニストの伝統を受け継ぐ作家たちは，ラカン派の精神分析が西欧哲学の伝統である女嫌い——その浸透しやすい影響力が，あらゆるところで精神分析の論説に作用している——を分析するのに格別有用な概念を提供すると思われたので，ファルス中心主義を保持せずに，LacanのFreudの解釈を引用したのであった。表面的には，ヨーロッパ大陸の伝統に立つフェミニストの著作は，アングロアメリカンのフェミニストの著作よりも直接的には政治に関与していないように思われる。彼らが哲学を重視するのは，政治も含めてあらゆる論説の基盤となる主要な論説として哲学を捉える傾向ゆえである。したがって，彼らの見方では，変化をもたらすためには哲学から始める必要があるのであって，哲学的な事柄への彼らの関心を，政治からの転向と見るべきではない。

　ラカン派の理論の複雑さについて評価することは，本書の範囲を超えている。しかしながら，フェミニストの作家たちをLacanに強く惹きつけた理由のいくつかを挙げよう。(1)「Freudへの回帰」を呼びかけるなかでLacanは，自分を破壊分子で革命的な人物として示し，Lacanの見方ではすでに沈滞してしまっている権威づけられた著作よりも，はるかに知られていない，評価の定まらないFreudを取り上げている。この方略がフェミニストたちに，Freudを敵陣から救い，より父権的でない，彼らの助けになれる人物に作り変える可能性を示唆した。(2) Lacanの理論は，Freudのあらゆる生物学的側面を，時代遅れの19世紀の科学的理論と結びついたものとして拒否している。このことが女性のセクシュアリティについての精神分析的説明を，誤った生物学的な議論によって正当化された本質主義だという非難から救済することを可能にしている。(3) 主観性の成り立ちについてのLacanの説明は，それを個体化や自己発見の過程として描くのではなく，基本的に「主体 subject」を，指し示された (subjected) 人として理解する。Lacanによれば，社会的，文化的，政治的，言語的構造，つまりLacanがしばしばまとめて「象徴的秩序 symbolic order」と名づけており，最初は母 – 子の二者関係を父親が切り離すことによって子どもの中に表象化されるものが，主体にその居場所を割り当てる——つまり社会での居場所は「父の名 nom-du-père」によって予め定められているのである。したがって，アイデンティティという想定は何よりも疎外されるという体験のうえに成り立つ。なぜならこのアイデンティティを明確に表明する象徴的秩序は，主体の統制を超えたところにあるからである（Lacanのモデルでは，乳幼児が最初にこの疎外によるアイデンティティを達成するのは生後6カ月から18カ月の「鏡像段階 mirror stage」であり，鏡に映るイメー

ジの全体性 wholeness の知覚が、「乳児がいまだ客観的には達成していない身体の支配を予測させるのである」Benvenuto and Kennedy, 1986, p.54)。このような発想は明らかに政治的な利用を招き、歴史的にアイデンティティを自己－決定できなかった一群の人々を魅了した（20世紀以前には、女性の人間性についての言説はほぼ男性に限定されていた）。(4) 前象徴（the presymbolic）について Lacan は「想像的秩序 imaginary order」と呼び、乳幼児と母親の関係よって説明している。想像的秩序では、子どもは母親の一部であり、母親からのいかなる分離にも気づいていない。Lacan は想像的なものは一過性の段階ではなく、もう1つの体験様式または「秩序」であって、生涯を通して象徴的なものとの不安定な関係の中で持続すると強調している。この原初的一体性の状態は、これを象徴的なものに潜在する父権制の構造に抵抗する可能性をもたらすものとして捉えた Hélène Cixous のような作家によって、フェミニストの大儀のために用いられた。象徴的なものはシニフィエ間が明確に分離することによって機能するのだから、あらゆる区別が不明瞭な想像的なものは、象徴的なものの機能を弱める可能性をもっている。

しかしながら、前象徴的母性的想像に女性を同化させることでフェミニストの領域を仕切るという誘惑は、権力闘争が繰り広げられる象徴的秩序への出入りを否定することによって女性をさらに無能化するという逆説的なリスクを孕むものである。20世紀の最後の10年間には、フェミニストの作家たちはしだいに女性性や女性のアイデンティティ等の特徴を描こうとするこのような試みすべてに対して批判的になった。もし、歴史的に、女性の性質を定義づける試みが変化への抵抗の様式であったり、女性を女性の場に配置する機能として働いていたのだとしたら、この企画を追求し続けることは、たとえその政治的協議事項は修正されているとしても、フェミニストたちが挑戦すべく打ち立てたまさにその構造を持続させるというリスクを負うことになる。この観点を初めて明言したのが精神分析家 Julia Kristeva であったのは意味深いことであり、彼女は「男性／女性を2つの敵対する単位の対立として見る二分法そのものが、**形而上学**に属するものとして理解できるであろう」（Moi, 1985, p.12）と示唆した。（大陸の哲学的伝統に浸っていた作家たちにとって、「形而上学」という言葉は、哲学ばかりでなく政治やイデオロギーの構造をも暗示する言葉であることは留意するべきである。）

ヨーロッパのフェミニストが古典的な着想の暗喩（メタファ）的な再解釈に戻ることを通して Freud との交流を回復したのとは対照的に、北米のフェミ

ニストの分析家たちは，政治的に不健全なドグマを拒否するために精神分析の手法を用いることで，Freud と和解した。例えば，Nancy Chodorow（1989）は，女性の子育て mothering は，性役割分業の数少ない普遍的で永続的な要素の1つであると論じた。

> 女性の子育ては……異性間の非対称性を形成し，それは家族や婚姻関係を再生産するが，女性には子どもの世話をしたいという欲求を持たせたままにし，男性には疎外された労働世界へ参加する能力を課したままにする。それは男性優位の心理と，女性を恐れる男性の心理を生み出す。(pp. 218-19)

ジェンダーアイデンティティの創成は，Freud が想定したような生物学的な自己発見を通してなされるのではなく，多くの場合，両親の期待を引き継いだ（Stoller, 1985）中核的ジェンダーアイデンティティへの心理的気づきによってなされる。Chodorow（1978）は Freud のエディプスコンプレックスへの見方が，両親との関係への子どもの欲求や恐れのみに着目し，子どもに対する両親の願いや行動を排除していると見て，これに肉づけを加えた。Chodorow にとって対象関係は，家族関係のパターンを意味している。これはフェミニズムが求めている前進である。性的アイデンティティを進化させることが複雑な事柄であるのは，母的人物からの分離 – 個体化の過程（第4章参照）が男児よりも女児にとって困難であり，それは母親の女性性が男児に対しては差異と分離性の強調であり続けるのに対して，女児の場合には同一であることや退行的融合を強調するからである。それゆえ，自律性および関係性の中での自己感は，男性にとってよりも女性にとって難題となる（Gilligan, 1982）。Chodorow が到達した結論の1つは，西欧文明での母親への恐怖と嫌悪は，そこから生じる個々の領域でのあらゆる宿命的な帰結も含めて，男性が母親にならない限り消えることはないというものであった。結論として，性別に特定されない子育てが，政策上の鍵事項となったのである（Chodorow, 1989）。

要約すると，精神分析はさまざまな仕方で，父権制度や20世紀のフェミニズムが挑戦しようとした思考様式と絡み合っているが，しかしそれはまた，そうした社会制度を超えて考えることを可能にする上での有用な概念を提供するものでもあった。フェミニズムと精神分析との間にある逆説的な引力関係は，破壊的で有害な心のありよう constellation を解体または改造すること，つまりフェミニストが性の政治に援用した有名なスローガンである「個人的なこと

は政治的である」によって鼓舞されたアプローチに精神分析が関わることによって，説明可能になるであろう。

1.5.6 特異性の欠如　Lack of specificity

ほとんどの精神分析のモデルは，病理の相異なる形態を説明する際に非特異的である。重篤な障害についての自己心理学的な説明がよい例である。特異性の問題が持ち出されると必ず，理論家たちは体質の違いを挙げる（例えばFreud, 1908b, p.187 参照）。病因学的モデルは，特定の症状を形成する早期あるいは後期に特異的な変数を特定しないし，特異性に影響する要因間の相互作用も特定しない。その結果，精神分析的定式化は，特定の障害を予測することが苦手なのである。例えばそれは，ある病理（例えば転換反応）の形態が減退することや，他の病理（例えば摂食障害）が増加することを十分予測することができない。

さらに驚くのは，生涯にわたる障害の好発期の変化について，詳細な理解が欠けていることである。われわれは境界性パーソナリティ障害が時を経て自然に改善に向かうことについても（McGlashan, 1986; Stone, 1990），患者が治療的援助を受けなくても良くなる理由についても，ほとんど何も語れない。早期幼児期には女児よりも男児にはるかに多くの病理が見られるのに，青年期ではこれが逆転する（Goodman and Meltzer, 1999）のはなぜなのか？　理論的に言及された多くの概念（例えば自己愛）にはさまざまな出典があり，あるものは発達過程に結びつけられ（例えば，照らし返しや鎮静の体験の不適切さ），あるものは潜在的な心的状態（例えば，脆弱な自己感）に，またあるものは顕在的な自己表現（例えば，自己への誇大的な見方, Westen, 1992）に結びつけられている。

今後，精神分析の理論家は，臨床などの場で，理論の発見的価値を高めるために，概念の輪郭を曖昧にしようとする傾向に，より周到に注意しなければならないであろう。そのような曖昧さは，特に同じ考えを分かちあっていると信じ合えることで専門家集団のアイデンティティが高まって，短期間得るものはあるとしても，長期間になればそれが発展を妨げ，また着想そのものを精査せずに権威（例えば，FreudやKohut，その他の主要な理論家たち）に頼ることで，科学的論議を格下げしてしまう。

1.5.7 発達的パースペクティブの弱さ

レビューされた理論のほとんどが，発達の観点の驚くべき狭さに悩んでいるが，その明らかな例は，自己の理論（この批判的評価については Eagle, 1984; Stern, 1985 参照）と，対象関係（Peterfreund, 1978）である。彼らの批判は2つの密接に関連した課題をあげている。第1は精神病理の特定の形態が特定の（発達）段階に結びつくとする不当な確信に関連している（例えば，境界性パーソナリティ障害を分離 – 個体化の下位段階である再接近期に）。第2は，早期体験を強調しすぎ，それがしばしば発達的データと一致しないことに関連している。Westen (1990a; 1990b) が特に彼のエビデンスから明らかにしているのは，自己表象や対象関係の病理的過程が，実際には精神分析の理論家たちが伝統的に考えていたよりもかなり遅い発達段階に特徴づけられるということである。精神分析理論にとって，前言語期での欠損を強調することには，特殊な難しさがある。なぜなら，実証的に検証することが現実的には不可能な多くの仮説を，この時期に位置づけることになるからである。Freud 自身 (1911b; 1913a)，精神病の背景となるリビドー固着が発達の最早期に，明らかに神経症よりも発達的に早い段階で見られるという考えを好んだことは明白である。しかしながら，われわれが扱っている退行とは，説明としての退行ではなく，「子どもっぽい」という描写的な意味での退行なのだから，退行的な症状や行動があることは，必ずしも発達上の失敗を意味しているとは限らないのである。

Peterfreund (1978) は，精神分析的発達論の主要な傾向には，「大人に似せた乳幼児期 adultmorphize infancy」の傾向がある，つまり，発達の早期の段階を，後の病理的状態に関する仮説によって描写する傾向があるとして批判した。もしも大人が乳幼児のようにふるまったとしたら，融合，自己愛，万能感，自閉，共生の状態にあるとか，幻覚様の体験があるとか，見当識を失い妄想をもっているとされることは疑いようもない。しかし乳幼児の行動能力は限られており，その機能を描写するのに成人に合わせたシステムに当てはめると，必然的に論理的には受け入れがたい説明となる。「退行」とされる，精神病と結びついた現れの中には，健常な発達とは対応しないものもある。Stechler と Kaplan (1980) は，乳幼児が何を体験しているのかをわれわれが知ることはできない以上，精神分析の主張を支持する実証的エビデンスがどのように収集されているのか知るのは難しいと指摘している（Wolff, 1996; Green, 2000c も参照のこと）。臨床に基づく発達的説明もまた，欲動に基づく理論と対象関係に基づく理論の対決（Anna Freud と Melanie Klein の理論を比較）が例示す

るように，筆者のメタ心理学的な関わりを反映していることが多い。精神分析的メタ心理学は，いずれにしても臨床的観察との緩い繋がりをもつに過ぎず（Gill, 1976; Holt, 1976; Klein, 1976b; Schafer, 1976），発達理論の独立した検証を提供することはできないのである。

要するに，境界性パーソナリティ障害や統合失調症のような重篤な障害をもつ人の心的機能に見られる，原初的様式と推測されるような所見は，早期の病因となる体験の残留であるとか，退行的な再現だというエビデンスとはなりえない。しかも，たとえ水平分裂（Kohut, 1971）やアイデンティティ拡散（Erikson, 1956; Kernberg, 1967）が，なんらかの早期の思考様式を表していたとしても，どのような場合にも論議になる課題として，それが成人の心的機能に現れた場合に，乳幼児期のトラウマより以降に起ったことに，容易に関連づけることができるということである（Fonagy, 1996b）。近年，Martin Willick（2001）は激しい論議を記した論文で，この批判が過去の精神分析的理論のみならず，現在行われている研究にも適合することを示す文献から，たくさんの最近の実例を提示している。

1.5.8 トラウマ，再構成，記憶，幻想

古典的な精神分析の視点は，個人の内的体験を重視し，内的体験を発展させる「現実の」世界については比較的関心を寄せていない。そこには，欲動が成熟する段階の方が，環境にあるいわゆる「偶然の出来事 accidents」よりも重要だという暗黙の仮説がある。その一方で，成人の病理研究に基づいた，より近年の多くの理論は，生活史を再構成する中で，母親の幼児に対する**実際の** actual 行動を，決定的に重要なものと見ている（Sullivan, 1953; Winnicott, 1960b; Kohut, 1971）。そのような再構成は真実なのだろうか？

早期体験の「理解可能性 knowability」に関して，精神分析の中で現在論議されていることがある（文化全体にわたる論議を反映して）。Shengold（1989）はこの論議を，心や心による着想を超える現実への理解可能性について，George Berkeley が始めた 18 世紀の論議と結びつけている。1977 年，Florence Rush は，Freud が幼児期の性虐待の広がりを発見し，そして隠蔽したと論じた（Rush, 1977）。Masson（1984）は，彼の過剰に単純化した著作『真実への挑戦 Assault on Truth』で最近の論議を再燃させ，精神分析が成した多くの貢献の礎石である（Freud, 1905d）幻想 fantasy の病原的な力を否定している。Masson（1984）は，Freud が神経症の誘惑理論 seduction theory

を支持するエビデンスを防衛的に捨て去ったり，意図的に留保したりしているとして厳しく非難している。実のところ，Freud は決して誘惑理論を「抑制した suppressed」のではなく，事実と対応するように修正し，幼児期性欲とその病原としての可能性の発見に結びつけたのである（Hanley, 1987）。1896年，Freud は『ヒステリーの病因論 The Aetiology of Hysteria』（Freud, 1896）の中で，18人の患者が幼児期に誘惑されたという正確な論拠を示している（p.190）。Freud は『精神分析入門 Introductory Lectures』（Freud, 1916-17, p.370）や『女性の性について On Female Sexuality』（Freud, 1931a, p.232），『モーゼと一神教 Moses and Monotheism』（Freud, 1939, pp.75-6）において，実際の誘惑体験がもつ病因としての重要性についての見解を強調した。

　一方，解釈学的アプローチを選んでいる精神分析家らは（例えば Steele, 1979; Spence, 1982），「実際の」過去を治療的に求めることや，内的一貫性を「真実」への唯一の適切な検証の規準として信奉することを拒否している。Spence（1982; 1984）は，精神分析が過去についての特権的な知識を持つと主張することはできないと断言している（Freud は，擬似考古学的試みによって解明できると述べた）。彼は，治療的文脈での過去との遭遇は，患者の人生についての「もっともらしく」一貫したナラティヴを創造する行為だと論じた。Spence（1982）は，次のような批判的警告を発している。「一度語られれば，それ（ナラティヴの真実性）は部分的に真実となり，繰り返され，拡張されるにつれてより身近なものになる。そしてその身近さがもっともらしさを加え，それは完全に真実となるのである。」（p.177）

　この論議は近年のいわゆる「虚偽記憶症候群 false memory syndrome」をめぐる論争から弾みがついたもので，基本的には，患者が幼児期に性的誘惑を受けたとする熱心すぎる治療者たちの影響によって有罪性という法的課題が生じることになった。この論議を精神分析の分野内で解決するのは難しい。なぜなら精神分析は，外的現実と内的現実の区別を（この論争が求めているように）明確にするのではなく，むしろ不明瞭にしようとしている分野だからである（Fonagy and Target, 1997）。しかし，精神分析家たちはこの挑戦に応え始め（例えば Brenneis, 1994），そこから治療状況における記憶の役割が非常に重要な課題になってきている（Fonagy, 1999b）。しかしながら，このような試みは，心理的障害の病因としての内的体験と外的体験の位置づけという，中核的な問題を明言することに全く失敗している。

　この論議について，適切な解決はありえない。幼児期の虐待被害者である成

人に関わっている臨床家のほとんどは，Shengold（1989）の次の見解に同意するであろう。

　実際に性的体験を持っている患者が，性的接触の幻想を治療者に転移するのみで，行動化したりそれを繰り返したりしない患者よりも，必ずしも病的になるとは限らない。しかし患者の治療を行う分析家は，**実際の体験が醸し出す独特の質を明白に感じる**であろうし，患者の不信感の強さや，患者の超自我の崩れやすさや，反復への期待の深さ——そして今後の治療の実行可能に影響するその他の抵抗に，その影響を感じるであろう。(p.40)

　ほとんどの事例で，患者の想起の質や，エビデンスが集中していることから，虐待が実際にあったかどうかについて疑う余地はない。疑いの残る事例では，患者も分析家もともにそれに耐えなくてはならない（Mollon, 1998）。意味を探求することは人間のパーソナリティに遍在する側面であるが，治療者は早期剥奪があったという誤った生活史的説明を「発見する」ことによって，目前の悲しみや苦悩や落胆に間違った意味づけを行うという誘惑に抗わなくてはならないのである（Target, 1998）。

1.6　精神分析理論の概観

　精神分析理論は固定化した知識の集積ではない。それは絶え間なく進化し続けている。20世紀の前半に，Sigmund Freud（第2章参照）と彼に近い信奉者たちは，発達と病理への本能の役割を同定した（欲動理論）。後に，その焦点は発展し，自我の発達と機能，より正式には自我心理学（第3章および第4章参照）や，対象関係理論に具体化された現代の早期の母子二者関係とその対人関係や内的表象への長期にわたる影響（第5章，第6章，第7章，および第8章参照）へと移行した。同時に，自己の心理学はほぼすべての精神分析的理論の一部として発展した。それが主流の理論に統合されて，包括的で現象学的な臨床の理論の，よりよい概念的な基礎が示されている（第7章，第8章参照）。メタ心理学的な構成概念からは距離を置き，自然科学の枠組みに身を預け，個人の体験により近い臨床理論をもち，表象世界と対人関係に焦点を合わせるという方向性が生じている（特にSandler and Rosenblatt, 1962b; Jacobson, 1964; および第9章，第10章参照）。現代の理論は発展途上の情動的関係とそれが巻き込む複雑な相互作用と，心的構造の形成との結びつきという，時にき

わめて把えにくい結びつきを辿ろうと試みているのである。

　この理論的変遷を可能にした2つの要因は，(1) 観察に基盤を置く精神分析的発達理論 (Freud, 1965; Mahler et al., 1975; Spillius, 1994)，そして (2) 発達的枠組みに入った対象関係理論の展開 (Pine, 1985 参照) で，それが母－乳幼児マトリックスという文脈で生じる，分化し，統合された表象世界の発展を解明する。Winnicott (1960c) は，これを「抱える環境 holding environment」と名づけている。最も広く把えれば，対象関係理論は，乳幼児の感覚運動体験という拡散した体験から，分化した一貫性のある，そして比較的現実的な，相互作用する自己と対象の表象へという，スキーマの発達に関わっている。この進化によって表象はしだいに象徴的レベルへと向かうが，より早期の相互作用のレベルにある表象は心のなかで保持され，強い影響を及ぼし続けると，一般的に想定されている。

　精神分析のモデルは，精神分析的治療を受ける人々が，なぜ，どのようにして，通常の発達の道筋から逸れ，精神内界や対人間の多大な困難を体験するようになったのかを説明するための，様々な試みを通して発展してきた。われわれがこれから概観するそれぞれのモデルは，ある特定の発達段階に焦点をおき，分析家の臨床的体験からもたらされた通常の人格発達モデルを描き出している。

　幼児期の体験 (Freud and Breuer, 1985) と，その発達過程の変遷 (Freud, 1900) に結びつけることによって，心の問題を意味づけした最初の人物はFreudであった。Freudの偉大な貢献の1つは，幼児性欲の認識であることは疑いない (Green, 1985)。Freudの発見は，われわれの子どもに対する理解を，理想化された無垢な存在から，生物的欲求を統制しようともがき，家族という縮図を通して自らを社会に受け入れられるようにしている人間へと (Freud, 1930)，根本的に変えたのである。Freudの観点について第2章でより詳細に述べることとしよう。

　自我心理学者は，子どもが生物学的欲求に耐えられるような適応能力を発達させることに焦点を置くことで，この観点の均衡を取った (Hartmann, 1939)。Hartmannのモデル (Hartmann, Kris, and Loewenstein, 1949) は，欲動と自我機能を結びつけて発達過程により広い観点を導入し，きわめて否定的な対人関係体験が，いかに適応に不可欠な心的構造の進化を危険にさらすかを示そうとする試みであった。彼はまた，早期の構造が再活性化すること（退行）が，精神病理を構成する最も重要な要素であることを示した。Hartmann (1955, p.221) はまた，ある特定の行動が持続する理由は，多くの場合それが最初に

出現した理由とは異なると述べて，発達過程の複雑さを最初に指摘した者の1人である。自我心理学者たちの偉大な貢献としては，発達の途上全般に精神内界の葛藤が遍在すると確認したこと（Brenner, 1982）や，対人的体験と同様に遺伝的素質が，子どもの発達経路を決める上で決定的要因であろうと認めたことが挙げられる。後者の考え方はレジリエンスという疫学上の概念と呼応している（Rutter and Quinton, 1984; Garmezy and Masten, 1991）。1950年代および1960年代の米国精神分析への自我心理学的アプローチの貢献については，第3章で述べる。

児童分析家たち（例えば Freud, 1965; Fraiberg, 1969; 1980）は，症候学が固定したものではなく，むしろ背景となる発達過程と重なり合い，絡み合った力動的な状態であることを教えてくれた。Anna Freud は，多大な社会的ストレスの中にありながらも健全な子どもと，ストレスに妨げられた子どもの研究を行い，そこから，子どもの情緒的成熟は診断可能な病理とは別個に描き出せるという，かなり包括的な理論を定式化した。特に戦時の託児施設での初期の研究では（Freud, 1941-45），後の研究が「レジリエンス」と結びつけた特徴の多くを同定している（Rutter, 1990）。例えば，強制収容所で子どもが互いにソーシャル・サポートを与え合うことができ，それが子どもの身体的，心理的な生き残りを確かなものにできたと，彼女の観察は雄弁に物語っている。より近年の，重度のトラウマを体験している若者に関する研究が，安定したソーシャル・サポートが保護する力を持つという彼女の仮説を裏づけている（Garmezy, 1983; MacFarlane, 1987; O'Grady and Metz, 1987; Werner, 1989）。Anna Freud の研究は子どもの外的現実にきわめて近いところにとどまったものであり，数多くの重要な応用に役立った（Goldstein, Freud and Solnit, 1973; 1979）。

Anna Freud はまた，発達の諸過程間にある均衡が重要であることを確認したパイオニアでもある（Freud, 1965）。特に環境や制度によって特定の能力を奪われた子どもがなぜ，より大きな心理的障害のリスクを抱えるのかを説明した点で有意義である。疫学的研究がこのことを支持している（Taylor, 1985; Yule and Rutter, 1985）。Anna Freud は発達の過程とメカニズムを精神分析的思考の中心舞台に位置づけた最初の精神分析家であった。通常の発達からの逸脱によって機能の異常を定義づける一方で，臨床事例から得られた理解を通常の子どもの発達を明らかにするために用いたのだから，彼女のアプローチは真に発達精神病理学だということができる（Cicchetti, 1990a; Sroufe, 1990）。

彼女が同じく発達論の用語を用いて治療過程の質の解明を始めたのだが，それは理にかなった発展だと見ることができる。時にわれわれは発達的概念を治療過程に比喩的に当てはめることがあるが（Mayes and Spence, 1994），特に子どもとの，そしてパーソナリティ障害をもつ成人との治療の本質的要素には，必然的にそこに関わらねばならない発達過程が潜在していることを知っておくことは重要である（Kennedy and Moran, 1991）。Anna Freud の仕事とその発達精神病理学との関連については，第 4 章の前半の主題とすることとしよう。

米国における発達観察のパイオニアである Margaret Mahler は，分離したアイデンティティには養育者との充分に満たされている親密性を諦めることが含まれるという，自己－発達のパラドックスに注目した。2 歳児の「両価傾向 ambitendency」に関する彼女の観察は，個人を確立していく過程での根深い問題に光を当てた。Mahler の枠組みは，分離を促す養育者の重要性を強調し，子どもが新奇な環境での現実的な危険を見極められるようにする社会的参照機能を形成することに親が失敗した場合に，子どもが体験する困難を説明することに役立っている（Hornik and Gunnar, 1988; Feinman, 1991）。トラウマを抱え，悩んでいる親は，子どもの適応を助けるよりもむしろ妨げるかもしれない（Terr, 1983）。虐待する親は社会的参照機能を提供しないかもしれない（Hesse and Cicchetti, 1982; Cicchetti, 1990b）。子どもの分離への願望に直面した時に，母親が閉じこもることが病原となる可能性については，Masterson（1972）や Rinsley（1977）によってさらに精密にされ，心理的障害の世代間伝達の側面を説明する一助となっている（Loranger, Oldham and Tullis, 1982; Baron et al., 1985; Links, Steiner and Huxley, 1988 参照）。Mahler とその後継者たちの研究については第 4 章の後半の主題とする。

Joseph Sandler は，英国における Anna Freud と Edith Jacobson の研究を発展させたが，これは精神分析理論と発達的視点を最もよく統合している。彼の包括的な精神分析的モデルによって，発達の研究者たち（Emde, 1983; 1988a; 1988b; Stern, 1985）がその所見を精神分析的定式化と統合することが可能となり，それは臨床家も使えるものになった。Sandler の定式化の中核には事実と歪曲の双方を含む表象構造があり，それが心的生活の原動力となっている。彼のモデルのさらに重要な要素は，安全の背景 background of safety という概念であり（Sandler, 1987b），Bowlby（1969）の安全基地 secure base という概念と密接に関連している。Sandler の発達的概念については，ここに挙げた以外のものも含めて，第 4 章の最終部で概観する。

早期の発達や乳幼児の幻想についての対象関係理論の焦点は，精神分析にとって悲惨な世界観から，幾分かよりロマンティックな世界観への移行を示している（例えば Akhtar, 1992 参照）。古典的な立場と対象関係的立場との対比については第 5 章で述べるが，それに続く章では，主要な対象関係理論について詳しく述べる。Melanie Klein とロンドンで働くその後継者たちは，発達のモデルを構築したが，この臨床家たちは乳幼児の認知能力について想像を絶する仮説を立てようとしていたので，当時多大な反論を受けた。驚くべきことに，発達研究は，因果関係の認識や（Bower, 1989），因果的理由づけ（Golinkoff et al., 1984）に関する Klein の主張の多くと一致しているようにみえる。クライン派の発達概念は，臨床における患者と分析家間の臨床的相互作用を（子どもでも成人でも）力強く描き出すので，よく知られるようになってきた。例えば，投影同一化は，原初の心的機能が分析家の心に作用して緊密な統制を及ぼす様を描いている。ポストクライン派の精神分析家たちは（Bion, 1962a; Rosenfeld, 1971b），認知能力の発達に情緒的葛藤が与える影響を強調した点で，特に有益である。Klein-Bion モデルについては，第 6 章で述べることとする。

　英国対象関係学派による重篤なパーソナリティ障害の研究から，養育者との早期の関係性が人格発達の重要な側面として出現した。W.R.D Fairbairn が人の人を求める欲求に焦点をあてたこと（Fairbairn, 1952a）が，精神分析の注目点を構造から内容へと変えることに貢献し，英国および北米における精神分析的論考に甚大な影響を与えた。その結果，精神分析モデルの中核的部分としての自己が，Balint（1937; 1968）および Winnicott（1971b）の研究の中に現れた。世話役 care taker や偽りの自己，全面的な依存状況でのトラウマを克服するために創られた防衛構造といった概念が，必要不可欠な発達的構成概念となってきている。Winnicott（1965b）の概念である母親の原初的没頭，移行現象，抱える環境，そして養育者の映し返しの機能は，自己構造の発達に見られる個人差に関心をもつ発達研究者に，明確な研究の焦点を与えた。

　親子関係の重要性は，一貫して精神病理学の発達的研究によって裏づけられている。この領域の研究は，早期の母親の失敗，特に母親の抑うつ（Cummings and Davies, 1994 参照）による外傷的な影響や，安定した関係性を形成する上での母親の感受性の重要性（Ainsworth et al., 1978; Belsky, Rovine and Taylor, 1984; Grossmann et al., 1985; Bus and van IJzendoorn, 1992）に関する Winnicott の主張を，多くの点で支持している。英国独立学

派の研究に関しては第7章で概観する。

　北米の理論家たちによって，対象関係的な着想を構造論という局面を保持するモデルに組み入れる多くの試みが行われてきた。第8章では，そのうち2人の主要な人物の研究について概観する。Kohut の自己心理学（Kohut, 1971; 1977; 1984; Kohut and Wolf, 1978）はそもそも，自己愛的な人々との彼の体験を基にしている。彼の中心的な発達的着想は，達成への生物的衝動に直面して乳幼児が感じる無力感を中和する，思いやりのある養育者への希求であった。Kohut は，生涯を通してそのような思いやりのある（理解してくれる）対象への希求があることを強調しており，このような概念は広範囲の疫学的研究にわたるソーシャル・サポートの力強い保護的な作用に関する，蓄積されたエビデンスと一致している（Broun and Harris, 1978; Broun, Harris and Bifulco, 1986）。Kohut はまた，Winnicott や英国対象関係理論家に深く依拠しているが，しかし彼がどれほどその恩恵を受けているかについては，めったに自認していない。映し返し対象 mirroring object は「自己対象 self object」となり，また共感への欲求は発達を促し，それは結果的に一貫した自己の獲得へとつながる。欲動理論は自己理論にとって二次的なものとなり，そこでは，統合された自己構造を獲得することに失敗すると，それによって攻撃性が残留したり，またそのこと自体が攻撃性や隔離された性的固着を生み出すと考えられた。しかしながら，自己は構成概念としては難問のままになっている。Kohut のモデルでは，自己はその人（その患者）であると同時にその人を統制すると想定される代行者 agent でもある（Stolorow, Brandschaft and Atwood, 1987）。それにもかかわらず，Kohut の自己愛的人格についての記述は，精神分析的理解に発達理論を用いることの説得力も影響力もある用例となっている。さらに，自己対象が情緒的調律に失敗することによる自己の「弱体化 enfeebled」は，深く永続的な影響を及ぼすという Kohut の仮説は，リスク研究の分野で強力な反響を呼んでいる。Cicchetti(1989; 1990a; 1990b)の研究は，早期のトラウマや断片化 disorganization と，自己発達に生じる遅れとの明白な結びつきを示している。不適切に扱われた乳児や幼児についての研究者たちは，そのような乳幼児たちの目を見張るような愛着行動が，研究室観察でも自然発生的な遊びでも同様に見られることを記載している（Fraiberg, 1982; Carlsson et al., 1989; Crittenden and Ainsworth, 1989）。そのような子どもが引き受ける行為の有効性が Kohut の自己評価 self-esteem という概念の中心であり，またそれは Bandura の概念である自己効力感 self-efficacy の中核でもある

(Bandura, 1982)。より近年では，問題解決能力と自己評価はレジリエンスの独立した指標であるように示す研究もあるが (Cowen et al., 1990), Kohut の定式化はおそらく，自信 self-confidence の概念を操作的に定義する上で有用だったであろう (Garmezy, 1985; Rutter, 1990; Werner, 1990)。

　北米の自我心理学と対象関係の考え方を統合させたもう一つの理論は，Otto Kernberg によって提示された。精神分析的思考の発展への Kernberg の貢献は，この分野の近年の歴史上，類を見ないものである。彼の構造論と対象関係理論の体系的な統合 (Kernberg, 1976b; 1982; 1987) は，特にパーソナリティ障害との関連で，おそらく最も頻繁に用いられる精神分析モデルであろう。彼の精神病理のモデルは，パーソナリティを，幼い子どもの内的葛藤を表現する能力の限界を反映するものと見立てる，という意味で発達論的である。神経症的な対象関係では，自己と他者の表象を，欲動を備給した部分対象へと防衛的に解体することはより少ない。パーソナリティ障害では，自己と対象との迫害的関係性が活性化することのシグナルとなるような，拡散した圧倒的な情緒状態に脅かされて，部分対象関係が形成される。Kernberg のモデルが特に有用なのは，自分の発想を実施可能にする決意や，その詳細さのレベルが，精神分析の著作の伝統をはるかに上まわっているからである。それゆえ，大量の実証研究が彼の提言や (Westen, 1990b; Westen, 1990b; Westen and Cohen, 1993)，重篤なパーソナリティ障害に対して行った臨床的アプローチを直接的に検証しているのも驚くべきことではない。Kernberg の貢献については第 8 章で概観する。

　米国の自我心理学がしだいに消退し，また精神分析が心理学者その他の非医療的専門家に開放されるに伴って，Harry Stack-Sullivan (Sullivan, 1953) や Clara Thompson (Thompson, 1964) の仕事に根ざした理論や技法への新鮮で知的なアプローチが，理論的および技法的論議での立場を得るようになった。例えば Steve Mitchell, Lewis Aron, Jessica Benjamin, Philip Bromberg, その他多くの多作の現代の作家たちに代表される対人論的アプローチ (interpersonalist approach) は，治療的状況での分析家の役割に変革をもたらしている。ポストモダンの思想に影響を受け，この臨床家集団は概して分析的関係性を患者と医師というよりむしろ，2 つのより対等なものとして捉えている。彼らは自己感には基本的に対人的な性質があること，したがって心的機能には最低 2 人 1 組という性質があることを認識した。彼らは治療過程でも心の対人的性質の影響を認め，治療過程で働く 1 人の人としての分析家の積極的

な役割を一貫して認識している。特に論議を醸しているのは，治療中の分析家のエナクトメントは，転移による患者のエナクトメントと同様に避けられないという，多くの対人論者の主張である。この分析家集団の貢献については第9章の主題としよう。

　Bowlby (Bowlby, 1969; 1973; 1980) の分離と喪失についての研究もまた，発達研究者らの注目を最早期の関係性における安全確保（安心，感受性，予測可能性）の重要さへと集中させた。彼の対人関係の内在化という認知—システムモデル（内的ワーキングモデル）は，対象関係理論と合致し (Fairbairn, 1952a; Kernberg, 1975)，他の愛着理論家たちによって推敲され (Bretherton, 1985; Main, Kaplan and Cassidy, 1985; Crittenden, 1990)，非常に影響力のあるものとなっている。Bowlby によれば，子どもは養育者の行動や自分の行動に関する期待を発展させる。このような期待は，それ以前の相互作用体験への子どもの理解が基になっており，またそれが子どもの愛着対象との行動や（それを拡張した）他者との行動を体系化する。この考え方は非常に幅広く用いられてきた。Bowlby の発達モデルは内的ワーキングモデルのもつ世代間伝達的な性質を重要視している。すなわち，われわれの自分自身への見方は，われわれの養育者を特徴づけた関係性のワーキングモデルに依っているということである。この世代間モデルについての実証研究は励みになるものであり，蓄積されつつあるデータは愛着の安定性および不安定性が世代間を通じて伝達されること (Main et al., 1985; Grossmann, 1989; および van IJzendoorn, 1995 によるレビューを参照せよ)，そして，この過程を形成する親の心的表象が第1子の誕生以前に査定できること (Fonagy et al., 1991; Benoit and Parker, 1994; Ward and Carlson, 1995; Steele, Steele and Fonagy, 1996) が確認されている。愛着理論を含めて，発達研究を基盤とした精神分析的アプローチについては，第10章で紹介したい。愛着理論の着想と精神分析的思考とを，一般システム論の枠組みで組み合わせた実に多くの理論が，発達研究の伝統からもたらされている。これらの理論のいくつかについては，第11章で述べる。例えば，Daniel Stern の著作 (1985) は，発達に関する精神分析的理論化にとってのマイルストーンとなった。彼の研究は病理形態学的 pathomorphic というより標準的であり，遡及的というより予測的である点で際立っている。彼の焦点は，成熟を促す新たな能力の発現と共に生じる，自己と他者についての主観的展望を，再編成することにある。Stern はいくつかの質的に異なる自己感を，それぞれ発達に結びつけて扱っている精神分析の著者の中で，最も洗

練されている。心についての精神分析的モデルとしては，おそらく Sandler と最も近いが，彼の対象関係の定式化は Bowlby, Kohut, Kernberg のそれと多くの共通点がある。多くの Stern の示唆が，早期中核的自己の概念や，他者とともにいることのスキーマの役割を含めて，臨床的にきわめて応用可能であることが証明されている。他に，短期精神療法の実践家たちの研究から源を発した，一般システム論による精神分析の解釈もある。特に貢献の顕著な2人は，Mardi Horowitz (1988) と Anthony Ryle (Ryle, 1990) である。両者は，古典的技法を実質的に見直す中で，いくつかの精神分析的概念の修正を提案している。第12章には，自己発達とメンタライゼーションの能力についての，われわれ自身の研究についても述べている。

　初期の理論が後の定式化によって取って代わられるということはなく，たいていの精神分析的著者は，発達と精神病理との関連について包括的に説明をするためには，たくさんの説明の枠組みが不可欠だと想定している（Sandler, 1983 参照）。いわゆる神経症的精神病理は，より後期の幼児期に，自己と他者の区別が生じ，多くの心の発動主体（イド，自我，超自我）がしっかりと確立される時期に端を発すると仮定されている。この構造論的準拠枠（Arlow and Brenner, 1964; Sandler, Dare and Holder, 1982）は，こうした障害の発達的説明の中で最も一般的に用いられる。パーソナリティまたは性格の障害（例えば境界性パーソナリティ障害，自己愛性パーソナリティ障害，シゾイド・パーソナリティ障害など）と，ほとんどの神経症ではない精神医学的障害は，構造論の後で発展した枠組みから観察されるのが常である。このように，構造論的枠組みも含めてさまざまな理論的枠組みが可能であるが，その多くは心的構造がまだ形成途上にある時期に生じる発達的な病理に注目している（例えば Kohut, 1971; Modell, 1985 参照）。しかし理論が一体重要なのだろうか？　理論は実際に患者との臨床作業に影響を与えるだろうか？　これは答えることの難しい問いである。明らかに，まったく異なる病因論の見地を持った，まったく異なる流派の分析家が，それぞれの定式化の正しさを確信し，その確信によって治療が導かれている。われわれにはまだ何が真に心理療法の変化可能性なのか分かっていないのだから，多くの患者にとって病因についての分析家の理論がそれほど重要ではないことはあり得るであろう。臨床の仕事と理論的発展との複雑な関連については第13章で，精神分析の成果に関するエビデンスの概観も含めて考察したい。

　最後に，精神分析的アプローチのいくつかの限界と可能性を提示して，本書

を終えることとする。第14章では，今後精神分析的着想の発展が見込まれる点について，それが現在直面している課題と同様に，考えてみたいと思う。脳科学との接点において，脳についての新たな発見がもたらす驚くべき可能性や，精神分析へのその遺伝的な基盤にも，焦点をあてるつもりである。

第2章　フロイト

2.1　発達に関する Freud モデルの概説

　行動主義を提唱した第一人者である Watson は 1930 年に,「今から 20 年後,Freud の概念を用いる分析家と Freud の用語は,骨相学者(頭の骨相を触って人々の性格を言い当てる, 19 世紀の技術を実践する人)と同じに位置づけられるだろう (Watson, 1930, p.27)」と予告した。しかし, Johoda が 1972 年にイギリス心理学会への挑戦状に示したように, 心理学界が彼の多くの見解を払いのけようとしても「Freud は消え去らないであろう」。Johoda は, Watson の予測が当たらないのは, Freud の着想によって浮き彫りにされたのが, 基本的な心理学の問題だからだとしている。

　Freud (1895) は当初, 神経症の原因が幼児期に受けた誘惑という出来事にあることを発見したと信じていた。この構想では, 神経症症状とは, 早期のトラウマを歪めた形で表現したものだということになった。例えば, ヒステリー性盲目の 8 歳児は, 母親の強姦を目撃したという記憶に「目を閉じる」ことによってある程度内的な安心感を得られるのであろう。このモデルには心的装置が仮定されておらず, むしろエネルギーの身体への転換を通して症状が現れるという考えである。例えば, 1888 年に彼は次のように記述した。「**身体的な緊張**が蓄積されているところには, 不安神経症がある (A.Freud, 1954 より引用)。」

　生物学的欲動状態から生じる幻想を強調した第 2 のモデルへ移行し, いわゆる誘惑理論を棄却したことによって, 発達の社会理論派としての Freud のキャリアは中断された。このモデル以来 Freud (1905 d) は, 子どもの心的装置が, 成熟過程として予定されている欲動状態の継起がもたらす圧力に適切に関わることができないということで, すべての行動を説明しようとした。成人の精神病理学も, 夢や冗談や失錯行為も, 幼児期の性をめぐる解決されていない葛藤の再現と見なされた (Freud, 1900; 1901; 1905b)。

　社会的環境の影響は, Freud の思考が第 3 の理論へと大きく移行したこと

によって，精神分析理論の中で突出した位置を取り戻した（Freud, 1920; 1923; 1926）。二大本能論が(Freud, 1920)，臨床観察データと適合するという注目に値する事実から，この新しい構造論は Freud 以降も長く生き続けた。たとえば，生得的な破壊および自己破壊の欲求の力と闘う子どもの抗争が精神病理にとって重要であると，遂に充分に認識されたのである。この時期に，Freud（1920）は不安に関する見解も改めている。今や彼は不安を，禁じられた生物学的欲動と結びついた付随現象としての体験ではなく，むしろ内的（本能的あるいは道徳的）あるいは外的な危険の認識と結びついた心理状態と見なすようになった。危険な状況とは，喪失（母親または母親からの評価を失うこと，身体の一部分または自尊感を失うこと）からくる無力感を恐れることとして特定された。この再考によって，精神分析的な説明の本質的な部分として，外界への適応が取り戻され，より認知的な用語による理論として作り直された (Schafer, 1983)。それでも Freud は，より原始的な不安の形態があるという考え方，すなわち，不安は「出生に類似した危険な状況であればいつでも」不随意に自動的に起こるという考え方を持ち続けた（S. Freud, 1926, p.162）。根本にある危険な状況への恐怖を制限する自我を発動させる「信号不安 signal anxiety」の助けによって退けられているのは，この自動的で浸透しやすい不安と，それに伴う圧倒的な無力感なのである（Yorke, Kennedy, Wiseberg, 1981 を参照）。

この Freud による最終改訂が，エス，自我，超自我という三層構造をめぐる発達的な枠組みを提供した（Freud, 1923; 1933; 1940）。人の心の中にある葛藤は主として3つのテーマをめぐって編成され，それは (a) 願望 対 道徳的制約，(b) 願望 対 現実，(c) 内的現実 対 外的現実だという仮定は，非常に説得力があった。特に，種々の防衛を創り出す自我の能力は，アメリカ (Hartmann, Kris and Loewenstein, 1946) とイギリス (Freud, 1936) での精神分析の理論化と臨床の基礎となった。

Freud の発達モデルには，多様な限界がある。これを引き継ぐ精神分析理論は，心理学理論の文化差の証として，また引き継ぐ理論家たちの，独自の貢献をしたいという欲求の証として，洗練されていった。ポスト・フロイディアンによる貢献で最も重要なのはおそらく，発達の文化的，社会的文脈という領域にある。すなわち，早期幼児期の体験の重要性，実在する親による現実の行動が発達にとって重要であること，発達にとっての本能的欲動の役割と同様に，依存，愛着，安全性の役割，自己の統合機能，発達の葛藤的でない側面の重要

性，が挙げられる。(Freud の発達論の) 欠点の多くは Freud の同時代人によってすでに指摘されていたが，指摘した人々は疎まれて，体制化された精神分析からは，少くとも Freud からは，遠ざかっていることが多かった。上記のテーマが遠ざかった人々と結びついていたことから，この人々の着想を体制化された精神分析の分野で，一般的に考察するのが遅くなった。例えば，Jung がリビドー理論を否定したために，間違いなく進捗するはずであった自己愛の理解や，ライフサイクルを通しての自己という理論の発展への注目が遠のいてしまった (Jung, 1912, 1916, 1923)。

2.1.1　第1段階：情動−トラウマモデル

　Freud の最初の重要な精神分析的提唱は，ヒステリーの性質（患者が生物学的な原因がないのに麻痺といった身体症状を体験する状況）に関するものであった。Breuer と共に，彼はフランスの神経学者 Charcot の研究を基に，ヒステリー患者の症状には心理的な意味があり，それまで考えられていた神経組織の衰えとは言えないことを示した (Breuer and Freud, 1895)。この時点での Freud の神経症モデルは，ヒステリー患者はなんらか重要な情緒的トラウマを経験しており，それが意識には受け入れられないゆえに抑圧された（忘れられた）と仮定していた。忘れられたトラウマによって引き起こされた感情（情動）は，意識界への解放（表現）を求めて圧力をかけ続ける。Freud は，患者の症状がこの「締めつけられた」情動が突出することに起因すると考えた。症状の真の性質は，忘れられたトラウマの出来事と症状を結びつけることで理解できる。次の例は，実生活に基づいたもので，異常なパーソナリティによる情動−トラウマモデルの決定的な構成要素をすべて示している。ある兵士が，自分から 15 ヤード付近または 35 ヤード付近にあるものだけが見えないという奇妙な失明を訴えた。彼は催眠によって，親友が自分から 15 ヤード先に立っていた時に，約 35 ヤード先にいた狙撃兵に撃たれたことを思い出した。彼は親友の死に責任を感じていたので，この記憶を意識に受け入れることができず，抑圧する必要があったのである（彼は友人を守るために狙撃兵の砲火に立ち向かうことをしなかった）。

　たとえこの例のようにトラウマが最近の出来事であっても，多くの場合，幼児期や前思春期に充分表現したり解消したりできなかった体験が，感情を引き出したのだと Freud は信じた。例えば，ある女性のヒステリー患者は，治療の間に幼児期の性的誘惑を繰り返し思い出した。Freud の治療には，主に催

眠によって，抑圧されたトラウマを意識に戻すことで（解除反応），鬱積した感情を解放する（カタルシス）という援助法があった。Freud はこのモデルを早々にやめてしまったが，この手法がメンタルヘルスの専門家に与えた衝撃は，今日でも感じ取ることができる。早期のトラウマを探し出して「成功裡に」修復することは，粗っぽい「道ばたの」心理療法が，いまだに暗黙のうちに目指していることである。さらに Freud は，外傷性神経症の理論の一部として，心に関する新たな生理学的モデルを発展させた（Freud, 1895）。Freud はこの仮説を神経心理学モデルとして提唱しなかったが，そのプロジェクトはほぼ完成していたと考えられる。その理論は神経心理学プロセスに関する理論的提唱というより，心理的機能の暗喩として後の研究で再び登場した。彼の着想の多くは，この数十年で神経生物学者によって確認されているように（例；Crick and Koch, 2000），先見性のあるものであった。

2.1.2　第 2 段階：局所論的モデル

20 世紀に入る頃までに，Freud は幼児期の誘惑の記憶とそれに伴う心的内容は，必ずしも正確な回想ではなく，無意識の願望と関連した幻想の場合もあることを知った（Freud, 1900）。彼はパーソナリティ発達を動機づける要因として，またその発達を精神病理学的に歪める要因として，生得的な欲動に注目するようになった。欲動が中心的な関心事になるにつれて，Freud の関心は，障害の原因となる外的な出来事から，意識の抵抗によって解放や充足を抑えられた着想が活性化する（Freud はこれを「備給 cathecting」と呼ぶ）生物学的な緊張状態へと，一時的に移行した。抑圧された願望は，間接的な形ではあるが夢で表現することができる。たとえば幼児が大切なペットをなくすという夢は，同胞を「なくす」という無意識の願望の表現かもしれない。Freud はこうした願望の多くは満たされるのが非常に怖いことであり，実に多くの夢に不安の体験が伴う理由の 1 つはここにあると気づいた。無意識の願望は，いわゆる失言によって，うっかりと直接的な表現で出てしまうことがある（Freud, 1901）。たとえば，アメリカの女性上院議員が合衆国でのイデオロギーの抑圧について激しく憤慨して述べるときに「フェミニスト，同性愛者，その他の倒錯者 perversions──ではなく賛同者 persuasions のために！」と言ってしまったような場合である。

2.1.2.1 心の3システム

Freud は夢を見ることに関する心理学的モデルを構成する中で、心を三層に区別した。最も深い層の**無意識システム** system unconscious は、多くは性的で時には破壊的な性質をもつ欲動や衝動から成り立つと考えられた。無意識システムにもっぱら関わるのは、欲望の充足または Freud が「快感原則」と名づけたものである (Freud, 1911a)。

Freud は、無意識システムでの考え方のモード (Freud, 1912b) は、意識での考え方とは基本的に異なると想定した。そこで働く「一次過程」思考は、衝動的で、まとまりがなく、論理的思考への理解力が狭く、奇怪な視覚的な心像に支配され、時間や順序や論理的一貫性を無視していると想定された。Freud は、夢は多分にこの一次的思考過程の産物だと感じていた。夢は、意識的思考にとっては奇怪で、当惑させられることが多いが、歪曲のメカニズムをうまく解明すれば、夢を解釈することができる。Freud は、鳥の頭を持つ人々が、眠っている母親を部屋に運び込んでくるのを見ているという男性の夢を報告した。Freud はこの夢を、母親に対する性的感情の偽装された表現として解釈した。鳥（ドイツ語で vogel）という言葉が、ドイツ語のスラングで性交を意味する言葉（vogeln）と似ているからである。Berger (1963) も夢での言葉遊びについて、実験研究から同様の報告をしている。この研究では眠っている（夢を見ている）被験者たちに親しい友の名前を音声で聞かせ、目ざめたときに夢を思い出させた。被験者たちは刺激語（親友の名前）を聞いたことは覚えていないが、それにもかかわらず、夢の中に間接的に、ごろ合わせのようにその名前が含まれていたり（例;「ギリアン」という名前が夢の中ではチリ出身の女性—チリアンとして登場した）、関連づけられたり（例;「リチャード」という名前を聞いた被験者が、リチャードという店で買い物をする夢を見た）していた。

神経生物学の近年の研究は、偽装された願望充足としての夢という Freud の理論に疑いを示すようになった。Hobson と McCarley による神経学の有力な理論は (Hobson and McCarley, 1977)、人間が夢を見ているときにほぼ同時に起こるレム睡眠は、脳の皮質下領域（脳橋）の不規則な発動によって生じた、より高次の中枢を不規則に活性化するが、それにはおそらく記憶システムの日々の再構成を促進するために余分な接続を取り除く神経作用を伴っていると示唆している。しかし、Mark Solms (1997a) による洗練された神経心理学の研究は（第3章3.3を参照）レム期と夢を見る経験とは必ずしも一致してい

ないことを明らかにした。さらに，Solms は，動機づけシステムと密接に関連する脳皮質下構造が夢を先導することを示した文献を再検討した。事実，Solms の神経心理学のモデルは，脳の画像化と脳損傷の臨床研究に基づいたもので，Freud の古典的な着想と共通する部分がきわめて多い。ここで Freud の理論がすべて正しいと断言はできないが，脳に関する近年の発見が，前世紀の Freud の着想を無効にしているわけではない。

前意識システム system pre-conscious は，この局所論的モデルの中間層を成しており，禁じられた願望を検閲し，その無意識の起源が見抜けないほどに歪められた場合にのみ意識にアクセスするという働きをしている。知覚的防衛という心理現象は，よく似た用語でこのことを説明している。Dixon (1981) がまとめたこの分野の研究は，中立的な言葉よりも苦悩を与えるような言葉（「癌」という言葉など）に対する知覚の閾値が高い被験者があることを示した。被験者に中立的な言葉と感情的な言葉を提示する手続きを用いた実験研究は数多くあり，当初はそれらの用語を見ていることに被験者が気づかないでいる時間の長さが測定された。刺激語の提示時間はしだいに長くなり，被験者がその言葉を認識するまでとなった。これらの研究に，より精巧な方法論を加えた研究から，感情的な言葉を認識するのにより長い時間を要する被験者もいることが明らかになった。このことは，被験者は前意識で言葉を認識し評価しているが，感情的な言葉は，葛藤的性質を持っているために，意識野に入るのに時間がかかるのだと仮定された。この仮説は，葛藤的な着想にまつわる不快感の回避が，検閲を動員するという Freud の考えを実証している。

意識システム system conscious は心の最も上部の層であり，論理と理性から成り立ち，その主な機能は，外的現実を扱うこと，危険を回避すること，分別のある行動を維持することである。心の意識的な部分は，「二次過程 secondary process」または Freud が名づけた「現実原則 reality principle」に支配されている。

Freud は，このモデルを通してトラウマの概念を定義しなおした。トラウマは，心の意識野が，充足を求める抗いがたい衝動に圧倒され，それに続いて拒絶や処罰という耐えがたい感情が起こったときに生じると考えられた。

2.1.2.2 精神性的発達

さらに，Freud は，人が社会の要請に適合するために発達途上で征服しなければならないような，原始的な生物学的衝動によって決定されているという，

人間生活への視点を構築した。こうした衝動または本能は，願望として心的に表象され，充足のために外的な**対象**へと方向づけられる。彼はこれらを性的本能と呼んだが，「性的」という言葉は「身体的に心地よい」といった広い意味で用いられた。

　Freud（1905d）はこうした幼児的衝動について，その時々に顕在化する性欲動の身体領域に基づいて3段階に区分して同定した。第1段階は口唇期であり，吸うことや，食べることなどによって得られる本能的な快感が支配する段階である。2歳を過ぎると，快感の焦点は肛門に移り（肛門期），子どもは排泄によって快感を得る。3歳から4歳にかけて，男児ではペニス，女児ではクリトリスに焦点が移る（性器期）。この段階は，精神性的発達の中で比較的穏やかな時期（潜伏期）へと続き，潜伏期は思春期の始まりまで続く。性欲 sexuality は青年期に再び起こり，健常な発達では，これまでのリビドー固着の全段階は性器性欲（genital sexuality）に統合されていく。

　これらそれぞれの段階で，子どもは本能的な欲求と，心の意識活動との間で生じる葛藤に直面する。Freud は子どもがこのような葛藤とどう向き合うかが，その幼児の将来のパーソナリティ形成に深く影響を与えると考えた。本能的な欲求が完全に阻止された段階，あるいはあまりに容易に満たされた段階は「固着」点となり，成人後の生活で耐え難いストレスと直面したときには容易にそこへ戻ることになる。

　口唇期 oral stage（Abraham, 1927; Glover, 1924/1956）は一般に2段階に分けられる。すなわち乳児の吸う行為による第1段階と，その後の「口唇サディスティックな」噛む段階である。この2段階に相当する2つの口唇的パーソナリティタイプが描写されている。第1は受動性，くつろぎ，依存が優勢で，ミルクをもらえるという確かな信頼をもって母親の胸に抱かれている赤ん坊の快感の維持に相当する。第2のパーソナリティタイプは，通常は乳離れの時期に伴うものであり，活動性と攻撃性を特徴とし，噛みつきの快感の維持という形で見ることができる。

　これらの快感の原型は，満足を得る手段として口を使うことがやめられない人々に見ることができる。例えば，親指を吸ったり鉛筆やペンを噛む癖がやめられなかったり，常におしゃべりをしていたり，辛い時に食べることで解消するといった行動が持続する人物である。一方で，こうした快感を得たい欲求をかわそうとして，極端な独立心，不寛容，皮肉を表明する人々もあるかもしれない。Fisher と Greenberg（1977）は，口唇性格を，与えることと貰うこと

という理想に熱中し，独立と依存にこだわり，極端な楽観主義と悲観主義の両極端があり，尋常でないアンビバレンスがあり，不寛容であり，欲求充足のために口というチャネルを使い続ける人々，としてまとめている。

こうした「口唇的諸特徴」とされるものが，実際同時に現れるのかを調べた研究がいくつかある。Kline と Storey（1978; 1980）は，人の依存性，流動性，社会性，新しいもの好き，くつろぎの質は相互に関連しており，パーソナリティに最も強く影響を与えたのが第1口唇期の受動的，受容的吸込み的な段階の感覚だった人物に関する精神分析的描写ともよく一致しているというエビデンスを得た。彼らはさらに，独立性，言語的攻撃性，羨望，冷淡さ，敵意，悪意，不寛容には高い相関があり，乳児が乳房に失望したり不満足だったときの口唇的悲観の態度と対応するという結果を得た。Freud の理論に適合するパーソナリティタイプを実証している研究者もある。養育されることや他者との接触を求める傾向（投影法と自己報告のパーソナリティ検査と，援助を求めるとか接触するといった行動によって測定した）は，ロールシャッハテストで乳房や口を見るといった文字通りの口唇性の指標と相関が見られた（Bornstein and Masling, 1985）。このような有力な発見があったにもかかわらず，Howarth（1980; 1982）は，こうしたパーソナリティタイプの存在に疑問を投げかけ，口唇期的楽観性は精神分析理論を使うまでもなく社交性の一面として簡単に説明がつくことを明らかにした。さらに，こうしたパーソナリティ症候群と授乳体験の特殊なパターンとを結びつけるエビデンスはほとんどないとした。

本能発達の第2段階は**肛門快感** anal pleasures（Freud, 1908a; Jones, 1923）と，トイレットトレーニングをめぐる親との葛藤に結びついている。もし，特に厳しいトイレットトレーニングのせいで，あるいはこの時期に関連する格別に強い快感のせいで，肛門にまつわる葛藤が強烈であった場合に，肛門固着が生じるであろう。西欧社会では，肛門快楽は口唇快楽と違って社会的に受け入れられておらず，それゆえに成人期まで永続きすることは珍しい。したがって肛門期に固着すると，肛門性感への願望の間接的な表出や，それらを防衛しようとする試みが永続きすることになる。トイレットトレーニングをめぐる子どもと養育者との激しい抗争があると，頑固やけちといった性格特性になって永続すると考えられる。これは，子どもが自分の大切な持ち物（排泄物）を親の独断に従って放棄することへの拒否を意味している。その子どもはひどい粗相（排泄）をしたいという願望を頻繁に抑制しなければと感じるであろう。この願望に対する防衛が，几帳面できんとして注意深くありたいという反対の願望

に反映される。したがって、いわゆる肛門期的（強迫的）な性格傾向は、几帳面、頑固、厳格、無駄を嫌うこと、としてタイプ化される。

　研究を展望する人々の間では、古典的な精神分析家が肛門期的パーソナリティに与える主要な性質は共通しているという見方が共有されている(Fisher and Greenberg, 1977; 1996; Kline, 1981)。Howarth (1982) は口唇的パーソナリティには批判的だったが、綺麗好きで、ペダンティックで、明快で、自己統制的と要約されるような、多くの国の官僚に共通する型にはまった秩序立った仕方で他者を統制するパーソナリティタイプがあることは認めている。このようなタイプの人が、より強迫傾向のない人と多少とも異なったトイレットトレーニングを受けたことを示唆するエビデンスはない。しかし、古いものではあるが、排泄習慣に関する不安の指標と、几帳面さ、頑固さ、倹約傾向の指標とを結びつけるエビデンスはある。たとえば、Rosenwald (1972) は、実験者が雑誌を注意深く配置するようにと指示した状況で、肛門的な問題が予測された人々は強い不安を体験したことを明示した。他の研究では、肛門に関わるユーモアを楽しむ度合いと、質問紙と行動測定による肛門性 anality とに関連性を見出している (O'Neill, Greenberg, and Fisher, 1992)。

　1920年代以降、この極度に単純化されたパーソナリティ形成の観点を真剣に扱う精神分析家がほとんどいなくなった（Freud 自身も含め）ために、心理学的な研究が、精神分析理論の上記のような側面の探求を放棄してしまったのは残念なことである。これはもちろん、分析家たちが精神－性的発達の概念を放棄したことを意味するのではなく、本能的な願望とパーソナリティ発達との関連は、今日では Freud の初期の定式化よりも著しく複雑に考えられるようになったことを意味している。

　精神性的発達の第3段階は**男根期** phallic stage である。いわゆる**エディプスコンプレックス** Oedipus complex がこの段階で生じる。3歳か4歳頃に始まると考えられる男根期に、男児の性的関心は性器に向けられ、母親に対して性的な関心を持つようになる。男らしさが目覚め、このことが父親を押しのけてその役割を奪おうと男児を駆り立てる。その野望は当然ながら現実的ではなく、このことはほどなく彼自身にも明らかになる。それ以上に、明らかに力強くて何でも見透かしていると思える父親が、この野望に気づいて、自分がちょうど今性的な関心を向けている身体の一部を奪って報復するのではないかと恐れるのである。去勢という想像上の不安のもとで、男児は母親への気持ちを諦め、父親に同一化することでその怖れを解消しようとする。

女児の場合，2つの要因からエディプスコンプレックスは複雑である。第1に，女児は男根期に入るにつれて，第1の愛情の対象を母親から父親に変えざるをえない（男児の場合は，幼児期の間中，第1の愛情の対象が母親のままである）。第2に，女児が父親に関心を向け変えるきっかけは，少なくとも一部は，母親が自分に男性器をくれなかったという失望感からである。女児は父親に取り入り，命令して男性器を貰おうとし，それが後に父親の赤ん坊をもつという幻想に発展するが，無意識のレベルでは女児は男性器と赤ん坊を等価にしている。女児の場合，エディプスコンプレックスの終わりは，身体的な傷つきへの怖れによるものではなく，母親からの愛情を失う怖れによるものである。報復される怖れは男児より女児の方が弱いので，女児の場合，エディプス的な態度は男児ほど抑圧されず，父親が性的憧れの像であり続ける場合も多い。

　Freud（1913c）が引用した神話や人類学の魅力的な事例が，彼の定式化を科学的に支持できるとは言い難い。エディプスコンプレックスが実験研究によってエビデンスを得たという文献はわずかである。エディプス期と推察される幼児の親への態度を調査した研究では，陽性感情が男児では母親から父親へ向い，女児では母親から父親へ移行して戻るという仮説は支持されなかった（Kagan and Lemkin, 1960）。女児よりも男児のほうが身体的な傷つきを気にするという結果は見出されたが，去勢不安の存在を証明することはできなかった（Pitcher and Prelinger, 1963）。半世紀ほど前の研究に戻ると（Friedman, 1952），幼児が物語の終わりをポジティブにする場合とネガティブにする場合の違いを検討したものがある。子どもが異性の親と何か楽しいことをしているところに同性の親が加わってくる内容だと，お話の最後は必ずかなり悲しいものになった。しかし，同性の親と同じく楽しいことをしているときに異性の親が邪魔してくる内容のお話だと，お話の最後が，有意により楽しい内容になった。ある観察研究では，3歳から6歳の子どもの親に，1週間の間で子どもが示してきた愛情深い行為と，攻撃的な行為の回数を記録してもらった。4歳児では，異性の親への愛情深い関わりがより多く，同性の親との関わりで攻撃性がより多く示されたが，しかしこのパターンは，5歳児と6歳児ではそれほど顕著ではなかった（Watson and Getz, 1990）。

　ペニス羨望に関する調査では，女性が自分の身体をなんらかの意味で男性より劣っていると評定しているエビデンスは見出されなかった（Fisher, 1973）。事実，他の研究エビデンスからは，女性のほうが男性よりも自分の身体に対して快適さや安心感や，自信を持っていることが示唆された。妊娠は男性器を所

有しているという幻想と関連しているとする Freud の推測について，Greenberg と Fisher (1983) は，女性は妊娠を「男根感情 phallic feelings」の高まりとして体験しているのではないかと論じた。Greenberg らによる男根感情の測定には，無形態なインクブロットを男性器のような物体に見た回数を用いた。その結果，妊娠中の女性では，延長できる物体（矢，槍，ロケット），身体の突起物（例；鼻，突き出した舌，指）や身体の付属物（例；角，タバコ，シュノーケル）に見えると回答することが多かった。そして，その傾向は妊娠前，出産後，妊娠していない女性よりも妊娠中の女性に顕著に見られた。調査者は，この研究は女性の無意識の心的生活にとって男性器が重要な役割を果たしているという Freud の推測を支持するものだとした。この種のエビデンスは，重要でおそらく適切な懐疑や，敵意さえ招きかねない。インクブロットテストのような投影法に基づくエビデンスは信頼性に欠けることが多いからである。この同じデータには，さまざまな異なる逆説をつけることができる。たしかに，精神分析内部でさえ，Freud の女性に対するヴィクトリア朝風の態度が，批判なしに受け入れられたことはなかったのである (Mitchell, 1973)。

2.1.2.3 神経症理論

Freud は，神経症症状と性格傾向に重要な区別をつけた。性格（パーソナリティ）傾向は，本能的な衝動に対する成功した防衛のおかげで存在しているのに対して，神経症症状は抑圧の失敗の結果として立ち現れる (Freud, 1915c)。健常な発達では，幼児が精神性的段階を経て成長するにつれて，本能的衝動は大人の性器性欲へとしだいに近づいてゆく。特に強い葛藤があると，発達初期の精神性的エネルギー（リビドー）の固着を生じるであろう。精神性的発達を前進している軍隊に例えると，固着は前進している軍隊の力を弱めながら，さまざまな地点に駐屯軍を置くのに似ている。心理的ストレスがかかっている期間，リビドーはリビドーの固着点へ退行するので，その人はその退行段階にまつわる幼児的な願望に支配されるようになる。問題なのは，乳児期には健常な願望であっても，成人や年上の子どもにとっては非常に不安にさせられるものなので，エディパルな，肛門期的な，あるいは口唇期的な願望と格闘することになるのであろう。たとえば，トイレの後で1時間半も手を洗っていた強迫傾向のある患者を，Freud は肛門期の特徴的な本能的願望と闘っていると見なした。この症状は，汚したいという願望とそれに対する抵抗が同時に起こっていることを表している。

神経症者は，前性器期的な（口唇期的，肛門期的，男根期的な）衝動をより強く体験しているという着想は，ある程度は Kline (1979) の研究から支持された。彼は，人の口唇期的な楽観主義と，口唇期的な悲観主義（口唇期の第1段階と第2段階）と，肛門期的固着に関する質問紙の同時に得られた得点が，神経症傾向の全般的な程度と関連していることを示した。

このモデルで発展した重要な点は，**攻撃性**の役割を考慮したことである。Freud の初期の考えは，精神性的欲動の問題に満たされており，攻撃性はこうした衝動のフラストレーションへの反応だと見られていた。第一次世界大戦の恐怖が深い感動をもたらしたので，Freud は破壊的衝動に心を奪われるようになった。Freud (1915a; 1920) はしだいに，攻撃性は性と同じくらいに重要な衝動であると同時に，人間性の生来的な性質だと捉えるようになった。彼は，第2の本能すなわち破壊や消滅によって満足を得る死の本能の存在を措定した。攻撃性は，性的衝動と同じ仕方で防衛され，統制されなければならない。いわゆる「二大欲動論」は，相当な説明能力をもつ理論であった。今では，神経症的な人々の明らかに自滅的な行動は，破壊願望が防衛的に自分自身へ向けられた結果と見なすことができる。さらに，明らかに自己破壊的な行動パターンに頑固に固執するような，ある種の人々のやり方は，消滅へと引き寄せる願望を充たすこととして説明することができる。

トラウマ理論から欲動モデルへの移行の臨床的な意味合いは，精神分析の目的が，トラウマを解明することから，神経症の原因と考えられる抑圧をこうむっている，受け入れがたい無意識の願望を，意識的思考に統合することへと移行したことである。

2.1.3　第3段階：構造論モデル

Freud はしだいにこの局所論的モデルではあまりに単純で，多くの重要な問いに答えを提供することができないと気づくようになった。重要な問いとは，性的本能の抑圧を可能にする性的ではない本能はどこにあるのか，なぜ人々は罪悪感を抱くのか，まだ気づかされていない衝動を，意識はどうやって統制するのか，といったことである。抑圧のメカニズムそのものが無意識なのだから，無意識すなわち願望ではないし，意識すなわち抑圧の力ではないと，Freud は明確にするようになった (Freud, 1923)。

2.1.3.1 心の構造

Freud は、モデルを実質的に考え直し(Freud, 1923)、心に 3 つの構造を考えた（ある程度の変化を受け入れる永続的な編成体）。第 1 の、完全な無意識の構造である「**エス** id」は、以前のモデルの無意識システムと同様に、性的、攻撃的欲動の貯蔵所である。**エス**は、「それ」を意味するドイツ語の「Es」をイギリス系ラテン語に翻訳したものである。ドイツ語では、子どもっぽい、あるいは原始的なという意味合いを持つ言葉である。

第 2 の構造である**超自我** superego は、幼児期の権威的両親像から編成された心的表象と見なされる。幼児が親に対して抱くイメージは当然、現実的ではない。内在化された権威像は、実際の親よりも厳格で残酷なのである。超自我は親、ひいては社会に由来する理想の媒体となる。それは罪悪感の源泉であり、それゆえに健常にも病理的にも、心的機能にとって重要である。超自我は部分的に意識的であるが、多くは無意識である。

このモデルの第 3 の構成要素は**自我**である。自我はドイツ語の Ich (「私」を意味する) を英訳したものであり、人が自己 self として認識するパーソナリティ部分に最も近いものを指す Freud の用語である。自我は多くの場合無意識であり、エスと超自我を調整する役割を担っている。自我は外的現実からの要求や制限と折り合いをつけたり、初期には欲動と現実の、後に道徳観が発達してからは、欲動と超自我の調整をするのも自我である。これを達成するために、自我は外的現実に関わるための意識的知覚と問題解決の能力を持ち、また防衛のメカニズムは内的な力を調整するために役に立つ。自我には意識される部分もあるが、エスや超自我が自我に課す内的要求との格闘の大部分は無意識で行われている。自我は単なるメカニズムの集合ではなく、一貫性をもつ構造であり、エス、超自我、外的現実からの競い合う圧力を統御する課題を担っている。

構造モデルの中で、意識は単なる自我の感覚器官として考えられた。Freud の見解では、洗練された心理的過程の多くは意識の外でも機能しうる。これは、意識的に体験されることは心的過程の産物のみに限られており、その過程そのものは自覚できる範囲を超えているという、認知および実験心理学の一般的な観点と一致している (Mandler, 1975 を参照)。

発達的に見ると、構造モデルでは、自我は欲動のフラストレーションから発展すると考える。エスの欲動は、充足を得るために対象との関わりを求める。こうした充足の対象が放棄されると、それらは同一化を通して、自我の基礎を

形成するものとして取り入れられる。Freud (1923) は，乳児が求めているのは欲動の充足だけではないと認めていた。乳児は，母親との初期の結びつきを諦めることを強いられるし，異性の親（エディパルな対象）との性的関係の幻想も同様に断念しなければならない。Freud の見解によると，母親に結びついていた心的エネルギーが，幼児が同一化している内的な母親イメージへと移し代えられない限り，この断念は起こりえない（Freud, 1914）。エディプス期に経験する異性の親への性的な憧れは，同性の親への同一化によって，あるいは，喪失を否認するための絶望的な方策として異性の親に同一化することによって放棄される。Freud は，性別同一化と性的志向はともに，こうした同一化過程が辿る方向性によって決められると考えた（Freud, 1924a）。したがって，自我はエスの願望のフラストレーションによって形成され，現実が幼児に諦めさせた対象の性質を基礎として形を成していく。超自我の発達も同様に，エスが放棄した対象カセクシスの特徴に基づいていると考えられる。しかしながら，自我はカセクシス（備給）を含み持っているのに対して，超自我はエスの衝動から生じた願望への防衛に基づいている。例えば，超自我はエスの衝動を正反対の方向へ向け換えさせて（反動形成），願望そのものを願望への道徳的異議にしてしまうかもしれない。心的機能の全体的なスペクトラムと欲動の間にFreud が想定した密接な関連性は重要で，これによって自我も超自我も共に，早期幼児期の対象カセクシスの直接的な反映と見なされる。

　この心的モデルではまだ，心的なもの the psycho を，基本的には生物学的起源のあるものと見ているが，Freud は外的な出来事に，より多く重要性を認め，性的動因の重要性をより少なく見る方向へ，もう一度移行した。異常行動を説明する上で，性的欲動よりも不安，罪悪感，喪失の痛みのほうがはるかに重要であると見なされた。防衛は，もはや単に無意識の衝動への防壁ではなく，無意識の衝動を緩和し適応させる仕方として，そして外的世界から自我を守る仕方として捉えられるようになった。不安は，Freud の以前のモデルでは解消されていない性的エネルギーと見なされていたが，新しいモデルでは，外的要求または内的衝動が大きな脅威になったときに自我の中で起こる危険信号とみなされた（S, Freud, 1926）。この不安は，身体的な傷つきの脅威ばかりでなく，愛情を喪失することや膨大な罪悪感からの脅威によっても起こるであろう。

　Freud はこれらの3つの構造を隠喩として考え，彼の臨床観察を概念化するために役立てた。彼はエス，自我，超自我に対応する解剖学的な構造があり

うるとは，全く仮定していなかった。一部の神経心理学者は，これを検証しようとしたが，証明できる者はいなかった（Hadley, 1983）。しかし，Freud が直感的に描いた 3 つの心的構造の区分を，実証的に示すことができると示唆する，心理測定上のエビデンスはある。動機づけ要因に関する膨大な評定尺度と質問紙に基く因子分析調査によると，Cattel（1957）と Pawlik and Cattel（1964）は，エス／自我／超自我の区分とおそらく一致する，心理的機能の 3 つの方向性を見出した。質問紙が個人の無意識の機能を適切に測れるとは考えにくく，また因子分析という統計手法による次元の同定は，かなり任意的なことなので，このような研究を Freud の動機づけのシステムを確認する研究とは認めがたい。

2.1.3.2 防衛メカニズム

防衛メカニズムを特定化したことは，Freud の初期の成果であったが，その機能や編成が適切に推敲されたのは構造モデルが誕生した後であった（Freud, 1936）。防衛は，個人を苦痛な情動（不安や罪悪感）から守るための無意識の方策である。苦痛な情動は，衝動をめぐる葛藤（自我 対 超自我。例えば，試験での不正に対する禁止）や外的な脅威（自我 対 現実。例えば，両親間での激しい言い争い）によって生じるであろう。

Freud が最初にあげた防衛メカニズムは，「抑圧 repression」であった。これは，受け入れがたい衝動や着想を無意識に帰する過程である。抑圧は防衛の基本的な形態であり，他の防衛は抑圧の失敗に反応して働き始めると考えられた。**投影**は，自分の中に生じる望ましくない着想や衝動を他者のせいにする機制である。それによって，能動的な願望が受け身的に体験された結果であるかのように現れる。このようにして，攻撃性の対象が恐れられることが多いのである。

反動形成は，正反対の衝動を強化することで，本来の衝動を否認しようとするメカニズムである。たとえば，動物に対する残酷な衝動に悩まされている人々が，RSPCA（王立動物虐待防止協会）やアメリカ人道協会に属して，動物の命を破壊するのではなく保護することに力を注ぐ。その人の努力の質が，元の衝動の性質を知る手がかりになるかもしれない。痛みを与えずにウサギを殺す 15 の方法を解説するパンフレットを発行した熱心な動物愛好家が，例として挙げられる。

他の防衛メカニズムには次のようなものがある。**否認**（気付いているが認め

ようとしないこと）**置き換え**（ある刺激から他への刺激へ情動を移し代えること）**隔離**（感情が考えから切り離される場合）**抑制**（ある刺激に関わることを避けようと意識的に決めること）**昇華**（社会的に望ましい目的を与えることによって，ある衝動を満足させること）**退行**（以前に充足を得た機能水準に戻ること）**行動化**（無意識の衝動を直接的に表現するような自分の行動を受け入れること）**知性化**（恐れている衝動をその情緒的文脈から切り離し，何らか不適切な理性の枠組みに置くこと）。

　防衛メカニズムは，集中的な実験研究の対象となっているが，決定的なものはほとんどない。例えば抑圧は実験室で研究されてきたが，その多くは，特定のタイプの素材に結びついた不安を被験者の中に創り出し，その素材の忘却率に影響が出るかを見るものであった。広範囲にわたる文献研究によると，Holmes（1974）と Pope and Hudson（1995）はこのような研究で抑圧のエビデンスは見出されなかった。しかし，Wilkinson and Cargill（1955）の古典的な研究では，中立的なテーマの話より，エディパルな話のほうが再生される量が有意に少なかったという所見を得ている。Kline（1981）は文献研究によって，後者の研究が説得力があり，Levinger and Clark（1961）の，被験者が強い情緒的反応を感じた言葉は，中立的な言葉よりも僅かしか再生されなかったという調査結果と一致していると感じた。性的虐待の思い出された記憶に関する討論（Mollon, 1998）は，抑圧された記憶に関する課題に焦点を戻すことになった。意図的な忘却の妥当性については論争の余地を残しているが（例えば，Pope and Hudson, 1995 を参照），選択的な忘却は，今では記憶システムの特質だと知られているし，再生の意図的な歪曲は，精神分析の理論ばかりでなく，精神病理を認知行動的に説明するうえでの主要教義となっている（Beck, 1976）。記憶に意図が影響することが，神経心理学的メカニズムの必然であると，しだいに受け入れられていることから，抑圧が存在するか否かではなく，より特定して，心理的な妨害や治療にとっての抑圧を問うことが，科学的な問いとして適切なのかもしれない。多くの精神分析家は，治療の中では，治療的な行為に付随して記憶が再現してくるという見解を示している（Spence, 1984; Fonagy, 1999b）。

　無意識の諸過程は心的機能の一部である。いわゆる「認知的無意識 cognitive unconscious」（Kline, 1987）は，Freud の前意識の概念と極めて似たものに見える。人の記憶には2つのシステムがあり，1つは意識で「**顕在** explicit」とラベルを付けられることが多く，もう1つは非‐意識で，**潜在** implicit と

ラベルを付けられる。前者は幼児期の体験の記憶のように，情報を意識的に取り戻すことを含んでいる。後者は人の行動として観察することは可能であるが，自由意志で取り戻すことはできない (Roediger, 1990; Schachter, 1992b)。例えば，実験研究によると，意識的に記憶されたのではなく，意識的に再生するのに抵抗があるような体験が，それにもかかわらず人の行動に影響を与えうることが示されている (Bowers and Schacter, 1990)。たくさんの言葉のリストの中から不完全な一単語を読み取るときに，人はその読み取りにバイアスをかけることができる（例；A__A__IN という単語の並びを見たときに，見てはいても記銘はしていなかった"assassin（暗殺者）"という言葉があると，"Aladdin" よりも "assassin" を見つけやすくなる）。Freud が意識を海面に突き出た氷山の一角にたとえたことは，心が適応を組み立てる際に，その多くの部分は潜在する非―意識の手続きに占められているという認識を意味している。記憶喪失（健忘）を伴う脳損傷の患者や分別脳の患者を対象とした研究は，われわれの行動が自分でも気づいていない複雑な考えに動かされているとする Freud の想定が正しかったことを示している（例；Gazzaniga, 1985; Bechara et al., 1995)。

　実験室状況に基づいた興味深い研究が，われわれの態度に影響を与えたり態度を形成したりする無意識の動機づけの過程に実に幅広いエビデンスを提供している。時には，意識的態度と比較した精神生理学的な反応に関する研究で示されている場合もある。例えば，同性愛に対して最も否定的な意識的態度を持つ人が，同性愛のポルノグラフィと直面したときの性的な興奮は最も高かった (Adams, Wright and Lohr, 1996)。これらの研究から，無意識の態度は行動に対して測定可能な衝撃を持ちうるのであり，また意識的態度からは意図しない行動を予測できないことが分かる。ある一連の研究によると，防衛的に情動を否定すること（感情を高めないように要求する実験で）は，疾患への脆弱性と関連性があることが示された (Jensen, 1987; Weinberger, 1990)。逆に，辛い（例；恥かしい）体験について書くことが，免疫機能と身体的健康を増進するという研究もある (Pennebaker, Mayne and Francis, 1997)。さらなるエビデンスとして，過度に防衛的であることが精神病理を予測させるという示唆もある。例えば，防衛的な自己高揚（自己愛）は，動揺した気分や，欺瞞的だとか頼りにならないと評価されることと関連しているという所見もある (Colvin, Block and Funder, 1995)。おそらく防衛と呼べるような心理的メカニズムがあるのだろうと主張していても，こうした研究は Freud が防衛メカ

ニズムに課したような，理論的臨床的な役割を負うものにはなっていない。

2.1.3.3 神経症理論

　構造モデルに基づいて，Freud は神経症の症状を，自我を圧倒的に脅かす受け入れがたい衝動とそれに対する防衛との組み合わせを表現するものと考えた。欲動に基づいた願望の圧力を調整し，同時に現実の束縛にも対処するという自我の能力が機能することが，健康度を左右すると考えられた（Freud, 1926）。自我が働かなくなる程度によって，その人が病気になるかどうかが決まる。例えば，もし自我が過度の抑圧を強いられたとしたら，願望は代りの表出方法を探し，結果としてヒステリー症状を表すかもしれない。あらゆる症状は，超自我批判による束縛や外的現実と欲動の排出とのバランスをとることに，自我が失敗したことを意味している（Freud, 1933）。

　Freud（1926）は神経症的反応タイプの特徴である不安を，自我がさし迫った危険に征服されそうで，防衛の力を発動しているという信号であり，最初の煙のサインで火災報知機が作動し，消防隊の援助を要請することに等しいと見なした。神経症的反応タイプは，幼児期の衝動に発する不安や罪悪感への自我防衛の仕方とは区別される（Freud, 1931b）。つまり Freud は，恐怖症に投影と置き換えの防衛メカニズムが働いていると見た。例えば，男児が父親への愛情と恐れのために，嫉妬と羨望による怒りを父親に投影し，しまいには父親が人殺しのような怒りをもっていると見なすようになる。しかしこれはあまりに辛く恐ろしく耐え難いものなので，その恐れはあまり親密な結びつきのない対象へと置き換えられる。そうすると，その男児は夜中に強盗が襲ってくるかもしれないという恐れを抱くようになるかもしれない。広場恐怖の女性は，彼女の父親に対する近親相姦の願望を投影して，通りで出会うかもしれない男性にその願望を置き換えるために，家を出ることができない。

　パラノイアの人物は，葛藤的な同性愛衝動への防衛として反動形成を使うと考えられた。「私は彼を愛す」が，「私は彼を嫌う」に変り，それが投影によって「彼は私を嫌う」となる。パラノイアの人物は統制群より長時間同性愛の写真に見入っていることを示す Zamasky（1958）の実験的エビデンスは，パラノイアの人々に同性愛衝動をめぐる激しい葛藤があるという多くの臨床観察を確かなものにした。

　強迫神経症については，Freud は反動形成によって攻撃的衝動を防衛している人々だと考えた（Freud, 1933）。つまり，彼らは，殺人への恐ろしい願望

を，関係する人々の安全を際限なく心配し続けることに置き換えている。時に，攻撃性が隔離によってかわされると，人は意識では暴力的なイメージを体験し続けているが，しかしそれは奇怪だとか，自分らしくないとか，外側から自分に押し入ってくるように感じている。強迫神経症が潜在する敵意によるものだという定式化は，質問紙によって強迫神経症者の敵意の強さを見出したManchandaらの研究（1979）と一致する。

　うつ病は，自己に無意識の攻撃的な願望を向けかえることによって生じるアンビバレントな感情に関わることを含んでいると考えられていた。Silverman (1983) はうつ病の精神分析的定式にエビデンスを提供していそうな研究をレビューした。たくさんの研究で，無意識の攻撃的な願望をかき立てるように考案された刺激（例えば，短刀を持ってどなっている男性の絵）をサブリミナルに呈示すると，気分評定尺度上のうつ病の悪化を招くことが明らかであった。

　Freudはしだいに精神病理を，競い合っている心的構造間の葛藤の結果と考えるようになったので，精神分析的臨床の仕事での強調点は，欲動をもっぱら重視することから，欲動に対抗する諸力を等しく重視することへと移行した（Freud, 1937）。それにも関わらず，個々の研究は，Freudのいわゆる「水力学の hydraulic」動機づけのモデルと一致しているように見える（水力学という用語は，システムのある部分で効果的に阻止され防衛されている圧力は，他のどこかで困難の原因となっている可能性が高い，という視点を意味して用いられている）。例えば，否定的な感情を抑制するようにと言われた若い女性の被験者たちが，長期にわたって損害の多い生理的反作用をより強めた（Richard and Gross, 1999）。この種の研究所見は珍しくはないが，動機づけの水力学モデルにならなくても，このような所見を説明する道がある。近年の理論家は，このような所見を，情緒の体験と表現との構成要素間の不連続として概念化する傾向がより強いであろう（Plutchik, 1993）。

　構造論モデルの文脈の中で，Freudが不安に対して与えている中心的役割を支持する発達的なエビデンスがある。すなわち，幼児期と青年期での不安障害は，その後の障害，特に抑うつ障害に先行し，かつそれを予測することが多い。遡及的研究での患者へのインタビューから，大多数が抑うつ症状を呈する前に不安になっていたことが示唆される（Kovacs et al., 1989）。予測的，縦断的研究のいくつかでも同様に，不安が幼児，青年，若い成人でも，抑うつに先行していることがわかった（Bresleau, Schultz and Pterson, 1995; Lewinsohn, Gotlib and Seeley, 1995; Cole et al., 1999）。成人期の反復性家族

性大うつ病でさえも,多くは青年期に不安障害が先行していた(Warner et al., 1999)。すべての形態のうつ病に不安が先行していないとしても,このパターンは心的障害にとっての不安の基本的な特質を明示するのに充分なほど頻繁に起こっている。うつ病が不安を招くという反対のパターンは,発達的な現象としては見られていない(Zahn-Waxler, Klimes-Dougan and Slattery, 2000)。

2.1.4 批判と評価

Freudの著作はすべて,哲学的(認識論的),心理学的批判の対象となることが多い(例えば,Eysenck, 1952; Popper, 1959; Wittgenstein, 1969; Grünbaum, 1984; Masson, 1984; Crews, 1995)。こうした批判を詳細に概観することはここでの趣旨ではないが,本書で取り扱っているすべてのアプローチはFreudの研究に基づいているので,主だった批判を取り上げることに意義がある。

1. Freudは**精神的な価値を無視し**,きわめて反宗教的であった。
2. 彼は人間の**社会的性質を無視し**,集団や社会システムの心理の理解にほとんど貢献しなかった。
3. 彼は人間を,欲動ゆえに生じる内的な圧力を低減しようと格闘する存在と捉え,内的な緊張を低減せずむしろ高める**好奇心**のような欲動を無視しており,それは彼の動機づけの理論と一致しない。
4. 彼は人間にとって,おそらく最もユニークな特質である**意識**について,ほとんど語っていない。
5. 彼は個人の発達の将来的な見通しについて**予測することができず**,人の現在の生活について,その人の過去を使ってコメントしただけである。
6. Freudは**女性を誤解しており**,人種,年齢,性別,政治への見方に関する限り,彼の時代を支配する文化に強く影響されている。
7. 彼は神経症的障害の外傷的な原因に関する情報を,意図的に制限した。
8. 最も多い批判は,**精神分析が基盤とする資料**つまり当時有力だった臨床事例研究に関するものである。
    (a) 彼の最初の発見は**内省**に基づくものであったが,これは後に彼自身が信頼できないとした手段である。
    (b) 彼の結論はウィーンの中流階級という小さな**限られたサンプル**に基づく

ものである。
- (c) 彼のデータは臨床面接の中で患者が言ったことの**偏った記憶**から成っており，彼はその面接が終了してだいぶ経つまで記録を書かない時もあった。
- (d) 彼は両親の反応を，彼の解釈を確かめるエビデンスとして用いているが，彼のコメントを受け入れるようにと**患者に影響を与えている**と非難されるかもしれない。
- (e) 彼はより組織的な研究方法を用いることに拒否的であった。
- (f) 彼は自分の理論に合わせるためにときどき資料を偽ったとされている。
- (g) 彼の臨床への有効性に関する主張は誇張されていた。

9. **彼の理論化の形式面が不適切であること**も同じく重要である。
   - (a) 彼の用語は「**曖昧**」で，意味が変わることがある。
   - (b) 彼は多くの「**隠喩**（メタファ）」を用い，これらを**現実のものと見なす傾向**（隠喩を実在物と一致しているように見せかける）は，人の心の部分をあたかもその人物であるかのように見せかけるといった，重大な論理的な誤りを招くことがある。
   - (c) Freud の隠喩の多くは，19世紀の生理学に基づいていたが，それらは20世紀の心理学には無理があり不適当だと考えられるようになったものである。
   - (d) 彼の理論は**簡潔性に欠ける**（資料の説明に求められる以上の仮説）。
   - (e) 彼の理論化の不適切さゆえに，別の方法を用いて**検証することが困難**なので，いくつかの勇敢な試みがあったにも関わらず，こうした検証は概して成功していない。

精神分析的な主張を支持するエビデンスの位置づけについては，後の章で戻ることにしよう。しかしながら，これらの批判に何らかの妥当性があることは，疑いない。Freud の着想を実証的に位置づけている，現代の最も利用しやすいレビューとして，Westen (1998) は，次のように指摘している。「Freud は1939年に亡くなり，理論の見直しを始めるのに時間がかかっていたため，Freud 理論の多くの側面が時代遅れなのは無理もないのだ(p.333)」Fisher and Greenberg (1996) は Freud の精神病理に関する一般的な理論を命題の形に整理しようと試みた。この要約は大いに問題のある解釈を生み出し，今では機械論的で，進化論的に受け入れがたく，もっぱら性愛 sexuality ばかりに焦

点を当てたもので,「政略上, きわめて不適切」とされている。しかし, 不可解なことに, 明らかな欠点があるにも関わらず, Freud の理論は臨床の実践では最も影響力のある人格理論であり続けている。精神分析の着想が直感的に訴えるというところに, おそらくその鍵があるのであろう。つまり, 精神分析の着想は, これがなければ理解できないような患者の行動の諸側面を理解する枠組みを, 多くの臨床家に提供している。たとえ科学的エビデンスに欠けていたとしても, 同じ範囲の経験を説明できる他の理論が現れない限りは, 多くの臨床家が Freud の着想を真剣に引き継ぐであろうと思われる。

発達の実証的エビデンスについての全体状況は, Freud が受けている多くの批評ほど冷たくはない (例; Crews, 1996)。Western (1998) は, Freud の核となる構成概念について, しっかりした実証的な支持があることを明らかにした。つまり, 人間の意識では, 不適応行為を説明することはできないということである。このことと, これに関連する構成概念は, 現代の精神分析理論すべてにとって不可欠であり, したがって, その詳細は本書の随所で展望される。ここでは簡潔な要約で十分であろう。

複雑な精神生活の多くは意識されておらず, 人々は気づかずに, 動機づける力について考えたり感じたり体験したりすることができ, それゆえに, また, 不可解な心理的問題を体験することもありうるという Freud の提言については, よいエビデンスがある。近年の認知科学研究の多くは, 特定のエピソードを記憶させる方法よりも, 記憶がどのように人の行動を潜在的に決定づけているかに注目している。われわれは特定の体験についての記憶を再生できなくても, その体験のおかげで, 何らかの仕方で行動している (Schachter, 1992a; 1995; Squire and Kandel, 1999)。さらに特定して, われわれが無意識のうちに何らかの仕方で複雑な心的操作を可能にしているとする Freud の主張は, 多くの研究結果によって支持されている。たとえば, ある一連のバラードを聞いた後にバラードを作曲するよう頼まれた参加者たちは, 意識的に明確に説明できるものの倍の法則を使ってバラードを作曲することができた (Rubin, Wallace and Houston, 1993)。

脳損傷の研究も, 情緒的体験に関連するものの処理が, 気づかないところでなされうるという, 豊富なエビデンスを提供している。たとえば, 視野の半分が常に見えない半視野盲の人物に 2 枚の家の絵を提示した。そのうち 1 枚は, その人たちが見えない半視野の側が火事になっているように描かれていた (Halligan and Marchall, 1991)。患者たちは, 火事になっている家とそうで

ない家を見分けることはできなかったのである。それでも，彼らは火事になっていないほうの家に住みたいと常に答えた。

　偏見に関する社会心理学の調査は，日々の暮らしに無意識のプロセスがいかに影響を与えているかという良い例を示している。アフリカ系アメリカ人は，ある人が黒人への人種差別をする人であると体験的にわかるかどうかを，確実に言い当てる（Fazio et al., 1995）。このような反応は，民族的マイノリティに対する態度の自己報告とは適合しない。しかし，アフリカ系アメリカ人によって，偏見があると体験される人は，黒い顔のイメージと結びつく否定的な情報をより早くより正確に処理するようである。したがって，本人がそのことに気づいていなくても，偏見のある態度と結びついた心的構造の存在は，観察者には確実に感じ取られ，反応されるのである。

　健康心理学は，無意識の情動の力動的な性質に関するエビデンスを提供している。高血圧の危険因子に関するレビューによると，これまでに調べたたくさんの人格変数の中でも，説明不能の（本態性の）高血圧症を最もよく予測するのは，情緒体験を防衛的に抑え込むことであった（Jorgensen et al., 1996）。辛い体験を書くことと，不快な情緒を表出することは，長期的に見て発症を抑えるだけでなく（Hughes, Uhlmann and Pennebaker, 1994），免疫機能を増強する（Pennebaker, 1997）。全体として，これらの研究から，Freud が述べたような複雑な無意識の情緒過程は，面接室と同様に実験室でも観察することができる。

　Freud の心に関するモデルの中でも特に，最後の構造モデルは，きわめて不適応的にもなる神経症的行動を理解するために，矛盾する無意識の着想間の葛藤を仮定した。Westen (1998) は，葛藤する着想に関する認知‐神経科学の力強いモデルを，最近の人工知能の進歩から，つまり並行分離処理のモデルから引用できると論じている（Rumelhart and McClelland, 1986）。たとえば，自己奉仕バイアス（自分の過去の成績を実際より良かったと想起すること，Morling and Epstein, 1997）は2つの葛藤する動機，すなわち自己確証動機（すでにあった自分への見方を確かめる）と自己高揚動機の妥協であると解釈される。自己構造を生み出すための根本の神経処理システムには，これら2つの相対する動機の間に自動的に妥協を形成する性質があり，それは単にそれが並行分離のネットワーク状態だからである（Read, Vanman and Miller, 1997）。Westen は，このモデルが正確かどうかについて，Freud の一世紀前の考えと近年の人工知能からのモデルに，矛盾するところはほとんどないと論じている。

実際に彼は，認知神経科学が，彼らの複雑な情報処理モデルの情緒的，力動的側面に関しては，より真剣な考察から恩恵を得ているという有力な事実を示している。

　優れた神経科学者であり，Freud 研究者でもある Mark Solms（Solms, 1997a; 1997b）にも Westen に似た位置づけがあてはまる。彼とその同僚は，認知科学の文献を展望し，Freud の着想と，認知科学が独自に作り上げた理論との多くの一致点を確立した。例えば，情動に関する Freud の理論は，Damasio（1999），LeDoux（1995, 1999），Panksepp（1998; 2001）といった近代の着想と多くの類似点がある。神経科学の研究によって精神分析のモデルを「立証する」ことが重要な究極の目標ではあるが，脳と心の関連に関する知識は，まだこれが現実的になるところまで達していない。Solms and Nersessian（1999）は，次のような的確な指摘をしている。「心理学のモデルは，いったんそのモデルの構成要素に神経との関連性が特定されれば，身体的な調査方法に近づきやすくなる」（p.91）。いまやわれわれは多くの神経的構成要素を認識しているが，それほど直接的な変換を可能にするような，神経基質の発達的変化や，特定の情緒システムの心理行動的現れは，まだ見出されていない（Panksepp, 2001 を参照）。結局のところ，Freud のモデルは神経科学の発見には反すると判断されるであろう。その一方で，実験心理学と発達心理学の観察との一致については，適切な評価基準が得られている。

第3章　構造論的アプローチ

3.1　発達への構造論的アプローチ

Freud (1923) は，心の三層構造モデルあるいは構造論モデルを導入した。心は，本能の派生物（エス），親の権威の内在化（超自我），これらの圧力から独立して，内的にも外的にも適応を指向した構造（自我）から成るものとして描いた。「制止，症状，不安」(1926) で Freud が付け加えたのは，生得的特質と社会的環境はともに，これらの構造の進化と構造間の基本的に葛藤的な相互作用との双方に果たすべき，重要な役割をもつということであった。自我心理学が出現するまでは，Freud によって提案されたリビドー的欲動の連続が，発達理論の要であり続けた (Hartmann et al., 1946)。

3.1.1　Hartmann の自我心理学のモデル

Freud のモデルは，Heinz Hartmann とその同僚の自我心理学によって，修正され発展した。Hartmann (1939) は，精神分析家たちがどのようにして，あまりに単純化し縮小したやり方で発達的観点を頻繁に用いてきたのかを明らかにした。彼の「機能の変化 change of function」という概念 (Hartmann, 1939, p.25) は，発達上のある時点で始まる行動が，後年，まったく異なる機能を果たすことがありうるという事実を強調した。親の禁止命令の内在化は，反動形成を通じて，極端にきれいにしたり秩序を保つというやり方で，子どもがめちゃくちゃにして汚したいという肛門期的願望を拒絶するようにと導くかもしれない。成人の場合，同じような行動は，かなり異なった機能として作用するであろうし，元来の欲動とは独立したものであるだろう。言い換えれば，「二次的自律性 secondary autonomy」に到達しているであろう (Hartmann, 1950)。これを理解していないことを，「発生論的な誤謬 genetic fallacy」と呼ぶ (Hartmann, 1955, p.221)。同様に，成人が依存した行動に固執していることを，早期の母親との関係の単なる繰り返しのように捉えることはできな

い。成人の行動は，常に多様な機能を有していると見なされるのであって，それを本能的起源に還元することはできない（Waelder, 1930; Brenner, 1959; 1979）。

　Hartmannの忠告は，現代においても適切である。重症のパーソナリティ障害の人がもつ，心的機能の原始的モードと想定される同一視（Kohut,; 1977; Kernberg, 1984）は，早期の病理的発達の体験が持続したり退行的に再現したりすることのエビデンスとして考えられている。しかし，たとえ分裂やアイデンティティ拡散が初期の思考モードを反映しているとしても（これは，いずれにせよ，多分に議論の余地のある課題である，Western, 1990 b を見よ），それらが成人の心的機能に再び現れることは，その後の，あるいは継続的なトラウマと関連しているかもしれない。発達の構造的視点は，たぶん，他のどんな精神分析的発達論の枠組みよりも，特定の，特に早期の臨界期を特定したい誘惑に逆らって，発達過程を総合的に捉えようとする視点である（Tyson and Tyson, 1990）。

　Hartmann（1939）は，例えば知覚，記憶，運動のようないくつかの自我のメカニズムは，エスの欲求不満から発生した機能でなく，自律的に発達すると指摘した。彼は，これらの「自我の一次的自律性の装置 apparatuses of primary ego autonomy」を，後に自我に統合される機能であり，本質的にエスや超自我から独立した機能をもつと定義した。Anna Freud（1936）に続いて，Hartmannら（1946）は，人は未分化なマトリックスを賦与されて生まれ，そこからエスも自我も発生すると仮定した。このように，Freudの構造論では，自我は（これまで見てきたように）エスに依存しているが，Hartmannの自我心理学では，心（心的内界の装置）の基本的部分は「葛藤外の領域 conflict-free sphere」で作用する。つまり，ある時期には幻想は，欲動と他の心的発動主体（psychic agencies）との葛藤の産物として見ると最もよく理解されるが，一方で，創造的な問題解決や芸術にとっても役に立つ能力なのである（例えば，Kris, 1952）。

　Hartmannとその同僚が，一次的自律性を認めたことは，欲動と自我の形成との関連を否定したことではない。自我の一次的自律性から生成された生来の動機づけに加えて，自我心理学者たちは，欲動が決定的な二次的役割を果たすと仮定する。こうした欲動の欲求不満が，自我の編成に寄与して，二次的自律性へ導くと，彼らは仮定する（Hartmann et al., 1949）。二次的自律性とは相対的であり，完全ではない。つまり，編成された自我は，絶えずエスと関連

している。というのも，自我は欲動からのエネルギーを利用するからである。Freud はリビドーの備給を強調したのに対して，Hartmann は対象を破壊しようとする攻撃的衝動は危険であり，その中和は極めて重要であると主張した。攻撃性の中和や昇華が成功すると，良い対象関係を可能にする自我構造が生み出される。攻撃性の中和がうまくいかない場合，心理的な問題が生じるだろう。例えば，中和されていない攻撃性が，身体器官を侵害して心身症を生じさせる可能性があると考えられた。Hartmann (1953) によれば，発達精神病理学のスペクトラムの末端では，攻撃性の中和の完全なる失敗が防衛の可能性（逆備給）を妨げ，攻撃性が有機体を圧倒し，対象関係は不可能となり，精神病的な病理に帰結する。

　Hartmann と同僚はまた，「平均的に期待できる環境 average expectable environment」という概念を導入し，実際の親の重要性を強調し，また，自律的で，葛藤に巻き込まれていない自我機能の段階ごとに特定された成熟のスキームを概説した。このように，彼らはパーソナリティ発達への環境と成熟の影響の両者を考慮した。さらに彼らは，自己を，生後半年間で周囲の世界から徐々に分化し，次の半年間に現実原則の影響を受けるにつれて，自分自身の身体および対象との関係を徐々に成長させていくと記述した。生後2年目には，自我―エスの分化の段階がはじまると想定され，それは現実原則が快感原則よりも影響を強め始めるにつれて生じるアンビバレンスによって明らかになる。最終段階は，超自我の分化の段階で，それは社会の影響と親の価値観への同一化とエディパルな葛藤の解決との帰結である。Rapaport (1950) は，思考の発達的段階理論を示唆したが，それは，幻覚的な願望充足から始まり，欲動の記憶を編成し，観念構成の原始的モードを通過し，記憶の概念的編成を経て，最終的に抽象的思考の能力に到達する。

　構造理論家たちは発達を，成熟の力によって駆り立てられ，それによって独自に発生する構成要素や機能が関連づけられるようになり，一貫して機能する組織（自我）が形成されるが，それは部分を総合したもの以上に複雑なものだと見ている（Hartmann, 1939; 1952）。自我の防衛や適応の機能が統合されたシステムは，自我の「総合機能 synthetic function」と呼ばれる。それは，単にエスが成長したものではなく，健康な機能を保証し，それ自体の成長の源をもつ，編成された適応的な能力である。自我発達の段階とは「固着が起こりうる結節，つまり激しい内的葛藤の圧力を受けると，そこに戻るかもしれない」結節を表している。例えば，強迫性障害は構造理論家たちによれば，2歳に特

徴的な段階（魔術的現象や反復的，儀式的行動）への，自我機能の退行と見られている（Brenner, 1892; Arlow, 1985）。しかし，Kris（1952）は，自我退行は健常な発達の一部と見なすべきであり，例えば芸術や科学の創造性のように適応的に機能することもあると主張した（青年期の発達での適応的な自我退行の例示については Blos, 1962 を見よ）。Abrams（1977）は，内的な再編成という前方への躍進には，「後方へ滑り落ちること backward slides」が伴うのはよくあることであり，早期の構造が後の発達段階に再び現れることは，ごく一般的に観察されると指摘した（Jones, 1922; Loewalod, 1965; Brody and Axelrad, 1978; Neubauer, 1984）。Sandler と Sandler（1922）は，自然に退行する傾向をあえて抑止すること，必ず人を特定の発達段階に固執させることになるとさえ述べている。

　David Rapaport（1951a; 1958）は，古典的自我心理学の心のモデルに関して，おそらく最も明確な，最も一貫した説明を行っている。Rapaport は，エスを生得的に与えられたものであり，自我は「創造された created」パーソナリティであると考えた。また，自我の健康な機能の質，つまり，現実への適応は，単にそれがどの程度エスから独立した機能であるかということだと主張した。自我が独立にできていなければ，現実の要求に適応することはできないであろう。Rapaport の観点は，リビドー的起源から精神分析理論を真に解放する点で，進化した定式化を表していた。内的葛藤の内容（口唇期的，肛門期的，男根期的，エディプス的）は，ほとんど関連がない。同じ葛藤が，健康なパーソナリティでも精神障害のあるパーソナリティでも起こるのである。しかしながら，健全な道を辿って発達し，エスから自律した自我は，症状を生じさせることなく，よりよくこうした葛藤に取り組むことができる。Rapaport に全般的には同意しながらも，自我心理学の潮流のもう一人の巨人 Charles Brenner（1982）は，あらゆる心的現象が自我と本能の妥協をある程度含むと仮定されているのだから，エスと自我は，Rapaport の著書で示されているほど，明確に区別されないだろうと指摘した。唯一葛藤状況にある時にのみ，自我とエスははっきりと区別できる。健常な環境では，自我はエスが本能的満足を得るための道を懸命に探り，エスのあらゆる願望が，避けがたく生み出すことになる危険を調整させられている。

　ある程度は対象関係理論の発展（以下を参照）への反応として，精神分析の構造理論が復活してきた。現代の構造理論（例えば，Boesky, 1989 を見よ）は，Freud（1923）のエス，自我，超自我という三層構造モデルを保持してい

るが，心のエネルギーやその他の疑わしい概念を用いてはいない。その理論では，内的な心的葛藤は偏在することを中心的前提とし（Brenner, 1982），また，その葛藤を3つの心的発動主体間の相互作用と見なす。Brenner は，あらゆる心的内容（思考，行動，計画，幻想，徴候）は葛藤の要素によって多様に規定された妥協形成だと示唆している。エスから生じた願望は，罪悪感と葛藤して不安を生みだすが，それは防衛によって回避される。自我は，罪悪感や不安の激しさによって定められた限度内で，本能の満足を提供することによって，妥協に到達する。その妥協は，次のような要素の間で到達される。(1) 欲動の派生物である，欲求充足を得ようとする強い，個人的でユニークな幼少期の願望 (2) 不安，または抑うつ感情という形での不快感，当該の欲動派生物と結びついた対象喪失，愛情喪失，去勢に関連した恐怖 (3) 不快を最小限にするよう働く防衛 (4) 罪悪感，自己懲罰，後悔，償いといった機能による超自我の現れ。この枠組みでは，自己と対象の表象は妥協形成の産物であり，そのことは，上述の三者傾向の間でさらなる妥協をもたらす。発達的見地から見ると，こうした発動主体間の相互関係は，暦年齢とリビドーの段階よりもよく研究されている。同様に，防衛機制もまた，Anna Freud (1936) が仮定したような別個の機制なのではなく，他のそのような機能がすべてそうであるように，適応と防衛の役割を果たす自我の機能にすぎない（Brenner, 1982）。この文脈でいう健康的に機能することとは，妥協形成を実行する能力である（Arlow and Brenner, 1964; Brenner, 1994）。

3.1.2 構造モデルでの心的発達

3.1.2.1 Erikson

Erik Erikson (1950) によって，重要な発達の理論体系が提示された。彼の最大の関心事は，自己とアイデンティティを生み出す，社会的規範と生物学的欲動の相互作用であった。よく知られた8つの発達段階は，欲動と社会的適応との均衡を阻害する，生物学的イベントに基づいていた。新しい技法や態度の漸進的変化を通じて発達上の課題が達成されなければ，パーソナリティの成長は停止するだろう。このことは，後の発達段階を危うくする。Erikson は，文化や家族の要因に注目し，発達モデルをライフサイクル全体にまで広げたことで，精神分析家の中で注目に値する。彼の理論は，精神分析的発達モデルに可塑性を導入すると共に，支持的な社会環境で満たされた，一貫した自己概念の

必要性を指摘した (Jacobson, 1964 を見よ; Schafer, 1968; Kohut, 1971; Stechler and Kaplan, 1980)。

　Erikson (1950; 1959) は,「器官モード organ modes」という精妙な概念によって, Freud の論議の多い性感帯のモデルを拡大した最初の人である。Erikson 以前では, 各性感帯の固有の快に結びついた活動が, 依存や口唇的攻撃性といった心理的モダリティ, さらには, 合体や投影といった特異なメカニズムの基盤を提供すると仮定された。Erikson の器官モードという概念は, 身体的固着という心的機能の側面を拡張させた。1950 年の著書の中で, 次のように述べている。

　　乳児は食べ物への抗しがたい要求ばかりでなく, 多くの事柄を受け入れる, あるいはすぐに受け入れるようになる。乳児はなんらかの物体に自分から吸いつき, それから出るなんらかの液体を何でも喜んで飲もうとし, 同様に, 間もなく彼の視界に入ってくるものをその目で「取り入れよう take in」とし, またそれができるようになる。彼の触覚もまた心地よく感じるものを「取り入れる take in」ようである。(p.57)

　このように, 彼は欲動の表出と機能の様式をはっきり区別し, 人間行動を精神分析学的に理解するために, 新たな展望を切り開いた。
　欲動表出モデルは, 生物学的要求の充足と, 社会的相互作用の理解を結びつけている。一方,「機能の様式 mode of functioning」という概念は, 特定の発達段階での欲求充足や対象との関係に**特徴的な様式**について考えることから, われわれを解放してくれる。Erikson は, もともとは特定の段階や性感帯に関連していた欲求充足の手段が, どのように後の願望や葛藤を表出する有効な方法になっていくのかを示している。これによって彼は, アイデンティティ, 世代性 generativity, 疑似種分化 pseudo-speciation, 基本的信頼などを含む一連の構成概念を導入することができた。彼は生物学的枠組みを維持しながら, 欲動モデルを発展させた。彼の身体開口部の悲劇と喜劇としてのリビドー理論の記述は, 文化人類学的および発達的研究によって深められた Erikson の広がりのある展望を適切に要約している。
　Erikson にとって, **基本的信頼** basic trust は, 口唇段階の機能の様式であった。口は, 生命への一般的なアプローチ, つまり「**呑み込む** incorporative」アプローチの焦点として捉えられた。Erikson はこうした過程を, 身体的にも精神的にも, 対象を**把えることと抱え持っていること** taking and holding

onto という社会的様式を軸として確立された対人パターンであることを強調した。Erikson は，基本的信頼を「与えられたものを受け取り，受け入れる to receive and accept what is given」能力であると定義している (1950, p.58)。

発達の相互作用的かつ心理社会的側面を強調することで，Erikson は Freud が精神・性的発達の理論で性的興奮に割り当てた，中心的な位置づけをそっと入れ変えた。彼はリビドー段階モデルとその時期設定をそっくり受け入れたけれども，彼の定式化は，機械論的な欲動理論の視点から，子ども−養育者の二者関係という本来対人的で相互作用的な性質のものへ重点を移行した先駆的な定式化の1つであった。現代では，こうした関係性は，子どもの自己感の発達に関連づけて理解されている。

Erikson は，John Bowlby と同時期に，乳幼児と養育者とのやりとりに興味をもつようになった（Erikson も Bowlby も Anna Freud のもとで仕事を始めたが，Bowlby はロンドンの戦時下の保育所で，Erikson はウィーンであった）。Erikson は早期の発達を，生後初の2, 3分間の体験から始まり，人生を通して発展し，時期によって形を変えていく，連続した過程として考えた。彼の発達段階は青年期で終わらず，情緒的な関心事について特有の変化を伴いながら，あらゆる人生の段階を包含する。彼はまた，社会的影響を重視し取り入れることで，古典的分析家の中で独特であった。Freud 以後，長期間にわたって，Erikson は心理学の入門書で最も広く引用された精神分析学者であった。Westen (1998) によれば，Erikson のアイデンティティ (Marcia,1994)，親密性 (Orlofsky,1993)，世代性 (Bradley,1997) という概念の研究は，精神分析的な発達理論を取り入れた，方法論的に最も妥当な研究であると言う。

Erikson の優れた洞察 (1950) は，彼の時代を超え，一見ささいに思われる体験が最終的に凝集され，以下のように続いてゆく。

> 基本的信頼が基本的不信を上回るバランスをもった永続的なパターンをしっかりと確立すること……最早期の乳児体験から得られる信頼の量は，食物の絶対量とか表明された愛情量とかによって左右されるのではなく，むしろ，母性的な関係性の**質**に左右されるものと思われる。(1959, p.63)

3.1.2.2 Spitz

René Spitz (1959) は，精神分析の伝統の中で，最初の「実証主義者 empiricists」の1人であるが，早くも1936年に（ウィーン精神分析学会へ提出され

た未公刊の論文で）構造論的用語を用いて，一般的な発達過程の理解を定式化した。彼は胎生学（Spemann, 1938）や Kurt Lewin（1952）の場の理論 field theory も活用して，心的編成の主要な移行は，新しい行動や情緒表出の新たな形態が出現することで明らかとなるのだが，この移行は各機能が互いに新しい関係に組み込まれ，一貫したユニットとして結びついたときに生じると主張した。彼は，微笑反応（2～3 カ月），自己と対象の最初の分化，対象間の識別，特に「固有のリビドー対象 libidinal object proper」の識別を示す 8 カ月不安，10 カ月から 18 カ月の「いや no」の身振りで自己を主張することなど，情緒表出の新しい形態の意味に注意を促した。こうした「心的オーガナイザー psychic organizers」のそれぞれは，より早期の行動の新たな編成への統合を表し，その下にある心的構造の形成が進展していることを反映する。Robert Emde（1980a; 1980b; 1980c）によるきわめて影響力のある一連の論文は，このようなオーガナイザーが，どのようにして対人相互作用の劇的な変化を先触れするのかについて，詳しく述べている。

Spitz（1945; 1965）もまた，Greenberg や Mitchell（1983）が「欲動構造モデル drive structural model」と呼ぶものに異議を唱えて，彼らの言う「関係構造モデル relational structural model」へと向かうことについても先駆者であった。彼は発達段階の理論のなかで，母親および母親－乳幼児の相互作用の役割を，何よりも重要であると位置づけた。親は，子どもの生得的な能力の発達を「促進したり quickening」，あらゆる知覚，行動，知識を調節すると考えた。

Spitz（1957）は，自己調整 self-regulation を，自我の重要な機能として考えた。精神分析的観察研究は，自己調整過程を構成して適応あるいは不適応に導く，早期の環境的，相互作用的な要因が，いかに本質的なものであるかを，繰り返し提示してきた（Greenacre, 1952; Spitz, 1959; Weil, 1978）。とりわけ，精神分析家たちは，自己調整の発達における情動の役割を強調している。初期には，母親の情緒表出は，ホメオスタシスや情緒的安定の修復を促進するような，「なだめる soothing」または「包み込む containing」機能として働く。後には，乳幼児は母親の情緒的応答を，安全を示す信号伝達の手段として用いる。さらに，乳幼児は，情緒的応答性を内在化させ，自分自身の情緒反応を，安全か危険かを知らせる信号として用いる（Emde, 1980c; Call, 1984）。情緒が内的力動過程や対人行動を編成し，適切に調整する役割を果たすということは，発達理論のなかで幅広く受け入れられている（Campos et al., 1983）。

Spitz は，幼い子どもに抑うつが存在すると最初に指摘した精神分析家の1人であることでも，注目に値する（Spitz and Wolf, 1946）。たいていの精神分析家が子どもは持続的な苦痛や絶望を体験する心理的能力をもっていない（例えば，Sperling, 1959a）と想定していた時期に，こうした記述はごく人生早期の子どもに抑うつが存在することを示唆していた。

3.1.2.3 Jacobson

Edith Jacobson（1964）は，成人の患者との体験を基盤に，生涯にわたるさまざまな変遷について再構築した。自己と他者の表象の発生を自分の理論に加え，乳幼児は養育者との間で生じる欲求充足や欲求不満の体験に左右されながら，良い（リビドー的な）あるいは悪い（攻撃的な）感情価によって，自己と他者イメージを獲得するという着想を発展させた。自我，自己，自己表象という概念を明確にし，区別するために，外的な対象とは区別されて体験されるものとしての自己と対象の考え方を強調する「自己表象 self-representation」という用語を用いた。彼女は，自己を，身体的かつ心的な人間の全体性と見なし，自己表象を「システム自我における身体的かつ心的自己の，無意識的，前意識的，意識的な，内的表象（p.19）」であると定義した。彼女は，早期の欲動状態は，対象から自己へと絶えず移行し，両者の境界は非常に弱いと想定した。配分（良い対悪い）についても方向（自己対他者）についても，より安定した自己と対象の表象が現れるにつれて，あらゆる面で未来の成長を形成することが考慮に入れられていた。

Jacobson は，取り入れ introjection と同一化の過程 identificatory processes が原始的融合の状態を置き換えるので，この過程を通して，対象の特性や行動は，自己イメージの一部として内在化されると想定した。彼女は特に，超自我形成に関心をもち，それは初期には快と不快の対極にあるが，次には強さと弱さという問題になり，最終的には，自己の行動と自己評価を調整する道徳的条件の内在化に至ると見なした。Jacobson は，彼女の発達的見地を，さまざまな精神障害，特に抑うつに適用し，自己表象と自我理想のギャップを抑うつに関連づけた。

3.1.2.4 Loewald

Loewald（1951）は，自我心理学がしだいに狭くなり，強迫的，機械的になり，人間の体験から離れ，葛藤や防衛を超えた自我発達を提示することに失敗

したと，最初に論じた1人であった。彼は（自我心理学から）エス心理学に戻り，欲動と現実，欲動と対象とを統合しようと試みた（Loewald, 1955）。彼はエスを，現実および対象関係と結びついた編成体と見なし，欲動を対象関係の中で編成され，生得的に対象関係と結びついたものと見なしている（Loewald, 1960）。Loewald（1971a; 1973）は，「統合的体験 integrative experience」へと向かう原動力を中心に置く発達モデルを提案している。それは，編成する活動が，「心の機能の基本的な働き方 a basic way of functioning of the psyche」を規定するというモデルである。多くの古典的概念（内在化，象徴的な表象，個体化）は，編成の解体と，より高いレベルでの再編成へと向かうさまざまな生得的な傾向として再定式化されている。Loewald のモデルでは，欲動や対象や思考や行動や心は，分けることのできないものである。彼の基本的前提は，あらゆる心的活動が関連し合っている（相互作用的にも，間主観的にも。1971a を見よ; Loewald, 1971b）ということである。内在化（学習）は，発達を推進する基本的な心理的過程である（Loewald, 1973）。

いくつかの論文で，Loewald はエディパルな体験の重要性を，自己内省の新たな能力を生みだす機能として説明している（Loewald, 197p; 1985）。自己と他者への気づきが高まるところから，必然的にエディパルな子どもが生じる。「新生の核 emerging core」という概念は，個人の「分離して separate」いられる能力，つまり，必然的に罪悪感や償いに悩み，それゆえ，「種族の道徳的秩序に参加 join the moral of the race」できるような，ユニークな象徴的，表象的な個人的体験を創り出し，それに責任をもつ能力を指す。

Loewald のモデルは，具体化された構造（エス，自我など）は含まない。Friedman（1986）は，Loewald は構造を過程と見なしていると指摘する。願望や思考や情緒は異なった準拠枠で扱われない。というのは，それぞれがより高く構成された意味あるパターンへと発展するかもしれないからである。彼はこうした編成の活動を，他者によって「**共決定される codetermined**」ものとして捉える。意味を生成する心は，関係性のネットワークの中で機能する。Loewald（1973, p.70）は，分離していること separateness を，内省的自己覚知の代価であり，それは自分の運命への責任を引き受ける個人の能力を示すと見なしている。

Loewald の古典的用語の使い方は独特である（Fogel, 1989）。しかし彼は，代替のメタ心理学を提出しているのではなく（Cooper, 1988），内在化と理解と解釈を中心に置く，基本的な精神分析的モデルを示唆している。

Settlageとその同僚（1988）は，生涯にわたる発達という，新たな構造的視点を提案している。発達を促す刺激は，かつては十分に自己調整的，適応的であった機能の均衡をくずし，情緒的ストレスをもたらすと，彼らは考えている。そうした「発達の挑戦 developmental challenges」は，生物学的成熟や環境の要求やトラウマ的体験から生じたのかもしれないし，単に適応のためのより良い可能性に気づいたからかもしれない。挑戦に伴う緊張が退行を引き起こすかもしれない。それは精神病理による解決を生じるかもしれないが，適応的な再編成，つまりPiaget（Piaget, 1967）の言う調節と同化での均衡化によって解決され，葛藤を通しての発達的前進に至るかもしれない。ピアジェの概念は，Freud(1924b)の外界変容的alloplastic適応と自己形成的autoplastic適応という概念に予示されている。外界変容的とは，欲求や願望にしたがって応答を引き出し，外の世界にかかわる個人の能力を指す。Freudは，この適応の様式を，他者の世話を引き出す幼い子どもの能力を保証する上で重要であると見なした。自己形成的適応は，受けとった要求に応えて変化する能力であり，内的欲求の状態に折り合いをつけ，即時的な満足を遅延させることを意味している（Ferenczi, 1930を見よ）。例えば，妊娠（Bibring et al., 1961）や親になること（Benedeck, 1959）は心理的再編成を促すかもしれない。

こうしたPiaget方式の構成主義的な内在化モデルの実行可能性については，重大な疑問がある。発達理論家や認知科学者は，Piagetの認知発達に関する「葛藤―均衡モデル conflict-equilibration model」は，しだいに複雑化する構造的な表象の各水準が確立することに関して，ほんの一部分しか説明していないと主張している（例えば，Byrant, 1986を見よ）。より最近の発達に関する論文では，言語獲得，概念形成，対象と出来事の認知，思考，推論，および因果の認知（Chomsky, 1968; Leslie, 1986; Meltzoff, 1990）に関して生得的な説明が支持されているようである。こうした説明は，構造的発達理論よりも，Kleinの理論により共通するところが多い。

連合主義的な学習理論による発達の説明は，言語などのある種の認知的能力に必ず潜在する，きわめて複雑で抽象的な構造の内在化を説明することができないという理由で，1960年代に批判された。(Bever, 1968; Chomsky, 1968; Fodor, Bever and Garrett, 1974)。この異議は，同じように発達構造理論のいくつかの側面にも当てはまる（Gergely, 1991）。この理論の創始者たちは，自我の能力は「本能的な欲望を飼い馴らすこと taming of instinctual desires」から始まっているという考えからしだいに離れざるを得ず，生得論者の説明に

頼らざるを得なくなった（例えば，Rapaport,, 1951b; 1958 を見よ）。

3.2　発達精神病理学の構造論モデル　structural model

3.2.1　モデルの一般的特徴

　構造論モデルでは，成人期の神経症や精神病は，欲動を満足させたい衝動が，かつて脱却した幼児期の充足のモードに戻るときに生じると見なされる。そうした退行は，自我が解決できないほどの心的葛藤によってもたらされる。エスの退行やそれに伴う幼児的衝動の活性化が，成熟したレベルの機能を維持しているパーソナリティの部分と衝突すると，その結果が激しい内的葛藤となる。こうした葛藤——罪悪感の増大，欲動の欲求の高まり，そして，外界との関連で，このような欲求がますます不適切さを増すこと——の調整に自我が失敗すると，症状の形成を招く。

　症状は，妥協であり，受け入れられない欲動の表象と，自我と超自我という対立する発動主体との間の均衡を回復しようとする自我の多様な試みを反映している。心理的，器質的な原因によって生じる，自我それ自体の退行を，その病理が反映している場合もある。精神病の場合，自我が完全な解体に脅かされていると見なされる。本質的な自我機能は，早期乳幼児期に特徴的な機能様式を復元し，非合理的で魔術的な思考や統制されていない衝動に支配されるようになるかもしれない。このように，心理的健康は，年齢相応の水準で機能する心的発動主体間の，調和のとれた相互作用と考えられるのに対して，心理的不健康は自我の努力の失敗と見なされる。発病に至る継起は，以下のように考えられる。(1) 欲求不満 (2) 退行 (3) 内的不一致 (4) 信号不安 (5) 退行による防衛 (6) 抑圧されたものの再来 (7) 妥協と症状形成である。

　症候学的疾患は，乳幼児期の固着という発達上の帰結だけではない。古典的構造モデルの中では，制止 inhibition は，心的発動主体間の葛藤を軽減する上で，かなり偏っているにせよ，力強い方法だと見なされている。極端なレベルになると，制止はパーソナリティ障害に特徴的なものと見なされる（Freud, 1926）。例えば，欲動とそれに関連する情動を刺激しそうな人間との接触をすべて避ける人は，パーソナリティタイプではシゾイドと見なされるだろう。性的不能は，性的欲動を表現することの制止と考えられるかもしれない。制止は自我にも当てはまるかもしれない（A.Freud, 1936 を見よ）。例えば，ある自我機能が身体的に苦痛になるようなことがあると，それは放棄されるであろう。

例えば、このような自我の制限とは、競争に対する葛藤のためにスポーツ活動から身を引き、他のもの、例えば、書くことにエネルギーを注ぐような場合であろう。情動を非常に脅かすものとして体験するような人には、情動の制限が起こるのかもしれない。

3.2.2　神経症の構造論モデル

神経症の古典的発達モデルはよく知られているので、ここでは詳細は述べない。幼児期的な性的願望が成人期に体験されると、意識的な嫌悪を呼び起こす。それは、変装された時にのみ、気づきに到達することができる。神経症的妥協は、小児性欲の変装されたエス派生物と、自我の防衛と、自我が内的危険を体験していることを示す信号不安とを表している。それは、分離したもの（自我異和的）と体験されているパーソナリティの一部で、願望とそれに対立する反応とを一体化する。このことの主観的体験としては、超自我から発生し、超自我をなだめることを目的とした、処罰や苦しみや苛立ちが体験される。

特定の神経症的反応は、ある特定の発達の固着や、妥協形成の特徴的な様式を反映する。転換ヒステリーでは、妥協は身体的な形での劇的な表現をもたらし、口唇期的あるいは男根期的固着を反映する。強迫神経症では、自我が肛門期的なサディスティクで攻撃的な欲動の派生物を、二次過程の思考（反芻、強迫的疑惑など）で拘束するが、こうした欲動の派生物を中和することは発達上不可能なので、攻撃性や肛門期的関心が明らかとなり大きな不安が生じるのだろうと想定されている（例えば、Fenichel, 1945; Glover, 1948 を見よ）。神経症的妥協が強迫に至る過程は、おおむね内的なままにとどまり、思考過程そのものの中に位置づけられていると見なされる。恐怖症では、恐怖は外在化されるのだが、きわめてよく似た無意識的な発達的上の関心を反映しているのかもしれない。

3.2.3　パーソナリティ障害の構造論

神経症的病理の考え方は、全体的に、Freud の構造論以来ほとんど発展しなかったのに対して、パーソナリティ障害のモデルでは、さまざまな精神分析的モデルの「範例のように paradigmatic」なっている。この後の節で説明するように、パーソナリティのタイプの極端なものは、今日、精神医学的診断の第2軸として精神医学の診断のスキーマに具現化されている（American Psychiatric Association, 1994）が、それらについては、さまざまな理論的モデル

が提案する心的構造や発達のスキーマに基づいて，極めて異なった定式化がなされている。古典的精神分析は，構造論モデルで具体化されているように，パーソナリティ障害の視点を提示し，しばしばより最近のモデルとの対比で定式化され，まるで最近の理論は一貫性と正確さに欠けているのだから，精神分析理論の修正は必要でないと示しているかのようである。例えば，Abendと同僚は，性格神経症の領域に対するポストフロイト派の貢献を検討し，概念的なあいまいさと分類の問題を悲観的に指摘した（Abend, Porder and Willick, 1983）。重症のパーソナリティ障害の識別が，構造論的な区別と一致しないとして，その識別に反対する人もいる。例えば，Rangell（1982）は，境界例の状態と自己愛障害とを区別することは，誤りであり，これらのグループは「障害されたケース disturbed cases」という注釈で，一緒にされるべきであるとまで言っている。

　構造論の理論は，性格障害の中でも，力動的に神経症と類似するものと，構造的欠陥に基づいた非-神経症的パターンを反映するものとを区別する（Waelder, 1960を見よ）。いわゆる性格神経症（Alexander, 1930によって導入された概念）は，妥協形成が自我から切り離されず，したがって，症状が自我異質的とか自我異和的と体験されないことを除けば，力動的には神経症と似ている。Yorke, Wiseberg と Freeman（1989）は，性格神経症のマイクロ構造について述べているが，それはエス，自我，超自我というマイクロ構造のように，合成されて永続性のあるものになる。強迫的性格神経症も，同様にエス派生物と自我と超自我の妥協を反映しているが，欲動派生物がより耐えられやすいものだという決定的な違いがある。

　性格神経症という概念は，問題をはらんでいる。この概念は，障害と性格のタイプにある種の連続性があり，その違いは主に質よりも量にあることを意味している。いくつかの典型的な神経症の反応は，障害のある群だけではなく，性格のタイプの中にも，非臨床群の被験者にも見られるであろうという有効なエビデンスがある。例えば，Rachman and de Silva（1978）は，この障害の発生率はかなり低いが（American Psychiatric Association, 1994），一過性の強迫観念や強迫行為は人口のかなり大きな割合で生じることを見出した。明らかな強迫観念や強迫行為は，症状が始まった時またはそれ以前から，強迫的性質と相関していることを示唆するエビデンスがいくつかある（例えば，Flament and Rapaport, 1984）。しかし，疫学的研究は，強迫性障害の子どもの15〜20％しか，強迫的な性格神経症を発症しないと報告している（例えば，

Flament, Whitaker and Rapoprt, 1988; Swedo et al., 1989)。こうした知見は，性格神経症という考え方によって示唆される連続体モデルは不適切であり，性格病理と神経症的症状は，まったく異なった潜在的過程を意味することを示唆している (King and Noshpitz, 1990)。

もっと重いパーソナリティ障害，例えば，自己愛パーソナリティ障害は，発達の阻害や逸脱や不協和の結果と見なされている (A.Freud, 1965 を見よ)。構造論的視点は，こうした症例を，不完全な自我発達として見る傾向がある (Gitelson, 1955; Rangell, 1955; Frank, 1956 を見よ)。現実検討，不安耐性，安定した防衛といった重要な自我機能が損なわれ，一方で，他の機能は無傷のままなようなので，それが患者に健常な見せかけを与えているのである。

3.2.4 境界性パーソナリティ障害のモデル

境界性パーソナリティ障害の人は，初期に精神分析の文献に，古典的精神分析療法に対して敵対的に反応することが多いと記述された (Stern, 1938; Deutsch, 1942)。古典的技法を修正するという課題は，早い段階から起こっていた (Schmideberg, 1947)。Knight (1957) は，トラウマによって損なわれた自我機能という視点から，この障害の包括的な発達モデルを提案した最初の人であった。彼が考えた自我機能の中には，「統合，概念形成，判断，現実的な企画，エスの衝動とその幻想化が意識的思考の中に噴出することへの防衛」(p.6) が含まれていた。Erikson (1956; 1959) は，アイデンティティ形成の漸成的流れにおいて，アイデンティティ拡散の症候群が，自己体験の時間的な連続性の欠如と準拠する社会集団への所属の欠如を反映していると述べた。Jacobson (1953; 1954a; 1964) は，このような人たちが，時として，自分の心的機能や身体的器官が自分に属するのではなく，排除したい対象に属するものとして体験することがあることに，注目を促した。彼らは同様，自分の心理的，身体的自己を外的対象に結合しているのかもしれない。彼女は，このような人々を，「青年期の気分の揺れ動き adolescent fluidity of moods」(1964, p.159) を保持していると見なした。

しかし，Abend, Porter, and Willick (1983) は，著しい自我の弱さと障害のある親への同一化が，神経症的障害をもつ患者とこれらの患者を分ける唯一の特徴であると主張し，境界性という用語の有効性に疑問を投げかけた。あるいはまた，彼らの困難さは，非常に混乱させるエディパルな問題に対する退行的防衛を反映していると理解できるであろう。

3.2.5 反社会性パーソナリティ障害の構造論

　Aichhorn（1925）は，非行を犯した人々に真剣に取り組んだ最初の精神分析家であり，彼の定式化は非常に影響力があった。彼は，この障害の発達的な説明の中で，超自我の形成不全とともに，快感原則から現実原則への進展の失敗を仮定した。彼は快感原則の放棄を遅らせるものとして剥奪を，超自我不全の説明としては親の規範の内在化が乏しいことを強調した。Reich（1933）は，自我が超自我を遠ざけて隔離しているので，衝動を統制できないのだと示唆した。Fenichel（1945）は，このような人々の超自我は欠如しているのではなく病理的なのであり，単に自我によって隔離されているだけではなく，買収もされていると強調した。Johnson と Szurek（1952）は，超自我の病理の根源には，超自我の欠落（ある限られた領域での超自我の欠如）があると示唆した。このような超自我のギャップは，禁止された衝動を行動化したいという親の無意識の願望のゆえに生じると考えられた。子どもは親によって，道徳に反したやり方でふるまうように無意識的に促されるが，意識的にはそうすることを禁じられる。Lampl-de-Groot（1949）は，なぜ神経症的に抑うつになる人もいれば，反社会的になる人もいるのかを，超自我と自我理想のバランスが説明すると示唆した。前者は厳しい超自我と強い自我理想に相当し，後者は脅迫的な超自我と弱い自我理想の結果である。Singer（1975）は，次のような三層モデルを提案した。(1) 欲動の混乱（小さくて，無力で，去勢された，価値のないという隠された気持ちを打ち消すために，より大きいペニスを得ようとする盗み）(2) 自我機能の混乱（不快感への高まった敏感性，混乱した現実検討，空想によって行動を遅らせることができないこと）(3) 超自我の欠陥－超自我は崩れやすく（Alexander, 1930），隔離され（Reich, 1933; Greenacre, 1945），欠陥で満ちている（Johnson and Szurek, 1952）。

　こうした理論的示唆の多くを，臨床的記述と区別するのは難しい。例えば，反社会的行動に関する罪悪感の欠如は，反社会性パーソナリティの定義の一部でもある（Hare and Cox, 1987）。しかし，最近出ているエビデンスは，このような古典的記述と一致しているように思われる。例えば，Reich や Fenichel の提案と一致して，反社会的な青年に不安があること（自発的な反応性）は，後の犯罪的行動のリスクを軽減する（Raine, Venables and Williams, 1955）。興味深いことに，Lampl-de-Groot が観察していたように，抑うつと反社会的行動は対立するのではなく，近似しているのだということが，最近の行動遺伝

学の調査研究によって支持されている。抑うつ的症状と反社会的行動は，共通の遺伝的影響を共有している。共通の遺伝の根源が，両タイプの問題に対する脆弱性を高めるので，両者は同時発生しうるのである。

3.2.6 精神病の構造論

Hartmann（1953）は，統合失調症の最も重大な欠陥は，中和の過程の失敗であると示唆した。これまで見てきたように，Hartmannは，中和は子どもの親とのかかわりの質に根ざしていると考えた。しかしながら彼は，統合失調症は器質的障害の帰結として発症すると認めていた。さらに彼は，退行的症状を幼児期の状態と同様に扱う「発生論的な誤謬 genetic fallacy」に対して警告を発した。自我心理学のアプローチを用いる精神分析家（Jacobson, 1953; 1954a; Bak, 1954; 1971）には，統合失調症者の早期の自我発達は，より重篤でないとされる障害（例えば，倒錯）より混乱していると考える人もいた。

このように精神病的な症状は，最早期の正常な機能への退行と見なされる。重篤な自我障害は，乳幼児期に心的構造を築く中での，何らかの基底欠損 basic fault に起因しているに違いない。Greenacre（1953）は，それについて，次のようにはっきりと述べた。「このような重い混乱のマトリックスは，おおよそ6カ月ともう少し後という自我のまさに黎明期の混乱にあった（p.10）」。これから見ていくように，現代の発達的観察は，自己と対象の「健常な normal」混乱状態という考え方とはまったく一致しない。誕生時から乳児は，母親を正確に同定し，顔のジェスチュアさえ模倣できるのである（Meltzoff and Moore, 1997）。

3.3 批判と評価

最近の構造論では，エスの考え方は変化している（Arlow and Brenner, 1964; Schur, 1969; Hayman, 1969）。Loewald（1971a; 1971b; 1978a; 1978b）は，Freudの概念を，生物学的な基盤をもつあらゆる強烈な身体的欲望のコンテナーと解釈するのではなく，現実と人間像に関連する編成体として解釈する，現代の構造理論家の典型である。もはや本能は，発達段階にしっかりと結びついていると見なされず（Greenacre, 1952），大抵の理論家は単純化した欲動－削減モデルを放棄している（Sandler, 1985）。例えばわれわれは，さまざまな形態での心理的混乱において，身体的葛藤が見かけ上の中心になっている

ことが誤解を招くと示唆している（Fonagy and Target, 1995）。しばしばあることだが，観念や願望の領域にある心理的葛藤を解決する能力の不足から，結果的にそれが身体的に体験されるのである（その逆ではない）。身体は心理的葛藤を解決するための適切な領域ではないので，葛藤は欲動や本能のレベルで，例えば攻撃性を通じて強められてゆく。

　（構造論の）オリジナルモデルが準生理学的特徴をもつことについては，1970年代と1980年代に激しく批判された（Klein, 1976; Rosenblatt and Thickstun, 1977; Compton, 1981）。Schafer（1974）は古典的モデルを，異性愛の性器性欲を除くあらゆる形態の性的快感を，阻止すべき逸脱したものだと考えさせようと強いるという理由で批判している。精神病理学の説明に際して，セクシュアリティを最も重要だとすることは，誤った考えであるという人もある（Klein, 1981; Peterfreund, 1978）。北アメリカの伝統からは，Freudの生物学主義は疑わしく信じられないと見なされていた。彼らはしだいに，直接的な社会（第9章の対人学派の記述を見よ）と自己の自律性を，たとえその自律性が後退し続けている個人的で理論的な理想であっても（第8章を見よ），強調したいと望むようになっている。米国の精神分析的文化の不可欠な部分となっている個人主義と自助，治療的な楽観主義，自己評価への崇拝という伝統が，構造論モデルへの主要な修正にも，米国での構造論の終焉から部分的に凝結しその後力を得た新しい諸理論にも，反映されている。

　欲動理論のここ最近のレビューは，もう少し好意的になっている。「脳の10年 decade of the brain」と言われる1990年代には，Freudのオリジナルな着想と驚くほど一致すると思える，多くの新たな情報が現れている。薬物に繰り返しさらされることは，脳内の特定の神経経路（ドーパミン腹側被蓋経路）の鋭敏化をもたらし，それが強い動機づけの基質を形成する（Berridge and Robinson, 1995）。Howard Shevrinは，薬物依存者に見られる異常に鋭敏になっている（過剰に敏感な）と確認された「欠乏システム wanting system」と心的エネルギーや欲動という自我心理学の考え方とを繋ぐ，重要な神経科学モデルを提案した（Shevrin, 1997）。この被験者の治療全体を通じて，彼は「欠乏システム」（環境からの任意の合図に強制的に応答し，不合理で無意識である）の質と，欲動の状態という精神分析的概念を検討したが，それらは無意識であり情動状態と無関係であり，形成的な情動の関係の一部として体験されるような，より従順な情動状態にある動機づけからの派生物は違って，渇望という特徴をもつ。

さらに欲動に関する古典的観察が，以前の批判が主張しているほど，そう見当違いでもないかもしれないという見込みは，Jaak Panksepp (1998) の研究から来ている。Shevrin (2001) は，構造論の欲動概念を，「探求システム SEEKING system」という Panksepp の概念に結びつけている。「欠乏システム」に含まれるのと同一の神経システムが，探求システムの要素に含まれ，それが行動を動機づける**期待**の基礎となり，それがなければ有機体は無気力のままになると想定される。興味深いことに，Panksepp は，探求システムには「心的通電 psychic energization」(p. 145) という特徴があると論じる。システムの外側からの刺激を与えると，動物は非常に精力的に探索するようにと促されるであろう。ラットが欲動を満たす必要がないのにこの期待の状態に到達しようとして，際限なく自己に刺激を与えるシステムと解剖学的には同じである。このシステムで具体化されているのは，明白な対象なしに生じる純粋な予想という主観的状態である。まさに単なる欠乏の状態が，後により進化した脳のシステムでの処理を経て，対象や心的表象を獲得するのである。

夢に関する神経心理学的研究が，欲動モデルに関して続いている議論をさらに強化する。Mark Solms (1997a; 2000) は，欲動ベースの夢理論の批判者たちを引きつけることに成功した。批判者たちは，夢見 dreaming はレム睡眠と結びついたランダムな脳の活性化過程につながる主観的体験だという説を，快く受け入れていた (Hobson and McCarley, 1977)。最近の放射性物質や薬理学的な知見と結びついた Solms の神経心理学的研究は，レム状態をコントロールすると知られている脳幹のメカニズムは，わずか1秒のおそらくドーパミン作動の前脳メカニズムの仲介で，夢見を生みだすことができると示唆している。後者のメカニズム（および夢見それ自体）はまた，レムの随伴的変化なしに，ドーパミン作動薬や拮抗薬のようなさまざまなノンレム状態を引き起こすものによっても活性化されうる。つまり夢見は，脳幹のレムメカニズムへの関与が妨げられた場合でも，他にも脳の状態と対応する心理的状態があれば，例えば，ノンレム睡眠時の局所的な前脳への刺激や複雑な部分的（前脳の）発作などによっても引き起こされたり変更されたりする可能性があることを意味している。さらに，夢見は，特定の（おそらくドーパミン作動の）前脳の回路にそった局所的な損傷によって消滅するが，この損傷がレムの頻度や持続や密度にそれほど大きな影響をもたらすことはない。

これらの知見は，前脳のメカニズムは，夢見への最終的な共通の経路であり，レム状態をコントロールする脳幹の発振器 brainstem oscillator は，メカニズ

ムを活性化できる多くの覚醒を引き起こすものの1つにすぎないことを示唆している。それゆえに,「レム期REM-on」のメカニズム(さまざまなノンレム睡眠にも相当する)は,夢の過程それ自体が及ばないところにあり,独立した前脳の「夢おこしのdream-on」メカニズムに媒介されている。Solmsは,ドーパミン作動の腹部被蓋路は,夢見を生じさせるものであり,偏桃体,中隔野,帯状回,前頭葉とつながる腹部被蓋野からの経路は夢見への最終的な共通の経路であると主張する。Solmsが夢見へと動機づける原動力として基質を形成する神経的システムとして同定するものは,薬物中毒によって感応するシステムと同一である。夢見と渇望することを活性化するシステムは同一である。常習性薬物によってこのシステムが感応することは,薬物依存を絶ったずっと後に見る薬物に関連した夢を説明するように思われる(Johnson, 2001)。夢は,脳の他の領域を通じて推敲され,他の関心事や動機や感情を包み込み始めるのだろう。とはいえ,それぞれどんな夢でも,その起源は,Freudのいう本能的欲動状態の概念に最も密接に適合する神経的構造,つまり腹部被蓋野にある。

第4章 構造論モデルの修正と発展

4.1 Anna Freud の発達モデル

　発達は累積的かつ漸成的（すなわち，それぞれの発達段階が前の段階の上に成り立っているということ）であるという見方が，すべての精神分析的発達モデルにおける基本的な信条である。Anna Freud (1965) は，精神病理学に首尾一貫した発達の視点を適用した初期の1人であり，その視点は，今日の指導的な発達論者らには広く知られている。(Emde, 1988b; Cicchetti, 1990a; Sroufe et al., 1990)。彼女は，心理的疾患が発達の過程で最も効果的に研究されうること，複数の発達ラインに見られるプロフィールが，それぞれの子どもの病理のリスクを決定することを論じた。しかし，彼女の理論は，古典的な Freud の考えに基づく「葛藤理論」であり，その中で，彼女は発達を，子どもが相互に対立するような2つの願望の間，あるいは，喜ばせたい相手からいやなことを強要されるような場面，あるいは，子どもが喜ばしいことを期待していたことから結果的に痛みを被る場面と，折合いをつける過程と見なした。これら全ての状況で，子どもは現実と折合いをつけ，さまざまな願望や欲求，知覚，あるいは身体的，社会的現実，そして対象関係といったものの妥協点を見出さなければならない。こうして，Hartmann と同様に Anna Freud は，精神分析の正当な主題は無意識のエスのみだという古典的立場を限定的だと感じ，そこからはるかに脱却して，自我を分析することの重要性を強調した (Sandler and Freud, 1985)。彼女は，エスと超自我からの命令から派生するものと同様に，外界への適応という要求から生じる課題を分析することの重要性を強調した。

　パーソナリティの諸構造は，葛藤がなければ調和を持って働くことが期待されているが，そういった状況下では，パーソナリティの各部分を識別するのは困難かもしれない (Freud, 1936, pp. 5-8.)。葛藤の存在とそこから生じる不安は，自我の防衛を呼び起こし，これらを通して，他の心的構造がより明らか

になりやすい。自我は，超自我によって禁止されたのではない衝動については歪曲することもなく，シンプルに実行する。防衛を列挙し分類することが，精神分析家にとって重要な関心事となり，Joseph Sandler が指揮する Anna Freud のクリニック（Hampstead Clinic）グループは，この着想を明確にしようとした。最終的に，防衛に関する Hampstead 目録マニュアル（Sandler, 1962a; Bolland and Sandler, 1965）が製作されたが，同時に，ほぼすべての自我機能が防衛的な機能を供給しうることが認識されたので，そこから，防衛メカニズムの網羅的なリストを供給するという希望は錯覚であると認識されることになった（Brenner, 1982）。Anna Freud は，存在する能力はすべて防衛的に使われることを認識する一方で（彼女はこうした行為を防衛機制（メカニズム）に対して「防衛基準 defensive measure」と呼んだ），一貫して，防衛はその操作に反映される発達的な成熟度に従って分類されうると主張した（Sandler and Freud, 1985）。例えば，自分の能力を自分を取り巻く環境に影響を及ぼせるまでに発達させている子どもにとって，支配することは通常心地よいものであるが，一方でそれは，無力感を打ち消すための強迫的で，支配的な防衛方法かもしれない。

4.1.1　発達ラインと他の発達的概念

　Anna Freud の理論の中心は，子どもの発達に関するものである。1920 年代，Anna Freud の児童分析における関心は（A. Freud, 1926），熱狂的なグループを彼女の周りに生み出し，私たちがこれから見ていくように，彼らは彼女の発達論の方向性をさらに多岐に広げていった。このグループには Eric Erikson, Edith Jaconson, Margaret Mahler がいた。彼女自身の知的な発展として，発達への関心はごく初期からあったが，発達的な観点はしだいに Anna Freud の理論的立場に浸透していった。初期には，Anna Freud の発達に関する考えは，広範囲において，彼女の父の本能欲動の観点に根ざしていた。Freud の記述の中で，欲動は圧力 pressure（欲動の強さ）と目標（充足の達成），源泉である肉体のプロセス，そして，本能がその目標を達成することを可能にする人としての対象といった考えによって特徴づけられる（S. Freud, 1915a）。Anna Freud の理論は，欲動満足と適切な外的対象との関連性という視点を保持していた。Melanie Klein の理論が本能的な欲求充足を動因として保ちつつ，外的な人物の代わりに内的な幻想対象を強調したのに対して，独立学派では，欲動満足への関心は，主要な動因としての関係性の圧力に置き換

えられた。Anna Freud は，子どもの心を構成する上での現実の親の役割に対して持続的な関心を持っていた。そこで彼女は，実際の親が自我，あるいは超自我の構成に貢献する様相を特定することによって，Freud の理論を前進させたが，このプロセスを常に，欲動充足の追及という，大前提となる原理に従属させていた。つまり，世話をされたいという欲求が情緒的なつながりを生じさせるのである。Anna Freud にとって，親は他者との関係の取り方，心的防衛の様式，問題や外傷的な出来事への対処などの行動のモデルとしての役目を果たす人である。実際の親の内在化プロセスは，自我発達の道筋を定める。Anna Freud は対象関係を発達における重要な局面と見ているが，本能論，あるいは構造論に代わるものとしてはいなかった。対象の役割は欲動に従属するものであり続けた。親は，抗しがたい内的な体験に直面した無力さから子どもを保護するために必要とされた。このように，Anna Freud は，発達に関する自我心理学と対象関係理論の間の，独特の立場を取っている。彼女は関係性を，発達を形成するものとして考えていたが，しかし，欲動の開放によってあらかじめ定められている成熟の発達過程の仲裁者としてのみであった。

　Anna Freud (1962; 1963) は，幼児期の発達の連続的で累積的という特徴を強調する発達ラインのメタファーを使って，包括的な発達理論を提供した。彼女の着想は，父親のリビドー発達のモデルから始まっているが，彼女の定式化は，発達的な各段階での成熟と環境という決定要因の相互作用と相互依存を強調している。例えば，子どもの母親への関係性の局面は，「依存性から情緒的な自己信頼を経て大人の対象関係へ」あるいは「母乳を吸う行為から理性的な食べる行為へ」，「ぬらす，あるいは汚すことから膀胱と腸のコントロールへ」「身体のマネージメントに関する無責任性から責任性へ」と向かうラインとして記述されるかもしれない。他に，自己中心性から社会的パートナーシップへの移行のような，環境の統制に関連するラインもある。複数の発達ラインのプロフィールのすべてがアセスメントの一部として検討され（Yorke, 1980），それらのライン間に大きな不一致があるかどうか，また，それぞれのラインに沿う健常な前進からの顕著な遅れがあるかどうかによって，病理が査定される。

　発達ラインは，欲動と構造論的発達との特異な連続性を細部まで探索することを意図している。特異な連続性とは，「欲動と自我－超自我の発達との相互作用の結果とそれらの環境的影響への反応」を表している（Freud, 1965, p.64）。発達ラインは，それぞれのラインでの各ステップの達成に必要とされる内的な心的発達を特定するのと同時に，観察可能な行動に強調点を置いている。発達

ラインはメタ心理学に取って代わることや，あるいは心的構造論，経済論，局所論に新たな観点を加えるといったことを意図したものではない。むしろそれは，進歩の特異な連続性を同定することを通して，発達というものの膨大な複雑さを指摘しようとする試みの表れである（Neubauer, 1984）。

この観点を最初に提出する際には，6つの発達ラインが考えられたが，それらのうちで，依存から情緒的な自己信頼を経て成人の対象関係に至るまでのラインがもっとも「基本的 basic」なものだとみなされた（p. 64）。発達ラインは，観察可能な母子の関係性のレベルで，後の関係性の枠組みを創り出す，内的な対象表象の進展に沿った諸変化を描き出している。Anna Freud は，母－乳児カップル間の生物学的単一体をスタートラインにして，8つの段階を同定している。Anna Freud は，第1段階で乳児は，母親が自分自身の一部ではなく，自分のコントロール下にいるわけではないことを未だ発見できていないと示唆している。同様に，母親は乳児を心理的に自分の一部だと体験しており，乳児の個別性や自分自身との違いに気づき始めてからしだいに，そうした感覚を放棄していく。この局面での母親からの分離は「特有の分離不安 separation anxiety proper」（p. 66）を引き起こすと考えられる。Anna Freud は Hampstead Well Baby Clinic での健常乳児の観察に照らして（Edgcumbe, 2000）自身の観点を修正したと考えられているにもかかわらず，愛着関係の発達を，むしろより後の段階（生後2年目）に位置づけた。彼女は，Margaret Mahler の自閉－共生期と，分離－個体化期を彼女の第1段階に入れることで，何らか事態を混乱させてしまっている（Mahler et al., 1975）。最初の段階は生後1年間で終わるのであり，これは Mahler のタイムテーブルと一致しない。

第2段階は，子どもの不可避的な身体の欲求に基づいた，子どもと対象との欲求充足的な原初依存 anaclitic 関係を特徴とする。その関係は，おのずから流動的な性質をもつと考えられている。なぜなら，欲動が刺激されることによって，対象に対する欲求は高まるが，子どもにとっての対象の重要性は，充足感が達成されると減少するからである。子どもは，自分の欲求が満たされる程度によって，良い母親と悪い母親のイメージを作り上げると思われる。悪い母親とは，欲求不満を起こさせる母親である（Edgcumbe and Burgner, 1973）。第2段階の始まりについて，Anna Freud は，生後1年目の後半からとしているが，これらの段階の暦年齢については，子どものパーソナリティと母子関係の環境に依ると考えて，それほど具体的に示していない。しかしながら，子どもの心から分離したものとしての母親の心の明確な表象の発達が，この段階に

あると指摘される。ここから，Anna Freud は，この段階での母子関係の挫折が，自己の発達における個性化の挫折と歪曲を導くものと見なしている。

第3段階で，子どもは，母親の一貫した表象を持つことに到達し，それは欲動の充足とは無関係に維持されうる。この段階で，子どもは，失望や欲求不満に出会っても壊れない互恵的な関係性を持つことができるようになる。内的表象が安定するので，より長期の分離が可能になると思われる。Anna Freud は早期の分離を，対象恒常性を生成する過程を侵害し，却って分離に到る能力を傷つけるものとして見ている。

第4段階は，日常会話で「恐ろしい二人 terrible twos」として知られているように，幼児の肯定的および否定的感情が同一人物に焦点化され，目につきやすくなる時期と結びついている。この段階では両価性（アンビバレンス）があるのが常であり，それは子どもに独立できるようなスキルが発生し，母親が多少手を抜けるようになるためである。子どもは，独立していることと，母親からの完全な献身を保持することの両方を望むという葛藤の中におかれる。Anna Freud の攻撃性に関する視点は，この段階と結びついている。彼女は攻撃性を，達成をもたらし，対象関係を構築する重要な局面を供給する，本質的な欲動ではあるが，リビドー（対象への愛情と思いやり）とのバランスがとれないと，それはサディスティックで破壊的になると見ている。

第5段階は，対象-中心で，異性の親の占有と，同性の親への嫉妬と競争を特徴とする。このいわゆる男根-エディパル期を，Anna Freud は神経症的な問題の発生にとって決定的に重要な時期であると考えた。子どもが，競争と占有をめぐる葛藤を解決できるようになるためには，彼の対象が別個の存在であること充分に分かるようになる必要がある。この段階で子どもは，両親の間には自分を排除した関係性があること，およびそれぞれの親がもう一方の親と子どもとの関係を見ていることに気づくようになる。こうした三者の関係性は，子どもの近親相姦的な願望についての不安や罪の意識を生じさせるために，超自我の十分な発達ばかりでなく，彼の自我が相当に成熟することが求められる。こうして，この段階に相応しい葛藤は，ある意味で健康な発達の指標であり，一方葛藤の欠如は，パーソナリティ障害の非-神経症的な様相を招くような発達的な欠陥の指標となる。ここで発生する葛藤の解決が欠如すると，神経症的な問題への脆弱さを作り出すであろう。

第6段階では，子どもの欲動の緊急性は減少し，リビドーは両親から仲間や先生など，社会的環境で出会う他の人たちへと転換される。子どもの興味は昇

華されるようになり，また両親への脱錯覚が起こる。Anna Freud はこの段階を，両親からコミュニティへと向け変えられるリビドーの転換期の1つだと見ている。この段階で失敗すると，学業からの撤退や，仲間グループへの溶けこみにくさを招くであろう。次の前青年期の反抗の段階を，Anna Freud は，潜伏期の子どもの分別のよさから，より早期の段階の特徴である要求がましく，つむじまがりで，思慮分別のない態度への退行を表すと見ている。この退行はまた，口唇，肛門，男根期的な欲動の構成要素を強めて，幼児的な幻想を蘇らせ，内的葛藤を強めるとも考えられる。こうした葛藤を扱いやすくするために，前青年期の若者は，彼の幼児的で近親相姦的な幻想を拒否しようとして，とかく両親から遠ざかろうとするであろう。しかし，以前は効果的であったこのような昇華でさえ失敗し，前青年期の若者は，学業場面での問題が増大する体験をするかもしれない（Freud, 1949）。第8段階は青年期で，Anna Freud はこの段階を，性衝動と攻撃性の高まりを克服するための自我の苦闘が，この期間を通して表れていると見ている。自我の発達から，2つの新しい防衛機制，すなわち知性化と禁欲主義の出現が可能になる。この防衛機制は，本能的な身体の要求から人を守る役割を果たす。この発達段階にいる人々は，両親から新しい対象へと情緒的な投資を転換するための内的な苦闘でいっぱいになっている（Freud, 1958）。幼児期的な両親を失うという悲哀は，仲間関係を形成する以前に起こっていて，それによって両親との関係性の変化が確立されていなければならない。両親からリビドーを撤去するために，青年期の若者は，例えば，突然に家を離れるとか，両親の規範や価値観と全く正反対の個人やグループと結託するといった，劇的なエナクトメントを実行するかもしれない。時に，それは犯罪的な行為にいたるかもしれないし，あるいは，非協力的で敵意のある様子を示すだけかもしれないし，あるいは，両親にこうした状態を投影し，彼らを敵意的で迫害的だと受けとるかもしれない。そうした敵意が自己に戻ってきたとき，青年は，自傷行為や自殺へと向かうかもしれない。実際にそうした行動は，この年代のグループに比較的頻繁におこっている（Diekstra, 1995）。両親から自分自身へのリビドーの撤去は，青年期の自己愛的な誇大感や万能感を説明する。Anna Freud は青年期を，身体的，心理的変化が，それ以前の正常なバランスを揺がすという発達上の混乱として見ている。もし，この段階が十分に乗り越えられないと，学業的達成や社会的な達成への期待を満たせず，それが恒久的にその人を傷つけることになるかもしれない（Freud, 1969）。

　Anna Freud が彼女のさまざまな考えを適切にまとめ，幼児期と成人期との

間での，関係性の質的な変化に関する一連の推測を記述した中で，依存性から情緒的な自己信頼への発達ラインは最も重要である。この（依存性－自己信頼の）発達ラインや，他の発達ラインが本質的に記述的であり，身体機能への理論的な関心を優先させていることは注目に値する。例えば身体自立へと向かう動きに直接関連する3つのラインがあり，それは吸うことから食べることへ，濡らし汚すことから膀胱と腸のコントロールへ，身体管理への無責任性から責任性へ，である。さらに，乳幼児には，自分の体や母親の体を使う遊びから，おもちゃや象徴的な対象を使う遊びまでを辿る発達ラインもある。Anna Freudは後の論文で，さらに多くの発達ラインを加えているが，それは例えば，放出 dischargeの経路が身体的経路から心的な経路へ，生きている対象から無生物の対象へ，無責任性から罪の意識へ，などである（Freud, 1974）。この最後の発達ラインに関して彼女は，超自我や罪悪感が充分に発達する前の段階に焦点を当て，その時期子どもたちは仲間に対して妙に口やかましくなると見ている。これは，子どもが内的な葛藤への気づきをすでに発達させているが，しかし，まだ苦痛な葛藤を自分自身に受け入れることができないので，自分の認められない願望を，同じ非難を向けてもよい他の子どもへと外在化するのである。

　発達ラインという概念は，2つの理由から重要である。第1に，それは，精神科的症状も含めて，子どもの情緒的な成熟，あるいは未成熟を評価する方法を提供する。それは予後も含めて，小児期診断の第2軸の一部（American Psychiatric Association, 1994）とみなすことができる。それは，臨床家を以下の3点に注目させる。すなわち，(a) 各発達段階に適合する発達課題；(b) 発達段階という文脈での，ある行為の意味 (c) 発達の各側面にわたって子どもが示す適応のプロフィール。第2に，発達が均等でないことは，精神医学的な疾患のリスク要因とみなせる場合があることから，発達ラインは病因的意義をもつといえるであろう。ある子どもの問題を，特定の発達ラインの停止，あるいは退行という観点から理解できるかもしれない（Freud, 1965）。Anna Freudの定式化の臨床的含意は，子どもの障害を扱う際に，精神分析的臨床家は症状を決定することだけではなく，子どもに「発達的な援助」を提供し，「正常な発達の軌道」へと修復することにも焦点をあてるべきだということである（Freud, 1970b; 1976; 1983; Kennedy and Moran, 1991; Fonagy et al., 1993）。この精神から，多くの臨床家が，臨床的なワークに関連するさらなる発達のラインを提案している。例えば，Hansi Kennedyは，自己への気づき

という自我機能に基づく洞察の発達ラインを提案している（Kennedy, 1979）。早期幼児期では，洞察は心地よい内的状態を維持するために使われる。もう少し後になると，他人に対する洞察が発展するが，それが内省的な自己への気づきのために使われることはほとんどない。青年は自己をも他者をも理解するために洞察を使うが，まだ過去と現在を関連づけることができない。健常な成人の自己への気づきも限定されたものにすぎず，それは，すでに精神病理的な結果を生じているような内的な葛藤を解決する必要がある時にのみ，前面に出てくる。こうした考えと第 12 章で概説しているメンタライゼーションの理論には特筆すべき類似性がある。

4.1.2 発達的精神病理に関するアンナ・フロイト派の視点

4.1.2.1 モデルの一般的特徴

Anna Freud（1955）は，初期には明らかに，深刻な幼少期のトラウマの影響でさえ修復可能と考えていた。彼女は，子どもが，逸脱後も正常な発達の路線から逸脱した後にも元へ戻れるような強いレジリエンスを有していると，見なしていた。彼女の見解は，無秩序な環境や早期の剥奪が，病理の発生におそらく避けがたい影響を与えるだろうという最近の再考を予見していた（e.g. Emde, 1981; Anthony and Cohler, 1987）。これについて，Rose Edgcumbe（2000）は近年，複雑で洗練された自身の着想について説明している。Anna Freud は，神経症と精神病水準との中間に現れる一連の病理群——彼女には前神経症的で，葛藤のない non-conflictual 障害であるように見えた——について，特に熟慮していた。歴史的展望のおかげで，われわれは彼女が記述した病理群が成人のパーソナリティ障害と実によく似ていると，直ちに見なせるであろう。このようにして彼女は，一連の発達上の欠損に伴う自己愛の障害，対象関係性，攻撃性あるいは自己破壊的傾向への統制の欠如などを同定している（Freud, 1965, pp. 148-54）。彼女の葛藤のない障害という概念は革新的であることと，こうした病理を発達と結びつけた先見の明とは，強調されるべきである。しかし，彼女の発達的見解は，決して，構造論と完全に一致するものではない。

Hartmann（1939）によると，構造論の理論家は，発達には普遍的に葛藤が伴うことを繰り返し指摘してきた（Klein, 1976; Sander, 1983）。子どもは継続的に不協和や不一致にさらされており，環境を操作し，葛藤を内在化して葛

藤を解決し，内的な折合い（妥協）と心的構造の変容を導いていく生得的な能力を持っていると見なされている。Anna Freud (1965) の仕事に強く影響を受けた Nagera (1966) は，こうした葛藤を「発達的」と名づけて，その緊張が予期可能であり，通常一時的であることや，症状が時として発達段階を前へ進める動きを伴っていることを強調しようとした。例えば，腸をコントロールせよという母親からの段階に適した要求は，初めは子どもの願望と激しく衝突するかもしれないが，葛藤が内在化され，均衡が再構築されるにつれて，かんしゃくは沈静化していく。発達上の葛藤は，解決の可能性がある場合もあるし，本質的に解決不可能な場合もある（あるいは分岐する。Kris, 1984 を参照）。相反する動機づけの力が子どもを基本的に両立し得ない，けれども同等に望ましい行為へと方向づけると，分岐 divergency が生じると言われている。例えば，男らしさと女らしさ，能動性と受動性，あるいは，依存と自律などである。分岐した葛藤は自我の一部であり続け，特定の社会場面，例えば，性的な関係を始めるときなどに，再び活性化されることがある。

　幼児期の症候学に関するある重要な論文で，Anna Freud は，驚くほど現象学的な立場から，その当時の彼女に使えた無意識のメカニズムの理解に基づいた幼児期の精神病理の分類を提案している（Freud, 1970a）。彼女は心理学的な障害について7つのカテゴリーを示唆した。第1のカテゴリーは，身体過程と心的過程の区別がなく，心−身体間の軸が普通以上に開いたままなので，体験される身体的な反応を情緒的な反応に変換することができない。その例としては，湿疹（アトピー性皮膚炎），ぜんそく，偏頭痛などが含まれる。第2には，心的発動主体相互間に妥協が生じ，その結果恐怖症，ヒステリー，強迫神経症の症状が生じる。第3には，自我とエスとの境界が脆弱であることに伴う問題があり，それが無防備なエナクトメント（非行や犯罪行為など）として現れるエスからの噴出や，思考や言語の問題として現れる一次過程思考の噴出を招く。第4には，彼女はリビドー経済の変化に結びつくさまざまな形の自己愛の障害があると考えた。例えば心から身体へのリビドーの移行は心気症的な症状を引き起こすかもしれない。対象リビドーの自己への撤退は，自尊心の傷つきや自己中心性を引き起こしうる。第5に，学習不全や自傷行動を Anna Freud は，攻撃性の質あるいは方向性の変化に関連していると考えた。第6に彼女は，めそめそしたりまとわりついたり依存したりする行動を伴う退行を，男根期またはエディプス期の葛藤を避ける方法と見なした。最後（第7）に，彼女は器質的原因による障害を予想し，臨床家にこれらの障害が制止

inhibitions その他の神経症症状と混同されやすいことについて，早くも注意を促していた。

今日にいたるまで，Anna Freud の診断システムは，純粋な現象学的モデルへの興味深い代替となっている。当然のことながら，比較的少人数の臨床的経験に基づく精神分析的システムにとって，大規模な疫学的研究に対抗することは困難である（例えば，Rutter et al., 1976; Goodman and Meltzer, 1999）。Anna Freud によって同定されたカテゴリーは，実証的に引き出されたクラスターにきわめてよく似ているが，おそらく，その主要な例外は，Anna Freud が不安に関係する全ての疾患を一まとめに神経症カテゴリーに分類したことと，幼少期の重要な問題としての抑うつを排除したことである。

4.1.2.2 アンナ・フロイト派の不安に関するモデル

Anna Freud は内的世界（衝動，願望，感情）への恐れと，親からの実際の応答など，外的世界という局面に対する恐れである「対象不安 objective anxiety」とを区別した（Sandler and Freud, 1985）。ハムステッド・ナーサリーでの戦時体験の要約レポート 12 (Freud and Burlingham, 1944) で，彼女は子どもの外的な脅威への反応が大人のものと異なることを観察した。例えば，もし子どもが母親とともにいて，しかも母親が落ち着いているならば，爆撃されたことがトラウマになることはあまりない。この観察についてはより最近，イスラエルにおけるスカッドミサイル攻撃への子どもの反応に関する極めてていねいな研究（Laor et al., 1996）が支持している。これらの研究者たちは，もし子どもの母親も顕著な反応性症状を示していると，攻撃後の子どもの不安症状は，はるかに長引く傾向があることを見出した。

Anna Freud は，爆弾などの外的な脅威に関連する外傷体験の危険性は，「外の世界で猛威を振るっている破壊性が，子どもの内側で脅威をふるう非常に生々しい攻撃性に出会う」時に増大するのだと理解した (p.161)。こうした文脈から，Freud と Burlingham は，さまざまな内的起源（破壊性が覚醒する恐れに由来する不安，外傷的出来事が超自我の非難を再現するようになることから生じる不安，母親の不安への同一視によって起こる不安，外傷的喪失の記憶を引き出すような出来事による不安）に関連した 4 つの他のタイプの不安から，彼女らが比較的まれだと見ている「現実の不安 real anxiety」を区別する，外傷的不安の分類を提案した。

Anna Freud は幼少期に生じる不安の問題について，発達的展望を示唆した

(Freud, 1970a)。もし乳幼児が十分な安心感を受け取っていたら，そしてもし自我の現実志向性が充分育つほどに発達できていたら，幼児期の原初的な恐れは静まっていくだろうと彼女は信じていた。対象喪失の恐れに根ざす分離不安は，急激な分離や母親の信頼性欠如に結びつくと考えられた。欲動を統制せよという要求の代表であるような対象を内在化することを通して，対象からの愛を失う恐れが起こる。喪失への早期の恐れは，破滅 annihilation，あるいは全体的な無力感として現れる一方で，愛の喪失の恐れもまた，処罰の恐れ，放棄される恐れ，天災への恐れとして現れる。この種の恐れは，内的な葛藤，あるいは親との葛藤の解決が困難であると，過剰になることがよくある。男根期では，去勢不安が，支配，泥棒，幽霊，その他エディパルな葛藤によって増幅されたものすべてへの恐れを支配するようになる。Anna Freud は，恥への恐れとこれに関連する社会不安を，早期の学齢期と，仲間との関わりが増すことに結びつけている。超自我が充分に発達すると，不安は罪の意識へと変わっていく。Anna Freud は子どもの不安の質は，子どもの発達の質の良い指標であると確信していた。こうした不安の形式の行く先は，子どもが使用できた防衛のタイプに依っていると彼女は感じていた。もしそのタイプが適切でないと，不安に圧倒されるようになり，子どもはパニックの状態と，不安からの攻撃に脅かされやすい状態のままになる。

　Yorke と彼の協同研究者たちは（Yorke, 1986; Yorke, Wiseberg and Freeman, 1989），不安の発達モデルをさらに発展させており，「アンナ・フロイト派」のアプローチを説明するのに良い例を提供している。彼らは，Freud (Freud, 1926) が着想したように，不安が漠然とした身体的な興奮状態から信号不安へと成熟することを提案している。乳幼児が，未分化な母子ユニット (Spitz, 1965) の一部と見なされている段階では，心と身体の経路は開いたままだと想定されるので (Freud, 1974)，心的緊張は身体的に放出されるであろう。不安の最も初期の形は，こうした身体的な経路を最大限に活用する。ある種の子どもたちが体験する夜への恐怖は，まだ心的内容を欠いている不安が原始的な形へと逆戻りしている例である (Fisher et al., 1970)。メンタライゼーションは構築されているが，情動を調節する自我の能力は未だ限られているので，そうした身体的体験は，心的パニック，あるいは自動性不安（かんしゃくに見られるような）体験へと移行する。子どもはまだ，適切に自分自身を表現したり，あるいは自分の体験を理解することができないので，叫んだり当惑したり，無力さを感じたりするのかもしれない。

思考と言語（Freud（1933）が「試行的行動 trial action」の能力と呼んだもの）の発達とともに，自我は「試行的情動」を利用する能力を獲得し，すると不安は信号レベルに限定される。こうした発達がなされるまで，前言語段階の子どもは，容易に全くの無気力状態に陥りやすく，この無気力状態は，補助自我（養育者）が外側から介入することによってのみ軽減される。自律的な自我が発達すると，否認や投影のような，未熟な防衛程度であっても，不安を制限することができるようになる。男根期およびエディプス期（3〜5歳）は，無力さへの恐怖を特徴とする時期であるが，不安は，未だ広がりやすくはあるものの，自動的に起こることはない。潜在期の到達とともに，合理化，知性化，ユーモアのような次第に成熟する防衛を使用することによって不安は，広がりやすい不安の覚醒を防ぐ信号となる。親，先生，仲間および社会的機関からの支持的なバックグラウンドは，この時期の子どもの発達を前へと推し進めるのに重要な要素である。思春期での生物学的な成熟は，基本的な不安の再現を招きうるし，広がりやすい不安や自動性の不安の形式にまで後退することがある。

　乳幼児期から児童期前半を通して，情緒表現の様式として広がりやすいパニックや無力感が優勢だという仮定は，実証的エビデンスによって支持されているわけではない。以下に説明するように（例えば，第6章3節，第7章3節を参照のこと），そうした観点は，乳幼児や年少の子どもの生来的な能力を過小評価しているかもしれない。Harris and Kavanaugh（1993），Harris（1994）は，乳幼児の情緒処理の発達が驚くほど急速であることを示す観察と実験の確かな資料を列挙している。彼らは，発達の初期段階での情動が原始的だという考え方を支持するエビデンスをほとんど見出していない（Emde, 1980b; 1980c; Stern, 1985 も参照せよ）。このように，乳幼児研究は，原始的一次パニック状態という想定がおそらく，成人（あるいは子どもでさえ）の精神分析からの不適切な仮説的構成物であろうことを示唆している。乳幼児期に関するこじつけの仮説が古典的理論や他のアプローチ（例えば，Klein派）に共通している中で，Anna Freud とその後継者は，一貫して，観察可能な現象と精神分析的な主張との整合性に関心を寄せていた。

4.1.2.3　発達の不調和という考え

　すでに見てきたように，Anna Freud は発達の遅れや失敗が，欲動，自我，あるいは超自我の機能との関連で見えてくると示唆した。それらは資質の乏しさや器質的な損傷，不適切な世話（養育），あるいは刺激の欠如，内的な葛藤

や，親の性格上の限界などの結果でありうる。発達上の失敗の原因としてもう1つありうるのは，外傷体験である。発達は発達ラインに沿って均等に進むとは予想されていない。後年の3つの論文で，Anna Freud は，精神病理とその治療に関する独創的な発達論的精神分析の方向性を前進させた（A. Freud, 1974; 1978; 1981a）。メタ心理学（および構造論）が，成人の精神分析理論の最高の業績であることを認められる一方で，子どもの心理に関する発達指向的な精神分析理論は，児童分析の主領域であった（Freud, 1978, p. 100）。Anna Freud（1965）は，子どもの発達を決定する力が，内的であると同様に外的なものでもあり，そして多くは子どものコントロールの外にあるため，子どもにとって，要請される程度の内的均衡を保つことは大変難しいと強調している。子どもは，生来の潜在能力，養育環境からの影響，そしてしだいに構成されていくパーソナリティの変遷を統合する必要がある。発達のこうした局面の1つ，あるいはいくつかが歪められたとき，必然的に均衡の混乱が起こる。

　Anna Freud は，複数の心的媒体の相対的な強さの不一致が，生来的，および環境的な要因から生じ，それが精神病理を生み出しやすくすると述べている。例えば，もしあまりに早く親からのサポートを失うと，子どもは一人になることや暗闇に対して，補助自我としての大人の関与を必要とするような原初的な恐れをずっと抱き続けることとなるので，健常な発達が脅かされる。もし，自我の成熟が遅すぎたり，あるいは，親が育児放棄をしたりしていれば，子どもはより早期の段階の，より強い不安に退行しがちであろう。しかし発達的病理は，ハルトマンの構造論モデルでの症候学的病理とは異なるものと見られている。例えば，古典的な解釈では，そういった子どもが直面している心理的困難には対処できそうもないが（Freud, 1974; 1983; Kenndy and Yorke, 1980 を参照せよ），しかし，発達的な成長を指向する治療でなら，それは可能かもしれない（Fonagy and Target, 1996c）。ちょっとした不調和はどこにでもある（Yorke et al., 1989, p. 26）。しかし，目に余るほどの不調和は，後の神経症やより重篤な精神病理や，非－神経症的なパーソナリティの発達的混乱（パーソナリティ障害）の主要な構成要素の「肥沃な温床」と見られている。

　発達的混乱は内的，外的ストレスのどちらからも生じうる。ある幼児の睡眠パターンが，環境と適合しないとしよう。睡眠に関わる事柄で親と格闘しているその子どもは，母親の対応と同一化して，自分自身の要求や願望を嫌悪する態度を発達させ，それが内在化された葛藤の素地を作り出すかもしれない。この段階での困難は，子どもへの対応の仕方を少し変えるだけで，難問はすぐに

解決するかもしれない。もう少し後の段階になると、睡眠についての親との葛藤は、より複雑になるかもしれない。ある幼児は睡眠状態に至るために必要な自己愛的な状態に退行することへの不安から、眠りに入ることを嫌がるかもしれない。その子どもは、こうした不安に対処する方略を発達させるかもしれない（就寝時に過剰な要求をする、指しゃぶりをする、やわらかいおもちゃを抱きしめるなど）。もし親がこうした方略を妨げると、子どもの困難は拡大し、より慢性的な睡眠の混乱が生じ、発達上の困難に対処しようとする試みからさらに堅く身を守る問題（例えば、親との権力闘争）が生じるかもしれない。

4.1.2.4 アンナ・フロイト派の重篤なパーソナリティ障害についてのモデル

Anna Freud の精神病理への貢献は、主に幼児期に関わっているので、彼女の仕事が、昨今認識されているようなパーソナリティ障害に触れなかったことは驚くべきことではない。しかし、Anna Freud が想定した多くの発達ラインは、自我と超自我の機能に関連していた。これらは、大人の精神病理である境界例や、精神病その他の非神経症の要因となる欠損を作り出すと考えられる。Anna Freud に近い同僚の多くが、成人のパーソナリティや機能の欠損への理解に、発達ラインが関連していることを主張している（York, 1983; Yorke et al., 1989）。Anna Freud がおこなった核心的な区別は、一つの衝動の禁止 inhibition（神経症的防衛）と、好奇心や想像力のような認知能力であろうと対人関係のような社会的機能であろうと、心的機能の全領域を放棄してしまうような自我内部にある制限 restriction との違いである。Anna Freud は自我の制限という概念を早くも 1936 年に論議しているが、その概念は、後の発達の欠損に関する論文で、大幅に推敲された。Anna Freud は、重篤なパーソナリティ障害が現実検討や防衛の発達や不安耐性や超自我や強さなどについて、構造的欠損を反映しているとする、構造論の理論家たちに賛同している。彼女はこれらを、発達の逸脱あるいは不調和として説明している。例えば、彼女は、乳幼児の本能的な要求に対する母親の反応が不適切であると、さまざまな危険や外的な葛藤を作り出すと示唆している（Yorke et al., 1989）。そのような欲求と環境との不調和が最も強く感じられるのは、構造が未だ発達途上にあって、内的、および外的ストレスを引き起こす原因となるプレッシャーに持ちこたえるだけの準備ができていない時であろう。内在化と同一化のプロセスが特に脅かされる場合には、自我発達は被害を蒙るであろう。例えば、もし母親との早期の関係がトラウマによって崩されると、対象恒常性は発達しないかもしれな

い。構成された妥協 structured compromise に到達できていないと，境界性パーソナリティ障害の不安定な性格を作り出す。自己愛的性格障害は，早期の情緒的な剝奪が，本能的エネルギーを対象（人々の表象）に充塡する過程を脅かすことに問題の根本があると見られている。この人々は，欲求不満を起こさせ失望させる対象に同一化しようとしており，リビドー備給に焦点を当てるので，自己中心性を高めることになる。

　Anna Freud の死後も，彼女の伝統の中で教育を受けた多くの精神分析家は，その関心の分野を拡げている。Sandler の著作と，Fonagy と Target の貢献は別個に扱われているが，英国精神分析学会 the British Psycho-Analytic Society での現代のフロイディアングループとして知られている他の重鎮たちは，精神病理と治療技術について重要な着想を発展させている。Moses と Eglé Laufer は，青年期という決定的な発達段階での性愛の役割に焦点をあてたモデルを精緻化しながら，この時期の機能停止とその治療に関する非常に広大な臨床調査を行った（Laufer & Laufer, 1984）。アンナ・フロイト派の発達的アプローチに従って，彼らは健常な青年と重篤な精神病理を抱えた青年の両者を調査した。彼らは，後者グループの「混乱ぶり turmoil」が，自分の防衛機構では前性器期願望の退行的な誘いを避けることができないという青年たちとは質的に異なると指摘した。彼らは自分の性的な身体を，自分の異常さの源泉でもあり現れでもあるとして体験する。Laufer (1976) は，「中心的な自慰幻想 central masturbation fantasy」の重要性を指摘している。それは，エディプス・コンプレックスによって定着し，主な性的同一化という退行的な満足を含んでいるが，しかし青年期には特に重要だと彼は見ている。中核となる幻想は，幻想の階層の中にあり，他の幻想よりはるかに大きい意味と力を持っていると推測される。それは最終的には，その人の病理の中に編みこまれる。その病理的な結果として，例えば膠着状態だという感覚，あるいは支配，服従，受動性に関連する自己選択の欠如の感覚を含むかもしれない。Laufer は，特定の性的な内容が，幼児期の性愛的な相互作用に特定のパターンがあったためと跡づけた。こうした自慰幻想は人それぞれに特有なものであり，つまり特定の青年には特有であっても青年期に特有ではない。つまり，自慰の幻想や習慣は，個人的な幼児期の体験に特発的に関係していた。彼らは，繰り返しそれに支配されることによって，中心的な自慰幻想が生き延びていることを体験する。こうした人々は通常，青年期に行き詰まりを感じる地点に到達し（その段階では屈服に抗う闘争を未だ続けているが），ひき続いて，（自慰幻想に）屈服してい

ると感じるようになり，次には，完全な降伏となる。こうした青年にとって，優勢な願望は前性器期的であり続け，それによって，自慰を試行的に使うことを避けている；それどころか，自慰または身体による性的充足は，彼らが屈服し続けていることの証となる。こうした青年の内面では，最終的な性的編成は，未熟なままで仕上げられる。未熟というのは，選択肢が存在しないゆえでもあるし，選択することを，さらなる退行に対する，すでに不安定な防衛を，さらに脅かすことだとみなすゆえでもある。そこで，特に成人期の若者に見られるのは，青年期に存在した葛藤への病理的な答えである。それは，まるで彼らが性器性欲を，対象関係としても欲求充足としても，達成できない，またはしてはならないものとして受けとっているかのようである。そうした受けとり方は，母親に対する身体の降伏を意味する。それはまるで，そうした若者が，エディパルな親からの攻撃を避けるために性器性欲をあきらめてしまったかのようであり，同時に，最初に彼らの身体の世話をした母親に，彼の前性器的な身体を提供しているかのようである。

　Mervyn Glasser（1986）の「中核的なコンプレックス core complex」という考え方は，対象との分離しがたい結合を激しく切望しているが，それは同時に個が吸収され，破滅する恐れをも残すという両面を含んでいる。中核的なコンプレックスは，原初の対象によって「包み込まれたい enveloped」願望と，その対象から「自由 freedom」になりたいという要求との間の苦闘である。服装倒錯のような性的倒錯では，倒錯という行為がその人自身のアイデンティティを消し去り，母親の身体の中にいたい願望を表す役割を果たすので，分離や見捨てられの感覚は和らげられている。続いて，服を脱ぐことで母親のアイデンティティから脱することは，対象との合体から患者を自由にし，分離したアイデンティティの感覚を再構築する役割を果たすであろう。Glasserは倒錯の場合，父親はその場にはいるとしても，情緒的には不在であると指摘している。このグループの分析家の多くは，自己あるいは他者に向かう暴力に対するGlasserのこうした関心を受け継いできているが（Perelberg, 1999），他の人たちは，自己愛や境界例の状態に焦点をあてている（Bateman, 1997）。このグループもまた，治療に発達的アプローチを加味しながら，子どもや青年たちを分析的に理解することに関心を持ち続けている（e.g.Hurry, 1998）。

4.1.3　評　価

　Anna Freudは，あらゆる理論家がそうであるように，何十年におよぶ仕事

の中で，かなり観点を変えてきている。彼女は，自我の役割を推敲することから研究を始め，自我が欲動と同様に重要であることを示唆した。おそらく，彼女の自我についての関心は，パーソナリティの発達を人生の早期に生じる自我の能力の展開に照らして理解できるという，理解の道筋への関心を生み出した。それはまた，外界への関心と，人生経験がどのように発達段階における，ある機能として個人に作用するかについての関心を生み出した。彼女が独力で，早期の母子関係の重要性と分離の与える衝撃を同定したことは驚くべきことではない。進化していく心的構造が相互作用する複雑な道程を理解しようとして，彼女は，発達ラインという有意義な概念を提案した。このことは，彼女が心の構造論的見地に立ったまま，子どもの心的機能への相互作用のインパクトについて研究することを可能にした。発達ラインは，発動主体（エス，自我，超自我）という大きな心的ユニットを，発達の詳細が解明できるようなより小さなユニットへと分解した。おそらく現代の構造理論家と称されるべき Anna Freud が提案したモデルは，基本的に発達的であり，その中では，個人は少なくとも，もし何らかの最近の征服しようとしてくる挑戦と関わる必要があるのならば，発達ラインに沿って後退し，その後また前進し直すことが可能なことは明らかである。この枠組みの中では，行動と病理が同一に見られることはない。ある特定の行動は，真の症状というより，一時の「ブリップ blip[訳注1]」を反映しているかもしれないからである。こうした着想（機能の流動性と行動の意味）は，精神病理へのより広い発達的アプローチの鍵仮説となる（Garmezy and Masten, 1994; Cicchetti and Cohen, 1995b）。

　発達上の葛藤は，「発達上の妨害 interference」（Nagera, 1978）と区別されるべきである。発達上の妨害とは，環境からの要請が子どもの願望とあまりに異なるので，結果的に起こる欲求不満や苦悩が，子どもの前へ進む動きを妨げることである。発達上の妨害は，抽象的思考（Weil, 1978）や，身体の統合性（Greenacre, 1952）やメンタライゼーション能力（Fonagy et al., 1991）のような全面的に心理的な機能の制止を招きうる。「幼児神経症 infantile neurosis」（Nagera, 1966）とは，内在化された葛藤に，発達途上の自我がうまく渡り合うことができず，欲望をめぐる葛藤と内在化された規範（超自我）とが自我の安全感覚を脅かすことを意味している。こうした幼児神経症はひどい打撃とな

訳注1）　レーダースクリーン上で他の飛行機・潜水艦などの位置を示す輝点。

るかもしれないが，根底にある葛藤は正常の範囲に収まり，精神構造のさらなる成熟によって解消され，さらなる適応上の努力と独立した心理的機能を動機づけるかもしれない。

　Anna Freud のモデルは，時として欲動の構造論モデルを文字通りに用いるゆえに限定されることがある（エスと自我，超自我のバランス，欲動の固着など）。彼女は，父親の貢献のうち最も科学的だと認めている側面を放棄することには不本意であった。彼女が因果的な説明の一端としてメタファーを用いたことは，概念の具体化に不利であったが，他の支持者たちは，より還元主義的でない枠組を発展させることによって，その危険を避けていた。興味深いことに，ハムステッド・ナーサリー Hampstead Nurseries での戦時中の彼女の観察の仕事 (1941-45) は，現代の発達調査研究と一致する多くの発見をもたらした（例えば，人生最初の6カ月での愛着関係の発達，6〜12カ月間での養育者へのアンビバレンスの高まり，子どもを社会化するために親が愛情の撤去を用いること，乳幼児の早期の社会性など）。彼女の後年の仕事は，後期の発達段階に関する理論と臨床的観察から成っており，彼女の初期の発見はほとんど用いられていない (Tyson and Tyson, 1990)。

　Anna Freud はその時代の多くの精神分析家に比べて，より明快な書き手だったので，彼女の仮説の多くが直接的に反論されたことは驚くに値しない。例えば，彼女は，当時の多くの精神分析家と共に，青年期は，一般に混乱と結びつきやすい発達段階だと想定した (Freud, 1958)。発達に関する調査研究は，青年期の混乱は，必然的でもなければ，特別に良性というわけでもなく，根底にある関係性の問題を知らせる信号であると明らかにしている (Rutter, 1989b)。重要な精神医学的課題を抱える大量の事例での研究の進展が，Anna Freud モデルが準拠していた精神分析の鍵仮説を放棄させることになった。例えば，彼女は子どもが罪悪感，悲嘆，失望（つまり，抑うつ体験の一部である悲嘆の症状）を抱えて感じていられるような，自我および認知発達の能力を持っていないと仮定していた。子どものうつは「仮面に覆われ masked」あるいは身体的な不調や，行動上の混乱に見られるような「抑うつの等価物 depressive equivalent」として現れるであろうという見方を彼女は支持していた。今では，子どもが過剰な罪悪感など，内罰的な感情として，うつの現象を示すことは明らかにされている (Zahn-Waxler and Kochanska, 1990)。

　Anna Freud の仕事をユニークなものにしているのは，彼女とその同僚の Dorothy Burlingham が観察的な手法に専念したことである。彼女のナーサ

リーで働く人々は、トレーニングの一部として 文字通り数百の観察記録の提出を求められた。この観察は、発達の過程で成熟因子と環境因子が交じり合う様相についての詳細で洗練された描写の基礎を作った。彼女が実行した観察研究は、例えば最初の主要な研究である優れたモノグラフ「家族のいない乳幼児 Infants without families」（A. Freud & Burlingham, 1944）のようなものばかりでなく、たくさんのフォローアップ研究が、その時代をはるかに先取った調査プログラムとなった（Kennedy, 1950; Bennett and Hellman, 1951; Burlingham, 1952; Hellman, 1962; Burlingham and Barron, 1963）。こうした初期の観察研究での多くの発見の中に、分離への反応の描写があり、その描写は、その時点での苦悩だけでなく、きわめて長期間にわたる発達上の混乱があることを示している。

　Freud と Burlingham は、愛着理論の基本的な要素だけでなく、トラウマとその心的残滓（心的外傷後ストレス障害　PTSD）（Freud and Burlingham, 1974）の影響についても、専門用語を使わずに記述した。例えば、Freud と Burlingham は、空襲に対して子どもが感じるであろう不安を、5つのタイプに分類することを提案している。その5つ目のタイプでは、空襲がどのように、より早期の外傷的な体験を思い出させ、再演させるかを例示している（pp.171-2）。他の報告では、教育の原理や、養護施設でのケアと家庭環境の比較について考察したものがあり、そして、最も興味深く、革新的なものに、仲間の相互作用の観察がある。これらの描写を読んでいくと、Anna Freud と彼女の同僚たちが極めて初期段階の理論的ツールを用いて研究していたにもかかわらず、その観察における感性が、ずっと後に対象関係理論の強みに頼って行われた観察研究ときわめてよく一致しているのだということを忘れてしまいがちである。例えば、両親から突然分離させられてしまった5歳の子どもの、「私は誰でもない、何でもない I am nobody, nothing」（p.209）という言葉が注目されている。観察者は、関係性を喪失したことが自己－表象に与える多大な影響に対して、明らかに敏感である。分離に関わる描写は、半世紀という距離をおき、われわれの理解が少なからず成長を遂げてもなお、きわめて感動的である。

　最近、Masten and Curtis（2000）は、能力の発達と精神病理という2つの歴史的に豊かな伝統を持った研究に注目を促している。これらはどちらも、精神医学と精神分析の歴史に登場しているのだが、しかし通常は統合されていない。能力の発達は発達心理学の領域でずっと扱われ、一方、混乱や機能不全は児童および成人の精神医学の範疇であった。おそらく、Anna Freud の集大成

は，精神病理から能力を分離するこうした傾向の例外として注目すべきものである（Masten and Coatsworth, 1995）。彼女のアプローチは，個人の適応の指標として，エリクソンがもっとも明瞭に説明した発達課題という着想（第3章を参照せよ）と一致している。アンナ・フロイト派の伝統の外では，発達課題の失敗はしばしば，精神疾患のような機能不全を探ることとなる医療の専門家への紹介へとつながる。Anna Freud は，発達の次元は決して心理的混乱に隣接してはいないとする一方で，子どもそれぞれの可能性を理解するために，この2つを相互作用の中で観察しなければならないと認識していた。発達上の達成度は，精神疾患の発病というリスクと，そうした疾患から生じうる結果との両方を予測するということが，今では一般に受け入れられている（Zigler and Glick, 1986）。例えば，大人の精神的健康と適応の一番の予測は，問題の消失ではなく，むしろ能力と自我成熟の形があることである（Kohlberg, Ricks and Snarey, 1984）。抑うつ症状の発展と社会的能力とを横断的に見た高度に洗練されたある研究では，能力はうつの変化を予測するが，うつはその後の能力を予測しないことが明らかになった（Cole et al., 1996）。

　発達の個人の経路，あるいはラインを強調するアンナ・フロイト派のアプローチを，幼児期の問題に関する調査研究が支持してきたとする，より一般的な考えもある。近年，後の心理的混乱に結びつく変数をベースにする統計的手法を用いて個人の人生の道筋を分析することの限界に，関心が高まっている。そうした研究では，四半世紀以上前から，単一の家族ストレッサーが子どもの問題行動の増加に結びつくことはないが，2つ以上のストレッサーが存在すると，問題のリスクには数倍の増加が見られることを確認している（Rutter et al., 1975）。この知見は，正常範囲内の発達を維持する内的心理的な力の均衡という Anna Freud の強調点と広く一致しており，文化を超え（Sanson et al., 1991），時を越えて（sameroff and Seifer, 1990），特に幼児に（Sameroff, 1998）再現されている。まさに個々人の発達経路を重要視した Anna Freud の流れに即して，幼児期の精神病理に関する最近の研究は，いわゆる，個人志向の統計的手法をますます利用している。こうした研究は，質的な区別をほとんど生み出さないリスク変数に焦点をあてるのではなく，類似した子どものグループの軌跡を重視している。例えば，幼児の早期の問題に関するいくつかの発達研究に共通して言えることは，子ども，育児，家族，社会人口学的領域に及ぶようなリスクを体験したと思われる少年たちは，青年期に，行動上の問題へとつながる方向へ向かい続けやすいことであった（Shaw, Winslow and

Flanagan, 1999; Campbell, Shaw and Gilliom, 2000; Shaw et al., 2001)。そうした研究は，Anna Freud の推定通り，もし他に家族の問題がないなら，発達の肯定的な引力と，子どもを正常な発達へと戻すことを可能にする親の援助が力となって，年少の子どもたちが彼らの困難に打ち勝つことができることを示唆している。

4.2 マーラー派のモデル

4.2.1 Margaret Mahler の発達モデル

Margaret Mahler (1968; 1975) は，対象関係と自己を，本能の変遷による所産と見なす発達モデルを提出している。彼女は，私 (I) と私でないもの (not-I) の渾然体から，結果的に分離と個体化へと成長する過程に焦点をあてている。彼女は，'乳幼児の生物学的な誕生と個体の心理的誕生は時間的に一致していない' と主張している (Mahler et al, 1975, p.3)。分離は，子どもが母親との共生的な融合から脱出して生まれ出ることを意味しており，'個体化は，子ども自身が個としての自分の特質だと思えるものの標識に到達することから成る' (Mahler et al, 1975, p4)

Mahler のモデルは，子どもが，「正常な自閉」から，「共生期」を経て，分離－個体化プロセスの4つの下位段階へと発達すると想定している (Mahler and Furer, 1968)。それぞれのステップは，母子の相互作用の性質によって，特に，早期の共生的な欲求充足と母親の情緒応答性といった要因によって強く影響される。

Mahler は生後数週間の乳幼児の状態を，**正常な自閉**と記述している。Mahler は，体験が「2つの原始的な性質（愉快－良い vs 苦痛－悪い）の記憶痕跡の保持」に限定されると仮定している (Mahler and Furer, 1968, p.8)。乳児は「ほぼ堅固な刺激障壁 quasi-solid stimulus barrier」，「外的な刺激を排除する自閉的な殻」に囲まれていると考えられている。彼女は病理的な自閉（広汎性発達障害に属する）は，「情緒の方向を示す標識を活用できない子ども」の基本的な防衛態度であり，「分化や活性化に逆行しようとする試み」であると示唆した (Mahler and Furer, 1968, p. 69)。彼女はまた，統合失調症のいわゆる陰性症状（ひきこもり，情動の平板化など）は防衛的であることを示唆していた。生後2カ月目から，乳児は**共生期**に入り，欲求を満たす対象をおぼろげに知覚するのが特徴である。これは母親との未分化な融合であり，その中

で「私（I）」と「私でないもの（not-I）」は，刺激からの保護（盾，シールド）を基にした共通の境界を持つ「妄想的で，心－身の万能的な融合」の中にいる（Mahler et al, 1975, p.45）。Mahler にとって，この段階は……

　観察可能な行動の状態というより，推定される精神内界の状態であって，その状態は，自己と母親の間の分化がわずかに起こり始める時の乳児の原始的な認知的，情動的な営み（life）に関連している（Mahler and Mcdevitt, 1980, p. 397）。

　このように，生後半年間，Mahler の乳児は「原始的，幻覚的な失見当の状態の中」で生きている（Mahler et al., 1975, p.42）。
　このことはそれほど明確ではない。Mahler と Furer (1968) は，ここで乳児と母親の「相互合図 mutual cueing」，つまり，乳児が送った合図に母親が適切に反応し，その反応に応じてさらに乳児が適切に行動を変えるといった循環的な相互作用についてふれている。これによって母親は，「彼女の子ども her child」を創り出すこととなる。乳児が，自己対象の分化と互恵的対象関係への途上で共生的な二者単一体 dual-unity を創り出すのは，母親の反応によって選択的に呼び起こされた属性によってのみである（Mahler, 1967; Mahler et al., 1975）。Lichtenstein (1961; 1963) の「アイデンティティ・テーマ」の概念と，Weil (1970) の「基底核 basic core」の概念はともに，自己の発達が必然的に母性的対象への適応を含むという，この自己と対象との避けがたいアマルガム化について言及している点で一致している。
　Mahler は，共生期の発達が満ちたりたものであることが，自己と対象への好意的な感情の源であり，そこには母親と共有する万能感の幼児的な幻想の起源も含んでいるとみなしている。もし，母親の乳児への没頭が不安に支配されたり，一貫性を欠いていたり，敵意的であったりしたら，個体化していく子どもは，知覚的にも情緒的にも，共生期の母親を確認 checking back のための信頼できる準拠枠として持つことができないであろう。しかし，Mahler (1963) は，子どもたちのレジリエンスと，さまざまな妨害に逆らってでも母親から慈愛を引き出す彼らの能力を認識していた。しかしながら，深刻に傷つけられた共生期は，アイデンティティの断片化，やみくもな快楽主義，認知の遅れ，通常量を超えた破壊的な攻撃性，全般的な愛情の欠如といった形で，恒久的な性格に傷跡を残してしまうと考えられている（Burland, 1986 を参照せよ）。

分離 - 個体化過程は生後 4，5 カ月に，下位段階である**分化期**から始まると考えられており，その分化期は孵化 hatching（ボディイメージの分化）(Mahler et al., 1975) として明らかになるが，その時期は，乳児の共生的な充足が満足のいくものであれば，感覚的な知覚を楽しむことを始められる時期である。乳児は母親から離れ，自分自身を母親から識別（分化）し始める。いないいないばあ遊びは，母親が時おり見えなくなることによる不安への適応と，新たな反応を意味しているかもしれない。生後 9 カ月から 15〜18 カ月は，第 2 の下位段階となる**練習期**である。移動運動を実行している子どもは，母親の魔術的力を共有しているという感覚に由来する，自分自身への魔術的万能感を，この上もなく信じている。そこには，「情緒的燃料補給」のために母親の元に戻ってくるにしても，探索することへと駆り立てる「世界との情事」がある。アイデンティティを形成する上で重要なのは，「身体境界の構築や，身体の部分と身体自己への気づきを高めるための」，身体の勇気ある行動から得られる刺激の効果である (Mahler and Mcdevitt, 1980, p. 403)。幼児は「母親と融合する傾向や母親に飲み込まれる傾向から逃げること」を得意がる (pp.403-5)。Parens (1979) は，Mahler の枠組みを使って，攻撃性はこの下位段階から，分離と個体化の両面に沿って現れ始めると指摘しているが，これは生得的な攻撃性という Freud の仮説からの離脱を意味している。

「再接近期 rapprochment」は 15〜18 カ月から 24 カ月までとされる。幼児は分離，および分離不安について，より強い気づきを持つようになり，結果的に，母親と一緒にいたいという願望が強くなる。Mahler は，母親をつけまわすと同時に母親から逃げ回ったり，しがみつく一方で同時に押しのけたりする子どもの行動を記述しており，これを「両価傾向 ambitendency」と呼んでいる (p. 95)。子どもは「愛する対象との再結合の望みと，同時にその対象に飲み込まれる恐れの両方」を表現している (Mahler et al., 1975, p. 77)。

この下位段階への対処の仕方は，子どものその後の発達にきわめて重要だと考えられている。母親は情緒的応答性に，独立への「穏やかな促し」を含めていかねばならない。もし，応答性と独立への促しとのバランスがどちらか一方に偏りすぎると，子どもはひどく依存的でしがみつくようになり，環境に向けて十分な関心を投入する体験をもつのが非常に難しくなり，自身の機能を使う楽しみと自信は傷つけられることになるであろう。

Settlage (1977) は，再接近期の発達課題を以下のように同定している。(1) 強められた分離不安の克服 (2) 基本的信頼感の確立 (3) 共生的な単一体とい

う万能感のゆるやかな縮小（4）自律の感覚の増大を通した万能感喪失への補償（5）中核的自己感の強化（6）情動や欲動の調整の確立（7）対象を良い部分と悪い部分に分ける健常な分裂によって，愛情対象との関係を維持しようとする傾向を解消すること（8）分裂から抑圧への防衛の置き換え。

　第4の下位段階，すなわち「個体性の確立と情緒的対象恒常性の始まり」(Mahler et al., 1975, p. 109) は，生後3年目ごろに始まる。主要な課題は，個体性の達成と，情緒的な対象恒常性であり，それは対象の内的表象が認知的にも象徴的にも確立することである（Mahler et al., 1975）。他にも課題があり，それはこの段階の特徴が生涯にわたる可能性を強調するものである。すなわち，親の要求の内在化，良い表象と悪い表象を統合された全体像にすること，性同一性の確立などである。

4.2.2　分離-個体化と精神病理

　Mahler (1974) は，自身の仕事を，成人の治療をしている臨床医らが前言語段階の再構築をより確実に行えるようにし，またそれによって患者が分析的な介入をより受け入れやすくすることだと記した。Spitzと同様Mahlerは，幼児期の発達的な不均衡に基づく精神病理の代替モデルを暗に提案している。複数の精神分析家が，彼女の結論をもとに，治療者との関係を通してかなり直接的に発達上の欠損を扱う方向へと，心理療法技法の修正を構築している(Settlage, 1977; Blanck and Blanck, 1979; Pine, 1985; Kramer and Akhtar, 1988)。

　観察的な研究を通してMahlerは，「自己愛的リビドー（健全な自己尊重）」の欠如としての，自己愛人格の観点を発展させた。彼女はこの欠如の理由を，共生期に母親による鎮静させる援助が乏しかったことと，分離-個体化期の下位段階である練習期に情緒的な燃料補給が乏しかったことだと想定した。自律と融合との両価的傾向が最も高まっている再接近期の子どもを共感的にサポートすることに母親が失敗すると，子どもの万能感の崩壊を招くであろう。すると固着が起こり，万能感を放棄して自己愛を内側から（自律的な活動をとおして）高めることが危うくなるであろう。エディプス・コンプレックスとうまく折り合いをつけるのに必要となる，自己と対象の恒常性も，傷つけられることになるであろう。それゆえ，このような人々は，自分自身についても対象についても明確なイメージを持たず，完璧な対象との共生を求めて対象を避けたり支配したりすることを望むかもしれない。また，このような人々の他者への見

方に意義を申し立てるような，批判や挫折や両価的態度に出会うと，これに耐えることは難しいであろう。

マーラー派は再接近期を，性格形成の「臨界期」とみなしている。離れていることと接近していること，自律と依存との極めて重要な葛藤は，発達の全経路を通して，特に病気や薬物による状態を伴う時期に繰り返される（Kramer and Akhtar, 1988）。Mahler理論のこの部分は，境界性パーソナリティ障害の人々に関わる仕事で広く使われている。Mahlerら（1975）は，再接近期に子どもが母親の元に戻ってくると，攻撃的になったり，引きこもったりして反応する母親がいること，こうした子どもたちの行動は，境界例の患者の行動と似ていることを観察した。このグループでの再接近期の葛藤の残留物は，母親との融合を待ち焦がれ，かつ恐れるという形で，また対象恒常性とアイデンティティの確立を累積的に妨げるような，自己表象および他者表象の分裂の持続という形で示される（Mahler, 1971; 1972; Mahler and Kaplan, 1977; Kramer, 1979）。生涯を通して「すべて良い all-good」母親を探すことに固執することと，強引にまとわりついたり拒否的に引きこもったりすることが「最適距離 optimal distance」の確立を妨げるのである（Bouvet, 1958）。

Masterson（1972; 1976）は，境界例の病理についての Mahler の観点を精緻化し，Bowlby（1973）と Kernberg（1976a; 1976b）の観点を加えて充実させた。彼は，境界例の人の母親は彼女自身が境界例であることが多く，したがって，子どもが独立の方向へ向かうと，共生的なしがみつきと愛情の撤去を強めがちであると指摘した。父親は，子どもの現実への気づきに焦点を当てるという自分の役割を取らない，取れないのであった。Masterson は，境界例の患者が独立への願望と愛を失うことの恐れとの深い葛藤を体験しており，そのために，母親の代わりになる人との関係にしがみつこうと求めるのだと考えている。そうした結びつきは，一時的な安心感を保証するが，自己主張への願望がひとたび起こってくると，それは見捨てられることの恐怖を引き起こすであろう。つかの間のこの上ない幸せな一体感と，決裂，空虚さ，およびうつ状態といった生涯にわたる悪しきサイクルが続くことになるであろう。

彼は「見捨てられ抑うつ」について，引きこもったり攻撃的になったりすると同時に，自分自身の病理的理由によって，子どもとの共生関係を保ち続けたいと望む母親対象から分離する道を，境界例の子どもが探し求めた結果であると論じている。このような子どもは自分の存在そのものが，結局のところ，欲求を充足し生活を支えてくれる他者の存在に依存している」（Klein, 1989, p.36）という恐怖を発展させる。撤去型対象表象と報酬型対象表象とは，報酬型対象との共生的な結合の可能性を維持し，見捨てられ抑うつを防ぐために，厳格に分割され続ける。したがって，境界例の人々の実際の分離に対する劇的な反応は，彼らの対象からの分離が不完全であることによって説明しうる。分離の心理的体験は，自己の一部の喪失に匹敵する。境界例患者に起こりがちな，自宅でも，休日でも，他の職場で働いている時でも見られる治療者への激しい追跡は，これによって理解できる。自己は貧弱で無力で依存的だと体験されているが，このスタンスを保つゆえに，養育者の愛を維持するという報酬が得られる。もしそうでなければ，自立して自己信頼的になることによって他者を押しのけるような忌まわしく，悪い人物となる。しがみつく自己と要求する自己は，より有能で，自立していて，現実的な自己を覆い隠すのである（Masterson, 1985; Masterson and Klein, 1989 を参照せよ）。

　Rinsley（1977; 1978; 1982）は，病理的な一次的対象からの，境界例的な対人関係パターンの取り入れという見方に基づいて，Masterson のモデルをさらに精緻化した。Masterson と Rinsley（1975）は，境界例の人々の心にそうした対象の二重のイメージがあることを示唆している。すなわち，（1）批判的，ひきこもり的な母性イメージとそれに伴う怒りとフラストレーションの表象と，無力で悪い自己表象からなる「撤去型対象関係単位 withdrawing object relations unit」（2）賛同を与える母親のイメージと，それに伴う良い感情と，従順で受動的な自己のイメージからなる「報酬型対象関係単位 rewarding object relations unit」である。Rinsley（1977）はこうした構造を成人期まで持ちこむことが，境界性障害の最大の特徴だと示唆している。そこに含まれるのは，「良い」と「悪い」への分裂，全体対象関係ではなく部分対象関係であること，悲哀の能力の欠如，原始的な自我と超自我，自我の成長の停止，見捨てられることへの過敏性，発達の健常な段階特異性の欠如である。

　遡及的な研究から，Masterson や Rinsley の定式化に一致するエビデンスが提供されている。Loranger, Oldham and Tulis（1982）は，境界性パーソナリティの近親者で精神的に病んでいる人の多くは，彼ら自身が境界例であることを示している（Baron et al., 1985; Links et al., 1988 も参照せよ）。境界例患者の親は，精神的な疾患，パーソナリティ障害，薬物乱用，あるいは重篤な夫婦間不和などがより多いように見える（Herman, Perry and van der Kolk, 1989; Links et al., 1988）。境界例患者は，より早期の分離，家族の破綻，家族内暴力，里親による養育，身体的，性的虐待などを経験している

(Herman, Perry and van der Kolk, 1989; Links et al., 1988)。Brown and Anderson (1991) は，境界例と診断される患者の比率が増すにつれて，虐待の酷さが深刻になるという所見を得た。虐待の出現率（有病率）は，うつの病理（Ogata et al., 1990a; 1990b），統合失調症（Byrne et al., 1990），反社会性パーソナリティ障害（Zanarini, Gunderson and Frankenburg, 1990a; 1990b），境界例傾向（Links et al., 1988）の人々よりも，境界例グループの方が高い。しかし，鍵となる研究上の疑問は依然残されたままである。すなわち，身体的，性的虐待を受けた子どもたちのうち，どのくらいの割合が境界例となるか，そして，境界例となった人とならなかった人の違いは何か。明らかに，多くの人々はこうした運命から脱出している。人々が重篤な発達的精神病理から逃れる旅の手助けとなるように，この答えに到達する道程は充分に明らかにしていく必要がある。

境界例の人々のうつは，境界例ではないうつ症状のある患者と比べ，疑い深い，陰湿な性質のものだという精神分析的な見解は，実証的研究に支持されている。前者は，愛着する人物像に関連する喪失，見捨てられること，疎外感といったことにはるかに強く心を奪われている（Westen et al., 1992 を参照せよ）。

Mahler の枠組みを用いた Burland (1986) は，シゾイド・パーソナリティと類似した「自閉的性格障害 autistic character disorder」について論議している。彼は，早期から，持続的で重篤な剥奪があると，幼児は正常な自閉期からの心理的誕生を完了できなくなると示唆した。すると満足をもたらす共生期が待ち受けていないので，子どもはリビドー対象を確立することがかなわず，この後に来る分離－個体化の下位段階は危ういものとなる。こうした発達の停止は，愛情と関係性の乏しさ，断片的なアイデンティティ，心が不在の快楽主義といったことに表れている。Burland の記述は，ひどく貧しいスラム街の子どもたちから得たものであり，他の多くの精神分析的記述より優れた生態学的妥当性がある。

4.2.3　Mahler の発達モデルについての実証的エビデンス

われわれが見てきたように，Mahler によると，乳児は生後 6 カ月の間，一次的な自己愛の状態にあり，乳児の心的機能は快感原則に支配されている。心をエスと自我に分けて構成すること，自己と他者，内界と外界という対立の発達は未だ起こらない。乳児研究からのエビデンスは，この定式化に少なからぬ疑念を投げかけている。

Milton Klein (1981) は，「正常な自閉」や自他の未分化な状態は，実証的な観察には適合しないであろうことを示唆するエビデンスを提供した多くの研究者のうちの最初の人である。新生児は人の顔 (Fantz, 1963) や，人の声 (Friedlander, 1970)，あるいは彼らが「支配 mastery」を体験するあらゆる刺激 (Watson, 1979) といった，特定の刺激に敏感である。

Bahrick と Watson (1985) は，乳児が生後3カ月で，自らの動作と出来事との随伴性の程度を識別することが可能なことを実証した。足を動かしたり，おしゃぶりを吸う行為が，頭の上にあるモビールを動かすことを学習して明らかに楽しんでいるという有名な研究は，乳児が自分の行為と物理的な環境の中に観察できる出来事との繋がりを発見することに興味をもっていることを例示している。乳児が誕生直後から母親の声のアクセントのパターンに敏感に反応していることから，聴力の学習は誕生前から行われていると考えられる (DeCasper and Fifer, 1980)。知覚と動作との生来的な協応についても，短期記憶システムに基づいて，新生児が大人の顔の表情を模倣することによって証明されている (Meltzoff and Moore, 1989)。さらに長期記憶の能力さえあることが，生後3カ月から5カ月での運動の認識によって証明されている (Rovee-Collier, 1987)。つまり，これら一連のエビデンスは，Mahler の正常な自閉および自他の融合という考え方への重大な疑念を投じているのである (e.g. Lichtenberg, 1987)。

同様に，生後1年間にわたって対象の永続性が欠落しているとする Mahler の考え方についても，疑問が投げかけられている。対象の永続性が比較的遅いという初期のエビデンスは，ピアジェ派のマニュアルによる探索課題を基にしていた (Piaget, 1954; Werner and Kaplam, 1963)。従属変数としての驚きを使った，オクルージョン課題 occlusion task（対象の永続性を理解しているかどうかを調べるための物を隠す課題）による研究では，まだ生後3カ月の乳児でも，隠された対象が連続して存在することや，その対象がとるであろう「行動」（例えば，しばらく隠れていたあとで再び現れる）の理由を表現できることを示している (Spelke, 1985; 1990)。このように乳児は，物理的対象が凝集性，有限性，堅固さをもつと想定している。

Gergely (1991) と Stern (1993) はどちらも，こうした早期の能力の鍵となる特徴は，様式-特異的な，物理的特徴よりも，抽象的で無様式の amodal 特質や様式交差的 cross-modal に一定不変なものへの感受性であると論じている。乳児は，おそらく出生直後から，物理的世界で完全な偶然の一致を探し

ている。この興味は1つの感覚様式に特有なのではない。例えば，指を吸う動作を強めたことに結びつく内的な感覚が，ただちにモビールの見える動きや，大好きな音や何かのイメージが現れることに移り変わる，というように。このように乳児は，Mahlerや古典的な精神分析理論が想定するような，物理的世界の具体的な体験者ではないように見える（Klein, 1935も参照せよ）。むしろ乳児は，自らの欲求や動作に特別に「ぴったり合う」環境の側面に同一化しようとするのである。

しかし，Mahlerの発達的枠組みは，ヒトの乳幼児の真に心理的な世界に，よく適合していると言えるであろう。Fonagy, Moran and Target (1993) は，乳児が身体（物理）的領域での自分自身と対象を良く知覚している一方で，信念や願望といった心的状態を表す精神的心理的自己については，そうは言えないと論じている。物理的存在としての母親の凝集性や有限性には充分に気づいている一方で，乳児は，心理的な状態は物理的境界を越えて広がっていると想定しているらしい。心的状態を十分に包括することは，相当後になるまで獲得されないように思われる。9カ月の乳児は，物理的対象に目的があることは想定しているが（Gergely, Nadasdy, Csibra and Biro, 1995），それらに生物世界と無生物世界の区別はしていない。このように，共生的，間主観的な単一体は実際，乳幼児期から児童期の初期までも続く特徴であるが，しかしそれはもっぱら，心的状態を示す心的表象のレベルにおいてである。

Mahlerのモデルに関連が深い研究として，心理的適応の諸側面という文脈で自己-分化の程度を調査する研究がある。この領域でのきわめて重要な仕事が，Sidney Blattとエール大学の同僚たちによって行われてきた（e.g. Blatt and Blass, 1990; 1996）。BlattとBehrendsは，その中核となる論文（1987）で，個体化を促す圧力は弁証法の片側に過ぎず，もう一方は，Mahlerにはあまりはっきりと認識されていなかったが，関係性 relatednessに向かうエネルギーであると論じた。これら2つの対立する要求間の均衡が，心理的健康と成熟した対人的関係性を示している。精神病理はどちらか一方の極の過剰表現である。

こうした理論的着想に沿って，Blattと共同研究者たちは，自己と対象との関係性を2つの基本的次元で査定するための方法を開発している。2つの基本的次元とは，(1) 他者からの自己の分化（Mahlerの着想を基礎として），および (2) 漸増する他者への関係性の成熟度の確立である（Blatt and Blass, 1996; Diamond, Blatt, Stayner and Kaslow, 1991）。この方法では，中核的

な関係性（母親，父親，自己，治療者）に関する個人の考えと感覚について，短い語りを患者から聞き出し，そうした語りをマニュアル化された評価システムでコーディングする。一般に，分化‐関係性の評価がより高いことは，心理的発達が，(a) 強化され，統合され，個性化された自己定義の感覚，と (b) 共感的に同調し，相互的な関係性のある親密な関係の出現へと進んだことを示している (Blatt, 1995; Blatt and Blass, 1996)。長期入院の心理療法で治療を受けた青年たちの研究では，この尺度での高いスコアと症状の改善との強い関連が見られた (Blatt, Stayney, Auerbach and Behrends, 1996; Blatt, Auerbach and Aryan, 1998)。さらに，長期間の治療経過を通して，初期には分離した単位としての自己と対象の明瞭な像を欠くものが優勢であった表象から，肯定と否定の要素が統合され始めて，対象恒常性が出現するという形で，分化‐関係性の成長が認められた。より大きな治療的変化を示した患者の方が，治療的変化の乏しい患者に比べて，初期に治療者を描写するスコアがより高かった。初期の分化‐関係性スコアは概ね，母親や父親や自己の記述よりも，治療者の記述の方が高かった。したがって，Mahler の着想に沿って見ると，治療をよりよく活用する患者は，治療の開始時にも治療者という新しい対象への，より複雑でニュアンスのある表象を構成することができるのであって，このことは分離‐個体化の発達的到達点がより高いことを示唆している。

4.2.4 批判と評価

Mahler の理論は，前性器期的な欲動理論にも矛盾せず (Parens, 1980 を参照せよ)，古典的なエディプス理論にも適合しているため，広く，精神分析家に受け入れられている (Tyson and Tyson, 1990 を参照)。その主たる長所は，精神分析の状況を発達の状況として仕立て直す傾向を強めてきた仕方である (Loewald, 1960; Fleming, 1975; Settlage, 1980 を参照)。精神分析的状況が分離‐個体化の葛藤を解決するのは，相互作用の中で分析家が「実在の人物 real person」となって耳を傾けてくれ，共に体験してくれるからである。小児自閉症や児童期統合失調症のような幼児期の精神病の重篤な形式に関する Mahler の仮説は，彼女の発達モデルにほとんど適合せず，共生段階での発達的固着という考え方でも説明できそうもないことが，今や明らかである。統合失調症に関する最も有望な説明は，いまだに神経発達的なものであり続けている一方で，大量の神経学的な兆候や障害の発現のずっと以前から，認知と行動上の機能不全があるというエビデンスは，統合失調症のありうる原因に対する

脆弱性の臨界期は，生後1カ月よりもむしろ妊娠期の最終月を指している．(Marenco and Weinberger, 2000)。出産後に精神病理の過程が生じることを支持するエビデンスはわずかである。同様に，自閉症を特徴づける症状が早くから出現することは概して認められているが，社会的相互作用への抵抗は，対人世界よりもむしろ身体的な領域での情報処理についての，体質的な偏りの極端な形として捉えられている（Baron-Cohen, 2000）。このように昨今の調査は，こうした重篤な障害が生後1カ月から明らかだとする Mahler の理論を確認する一方で，そうした障害がこの時期に生じる社会的出来事に起因するという彼女の含意は，未だ立証されていない。

　境界性パーソナリティ障害の理解に関する Mahler のオリジナルな貢献は，最も長く続いている。しがみつきたいと望みながら一方で脆弱な自己感の喪失を恐れること，分離したいと望みながら同時に，親像から離れるのを恐れることといった，再接近期に固着する患者としての彼女の観点は，臨床的な介入と理論的な理解の双方にとって重要である（特に8章および9章を参照せよ）。しかし，こうした患者の幼児期に虐待の出現率が高く，特に現在，質の高い確かなエビデンスがある性的虐待の出現率が多いことについては，彼女の理論で理解することはできない（e.g. Jacobson and Rowe, 1999）。さらに，特にヨーロッパの精神分析家からは，どんなに早期でしかも，中心的な要素であろうと，父親との関係なしにもっともらしく母親について語ることが可能な精神分析理論全般に対して，懐疑的な見方もある。この批判はいうまでもなく，英国独立学派（第7章を参照せよ）に対して，より強く起こっていると言える。無意識の世界では，二者（母親と乳児）関係として語られるような事柄はありえないと主張されるのである。母親たるものがいれば必ず，その女性を母親に変容させた象徴的あるいは空想上の父性原理があるに違いないのである。

4.3　Joseph Sandler の仕事

　英国精神分析家の Sandler は，Anna Freud の生徒であった。彼の仕事はおそらく，対象関係理論と構造論モデルを最も緊密に統合したことで際立っている（Greenberg, and Mitchell, 1983）。現代精神分析理論の構築への重要な貢献にも関わらず，Sandler の業績が精神分析の教科書で章を設けて，あるいは多くのページを割いてまとめられることはまれである。本編での長さと詳細さは，こうした不均衡を是正するであろう。

4.3.1 発達理論での進歩

4.3.1.1 表象世界と情動の表象

Sandler が紹介した最も重要な新しい精神分析的概念は，表象世界についての彼の準拠枠である（Sandler, 1960b; Sandler and Rosenblatt, 1962a）。Sandler の概念は Piaget (1936)，Jacobson (1954b) の自己-表象の概念，および Head (1926) の身体スキーマという考え方に源流がある。心的表象 mental representation という概念は認知科学の中核となってきているので，Sandler がそれを用いて以来，精神分析家だけでなく，精神力動的な志向を持つ心理学者が，対象関係の内的表象を記述する際に Sandler の概念を用いている（例えば Bowlby, 1980; Blatt and Behrends, 1987; Horowitz, 1991b）。

Sandler の内的作業モデルは，Bowlby の影響力のある定式化（第10章を参照せよ）に先行しているが，共通点も多い。どちらも関係性の表象を「本質的に母親の外見と行動に関する予測のセット」からなると見なしている（Sandler, 1960b, p.147）。Sandler (1962b) の概念化によれば，自己と他者の表象は，ある「形状 shape」を持っている。さらにそれらの表象は，対人的体験の感覚や知覚の編成に，重要な情緒的トーンを加える。ひとたび自己表象が形作られると，対象表象も形作られることが可能になる。Sandler のメタファーは，表象モデルを構造理論に接続する。つまり，自我は劇場であり，表象はステージ上の登場人物である。われわれはドラマを演じている登場人物には気づいているが，劇場がどのように働いて，劇を舞台にのせているのかについては見過ごしている。

Sandler は，精神分析の多くの基礎的概念を刷新し，明確にするためにこの着想を導入した（以下を参照のこと）。例えば，早期幼児期での取り入れ introjection のプロセスは，親表象を複写するのであって，自己表象を巻き添えにして変わることはない。他方，一体化 incorporation は，知覚した対象に似せるために自己表象を変えることを意味している。同一化 identification は，一般に保たれている自-他表象の境界や分離性が，瞬間的に融合することである。本能的願望は，自己または対象の表象の，一時的な変容と見なせるかもしれない。そこから生じた葛藤が，結果的にこれらの表象を意識から除外することもありうる。防衛は，表象世界の内容を並べ替える（例えば，投影は無意識の自己表象に似させるために，対象表象の形状を修正することである）。同様

に，一次ナルシシズムは自己表象のリビドー備給であり，一方，対象愛はこうした備給の対象表象への変換である。二次的ナルシシズムは，対象表象からリビドー備給を撤退させ，自己表象へと方向付けることである。

4.3.1.2 感情状態の概念

ナルシシズム（Joffe and Sandler, 1967）および，昇華（Sandler and Joffe, 1966）についてのJoffeと共著の2本の論文で，Sandlerは動機づけに関する精神分析理論の中心に，心的エネルギーよりも，感情状態 feeling states を置くことを提唱した。JoffeとSandlerは，安定した人々は対象への愛や関心を示すのに対して，不安定な人々は自己利益や自己没入をより強く示すことを観察し，ナルシシズムの説明としてのリビドー理論の妥当性に疑問を呈した。代案として，JoffeとSandlerは，感情の状態と価値の表象に焦点づけた表象世界の準拠枠を提案した。彼らは，ナルシシズムの病理は，実際の自己と理想自己の心的表象の不一致からくる心の痛みに起因すると示唆した（Joffe and Sandler, 1967, p.64）。自己評価の問題は，痛みの基本的な情動から派生するもののうちで，高い順位に位置づけられる。その痛みは持続的に存在するが，例えば，自己愛の供給源を求めたり，幻想によって過補償したり，理想化された万能の人物像に同一化したりという心的技術によって，より耐えやすいものになるかもしれない。もしこうした適応戦略が失敗すると，抑うつ的な反応が進行するかもしれない。感情は，心的表象の価値づけに影響を与える。つまり，価値は肯定的でも否定的でもその両方でもありうるのだが，自己愛性障害にとっては，表象の感情形態こそが決定的なのである。

1959年の発表で，Sandler（1960a）は，自我の目標は不安を避けることよりも，安全や安心を最大化することであるという，安全性の背景として革新的な概念を紹介した。Sandler(1989)は，もし本能的充足を表現することが危険を意味する場合には，それを抑える為に，本能的充足よりも幸福や安全の感情を得ようとする欲求の方が強くなければならないと主張することで，安全性と欲求の概念を対立させた。この安全こそ，Sandlerが提唱する欲求の代わりに感情を基礎とした，新たな動機の構造の最も基本的な例である。Sandler（1972）は，「欲動を排除 get rid of the drives」するのではなく，以下のように論じている。

　　身体の内側から起こってくる欲動や要求や情緒の力などの影響は，行動を決定する

際に極めて重要であるが，心理的機能の観点から見ると，感じ方の変化によってその効果は違ってくる（p.296）。

　Sandler は，あらゆる意識的な思考は，感情状態のマトリックスの中に組み込まれており，それがあらゆる適応に方向性を与えると見ていた。鍵となる仮説は，感情状態が，他者との関係での自己の主観的状態を表しているということであった。対象関係，特に早期の母子相互関係の研究に多くの独創的な貢献をした人々は，欲動理論では適合しにくい説明の代わりに，Sandler のモデルを広く用いている（例えば Emde, 1988a; Stern, 1985）。

4.3.1.3　実現化，役割応答性，および内的対象関係

　Sandler（1976b）は，患者が無意識の幻想を実現 actualize するために，どのように役割関係を創造するかを示した。患者は，様々な無意識の欲求や防衛を実現化する特異な関係性に，自らと分析家を投げ入れる。患者は，外界を無意識の幻想に一致させるように振る舞おうとする。分析家は自分自身に「自由に漂う応答性」を容認し，それによって少なくとも部分的には，自分に割り当てられた役を受け入れて反映し，患者を理解する際にうまく活用すべきであろうと，Sandler（1976b）は示唆した。彼は，ある女性の例を示したが，彼女には自分を汚したり濡らしたりしてしまうので，それを拭き取るために，身近に大人が必要だという無意識の幻想があった。多くのセッション中，彼女は泣いて，ティッシュを求めた。このケースで分析家は，親的な取り入れをする役割を強いられた。ここで生じた逆転移は，この過程の一部であって，しかも臨床状況を超えて広がり，健常な無意識の心の機能を反映していると理解されなければならない。Sandler のモデルはこのように，関係性学派の精神分析の出現を，20年余りも前に予期していた（第9章を参照せよ）。

　この準拠枠は，内的対象表象についてのまったく新しい理論を提供した（Sandler and Sandler, 1978）。Sandler は，悪い情緒的状態を遠ざけながら一方で，「良い」情緒でいることを基本的目的にして，望ましい幻想が自己と対象の相互作用としてどのように表されるのかを示した。つまり対象は，願望を具体化する心的表象の中で，自己と同じくらい重要な役割を演じる。対象関係性はこのように願望充足的であり，それは本能的な願望についてだけでなく，安全，安心，確認への要求についてもそうでもある。そうした要求は，たとえ時に著しく偽装されていたとしても，幼児期に望んでいた関係性の実現化を伴っ

て起こる。表面に顕在する関係性は，根底にある，望ましい幻想の役割関係性からの派生物である。こうした表象は発達途上で強化されるので，パーソナリティが形成されるにつれて人は，ますます自己と他者に期待される役割に縛られるようになる。したがって性格特性とは，うまく仕上げられた役割応答性の構造であり，それが望ましい関係性の表象を実現化する役に立ち，そのかわりに無意識の幻想の中に存在するものの派生物となる（Sandler, 1981）。

　こうした望ましい関係性の表象を構成する心理的構造は，子どもと実際の親との相互作用そのものの表象だとは考えられていない。そうではなく，こうした関係性の知覚が，無意識の願望を満たしたいけれども防衛したいという自我の要求に従って，防衛的変容を蒙っている。したがって，精神分析の場面で（あるいは日々の出会いで）現れる明らかな関係性は，大抵の場合，無意識の幻想の，著しく偽装されたヴァージョンで——原版は関係性の用語で表されており——単なる内在化された対人関係パターンの繰り返しではない。自己と対象との「対話 dialogue」と Sandler（1990）が名づけた多くのものは，きわめて苦痛なものであるが，しかし逆説的に，患者が持ち続けているものでもある。Sandler（1990）が指摘しているように，こうした対話をしていれば，患者は対象の存在を体験し続けることができるので，安全の感覚をもたらす。したがって幻想の中では，内的対象が自己表象の受け入れがたい側面を具体化し続け，それによって，情動の心的経済をはかる中で全般的な安全の体験を高めることができる。

4.3.1.4　3つのボックス・モデル

　Joseph と Anne-Marie Sandler（1984）は，無意識機能の2つの局面の区別を可能にする，首尾一貫した枠組みを提案した。その第1のシステム，あるいは「ボックス box」を構成する要素は，

　　幼児的な反応や願望や望ましい幻想であって，それらは人生の早期に発達したものがあり，またこの時期の間になされた防衛的な活動と修正のプロセスがもたらしたあらゆる変容の結果である（p.418）。

　このシステムは大人の中の子どもであり，心的構造という意味では原始的であるが，しかし決して，性的および攻撃的な衝動のみに限定されてはいない。Sandler と Sandler（1987）はこのシステムを，願望を充足し，問題を解決し，

第4章 構造論モデルの修正と発展 115

再保証と防衛の側面を有する無意識の幻想からなるものと見ている。事実それは，早期の超自我を形成するとともに，幼児の自我を具体化する。認知の洗練という観点からみると，この構造の中にある表象はあまり洗練されてはおらず，幼児期の理論に支配されている。けっして直接的に意識性に近づくことはなく，本質的に変化不能である。しかし，大人の心がこの「過去の無意識」の派生物に適合する仕方を変えることはできる。

　第2のシステム，あるいは「ボックス box」もまた無意識であるが，その中にある表象は，多少とも検閲に応じているであろう。見出しをつけるなら，「現在の無意識」であり，フロイトの無意識自我に相当するが，通常超自我に当たる無意識の表象も含んでいる。これは過去よりも現在を志向する点で，最初のシステムと異なる。葛藤解決的な和解はその中で創り出される。つまり，このシステムの最も重要な点は，現在の無意識の幻想と思考を創生し修正することである。第1のシステムに影響を与える出来事は，過去の無意識の幻想の引き金になるかもしれないのに対して，第2のシステムは，第1のシステムの心的所産に比べて，絶対的でも破壊的でもない，自己と対象の相互作用の表象の持続的な修正を含んでいる。それは現時点での現実の表象と認知的により絡み合い，より密接に結びついている。しかしながら，矛盾を許容するという点で，無意識のシステムの特性を共有している。第2，第3システムの境い目での，第2の検閲の性質は，第1と第2の境い目での検閲と質的に異なっている。後者はフロイトの抑圧の防壁に類似したものと考えられるのに対して，前者は主に，恥や当惑や屈服を避けることに方向づけられている。第3のシステム，あるいはボックスは，意識的であって，社会的慣習に承認される程度の不合理さを伴うにすぎない。

　Sandlerの心の3つのボックスの区別には，多大な臨床的意義がある。第1のボックスは現在における過去からの連続性である。それは，子どもの自己の，幼児的な側面を基礎としているので，いかなる適応の必要性にも気づいていない。第2のボックスつまり現在の無意識は，第1のボックスが引き金となって起こった葛藤や不安への今ここでの適応から成る。分析家が恥や当惑や屈辱に基づいた制止を和らげるような寛容な雰囲気をかもすことで，第2の検閲をおよそ乗り越えられるので，心の第2のボックスにある素材は，より解釈を受け入れやすいであろう。始めに第2のシステムの派生物に話しかけずに，即座に原始的な幻想に接近したり，直接内側の幼児に話しかけたりするような解釈は，たとえ転移の文脈の解釈であっても，介入の効果を減少させ，2つの形の無意

識をごちゃごちゃにしてしまうのは必定であろう。

4.3.2 Sandlerの心理的障害のモデル

4.3.2.1 神経性障害：強迫観念，抑うつ，トラウマ

　心理的疾患の理解に対するSandlerの貢献はすべて，強い発達的方向性をもっていた。SandlerとJoffe (1965b) は，子どもの強迫現象を，「自我の側の退行機能」という概念（p.145）を喚起することによって理解した。そのモデルは，自我機能の特定のモードが，喜びや安全の感覚に結びつくので，欲動の退行に類似した仕方で，その機能のモードへの引き戻しを創り出すことを示唆している。強迫的な子どもは，生後2，3年目に固着があることを意味するような「自我の知覚と認知機能の特殊なスタイル」を示す（p.436）。うつと個体化に関するSandlerの文献では（Joffe and Sandler, 1965; Sandler and Joffe, 1965a)，退行は，早期の魔術的で全能的な理想の状態を，現実を受け入れるために諦めなければならないことから起こる欲求不満や苦痛への反応として記述されている。この退行は，無力感や抑うつの可能性を避ける試みとして機能する。

　SandlerとJoffe (Joffe and Sandler, 1965; Sandler and Joffe, 1965a) は2つの論文で，表象世界という視点から，うつについて再考している。発達に伴って，理想の状態は，魔術的で全能の体験から現実の肯定へと方向を変える。理想の状態をあきらめることは，うつよりも喪のプロセスに類似しているかもしれない。しかし，幸福の理想的な状態は，心の対象表象を含んでいる。そこで，対象の喪失は，対象を媒体とした自己という状態の喪失を意味する，と言い換えるとよいかもしれない。人が攻撃性の適切な開放を伴った心の痛みに反応できない時に，うつの症状が起こるかもしれない。適応的な反応とは個体化することなのであって，それは，失われた理想的な状態を追い求めることをあきらめ，内的状態も含めて，現実に見合う新しい状態を受け入れることをし続けるプロセスである。こうしたプロセスは人生を通して起こるが，生物学と文化によって決定されるそれぞれの発達段階に固有のものである。

　うつの反応——痛みを面前にした降伏——は，個体化の反対である。制止が心の痛みを鈍くするかもしれないが，「回復を目指していない」点で不適応的である（Joffe and Sandler, 1965, p.423)。Sandler (1967) はまた，トラウマの概念が，圧倒されるという精神内界体験としても，外的な出来事の特異なカ

テゴリーとしても，決定的な用語で定義するのが難しいことに促されて，トラウマの概念について見直している。彼は今日も，依然として重要であり続けている理論的な前進の中にあって，トラウマが与える病理学的な衝撃は，最初に出来事に直面した時の子どもの心細い体験によるのではなく，むしろ，子どものトラウマ後の状態に関係すると特定した。彼は，トラウマ化（臨床的後遺症）を導くかもしれないのは自我に連続的な緊張を与えることであって，それはトラウマの後に残る内的葛藤の程度が，パーソナリティ成長を歪め，境界性人格，非行的人格，精神病的な病理の発展に到るかどうかによって決定されると示唆している。

4.3.2.2　原始的メカニズム：投影同一化

　Sandler は特に，重篤なパーソナリティ障害について論述しなかったが，彼の理論をその方向へ広げるのはまことにたやすいことであった。特に重要なのは，投影同一化のような原始的防衛メカニズムに関する彼の着想である。Sandler の投影同一化の定式化（Sandler, 1987 を参照せよ）は，クライン派の最も重要な概念を，今日多くの理論家が採用している洗練された表象の観点へと結びつける特に有用な試みであった。Sandler は，精神分析家が患者により深く帰属している感覚を体験していると見える臨床的観察では，患者が，分析家をとり込んだ願望的な幻想を抱いていると見なした。その幻想は，患者の心の中でなされた対象表象の修正を含んでいるので，そこには自己表象の望ましくない側面を内包している。その幻想を実現化するために，患者は，分析家の行動を修正（支配）しようと試みるので，ゆがんだ表象をはめこむことになる。自己と対象の境界を保持することは，対象（表象）の支配を通して，彼らを支配しているという錯覚を維持しながら，自己の側面から免れる防衛機能を達成するメカニズムに不可欠である。

　この概念を例証するのは，母子相互作用に明らかに見られる，表象の世代間伝達という文脈であろう（Fraiberg, Adelson and Shapiro, 1975; Sandler, 1994）。母親の子どもとの相互作用は，彼女の過去の愛着関係の表象に基づいている。母親は子どもの表象を，彼女自身の望ましくない側面に一致させることによって，子どもの表象を変容させるかもしれない。次に母親は，子どもが常に彼女の歪めた表象のように振舞うように操作するかもしれない。当然ながらこのプロセスは，以下の両面に働く。1つは，幼児が，処理しきれない情動を扱うために，養育者の表象を歪めるかもしれない。そして次には，大人から

の反応を引き出して，彼らの心的表象の正確さを確認するかもしれない。このモデルは基本的に力動的であり，つまり子どもが処理しきれないと体験することは，決して絶対にそうなのではなく，むしろ多分に，養育者が，子どもには処理しがたく受け入れがたいと見なしたという，子ども側の認識に依拠している。このプロセスを通してしだいに，子どもの自己表象は，ますます養育者の内の子ども表象に似てくるであろう。精神内界で，自己表象と他者表象の間に起こる弁証法的プロセス（両者の相互作用の表象という枠組みで）が，2人の中に同形の表象のセットを発達させる傾向にある。

4.3.3 批判と評価

Joseph Sandler は，Ogden（1992）が精神分析理論の「静かな革命」と名づけたものをもたらした，最も創造的な人物の一人であった。彼の貢献は，精神分析および分析過程に関する思考に，首尾一貫した前進をもたらしており，彼は，20世紀後半の精神分析において形成的な影響力であった。Sandlerの貢献は，分析的関係性に密着しながら，精神分析を感情と内的表象と適応の心理学へと導いたことである。精神分析理論の観点を変えるという貢献ばかりでなく，彼は精神分析の技法にも影響を与えた。過去の無意識と現在の無意識を区別することの重要性を強調している心的構造の「3つのボックスモデル」は，転移，逆転移を含め，さらなるメタ心理学的および臨床的な概念の実り多い再検証を導き出している。彼は，明らかに対立する着想の間に本質的なつながりを見出し，米国の自我心理学者と英国クライン派と対象関係理論家とのギャップを埋めるのに貢献した。

Sandler の理論化へのアプローチ全体が，本書での諸理論へのアプローチを特徴づけるものである。Sandler は精神分析理論の発展の多くは，患者の心に関する心的モデルを発達させようと格闘しながら実践的経験をしている分析家らの心の中に発達する，無意識に構築された断片的な理論に先導されていると指摘した。精神分析の概念と実践との関係について頻繁に引用される論文（Sandler, 1983）の中で，彼はそうした原－理論 proto-theories の必要性と同時に，多くの精神分析家が心の中に，これとは一致しない前意識の理論構成をもつことが必要だと指摘している。心のモデルがそのように異質であることのエビデンスは，すでに精神分析概念の意味の多様さの中に示されているであろうし，臨床的文脈の中で考えなければ，その意味は決められないのである。「公式な理論」とあやふやな直観とが一致すると，それらが意識に上りやすく

なる。

　おそらく，Sandler の最も重要な貢献は，体験に基づいた領域と，基づかない領域との識別である。前者が Sandler と Joffe の表象モデルに当たるなら，後者は必然的にメカニズムであり，構造であり，装置である。体験に基づかない領域は，抑圧されたり力動的に制止されているのではなく，生来的に非－意識である。幻想（意識あるいは無意識）とそれ（空想すること）を強化する編成された機能との区別（体験されるものとされないものの区別—訳注）は，刺激的な実例であり続ける。このモデルは，体験が変化の発動主体ではないことを明確にする。むしろ変化は，非－体験領域の構造によってもたらされ，それが呼応する体験的なものの変化の要因となる。つまり，自己－表象は発動主体ではありえず，心のメカニズムがどのように働くかを決定する単位 entity である。これは，Greenberg と Mitchell (1983) の欲動モデルと関係性モデルの2分法と相対する，かなり明確なポジションに Sandler のモデルを位置づける。Freud, Hartmann, Kris, Loewenstein, Rapaport から大幅に修正してはいるが，Sandler のモデルは，構造論心理学の枠組みのなかに関係性の定式化を位置づけた。構造論を修正する一方で Sandler は，構造の一般心理学として，そして基本的な心的過程としての精神分析という大志を捨てようとしなかった。後年の論文で Sandler は，彼の重要な識別を広汎に用いた。例えば，内的対象と内的対象関係の構造についての論文で，Sandler (1990) は内的対象を，意識とか無意識とかの主観的体験の外側に構成されているにも関わらず，非－体験領域の中にある「構造群」と見る観点を明確にした。いったん出来上がると，そうした非－体験的構造は，実際の対象（人物）との子どもの体験も含めて，主観的体験を修正することができる。

　Sandler は，臨床の仕事を補完する重要な研究をする，残念ながら比較的少数の精神分析家の一人であった。彼はそれが「診断のためであれ，治療のためであれ，教育のためであれ，研究のためであれ」精神分析理論を観察に適用できる準拠枠として見ていた (Sandler, 1960b, p. 128; Sandler, 1962b も参照せよ)。そうした重要な開発の1つが，Sandler のモデルを子どもの表象世界の観点から表示し直したことであった (Sandler and Rosenblatt, 1962a)。刺激－反応という連合主義的心理学の崩壊と，認知科学の出現に伴って，認知心理学と精神分析の統合の大いなる可能性が出てきた（こうした統合達成への重要な試みは，Foulkes, 1978; Erdelyi, 1985; Stern, 1985; Westen, 1991b, Bucci, 1997a を参照のこと）。Sandler の定式化は，個人および他者との相互交流に

関する日々の情緒的体験や幻想や記憶によって，自己表象と対象表象が，いかに複雑に形作られるかについて記述し，それらに行動の因果関係の中心的な役割を帰する点で，現代の認知心理学と調和している。心的表象という認知的な考え方は，社会-認知的観点から仕事をしている発達および社会心理学者の気質に合うものであった（Fonagy and Higgitt, 1984; Sherman, Judd and Park, 1989; Westen, 1991a; 1991b）。

　理論家や学者にとって，Sandler の貢献は確かなものであったにも関わらず，彼は，自分の名を冠するような学派は築かなかったし，「サンドラー派」と称するような分析家グループも作らなかった。この事実は，時にパーソナリティ崇拝さながらのカリスマ的なリーダーシップへの依存といった精神分析的伝統を排除する指標として賞賛されうるが，彼の仕事を特徴づけるいくつもの限界をも示している。彼の理論は広く普及し，今日でも用いられている一方で，彼の着想を用いている人々で，それに気づいていないことがしばしばある。人々が彼の名前に結びつける着想は1つということはなく（逆転移と「役割応答性」をめぐる着想はおそらく例外である），彼の貢献の統合的な要約が，文献の中に見出されることは稀である。彼は，一連の精神分析的概念を明確にすることによって，自らの考えを発展させたが，彼の貢献の新規性で精神分析家を刺激することはできなかった。彼の着想は，独創性に欠けるわけではないが，彼は決して，実践的臨床家の想像力を捉えるのに十分なほど明瞭な，特定な臨床家グループの独創的なヴィジョンを描き出すことはしなかった。理論を幅広く粗描きすることよりも，着想の精緻さに関心が強かったので，彼は常に，確証できない理論の一般化を避けようとしていたのであった。

第5章　対象関係論序説

5.1　対象関係論の定義

　対象関係理論はあまりに多様すぎて，単一の，合意された定義を定めることはできない（Kramer, and Akhtar, 1988）。この用語は，一貫性も特異性もさまざまに異なる，多くの着想を指している。対象関係理論は精神分析において優勢な立場になってきたので，多くの理論家は，このカテゴリーを求めているようで，そのことがこの用語の定義をより不確定なものにしている。GreenbergとMitchell（1983）は，彼らの決定版といえる論評で，この用語を「現実に外在する人と内的なイメージとの関係性，および，こうした関係性の残像 residueと心的機能にとっての残像の重要性を解明することに関連する」すべての理論を含むものとして使用している（p.14）。厳密にいえば，この定義は構造論を排除しないという，GreenbergとMitchellの暗黙の狙いを示しているのであろう。Lussier（1988）は，抑うつについて論じたEdith Jacobson（1954b）のような，構造論の枠組みに根ざしながら対象関係の概念を使う著者をわれわれに思い出させる。例えばJacobsonは，子どもはまったく母親がいないことよりも悪い母親をもつことの方を選ぶであろうし，その悪い内的な対象を殺すよりもむしろ，自分自身を破壊させることを選ぶかもしれないと指摘している。彼女はまた，子どもはしばしば，安全のためには喜びを犠牲にするつもりがあると記述した。すでに見てきたとおり，MahlerやSandlerの仕事にも同じことが言えるであろう。Sprueill（1988）が指摘しているように，フロイトは欲動の観点から対象を見ているのであって，対象なしに欲動を想定することは，ほぼ不可能である。

　Kernberg（1976a）は，Volkanの著書に寄せる序文で，有益な説明を提供している。彼はこの用語の3通りの使われ方についてこう述べている。すなわち，(1) 現在の対人関係を，過去の関係から理解しようとする試みに使われるが，その中には，早期の内在化への固着，その修正，その活性化から派生する

ものとしての精神内界の構造の研究を含むであろう。(2) 精神分析的なメタ心理学の中でも特殊化されたアプローチを意味するために使われ，それは乳児と母親という原初の関係に基づいた，対話的な「自己」と「対象」の関係性の心的表象の構成と，この関係が後に二者関係，三者関係，そしてさらに多様な内的および外的対人関係性一般へと発達することを説明する。(3) 最も限定された意味では，特殊な学派のアプローチを記述するために使われるが，その学派とは，(a)クライン学派，(b)英国独立学派，(c)これらの学派の着想を，自身の発達論に統合しようと試みた人々，である。Kernberg 自身の理論は，第2の用語法に最も合致している (e.g. Kernberg, 1984)。本書では，われわれは彼の第3の実用的な定義を使用するつもりである。なぜなら対象関係は，クライン派，英国学派，およびその後継者と同様に，構造論の理論家にも関係が深いからである。

この四半世紀の間，対象関係論の隆盛に伴って，関心の真の移行が起こっている。精神内界の葛藤，特に性的，攻撃的欲動に関係する葛藤に関する研究，エディパルな問題の解決を編成の中心にすること，発達への生物学的な力と体験的な力との相補的な影響などの研究から，暗黙に，あるいは明確に離れる動きがある (Rangell, 1985; Lussier, 1988; Spruiell, 1988)。特定の理論モデルに関わりなく，精神分析はますます，他者と共にいる体験や，分析作業中に分析家とともにいる体験を強調するといった，体験に基づく見方になってきている（例えば，Gill and Hoffman, 1982; Schafer, 1983; Schwaber, 1983; Loewald, 1986 を参照せよ）。このアプローチは必然的に，人の自分自身に関する体験 (Stolorow et al., 1987 を参照せよ)，および，外的現実と対峙するものとしての心的な体験 (McLaughlin, 1981; Michels, 1985 を参照せよ) といった現象学的構成概念を強調する。強調点を臨床の体験におくことは，必然的に理論を構造論的，機械的モデルから，Mitchell (1988) が広く「関係性理論」と名づけたものへと向かわせる。治療中の患者は，関係性の言葉で自らを語るので (Modell, 1990)，対象関係論ベースのメタ心理学の動向はしだいに，臨床的な現象を患者の立場から探求する方向へと，臨床家の要請を促しているように思われる。

対象関係論はいくつかの分野に沿って変化している。例えば，欲動論的なアプローチを全面的に入れ替える動きを示す学派もあるが（対人関係論学派はこの傾向の例であろう。Mitchell and Black, 1995)，欲動論に追加をしているものもあれば（例えば Winnicott, 1962a)，いまだに対象関係的アプローチから

欲動論を引き出しているものもある（例えばKernberg, 1982）。対象関係論はまた，パーソナリティ機能を説明するために，どの程度一連のメカニズムを描写するかについても違いがある。例えば，一般にシステム論的アプローチでは，内在化された関係性の表象を支えている心的メカニズムが理論の核心である（例えばStern, 1985）が，一方自己心理学モデルでは，対象関係は自己の心理学に到る道筋に過ぎない（例えばBacal, 1990）。

対象関係の諸理論は，以下のようにいくつかの仮説を共有している。(1)重篤な病理はプレディパルの起源をもつ（すなわち，生後3年間）。(2)対象との関係性のパターンは発達に伴ってしだいに複雑になる。(3)この発達の段階は，文化を超えて存在する成熟の連続性を表しているが，それにもかかわらず，病的な個人的体験によって歪められる可能性はある。(4)対象関係の初期のパターンは繰り返され，そしてある意味では人生を通して固定している。(5)こうした関係性の混乱は，発達に沿った病理の位置づけをもたらす（Westen, 1989を参照せよ）。(6)患者の治療者への反応は，早期の関係性パターンの健康な側面と病理的な側面を査定する参考になる。

しかしながら，精神分析理論は相互に，対象関係の問題に取り組む厳格さについて著しい相違がある。Friedman (1988) は，対象関係論のハードとソフトを区別している。ハードな理論には，Melanie Klein, Fairbairn, Kernbergを含み，憎しみ，怒り，破壊をより重視し，障害，病気，対決を強調するのに対して，ソフトな対象関係論者（Balint, Winnicott, Kohut）は，愛，無害，成長への欲求，充足，前進的な展開，を取り上げる。Schafer (1994) は，最近の精神分析的な考え方の傾向が，理論上のミニマリズムになっていると指摘している。Friedman (1988) は，対象関係論はその想定において，構造論的精神分析理論に比べてその仮説がより些やかだと指摘している。Spruiell (1988) はすべての対象関係理論が部分的モデルであって，広い発達的なモデルを包含することはできないとみなしているが，彼の観点は今日，かなり孤立したものとなっている。

Akhtar (1992) は，対象関係論への対照的な2つのアプローチについて，極めて意義深い概観を提供している。彼はStrenger (1989) が示した洞察に富む定義に基づいて，精神分析家が提供する人間観を「古典的classic」および「ロマン主義的romantic」に区分している。カント派の哲学の伝統に根ざした「古典的」な観点では，自律への努力と理性の支配が人であることの本質だと捉えている。それと対照的に，ルソーやゲーテに見られる「ロマン主義」

の観点からは，理性や論理よりも真実さや自発性に価値をおく。古典的な観点では，人間は自分の悲劇的な欠点を克服して「かなり上等」になることが部分的にはできても，本質的に限界がある，と見なしている。ロマン主義の観点では，人間というのは，本質的には善良で有能であるが，環境からの制限や不当な扱いによって傷つきやすいと見ている。古典的な観点は，Anna Freud, Melanie Klein, 米国の自我心理学者，Kernberg, Horowitz, そして英国対象関係論の伝統を提唱する何人かの人々に見られる流儀に一致する。ロマン主義的アプローチは，おそらく Ferenchi の仕事から始まり，英国の Balint, Winnicott, Guntrip, 米国の Modell, Adler らの仕事によく示されている。前者のアプローチは，精神病理を多分に葛藤モデルで見ており，後者は欠損モデルで見ている。古典的な観点では，行動化は根深い病理の不可避的な結果とみなされるが，一方，ロマン主義の観点では，環境がダメージをくつがえすかもしれないという希望の現われと見る。ロマン主義的精神分析の観点は，確実により楽観的であり，人は充分な潜在能力があり，乳幼児は自分の運命を実現する準備が出来ていると見ている（Akhtar, 1989)。古典的な精神分析的観点では，葛藤は通常の発達に埋め込まれている。人間の弱さ，攻撃性，破壊性から逃れる術はなく，人生は，幼児期の葛藤の再演との絶え間ない闘いである。ロマン主義の観点では，一次愛 primary love があり，一方，古典的な観点では，愛は発達的な達成であり，早期の転移から完全に開放されることは決してない。当然，古典的な観点とロマン主義の観点をつなぐアプローチはある。Kohutと Kernberg が提供している発達のモデルは，どちらの伝統をも純粋に代表してはいない。

　ある意味で対象関係理論は，古典的な Freud の理論と，それを引き継いで精緻化した Loewald, Mahler, Sandler らに対抗する精神分析的課題としての意味をもつ。彼らは共通して，子どもの関係性から独立した精神内界過程として，心的構造が展開するとするフロイトの仮説に反対している。特に，子どもの欲動の欲求不満の結果として心が展開するというフロイトの示唆は，たった1つの特異なタイプの対象関係（子どもの要求が阻止されたという）しか，心の構造や機能の創生に役立っていないことになる。フロイト派と対象関係理論の基本的な違いは，心的構造の発達の核心にかかわる，関係性のありうるパターンが，きわめて異質だということである。

　対象関係論では，子どもの心はすべて，養育者との早期のあらゆる体験によって形成されると仮定している。特に，自我の発達による，自律的な自我機能と

欲動の中和という考え方は，大半の対象関係論者らの仕事とは相容れない。関係論的な見地では，発達の全行程を通して力動的な緊張があることを暗示している。相容れない自己－他者の関係性の表象の圧力から開放される術はない。それとは対照的に，対象関係そのものは，常にではないが多くの場合，欲動的身体的充足から独立したものとして見られている。多くの理論，例えば愛着理論では，原初的な要求の充足とは独立したところで，乳幼児を強力に養育者と関係させる自律的な「関係性の欲動 relationship drive」を想定している。クライン派など他の対象関係理論では，フロイト派の本能論は踏襲しているが，もはや欲求不満を心的構造の創造に十分なものとみなしてはいない。心的構造は子どもの構造の一部として存在し，関係性の表象は，初期には駆り立てるものであり，後には欲動を統制するものになる。

5.2 古典的アプローチと対象関係論的アプローチの折衷

1980年代中頃までに対象関係理論は，その多くの変身（以下を参照のこと）の1つとして，世界的にもっとも広く受け入れられる精神分析的モデルとなった。米国では，対象関係理論の「国産 Home-grown」版（Kohut, Kernberg）と，英国からの輸入版（Klein, Winnicott）とが，自我心理学に取って代わった。そして，対象関係理論の英国版はヨーロッパの大部分を支配するようになり，一方，北米と英国の対象関係理論が共に修正された形で，中南米（ラテンアメリカ）の活発な精神分析運動の中に見出される（e.g. Etchegoyen, 1991）。しかしながら，すべての精神分析家が，古典的な Freud の構造モデルから対象関係理論へと精神分析の基本モデルを変換したわけではない。北米では，例えば Brenner（1982; 1987; 1994）が提唱したような，全面的に構造論的アプローチを修正したものに身を託し続けている精神分析家も大勢いる。他にも Harold Blum（1986; 1994），Vann Spruiell（1988），Len Shengold（1989），Tysons（Tyson and Tyson, 1990）のような有力な著者たちが，いくらかの対象関係的な着想を選択的に取り入れながら，広く自我心理学的な観点を支持し続けている。しかし，ここに述べた著者たちは誰も，対象関係理論に替わるものとして提供できる精神分析モデルの前進を望んでいるわけではない。こうした動きを熱望しているのは，対人論の伝統にいる人たちのみである（第9章でレビューされている）。

唯一，対象関係理論の席捲を許さなかった地理的な例外は，フランスとフラ

ンス系カナダを中心としたフランス語圏の国々のグループである。ここでは，Freud 理論のある特殊なヴァージョンが，20 世紀最後の 10 年間（1990 年代）を通して支配的であった。フランスの精神分析的着想のレビューをするには，（戦後のフランス精神分析的概念を概観した Lebovici and Widlösher 1980 の書物のような）別に独自の書物が必要であろう。本書の中で，フランス精神分析学派に関して僅かしか取り上げないことを正当化するなら，それはフランスの理論家の発達論的展望への関心が限られているからであり，それが本書編纂のテーマでもある。さらに，本書の著者たちは，対象関係理論と同じ重みをもつ理論的伝統について，公平に評する知識も専門技術も欠いている。しかしながら，André Green の仕事（1986; 1995a; 1995b; 1997）から発し，フロイト派と対象関係論の伝統との何らかの協調を策定しそうな，今後の代替可能性のある精神分析の準拠枠があることについて読者に情報を提供しなければ，さらに怠慢ということになるであろう。

5.2.1 精神分析理論へのフランスのアプローチ：André Green の業績の例

André Green は，Rosolato (1978)，Laplanche (1989)，Anzieu (1993) のようなフランスの重要な功労者と並んで，「ポスト・ラカン派」と言ってよいであろう。ポストラカン派は，心の複雑性に貢献する異なる種類のシニフィアン signifier（能記）の役割を強調する。Lacan に強い影響を与えた Saussure の言語学は，シニフィアン（言語）とシニフィエ（signified，所記。シニフィアンが語る意味のマトリックス）とを区別する。異なる種類のシニフィアンは心の内で異なる表象システムと結合すると考えられている。Green と他のポスト・ラカン派は，欲動，情動，「事物表象 thing presentation」（具体的，直接的に体験した有形の対象物），言語表象などが，表象のなかでそれぞれが用いるシニフィアン（象徴システム）の種類の違いによって区別されるであろうと想定している。Green (1999b) は，これをシニフィアンの異質性と呼んでいる。患者のコミュニケーションは，表象的，情動的，身体的な状態に関連するもの，行動化，現実の説明，思考過程など，いくつかの意味伝達 signification 経路の相互作用を明らかにする。Green (2000a) は，会話の基礎にある意味の複雑性と，構造と，機能を理解するためには，あるコミュニケーションの経路から次の経路へと移る動きを把握することが重要であると論じている。彼は，相互に共鳴し合う一連のシニフィアンがあると仮定している。深く感じ取れるコミュニケーションの要素は，Green が遡及性のある反射 retroactive reverberation と名づけたものをもっていると推定される。つまり，それをもたらした会話が終わった後に，どのくらい長くその意味の力が維持されるかを明らかにするために，反響 echoes に焦点が当てられる。

　他にも Green は，自由連想法が，一見して線状に見える談話（会話）に挑んで，複雑な時間的構造への接近を可能にする様相について記述している（Green, 2000b）。会話のなかでの特別なモーメントは，その後でそれと理解されることが多いであろう。しかし，ひとたび発話されると，そのモーメントは残りの会話に「光をあてる irradiates」。すでに発言された何かが，現在のモーメント（遡及性のある反射）の中で，その意を変えることがありうるが，時には，過去の発言が前方向（前触れ的な予知・予兆）に向けて働き，予測はできないが過去の発言と明らかに結びついているものへの，連続性の第一歩を意味することがある。Green は，他のフランス精神分析家とともに，会話の複雑な時間構造に焦点をあて，時間が見かけ上線状であることに挑戦している。つまり，心的因果関係は，単に退行的なのでない（すなわち，個人の問題は常に過去に根ざしているわけではない）。時間性は前進的でもあり退行的でもあり，樹木状の構造を持ち，常に未だ表現されていない可能性を持ち，また遡及的な反響を生み出す可能性を持っている。このように，Green の観点では，心的編成は，時間の経過とともに自身を修正することを決して止めないのである。トラウマは過去にあるわけではなく，過去と相互作用している現在にあるのかもしれない。Green の理論は，Freud の「nachträglichkeit 追記的なもの」——フランス語で「apres-coup」と言いかえられる——の示唆の上に広く築かれている。分析過程の中でも，患者の心の内と同じく，時間は「破壊される exploded」のである。

　Green は，現在が過去と未来の間にあるというわれわれの直感的理解は，錯覚であると主張している。記憶痕跡が再備給されて「今」として体験されるかもしれないし，あるいは「われわれは時の進行を止めることができるという，狂った幻想」の結果，時の否認が生じるかもしれない（p.18）。憎しみの対象を狙う破壊性もまた，その時間的文脈を破壊する。こうして，いくらか逆説的ではあるが，それは殺すことができず，永遠に繰り返し出てくるモンスターの悪夢のように，永久に生き残るのである。神経症症状では，この時間の破壊という局面は，安堵することのない体験の強迫的な反復をもたらす。体験の諸側面は時の中に拘束され，後になって認識され，再発見されるであろうものは，このように拘束されたものの意味なのである。

欲動論を再定式化し，対象関係論の着想により近づけるために，Green (1997) は，「性愛的な連鎖 an erotic chain」という着想を提唱した。欲動は単に，構造論モデル（フランスの精神分析家がとかく「第二の局所論」と呼ぶもの）のエスに包含される動機づけの力として捉えられるべきではない。むしろ，性愛 sexuality が一連の組み立てを辿って展開するのだと Green は示唆している。一連の組み立てとは，欲動（一次過程，あるいは防衛的歪曲）の力動的な動きから始まり，欲動を放出する行為が起こり，放出に伴う快または不快の体験が続き，そこで待ったり探したりという状態で欲望が表現されるという順になっている。この段階では，無意識の表象も意識の表象も願望を満たすことができる。さらなる展開の段階は，シナリオを編成したり，願望を充足したりするための意識的，無意識的幻想を創造することである。最終的に，昇華による言語が，成人の性愛を特徴づけるエロスと色気のある無限の豊かさを創造する。このように Green のモデルは，欲動に基づく心的機能の過程を，表象システムあるいはシニフィアンのいくつかの段階に分解する点で，Freud の理論と異なっている。彼は対象関係理論も古典的な欲動論も，性愛をこの連鎖の単なる中核の一つに引き下げようとしているとして批判している。この意味でクライン派（第6章を見よ）も，この連鎖の数ある中心の1つである欲動を，無意識の幻想と同一に見ている点で批判されている。彼は，連鎖の始まりにもっぱら焦点をあてる古典的フロイト派についても，暗に批判している。彼の観点では，適切な方略は，その力動的動きに沿って連鎖を追跡することでなければならない。性愛は，様々な防衛だけでなく，精神（自我，超自我など）の様々な組み立てを活用し，またそれらと関わり合うプロセスとして考えられている。

　Green の示唆は，少なくとも表面的には，Sandler とその同僚たちが提案した構造論モデルの精緻化に似ていないこともないように見える (Sandler and Joffe, 1969; Sandler and Sandler, 1983)。ここでも，心的構造の水準の違いを区別し，関係性の表象を上位レベルだけを特徴づけるものとすることによって，欲動モデルと対象関係理論は，効果的に調和を得たのであった。Sandler モデルと Green モデルの違いの核心は，Sandler の考えが基本的に発達論の方向性を持つのに対して，Green は発達的なアプローチと相容れないところである。Green のモデルとの興味深い類似性があるのは，第3章 (Solms, 2000) に記述した Mark Solams の主張する夢 dreaming のモデルである。Solms の腹側被蓋経路 ventral-tegmental pathway 仮説もまた，神経学的な構造を想定しており，それは幾重にも層状に記号化される表象の連鎖という

Greenの示唆にも見ることができる。興味深いことに，Greenは，精神分析的な理論化に神経科学の意味づけを与えることについてどこか懐疑的である (Green, 1999a)。

　Greenの着想は，臨床的妥当性が明快な部分があることもあって広く好まれている。彼は，特に境界性精神病理との関連で，「否定 negative」の働きについて雄弁に記述している（Green, 1999c）。「知らない」「覚えてない」「確かではない」「あなたが言っていることが聞こえない」といった患者の否定的な表現は，繰り返し使われ，なおかつ長く続いた場合，表象を抹殺する力を持つ。こうしたケースでは，自由連想法で質を高めたり着想を育てたりすることはできなくなる。次に起こる事を予測する能力は明らかに欠けていると共に，患者の考えは「直線的 linear」である。ある独創的な論文（Green, 2000a）で彼は，そうした言語の用い方がコミュニケーションを支える表象システムの使用法に組み込まれると，ある種の恐怖症的な回避機能を意味すると論じている。着想相互の結びつきが「相互強化的 mutually potentiating」であると，接触によって増幅されるので，常に分離させておかなければならないのである。彼は，神経症を超えた重篤な心理的問題は，相互に重なり合う複合的トラウマが存在する状況で起こると示唆している。ここでもまた，後のトラウマを早期の体験に還元する傾向を示しがちな多くの対象関係論の観点との重要な違いがある。Greenにとっては，異なるレベルでのトラウマが同時に来るということこそが重要なのである。こうして，幼児期の性的体験も（トラウマ）形成になるかもしれない一方で，もし青年期の男子の母親が，友人や知人に，息子を自分の兄弟，時には夫として紹介して，この若い男性のアイデンティティを破壊するならば，ここでも重篤なトラウマ化が起こりうるのである。こうした体験は，息子と母親とのより早期のアイデンティティの混乱，おそらく最初は幼児期に起こっている混乱を増幅させる。Greenの暗黙の「発達」モデルでは，そうしたトラウマは発達的連続体の中には存在せず，むしろ強力に心から切り離され，トラウマが重なって来ることによるすさまじい恐怖を先んじて防ぐために，殻に閉じ込められてしまうのである。彼は，表象システムの破壊を引き起こすような拒絶を通して，そうした結びつきの形成を回避することを「中心的恐怖症ポジション central phobic position」として記述している。

　おそらく，今までに刊行された中で最も影響のあるGreenの論文は，「死んだ母親 The dead mother」（Green, 1983）である。その中で，彼は特殊な臨床的現象を記載したが，それは子どもが母親の注意と投資を失ったと気づいて

いるという早期の歴史があり，結果的に母親は抑うつ的で情緒的に死んだ状態，「空虚な悲哀 blank mourning」（否定で空虚な心の状態，あるいは前述の「心的欠損 psychic holes」といったより一般的なカテゴリーの一部）と示唆的に記述されるような状態に閉じこもっていた。この子どもは，特によくある父親の関与が足りないケースであって，すでに子どもから脱備給している母親に同一化している。そしてこれにひき続いて「失われた意味の探求」(p.152) が始まり，それは，強迫的幻想，あるいは強迫的思考を作りだす可能性もある。こうしたことの解決策の1つは，「継ぎはぎの乳房 patched breast」(p.152) のような適応的な防衛であるかもしれないが，しかし，心の空間は「死んだ母親」の捉われとの同一視に，広く占められているため，愛情に関する能力を限定してしまうであろう。分析は知的な探究，すなわち，防衛としての現実の強化と感じられるので，（分析家に対してよりも）分析への強い愛着を示すことがありうる。Green は，こうした患者には古典的な精神分析的アプローチを避け，分析家が生きた相互交流の機会を与えること，そして，被分析者が分析家に興味を抱き，活気づけられるようにし，患者の言葉や，分析家の心にある現在の彼の活力との関連を通して，やりとりするという技法について述べている。

5.2.2 批判と評価

　表象システムに関する Green の著書は啓発的であり，以下に考察するどんな対象関係理論の中にもきわめて有用に統合することができる。Green はおそらく，Lacan 派の考え方の最も有用な局面を救い出した。つまり，対話が心の内容とメカニズムの両面を如何に明らかにするかをより深く理解することである。古典的なメタ心理学と洗練された表象の概念の混合によって，重篤な人格障害の問題を枠づける彼の考えは，対象関係の諸理論に取って代わる潜在能力を持つと同時に，精神分析の理論化について，完全に独立した伝統を示しているのかもしれない。彼の臨床的な記述は，Green 自身のサークルを超えて，多くの理論的な発展を深く呼び起こし，鼓舞している（e.g. Kohon, 1999）。しかしながら，本書のテーマである発達という考え方や，心的構造化の時間との接点という理解については，Green は，本書で論じている大多数の理論家とは非常に異なる経路を取っている。

　Green は，精神分析というよりも心理学の一部として，発達的な枠組みを参照している（Green, 2000）。彼は，乳幼児の観察が，言語よりも行動の研究に限られるので，精神分析の範囲に含まれるべきではないとしている。彼は精

神内界の過程が精神分析の関心事であると考えているが，それには，主観性の臨床的な研究を通してのみ，接近できると考えている（つまり「死んだ母親複合」'dead mother complex' の背景にあると仮定される歴史は，成人の臨床研究から再構成されるのであって，抑うつ的な母親の子どもを実際に観察しても明らかにならないであろう）。この区分の仕方は，発達的な仮説のうえに構築された大部分の精神分析的理論にとってばかりでなく，ここ数十年，認知心理学が深く心理学的なプロセスに関与するようになり，ここ 20 年の間に，こうした関心が無意識の認知機能の研究へと，着実に広がっているところからも，きわめて問題である（e.g. Kihlstom, 1987）。Green が言及している現象は，精神分析的な相談室の中だけではなく，心理学の「実験室 laboratory」においても同様なのである。例えば，時間についての心的体験は「多彩 polychronous」であるという示唆と，トラウマが時間性を破壊するという示唆は，共に中核的な観察所見である（Terr, 1994; van der Kolk, 1996; DeBellis, 2001）。

　発達的な観点からわれわれが主張したいのは，Winnicott の考えに沿って，「時間そのものが，それを体験した年齢によって非常に違う」（Winnicott, 1986, p. 5）ということである。小さい子どもと関わる仕事をしている人々は，4 歳以下の子どもが，出来事についてのはっきりとした記憶をめったに持っていないことにすぐに気づくであろう。そうした記憶を創り出すためには，人生での出来事の仕組みに関する一般的知識のレパートリーを広範囲に発達させなければならないし，また自分の記憶を物語として定式化して語ることを学ばなくてはならない（Nelson, 1993a; 1993b; Fivush, Haden and Reese, 1996）。自明の行動とされるものは，誕生以来多かれ少なかれ，特殊な体験によって修正されているのであって，彼らが「思い出せない」という意味ではない。しかしながらそれは，最終的に時間性を創り出している記憶システムが，早期の何年かではまったく異なるという Winnicott の観察に，ある説明を与えている。

　低年齢の子どもが保持しているものは，人生のエピソードとしての，ある特定の体験の記憶ではない。彼は，他のモーメントから区別される，過去の特定のモーメントに属するものとしての体験に文脈を与え，意味づけできるような構造を創り出せるほど長くは生きていない。むしろ記憶は潜在的であって，つまり心的構造の中に符号化され，想起するという体験なしに，その心的構造からとり戻されるのかもしれない（Schachter, 1992a; 1992b）。この記憶の潜在的な部分から過去の体験が回復するのは，不随意で，非-意識的で，推論を通してのみ明らかになる。追憶 Apres-coup とはおそらく，ある部分日常生活で

の，あるいは臨床的な精神分析での，潜在的な記憶の歴史化 historicization であろう。

乳幼児や低年齢の子どもは，まさにそうした潜在記憶として体験を保持し，それらは脳の中にばらばらに貯えられている。しかし，思い出すという「体験」がないので，彼らの時間の感覚ははるかに流動的である。追憶の中に戻ってくる記憶は，大部分が特定の体験の想起ではなく，対象と共にいる体験について，各人の期待を形作るような相互作用のタイプといったものである。

このように，「フランス流」と一般的な対象関係の立場の間には，発達過程の理解に関するところに基本的な食い違いのポイントがある。Green の時間の概念と心理的障害のモデルは，発達精神病理学の基本仮説と一致しない。その基本仮説とは，体験によって発達にとってのリスクが集積されるということと，早期の体験が後に遭遇することへの反応の導火線として優先権をもつということである。ある意味では，本書の他所で示唆しているように（第 1 章の 1,5,7 節を参照のこと），これは歓迎されるべき均衡の取り戻しである。発達的な方向性をもったいくつかの対象関係理論は，早期の相反する体験のおそらく恒久的な効果について強く主張してきたこと，また，健常な発達が前進するためには，必要な体験が，狭い時間枠で限られた発達上の決定的な期間になされることの重要性について強く主張してきたことを，われわれは理解するべきである。これらの強い主張は，最近の神経科学研究に照らしても，おそらく対象関係論者が望んでいたほど，うまく構築されてはいない（例えば，Bruer, 1999 を参照せよ）。続く各節で，われわれはこの話題をさらにより詳細に考察し，そして，精神分析理論によって作られた「発達的プログラミング」についての特殊な主張と関連づけて考察する。しかしながら一般に，発達的な影響についての単純すぎる解釈が，積み上げられたエビデンスと明らかに矛盾するとしても，早期の体験が後の反応に決定的に影響すると考えるモデルが，たとえ対人的な期待や，心的装置の中での歪みや，神経学的変化の永続（という仮説）から来たものだとしても，好まれる理由が概念的にも経験的にもあることを明記するべきであろう。

第6章 クライン‐ビオン モデル

6.1 発達に関するクライン派モデル

6.1.1 モデルの一般的特徴

Melanie Klein (1935; 1936; 1959) は，構造論モデルを対人および対象関係モデルの発達論に結びつける仕事をしている。1935年まで，Klein はまだ Freud と Karl Abraham の理論的枠組みのなかで仕事をしていた。彼女の論文「抑うつポジション」(Klein, 1935; 1940)，「妄想‐分裂ポジション」(Klein, 1946)，そして単行本の『羨望と感謝』(Klein, 1975) は，精神分析の独創的な伝統の指導者として，彼女の確固たる地位を築いた。Klein の業績に関するすぐれた入門書には，Segal (1974), Meltzer (1978), Caper (1988), Hinshelwood (1989) によるものがある。

Klein は1920年代に，Freud のモデルを使って仕事を始めた。超自我の起源に関する研究は，彼女の後の定式化を導き出すことになった。彼女は子どもとその養育者との早期の関係性を通して，自我と超自我の成長を調べ上げた（内的心的構造間の関係性に言及した内的対象のオリジナルな概念）。子どもに関わる初期の仕事で，彼女は対象の内的イメージが実際の両親の有り様よりもずっと凶暴で残酷であるという事実に衝撃を受けた。彼女はそうした内的像 internal figure が加虐的幻想によって歪められたのだと想定した。彼女は内的対象と内的世界という概念を発展させたが，それは外的世界のレプリカとはかけ離れたもので，人生の始まりから働いている取り入れと投影のメカニズムを通して構築されたものであった。その早期の取り入れと投影のプロセスの研究は，自我と超自我の発達段階の再定式化を導くことになった（たとえば，取り入れによる自我の強化と超自我への投影によるその弱体化）。

Klein (1932) は心的構造が，様々な内的対象から生じる，その無意識的幻想の中での性格は，乳幼児期からの子どもの発達に伴って変化すると考えた (Isaacs, 1943)。幻想 phantasy という言葉は，意識的な空想 fantasy の創造

物という認識から推測するものとは対照的に，Klein によって描かれた無意識的な心的過程という質的に異なる性質を強調するために，'f' ではなく，あえて 'ph' の方で綴られている。そのモデルは対人的（あるいは「関係的」Mitchell, 1988）なもので，自我と内的対象との発達を個人の関係性に関連づける（Klein, 1931）。それぞれの段階で，乳幼児の幻想は環境との相互作用という実際の体験によって修正され，そして各人は内的で基本的に防衛的な関係性のシステムを守るために，自らの実際の（外的な）対象世界を使い続ける（Klein, 1935; 1948a; 1948b）。Klein の発達への視点を理解する上で重要なことは，おそらく Freud の死の本能（Freud, 1920）に関する推量を無批判に受け入れたことで，Klein はそれを，出生以前ではないとしても出生時から存在する現実の心的現象として，また外的世界との関連で精神が引き受けるポジションの強力な決定要因として見ていたのである。

6.1.2 2つの基本的なポジション

クライン派のモデルでは，人間の精神 psycho には 2 つの基本的なポジションがある。妄想－分裂ポジションと抑うつポジションである（Klein, 1935; 1946; 1952; Klein, Heimann, Issacs and Riviere, 1946）。妄想－分裂ポジションでは，精神は全体対象ではなく部分対象に関わる。養育者などの重要な対象との関係は，迫害的な対象との関係と理想化された対象との関係に分裂しており，自我（自己）もまた同じように分裂している。抑うつポジションでは，対象との関係は，愛されも憎まれもする統合された親に対するものであり，自我もより統合されている。妄想－分裂ポジションでの超自我は，自己愛的な万能感をもって体験される過度に理想化された自我理想と，妄想状態での過度に迫害的な超自我とに分裂している。抑うつポジションでの超自我は，人間としての特徴を備えた，心を痛め，愛する対象なのである。

「ポジション position」という言葉は，個人が生涯を通じて立ち戻ると思われる，対象，外的なものと内的なもの，幻想や不安と防衛，という対象関係の特定の布置を意味する言葉として適切である。それらは発達の諸段階に生起してくるもので——妄想分裂ポジションは抑うつポジションに先行する——成熟とは抑うつポジションが優位に存在することを意味している。Klein は暗に，決して明白にではないが，Freud の発達段階の考え方（1905d）を無視し，口愛期的幻想と並行して肛門期的および男根期的幻想が起こると見ていたように思われる（Spillius, 1994）。Klein とその後継者たちは，発達が常に完結し，

各発達段階の間での揺れ動きは必ず消失するという考えをはっきりと否定している (Klein, 1928, p.214; 1945, p.387)。

　妄想－分裂ポジションとは，乳幼児の外的世界との最早期の関係性であり，それは生得の内的表象によって支配されている (Klein, 1932, p.195; 1959, p.248)。乳児が内的知覚と外的知覚を構成しようとする早期の努力は，分裂に支配されている。このようにして乳児は，あらゆる良さ，愛，快を理想化された対象に，そしてすべての痛み，苦悩，悪いことを迫害的な対象に帰属していくのである。そのモデルになっているのは，対象恒常性を持つ能力が欠落していて，乳房を表象する事ができないと想定される空腹な乳児である。乳児はその状態で，嚙み切る感覚（飢え）を体験し，それが幻想の中で，いわば内側から，悪い内的乳房に攻撃されているという思いに到達する。乳児は充足感の欠落を迫害として体験するのである。愛情や願望といったあらゆる良い感情は理想化されたよい対象へと集中し，乳児はそれを所有し自分の中に取りこみ（取り入れ），そして自分自身として体験したい（同一化したい）と望む。否定的な情動（憎しみ，嫌悪など）は，迫害的対象に投影されるので，乳児は悪いとか，混乱させられると感じるすべてのものを排除したいと願う。乳児の精神生活は，極端に不安定だと見なされている。つまり，良いものが立ちどころに悪いものになり，悪いものはますます悪くなり，良いものはさらに理想化されていく。外的対象とは，それぞれ少なくともひとつの良い表象と，ひとつの悪い表象をもつものであるが，（乳児にとっては）いずれも部分対象に過ぎず，全体対象ではない。

　抑うつポジションは，乳児が母親を全体対象として，つまり良い体験と悪い体験の両方を引き起こす人物であると理解する能力に特徴づけられており，Klein はこのポジションに到達することが子どもの発達にとって中核的な過程であると考えた (1935. p.310)。このモーメントに乳児は，親を愛したり憎んだりする自分自身の能力に気づくのである。このアンビバレンスの発見と，攻撃した対象を失うとか失うかもしれないという発見は，愛情対象への敵意をめぐる罪悪感の体験へと子どもを向かわせ始める。これがより早期の妄想－分裂ポジションでの「迫害不安 persecutory anxieties」と区別して，Klein が「抑うつ不安 depressive anxiety」と呼ぶものである。抑うつポジションをワークスルーすることは，償いの感情 reparative feelings をもたらす (Klein, 1929; 1932; 1935; Riviere, 1936)。その統合に伴う心的痛みは非常に大きいので，躁的償いや強迫的償い，また傷つきや軽蔑の全面的否認といった抑うつポ

ジションに特有の防衛を導き出す。Segal（1957）は象徴化と昇華の能力を抑うつ的償いと結びつけている。Bion（1957）は，抑うつポジションは決して永久的に達成することはできないと，最初に指摘した人である。実際，まさにその「ポジション」という言葉は，この心の状態がめったに永続しないことを示唆している。現在は，2つのポジション（Ps↔D）の間を心が揺れ動くものとして，つまり，Dの達成が不安を生みだすと，それはPs状態（分裂のような，より原始的防衛によって）でしか扱えないというサイクルがあるとして理解されている。クライン派の理論が成熟するにつれて，厳密に発達的な展望への関心は減少している。特にBionの影響で，どのような発達段階に到達している場合にも，原初的な心的メカニズムに関心が集まるようになっている。

抑うつポジションで投影が減少するに伴って，そして内的外的な現実性の感覚が優位性を得るに伴って，人は自分自身の衝動や幻想の質を理解し始める。Spillius（1993）は，親が考えたり感じたりしている（親が心の理論を持っている，またはメンタライズしている—Fonagy, Steele, Moran et al., 1991; Morton and Frith, 1995参照）と子どもが気づくことから抑うつポジションが始まるのであろうと示唆した。メンタライズは，自分自身や他者を知るようになるというBionの「K」の概念（1962a; 1962b）と，そうした過程を回避する「マイナスK」の概念に密接に結びついている。

現代クライン派の論者（たとえばQuinodiz, 1991; Steiner, 1992を参照）は，抑うつポジションの決定的局面として，子どもが分離を達成し，対象の独立性を認識することと考えている。このことは，クライン派の発達の定式化をマーラー派の分離-個体化モデルに近づける。対象が分離していることの強調はまた，抑うつポジションの概念をエディプス葛藤に関する古典的着想とも結びつける。ひとたび対象が心的に独立した単位として認識されると，対象は対象自身の欲求や願望，誠実さ，愛着をもつものとして見なされ，そこに，例えば父親とか新しい同胞といった「第三者」に対する感情への気遣いが生まれてくるのである（Britton, 1989; 1992; O'Shaughnessy, 1989）。

6.1.3　投影同一化の概念とその他の発達的概念

「投影同一化」の概念は，Kleinの発達モデルの中核である（Klein, 1946）。投影の古典的理論では，衝動や願望が自己でなく対象の一部とみなされ，また同一化では，対象に関して知覚された性質を，自分のものだとすることを意味するのに対して，投影同一化とは，「自我の諸断片」を外在化し，多くは対象

に対する極めて操作的な行動を通して、その外在化された望まざる所有物をコントロールしようとすることを含んでいる。投影同一化は結果的に、投影や同一化よりも相互作用的な概念である。そこには対象とのはるかに緊密な関係があり、対象は今や投影された自己の諸側面を「意味している stands for」(Greenberg & Mitchell, 1983, p.128)。人はある部分、外在化され他者の表象のなかに置かれた受け入れがたい衝動という側面に同一化していると見なされる。このことは内的対象関係にも当てはまるので、そこで超自我がコンテインするのは、投影されたエス衝動だけでなく、投影された自我それ自体の部分でもある（これが、早期の超自我が身体的なものとして体験されるであろうと予測される理由である (Riviere, 1936))。Herbert Rosenfeld (1952) は、3つの迫害する超自我を持つ急性期の統合失調症患者について記載した。3つの迫害する超自我とは、茶色い牛、黄色い牛、狼であるが、Rosenfeld はそれぞれを患者の口唇的、尿道的、肛門的な衝動とそれぞれを対応すると見なした。

　投影同一化の概念は、おそらく最初は Tausk (1919) が述べたものである。Melanie Klein (1957) は投影同一化を、無意識の乳幼児的幻想であり、それによって乳幼児が自らの迫害的体験を、自身の自己表象から切り離し（分裂させ）、他の対象の部分にすることと定義している。こうして自分のものでなくなった無意識の憤怒や恥の感情が、母親の中に存在すると、乳児は固く信じている。そこで乳児は、微妙ながら影響力のある仕方で行動することによって、批判や迫害といった反応が甦ってくることを確認することになるかもしれない。投影同一化は防衛のメカニズムに関する説明力よりもはるかに強い説明力をもっている。対象に対する魔術的な統制という幻想は、このようにして達成されるのかもしれない。投影同一化は、真に内的な過程ではない。それは対象を巻き込み、対象はそれを操作や誘惑や、その他無数の形での心的影響として体験する。Spillius (1992) は、投影同一化の受け手が投影者の幻想に沿った感情を抱くようにという圧力を被ってしまうような場合を指す用語として、「誘発的投影同一化 evocatory projective identification」を提案している。Bion (1962a;1962v;1963) の仕事は、正常な投影同一化と病理的な投影同一化との区別を示唆している。それによれば、前者は、自己のより病理的でない側面が外在化され、それが健常な共感や理解を支えると思われるのに対して、後者は共感や理解の欠如と結びついている。Bion の洞察が卓越しているところは、投影同一化が Klein の考えたような防衛とか幻想ではなく、むしろ対人的なプロセスであるとの認識にある。つまり自己は悲惨な感情を、他者の自己の中に

引き起こすことによって取り除くのである。他者は，自己が抱えきれない心理的体験を引き受けざるをえない。この現象は，投影同一化がいかに人との関わり合いに使えるかを説明している（Rosenfeld, 1987）。

　Bion（1959）は，乳児期が強烈な体験をすべて吸収できない乳幼児期には，投影同一化が必要となると指摘している。処理し切れない諸要素を受け入れて意味あるものに変換できる他の人の心（コンテイナー）に投影することによって，乳児の心はそれに打ち勝つことができる。したがって乳児を安心させる母親の能力とは，原初の不安に耐えうる対象として母親を内在化できるところまで，乳児の緊張を吸収するという，母親の能力の一機能である（Segal, 1981）。適切なコンテイナーが欠如すると，投影同一化は排泄という病源的な過程となる。そして子どもは，抵抗できない程の不安と共に置き去りにされ，現実を否認せざるを得ず，精神病的にさえなりうる（Bion, 1962b）。Bion（1962a; 1962b）は，母親が乳児を精神的に「コンテイン」し，乳児の扱いきれない感情を調整し，心的状態への芽生え始めた気づき（乳児の意図的構え，Dennett, 1983）に応えるような仕方で，情緒的にも身体的にも乳児に応答する必要があると強調した。母親はそうして乳児に彼の感情とその原因の両方を理解したことを「伝え返す reflect」のであろう。これは，母親が乳児の情動的な状態を伝え返すだけではなく，圧倒されることなくそれを扱う母親自身の能力をも伝え返すゆえに，「映し返し mirroring」を超えたものである（Meltzoff and Gopnik, 1993）。これが Bion のコンテインメント概念の中心的な局面だと，われわれは確信している（1962a; 1962b）。乳児の情緒的コミュニケーションは，「乳児が取り除いて欲しいと望む感情を母親の中に引き起こすように，適切に仕組まれているのである」（Bion, 1962a; 1962b）。能力ある母親は，こうした感情を体験し，乳児が耐え得る形に変形させ（Bion のベータ要素），耐えがたい情動の映し返しを情緒的信号（シグナル）と結びつけて，情動が統制下にあることを示す（Bion のアルファ機能）のである。すると乳児は投影されたものにうまく対処して再内在化することができるので，耐えられなかった元の体験に代えて，耐えられる情緒的体験の表象を創り出すのである。そうするうちに乳児は，変容の機能を内在化し，自らの否定的な情動状態を制御する能力をもつようになる。この過程は非言語的なので，乳児にとって母親の身体的応答能力 physical availability は必要不可欠なものである。これは乳児が母親の心に接近することを必要とする社会—生物学的基礎であるかもしれないし，また理解する能力がなく非人間的な世話をする大人に対して乳児が脆弱になる

ことの根底なのかもしれない。フロイト派の「補助自我 auxiliary ego」としての母親という説明もまた，こうした「コンテインメント containment」の過程を意味すると考えられる。

　Bion は，思考過程の発達をコンテインメントの質と関連づけた。思考 thought は Freud が示唆したように，対象の不在から欲求 need と行為 action との溝を埋めるために生じるのであるが，それは，欲求不満に対する十分な耐性がある時においてのみである（Bion, 1959）。欲求不満に耐える能力は，コンテイニングする対象の存在に依っている。Bion はこの過程を「体験から学ぶこと」と称している（Bion, 1962a）。もしコンテインメントがないとすると，乳児は思考そのものを悪い対象物として攻撃することになり，さらに思考相互間の連結をも攻撃して欲求不満を避けようとするので，そのために現実は破壊されるか，少なくとも否認されることになる。その結果は精神病をも来たすような断片化された思考過程となり，また欲求不満をコンテインするためのさらなる投影同一化や欲求や分裂の必要性が著しく増大する。さらにもし，投影同一化がまったく成功せず，対象が乳児の不安をコンテインできず，その体験が再取り入れされると，その体験は攻撃を始め，良い質のパーソナリティを餓死させてしまうのである。もし乳児が欲求不満に耐えられない場合には，乳児は体験から学ぶ代わりに万能感や全能感を使って，現実を避けようとするであろう。

　クライン派の理論家たちは，Freud（1920）の「攻撃欲動 aggressive drive」の仮説を広範囲に使用している。子どもとの仕事の中で Klein(1932)が印象づけられたのは，自分が分析している子どもたちに極端に無慈悲で可虐的な幻想があり，それらに対して子どもたちが極度の罪悪感や不安を感じているということであった（Spillius,1994）。Klein は，乳児の自己は生まれた時から攻撃的欲動によって内側から破壊される脅威に絶えずさらされていると想定した。彼女は Freud（1920）にならい，これをあらゆる興奮を免れて，涅槃という究極の状態に至ろうとする有機体の願望の帰結と見なした。リビドーが生きる力のエネルギーであるならば，「デストルドー destrudo」は死の本能のエネルギーである。Klein（1948b, p.29）は，乳児が出生時から無意識的な死の恐怖を感じると信じた。これが一次的不安 primary anxiety である。母親の乳房や体や親の性交は，子どもの破壊的衝動の幻想のなかで，投影の主たる標的である。欲求不満に由来する幻想と，良いものの源を所有したい願望に結びついて生じる，母親の体に攻撃を加えるのではないかという不安は，それが危険で迫害的

だと感じることを意味している。Klein (1946, pp.4-5; 1958) は死の本能を，悪い対象に部分的にのみ投影されると見なしている。そしてそのある部分は，生涯を通して，内部から脅かす破滅として残り，感じられ続けるのである。

　Klein (1957) は，早期の原始的**羨望** envy を，生得的攻撃性の特に悪性の形態だと示唆している。なぜなら，ほかの形態の攻撃性がすでに迫害的とみなされている**悪い**対象に対して向けられているのとは違って，羨望は**良い**対象に向けられる憎悪であり，良い対象に与えたダメージに対する抑うつ不安の未成熟な表出を引き起こすからである。子どもは母性的養育に不可避的な限界に憤慨し，その養育を母親が統制していることに耐えられず，ただ欲求不満を経験するよりはそれを破壊してしまう方を好むのであろう。これが，「良い」と「悪い」の初期の識別を阻むのかもしれない。羨望は，依存的なリビドー自己を攻撃して対象群の結びつきを破壊しようとする努力で守られるのである。その結果，原始的超自我と，万能で破壊的で自己満足的な尊大な自己の理想化が生じる。過剰な羨望があると，妄想 – 分裂ポジションのワークスルーの妨害となり，またさまざまな形態による混乱状態の，発達上の前兆と見なされている (J. Rosenfeld, 1950)。Herbert Rosenfeld (1978) によると，母親が乳児の投影をコンテインすることに失敗することは，常により強い攻撃性と羨望を導き出し，それは健常な分裂過程を混乱させ，愛と憎しみがもはや識別できなくなるほどの混乱状態を引き起こすのである。

6.1.4　Klein モデルにおける体験の位置づけ

　Klein のモデルでは，親は子どもの生得的傾向から生じる不安を修正できる是正力もしくは軽減力をもつ (Klein, 1932; 1935; 1960)。好ましい環境にあっては，良い体験は悪い体験より優位であり，良い対象という着想がしっかりと確立され，それが愛する能力への子どもの信念となる。最早期の対象が生得的なものであり，それは実際の体験とは関係ないという Klein の前提は，この見解と矛盾するように思えるかもしれない(Klein, 1952, p.58; Klein, p.248 の例を見よ。さらに Sutherland, 1980 の批判的説明も見よ)。しかしながら，ポストクライン派の精神分析家たちは，Klein の着想と環境に関する説明をうまく統合している (Bion, 1962a; Rosenfeld, 1965; Meltzer, 1974; Segal, 1981 を見よ)。Balint (1968) は，本質的に二者関係ではなく，一者内部で起きていることにもっぱら焦点をあてているとして，クライン派の精神分析家たちを批判した。Bion (1970) は，集団心理学への関心を通して，この問題と取

り組むことができた。

　子どもが抑うつポジションにいる間の対象の実際の状態は，きわめて重要だと考えられる。もし，母親が傷ついているように見えると，子どもの抑うつ不安や罪悪感や絶望感は増大する。もし，母親が元気そうに見え，子どもの攻撃的な感情に共感できれば，子どもの恐怖感は減少していく。子どもは（内在化された）よい対象の表象に同一化して自我を強化し，成長を促進させる。そのより強くなった自我は破壊的な着想をコンテインすることができるので，子どもは憎悪感を投影する衝動性を弱め，悪い対象の力が減少していく。そうして次第に統合が起こり，子どもは抑うつポジションに近づいていく。

　抑うつポジションの痛みや不安に対処し，自らを破壊的で羨望的であるとみなすことのできる子どもの能力は，体質的な要因ばかりでなく，外的な要因にも依存していると思われる。対象が適切なコンテインメントを提供できないと，自我は弱いままに留まる。そこから，真の償いの代わりに，幻想化された，あるいは躁的な償いが生じたり，妄想 – 分裂的な防衛への退行が優勢になったりする。悪い自己と対象が，理想の自己と対象より強いものとして感じられると，子どもが所有している僅かな良いものまでをも破壊してしまうと感じられるので，統合へ向けた可能性は大きな抑うつ不安を引き起こしてしまうのである。もし断片化（または分裂）が優勢になると，統合は不可能となり，パーソナリティは凝集した奇怪な対象 bizarre objects によって支配されるようになる。

　クライン派は，治療ではもっぱら解釈を用いることを好むが，基本的に用いるのは患者の現在の不安を的にした転移解釈である。彼らは非常に重篤な障害をも分析的に取り扱い，妄想 – 分裂ポジションから生じる陰性転移の早期の解釈に力点をおいている。クライン派は逆転移の取り入れと投影の側面を理解し，用いることについて，多大な貢献をしている(Racker, 1968; Ogden, 1986; Spillius, 1988a; 1988c)。Bion(1962a; 1962b)はこの点に関してパイオニアであった。Bion によると転移と逆転移は，耐えがたい心の痛みを投影同一化によって移し変える関りであって，その心の痛みは元来乳児から母親へ移し変えられ，次に患者から分析家へ移し変えられている。

6.1.5　ロンドンのクライン派

　Klein の理論は，Freud の理論同様に，高い評価を得ると同時に様々なインスピレーションの源にもなっている。Klein, Heimann, Issacs, Rosenfeld,

Segal そして特に Bion に始まる思考の系列は，現在に至るまで，ロンドンで研究をしている一連の人々からの活動的かつ創造的な論理的貢献を得ながら，今日まで続いており，Roy Shafer はこれを『ロンドン現代クライン派の展開』と巧みに名づけた (Schafer, 1994b)。この非常に創造的なグループには，Betty Joseph, Irma Brenman Pick, Ron Britton, Michael Feldman, Ruth Malcolm, Edna O'Shaughnessy, Priscilla Roth, Elizabeth Spillius, John Steiner がいる。このグループが為しとげた業績を適切に略述するには本書のスペースは不足である。幸いにも Bronstein (2001) によって編纂された最近の著作が，この人々の仕事について，優れた分かりやすい実例を提供している。さらに，Spillius が編集した著作『メラニークライン　トゥデイ』2巻 (Spillius, 1988) には，より包括的な提示がなされている。

　現代クライン派の理論を1つに体系化した決定的なテキストがないところから，本書では以下のように，いくつかの種仮説を共有することにする。妄想－分裂ポジションと抑うつポジションという伝統的なクライン派の区別を支持するけれども，もはやこれは発育段階としてではなく，一方では狂気の原型として，他方では対象関係性として考えられている。外的な世界はパーソナリティに影響を及ぼすと認識されるが，臨床場面での外的な体験に関する患者の説明は，無意識的な幻想を示すものとして注意深く精査される。そうした説明は，内的世界から生じるドラマを演じるという視点からとらえられる。患者は迫害的な妄想－分裂ポジションでの壊滅的不安と，抑うつポジションでの手厳しい罪悪感という精神状態の間を揺れ動いていると見なされる。前者では，人の破壊性，羨望，誇大性が焦点であるが，後者では不安は，愛を失うこと，理解することへの失敗，自分自身の破壊性の強さ，その結果生じる罪悪感をかわすことに関連している。早期の発達史を再構築することへの古典的な関心は破棄される。コミュニケーションの手段として投影同一化が特に強調される。被分析者は他者をコントロールするためにか，またはおそらく他者を守るために自己の一面を他者に割り当てるが，いずれの場合にも，自己の煩わしい部分から解放されるためである。

　分析の中心は分析家との関係の全体性である (Joseph, 1985)。患者が分析家に語ることのすべては，その瞬間に無意識に体験される関係性のあり方を意味するものとアプリオリに仮定される。この臨床的アプローチは，その理論的根拠を皮相に理解しているとして，時に嘲笑されることがある。患者の外的な出来事の説明は，たとえ重大なことであっても，常に分析的な関係性の体験と

しての意味を持っていると見なされ，無意識の幻想に色づけられ，ちょうどレントゲンスキャナーが内部臓器の機能を透視するように顕わになるものと見なされる。これは，こうした幻想の解明を治療上の成功への鍵として見なさず，その戦略を意味づける仮説としか受け入れない批判者たちへの答えにはなっていない。

その時点での患者の心的状態に絶えず焦点をあて続けることは，比較的重篤な精神病理を持つ患者によって時に迫害的なものとして体験されるかもしれない。最近のクライン派の著作では，この排他的な焦点づけは幾分緩和されてきている。臨床行為のこの面に関する重要な論文（O'Shaughnessy, 1992）は，この排他的な焦点づけがそれ自体防衛的になりうると示唆している。このグループのメンバーである John Steiner(1994) は，患者の心的状態と患者が推測する分析家の心的状態との間に焦点を移して，「おそらくあなたには私がこう感じていると思えるのでしょうが……」といったコメントをするようにと示唆している。

6.2 クライン派の精神病理モデル

6.2.1 病理の一般的モデル

心理的疾患は，妄想-分裂ポジションが優位であることを示し，健康とは，抑うつ的枠組みが安定し，発達と成熟を促進していることを意味している。「迫害不安 persecutory anxiety」は「悪い対象」が自我を脅かすと感じられるときに生じる。過剰な不安は断片化を招き，破滅と解体という典型的なシゾイドの恐怖を起こさせる。この着想は，Klein の初期の仕事に暗に示されてはいたが（e.g. Klein,1932,p.215），それをあえて適用したことには，Fairbairn が 1940 年代初めの自我の分裂に関する研究（Fairbairn, 1944）の影響が反映されている。原始的不安のもう一つの特徴は，病理的な投影同一化であって（Bion, 1957），そこでは，自我の部分が断片化され，対象表象に投影される。すると次には対象が断片化されるようになる。これは，Bion が「奇怪な対象 bizarre objects」と呼ぶような，脅かすものの認知を生じさせ，そしてそれらは，自己の投影された諸断片をコンテインして，敵意と不安に色づけされる。Segal (1985) は，ある精神病患者の例を示したが，その患者は精神病エピソードの発現を，心を破壊してしまう何百万という小さなコンピュータに心が侵入されると体験した。その体験は，患者の働きですべての英国の大学にコンピュー

タを供給し，彼が英国大学生活全体を支配することができるようになるという，現実にゆるく根ざした万能的幻想と結びついていた。そのコンピュータは，世界を侵略する患者自身のパーソナリティの諸断片（対象の幼児的イメージ）を表象し，それらは，砕片化して世界を支配し，次に小さな奇怪な着想という形で再び彼の中に侵入するのである。

Bion（1962a; 1962b; 1967b）は妄想 - 分裂ポジションの病理を導きだすプロセスの概要を述べている。そこで彼は2つの要因を挙げている。(1)「もの想い reverie」への母親の能力不足（母親の原初的没頭は Winnicott, 1962b に関する Bion（1962a）を見よ）(2) 乳児側の圧倒的な羨望，である。後者は前者よりもクライン派の理論としてより練り上げられている。神経症的状態では，妄想 - 分裂ポジションから抑うつポジションへの移行は不完全で部分的であり，超自我は妄想と抑うつの両方の特徴をコンテインし，2つのポジションの不快な結合としての迫害的罪悪感を生み出すのである。最も一般的な不安とは，罪悪感への怖れと愛する対象の喪失への怖れである。もし抑うつポジションに到達しなければ，断片化，絶滅，迫害への不安になり，その人の現実検討能力は投影によってひどく歪められるであろう。この図式は，境界性や自己愛性といった，より重篤なパーソナリティ障害者によりよく当てはまる。

6.2.2　神経症のモデル

Klein は，直接的原因から来るもの（子どもの精神病）であれ，防衛を通してであれ，心的疾患の根源は，乳幼児の加虐的幻想によって引き起こされる極度の不安であると考えた。Klein（1932, pp.149-75）は，強迫神経症を，リビドー発達の肛門期への退行とみなすのではなく，早期の精神病的不安に対する防衛として考える新しい着想を展開させた。妄想ポジションにおける最も一般的な防衛は，投影，取り入れ，投影同一化，分裂，万能感，否認である（Klein, 1946）。そうした防衛は，破滅の不安またはその投影された形態である迫害不安から守るために張りめぐらされる。精神病的状態では，投影 - 取り入れのサイクルが失敗し，投影同一化された対象が自我に侵入し，身体か心，または両方が外からコントロールされているという妄想を創り出す。パーソナリティ障害には，これより強力なよい対象への感覚があるが，この構造のもろさが，自我と超自我を妄想 - 分裂防衛の周辺に編成されるように導くのである。これが，Klein がたとえば投影同一化を，境界的条件の中心として考えた理由である。

神経症の患者は，妄想ポジションの防衛の周辺にパーソナリティが編成されていないとしても，まだ妄想ポジションの防衛を利用している。Klein の見方によれば，神経症は妄想および抑うつポジションの精神病的不安に根ざしている。よい対象は，羨望や憎しみに対する平衡錘として働いている。ところが，神経症的問題は主として未解決の抑うつ不安の結果として見られている。たとえば，もし償いの努力が失敗したと感じられると，償いたいという欲求が完全癖として存続するかもしれない。ここから生じる行動の制止は，愛する対象が償えないほど傷ついてはいないことを確かめたい要求から生じる，不完全さへの怖れと見ることができる。同様に強迫性は，不完全さの可能性を強烈に指摘してくる罪悪感を解放するために，完全な対象のエビデンスを必要とする結果であるかもしれない。なぜなら強迫的償いは成功しないからである。抑うつが生じるのは，喪失体験が良い対象に与えた傷つきについて思い起こさせるからである。もし乳幼児期の抑うつポジションがうまく解決されないと，成人期での喪失体験は愛する対象を再び破壊したという感覚を起こさせるであろう。そしてその人は懲罰や迫害ばかりでなく報復をも恐れるであろう。こうして悲哀がうつ病 melancholia になるのである（Klein, 1940）。愛する対象を傷つける恐怖から逃れられず，そのためあらゆる攻撃性を抑圧しなければならず，そこから残虐な自己‒迫害を生み出すと，慢性的な抑うつが起きる。その自我への攻撃性の方向転換は，償いとしての妥協の試みであり，つまり良い対象を守ろうとする試みである。同様に，広場恐怖症の事例にしばしばみられるような強い分離不安は（Klein, 1937），愛する対象の破壊が起っていないことを常に確認しようとするときに生じる。そのため分離および喪失に伴う困難は，Klein によれば対象に対する攻撃性に起源があり，迫害的不安にも抑うつ的不安にも結びつくと考えられる。Klein は一般に，エディプスコンプレックスを発症機序の中心的構成概念にするのではなく，人が抑うつポジションの不安をどの程度克服したかを，その人の情動発達の最も決定的な特徴として考えている。

6.2.3 Rosenfeld の自己愛の発達モデル

Rosenfeld（Rosenfeld, 1964; 1971a; 1971b; 1971c）は，自己愛的状態を，万能的な対象関係と，対象が分離した統合体であることを否認する防衛に特徴づけられる状態と考えた。自己愛的性格構造とは，羨望と依存に対する防衛である（Rosenfeld, 1987）。彼は自己愛者の他者との関係の破壊性，情け容赦のない他者利用と他者を求めていることの否認を強調している。対象を認めると

いうことは，対象が「よいもの」をコントロールしており，彼はその対象から離れられないほどに脆弱であることを意味するのであろう。投影と投影同一化に非常に頼っていて，自己と対象との区別があいまいになってしまう程である。境界例者の生活はこの困難さに支配されているが，自己愛的病理をもつ人は，自己と他者が分離しているという錯覚を創り出すために分裂を使う。対象が分離しているという感覚からは羨望が生じるので，それに対する防衛として，自己愛者は融合（fusion）を用いる。

　自己愛者は取り入れ同一化によって，対象の良い部分への所有権を主張し，それを幻想の中で自分のものにする。投影同一化過程の助けを借りて，自らの不適切と認めたものを他者の中に位置づけ，そうしてその他者を侮辱し価値下げする。その誇大性や侮辱や深部からの依存性は，Melanie Klein が躁的防衛（Klein, 1940）という概念について説明した着想のとおりである。自己愛者の依存性は，自分が苦痛に対して耐えがたいほど脆弱であると感じさせることとなり，そこから，依存できる良い資質をもった人が自分自身の無力感や守りの姿勢をあざけ笑っているように思えてしまい，他者の良い資質に対していわれなき攻撃を向けるという不当な自己防衛をすることになる。自己の羨望に対処するために，自己愛者は自らの対象群を価値下げする。こうした中傷をすることによって自己愛者は，他者が「良い乳房 good breast」の所有者として彼の自己‐理想化という妄想状態をおびやかすような良さ goodness をもっていると認めるのを避けることができる。投影同一化の失敗は，超自我発達の阻害を導く。原始的超自我は自己の依存的な部分を攻撃するが，それは他者に投影され，他者が批判的で攻撃的だという迫害的な不安をもたらすことになる。

　つまり，自己愛には破壊的な自己愛と，リビドー的な自己愛という2つの形態がある（Rosenfeld, 1971a）。リビドー的（薄皮の）自己愛は，万能的取り入れとよい対象の投影同一化の両方または一方による自己の理想化である。破壊的（厚皮の）自己愛は，依存に耐えられない，そして真の愛情の気配さえも軽蔑する自己の万能的な破壊的部分の理想化である。したがって薄皮の自己愛者は補償を求め，非常に依存的であるのに対して，厚皮の自己愛者は敵対的で，尊大で，孤立主義的なポーズをとる。Segal (1983) は Rosenfeld がリビドー的自己愛を前提とすることに反論した。彼女によれば自己愛はすべて，過度な攻撃性に根ざしている。しかしながら彼女は，羨望を避けるための敵意に満ちた，優越的な防衛構造が自己愛者の中心的課題であるとする点で Rosenfeld の意見に賛同している。

もし自己の破壊的（非リビドー的で，攻撃的，羨望的な）部分が理想化されると，その自己愛者は幼児的万能感の状態を維持するために，さし出された愛や良いものを破壊したいという誘惑を感じるであろう。万能の破壊的自己に同一化するために，彼は心の中の健全で愛情的な部分を激しく攻撃し，そして時々，まったく不毛で空虚だと感じるであろう。

6.2.4 境界状態のモデル

Melanie Klein は，統合失調症の固着点が乳児期最早期にあると考えた。Hanna Segal (1964) は，精神病者は乳児期最早期に，つまり発達上病の特徴をもつ段階に退行すると考えた。彼女は次のように付け加えている：

> 統合失調症とシゾイドの患者の病歴に関する研究をとおして，また，出生時からの乳児の観察によって，われわれは次第に，早期乳児期にシゾイドの諸特徴を診断したり，将来の困難について予測したりすることが可能になってきている (p.55)

Segal が何を「弁別的特徴 markers」と考えたかは明らかでないが，現代の統合失調症の神経発達学的モデルでは，神経行動的機能障害が本格的な精神病に先行して出現する事実が，しだいに受け入れられるようになってきている。それは運動機能の欠陥，特に微細運動の欠陥（Hans, et al., 1999），歩行，発話の遅れ（Jones et al., 1994）にみられると考えられている。社会的行動の欠陥の観察についてはより議論のあるところではあるが，それにもかかわらず，社会的引きこもり，不安，奇妙な行動と社会的関係性の乏しさは，後に統合失調症様の疾患を発展させる子どもたちによく見られる特徴である（Jones et al., 1994; Tyrka et al., 1995; Malmberg et al., 1998; Davidson et al., 1999）。

Klein（1948a; 1948b）の着想は境界性パーソナリティの病態を理解するうえできわめて重要であった。妄想-分裂状態は，境界性パーソナリテイ機能にとっての鋳型である。(1) 対象関係ではスプリッティングが抑圧より優勢であり，そこで他者は理想化されるかもしくは侮辱される。他者に対する現実的な認識はなく，内的世界は対象の諸部分（あるいは擬画）で占められている。(2) 抑うつポジションが避けられ，すべての悪いものは対象の中に押し込められるので，純粋な悲しみや悲哀や罪悪感が感じられない。(3) 投影同一化が支配的であり，コミュニケーションは相互的にはなりえず，他者は操作され，境界性パーソナリティの受け入れがたい諸側面を押しつけられる。

Melanie Klein の英国の後継者たちは（Klein, 1950; Bion, 1957; Segal, 1964)，病理は必然的に内的破壊性から派生すると強調し続けているが，この着想はいまや著しく拡張されている。より最近のクライン派は（Spillius, 1988a, 1988b を見よ)，境界性病理と結びつく多くの状態に共通すると思われる防衛の配置について考えている。組織化（organization）という用語（防衛的組織——O'Shaughnessy, 1981; 自己愛的組織——Rosenfeld, 1987; and Sohn, 1985; 病理的組織化——Steiner, 1987; 1992）は，衝動，不安，防衛の比較的安定した構成を表しており，それは人がある種の貴重な内的状態を創り出すことを可能にする。それによって人はより早期の発達段階の混乱からは守られるけれども，同時により発達した心的機能状態は奪われ，そこから耐えがたい抑うつ不安に至る。

Spillius (1994) はこの着想に2つの構成要素を同定している。(1) 悪い自己が，パーソナリティの他の要素よりも優越すること。それは攻撃性だけではなく，被虐的，倒錯的，嗜癖的な要素も含んでいること。(2) 防衛と衝動の構造化されたパターンが，妄想-分裂ポジションと抑うつポジションの間のどこかに根ざしていること。心的防衛は，非常に硬いけれども不安定なシステムの中で協働している。このシステムが人を「精神病的」混乱から守るが，同時に変化や治療的改善を困難にし，完全な治癒を稀なものにする。その防衛は一時的には変動するが，改善は真のものというより見かけ上のものになりがちである。それはあたかも，精神構造そのものが破壊衝動を身につけるようになるかのようで，それがまず第1に求められているかのようである。Bion (1962a) はこれについて，ある説明を試みている。彼が示唆するところでは，羨望と憎しみに満ちていると感じられる対象に自我が同一化すると，対人関係という認知的，情動的側面の理解を必要とする心的過程が早期に働かなくなる。したがって，精神内界の葛藤への病理的解決として，疑似欠損 quasi-deficit の状態が生じるのである。これは多大な説明可能性を持つ強力なモデルであり，クライン派以外の精神分析学派の学者たちにも広く使用されてきている（例えば，Bollas, 1987; Fonagy, 1991)。

分裂は境界例患者が，自己と対象について両価的でバランスのとれた見方をすることの困難さの原因であり，結果でもあり，それはクライン派の理論では，患者に圧倒的な破壊力が潜在することを認識せよと要求するのである。Searles (1986) はさらに，分裂が対象の記憶形成を妨げてしまうと，その対象は葬られねばならなくなる，と強調する。分裂はまた，対象の中へ取り込まれ

るという閉所恐怖，つまり，自我境界の脆弱性のゆえに発展する不安への反応の一部かもしれない。こうした論者たちは境界例患者に特有のサデイズムとマゾヒズムを，自己の分裂した側面の反映と見なしている。境界例患者たちは一人以上の対象を操作することによって，共に働く人々を対立させ，彼らの結びつきを常に攻撃することで，良い対象と悪い対象を統合できない無力感を外在化しているのかもしれない（Main, 1957）。

Rosenfeld（1978）は羨望と功撃性を強めることが，健常な分裂を崩壊させるのだと示唆した。激しい情動が喚起された時，対象と自我は防衛的に分裂し，断片化され，激しい情動を吹き込まれ混乱した関係性の表象をもたらす。投影と投影同一化にあまりに頼っているので，自己と対象の区別は曖昧なものとなる。自己の望ましくない部分を不安に駆られて再取り入れしたものが，原初的超自我構造の中核である。これが治療の中で投影されると，患者は治療者が過度に批判的で敵対的だと体験し，それが反撃を誘発する。患者と分析家のアイデンティティをとり違えることが常にあって，その中で分析家は患者の投影に同化するために，常に自分の主観的体験を探索し，こうしたとり違えが受け入れられ，吸収され，言語化され再取り込みされるようにしている。

John Steiner は，非常に特殊なタイプの防衛的組織化について記述しているが，彼はそれを，重篤な神経症や境界例の患者たちの特徴であり，それが彼らの治療上の扱いにくさやコンタクトすることの難しさを説明するかもしれないと考えている（Steiner, 1993）。彼は患者が分析家とも現実とも接触を避けて閉じこもるための複雑な心的構造を描き出すのに，「心的退避 psychic retreat」という隠喩を用いている。彼はこうした組織化を，対象関係の緊密に編みこまれたパターンと結びついた，ある特殊な防衛群として考えている。「退避」とは，抑うつポジションからも妄想ポジションからも退避するのであって，そこで患者は自身を「病理的組織化の保護の下にある」と体験する（p.11）。この場所から出ると，患者は妄想－分裂不安あるいは抑うつ不安のどちらかに直面するので，このシステムは一見強力で安定しているように見える。そこには嗜癖様の倒錯した充足感が見られることがありうるが，それにもかかわらず，患者はこの組織化の構成要素である関係性パターンについて詳しく苦情を言うために，分析に通ってくるのかもしれない。

6.3 クライン派の定式化に合致するエビデンス

Klein の着想に合致するエビデンスはあるのだろうか？ 彼女の提案は, とかく推論的で, ありそうにもなく,「成人に擬した adultomorphic」ものだと見られがちであった。どうして赤ちゃんが攻撃的な幻想を抱いたり, 報復を恐れたり, 嫉妬したりできるのだろうか？ Klein の著作の時代には, こうした疑問に応える研究がほとんどなかったが, 乳幼児研究が 30 年続けられたいま, 早期幼児期に関する Klein の「突飛なとも思える」推論も, より想定可能になっている。

Klein は, あらゆる乳幼児の体験は擬人化され, そして良い対象または悪い対象としての情緒状態を基に分類され, したがってすべての内的欠乏（苦痛や飢え）を「常に外的欲求不満」として感じられると想定している（Klein, 1936, p.46）。乳児が早期に情動に基づいてカテゴライズすることは,「家族的類似 family resemblance」に基づく現代の意味論モデルと一致しており（Rosch, 1978）, そしてそれは乳児が生後 1 年間は通常のカテゴリーを使えないことにも見られている（Younger and Cohen, 1986）。皮質下または大脳右半球の神経表象に伴う直観的で情緒中心の原初的組織化については, ここ数年多くの議論がなされてきている（Le Doux, Romanski and Xagoraris, 1989; Le Dous, 1994; Schore, 1997b）。Gergely (1991) は, 乳児がその時の情動状態を肯定的カテゴリーと否定的カテゴリーに組織し, それによって母親の多面的な表象を形作り, そこから始めるのであろうと示唆している（Stern, 1994 も見よ）。

クライン派の定式化への初期の批判は, 信じがたい程早期に高秩序の認知や知覚能力があるという仮説に焦点化していた（King and Steiner, 1991 の英国精神分析協会にて 1941 年から 1945 年の間に行われた「論争に次ぐ論争」の説明に詳しい）。こうした批判はすべて, 乳児が何を考えることができるかについての「ありふれた考え common sense」でクライン派の主張に対峙したのであった。つまりクライン派の理論は実証的研究ではなく「通俗の心理学」あるいは観察から試されたのである（例えば Glover, 1945; Bibring, 1947; Joffe, 1969; Kernberg, 1969; Yorke, 1971 を見よ）。例えば, 妄想－分裂ポジションでの投影は, 自己と他者の分化した感覚を想定しており, そのことなしには悪い感情の源を自己から他の対象に置き換えることは不可能であろう。

これはまた，乳児は自身の感情を他者の態度に帰して，つまり原因を他者に帰属させて，それを責めることができることを意味している。

　乳幼児の驚くほど抽象的で複雑な認知能力に関する詳細な資料が，このところ利用可能になってきている（Stone, Smith and Murphy, 1973; Watson, 1984; Stern, 1985; Meltzoff, 1990）。特に，乳児は自己と他者を明確に区別している（Watson, 1991）。例えば，5カ月の乳児は動いている自分の足のビデオの映像と他の乳児の足の映像を区別できる。しかしながら，比較的複雑な課題（例えば顔つきの模倣，Meltzoff and Moore, 1992 を見よ）が出生時から見られることについて因果論的に推論する Klein とその後継者たちの強い主張は，当然ながら立証されない。ところが，乳幼児の因果関係の知覚（Bower, 1989）と因果論的推論に関する研究（Golinkoff et al., 1984）は，少なくとも知覚体験において身体的因果構造を組み込むような内的素因があることを示唆している。したがって，乳幼児が母親を欲求不満の感情の原因としてとらえているとする Klein は，十分に正しいかもしれない。ただ，乳幼児は心理的実在として対象にかかわっているという彼女の言外の主張を支持するエビデンスはない。Melanie Klein は常に，心の存在に気づいているという属性を乳幼児に与えていたが，われわれは今，子どもは少なくとも2歳になるまではそれを持ち得ないと知っている（Baron-Cohen, Tager Flusberg and Cohen, 2000）。Fonagy, Moran, Target（1993）は，乳幼児の傷つきやすさが，他者を身体的な存在ではなく，心理的な存在として考えることができないことから生じていると示唆しており，またクライン派の重篤な人格障害患者の機能が「具象的」「非象徴的」だという記述は，自己や他者の心的状態の理解が不適切であることを反映するものとして見たほうが，よりよく理解されるのかもしれない（だが対立する生得論者の意見については Frith and Frith, 1999 または Leslie, 1994 を見よ）。

　クライン派とポスト・クライン派の乳房，ペニスなどの「乳幼児の部分対象」表象についての仮説は，乳児表象の抽象的，非定形的特徴について実験的研究によって明らかにされたこととは一致していないように思える（Rochat, 1995 を見よ）。例えば，Meltzoff と Borton（1979）の初期の研究では，生後3週目の乳児に違う形のおしゃぶりを見せたが，そのうちのひとつには触覚様式で慣れ親しんでいたが，そのどちらも，これまでに見たことがなかった。乳児は，すでに触れたことのある方のおしゃぶりを見つめる傾向を示したが，これは形態の交差様式移行 cross modal transfer を示すものである。もし乳幼児

が原光景を目撃したとしても，性交場面という現実的な画像を持つかどうかを論じることは難しい。にもかかわらず，人間の心に関する最新の調査研究に基づくモデルではすでに「埋め込まれ wired in」，進化によって選択された生得的着想の重要性を徐々に認める方向になっており，その文脈でみると (Buss, 1995)，Melanie Klein の着想のいくつかはもはや最初ほど突飛なものとは思えなくなったと言わざるを得ない。このいずれも彼女の着想の証明にはならないが，発達科学が進歩発展していく方向性を見れば，こうした着想を信じがたいとして捨て去ることはできない。

6.4 批判と評価

Klein の考えは多くの議論と悪感情を呼び起こしてきた。成人の心理的能力を乳幼児に帰属させるという考えに関してはすでに考察してきたが，Klein がなぜ病理の起源をそれほどまで早期の段階に定めるかについては，やはり疑問である (Bibring, 1947)。その答えはおそらく，乳幼児期の心的状態を観察するのは極めて困難だということであろう。つまり，乳幼児期に決定的な病因的過程を置く仮説は，非常に反証しにくいものである。精神分析的乳幼児観察 (Bick, 1964) もまた，さまざまに異なった解釈を可能にする。しかしながら，成人の重大な精神障害の多くは，実際に乳児期に前兆があるというエビデンスが蓄積されてきている (例 Marenco and Weinberger, 2000)。さらに，早期の脳発達が，次第に心理的障害の進展にとっての中心軸ととらえられるようになっている (Schore, 1997a)。「精神病様」不安 (Klein, 1946) といった乳幼児期の病理的精神状態を主張できるようなエビデンスがあるかどうかは，さらに疑問である。乳幼児期の情動の激しさが全体として組織化されていないのは，乳児には自己調整能力がほとんど備わっていないからである。精神病の成人もまた自己の情動の調整に失敗する。このことが乳児と成人の関連を証明しはしない。精神病の情緒調整不全の内容は，乳幼児期の状態とは全く似ていない。精神病者の情緒調整不全の内容は，幼児期と成人時代の生活を通じて獲得された無数の表象を含んでいる。乳児の調整不全はおそらくはるかに特異性の低い内容であり，したがって何らか特定の情動として同定できず，むしろ母親の映し返し反応によって徐々に形成されてくる普通の覚醒状態なのである (Gergely and Watson, 1996)。

　クライン派の著者たちが提案する乳幼児期と精神病状態との直接的なアナ

ロジーには相当な難しさがある。重要なこととして，ほとんどの精神科医は精神病的という用語のクライン派の用法は正規の精神医学の記述とはまったく一致しないとすぐさま指摘するであろう。彼らが記述する事例は，実際，全く精神病的なものではなく，シゾイドその他のパーソナリティ障害からも程遠い（Willick, 2001）。古典的クライン派の著述家たちの中では，Herbert Rosenfeld のみが，疑いなく精神病の患者の治療について報告している。「投影同一化」の概念は広範囲にわたって批判されてきてはいるが（Meissner, 1980 などを見よ），対人的臨床的現象に適合するゆえに使用され続けている（Sandler, 1987c を見よ）。北米で境界例の治療を行っている Searles (1986)，Giovacchini (1987) その他の分析家たちは，より広い無意識的コミュニケーションの意味でこの構成概念を使っている。その使い方は親しくなった人たちを「悩ませる get under the skin」こうした患者のまぎれもない能力を伝えているゆえに興味を引くのである。こうした現象を記述するには，投影同一化のような心理学的には大げさな概念が不可欠なのか，あるいは Sandler (1976b) の役割応答性，もしくは King (1978) の裏の転移 reverse transference といった，もう少しつつましい概念で十分なのか，議論すべきところである。投影同一化は人気を得て，しだいに学派を超えて用いられている概念であることは否定できない。「死の本能」の概念もまた現代の精神分析理論の中で論争されているが，多くはそれを，問題があり不必要とみなしている（全般的な議論については，たとえば，Parens, 1979 を見よ）。羨望は生物学的な素因に根ざすものではなく，欲求不満や一貫性を欠いた育児や，乳児が時間や空間を想定しがたいことによって引き起こされるのかもしれない（Greenberg and Mitchell, 1983, p.129 を見よ）。だが，たとえば援助しようとするすべての試みに憤慨し挑戦するような患者に共通する体験をみると，この概念の臨床的価値は否定しがたい。

　その他の批判として，Klein の記述（Fairbairn, 1952；より厳密な定式化に対する Kernberg, 1980a を見よ。Kernberg, 1980b; Modell, 1968）の「あいまいさ fuzziness」（Greenberg and Mitchell, 1983, pp.148-9）への指摘がある。心的構造の基礎単位として「幻想 phantasy」を強調することは，心的構造化を気づきに到達できないものとして見るのではなく，体験可能な領域に移行させていることを意味している（Sandler and Joffe, 1969 を見よ）。これには臨床経験に接近し，あまりに具象化された擬似-科学的用語による理論を払拭するという利点がある。しかし，それは心的機能を支えているメカニズムについ

ての本質的疑問や発見を回避するものである。

「抑うつポジション」に到達するという考え方は，ある種のクライン派用語のあいまいさを例示している。この変化は（確かな発達段階として見なせるか否かは別としても）明らかに，部分から全体へと対象の知覚が質的に移行することを意味している。しかしながら，それが（a）同一人物についての葛藤的な感情（たとえば愛とか憎しみ）を意識していることを意味するのか（b）必ずしも意識的相互関係を必要としない様々なイメージの無意識的統合を意味するのか（c）同一人物が葛藤的な感情を起こさせうるが，そうした感情が必ずしもその人物に「属している」とは限らないと認識する能力を意味しているのか，といったことは不明瞭である。こうした能力は発達的には非常に異なる時期に獲得される。例えば，5歳以前の子どもたちは，混り合った情緒を認識することが非常に難しいが（Harter, 1977; 1986; Harris, 1989 を見よ），生まれた最初の年から，対象恒常性になんら困難性を感じることなく同じ人物に対して時に怒り，時に愛するものとして表象することができる（Stern, 1985）。しかしながら，その人物に対する乳児自身の感情を自分で把握することは，ある程度の内省能力が発達する2歳の終わりから3歳の始めまでは，非常に部分的なもののようである（Harris, 1989; 1994）。

クライン派の著者たちの仕事は，情緒的発達と心理的機能との関係を明確にすることで大きな貢献をなしている。彼らの着想の多くは，精神分析理論や臨床実践の領域を，各学派を超えて豊かなものにしてきた。多くの課題がさらなる研究に残されているものの，Bion の（1962a; 1962b）コンテイナー／コンテインド（138ページを見よ）といったモデルは，認知的発達と感情障害との理解のへだたりを縮めるものとなった。このことは，発達精神病理学分野のさらなる発展のために必要不可欠である。

第7章 英国精神分析の「独立」学派

7.1 英国学派の発達モデル

7.1.1 英国学派の概観

独立学派とはうまく名づけられたものである。他の精神分析の学派と違い，数々の個人分析家達の仕事であり，リーダーなり理論家なりがいるわけでもなく，したがって，より緊密なグループにあるような理論的な一貫性は欠如している。Fairbairn（1954; 1963）や Guntrip（1961; 1969; 1975; 1978）は体系的な理論構築者ではあるが，主たる貢献者たちには，Balint（1959; 1968），Winnicott（1953; 1958b），Khan（1963; 1974），Klauber（1966），Bollas（1987; 1989），Klauber et al.（1987）の名前があげられ，いずれも，独自の学派を確立することをはっきりと控えてきた人たちである。そうした人々の業績の優れた概説書はいくつか出ている（Sutherland, 1980; Kohon, 1986; Hughes, 1989; Rayner, 1991 を参照）。

英国精神分析協会の精神分析者たちの独立学派グループは，最早期の子どもの発達に関する研究や，子どもの初期の絶対的依存から成熟した自立までの成長を促進したり阻んだりする環境の影響に関する研究に大きく寄与してきた。（英国学派 British School とは，Fairbairn がスコットランド人であることから適切な呼び方と言える。クライン派は多少複雑で，時にイングランド学派 English School と呼ばれることがある。）Fairbairn はまた，内在化過程に関するわれわれの見解を変え，自我と内的対象（対象表象と特殊な関係を持つ自己表象の一部）の断片を含む両極的な，ものとして概念化した。

独立学派は子どもの早期の発達に焦点を置いたところから，リビドーに発動される構造論モデルを放棄し，「自己対象 selfobject」の発達理論に向かうことになった。その理論は，拒絶された欲求や願望に焦点づけられているゆえに，いまだに力動的ではあるが，自我の様々な側面や自己の諸部分は，いまや力動的な相互作用の中にあるものとして，また，内的対象と外的対象に相補的に関

わり合うものとして見なされている。Fairbairn（1954；1963）は，自己を，動機づけの発動主体として不可欠なものと位置づけている。自己なくして情緒はなく，情緒なくして自己はないとする見解である（Rayer, 1991）。Winnicott（1958b）は強い欲望が自己感を発達させると述べ，だからこそ逆に，いかにそれが強力に隠蔽され偽装される可能性があるかについて述べた（Bollas, 1989 の運命や宿命に関する説明を見よ）。このグループの最近の業績の多くは，技法的なものと，患者と分析家の分析的関係性での体験にある（例えば，Casement, 1985, 1990; Bollas, 1987; Klauber, 1987; Stewart, 1989）。この重要な研究は，本書の中心課題ではないので，ここでの展望はしない。

こうした着想は，精神病理学の力動的発達モデルを根本的に変えながら，精神分析の論文に浸透してきている。理論は大規模に統合されてはいないので，ここでは何人かの主要な思想家たちの着想を別個に提示することとする。

7.1.2 独立派グループの発達についての貢献

Balint（1937）は，Ferenczi と Herman が属するブダペストグループに影響を受け，Freud（1914）の一次的自己愛（必ず対象愛に先行して起きる，自体愛に関連した乳幼児の自己愛）の概念に異を唱えた。Balint は，愛されたい欲求は一次的で生得的のものであると提唱した。乳児は自分を愛するために，自己の分化しがたい部分として，対象が存在していると想定している。これは早期の対象からの分化がないという感覚であって，欲求不満があるのではない（Balint, 1968）。乳児は早期の対象が**自分のために**存在するもので，それ独自の関心事はないと見なしている。対象に対する自我の態度は**万能的**である。対象は乳児がコントロールできる限りでは愛する者として体験され，実際に乳児の自己の一部だという錯覚を保つのである。

自己と対象群との安定した分化ができる以前に起こる重大なトラウマは，心の構造上に**基底欠損** basic fault を創り出す。これを Balint（1968）は，破損としてではなく，基本的な秩序の混乱（染色体の遺伝子コードの不一致と同じ）としてとらえている。基底欠損を示す人は，自分にとって何かがうまくいっていないという感覚を潜在させている。そうした人は，そのことに腹を立てるのではなく，必ず環境に解決を求める。**基底欠損**は，パーソナリティ障害が発達する根源と考えられている。

対象の分化に関して，Balint（1959）は子どもの不安への対処に伴って2つの特徴的な防衛があることを明らかにした。1つは新たに姿を現してきた対象

を，たとえ過剰に依存してでも愛することであり（**オクノフィリックな態度** ocnophlic attitude），もう一つは対象への愛着を嫌うが，対象と自己との間にある空間 space を愛することである（**フィロバティックな態度** philobatic attitude）。フィロバットは対象に投資するのではなく，自分自身の自我の技能に投資するのである。

　Fairbairn（1952a）は，対象関係理論家たちの中でも最も直言する人であった。「リビドーは，基本的に対象希求的（object-seeking）である（古典的理論で言われているように快感希求ではなく）」p.82。快感が得られ，不安が減少するのは，エネルギーの放出ではなくむしろ自我 – 対象関係（内的なものであれ，外的なものであれ）の質によってである。それゆえに，乳児が泣き止むのは，乳房を吸い始めた時ではなく，よい乳房のイメージが視覚や嗅覚によって呼び覚まされる時である。Fairbairn（1952a）の厳密に推論されたすばらしい著作を注意深く読むと，彼の暗黙の心理学的モデル（psychological model）は古典的な精神分析の定式化よりも，一般的なシステム理論にずっと近いということが明らかになる（この種のモデルに関して，第 12 章その他，例えば，Rosenblatt and Thickstun, 1977; Peterfreund, 1980; Tyson and Tyson, 1990 を見よ）。最も重要な移行は，無意識と抑圧を主として扱う精神分析的モデルから，相容れない矛盾した種々の着想の考え方に焦点づけるモデルへの移行である。一次的対象との親密さが不十分であると，自己（自我）の中に「分裂 splitting」を生み出すであろう。相互に葛藤しあう様々な自己 – 対象システムは，精神病理の発達する根源と見なされる。われわれは前章で，特に重篤な心的障害を説明する際に，こうした考えがいかにクライン派の理論家たちに対する批判になったかを見てきた。Fairbairn の精神病理の説明が，内的システムの葛藤に基礎をおくものから，種々の着想の統合の欠如に焦点づけた視点へと移行したことが，精神分析に大きく寄与したことは疑いもない。それは大抵のポストフロイデイアンの思考やすべての対象関係理論の基礎を成している。

　さらにより強いインパクトを与えた貢献者は Donald Winnicott である。Winnicott（1965b）は重症の人格障害の成人を扱うと同様に，母親と乳幼児との関係に注目しており，このことが彼の精神分析的発達モデルに反映されている。彼は子どもを，母親と乳児という統一体の中から発生するものであり，その統一体には健康な発達を促す 3 つの機能が備わっているとした。つまり，抱えること – 統合，あやすこと – 個性化，そして対象 – 関係性である（Winnicott, 1962b; 1965a）。母親は実際にも比喩としても，乳児を抱える

holdsことによって，乳児の感覚運動的要素に凝集性をもたらす。母親の**原初の母性的没頭** primary maternal preoccupation（乳児にかかわる以外の活動から部分的に撤退することと，母親自身の自己，身体，および乳児への感受性が高められた状態）は，乳児の願望が母親を作り出しているのだから（そして母親は乳児の一部なのだから），母親は乳児の身振りに正確に反応するのだという「錯覚 illusion」を乳児にもたらす助けになる。

Winnicott（1953）はまた，乳幼児が独立した機能を促進させるために，如何に母親を利用するかという研究で，**移行現象** transitional phenomena という着想を導入した。お気に入りの毛布は，乳幼児が乳房からの授乳を思い描く瞬間に握ることができるという理由で，また，母親が不在の時に母親（乳房）を思い起こさせるものに結びつくという理由で，乳幼児をなだめるのに役立つのかもしれない。物理的な対象（毛布，など）は，乳幼児（「私 me」という側面）と母親（「私でない not me」側面）の両方なので，つまり，主観的に創り出した対象と関わるという万能感から，外的現実の部分である「実物 real」の母親に関わることへの動きを促進するという意味で移行的である。移行対象は，「私と私でないもの」とのすき間を埋めるのに役立つので，乳児が分離に気づき始めるにつれて，乳児と慰める物は，決定的に乳児の万能的コントロールの下におかれる，離れがたい対象となるのである。移行対象は，自己と外的現実との間の空間に存在する。その空間とは（Winnicottによれば）象徴化が起き，意味ある，愛情あふれた，共有するけれども独立している仲間づき合いや愛情がはぐくまれるところ，そして，健康な人々の自発的で創造的な活動の中に遊びや幻想が維持される場所なのである（Winnicott, 1971a）。

移行対象の概念は，影響力があると同時に論争を招く概念であり，多くの解説者が Winnicott は自分の事例を誇張していると示唆している（例えば，Elmhirst, 1980; Olinick, 1982）。他にも，移行対象は西洋に，特に母親との身体接触が制限されているアングロサクソン系白人文化に特有のものだと指摘する者もいる（Gaddini and Gaddini, 1970; Litt, 1981 を見よ）。にもかかわらず，この概念は多くの分析家たちに熱心に受け入れられ，境界パーソナリテイ障害（Gunderson, Morris and Zanarini, 1985; Perry and Cooper, 1985; Giovacchini, 1987）統合失調症（Searles, 1960）施設病（Provence and Ritvo, 1961）心身症（McDougall, 1974）フェティシズム（Sperling, 1959b; Greenacre, 1970）自閉症（Tustin, 1981）強迫性障害（Solomon, 1962）学習障害と広汎性発達障害（Sherman and Hertzig, 1983）などの様々な障害が，

移行現象の周辺に結びつけられた。こうした適用のあまりの幅広さから，この概念が拡大され過ぎてきたという議論がなされるのである。

　Winnicott (1953; 1971a) は，対象との関わりがどのようにして魔術的万能感の体験から生じるかを描写している。自己対象の分化が不完全である場合に，対象表象は最も明らかに自己対象らしさを示す。母親への乳幼児の身体的「攻撃」と，そして母親がその攻撃に耐え，生き延びることとが，自己の発達と万能的コントロールから母親を開放することを促進する。そうして乳幼児は母親を**実在する，分離した他者**として，つまり適切に使えるが万能的に使えるのではない他者として，受け入れることができる。母性的な抱きかかえ holding とは**理解力**に根ざし，乳幼児の心の状態を心の中に抱えることである。Winnicott (1967b) は，自己評価が最適に発達するかどうかは，母親が乳幼児の情動の「**映し返し mirroring**」をする能力によって決まると示唆している。失敗と欲求不満は最終的な適応に不可欠なものであり，それによって幼児的万能感からの離脱が促され，母親には融合を完成するための**退行**を許容することから生じる避けがたい傷つきを**修復する**好機を提供する。

　Balint (1965) とは異なり Winnicott は，早期の乳幼児期でさえ牧歌的な時代だと想定してはいない。母親は「ほどよく good-enough」あらねばならないが，母親の失敗は避けられるものではなく，成長の原動力でもある。Winnicott (1956b, 1956c) は，乳児はあまりに早く母親の「現実性 realness」（独立した存在であること）をつきつけられてはならないし，「私と私でないもの」の折り合いをつけるようにと求められてはならないと強調している。乳児の万能感は，自我の核を生み出し，そしてそれはやがて**私（真の自己）の現実的な**体験に統合されていく。Winnicott (1962b; 1965a) は，願望が満たせない欲求不満と，自我の要請に対する欲求不満とを区別しており，後者では，子どもの意志に反して，知ることが侵害されたり，混乱させられたりする。このことが，解体，失見当識，引きこもり，破滅の感覚といった，存在の連続性の断片化を引き起こす，と彼は考えた。体験が理解しがたいものであれば，その体験は外傷的である。成人で，自分が破綻するという恐れを抱いて生きている人は，こうした乳幼児期の体験の無意識記憶を持っているのかもしれない (Winnicott, 1973)。

　Winnicott の見解では，真の自己 true self は，新生児の心的世界を特徴づけると想定される感覚運動的な生命感の総和に根ざしている (Winnicott, 1965a)。この段階ではまだ自己は存在していない。自己の発達は，私と私で

ないものの分化が出現し，乳幼児自身の感覚と知覚が，他者のものとは別のものであるという体験が出現することに基づく (Winnicott, 1962a)。自我は連続性の感覚を体験する生得的可能性をもっている。子どもに存在することの基礎が与えられると，その後に自己という感覚の基礎が，母親と乳児との間で発達しながら続いてくる (Winnicott, 1971b)。これとは独立して，しかも重要なのは，父親との間にも原初的二者関係のユニットが存在することであると，われわれはすでに知っている (Steel et al., 1996)。

Winnicott の様々な着想のさらに中心にあるのは，この存在の連続性を体験する潜在能力は，Winnicott の言う「**創造的な身振り** creative gestures」や衝動を乳幼児が現すことを可能にするので，妨害してはならない，ということである (Winnicott, 1960b; 1965a)。これらは後々の，乳幼児の独自性や創造性の礎石である。さらに，彼の着想の中心にあるのは，子どもの自我の強さや弱さは，子どもの早期の絶対的依存に適切に反応する養育者能力の機能によるという鋭い警告である (Winnicott, 1962a)。乳児の自我は，母親が乳児の何気ない欲求や意図を受けとめ，行為することができる限りにおいてのみ，その欲動を制御し，統合することができるのである。Winnicott はこのように，自己から母親を分離させる以前の乳幼児の自我の安定性と力を，乳児の心について考える母親の能力によって直接的に決定されるものとして見ている。

「**ほどよい育児** good enough mothering」は，乳幼児の自我が自律的になり，母親の自我支持をもはや必要としないことを保障する。分離した個人としての自己を確立することの一部として，母親からの避けがたい別離がある (Winnicott, 1960c, 1965a)。悲しげに泣くことなど，情緒の安定性の崩れは，一時的に存在が不連続になったことの指標であるが，同時に自我の創造的身振りでもある。自我の核の統合は，ほどよい育児を通してなされ，「抱え holding」たり，「あやし handling」たりする環境を経て表現される。

抱える環境 holding environment は，攻撃性と愛を統合するための舞台を提供し，そこで両価性への耐性や思いやりの出現を可能にすると，それに引き続いて責任感の受容ができてくる (Winnicott, 1963a)。Winnicott は，統合されていない状態から統合された状態へという傷つきがちな歩みのなかで，抱える環境がいかに乳幼児を耐えきれない心の体験や，考えもつかない原初的な不安から保護するかに光りを当てた (Winnicott, 1962a)。したがって存在が連続しているという体験は，次の3つの要素の相互作用にかかっていると見られる。a)内的世界の安全感，b)外的出来事への関心を制限する能力，c)自発的

な創造的身振りの生成。Winnicott のこの考えは，関係性 relatedness が誰か他人のいるところで一人でいられる能力からくるという，どこか逆説的で，とかく誤解されやすい主張へとつながるものがある (Winnicott, 1958a)。真の自己は，その人自身の体験の連続性を邪魔しない控え目な他者のいるところでのみ発達することができる。ここで Winnicott の見解は，Hegel の「自己は他者を絶対者と見るのではなく，他者のなかに自己を見るがゆえに」，自己は他者のなかで自らを失いもするし，他者に「取って代わる」こともあるという主張と大いに通底するところがある (Hegel, 1807, p.111)。自己が自然に進化するのは，子どもの世話をする人が，乳児の創造的な身振りを自分自身の衝動の代わりに使って，抑えたり向きを変えたりして，不必要に乳児を侵害してしまうことがない場合である。養育者は，乳児の緊張を調整する者としてふるまうために，自分自身の幸福感を保ち続ける必要がある。ほどよい養育が欠落すると，自我の発達を歪め，自己の本質となり得る内的環境の確立を防げることになる。

「積極的で適応的」な**あやす環境**は，身体と心の状態を統合し，個性化 personalization を確立することに寄与する。乳児をあやすことは，乳児が圧倒されると感じていない時や，ふらつく頭をのせた単なる器官や手足の集合体だと体験していない時ならば適応的である。母親が乳児の気分に敏感であることは，乳児の身体的存在の目標指向からくる一貫性を決定的に左右する（受動性に対する積極性）。Winnicott は指しゃぶりや満足のいく授乳後のほほ笑みは，乳児のコントロール下にあるので，創造的身振りであると考えた。Daniel Stern (1985) は，4～6 カ月児の自己発動性 self-agency の発達を精緻化する中で，こうした着想を極めて十全に探索し，計画を作る体験と同様に，身体的行動の結果として得られる自己受容感覚のフィードバックも，自己感の連続性に寄与していると考えた。満足のいくようにあやしてもらえると，乳児は乳房ではなく母親の顔を見つめる。それは，心と意味に対する乳児の関心が，身体的欲求への熱中を上まわってくるからである。

このように Winnicott は，養育にとって次の特徴が重要だとしている。a) 侵入的でない世話。それによって対象は別個の存在として次第に乳児に「発見」されるのであり，掴んでみようとする乳児の試みを脅かすことはない。b) 対象が乳児の創造的な身振りの産物であるがゆえに，コントロールすることもされることもできるという錯覚を促進すること　c) 自我支持を可能にするような反応だけが求められるような出来事の生じる環境を作ること。私と私でない

ものの分化が生じるのは，乳児と養育者との心の状態の間に，そして乳児の心の状態と身体の状態との間に調和があるときである。真の自己は，ほかの対象との創造的で自発的な相互作用の体験の統合として，しだいに出現するが，それは，活気を帯びて，詳細に表象される相互作用なので，実際の真に自然な体験となる。Winnicottのモデルでは，自己の出現は潜在能力の実現化を表象している。それは環境からの侵害によって妥協させられているかもしれないが，そうでなければ，自身の創造的身振りから作り出されるものである。

　もし，絶対的依存の段階で外傷体験が生じると，**養育者的自己**という形式による自己防衛が発達するかもしれない (Winnicott, 1960b; 1965a; 1971a)。もし，母親が自分の身振りを通して乳児を「理解 comprehend」することができないと，乳児は真の自己とはかけ離れた従順を強いられるであろう。乳児は，「ター ta」(ありがとう，という英語の口語表現) と言うように教えられるかもしれないが，それは感謝の体験とは結びつかない (Winnicott, 1965b, p.149)。母親の身振りが，乳幼児の反応に「意味を与える」ものでないなら，象徴的コミュニケーションが二者間に発展するはずがない。乳児は次には幼児になって，対人関係性での「ふりをする」能力を身につけていくが，そうした出会い方は，**偽りの自己**のものであり，真の自己を隠蔽するのに役立つであろう (Winnicott, 1965b)。

　Winnicott (1965a) によれば，乳幼児が主張し続けても侵害が続くと，様々な反応が生じてくる。例えば，自己は征服されるかもしれないし，さらなる侵害を予想して不安になるかもしれないし，侵害に抵抗したときにのみ現実を感じるかもしれないし，遂には服従することで自身の身振りを隠すことができるかもしれない。この最後の場合には，自己は最終的には養育環境を模倣し，不足しているものをあきらめ，創造的身振りを放棄し，そしておそらくはそうしたものがかつて存在していたことすら忘れてしまう，とWinnicottは想定した。Winnicottは，乳幼児が養育者の身振りに対して，まるで自分のものであるかのように従順に関わると，それが**偽りの自己構造** false self-structureの根源になる，と示唆している。偽りの自己では，自発性あるいは創造性の欠如が目立っている。それは，偽りの自己構造をもつ人々が，後に従順なかかわり体験を再現し，それによって自身の存在の現実感を得るために，さらなる侵害を探し求めるというところからこの構造が始まっていることを示している。

　Winnicottは，偽りの自己が時に現実のもののように見せかけ，他者にもそのような印象を与えることが多いが，しかしそのやり方は非常に機械的で，

内的状態と行動との真のつながりを欠く，と述べた。自身の創造的身振りを認識していない自己は，空虚な自己であり，それは，早期対象との蒼古的な融合に留まるか，あるいは借り物の強さや理想で自身を満たすために力強い他者を探して融合するかのどちらかである。一人の全体としての人間 whole person として，特に親密な関係性の中で自発的に行動しようとする欲求に駆られた時にのみ，その限界が明らかになる。こうした事例で変化は，例えば分析家と相互作用で，隠された真の自己の創造的身振りが受容され，その存在感が関係性の中で肯定されることが確実になった時に起こるのである。

　自己の特定の側面について，養育者の反応が選択的だということがあるかもしれない。知的な機能を身にまとったアイデンティティの人々は，この領域のみを支持する狭い環境を体験しているかもしれない。こうした心を編成している偽りの自己は，承認を引きだすために一生懸命に働くことを特徴とするが，しかしそれは，空虚な真の自己と調和せず，知的機能からも分裂排除されているので，成功を手に入れて楽しむこともないであろう。同様に，子ども自身の創造的な解決を犠牲にして，ある対象に無差別に同一化するようなことがあると，部分的な偽りの自己構造が生じるかもしれない。このような極端な服従をしていると，例えば移住とか家族との別離のように，人が自分の文脈から外されるような時に，破綻を来たしやすい。というのは，こうしたことはすべて，人の創造的情緒的な解決の能力にストレスを与えるからである。

　偽りの自己は，真の自己を隠すことによって保護する働きをする。真の自己は身体的あるいは心理的病苦の時にのみ現れるかもしれないが，その場合，原初の侵害された体験に結びついた痛みが再生される。症状形成は，生活史的には，創造的身振りが置き換えられたり無視されたりしたにもかかわらず，環境によって圧倒されることなく存在しえたということなので，それは真の自己を表現していると言えよう。偽りの自己は真の体験を表現できる方法を探し求めている。もし，さらなる搾取をされる危険を伴わずにこれを表現する機会が見つからないとすると，偽りの自己は真の自己を守るために，自殺あるいはもう少し直接的でない自己破壊の形を示す，極端な身振りに訴えるかもしれない。

　Winnicott はさらにある種の自己を同定している。それは現実のもののように見えるが，実は早期の対象との同一化の上に構築されたもので，したがって何かそれ自体の独自性を欠いている。これに似たタイプでは，自分たちの自律性を理想化しているのだが，その自己充足があまりに誇張され硬直しているので理想化を裏切る，といった人々もある。また他には，他者との外見上の関

係を展開してみせることを通して，真の自己のような見せかけを手に入れる人々もある。しかし，そうした関係性の代償として生じるのは，自己と非−自己がもはや明瞭に区別されないような浸水または巻き込まれ状態である。ここでも再び信頼できない構造の現れを見ることになる。

Winnicott は，剥奪 deprivation と欠損 privation とを区別することで環境の影響についてのわれわれの理解を高めることになった（Winnicott, 1963e; 1963f）。欠損は，絶対的依存の段階で，乳児が母性的な世話に気づいていない間にのみ体験しうるものである。剥奪は，相対的独立の状態で，乳児がいったん，自分自身の欲求 と，それを対象が不適切だと思っていることや，他者からの世話を失っていることを充分に認識するようになってからのみ，生じうる（Winnicott, 1952）。こうした区別はわれわれの反社会的行動の理解を助けてくれる。Winnicott による反社会的行動の定式化では，反社会的行動が生じるのは，自己の内部である程度の統合が生じてはいるが，ほどよい環境の表象を危険にさらすくらいに剥奪が酷くかつ長期にわたっている場合である（Winnicott, 1956a）。そうした場合，真の自己の表現を積極的に妨害するものはなく，むしろ子どもは自我支持の失敗や撤退にうまく対処できず，自己感を守るために反社会的性向を発達させるのである。思いやり concern の能力は限定されているが，それは自己がより原初的なレベルで認識されているゆえある。Winnicott のモデルでは，思いやりの能力は，生後 2 年目の終わりに向けて，建設的で創造的な償いの体験が子どもを導いて責任感を感じさせる頃に，ようやく達成される。ひとたび思いやりが確立されると，子どもは遊びや治療のために自らの攻撃性の建設的要素を使うことができる。

Khan（1963; 1974）は，母−乳児関係性で生じるトラウマの概念について，役立つ精緻化をしている。彼は母親が提供する防護膜の中で幼児期から青年期に至るまで繰り返される傷つきより，単一の体験のほうがより「外傷的」でないと指摘している。単一のトラウマは緊張という特質を持つが，累積的に脆弱性を創り出して成人の生活の中で危機と関わる個々人の能力を弱める外傷に比べれば，自我の発達をそれほど大きく歪めるものではない。この定式化は，安全で理解のある母−子関係の中でレジリエンスが発達するという，最近の理解の裏返しである（Fonagy et al., 1994）。

Winnicott や英国独立学派の理論家たちが出会ったのと同じような臨床的課題に関わっている北米の多くの精神分析家たちは，彼らの着想に深く影響を受けた。Modell（1975）は，Winnicott と Fairbairn の新しい着想を自我心理学

に統合しようと試みた。彼は，エス本能（リビドー的と攻撃的）と新しく認識された対象関係本能という，2つの分野の本能を考えるべきだと示唆した。後者は，自我の本能と考えられるかもしれず，生理学的根拠を持たず，放出の過程ではなく相互作用の過程を特徴とする。それらは「他者からの特定の反応がぴったり合う」ことによって，外界から充足される。Modell (1975) は，「情動は本質的に対象希求的である」と示唆している。対象関係は，発達する自我が，主として良い対象との同一化によってエス本能を支配できるようにする，という流れを提供する。Modell (1975) は，エスを飼いならすことの失敗が精神病理への，特に首尾一貫した自己感の発達不全への主要な道筋になると見ている。崩壊の感覚が起こるのは，本能の激しさの結果ではなく，むしろエス本能が，自己感の一貫性を欠く人々にはより強烈に体験されるからであり，それは不安を呼び起こすあらゆる体験が，一貫性を欠く自己を際立たせるのと同様である。英国の理論家たちとは違って，Modell (1985) は，対象関係理論を限られたグループの患者，つまり自己愛性パーソナリティの問題をもつ患者にのみ関連があると考えた (Modell, 1976)。

　独立学派には，多数の有力な現代のチャンピオンがいるが，興味深いことに，そうした貢献者たちの中に，Winnicott の発達的アプローチを取り入れている人はほとんどいない。彼の仕事の多くは Rayner (1991) によって要約されており，また独立学派の価値ある論文の収集編纂は Kohon (1986) によってなされている。Rayner (1991) は独立学派が寄与する主要な側面を，いくつかの見出しの下に要約している。第1に，情動とその象徴化という概念の重要性が精神分析の中心群であるとして，Pearl King (1978) と Adam Limentani (1977) の両者が強調している。情動は，深い思考過程の準備段階と見なされ，そこでは情動の象徴化が発生することが，健全な発達の活気のある側面としてとらえられている (Rycroft, 1979)。Milner (1969) は，芸術的創造性を，複雑な感情状態の象徴化として解明した。独立学派の人々の多くは，融合と自己－他者分化の弁証法的な運動を，Winnicott の移行状態という着想に根ざすと指摘しているが，おそらく最も思考－誘発的なものとして指摘されるのは，Matte Blanco の対称性あるいは均質性という着想であろう。その中心的かつ独創的な着想は，分離 separateness と結束 unity との相互運動という着想である (Matte Blanco, 1988)。彼が行った古典的独立学派の理論への重要な追加は，自己の発達にとって，早期ばかりでなく後期の環境も同様に，人格形成的側面をもっと認識したことである (Khan, 1963)。つまり，心的構造は乳幼

児期には完成されないという見解である。

7.2 英国独立学派の発達精神病理学への貢献

7.2.1 精神病理一般への見方

Fairbairn の主要な貢献は，非常に重大な早期の外傷体験は「凍結された frozen」まま，あるいは個人の中心的自我や機能的自己から切り離されたまま，記憶の中に貯蔵される，という主張にある (Fairbairn, 1944)。この着想は，古典的な精神分析の，発達論的精神病理学にとっての抑圧という概念を超えている。病因論の古典的モデル（葛藤→抑圧→葛藤の再活性化→神経症的妥協は，エディプス的水準（3～4歳）に生じる葛藤にはいまだに適切だと見なされている。英国独立学派のモデルは，それ以前の年齢での外傷的な出来事から起こると考えられる障害に適している。こうしたモデルは，特に自己愛性パーソナリティ障害と境界性パーソナリティ障害に適しているが，多様な自己表象いう考え方の方が，より一般的な重要性がある。例えば夢解釈への独立学派のアプローチは，夢を自己のさまざまな部分のコミュニケーションパターンとして理解する点で，古典的な立場とは異なっている (Rycroft, 1966; 1979; Bollas, 1987 を見よ)。

Fairbairn は，対象関係の観点を，吐き気を病む1人の女性の事例で例示している。その事例から明らかにされたことは，症状は父親とのフェラチオという発想と関係はしていたが，父親という人物に対しての「情緒的な嫌悪 emotional badness」と，父親へのこの見方から解放されたい願望にも結びついていた。強調すべきことは，「意図的スタンス intentional stance」あるいは全人的動機 (Brentano, 1924) の説得力である。身体的性的満足を明らさまに求めることは，手に入れがたいと感じられている全人的な親密さの病理的代替であることが多いのかもしれない。

Fairbairn (1952a) は，親密に知ってもらえない，愛されないというトラウマからの引きこもりとしての，またこのトラウマへの原始的防衛としてのシゾイド反応を，あらゆる病理の基礎としてとらえている。環境の失敗（母親が愛さない，そして母親への子どもの愛が認識されない）は，子どもの憎悪が対象を破壊しているのだと，子どもに信じさせるようになる。Melanie Klein にとって，憎悪 hate は一次的で現実なのであって，二次的仮想的ではないことに注目してほしい。逆に，「実際の」早期環境の失敗と治療的再構築の必要性は，

Fairbairn の中心的課題なのであって，Melanie Klein の記述には見られていない (Padel, 1972)。

すべての病理的状態と同様に，不安もまた，乳児期依存をめぐる葛藤に根ざしている。依存したいという退行的願望は，アイデンティティを喪失する恐れを伴う。分離という発展的な目標は，孤立させられ，支持されないという恐れを生み出す。基地に退避することは，短期の安らぎをもたらすにしても，結果的にそれは巻き込まれやアイデンティティ喪失にかかわる不安を再現させ，やはり葛藤なのである。

7.2.2 シゾイドと反社会性パーソナリティ障害

Winnicott (1965b) は，統合失調症を全面的な母性愛欠損，つまりほどよい養育の完全な欠如と結びつけて考えた。そこでは，重篤なパーソナリティ障害は，もっていた「ほどよい母親」がすでに失われ，したがって永遠に剥奪されたと感じていることの結果と見なされた。Fairbairn(1954) は統合失調症を，完全な母性のひきこもりと，その結果生じる深刻な母性的養育の剥奪に特徴づけられると見ることに同意した。母性愛欠損の体験は，自分の愛を悪いもので破壊的なものだと乳児に思わせてしまうと想定される。これは逆に，乳児を外界との情動的接触からひきこもらせてしまい，最終的には外的現実への非常に混乱した感覚を作り出す。Wilfred Bion の着想 (Bion, 1955, 1962a) に基づいて Rosenfeld (1965) は，統合失調症を発症する子どもたちは，母親を乳幼児の投影に耐える力が減弱しているものとして体験している，と論じた。母親たちは疎外され迫害されていると感じて，自らの感情を子どもたちから撤収させてしまうのである。

シゾイド・パーソナリティ (Fairbairn, 1940; 1952a) は，母親への愛が母親を破壊するもので，それゆえにあらゆる親密さを禁止しなければならないという乳児の感じ方から生じている。シゾイド状態では，自我はあまりに分裂しているので，人は自分自身に困惑し，現実についても一時的に混乱することがある（なじみのないものに親しみを感じたり，またその逆だったり）。そうした人々は他者を全体としての人間 whole person と受けとることを拒み，情緒的関わりの代わりに身体的関わりを持つ。彼らは，自らの愛を隠蔽し，他者の愛から自分を守るために，無関心を装い，無礼で憎らしげにさえ見せかけて障壁を作るのである。親密な関係性は，関わらない自己の部分を保つことによってのみ維持される。愛による喜びが禁じられているので，彼らは憎んだり破壊

したりする楽しみに身をゆだねることも多い。Fairbairn (1952a) は，うつ病をシゾイド状態と区別し，うつ病はより後期の乳幼児期から生じ，自分の攻撃性が対象を破壊するから防衛（例えば，自己に敵意を向け続ける）しなければならないという，乳幼児の感情に根ざしているとする。

Winnicott (1960a) は，特に子どもの反社会的行動の理論を精緻化するために，偽りの自己の定式化を用いている（Winnicott, 1956a）。彼の理論枠では，環境側の失敗に対する反応として，2つのカテゴリーを区別している。1つは，内的および外的侵害と抱える環境の欠落が，歯止めのない攻撃性と反社会的行動を導き出すが，そこでは身体的行為が，自己体験と他者への思いやりの欠如と，環境に対立する自己という定義を解放する。そしてもう1つは，外界から侵害を受けたり，自己の身振りを他者の身振りで代用したりすることから偽りの自己が発生し，それはきわめて限定された側面で，あるいは対象への無差別な同一化に基づいてのみ，成果を上げたり適合したりするであろうが，どちらの場合にも，表面的には納得のいくものであっても，示されている自己は傷つきやすく脆弱で，現象学的には空虚である。Winnicott によれば，反社会的行動は，環境側が子どもに適合することに失敗することから始まるのだが，それが連続することは本質的に「償い的な reparative」機能に保障されている。つまり，それは願望の表現なのであり，子どもが自分の状況を外傷体験以前に戻そうとする試みでもある。子どもは，愛を取り戻すために盗みをするのかもしれない。例えば，Winnicott (1963f) は，盗みで捕まった8歳の少年の一事例を報告した。Winnicott は，この少年は母親が弟を出産する前からの，「良い母親」を探し求めていたのだと解釈した。この解釈は，非行動の終焉を導くものになった。

発達に伴なった，反社会的行為の起源にある象徴的な意味は失われ，疾病利得に置き換えられる（盗んだ品からの経済的利得が，愛の象徴的所有に置き換わる）。破壊的行動の場合には，「子どもは衝動的行動の結果生じた緊張に耐える力量のある環境の安定性を求めているのである」（p.310）。

Winnicott (1965a; 1967a) はシゾイド・パーソナリティを，様々な「偽りの自己」編成のうちの1つとして見ていた。過剰に従順な自己の果てには，自己の一貫性をめぐる深い不安や，身体との関係性の喪失や方向性の喪失がある。Winnicott (1965b, pp.142-3) は，自己-呈示の中にある嘘偽性という概念について，洗練された説明を行っており，偽りの自己を必ずしも病理としては見ていない。事実それは，特に英国文化においては，社会適応のための本質的な

一面であるかもしれない。極端な場合には、それは（Fairbairn のシゾイド・パーソナリティの描写のように）親密な関係性の便宜的な外見のみのことであり、そのような関係性の中に入るように求められると（例えば、集中的な心理療法のエンカウンターのように）、偽りの自己は「破綻して」、幼児的で未発達な「真の自己」の感覚が、無防備のままで取り残されるかもしれない。「偽りの自己」は、「真の自己」がその陰に隠れてひそかに実際行動をできるように、仮面を提供する。もし、偽りの自己が挑戦を受けると、真の自己を破滅から守るために、自殺とかその人物全体としての破壊とかが、偽りの自己に残された唯一の手段となるかもしれない。

　Guntrip（1969）が示唆するところでは、外的関係性から引きこもるシゾイドの人々の生来の傾向は、敵意的な対象からの早期の外傷体験に根ざしているか、あるいはむさぼり食うという恐れを抱くほど強い対象飢餓に根ざしている。Khan（1963; 1974）は、母親が保護的機能と「共生的な万能感」をもつことに失敗し、その結果共謀をとおして子どもとの排他的な親密さをもち続け、それが他の対象との関わりを積極的に妨害するという、母親からの累積的外傷の概念に基づく発達的モデルを提唱した。Khan はさらに、この形の重篤なパーソナリティ障害に関する Fairbairn と Winnicott の見解を統合するうえで重要な献を果たした（Khan, 1974）。彼のシゾイド・パーソナリティの描写は、Kernberg の情動への耐性の低さ、衝動コントロールの乏しさ、そして攻撃性統合の失敗を中心的な特徴として強調する構造論と非常によく似ている（Khan, 1963）。Khan（1966）はさらに論を進めて、古典的には神経症とみなされてきた障害のシゾイド的側面を同定している。例えば、彼は恐怖症を原初の内的対象表象にしがみつきたいという持続的な欲望として記述し、それは危機にある恐怖症にとって危険な側面ではなく、安全な側面であると論じているが、これは広場恐怖症のある種の行動定式に極めて類似した定式化である（Rachman, 1984）。

　Christopher Bollas（1987; 1989）は、Winnicott や Khan その他の業績に基づいて、様々な性格のタイプを描写してきた。興味深い例として、「正常緊張状態 normotic」にある性格の人物が挙げられる。それは異常なほどに正常で、内的生活や情緒状態を排除し、外的現実にのみ方向づけられ続けるために、ある種の躁的な防衛を用いる人である。Bollas はこの性格の型を、Joyce McDougall（1986）が記述した「対抗被分析者 anti-analysand」と関連づけている。

7.2.3 境界性パーソナリテイ障害

Balint (1968) の「基底欠損 the basic fault」の概念は，境界例の精神病理学を理解する上で重要である。彼は，境界例患者の三者関係に対立するものとして二者関係の優位性，エデイパルな感情体験の質的な相違，葛藤の欠如，風変わりな言語の用い方に注目を促した。

Winnicott は精神病理学の包括的なシステムについて論を進めることはなかったが，その精神病理学への見解は，彼の発達論的着想と密接に関連付けられているので，彼の用いる**患者と乳児**という言葉は，相互に入れ替えることが可能なほどである。発達促進的でない環境からの侵害は，成熟過程での発達阻止の原因として考えられた。自‐他の区別への早すぎる気づきは，破滅の不安，「想像を絶する恐怖」，あるいは，ばらばらになってしまう不安の爆発をもたらす（Winnicott, 1952）。フロイト派のパラダイムにより近い理論の文脈ではあるが，英国独立学派では，そうした体験を欲求不満と攻撃性への刺激の要因としてとらえており，その中心的な重要性は，死をめぐる不安を予見するような原初的不安であると見ていることは注目に値する（Winnicott, 1956c, p.303）。その原初的不安に対する唯一の防衛の方法は，万能的な幻想であり，それは一度生み出されると容易には放棄できなくなる。子どもは現実のあらゆる側面を，こうした幻想と統合せざるをえないであろうが，現実の方が万能の領域に取り入れられることになると，これは精神病的現象の発達的起源（Winnicott によれば）である。Winnicott は，精神病に生来的要素の可能性があることを否定した。欲求不満や緊張のあらゆる状態が，破滅の不安を誘発するかもしれないのだから，いかなる失望も魔術的に取り除かれ，それに伴って魔術的思考段階でのパーソナリティが固定せざるをえない。そこで，この脆弱な防衛を突き抜けるあらゆる現実は，万能の領域に取り入れられねばならないのだが，それは同時に子どもを明らかな精神病理へと徐々に近づけて行くことでもある（Winnicott, 1960c）。

Winnicott は境界例患者が破滅の不安に対して身を守るために万能的防衛に頼っているゆえに，彼らは精神病的欲求をもっていると考えている。現実感喪失や離人症の状態も，同様に絶対的依存期や，内的体験を自分自身に所属すると感じる確かな感覚の欠如に由来する（Winnicott, 1962a）。もし，自己が完全に解体しているなら，精神病に至る可能性は大きい。侵害が深刻であった場合にはこうなるであろう。ところがある程度の統合が成し遂げられ，万能的

防衛が安定している事例で Winnicott が描く臨床像は，境界性および自己愛性の人格障害と似ている（Winnicott, 1960c）。Winnicott は，こうした患者は治療者を含めて，他の人々がそれぞれ自分自身の生活を持っていると気がついていないことに注目している。彼らの万能は，セラピストに家まで送れと要求したり，特別料金の設定や臨時の予約を申し出たりすること等で明らかである。そうした人は他者が別人格であるという気づきがなく，その結果，彼らの怒りや憤激が損害を与えた場合にも罪悪感を感じることがない。彼らは，自らの万能感をおびやかす暴力や激しい怒りには反応するかもしれないが，それでもそこに自責の念は感じられない。なぜなら，彼らは他者への気づきが発達する機会を得る以前の段階に固定されているからである。Winnicott のこうした障害への治療的介入の根拠は，セラピストが患者の発達的阻止の要点を査定し，その阻止された欲求に適応することである（Winnicott, 1959）。解釈はこの課題には 不適切なことが多い。解釈が効果的になるのは，患者の欲求に適合した時のみである。例えば，分析家が思いやりの対象として患者を診ている，と患者に感じさせる解釈であれば有効かもしれない（Winnicott, 1963b）。Winnicott はまた，セラピストの適応の失敗は必ずしも災難ではなく，たとえわずかでもセラピストが患者の万能的コントロールの下にいるのではないことを知らしめる好機になりうることを指摘した（Winnicott, 1963c）。この Winnicott の洞察は，治療同盟の破綻が逆説的な治療の資産になるという，最近芽生えている論説を予見していることは，ほとんど知られていない（Safran et al., 1990）。このプロセスを起こさせるためには，セラピスト側の失敗に対する明確な認識が不可欠である。

　Winnicott は境界例に典型的にみられるある種の行動を，母性の欠損というよりむしろ剥奪という文脈でとらえている。例えば彼は，食物，薬物，アルコールあるいは性的逸脱行為への嗜癖の問題を，母親の表象ではあるが，嗜癖者には母親ではないと認識されているもの，ととらえている。同様にWinnicott は，対象の物理的な存在を求める欲求は，母親が乳児を次の発達段階に移行させる助けとして必要な，ほとんど完全に近い適応からより少ない適応の段階への移行ができていないなかで，そういう母親への依存段階で生じた侵害の結果であると説明している（Winnicott, 1960b）。乳幼児は，母親が存在している間は自分の内的体験が生き生きとした全体であると充分に確信しているが，母親が不在だとそうではない。このような人々は，セラピストが存在するところで一人でいることを学ぶ必要がある（Winnicott, 1958a）。なぜ

ならこのような人々は、この基本的な体験を否定されてきたので、今やしばしばその体験を自分自身に対して否定してしまうのである。こうした症例では、セラピストは患者が話さないことを受け入れたり、質問を控えたりするべきだと Winnicott は勧めている。移行対象の役割に自分自身を置くことによって、セラピストはせき止められていた成熟過程の障害物を取り除くのである。特別な治療を受けるという患者の期待は、一度は所有したのに失ってしまった対象を要求し続ける努力としてとらえられる（Winnicott, 1963d）。Winnicott は境界例患者が、融合と分離、絶対的依存と相対的依存の間で揺れ動く乳幼児期の中間領域で生きているのだと認識している。その文脈の中で Winnicott は、例えば Kernberg によって推奨されているような（第8章を見よ）限界設定を、反治療的であり、援助を求めていると知らせる患者の絶望的な試みを無視するものだと見ている。同様に、解釈は仕事の一部という程度に軽視され、患者の無意識な対象希求と対象の使い方に関心が向けられる。より重要なことは、治療的空間が移行対象の創造に使われるということである（Winnicott, 1971 a）。

　Winnicott の境界性パーソナリティ障害への着想は断片的で、一貫したまとまりのある課題ではなくばらばらに記述されている。Andre Green（1978）は、境界例現象に関して精神分析を行うことに批判的であったことを、Winicott の貢献として認めている。Green（前章ですでに論じられている）は、重篤な性格病理が「主観的対象 subjective object」の妄想と客観的現実の認識（Green, 1975）との移行期に発達阻止があることと結びつくと示唆する Winnicott の着想を明確にした。Green は、分析家が受け身的観察者の立場から「分析的対象 analytic object」へと変わることに Winnicott が貢献したと評価している。新しい対象 new object としての分析家については、Hans Loewald（第3章を見よ）の仕事に優れたものがある。Green は境界性パーソナリテイ障害を、対象の不在として（Green, 1977）、つまり、ある種の空白状態をつくりだすような対象表象の欠如として定式化している。Green はさらに、転移は境界例の人々にとっては早期対象関係性の反復とは見なされず、むしろ分析的対象を創り出すことによって、欠乏を可能性に変形する必要があるのだという重要な主張をしている。治療的働きかけは、動作や身体化による言語 language を、言葉 words に翻訳することである（Green, 1975）。同様の示唆は Winnicott の被分析者であった Margaret Little によってもなされており、彼女によれば境界例患者は、行動レベルで存在してきた人たちであり、身体的

存在が言語的あるいは心理的レベルとはつながっていないゆえに，行動せざるを得ないのだと述べた（Little, 1981）。これより以前に Masud Khan（1971）は，境界例患者は，言語による治療が可能な，現実と幻想との移行空間という場を使うことができないと主張した。彼らは分析の空間に行動を注ぎ込むのではなく，象徴的な談話を通して，この空間を使う力を得るための援助を受けねばならない。

　北米で Winnicott の仕事を受け継いだ Modell（1963）は，境界例患者が自分の対象を，独立した心理的存在ではないと見ていると示唆した。つまり実在する人物の表象は，自己に追従する心的過程によって，取り戻りせないほどに汚染され，「個人の内部で生じている過程」（p.185）によって過剰に影響されている。Modell（1963; 1968）は，このことを境界例患者の「**移行関係性** transitional relatedness」として記述した最初の人物であった。これは，本来，母親の不在中に，慰めを得るために乳児が無生物の対象を用いることを指している。境界例の人々は成人としての生活の中で，この目的のために無生物対象をしばしば使用するのである。さらに関心を引くのは，彼らが他の人々をまるでその人たちが無生物であるかのように，自己調整や鎮静の機能を果たすように使うことである。その使い方は，小さな子どもがテディベアを幼稚で要求がましく，荒っぽく扱うのと同じようなものである。Searles（1986）や Giovacchini（1987）は，これを境界例患者が彼らの親によって移行対象として扱われてきたことを示すものだと考えている。Modell（1968）は境界例の人々の自己イメージを，無力な乳児か，万能的に与えたり破壊したりする何者かの，いずれかに分かれたものとして見ている。自己の表象や対象表象の安定性の欠如が，極度の依存と親密さへの恐怖との「悲惨なジレンマ」（p.286）の中に，彼らを置き去りにしている。

　自己愛性パーソナリティ障害を理解するにあたって，Modell（1975; 1984）は Winnicott の映し返し mirroring の概念を用いて，自己愛的な人物は，映し返しに失敗し，かつ自分の体験を正当化しようとする親たちによって外傷を受けていると示唆している。彼はそうした子どもたちは早熟であることが多く，親たちの現実検討能力が不十分であることを見抜くのだと想定した。彼らは不適切な養育者に頼らねばならない事態を回避するために，補償的な自己構造を最後の拠り所にする。このやり方で彼らは，自分たちの発達を促進出来ないと体験された親像にはもはや依存せず，ある程度の現実検討に自力で到達するが，しかし彼らの「自己満足」は錯覚に基づくものであり，自律性は架空のもので

ある。精神分析は，この防衛的に発動された自己満足を克服するために，これと取り組むのである。

7.3　ウィニコット派の発達モデルと精神病理モデルに一致するエビデンスと矛盾するエビデンス

オクノフィリックとフィロバティックな防衛というBalintのモデルで同定されたパーソナリティのタイプと，最近の成人の関係性パターンの内的表象モデルの類型に関する実証的研究との間には，注目すべき一致が見られている。この研究は，愛着理論（第10章参照）から，特に成人愛着面接（AAI）の研究から始まった（George, Kaplan and Main, 1985）。この面接は，被面接者の幼児期の愛着と分離の体験についての説明を聞き出すため，また，そうした体験の現在の機能への影響を評価するためにデザインされたものである。文字化されて明らかになる各人の表象的世界の情動的，認知的特徴を評定したものが，4つの分類スキームの基礎となる（Main and Goldwyn, 1990; Bakermans-Kranenburg and van IJzendoorn, 1993;）。（これはよく知られた乳児 - 養育者間の愛着を表す4つの型A/B/C/Dの，成人との関係を表すように意図されている）（Ainsworth et al., 1978以降; Main and Solomon, 1986; Main and Hesse, 1990a）

安定型 Secure（F）の人々は，オクノフィリックでもフィロバティックでもなく，人生の楽しかった面も辛かった面も，防衛的にならずに，情動の質や過去の関係性体験の結末を縮小することも拡大することもせず，一貫した仕方で描写することができる。**不安定 - とらわれ型** insecure-preoccupied（E）グループは，オクノフィリックな人々がそうであろうと予想されるように，愛着の人物像との過去の体験に巻き込まれているように見える。対照的に**不安定拒絶型** insecure-dismissing（D）グループは，フィロバティックであると言えるかもしれない。面接場面では一般に，限定された乏しい想起，そして愛着体験に対してのきわめて限定された情動反応，過去の関係性への中傷および自立への理想化といった特徴がみられる。愛着理論によるカテゴリーからBalintの分類を検証することは出来ないが，有効で，妥当性のある愛着類型が，Balintの関係性パターンの内的編成についての仮説と重なり合うようにみえるのは興味深い。

Winnicottの乳幼児に対する弁証法的な観点は，乳幼児は環境から自己を区別できずに人生を始めるというFreudの観点と相反する（Freud, 1911a）。

現代では，Winnicott の見通しへの支持が非常に多い。現代の研究は，乳児が自分を分離した身体の単体だと感じ，他の身体的対象との間の空間で動いていると感じとっているというエビデンスを，大量に提供している（例えば，Neisser, 1995）。空間視覚自己認識の研究からのエビデンスは，少なくとも 2 カ月以後の乳児は，衝突コース上にある物体を知覚した時に，補償的に頭部を動かして，頭部の姿勢をコントロールするための視覚的固有受容フィードバックを用いることが出来ることを明らかにしている（Dunkeld and Bower, 1980）。John Watson は，人間の乳幼児が自分の運動反応にとってまったく偶然であるような環境の様相に敏感であるのは，乳児の運動反応が通常まったく偶発的な刺激を生み出すからだと提案した（Watson, 1991, 1994）。このように偶発事象の発見は，少なくとも生後 1 カ月間は自己の発見でもある。ある古典的研究では，3 カ月の乳児は，モニターに映る自分自身の足の動きを好んで注視するが，一方 5 カ月の乳児は，偶然ではない足の動きを映すモニターの方を好むことが示された（Bahrick and Watson, 1985）。この初期の注目の偏りは，乳児が身体自己の一次的表象を発達させる欲求を持っていることと一致する（Watson, 1995）。しかし，この一連の研究はまた，乳幼児の社会体験の中心的な特徴は，養育者の偶発的な反応をコントロールしているという感覚にあるとする，Winnicott の観点（1960b; 1962b）をも一貫して支持している（Watson, 1972; Trevarthen, 1977: 1990）。生後 2 カ月の乳児は，自分の身体の動作が，例えばモービルの動きのような，外的世界のありようを実際にコントロールできるのだと気づくことができ，すると動く対象が偶然目の前に現れるとほほ笑んだり，声を出したりする（Watson, 1972; Lewis, Allessandri and Sullivan, 1990）。乳幼児が，母親を創り出すという幻想を抱いていようといまいと，乳幼児の動作と関係なく偶発的に起こる世界の様相への彼らの敏感さは，Winnicott の推察どおりである。乳幼児とは，彼らに反応を示す環境的な事象に参加するべく生物学的に準備されており，社会的相互作用へと向かう生物学的道筋を表現しており，その道の途上で乳幼児は，心的実在であることを知ることができるもののようである。

　加えて，乳児は最早期から人間一般へと積極的に向かう方向性を持ち，また，特に自らの内的状態を鏡映させるような顔の表情に関心を向けるといった，発達に関する Winnicott の仮説と一致するエビデンスが多く見られている。それゆえに人々は新生児の顔の表情を模倣して見せるのである（Meltzoff and Moore, 1997）。乳児は母子間の複雑な社会的やり取りのなかで決して受動的

ではない。乳児は，母親が自分との相互作用を続けていることを確かめようとしたり，無反応になることや嫌そうな身振りをすることの回数を減らそうとしたり，母親が彼の動作を真似る機会を増やそうとしたりする（例えば，Beebe, Lachmann, and Jaffe, 1997)。年少の乳幼児が，養育者との双方向性の情動交流をしており，それが交代制という「原会話的 protoconversational」構造を特徴としていることは，一般に了解されている。Gianino と Tronick (1988) は，社会的な目的を相互に追及することを「相互調節モデル mutual regulation model」として説明している (p.47)。主要な生物社会的な観点では，母親と乳児は，情動コミュニケーションシステムを生後1カ月から形成するとしている。例えば，母親の肯定的な情緒表現と乳児の社会的関与との間には，高い相関関係と偶発性があることが明らかになっている (Cohn and Tronick, 1988)。この文献の多くの部分は，Winnicott の「一人の乳児などというものはいない」という主張と合致する。例えば母親と乳児は相互に乳幼児の気分を創り出しているというように，そこにあるのは乳児と母親との二人一組のみなのである (Tronick, 2001)。乳児は，乳児自身の情動状態を作り出すために母親の情動をモニターして処理するが，それが逆に，より複雑な表象構造をとおして，母親の気分状態を引き出すことになると考えられる。

　移行対象という概念については，大量の実証的研究がなされてきている。慰める対象の浸透性については充分に論証されているが，こうした移行対象の有無が，心的な健康を意味するのか病気を意味するのかについて，確かなエビデンスは得られていない (Schaffer Emerson, 1964; Ekecrantz Rudhe, 1972; Sherman et al., 1981; Newson, Newson and Mahalski; 1982; Horton and Gewirtz, 1988)。しかしながら Free (1988) は，幼児期に移行対象をもったことを記憶していた青年および，現在でもそれを用いている青年は，ダンスとか詩といった創作活動に携わることが多いと論証した。

　感受性豊かな母性的養育全般，特に映し返しの重要性に関する Winnicott の見解は，発達研究において広く支持されている。例えば，母性的感受性は様々な方法で査定されており，愛着の安定性やその他の変数との関連で良い結果との有意な相関があることが認められた (Susman-Stillman et al., 1996; De Wolff and van IJzendoorn, 1997)。さらに，力強い支持として，母性的感受性の生来的な限界を強調するデータが提供されており，それは Winnicott の「ほどよい」の概念と一致する。実際，早期の乳幼児の養育は大変なものになりがちであり，細心の注意を払って供給したとしても，乳幼児側の力量の未成

熟さや欲求の大きさが勝ることがあるのも事実である (Tronick and Cohn, 1989)。TronickとCohn (1989) は乳幼児が多大な時間を否定的な情動体験に費やし，喜びといった肯定的な情緒は僅かな時間しか体験されないと明言している。すでに見てきたようにWinnicottは，早期の乳幼児期でさえもが牧歌的な時期だとは想定していない。彼は母親は「ほどよく」なければならないが，しかし何らかの失敗は避けられず，それは成長を動機づける，と述べた。GianinoとTronick (Gianino and Tronick, 1988) は乳幼児‒母親間での「非調和 miscoordinated」状態と，調和し共時的または同調的な相互交流状態との比率は70対30だという所見を得た。Malatesta et al., (1989) は，中等度に母親が関与する方が，偶発的反応が高いことより望ましいと報告している。中等度の受容 (Murphy and Moriarity, 1975) や母性的関与 (Belsky et al., 1984; Grolnick, Frodi and Bridges, 1984) は，完全一致よりも成長に有益だという研究は，Winnicottの観点を支持している。また，乳幼児は償いの過程で，おそらくWinnicottが想定したよりも積極的であるかもしれないことが研究から論証されている。Demos (1989) はボストン大学での縦断研究の中で，乳幼児‒母親相互関係での情動の推移について，次のように記している。関係性は最初は良好で，次には崩壊し，それに続いて共同の修復行動が生じ，乳幼児と養育者は良い関係性を修復させる。「子どもは，肯定的な情動が確実に再建されやすいこと，否定的な情動は確実に辛抱でき，対処でき，克服されうることを学び，また子ども自身がことを起こす積極的な行為者になりうることを学ぶのである」(Demos, 1989, p.17)。

多くの視点からの研究が，早期の母性の失敗は外傷的影響を持つとするWinnicottの仮説を裏づけている。親からの優しさや支持の水準が低いことは，親の拒絶や敵意や，家族葛藤と同様に，子どもや青年期のうつ病と結びつくことが知られている（例えば，McCauley, Pavidis and Kendall, 2000）。縦断研究企画によると，観察研究開始時でのうつのレベルが統制されている場合でさえ，観察される敵意とか乏しい優しさといった親の特徴が，後のうつ病を予測する力をもつことが実証されている（例えば，Ge, Best, Conger and Simons, 1996）。おそらく特にWinnicottと関連があるのは，母親のうつ病がもたらす否定的な結果である (Cummings and Davies, 1994)。このところ，抑うつ的な親の子どもたちが発達精神病理を発展させる危険性を増すこと (Beardslee et al., 1983; Orvaschel, 1983; Welsh-Allis and Ye, 1988)，特に行動上の問題が大きいことが明らかになっている (Downey and Coyne, 1990;

Fendrich, Warner and Weissman, 1990)。乳幼児の異常さは，難しい気質として早くから顕著に現れ，社会的反応性の乏しさ，低い活動性，極端な情緒，苛立ちやすさと過敏性として顕わになってくる (Sameroff, Seifer and Zax, 1982, Field, 1992; Murray and Cooper, 1997)。乳幼児の精神病理や行動上の異常性の危険が増すことは，遺伝的要因によるかもしれないし（例えば，Kashani et.al., 1981; Nolen-Hoeksema, 1987)，子宮内ホルモンの上昇，アルコール依存症，薬物乱用といった，出生前や周産期の母親のうつ病に関連するかもしれないが (Zuckerman and Beardslee, 1987; Dodge, 1990; Field et al., 1990; Fergusson, Lynskey and Horwood, 1993)，母親のうつ病と関連して，親子関係パターンが最適以下であることが重大な病因となりうると，十分なエビデンスが示唆している (Teti, Gelfand and Isabella, 1995; Lyons-Ruth et al., 1986; Tronick and Gianino, 1986)。疑似抑うつ行動（否定性，押しつけがましさ，引きこもり）を取り入れた対面相互作用の実験室研究では，乳幼児の怒り，活動性の低下，情緒不安や社会的引きこもりの反応を引き起こすことが明らかになっている。(Cohn and Tronick, 1983; Zekoski, O'Hara and Wils, 1987; Feild et al., 1990; Cohn and Campbell, 1992)。このパターンの相互作用が長期にわたると，母子相互関係以外の文脈でも観察されるような，抑うつ的行動スタイルの発展へと結びついていくのである (Field et al., 1988; Cohn, Campbell, Matias and Hopkins, 1990)。

　無神経な親の行動は，怒り，苦痛，高活動性，生理的覚醒，その他の情動調節の不全を引き起こすが (Field, 1987a; 1987b)，Tronick (1989) は親の無神経さが，子どもが情緒や覚醒を調整する能力を発現させることを防げる，と推測している。Field (1989) は母親のうつ，つまり乳幼児の共感的覚醒によって生じる回避的な母子相互関係と，迷走神経緊張の低下には関係があると論証したが，これは乳幼児の覚醒喚起システムが，ストレスや難題になるかもしれないあらゆる社会的侵害に向けて敏感になるという仮説と一致する所見である (Cummings and Cicchetti, 1990; Cummings and Zahn-Waxler, 1992 を参照)。Tronick と Gianino (1986) は，うつ状態にある親たちの子どもは，無神経なあるいは無反応な子育てと結びついた調節不全という嫌な状態を避けるために，社会からの引きこもりという手段に訴えるのかもしれないと示唆している。こうした知見は，後に子どもの障害の原因になるような侵害をする，無理解な養育者として Winnicott が同定したものと一致している (Winnicott, 1960b; 1962a)。しかしさらなる精緻な発達研究が，いかに早期の子どもの発

達は様々な発達段階から成り立つもので，いかに関係性に由来する明白な発達的欲求を伴っているかを明らかにしている（第 12 章と 13 章を見よ）。

ところが調査研究は，Winnicott の乳幼児 - 母親関係性のみに限定した関心を支持してはいない。親側の優しさや支持の水準が低いことや，同様に親からの拒絶，敵意や家族葛藤が，子どもの一連の心理的問題と結びつくというよいエビデンスがある一方で（Ge, Conger and Simmons, 1996; Sheeber, Hops, Alpert et al., 1997），エビデンスは母子関係の優位性を支持してはいない（例えば，McCauley, Pavidis and Kendall, 2000 の幼児期うつ病に関する研究をみよ）。母子関係性がすべての重大な精神障害の基礎を提供するという，Winnicott の仮説は，遺伝的因子の重要性に関する蓄積されたエビデンスの前では吹き飛んでしまう（Rutter, Silberg, O'Connor and Simonoff, 1999a; 1999b）。行動遺伝学研究からのデータは，あらゆる精神分析理論（他の早期社会化に焦点を当てた理論も同様に）との関連で考えるべきではあるが，乳幼児の心理社会的な環境に潜在する毒性という Winnicott の記述はきわめて影響力が大きかったからこそ，われわれはこうしたデータをここで考慮すべきなのである。精神分析にとっての行動遺伝学のより一般的な意味合いについては，本書の最終章で取り扱うことにする。早期関係性の体験を精神病理の発展と明白に結びつけるエビデンスは，きわめて限られたものでしかない。子育てと障害との間に観察された多くの関連は，その逆の因果関係から再解釈することができる。つまり，むしろその逆に子どもの障害が家族の機能不全の原因になるとも考えられる。例えば上記のような，敵意的で批判的な親の態度は，縦断研究ではうつ病や行為問題と関連づけられることが多いが，それらはそれよりもっと長期にわたって精神的疾患を患っている子どもたちにより多く観察されるところであり（Hooley and Richters, 1995），そのことは，親側が精神病理にさらされていることによって，親としての批判を強めてしまうという方が，その逆よりもありうることを示唆している。

早期の育児の特徴と後の子どもの行動との相関については，探索的研究においてさえも，育児が子どもに影響を与えると推定するのではなく，子どもの遺伝的性質が両親の反応を決定するというモデルで再解釈することができる。例えば，育児の敏感性と愛着分類の間で観察された関係は，子どもの遺伝的素質によって決定される子どもの行動から押し出されたのかもしれない（いわゆる親に影響を及ぼす子ども）。また，ある家族の独自の相互作用体験の諸側面は遺伝的に決まっている，というのも興味深い。同様に，コロラド養子縁組プロ

ジェクトの知見によると，家族内の温かさや否定性に関する両親のレポートと，目標達成に関する子どものレポートは，遺伝的に決められていたかのように見え，家族の環境という側面は子どもの遺伝に根ざす性質に影響を受けやすいことを示唆している（Deater-Deckard, Fulker and Plomin, 1999）。親らしい温かさは親の遺伝的資質に影響されるのだから，温かさと病理のなさとの関係はきわめて疑わしいものがある（Losoya, Callor, Rowe and Goldsmith, 1997）

遺伝子と環境の相対的寄与率は，二人同胞が共通の遺伝物質を共通に持っている程度に基づいて予測した相関と，二人の間に観察される相関とを検討することで評定される。したがって，すべての遺伝物質を共有する MZ（一卵性）双生児は，DZ（二卵性）双生児の約2倍は互いに似ていることになる（特質上の相関がある）。双生児と養子縁組児の研究の行動遺伝モデルでは，共通遺伝子（h2）で説明される特定の遺伝形質についての変動性の割合を 100 から引く（E=100-h2）ことによって，変動性を遺伝と環境の要素に区分する。多くの領域で，遺伝子（h2）は 50〜60％を占め，環境は半分以下である。ヴァージニア双生児研究（Eaves et al., 1997; Hewitt et al., 1997）と非共有環境と青年期発達プロジェクト（NEAD）（Reiss et al., 1995）という，地域に根ざした大規模で質の高い2つの研究は，幼児期の精神病理の大半のタイプにかなりの遺伝的要素があるということを裏づけた。例えば，ADHD の遺伝率は 54％〜82 とされる（Smalley, 1997; Nigg and Goldsmith, 1998）。遺伝的要素はあってもごく僅かだとされる幼児期の精神障害は，唯一，分離不安のみである。(Topolski et al., 1997）だが，この障害についても，女子の遺伝率は高く（31％〜74％），男子は低い（0-19％）。

行動遺伝学の研究は，以前には環境によると考えられていた影響因が，実際は遺伝的に媒介されていたということを明らかにした（Kendler et al., 1996）。例えば，本を読んでもらった子どもは，読んでもらわなかった子どもより早くから読むことを学ぶ，といったことは，一見環境に媒介された家族の影響のように思えるが，実際はたいてい養育者と子どもが共有する遺伝的素因に媒介されているのであり，したがって環境による影響自体は重要ではない（Rowe, 1994; Harris, 1998）。行動遺伝学の研究が重要視した家族環境があるとすれば，問題になったのは（Polmin and Daniel, 1987）同じ家族のなかのそれぞれの子どもに特有の環境（非共有環境）である。環境は共有要素と非共有環境要素に分けられるかもしれない。仮に，精査された遺伝特質が，共有の環境要素を持っているとしたら，MZ（一卵性）も DZ（二卵性）もともに，双生児の特質

は有意に相関するであろうし，その一方で，非共通環境要素が含まれるなら，同胞の相関は見られないであろう。共有環境の影響は，養子と他の家族の養子になった兄弟とを比較する養子縁組研究で役に立つかもしれない。もし育児のように共有される環境側面が本当に形成されるのであれば，同じ家に住む養子の兄弟たちは，家族関係のない子どもたちよりもずっと有意に似ている筈である。遺伝と共有環境の要素が評定されると，残るのは非共有環境である（Eus＝100－h2－Es）。非共有環境というのは，実は環境要素の大半を占めているように見える——とすると，例えば親の感受性 といった共有の環境は，ほとんど何の変化も説明しない（Plomin, 1994）。養子になった子どもたちは，養子同志の同胞とは，違う家庭で育っている関係のない子どもたちほどに似ていないであろうと思われる（Plomin and Bergeman, 1991）。このような知見は，年齢や性別，気質，出産順位といった内部統制を行った双生児研究で顕著にみられている。これは，共有環境の影響に関するあまり正確でない観察の結果からでも，発達精神病理学的に有害であろうと常に示唆されてきた環境（例えば，両親葛藤の程度が高いこと，離婚，一貫性のないしつけ，親の精神障害，頻回の引っ越し，親の死あるいはそれに伴う社会的な不利益や隣人の影響など）が，以前に考えられていたほど重要ではなく，それよりもむしろ実際には，遺伝的に媒介されているのだという点で重要である（Plomin, Chipuer and Neiderhiser, 1994）。Plomin (1994) はこのことを次のように述べている。

　しばしばわれわれは，子どもたちの発達への主要な影響は共有されていると想定してきた：親のパーソナリティや親の子ども時代の体験，親の結婚生活での関係性の質，子どもの教育的背景，子どもの育つ地域近隣住民，そして学校やしつけに対する親側の態度，といったものである。しかし，そうした影響因がそれほど共有されているのであれば，子どもたちのその後の成長に，われわれが観察しているような違いがあることを説明できない (p.23)。

程度の差はあるものの，実質上の共有環境要素が原因となる唯一の障害に，反抗挑戦性障害と行為障害がある（Thapar and McGuffin, 1996; Goldsmith, Buss and Lemery, 1997）。

　非共有環境の影響にさえ，遺伝的な起源があると考える方が理解しやすいのではないかという議論がある。子どもの行動のうち，遺伝的に影響されている側面とは，両親や他の人たちに特殊な反応を起こさせることに関与しているかもしれない。これは，時として誘発的共変動 evocative co-variance と呼ばれ

るもので，異なる遺伝子素因をもつ子どもたちが養育者から相補的な反応を引き出してしまうのである。こうして，子どもの非共有（特異的）環境が，時として親の行動に親の遺伝子ではない属性を間違ってつけ加えてしまうのかもしれない（O'Connor, Deater-Deckard, Fulker et al.,1998）。両親が青年期の若者をどう扱うか，その扱い方の可変性の20%は，その青年の遺伝形質に負っているらしい（O'Connor et al., 1995）。例えば，権威主義的な育児というのは，反抗的だったり散漫だったりする子どもの行為から引き出されるらしいことが，養子の研究で証明されている（Ge et al., 1996）。双子の兄弟のうち，両親に否定的な扱い方をより多く受けたと思われる青年は，うつや反社会的症状へと発展する危険が大きいが，より肯定的に扱われた同胞はこうした障害から守られている，というNEADの研究のよく知られた結果も，疑似環境効果の例かもしれない）（Reiss et al., 1995; Pike, Reiss, Hetherington and Plomin, 1996）。葛藤拒絶的な両親と青年の障害との相関も，青年の遺伝要因よって説明できるかもしれない（Neiderhiser et al., 1999）。

　この論争への現代の再検討（特にRutter, 2000を見よ）は，より洗練された評価を提案している。例えば，行動遺伝学研究での，いわゆる共有環境の影響とは，単にいかに似ているか，あるいは同胞ではないかなどによってのみ評価されているゆえに，研究が誇張されている。母性的な温かさといった要因の影響の重大さは，その影響が家族の異なるメンバーに異なった仕方で与えられるのだから，このような方法で評価することはできない。実際には共有環境なのに，非共有環境にも見えることもありうる。さらに，発達に与える早期の環境の影響研究は，大半が平均水準よりもリスクの低い環境をサンプルにする双生児や養子の研究に基づいたものである（Stoolmiller, 1999）。技法的にはさらに複雑な問題がある。例えば，因果関係に関して結論を引き出す研究の多くが，非共有環境の変数と誤差変数を一緒に扱っているし，また他の研究では，一卵性双生児と二卵性双生児が「等しい環境」にあると想定してきた。批評家たちは自らの主張を誇張してきたが，それにもかかわらず，彼らは心理社会的な研究者たちに妥当な挑戦を提供していることは間違いないと思われる（Rutter, 1999）。

　まとめると，Winnicottは正常発達にも病的な発達にも，環境要因という問題を強調しすぎてきたと，エビデンスが示唆している。Winnicott以前の分析家たちや英国独立学派の精神分析家たちは環境決定論者の傾向があり，氏より育ちでの病理を説明することを好んだが，フロイト派の伝統は，例えば，症状

選択と環境ストレスに対する脆弱性というように，素因や遺伝因に対して十分な配慮を行っている．遺伝負因の役割を全面的に否定するわけではないが，Winnicott の理論は，例えば精神病について行動遺伝学上のデータと明らかに矛盾する程にまで，早期の環境の排他的な役割を強調したのであった．

7.4　批判と評価

　英国独立学派を評価するのが難しいのは，この学派の貢献者たちが，この学派の代表と言える原理であろうとも，どのような単一の原理群にも固執しないからである．したがって，このグループについて何らかの一般化をすると，その観点に反対する理論家たちの著作によって反論されるかもしれない．たしかに Fairbairn と Winnicott の観点は，認識論や広範な発達仮説という点では一致しているが，共通する特異的な観点はほとんどない．Winnicott は Fairbairn に彼を引用する特典を与えているように思えないし，自分の議論の出発点として彼を引用することはめったにない．彼は Freud や Klein をはるかに多く引用し，時には Anna Freud さえも引用している．事実，独立学派の興味深い特徴の1つは，彼らが論議の出発点として，しばしばクライン派やフロイト派の理論や実践の一部への反論を使うことである．これが，このグループ内部で理論的な一貫性を欠くことの背後にあるおよその理由のようである．

　このアプローチのよさとして，過去にも現在も，貢献者たちの独創性と活気は認めるべきであろう．独立学派は国際的な精神分析学の動きに独特の畝を作った．彼らの革新的なアプローチは，精神分析の理論をその最も唾棄すべき重荷（例えば，同性愛に関する仮説，性別への偏見，心的エネルギー理論の偽科学など）から解放し，社会的関係性の主観性という無意識領域の理論へと移す中心的役割を果たすことになった．歴史的にはこの学派の役割は大きいが，今日われわれは，彼らの貢献からどれほど学ぶことができるであろうか？　もちろん答えは，理論家による，ということである．おそらく Fairbairn は独立学派のなかで最も独創性があり革新的であったであろうが，今日彼の仕事はほとんど引用されることはない．現代の独立学派のなかでは，Patric Casement と Christopher Bollas が国際的にも間違いなく高い評価を得ているが，人数としても大きいこの学派のなかで，伝統が生み出してきた巨匠たちに適うものは2人の他に見当たらない．独立学派が治療の着想や方法を自由にするという伝統が下落傾向を招き，多くの被害者を生みだした．われわれの印象では，境界

違反行為や不適切な実践に関する紛争は，Balint や Winnicott の技法を試みる追従者たちのほうが，精神分析学の他の2つの英国伝統学派（現代のフロイト派とロンドン・クライン派）よりも多いように思われる。

そこで，英国独立学派の理論を評価するには，歴史的にみて代表的な貢献者で現在も影響力のある者を選ぶのがよいであろう。こうした基準にあてはめると，Winnicott の業績に焦点を当てなければならない。Winnicott の理論は，精神分析学に適用できる発育停止の理論として，もっとも綿密で一貫性があることは疑いがない。ほかの理論家たちは，精神病理学の発育停止モデルと葛藤モデルとの間で妥協することが多く，あるいは，発達精神療法的援助を提供することによって発達停止モデルの臨床上の意義を明確に説明できなくなるか，もしくはそうした援助を提供することで，Winnicott が精神分析的信念に従って主張した発達停止や発達の欠陥の役割を強調しないようにしている。さらに Winnicott は，複雑さを好んで理解し，クライン派やフロイト派のような総括的な理論の優位性に屈することを拒んでいる。彼は重度の障害をもつ患者の治療について，クライン派精神分析家の立場をとっていたが，幻想よりも実体験を重視するフロイト派の伝統を放棄することはなかった。彼は技法上の革新を行ったが，厳密に精神分析の設定のなかに留まったのである。彼は，精神分析家の（技法の）レパートリーに行動 action を付け加えたが，Franz Alexander の論争多い修正感情体験概念のいざこざに巻き込まれることは避けてきた。それは，たとえ Alexander が勧める行動が治療的であっても，患者が自発的に表現した欲求に応じているゆえに技法的だ，という主張からであった。Winnicott のアプローチが意味するところは，治療場面をもっと柔軟で，堅苦しく規定されず，各人が新しい自己の感覚を発見したり創り出したりできるような自由な分析空間にすることにあった。Winnicott は，正常と異常の発達に関する理論だけでなく，治療経過の発達的な理解にも重要な仕方で貢献したのである。

英国対象関係論の伝統と偶然に出会うことになった Winnicott の理論の主な弱点は，成人の心のなかへの幼児期の素朴な復元，と呼べるものかもしれない。乳幼児研究はある種の憶測や非公開の観察を受け入れるにしても，乳幼児期から成人に至るまでが直線的に発達展開するという論議は支持されるはずはない。乳幼児から大人までの発達段階はあまりにも複雑で，幼児期の体験が大人の病理と直接的なつながりをもつことはない。実際，そのような研究が可能だとすれば，幼児期の縦断研究は，重要な肯定的および否定的影響に基づいて，

パーソナリティの再編成が発達の全過程を通して繰り返されることを示唆するはずである (e.g. Emde and Spicer, 2000)。このように，Winnicott たちが描き出す幼児期の体験は，彼らが書き換えようとした自我心理学の定式に劣らないほど隠喩的で還元主義的である。

　Winnicott の著作は，エビデンスにも常識にもあまり注意を払わずに行われた大胆な推論による飛躍が特徴になっている。例えば，彼は長椅子に寝ている患者は誕生の過程を追体験しているという着想を気に入って熟考していた。Winnicott にとって，これは単なる理論上の可能性ではない。Winnicott の精神分析を受けた Margaret Little の報告によると (Little, 1985)，Little が長椅子の上で感じる強い不安は誕生の過程の追体験なのだ，と Winnicott は説明した。これは明らかにわれわれが認識している記憶の発達の性質とは相反するものである (Nelson and Bloom, 1998)。誕生時の体験を，たとえ身体的にであれ，記憶しているという仮説は疑わしいものがある。

　Winnicott の観点は，微妙な深い仕方で精神分析学に影響を与えた。例えば，次章で取り上げる Kohut の精神分析理論の発展は，ほぼ全面的に Winnicott の仕事によって予見されていたということは，ほとんど認識されていない。Winnicott の影響は不幸なことに理論的であるだけでなく認識論的でもある。彼の文体は極めて喚起力があり，臨床例は説得力がある上に，豊富である。彼の文章は言葉の節約のせいで悩まされることもないし，まぎらわしくない言葉や支持するエビデンスを必要とすることもない。Winnicott の手の中にあっては，このアプローチはきわめて創造的であったが，彼の追従者の手の中では，喚起力のある言葉が，まわりくどい推測や面白味のない内容を隠している場合が多い。

　独立学派グループの重要な貢献はおそらく，クライン派やフロイト派のイデオロギーの対立のなかで，「目撃者」としての役割と結びつくであろう。全般的にみて，独立学派は他の 2 つのグループのどちらよりも，この論争への貢献の質は，一貫してより思慮深いものであった。その結果，独立学派の思索家たちから認識論に対する思慮深いアプローチを引き出すことになったのである。最近の例では，David Tuckett の仕事がある (Tuckett, 1993; 2000b)。Tuckett は精神分析的論議のエビデンスベースに関する問題に組織的に取り組んできている。彼は，精神分析の知識は社会的に構成されているものであり，したがって異なる内部構造を持つ精神分析グループは，様々な知識の発展段階でより効果的な貢献をもたらす可能性があると証明した。例えばロンドン・クライン派

のグループは，きわめて秩序立ったグループで，彼らのアイデアは比較的明確であり，伝統的なカリスマ性と規則に支配された内部組織構造によって運営されている。同様に独立学派は，彼らが共有する着想がきわめて一般的で特殊化しにくいという点で，比較的秩序立っていないとみることができるかもしれない。このような秩序立っていないグループ，つまり精神分析のグループ一般の特徴をもっているグループは，開放的であることと，着想を合法化する根づいた方法を欠くことが組み合ったグループであり，つまり否定的グループアイデンティティを生じやすい（例，非クライン派）。Tuckettは，しかしながら，秩序立っていないグループは適応の先駆者でもありうると強調している。独立学派グループは，まさに開放的であることを通して精神分析の着想に独自の貢献をなしているのであり，発達早期の環境の影響に関する概念と，クライン派の思考に根ざす心的構造の概念との結合を可能にしているのである。

第 8 章　北米の対象関係理論家たち

8.1　Kohut の自己心理学

8.1.1　発達理論

　Kohut の理論（Kohut, 1971; 1977; Goldberg, 1978; Kohut and Wolf, 1978; Mollon, 2001）は，60 年代後期から 70 年代初期にかけて台頭してきた。多くの精神分析理論と同様に，その理論は独立し一貫した集合体ではない。当初，彼はこの理論を，彼が神経症と精神病との中間の障害として感じていた自己愛障害にのみ適用した。彼の理論が自己の発達に関わっており，また自己の障害にそのモデルを適用したことから，彼の理論は，狭義の自己心理学として知られるようになった。広義の自己心理学とは，この理論を神経症にも，治療過程一般にも，拡大したものであった。このような複雑さに加えて，彼の自己と自己発達の理論もまた，この拡大が進行するなかで変化した。自己心理学について明確に説明するのは容易なことではない。例えば，コフート派の自己心理学が対象関係理論であるかどうかについても否定的意見がある。自己心理学者のなかには，Kohut の業績を明確にこの認識で捉えている人々もあるが（Bacal and Newman, 1990），一者心理学 one person psychologies（すなわち，精神内界理論　an intra-psychic theory）の流れで捉える人々もある（Wolf, 1988b）。

　Kohut の定式とは，自己愛の発達は独特の道筋を通り，そこでは両親が自己対象 selfobject として役立つ，というものである。自己対象（Kohut は当初，間にハイフンをつけていたが，後の著作のなかで，彼も彼の追随者たちもハイフンを取り除いた）は，その環境にあって自己にとって特殊な機能を持つ人物と定義され，その機能が自己性 selfood の体験を喚起する（Wolf, 1988a）。まず初めに，鏡映自己対象 mirroring selfobject（母親が想定される）からの共感的な反応が自己顕示性や誇大性を開花させる。これによって子どもは，融合したい親の理想化されたイメージを作り上げることができる。もし欲求不満

が時期に適したもので強すぎなければ、この鏡映機能の「変容性内在化 transmuting internalization」を通して、幼児的万能感の緩やかな調節が可能になる。自己対象の変容性内在化はしだいに、**中核自己**を強化していく（Kohut and Wolf, 1978; pp.83 and 416）。自己対象の理想化もまた内在化を通して行われ、理想の発達を促す。そして、鏡映機能の内在化と理想化された自己対象の内在化が、意欲や理想と、それを可能にする生来の素質を伴った、「双極自己 bipolar self」を出現させるのである。

　早期発達についての Kohut の理論は、Freud のそれとかなり近いものである（Freud, 1914; Kohut, 1971）。Freud と Kohut はともに、一次的自己愛を、自己へのリビドー投資として定義し、乳幼児がこの段階から抜け出すのは、供給を外界から来るものとして体験し始めてからのみであるとする。情緒の投資を親に移し変えることから、母親の理想化が生じる。エディプス・コンプレックスが解決され、両親像が再内在化されるにつれて、一次的自己愛状態が修復される。しかしながら、Kohut は自己形成を共感的な養育者が乳児をあたかも自己であるかのように扱うゆえに、前心理的に始まるものとして予想したことから、Freud とは異なり始める（Kohut, 1977）。対象が果たす、心理的な生命維持の機能とは、**発生期の状態** in statu nascendi にある自己への、共感を通しての認識にある。共感的な母親は、共感を仲介させて、子どもの生まれもった資質的側面を選択的に可動させることによって、自己としての生来の可能性を「中核自己 nuclear self」へと向けてゆく。子どもが自己を持っているかのように扱う母親は、自己形成の過程を起動させる。したがって、そのような母親は原型的な自己対象 prototypical selfobject である。一次的自己愛から出発しようとする子どもの自己愛的要求に合わせるのは、親としての失敗である。誇大的または顕示的自己は、一次的自己愛を失うことの直接的な結果として生じる、脆弱さへの気づきに対する防衛として発生する。この誇大的または顕示的自己は、賞賛や承認を求める子どもの要求を映し返す対象の確認を当てにしている。この意味で Kohut は、自己対象機能を演じて補強する親というものを考えたのである。こういう場合に子どもは、親を別個のあるいは自立したものとは見ていない。他の場合には親は他者だという認識があり、こうした状態を行き来することから理想化された親のイマーゴが生じる。この理想化された親のイメージは、自己愛リビドーを充填されて、これも幸福感を体験する別の方法となる。誇大自己と理想化された親のイマーゴはどちらも、一次的自己愛の変容なのである――前者は映し返す自己対象機能を必要とするのに対し

て，後者は理想化を可能にする親の応答力を必要とする。

　理想化された親のイマーゴは，親への失望という圧力の下で，徐々に断念されてゆく。（そして）親のイメージは，子どもの熱望する理想の集合体として内在化される。理想化されたイマーゴが自我理想へと変容すると同時に内在化することを通して，構造が形成される。Kohut はこの過程を変容性内在化と名づけている。超自我は自我理想と合体する。一次的自己愛に起源を発しているゆえに，ここでの理想は幸福感の中核をなす。したがって，超自我による承認を失うことは後に幸福感の深い喪失となり得るのである。

　Kohut は彼の発達モデルについて明らかなタイムテーブルを提示していないが，2歳から4歳までの間に，母親の映し返しを支えにして，誇大性が野心へと変わることを示唆している。この点で彼の発達のタイムテーブルは，Winnicott よりも Mahler に近い。理想化された目標は，4歳から6歳までの間に現れるとされ，古典的なフロイト派の超自我発達のラインに沿っている。Kohut にとって，自己愛リビドーと対象リビドーは，明確な発達的道筋に沿っている。自己愛の投資を受けている理想化された親のイマーゴは，欲動中性化の能力を保持している。Kohut の見地では，超自我の形成へと導くものは自己愛ではなく対象備給であり，一方，超自我の理想化は自己愛投資の結果として生じる（Kohut, 1966; p.434）。したがって，理想化された親のイマーゴの内在化が不適切であれば，超自我は強力であり，よく統合されているとしても，理想化はされていない。したがって自己愛的な人は，これから見ていくように，悪いとは感じずに超自我の要求にそむくことができるのである。

　親的人物への失望に直面して，理想化された親のイマーゴが自我理想へと内在化することを通して変容するのと同じように，子どもの誇大性も，要求を満たせない親の反応と直面することから，徐々に減少していく。ここでも，変容性内在化の過程は進行していて，誇大性の要求が最適に阻止されると，現実的野心の内的構造が生成される。つまり自己は，3つの基本的構成要素で作られることになる。それは，力と成功（現実的野心）への努力，理想化された目標（自我理想），そして才能 talents と技能 skills である（Kohut and Wolf, 1978, p.414）。個人の才能と技能は，「双極」自己の2つの極の間にあるが，その一方の極は，個人を駆り立てる野心であり，もう一方は到達したいと望む望ましい理想 loved ideals である。まとめると，健全な発達では，幼児的誇大自己と理想化された親のイマーゴは，変容性内在化を通して現実的野心と望ましい理想へと変換される。

鏡映自己対象と理想化された自己対象がしだいに内在化されても,「自己」は自己の凝集性を維持するために,程度の差はあっても,生涯を通じて自己対象を求め続ける(Kohut, 1984)。Kohut によれば,自己の発達は,「自己対象の成熟した自己編成への共感的な融合と,情動拡散をせず,情動信号という自己対象の体験に参加すること」を求める(Kohut, 1977, p.87)。自己対象は自分自身の一部として体験されるが,一方対象はより境界の明確な自己概念から発生する欲求の標的である。

Kohut の初期の著書(1971)では,自己は自我構造の1つの要素と見られていたが,後の著書(1977; 1984)では,欲動と防衛を含む上位構造と見なされた。Kohut (1971; 1977; 1984) は,すべての人にとっての主な発達的成果は,凝集性のある自己の獲得であると提唱している。彼は「弱体化された自己」が防衛のために快楽目標(欲動)へと向かい,そして副次的に自我をこの目標の処理へと巻き込むのだと述べている(Kohut, 1977)。欲動は自己の失望による衰弱の産物であって,それには通常,自己対象による情緒的調律の失敗が関連している。自己の凝集性を求めるのは,人間行動の主要な動機であって,それは誇大性と顕示要求の避けがたい低下に由来する(Kohut, 1971)。

Kohut は,構造論的な精神分析理論の多くの側面を,自己凝集性の観点から定義し直そうと試みた。例えば,危険な状況と関連した不安を,欲望充足が自己非難や対象からの拒絶を招く時に起こる恐れ,自己の崩壊の恐れなどに区別した。不安とは基本的に,凝集性や連続性が欠落するという自己の体験である。

晩年の研究で Kohut は,フロイト派の概念であるエディプス・コンプレックスを再検討し(Kohut, 1984),そして,エディプス的な熱中が,断片的な自己や活力を失った自己に対する防衛になっている一群の人々を同定した。彼はエディプス・コンプレックスを,古典的に描かれてきたように,子どもの成長を楽しみ,共感的にそれに参加することができない親に対する,子どもの反応として解釈した。非共感的な親は,子どもの破壊的な攻撃性や隔離されていた性的固着を刺激するような,逆敵意 counter-hostility や逆誘惑 counter-seduction でエディプス的な子どもに反応しやすい。これは Freud のモデルの反転であり,Kohut は去勢不安やペニス羨望を,生まれもった気質の結果というよりも,外部から強いられたものとして同定する。これが Kohut が生来の欲動という古典的理論を棄却したことの一例である。一方,情動や自己主張の気質は先天的である可能性があるが,それらが性的および攻撃的な欲動へ変

容するのは，病原的状況下のみである。もしも親が，異性の親に対する子どもの親しみの感情や同性の親に対する自己主張したい感情に，愛情や誇りをもって共感することができたなら，子どもはこうした親しみや自己主張の欲求を自己構造へと統合することができる。したがってエディプス期は，もはや欲動を統制する基盤としてではなく，愛情や自己主張的感情が自己構造を強化する段階として捉えられる。もしも自己が不完全なら，愛情的，自己主張的感情は楽しいものと体験されず，性的欲望と敵意とに分裂される。エディプス葛藤は弱い不完全な自己から生じる。もし自己対象の反応が共感的ではなく，過剰に欲求不満を抱かせたり刺激的であったりする場合に，病理が生じる。例えばエディプス期の少女は，誘惑的な父親や敵意的な母親を恐れる。もしも両親がその子どもの自己主張やもっと親しみたい願望を強めることに恐れを感じ，競争心で応じたり，過度に刺激的に応じたりすると，子どもはエディプス期の自己対象に，トラウマ的な失望感を抱き，愛情深い自己と自己主張的な自己の発達は阻害されるであろう。（すると）喜びに満ちた感情は強化され，自己の核から分裂し，野卑なセクシュアリティおよび／あるいは敵意に変容される。子どもはその欲動を残りの自己から隔離する。したがって，自己主張は敵意となり，愛情は性愛化される。そこで晩年のKohutは，エディプス・コンプレックスをきわめて病理的な布置であり，究極的には欲動の隔離を通じて「崩壊不安 disintegration anxiety」を防衛する努力なのだとして捉えるようになった。男児では，去勢不安は脅かされた自己の症状であり，あらゆる問題の源ではない。ペニス喪失の不安は，それよりはるかに恐ろしい，自己の統合性の喪失に対する防衛となる。

　Stolorow, BrandschaftとAtwood（1987）は，コフート派の枠組みから出発して，自己概念の体験的性質を再定義しようと試みた。StolorowとAtwood（1984）は，行為の発起人 initiatorとしての自己と，体験の編成者 organizerとしての自己（表象論的構成概念，Jacobson, 1964）とを区別した。彼らは「自己」という用語を，自己体験がそれを通して連続性と凝集性と永続的な編成を得るような心理的構造を意味する，特殊な概念として提示した。彼らは体験の方向性を，外部から観察者に評定されるような能力ではなく，体験の構造化に焦点づけた，共感的，内省的な見通しとして捉えている。Stolorowら（1987）は，Kohutが自己を発動者としての人間のもつ構造と混合していると批判した。彼らの見方からすれば，Kohutの心的装置をもつ上位構造としての自己という見方は，われわれが第3章で論じたように，自我心理学を妨

害した機械論的思考や実体化と同じ問題に陥ることになる。理想化機能と映し返し機能との緊張弧 tension arc，という Kohut の動機に関するメタファーは，構造モデルの発動者間葛藤 inter-agency conflict と同様に，体験から遠いものである。崩壊する自己とは1つの体験であって，それゆえ，「崩壊の産物 disintegration products」を生じることはありえない。こうした考え方は実体化であり，機械論的モデルの名残りである。それは精神分析をメタ心理学へとひき戻し，自己への体験的焦点づけから引き離してしまう。

　この研究 (Stolorow, 1997; Stolorow et al., 1987; Stolorow and Atwood, 1989, 1991) から新しい示唆が生まれてきたが，それは，共感あるいは2つの主観性が出会う過程を経てデータを収集する課題として，最も明確に精神分析を説明した。分析家は自分自身の観点を持ち，そこから患者のリアリティ（リアリティ出）を解釈するが，それが患者の見解以上に「客観的」であるとか，優先権があるというわけではない。自己対象とは，自己が情動を自己体験の編成へと統合するのを助ける機能である。彼らは子どもの情動の統合に貢献する4つの重要な自己対象機能を提示している。(1) 情動の分化，(2) 情動的に矛盾している体験の統合，(3) 情動の容認と情動を信号として使うことの発達，(4) 情動の身体化を排し，それによって情動について考えることを可能にすること。ここで示唆されるのは，自己対象による情動の間主観的体験が，体験を編成するものとして，自己がこの後の人生でもこうした情緒に対処できるような備えとなるということである。

8.1.2　Kohut の発達精神病理モデル

8.1.2.1　病理の一般的モデル

　Kohut は，もし親が子どもの自己愛的要求に応じることに持続的に失敗すると，蒼古的な誇大自己と理想化された親のイマーゴが強化され，後の構造に統合されにくくなってしまうと示唆している。それらは人の心的編成の中に存在し続け，自分自身への見方や他者との関係性に様々な形の妨害を引き起こす。例えば，強烈な不安や「崩壊不安 disintegration anxiety」は，理想化された親のイマーゴや誇大自己が自己編成を脅かすことを反映している。つまりそれは，自分が誰かという感覚を失う恐れである。Kohut の枠組みでは，この恐れが全ての病理の背景となっている。なぜなら，それがきわめて耐え難いものなので，自己はいかなる代価を支払っても身を護ろうとするからである。一

次的自己保存の原理は，自己を保護することが，身体的苦痛や性的な欲求不満や身体的生存などのいかなるものよりも重要だというものである。それゆえ，病理の重篤さは，どの段階で自己の発達が阻止されたかの指標である。精神病理に見られる副次的な葛藤は，自己に構造的脆弱性がある場合にのみ発生する。

コフート派のシステムには，3種類の心理的障害がある（Kohut, 1984）。(1) 精神病は「前心理的状態 prepsychological states」と見なされており，そこでは発達上の阻止が自己対象への気づきよりも先行し，凝集した自己感，関係する能力，自己対象を活用すること，転移を作り上げること，を不可能にしている。Kohut の観点では，精神病者は自己構造を欠いているので，精神分析や心理的治療で扱うことはできない。(2) 決して全てではないが，パーソナリティ障害の患者には凝集性はあるが弱体化した自己をもち，一時的な断片化に至る脆弱性のある者がいると Kohut は捉えた。これが自己愛性パーソナリティ障害の最たる特徴であり，Kohut はこれを境界性パーソナリティと厳密に区別し，後者を，精神病に対する成功した防衛（Kohut, 1971）と捉えている。(3) 一方，神経症的病理をもつ人々については，自己構造の強健さに関する問題に苦しんでいるとは捉えず，理想にかなう生き方をすることに関連した問題を持つと考える。

Kohut と Wolf（Kohut and Wolf, 1978）は，自己病理の4つのタイプを記述した。それは，(1) 刺激不足だった自己が，発達途上で不適切な自己対象の反応を受け，うんざりして無感情になり，病理的な手段で興奮を求める（e.g. 性的乱交や依存症，性倒錯），(2) 自己対象の無反応性が，自己の断片化を作り出し，その断片化した自己は場や時間とほとんど関係をもたず，また身体的な症状によって応答する。(3) 自己対象からの共感性の極端に欠如した，あるいは段階不相応な反応が，過度に刺激された自己を生み出すが，この自己は生産性を損なわせるような蒼古的な偉大さの幻想をもつゆえに，成功から喜びを得ることがない。(4) 幼児期の自己対象に融合 merger を受け入れる力がないと，自己鎮静機能の内在化が妨げられるので，不安や他者への否定的，パラノイド的見方を過重に負担している感覚をもつようになる。このように，自己の病理は，あらゆる形態の障害の一部である。われわれは初めに自己愛的な障害について考察し，次に他の障害の形態について個々に検討しよう。ただし，このような区別を Kohut が必ずしも主張していたわけではない。

8.1.2.2 自己愛性パーソナリティ障害

Kohut（1971）は自己愛性パーソナリティ障害の行動を何も提示していないが，それはこの診断が，展開している転移関係によってのみ可能であると見たからである。もし患者が他者を，その人自身の権限をもつ全人格として扱わず，患者の目的に合うように扱ったなら，その診断は正当とされるのかもしれない。それでも Akhtar と Thompson（1982）は，Kohut の著作に描かれた行動的特徴のいくつかを要約している（Kohut 1966; 1968; 1971 参照）。それは，自己評価を脅やかされることへの反応としての激怒，自己愛の傷つきに対処するための報復の欲求，関係性を形成し維持することの困難，倒錯した性あるいは性的興味の欠如，共感性の欠如，病的虚言，自己に向けるユーモアの能力が制限されていること，軽躁的高揚，身体への過度の関心である。

Kohut と Wolf（1978）は，5つの自己愛性パーソナリティのタイプについて述べている。それは，(1) 無価値感に対処するために他者の賞賛を強迫的に求める鏡映 − 飢餓 mirror-hungry パーソナリティ，(2) 情緒的滋養を得るために理想化できる他者を探し求める理想 − 飢餓 ideal-hungry パーソナリティ，(3) 彼ら自身の価値システムに順応し，それを確認してくれるような関係性を求める代替 − 自我 alter-ego パーソナリティである。これらのパーソナリティのタイプは，それが極端な場合にのみ病理となる。残りの2つのタイプは自己の深い欠陥を常に反映し続ける。それは，(4) 自らの弱い内的構造を外界で具現するために他者を制御しようとする融合 − 飢餓 merger-hungry パーソナリティ，(5) 対象への必死の希求を制御するために他者を避ける接近 − 回避 contact-shunning パーソナリティである。第4のカテゴリーは境界性パーソナリティ障害と，そして第5のカテゴリーはシゾイド・パーソナリティ障害と多くの共通点をもつと思われるが，Kohut はそうは捉えなかった。

Kohut は自己愛性パーソナリティを発達的な停止の様式として想定している。親に対する失望が，一次的幼児性自己愛を侵害すると，それは正常な誇大自己によって払いのけられる。後者は，Kernberg の定式化とは対照的に，子どもが自己愛的均衡を取り戻すことを支える擬似 − 誇大的自己イメージとして捉えられる。正常な発達についての記述で分っているように，誇大的顕示的自己は，子どもの年齢に即した親の映し返し反応によってしだいに中和される。同様に，幼い子どもが融合したいと望む理想化された親のイメージは，子どもが親に対する失望を内在化させ，親の限界を受け入れ，そしてそれらを子ども自身の価値システムや理想システムに統合するにつれて，いずれ修正される。

親としての失敗は，誇大的顕示的自己から現実的な野心へ，あるいは親のイマーゴの理想化から自我理想へという動きを停止させる原因となる。

　子どもの誇大性を映し返す親の能力が欠けていると，誇大的顕示的欲求の分裂排除，あるいは抑圧に至り，そうなれば，変容性内在化を通して現実がこれを緩和することはできなくなる。すると，誇大性は現実に基盤をおく自己との接点を持たず，したがってその中に徐々に統合されることもない。言い換えれば，共感的映し返しの失敗は，幼児の蒼古的な誇大自己の満足感を破壊し，すると幼児は理想化されたしかし欠点のある親のイマーゴを見境いなく取り入れる。したがって，自己（Winnicott の用語でいえば「真の自己 true self」）は発達できず，その人は断片化された（部分親性 part parent，部分幼児性 part infantile）自己感にしかアクセスできない。傷ついた自己愛は，自己と誇大性の幻想を護り，幼児的脆弱性を援護するために，激しい怒りを呼び起こす。幼児性自己愛は，徐々に減少していくという正常な発達の過程には沿わずに，強められるのである。

　分裂と抑圧のどちらが優先するかによって，幼児性自己愛の強化に結びつく問題に2つのタイプがある。誇大自己の抑圧によってもたらされるのは，低い自己評価や漠然とした抑うつ，率先して物事を始める力の欠如を伴う，全般的な虚弱さである。誇大自己が分裂した場合には，高慢さや傲慢さ，横柄さ，切り捨ての態度として現れ，それは現実離れしており，しかも自己評価を奪われた他の心的なものから切り離されている。誇大性が分裂されても抑圧されても，自己愛性へのリビドー投資が枯渇するので，自己評価は貧しいものになる。それゆえ，批判に対する過敏さは避けがたく生じ，心的な反応は防衛的怒りか深い恥辱となる——わずかな制限を受けても，自己の重大な欠点が暴露されるかもしれないという体験になる。恥辱への脆弱性ばかりでなく，心気症や自己への関心という性癖も，抑圧された顕示欲求の表れである。さらにこのような人たちは，脆弱で不明瞭な中核的自己を支えるために，絶えず映し返される必要性を体験し続けるであろう。停止された誇大性は，他の心的な部分に近づくことができないので，ゆえに Kohut は，そのような人々の横柄さと，ごく軽い屈辱にも傷つきやすいこととは矛盾していないと捉えている。

　一方では，自己対象が理想化に適した対象を子どもに提供しないという失敗もあるかもしれない。もし親の実際の限界を子どもが受け入れるように援助できなかったり，もし子どもが徐々にではなく外傷になるような仕方で失望したりすると，理想化された親のイマーゴは残り，子どもは達成不可能な，非現実

的な，あるいは部分的な価値や着想のシステムの中に取り残されるであろう。最も劇的なのは，親を失うとか，他の状況（子どもの不適切な養育など）で，理想化された親のイメージに子どもが関われる以前に手放さざるを得ない場合で，子どもは親を実際に見る機会を奪われてしまうことである。すると，初期の理想化は長引き，おそらく抑圧あるいは分裂され，自己構造に欠陥を生み出すであろう。この他に Kohut が想定した出来事の状況には，親が慢性的に応答不能であったり，唐突に閉じこもったり，子どもに親を現実的に見させることを常に嫌がっていたりする場合がある。そこでは，対象への絶え間のない飢餓が生じる（理想 − 飢餓パーソナリティは，対象をその質のゆえに求めるのではなく，内的欠落を癒す錯覚をもつために求めるような人に形成される）。このように，対象が理想化されるとそれは自己の一部として体験される。対象リビドーと自己愛リビドーがそれぞれ分離した発達の道筋をもてば，超自我形成が生じるであろう。しかしながら，対象の理想化から，理想化された親のイマーゴの変容性内在化を通して超自我への自己愛的投資へと至る一連の過程が生じないために，超自我に準拠することが何の喜びも生み出さない。そのような人は非常に道徳的であるかもしれないが，しかし結果としてよい感情をもたらさず，道徳的な行動に従うことの幸福感を体験するためには，評価の高い人物からの具体的な承認を求めることになる。

　したがって，Kohut によれば，誇大自己または理想化された対象のどちらかの欠陥に対する発達上の反応は，防衛的で誇張された補償構造を組み立てて，自己のもう一方の極を強化することである。これは正常の範囲内にある反応である。もしも自己の両極――自我理想と現実的野心――が共に損傷を受けると，Kohut によれば，補償的方略が働かなくなるゆえに，重篤な自己愛的問題が発生する。自己発達が停止すると，現実的野心の代わりに誇大性が生じ，自我理想あるいは超自我の理想化の代わりに理想化された人物への持続的な依存が生じる。セクシュアリティは自己愛的欲求に支配され，人は，性的空想や実際行動を通して，強力な理想化された人物との関係性を作り出す。

　このように，自己愛性パーソナリティ障害には自己の欠陥があり，それが自己の断片化の脅威や空虚な抑うつを体験する傾向を作り出す。称賛や興奮を求めるような防衛的補償行動によって，こうした体験をごまかすこともできる。つまり自己愛性パーソナリティ障害では，正常な一連の経過が次のように崩壊している。(1) 子どもの場合，適切な映し返し反応を得られないために，誇大自己が中和されないまま存続している; (2) 治療中の患者の場合，治療者への

理想化も彼ら自身の誇大性も，直面化や解釈と向き合うことなく表現することが許される。治療者がとる共感的スタンスは，患者の発達的過程を再活性化するので，患者はやむをえず，しだいに失望していくことを通して，誇大自己と親的人物像への理想化の中和が再開されるであろう。

Kohut の想定では，Freud の時代の子どもたちはきわめて過剰な刺激を受けていたのに対して，20世紀後期と21世紀初期の子どもたちは過少の刺激の中で，孤独な心理的環境で養育されている。そこから彼は，自己の病理が現代の優勢な精神疾患なのだと論じている。

8.1.2.3 その他の障害

Kohut の後に続いた多くの自己心理学者とは異なり，Kohut は「構造神経症 structural neurosis」の考えを否定しなかった（Kohut, 1984）。病的自己愛も神経症も共に，自己対象機能の不足と，そこから生じる自己の欠陥の結果として捉えることができる。鍵となる違いは，その欠陥が始まった発達段階にある。これまで見てきたように，もしも乳幼児期に自己対象機能が不十分であれば，中核自己自体が弱体化し，その結果，不調和な病的な自己愛となる。構造神経症でも，活力の欠如や中核自己が仕上がっていないという失敗があるかもしれないが，しかし，これはエディプス期の自己対象の映し返しの失敗と，その結果エディプス葛藤にエネルギーを吸収された（その結果として自己主張することと自己に愛情的衝動を向けることへの恐れが生じる）ためである。

例えば**広場恐怖**では，自己の挫折は，自己主張や愛情という肯定的な態度が，適切な映し返しを行ってもらえず，それゆえにそれぞれが憎悪や渇望として体験される。父親への健常な愛情が，脅やかす性的幻想へと変換され，自己から切り離される。おそらくより初期であっても，母親的な自己対象の失敗は，自己鎮静機能の欠陥をもたらし，それは不安を崩壊不安へと変えるであろう。広場恐怖者は，自分を鎮静させる母親的人物なしでは家からでることができない。より一般的には，神経症的症状というものは，崩壊不安に対する拘束あるいは防衛の努力として理解できるであろう。欲動とは症状であって，原因ではない。この見地が，あらゆる精神病理は自己構造の障害に根源を持つという Kohut の最終的な基本的見地を代表している。

Kohut によると，自己は，乳児がまるで自己を持っているかのように（仮想自己 a virtual self）扱う，親の自己対象に端を発している。自己主張とは，自己を保護し維持する健康的な反応である。その極端になると，自己が傷つけ

られる体験から，破壊的激怒が動機づけられる（Kohut, 1972）。行動上の自己愛障害では，患者は自己評価の不足を満たすための行動を試みる。例えば**非行**や**倒錯，依存症**であり，それは自己の弱さを決して体験しないための行動である（Kohut and Wolf, 1978）。Kohut の**暴力**についての見解は，特に影響力の大きいものである（Kohut, 1972）。自己への脅やかしや恥辱感は，恥をかかせた人物を傷つけ，不正に対して報復し，それによって自己愛の傷つきを修復しようとする圧倒的な欲求を生み出す。誇大自己の映し返しが期待通りにされなかったことか，あるいは理想化への欲求が満たされなかったことによって自己が弱められ，その弱った自己への脅やかしが，暴力の引き金になることもある。**薬物依存**は，心の欠けている隙間 missing gap を埋める。薬物依存者では，一次的対象が緊張調節機能を行うことに失敗し，その結果，理想化された対象への外傷的失望が生じたと想定される。取り残されて不在となった理想化された自己の隙間を埋めるために，薬物が用いられる。同様に**摂食障害**は，自己内部の崩壊への反応として，口唇欲動が高まりあるいは断片化することを反映している。過食は，挫折した，信用できない人間環境に頼らずに，全体性の感覚を体験する努力である（Kohut, 1977）。

Kohut（1977）は，**倒錯**その他の隔離された性的欲動の現れを，自己対象環境に長期にわたる共感の失敗があることと結びつけている。映し返す自己対象と向かい合っての自己主張性の挫折は，露出症に見られる。同様に，理想化された自己対象への健全な称賛の挫折は，乳房やペニスに窃視症的に熱中することに現れている。フェティシズムの場合には，倒錯の対象は，誇大自己を育てるための称賛を失ったことへの代償として捉えられる。これらは全て，充分に発達できなかった自己の失敗を基にした，自己愛性パーソナリティ障害の例であり，Kohut が「悲劇の人 tragic man」と呼んだ人間行動の一側面である。Kohut の見解では，シゾイド・パーソナリティは，「統制不能な退行」を起こすかもしれない自己愛の傷つきがありうることに，前意識的に気づくことによって動機づけられた防衛の編成である（Kohut, 1971, p.12）。結果としてこのような人々は，リビドー資源を人間ではない興味へと方向づける。

コフート派の多くが，**境界例概念**を，ある意味医原性であり，患者の発達的要求に対する治療者の共感不全を示すものだと考えている（Kohut, 1984; Brandschaft and Stolorow, 1987）。Kohut（1977; 1984）は境界例の病理と関連のある大量の構成要素を含めた「外傷 – 停止 trauma-arrest モデル」を提示した（例えば薬物利用，衝動性，アイデンティティ問題などについての説

明)。Kohut はこの群との臨床体験がなく，この群と精神病とを混合していると主張したにもかかわらず，北米において，Buie と Adler (1982)，Brandschaft と Stolorow (1987)，Palombo (1987)，Terman (1987)，Tolpin (1987) を含む多くが，彼の理論を境界例の病理と関連づけて精緻化している。独自の間主観的アプローチに基いている Brandschaft と Stolorow (1987) は，境界例の病理は間主観的な脈絡で相互決定されると述べている。治療者たちはこのような病理が発生する原初の間主観的脈絡を理解できないので，**境界例** borderline などという用語に頼ることになる。精神病理学とは，患者の主観性の過去の構造を，現在の時点で操作することなのである。

　Buie と Adler (1982) は，境界例患者の自己病理を，思考の非結合性，身体部分の統合を失っている感覚，自己の機能的統制を失っている感覚，そしてばらばらに壊れていく不安 (p.62) として説明している。さらに彼らは，非現実感，倦怠感，枯渇感，空虚感など，境界例患者のより劇的でない自己病理についても共有している (Adler, 1981, p.46)。Adler (1985) は自己心理学の影響を受け，境界例患者の基本的な発達病理は対象の喚起記憶に到達できていないことであり，そこから自己を鎮静する自己対象を保持していられなくなることだと示唆している。その結果として内的空虚感が生じ，取り入れ対象 introjects なしでは自己を適切に編成することができない。境界例患者の親密な関係性が分離などによって脅かされると，患者は「絶滅的パニック annihilatory panic」に直面し，その反動として自己を護るための激しい怒りが生じる。鎮静し支持してくれる他者との接触を失うと，自己の解体とアイデンティティの混乱が生じる。それは，Kohut (1977) が述べているように，自己とは，初期の養育者によって与えられた鎮静と映し返し機能の「変容性内在化」を通して構築され，育まれるからである。Adler が強調する記憶の欠損は，このような患者がパニックや激怒の状態になると，自分の治療者がたとえ物理的に存在していることを知っていても，情緒的に認識することができない場合があるのはなぜかを説明するのに役立つだろう。

　この理論は，全てのコフート派の病理の発達モデルと同様に，本質的に欠損理論 deficiency theory である。すなわち，不可欠の促進的体験の欠損が一次的心的欠損，つまり自己感の不適切な発達を招くという理論である。境界例態勢の特徴的な現れは，自身の精神内界の狭い限界と関わろうとする悲惨な試みの現れとして理解できるかもしれない。効果的介入には，早期の愛情剥奪を補うような治療環境の提供を目的として，その人の欠損の性質に焦点付けるべき

だというのが，明確な治療的示唆である。コフート派の用語で言えば，鎮静や映し返しを提供すれば，それが使いこなされて，自己の修復をもたらすのである。

 Kohut は臨床的精神分析を，停止した自己がその発達を完了することを支援する手段として捉えた。この過程には次のことが要求される。(1) 停止した自己を治療的に可動させること，(2) 治療者を自己対象として使うこと，(3) この新しい自己対象を，心理構造の中に変容性内在化すること。したがって，早期に葛藤の解釈をすることは，停止した自己の可動化を妨げるかもしれない。解釈は，洞察を生じさせるゆえに有用なのではなく，分析家が映し返す自己対象となる機会を与えるゆえに有用なのである。治療での共感の失敗は，自己対象の変容性内在化を可能にする助けになるであろう。解釈は無意識を意識化するために用いられるのではなく，変容性内在化を再開するために不可欠の欲求不満を与えるためである。親の自己対象が機能するべき仕方と同様の仕方で分析家が機能することと，どの程度分析家がこの困難な課題を成功させるかが，治療の成功を決定する。分析的スタンスは，変化の過程に逆らう自己破壊的部分に対抗して患者のパーソナリティの健康な部分と同盟を結ぶのではなく，むしろ，分析家は患者に共感的であることによって，患者の防衛性が不必要となることを目指す。このきわめて基本的相違は，Kohut が心 psyche を内紛状態に引き裂かれたものとは見ていないという事実から派生している。分析家は反治療的な自己の部分と共謀はできない。もし分析関係が難しくなるとすれば，分析家が（共感性の）自己対象機能に失敗したに違いない。Kohut の治療方略は本書で取り上げている他の多くの分析的アプローチから彼を引き離すことになる。Kohut はおそらく，分析家は患者のその時点での発達上の必要性に沿って自らが利用されるのを許すべきだとした Winnicott と最も近いだろう。分析とは自己の完成であって，無意識の探究ではない。

 精神療法の一部として共感的共鳴性 empathic resonance を強調することは，自己心理学の共通テーマになっている。治療過程の概念化については，著者たちはそれぞれ異なる観点を提示している。ある者は「情動調律」が，母親－乳幼児と治療者－患者との関係間を結びつける典型的な自己－自己対象関係だと考えている（Basch, 1985）。また他の者は，患者の幼児期の願望が正当なものとして治療者に受けとめられることが，成長と成熟へ導くのだと強調している（Ornstein and Ornstein, 1985）。さらに，患者の要求に新しい仕方で応じる分析家と患者の相互作用が，凝集－育成的修正情緒体験だと見る者もいる

(Tolpin, 1983)。こうした定式化はいずれも，患者と分析家間の実際の関係という変容的で治療的な側面を強調している。洞察や解釈からは遠く離れ，体験的な関係の諸相へとシフトしている。このことを最も包括的に詳説したのは，治療者と患者の相互作用の中にある5つの自己対象機能を提示したBacalとNewman（1990）である。それは，情動調律，承認，緊張調整，独自性の承認，そして自己の編成である。これらの示唆が，重篤なパーソナリティの病理をもつ人々に認知行動療法家が推奨する技法ときわめて近いことは特筆すべきであろう（Linehan, 1993）。ここで，治療の指針としての，最適な応答性が最適のフラストレーションに取って代わるのである。探索は不用である。情緒の明確化でさえ，患者の体験を無効にするかもしれない。分析家の役割は，洞察ではなく自己対象機能を提供することである。Stolorowら（1987）は，分析家の仕事は発達への努力を促進させ展開させることであって，分析家はこれを達成するためにどんな援助でもすべきであるとまで極言した。もしこの文脈で禁欲が役に立たないのであれば，それは分析的スタンスの部類に入れるべきではない。

8.1.3　自己発達および達成という概念と一致するエビデンス

Kohut（1984）は臨床家が考えを直感的に把握するかどうかに基づいて，「体験に近い experience-near」と「体験から遠い experience-distant」という精神分析的定題を区別した。体験に近い理論とは患者の主観性により近いものであり，一方体験から遠い理論は外的な準拠枠をもつ。こうした示唆に合わせてKohut（1959; 1982）は，精神分析が自然科学だという考え方を否定し，まぎれもなく精神分析の核である心理学的知識とは，知覚的観察によってではなく共感と内観によってのみ得られるのだと主張した。彼は，少なくとも原則的には，外的に検証されるような――明らかに行動論的に照合される――概念を削除することを主張した（Kohut, 1982）。このようにKohutは，患者の主観性への共感的没頭を通して得られたものでない限り，いかなるエビデンスも，原則上否定したのである。

誇大性が標準的な発達段階だという仮説を支持するエビデンスはごく限られている。Kohutの証拠と言えるとすれば，成人患者の分析からもたらされたものである。乳幼児の研究では，達成mastery が赤ん坊の相互作用の重要な特徴であることを示している。赤ん坊は一人でいる時でも，他者といる時と同様に微笑する（Trevarthen, 1990）。De CasperとCarstens（1981）は，生後

2, 3日の乳児が, 録音された女性の歌声を作動させるために, 断続的な吸乳の合間に, 習慣的な一時休止を引き伸ばすことができることを提示した。実験の次の段階で, 彼らの「万能感」も失わせるように, 歌声を不規則に, 乳児の吸乳の一時休止に合わせずに流したところ, 乳児の反応は否定的であった(「しかめっ面をするか, あるいは激しく泣いた」, p.32)。第7章でWinnicottの理論を支持するエビデンスを考察する中で見てきたように, 多くの研究によって赤ん坊が, 彼らの身体反応とそれに引き続いて生じる刺激事象との随伴関係に, かなり敏感であるということが示されている。彼らはどのようにして, このような随伴性を効率よく知覚するのだろうか。Watsonの広大な研究(Watson, 1979; 1985; 1994)に基いて, GergelyとWatson (Gergely and Watson, 1999) は, 近年, 生まれもった随伴性検出モデュール contingency detection module があり, それがそのような関係性の予測的構造を分析するのだと提示している。

生後2, 3カ月の間, 乳児は完全な随伴性に対して特に同調するという, コフート派の着想と合致する示唆がある。これによって乳児は, 自分の意図や物理的体験, つまり自分の身体と完全に同調する世界の部分があると特定することができる。生後3カ月から5カ月のある時期に, 乳児の注意は, 近接してはいるがしかし完全な随伴性を伴わないものへとシフトする。それが共感的映し返し自己対象である。他にも多くの選好注視 preferential-looking 研究(Papousek and Papousek, 1974; Lewis and Brooks-Gunn, 1979; Rochat and Morgan, 1995; Schmuckler, 1996) があり, そこでは, 動いている自己のイメージが, 動いてはいるが随伴していない他児のイメージと対比されるという研究があり, 生後4, 5カ月の乳児が反応－刺激随伴性を基にして他者と自己を区別することや, **他者を見ることを好む**ということを示唆している。Watson (1994) はさらに, 随伴性を探知するメカニズムは, 成熟の要因によって生後3カ月頃に, 完全な随伴性を好むことから, **高いけれども不完全な程度の(社会的)随伴性**へ, つまりちょうど乳児の情動的コミュニケーションの提示に調律する愛着対象の反応によって与えられるような随伴性へと「転換される switched」と想定した。この成熟的変化は, 生後3カ月以降の乳児を自己探索（完全随伴性）から**社会的世界の探求と表象化**へと方向づける。これに関連する情動表象の発達についてのエビデンスは, Stolorowと共同研究者ら (Stolorow et al., 1987) による情緒発達についての推察と密接に関連している。GergelyとWatson (1996; 1999) は, 情緒についての知識は母親（自己

対象）を経由して獲得され，その母親の役割は，乳児が母親の映し返しを母親の情動と混同せずに，自らの内的状態への見方の1つなのだと認識できるような仕方で，表情と声によって子どもの情動を映し返すことだと示唆している。これゆえに，このイメージを内在化することで，子どもが自らの感情の表象をまとめ上げる中心になるような構造を形成することができる。

　自己対象理論の相互作用的側面については優れたエビデンスがある一方で，Kohutが提起した他の側面については，発達研究からの裏づけは乏しい。幼児的万能感の概念について近年提示された知見は，ほとんどの場合，幼児は母親から同調行動 synchronous behavior を引き出すことはできないと異議を申し立てている（Gianino and Tronick, 1988）。母－乳幼児相互作用についてのStern の研究でも，19秒ごとに映し返しの失敗がみられる（Stern, 1995）。これは Kohut の見解を覆すものではない。それは，彼が，健全な自己愛の発達へと導くものは，母性的養育の絶対的な完全性というよりは，その避けがたい欠点なのだと強調しているからである。乳幼児の主観的反応は，観察可能な感情的指標を超えており，現在の方法では検証できない。霊長類の脳内にある，いわゆる「ミラー・ニューロン」の検証では，アカゲザルが（鏡の）世界の中に自分を見つけた場合に特に活性化されており（Schore, 1997b 参照），たしかに自己心理学の示唆と一致するが，しかし確証にはまだ程遠い。臨床的および疫学的エビデンスは，危険で暴力的な行為は自己愛の傷つきの間接的結果だという Kohut の示唆を支持している。法医学的心理療法家による研究では，恥や屈辱が非常に一般的な暴力行為の引き金となることが示されている（Gilligan, 1997）。

　乳幼児に緊張調節のスキルを与える母親の役割という Kohut の見解については，重要なエビデンスがある。現代の覚醒調節についての研究（Posner and Rothbart, 2000; Rothbart, Ahadi and Evans, 2000）は，初期の親子相互作用が，こうしたメカニズムの効果を限定することを示している。

　Elizabeth Meins は共同研究者とともに（Meins et al., 2001），乳児に対してまるで自己をもっているかのように話しかける母親は，自己発達を促進するという Kohut の説について，かなり直接的な検証を行っている。彼らは生後6カ月の子どもをもつ母親の語りの内容を分析し，乳児の心的状態（知識，欲求，思考，興味）についての母親のコメントや，乳児が考えているかもしれないと母親の考えていることについて，あるいは母親を操作しようとする試みについての母親のコメント（「ママのことからかっているだけなのね。」）をコー

ド化した。さらにこれらの母親のコメントは，その一連の状況を見た観察者が，子どもの心的状態についての母親の読みに賛同し，そしてそれを侵入的だとは見なかったとすれば，適切であるとコード化された。このような「心に関連する適切なコメント」と，6カ月後の子どもの愛着の安定性との，きわめて有意な関連が見出され，母性的感受性に関する伝統的な評価基準尺度を統制しても，この関連性は保たれていた。したがって，乳幼児を一人の人間として扱うことが自己形成を直接的に促進するという Kohut の見解は正しいと思われる。

　しかしながら，子どもが養育者からの無条件の称賛を求めるというエビデンスは不確かである (Gedo, 1980)。たしかに，親の監視が一貫せず，権力的断定的であったり，締りがなかったりすることと，子どもの反社会的行動との間には強い関連が見られる (Sanders and Dadds, 1992; Wasserman et al., 1996; Wootton et al., 1997; Kazdin and Wasser, 2000)。Forehand, Lautenschlager, Faust と Graziano (1986) は，親の抑うつや非効率的な管理方略と，幼児期の反抗性には直接的な関連があることを報告した。Miller ら (1989) は，4, 5歳児とその母親についての興味深い研究を報告している。社会的状況について，より思いやりを示した子どもの母親は，仲間を傷つけてよいかどうかについて子どもと一緒に考える，とそれぞれに独自に答えた。ストレスフルな状況で子どもの動機を理解しようとする母親の努力は，子どもに思いやりを強制する反生産的な試みであるかのように，子どもに伝わっているようにも思える。しかしながら，他者への思いやりは，決して常に共感的対象から来るものではない。例えば，双極性障害の母親を持つ，2歳前後の子どもたちは，特に，苦痛に対する共感的思いやりを示しやすく (Zahn-Waxler et al., 1984)，他の人々の問題に責任をとったり巻き添えになったりすることを強調するような物語を作る傾向がより強い (Zahn-Waxler et al., 1990)。そのような子どもたちは，抑うつ的な母親の求めに応じて，より向社会的行動を示すように見える。Zahn-Waxler のモデルでは，この高められた共感性が，病理的結果を導くかもしれず，幼児期の抑うつに寄与する可能性がある (Zahn-Waxler, Cole and Barrett, 1991)。

　発達研究は全般的に，Kohut (1977) が示唆したような生後2～3歳の自己愛的時期と，それに取って代わるエディプス期の存在を確認していない。Kohut (1984) は，健常な自己愛と自己愛的病理に結びつく発達段階を，さほど特定していない。自己中心性と自己への過剰投資は通常エディプス期に終わるものではないと示唆する多くのエビデンスがある (Ford, 1979; Shantz,

1983; Westen, 1990a, 1990b 参照)。自己中心性は古い形と新しい形が置き換えられるだけで，幼児期も青年期も根強く存続する。概して，Kohut およびその理論的立場に準拠する間主観性理論家たちが示唆した対人的な気づきのタイムテーブルは，乳幼児の認知的達成度とは一致しない。Gergely (2001) は，生後 2 歳か 3 歳までは，間主観性が乳幼児の能力の一部として意味あるものにはなりえないと力強く主張している。すでに他所でわれわれが，行為者としての能力と間主観性への気づきの出現についての複雑な発達のタイムテーブルを提示しているように，そうした能力は 3 歳までは構築されず，その後幼児期を通して発展し続けるのである (Fonagy, Gergely, Jurist and Target, 2002)。

　自己中心性の放棄と他者の心の状態への理解の発達とは，全てか無かという現象ではなく，少しずつ生じるものである。この過程は，事実，早期の乳児期に始まるらしいが，それは実在としての人間と関わるように (e.g. Nelson, 1987)，また人間の因果関係を物理的，機械的な因果関係とは異なるものとして捉えるようにと (Bertenthal et al., 1985 参照)，生物学的に準備された状態を通して始まるのであろう。意図的主観的体験 intentional subjective experience を持つものとして他者を理解することが，早くも 2 歳代にできていることは，共同知覚 (e.g. Butterworth, 1991) や，情緒反応への注目 (Adamson and Bakeman, 1985)，社会的参照 (Sorce et al., 1985) の研究で証明されている。3 歳では，感情，例えば幸福感が，いかに欲求と関連しているかを理解するようであり (Wellman and Banerjee, 1991)，そして人々が負っている欲求を，行動の説明としてありうるものと理解するようである (Bartsch and Wellman, 1989; Moses and Flavell, 1990)。たった 4 歳の子どもでも，他者の考えを考慮する能力があることは，一貫して証明されている (Perner, Leekam and Wimmer, 1987; Wellman and Bartsch, 1988)。他者の見方を理解するということは，決して大抵の状況で快くこの理解にそって行動するという意味ではない。幼児期の社会的相互作用についての研究は，友だち関係行動においても (Shantz, 1983)，道徳性においても (Rest, 1983)，子どもの実用主義的な自己興味を浮き彫りにしている。この複雑な発達の道筋は，健常な自己愛の発達が，Kohut や他の自己心理学者たちが描いたものよりも遥かに分化していることを示唆している。

　この他に上がっているエビデンスとしては，Kohut が精神障害への中核的リスク要因であるとして強調した自己評価と一致するものがある。例えば，George Brown と Tirril Harris の独創性に富んだ研究が，抑うつの引き金と

なるライフイベントに，因果的役割があることを立証した。さらに近年このプロジェクトの仕事は，屈辱や罠に陥った感覚を起こさせるライフイベントが，抑うつを形成する最大の要因であることを証明している（Brown, Harris and Hepworth, 1995）。自己評価を引き下げるように作用する初期の不運な体験をもつ人々は，否定的なライフイベントに対して，最も抑うつを呈して対応しやすい（Brown, 1998）。心理療法の研究からは，変容性内在化モデルと一致した治療的変化のエビデンスも提示されている。治療同盟（自己の治療的可動化）は治療の成功を強力に予測させる（Harvath, Gaston and Luborsky, 1993; Svartberg and Stiles, 1994; Meissner, 1996）。Kohutの定式化によりよく一致している場合としては，治療同盟の破綻が心理療法の特に急速な進展への契機となる可能性が見られる（Safran and Muran, 2000）。このことは，共感性の偶然の失敗が変容性内在化を引き出すという，Kohutの示唆と一致していると思われる。

　境界例の精神病理を前精神病状態と見るKohutの観点は，まだ疫学的あるいは臨床的なエビデンスに支持されていない（Stone, Hurt and Stone, 1987; Berelowitz and Tarnopolsky, 1993; Gunderson and Sabo, 1993; Zanarinia and Frankenburg, 1997）。しかしながら，著しく無神経な初期の養育と境界性パーソナリティ障害との関連は，いくつかのよく計画された将来性のある研究によって明示されている（Johnson, Cohen, Brown et al., 1999）。

8.1.4　コフートモデルの批判的評価

　Kohutの理論は，「自己心理学」という1つの精神分析学派を生み出した。彼の理論の豊かさと，広範囲の心理的問題を説明する能力を鑑みれば，これは驚くことではない。彼は自己発達についての首尾一貫した理論と，健全な自己評価にとっての対象関係の重要性への認識を，精神分析にもたらしたのである。抑うつ，心気症，非行行動，自己愛性パーソナリティ障害，摂食障害，倒錯は，全て自己の枯渇を想定することで説明可能となった。このことは，不安その他の神経症も含めて全ての精神病理は，自己心理学が自己愛性障害に必要だとして勧めた仕方で扱われるべきだという意味にも受け取れる。さらに，構造神経症の欲動-自我モデルが不要となり，自己心理学的観点と置き換えることもできるという意味にも受け取れる。つまり，全ての病理は発達停止であって，自己内部の葛藤ではないということになる。防衛とは常に，自己保存的である。病理を理解するためには，われわれは自己対象に対する自己の関係性を理解し

なければならない。患者を扱うために，われわれは，古典的理論が転移のエナクトメントあるいは抵抗として考えたものの多くを，正当な欲求の表現として受け入れる必要がある。このように，Kohutの理論は，英国や米国の精神分析家がこれまで示唆してきたよりも，より基本的で劇的な再定式化である。

構造論的精神分析モデルの中から，Kohutの理論に関する多くの批判的レビューが提示されている（例えばLoewald, 1973; Wallerstein, 1981; Blum, 1982; Rangell, 1982; Rubovitz-Seitz, 1988; Stein, 1979参照）。そうした批判は，それぞれ全く異なる仕方で，Kohutの「非分析性」を示そうとしている（非分析性とは，彼の理論が，これら批判者から見て分析の本質であるべきものを見落としているという意味である）。この問題については，抜粋して焦点を当てたい。

Schwartz (1978) は，Kohutの記述を過度に包括的だと見ている。自己の断片化が抑うつ，離人症，解体不安ばかりでなく，一過性の，または自閉性の精神病状態をも招く。あらゆる精神病理を自己-欠陥に合わせることによって，Kohutは精神的な障害を均質化している。統合失調症と境界性パーソナリティ障害は共に分析には向かないと見なされているが，それは境界例が自らの精神病を防衛で覆うことのできる統合失調症だからだという。扱うことのできる事例を自己の欠陥という見出しで均質化すると，この程度にしかならない。ある患者が深い自己愛的病理をもつのか，それとも恐怖症かにかかわらず，治療が同等に効果的であることは疑わしい。しかしながら，抑うつの病理と自己愛とを結びつけた点はより有用かもしれない。同様の問題（過度の拡張）は技法にもいえる。Kohutは不機嫌で憤慨している患者に関しては，たった一つのスタンスしかもっていなかった。つまり分析家の共感の失敗を見出すことである。しかし，患者による怒りの攻撃を常に分析家によって引き起こされたものとして，またその患者の自己凝集性を護る必要性の明示であるとしてしか見ないことは，そこに関与している他の多くの要因を正当に取り扱わないということである。それは例えば，より深い不安を避けるために崩壊を早める必要性，あるいは価値ある関係性を，それが他の力によって奪われる前に壊す必要性などである。

Rothstein (1980) はKohutが彼の考えと構造論との関連を認識していなかったことを批判している。例えば，Kohutの断片化の概念とReich (1960) の悲惨な絶滅感の概念の関連や，実際の人物a real personとしての治療者の強調と，AlexanderとFrench (1946)，Stone (1954)，Loewald (1960)，そして

Klein（1976a；1976b）の仕事との関連である。Winnicott の仕事に対しては，Kohut は僅かながら言及を行っている。それは，Kohut の発達停止としての病理という見解が，Winnicott の阻まれた成熟過程としての精神病理という概念と，非常に類似していることである。

　多くの人は Kohut が誇大性や顕示性と関連のない能力，例えば親密さや互恵性のような能力をなおざりにしたことを批判している。Kohut のより近年の定式化に見られる主要な問題は，自己と自己表象との混同である。Kohut は自己を表象の用語で提示しているが，しかし彼はまたそれに，動機的特性も属すると見なしている（Kohut, 1971 参照）。そうなると，自己はパーソナリティの全てではないにせよ大部分を示すものとなり，それゆえ不必要な用語となる。それは自我の概念が自我心理学者によって過剰に拡張されたのと同様である（例えば Schafer, 1976 参照）。Sandler の自己という用語の使用には（Sandler, 1962a, 1987b 参照）論理的一貫性がある。なぜならそれは，自己を人が自分自身について形成する心的モデルまたは表象に限定し，それは他の人がその人自身について形成する表象と類似している，としているからである。自己対象の概念をめぐっては，さらに大きな混乱がある。Kohut はこれを精神内界の概念であると主張しながら，時として明らかに外的な人々を意味している。彼の最初の著書では，自己対象は移行現象（Winnicott, 1971c）と関連づけられており，これは明らかに精神内界である。Kohut は，患者が想起した親との関係について論じているのと同じパラグラフで，自己対象の病理的失敗について考察している。そして次に Kohut は，治療の中での自己対象の変容能力について描写する。ここでは，自己対象は明らかに対人的な構成概念であり，それが Kohut にとっては中心なのであり，自己心理学は対象関係論というより，むしろ対人論だと言えよう。

　問題をよりいっそう複雑にしているのは，Kohut（1984）が最後の著作の中で，読書や音楽を聴くことといった活動を自己対象機能として述べたことである。こうした機能は，自己対象を自律的自我の昇華機能（Hartmann, 1955）に近づけた。明らかに有用な明確化として，Wolf（1988b）は，自己対象欲求は乳幼児期にのみ実在する欲求なのだと指摘した。後の発達では，自己対象機能として働く象徴や着想によって，この機能はしだいに抽象的になる。しかしながら，この自己対象概念の拡大は，循環論という重大な危険をもたらす。人の気分をよくすることは何でも，自己対象機能を持つと見なされるかもしれないし，ある活動なり人物なりが自己対象機能を持つかどうかを知るには，それ

が幸福感に効果をもたらすかどうかを観察すること以外に方法がない。このように広汎に使用されると，概念は説明力を失うのである。

　Kohut のモデルを「親非難」だとする批判もある。Tyson と Tyson（1990）は，彼が乳幼児の体質や自らの環境を修正する能力を無視する，病原的な親たちを強調することに異論を唱えている。自己愛性パーソナリティと行動障害に関する彼の定式化の根底には，これらが一次的自己愛の段階とエディプス期との間で成長している子どもの自己愛的欲求に対する自己対象の応答の失敗の結果だという着想がある。これは現代の発達精神病理学からの，素朴な環境主義者の立場である。早期の養育と後の子どもの行動との相関は，どのような関連をとってもその 50％は親と生物学的子どもとの間の遺伝的一致に帰するものとして，再解釈することができる。これは**受動的遺伝子型‐環境間相関** passive genotype-environment correlation と称されている。Reiss と共同研究者ら（Reiss et al., 2000）は，青年期発達における遺伝と環境の影響に関する画期的な調査で，家族関係（例えば両親の温かさや同胞の関係性）と適応指標（例えば抑うつや反社会的行動）との，統計的に有意な 52 の関連のうち，44 が共通分散の 50％以上を説明する遺伝的影響を示すことを見出した。ひとたび遺伝的影響が考慮に入れられると，その 52 項の半分では，家族関係と青年の機能との関連がほとんど残らなかったのである。さらに，家族環境要因が子どもの遺伝に根差した性質によって形成されるという（例えば Deater-Deckard et al., 1999 の養子縁組研究によって最もよく示されている），いわゆる子どもから親への影響もある。

　自己愛の問題への Kohut のアプローチは，葛藤と妥協を強調する伝統的な精神分析アプローチとは食い違っている。これから検討するように，Kernberg のモデルでは，誇大自己と原初的理想化は共に，憤怒，羨望，依存，あるいは妄想‐分裂不安に対する防衛（病理的ではあるが）と見なされている。自己心理学の準拠枠では，病的自己愛は発達的停止の一部である。ゆえに，成人期には不都合であるにもかかわらず，誇大性や理想化は早期幼児期には適切である。これがこの 2 人の偉大な理論家の臨床的アプローチの基本的な相違が明らかなところである。Kohut にとっては，患者が乳幼児期に不足していた共感的理解を求めるのは発達停止モデルに沿っていると思われ，分析家は変容性内在化を先導する理想化に役立つべきだと思われたのである。もちろん，Kernberg その他のより葛藤志向の分析家たちは，このアプローチを，患者が見出している病理的な葛藤解決に深く共謀するものと見るであろう。Kohut

のアプローチは明らかに，古典的分析家のスタンスが患者に対して辛らつだと受け取ったことへの反応であった。しかし，たった1つの解毒剤（共感性）しか処方しなかったということは，彼はおそらく，共感性の欠如に反応している患者と，崩壊 disruption への病理的欲求をカウンセリング室に持ち込む患者との区別を曖昧にしているのであろう。

8.2 Kernberg の対象関係と構造論学派との統合

8.2.1 Kernberg の発達論

Kernberg はクライン派の教育を受けた分析家であり，自我心理学の環境にあって著作や臨床を行い，認識論的にはきわめて矛盾している可能性のある (Greenberg and Mitchell, 1983) 発達論的準拠枠をもつこの2つの発達論を，並外れて高度に統合した (Kernberg, 1975; 1980a; 1980b; 1984; 1992)。Kernberg はクライン派の重篤な精神病理を理解するための概念（例えば早期対象関係モデルや超自我形成，攻撃性，羨望，分裂，投影同一化）を有効に使っているが，一方で彼は発達のクライン派モデルを充分に採用してはいない。彼の理論では，情動が第1の動機づけシステムである (Kernberg, 1982)。自己イメージは内在化過程を構成する3つの構成要素の1つであり (Kernberg, 1976b)，他の2つは対象表象と情動状態の素因 disposition である (Kernberg, 1976b)。自己表象と対象表象と，そして両者を結ぶ情動状態が，精神構造の基本的ユニットである。彼は情動を，常に人間対象との相互作用を介して，リビドー欲動と攻撃欲動へと編成されてくるものと見なしている。言い換えれば，Kernberg は欲動を心的表象および情動として現れてくる仮説的構成概念として扱っている。その表象とは，何らかの優勢な情動によって結びつけられている自己の表象と対象の表象である。対象はただ単に欲動充足のための媒介物ではないし，また主要な精神構造（エス，自我，超自我）とは，多様な情緒状態の影響下にある対象表象と自己対象関係の内在化である。内在化の仕方の特徴は，その時点で活発な情動に影響される。怒りと批判の情動が優勢であるゆえに，超自我が苛酷になるということもあるかもしれない。

　この発達モデルによって示唆される心理構造は，多くの重要な側面を持っている。(1) 乳児は生まれつき，快と不快の2つのクラスに分類される情動素因を持っている。認知の発達によってしだいに複雑な情動状態が生じる。(2) 情動は常に自己イメージと対象イメージとの関係の中に組み込まれている。情動

の引き金となるのは環境であり，その環境とは，対象への乳児の知覚と，自己の体験である。(3) 対象関係ユニット（自己 – 対象 – 情動の三連）は，情動記憶に貯蔵され，母子関係の文脈にそって「欲動」へと進化する（Loewald, 1971a によって最初に示されたように）。快の情動はリビドーへと進化し，不快の情動は攻撃性へと進化するが，情動は欲動編成にとってシグナルとしてのみ役割を保つ。(4) Fairbairn の定式にあるように，欲動は「対象希求」的なものと想定されていない。なぜなら，欲動は明らかに発達を通して対象を転換するし，攻撃欲動は対象の崩壊を希求するという点においてのみ，対象希求的だからである（Kernberg, 1976b）。したがって，Kernberg の心のモデルでは，欲動は行動の第一の動機づけ役という伝統的位置を維持し，その役割は対象関係構造によって置き換えられてはいない。(5) 発達とは対象関係ユニットの内在化であり，またこれらに対する防衛を形成することである。対象関係ユニットは自我構造を決定し，一方自我構造は欲動の編成を決定する。クライン理論とは異なり，無意識の幻想は心的構造と同等には扱われず，対象関係ユニットは構造を生成するが，それは心的構造と同等ではない。(6) 心の抑圧された部分である無意識は，対象関係ユニットによって形成され，子どもは異なる成熟度を持った防衛を用いて，それから自らを守ろうとする。

　内在化には 3 つの過程がある。それは，取り入れ introjection, 同一化 identification, そして自我同一性 ego identity である。

　取り入れは内在化過程の最も基礎的なレベルに在る。取り入れは，自己イメージまたは対象イメージに付着した記憶痕跡のクラスターや，自己と対象との情動の文脈にそった相互作用による，環境との相互関係の再生を含んでいる。環境との相互作用はすべて，心 psyche へと持ち込まれる。この考えは，Spitz（1965）や Jacobson（Jacobson, 1964）が主張した，自己イメージと対象イメージは，初期の相互作用の段階ではまだ区別できないという提言に基いている。我々はすでに，この仮説が近年の乳幼児研究に照らして支持しがたく，そしておそらく自己対象の識別ではなく心的機能の限界への認識によって，この提言を定式化しなおす必要があることに気づいている。

　第 2 の内在化過程は**同一化**であり，他者との相互作用の中に存在する様々な役割の領域を認識する，子どもの認知能力を前提としている。同一化は，Kernberg（1976b; 1976c）にとって，例えば初めは母親の模倣であるような，対象をモデルにして自己を形成する自己の能力を含んでいる。Kernberg はそのような同一化を，幻想と情動に強く影響されたものとして捉えている。ある

人の欲求充足と欲求不満の体験が，情動状態に影響し，そして自己表象がどの程度柔軟であり真実であり複雑であるかを決定する。

最後に**自我同一性**は，Erikson (1956) から援用された用語であり，「自我の総合機能の指針原理でまとめられた，すべての同一化と取り入れの編成体」を示す (Kernberg, 1976b, p.32)。

初期発達についての Kernberg のモデルは，重篤な障害をもつ成人の治療からの再構成に基づいている。この再構成はクライン派の理論に強く影響を受けている。Kernberg のモデルは，取り入れや幻想との関わりがより深く，子どもの実際の体験にはあまり関わっていない。Kernberg (1976b) はまた，Jacobson (1964) の研究にも強く影響を受け，発達上の失敗に基づく性格病理の理論と結びつけた3段階の発達理論を提案した。Jacobson のモデルは，自己と対象の表象が徐々に蒸留される以前の，未分化な段階から始まる。第2の段階は両者の表象を保持しているが，しかしそれは両者共に部分的で，「全て良い」か「全て悪い」イマーゴへと編成される。第3の段階は自己イメージと対象イメージの統合をもたらし，統合されたイメージは心的構造に合体し，そこには対象表象と自己表象への投資があるゆえに，調節装置となることができる。Kernberg (1980a) はさらに，Margaret Mahler の共生段階とエディプス段階を仲介する分離－個体化過程というモデルにも影響を受けた。

Kernberg のモデルには，大まかに発達的特殊性に合った5段階がある。最初の2，3週間では，自己対象表象は分化していない。この分化は第2段階で，生後1年目の前半に生じると想定されている。この時期には心地よい体験と不快な体験が，良い自己対象表象と悪い自己対象表象にそれぞれ編成される。自己対象の分化に失敗すれば，その人は精神病状態に陥りやすくなる。心 psyche が，環境とは別個のものとして体験されるためには，自己と対象の境界が構築されなければならない。初期に取り入れられたものはまだ，原初の自我に統合されてはいないが，この段階の後期には，悪い対象表象の破壊的力から良いイメージを「護る」ために，自我は積極的に良い対象表象と悪い対象表象を分裂させる，と Kernberg は想定している。

生後1年目の後半からおよそ18～36カ月までの第3の発達段階では，自己と対象のイメージはしだいに分化してくる。自我境界は今やほどよく構築され，たとえ乳児にとってストレスの強い状況下で自己イメージと対象イメージの融合が生じたとしても，自我境界は維持される。3年目では，両極化されていた良い表象と悪い表象が徐々に統合され，全体的な対象表象と全体的な自己表象

が形成される。この統合が生じるのは，この重要な段階の終わり頃である。自己と対象の分裂から統合への移行は，基本的防衛機制としての分裂を抑圧へと移行させることに呼応している。Kernberg のモデルでの重篤な性格病理の根源は，自己表象と他者表象の良い部分と悪い部分の統合に伴う自我の統合に失敗したことからくる自我脆弱性にある。分裂を抑圧に置き換えることが，重篤な性格病理から人を護るのである。

Kernberg のモデルの第4段階は，エディプス期と一致し，ここではリビドーおよび攻撃性を投資された自己イメージが，一貫性のある自己システムと連合する。三層構造モデルが完全に現れるのは，この段階に到ってからである。これはまるで，Kernberg のモデルの初めの3段階がクライン派のメタ心理学を基にしているのに対し，この第4段階は，構造論的自我心理学モデルを引き継いでいるかのようである。この段階で，自我アイデンティティが構築され，自己と対象のイメージは統合されて理想の自己と対象の表象を生み出す。こうした理想の構造と，前段階で存在した非情で迫害的な超自我の先駆が，実際の親による禁止で緩和されて統合されると，心的発動主体 psychic agency としての超自我が生じるのである。

Kernberg のモデルの最終段階では，自我と超自我の統合が達成される。超自我がしだいにパーソナリティに統合されていくことを通して，自我アイデンティティが育成される。他者との効果的な相互作用がこれを強固にする。対象イメージが，もしも十分に統合されていれば，それが社会との円滑で問題のない相互作用を促進し，それがこれらの内的表象の連結をさらに高めると Kernberg は想定している。Kernberg のモデルは他の大抵の精神分析的アプローチよりも，発達の交流的側面に多くの注意を払っている。

8.2.2　Kernberg の発達精神病理モデル

8.2.2.1　Kernberg の病理の枠組み

Kernberg は，Klein や Fairbairn や Mahler のような他の対象関係理論の提案者とは異なり，現時点で優勢な病原的な葛藤やパーソナリティの構造編成がいつ発生したのかにはあまり注意を払わず，患者の思考の現在の状態に，より多くの注意を向けている。彼は，現在の状態と過去との1対1の対応を確定してしまうことが，後の発達にとって危険であると理解している。彼は多くの構造論的精神分析の著作の特徴であるエディパルな問題とプレエディパルな問

題の区別を避けている。彼は重篤なパーソナリティ障害では全ての障害のレベルがより複雑であるが、どのレベルでも精神病理の全スペクトラムを含んでいると考えている。彼は心理的治療で扱えると考えた心理的問題を、3つのグループに区別した。彼が診断に焦点を置いたことから、精神分析的治療は個人をグループに分類することで情報を得るべきではないと考える他の精神分析家と距離を置くことになった。しかしながら Kernberg (1984) は、神経症とより穏やかな性格障害の問題を、精神分析療法で扱うことのできるものとし、より重篤な性格的問題は、表出的心理療法にのみ適していると考えている。

　Kernberg (1984) は、**神経症病理**を、無意識ではあるが比較的統合された親的対象の表象と結びついた、比較的統合され、抑圧されてはいるが幼児的自己への退行として捉えている。自己表象と対象表象との統合は達成されており、対象関係は安定している。このような事例での病理は、自我と超自我という構造間の葛藤によって生じる。境界的ではなく神経症的なレベルのパーソナリティ編成をもつ患者は、自己と他者の肯定的および否定的な表象を統合することができる。というのは、彼らがすでに乳児期と早期幼児期の発達段階を通過しており、そこでは自己と他者の良い表象と悪い表象がさまざまな強さの情動と結びつき、またこうした表象が複雑に統合され、愛情の要素と憎しみの要素を共に内包して発展しているからである。このような無意識の表象が治療状況その他での今後の対象関係を規定するようになる。しかしながら、このように比較的統合された内的表象でさえも、自己と他者の統合されたユニットよりも発達的に早い段階にさかのぼる、早期の心的葛藤の防衛的側面や衝動的側面を反映する、自己対象の二者関係構造を内包している。

　自己表象と対象表象が高度に情動を充填され、しかも分化の程度が低いような人は、きわめて不安になりやすい。例えば、弱くて傷つきやすいという自己表象が、暴力的な情調を伴った冷酷な支配をする対象表象と組み合うかもしれない。このような配置が治療などの状況で活性化されれば、その人は非常に不安になるかもしれない。衝動性をベースにした関係様式が活性化されることが引き金になって、防衛的側面が別個に出現するかもしれない。したがって、例えば、マゾキスティックな性格構造では、良い関係性の体験が親子間の性的親密性についての無意識の幻想を引き起こし、口うるさく批判される関係性パターンの意識化を促進するので、自己がセラピストその他の人物に批判されているかのように見立てるかもしれない (Kernberg, 1988, p.487)。

　より重篤な性格病理では、基本になる防衛は顕著な分裂である。**中間群**

intermediate group では，抑圧が分裂と共存している。禁止が弱く，衝動性の強さが目立つ。たとえ抑圧が用いられていても，急激な逆転がきわめて起こりやすく，ある瞬間には対象表象が他の人物へと外在化される一方で患者の自己表象が活性化され，また次の瞬間には自己表象が他の人物へと外在化される一方で本人は対象表象に同一化しているといった交代も急激に起こる。これに関する例としては，ある人物が批判されたと感じたとしても，その批判は自己から他者へと素早く移行し，今や批判者は傷つけられ不当な扱いを受けた自己であると見なされ，その人物は批判的スタンスに同一化しているというのは注目に値する。この自己と他者の振動 oscillation という着想は，衝動が逆転したかのように見える（能動を受動へ，良いを悪いへ）多くの場合を説明することができる。この場合超自我は非情でサディスティックであり，きわめて原初的な自我理想と併存している。自我は構造として充分に編成されていないし，安定したシステムにもなっていない。この中間的水準のパーソナリティ機能では，超自我統合の欠如，重篤な気分変動，矛盾した感情や行動，抑圧と他の防衛の混合，そして前性器的および性器的目的が関係性の中に混合していることなどが見られる。この性格障害の中間的神経症レベルには，いくつかの幼児的パーソナリティや自己愛性パーソナリティ，受動-攻撃的パーソナリティ，サドマゾキスティックパーソナリティが含まれる。

　性格病理の非常に重篤なレベルでは，Kernberg（1984）は，防衛としての原始的解離，あるいは内在化された対象関係の分裂を認めている。この性格病理のレベルでは，自己と対象表象の統合の欠如，原始的超自我核の投影，分裂，衝動性，共感性の欠如，そしてリビドーと攻撃性の無調整の表出が顕著である。彼は，このような分裂が，境界性パーソナリティ構造，反社会性パーソナリティ，自己愛性パーソナリティで多様な性的逸脱を伴う患者，嗜癖，そして分析的アプローチが可能な精神病にさえも生じていると捉えた。

　こうした「低水準」性格障害の病理は，一貫性のある自我と超自我を生み出すことのできる統合された対象関係の表象を発展させることの失敗によって決定される。ここでは，より高次の神経症的対象関係の特性である両価性への耐性が，自己と対象の表象の防衛的解体によって，リビドーと攻撃性を投資された部分対象関係へと置き換えられる。神経症的パーソナリティのより現実的で容易に理解しやすい関係性パターンではなく，Kernberg はきわめて非現実的で，極端に理想化された，あるいは迫害的な自己と対象の表象があると見ている。こうした表象は，いかなる現実の関係性とも対応しないから，実際の，あ

るいは空想された過去の関係性へと遡って裏付けることはできない。

　Kernbergはこうした患者の中で，例えば，恍惚とした，拡散した，圧倒してくる情緒状態の下で形成される高度に理想化された部分対象関係や，あるいは，同じく圧倒的ではあるが自己と他者の攻撃的，迫害的な関係性の活性化を予告する，恐ろしい，苦痛に満ちた情緒状態が活性化されていると捉えている。対象関係がほとんど統合されていないために，自己表象と他者表象のエナクトメントは，きわめて素早く逆転しうる。このことが，こういう人物との関係性を，混乱どころか混沌としたものにしてしまうのかもしれない。例えば，愛と憎しみはそれぞれ別個に隣り合って存在しているかもしれないし，いくつかの対象関係がある単一のイメージの中に凝縮されているかもしれないのである。Kernbergは境界例の患者の中核的問題を，絶えず入れ替わっている原初的で圧倒的な部分対象関係の活性化として同定している。

　一方，**精神病**の場合に生じる問題は，自己表象と対象表象との境界の不鮮明さである。ここでは，自己と対象の混乱が，耐え難い衝動の起源を不明瞭にするので，防衛的な関係様式の護りもないままに，混乱が再現される。そのような患者はどんなに親密な関係にでも圧倒されることが多い。自閉性精神病は，発達の第1段階，つまり自己と対象のイメージが分化しておらず，母親との共生的絆を形成できていない段階と関連づけられるであろう。統合失調症や精神病的抑うつについては，子どもが自己と対象の表象が融合している共生期から抜け出すことは決してないと考えられる。Kernbergの焦点は，彼の発達経過の第3段階である，分裂から抑圧への移行にあったので，この種の重篤な病理については十分に検討されていない。

8.2.2.2　Kernbergの自己愛性パーソナリティ障害のモデル

　Kernberg (1970) は，「自己愛性パーソナリティ構造」を，称賛や，誇大的幻想や，強い野心や，極度の自己没入に過剰に依存する人物として描いている。彼は，彼らの行動を，表面的には適応的であるが，共感性を欠き，他者を搾取する傾向があり，虚無感を抱き，称賛を受けること以外の楽しみが無かったり面倒であったり，そして愛すること一般ができない人々として描いている。Kernberg (1975) は，そのような人々の習慣的防衛を，特に他者への羨望に絡んでこれを鎮める時の，脱価値，万能感，ひきこもりとして特徴づけている。このような人々は一貫した仕事を持ち成功する能力をもっているが，彼らの活動は自己顕示の機会を得ることに焦点づけられている，と彼は記している。こ

れを彼は，純粋なコミットメントを欠き，堕落しやすく，そして称賛を得るために移り変りやすい，擬似昇華傾向として描いた。社会にあまりうまく適応できない人々は，長期の関係性を築くことができなかったり，一般的な目的感のなさから，治療を求めるかもしれない。しかしながら，自己愛の病理は自己愛的防衛と区別されなくてはならない。防衛の目的の1つが自己評価を保存することだという意味では，あらゆる防衛は自己愛的である。しかしながら，自己愛性パーソナリティ構造はこの意味以上で，自己にリビドーを投資をすることが理想的な特質と同等に見なされる。

　このように重要な明確化があるにもかかわらず，Kernberg が自己愛の問題を彼のスキーマのさまざまなレベルに含めたことで，いくらか混乱が生じている。病的自己愛は，彼のスキーマの第3段階から第4段階のスペクトラムに位置し，そしてこの段階間を変動する者もいるとされている。自己愛的な人々の中には，境界性レベルで機能し，不安耐性や衝動コントロールや昇華に関して重大な欠如を示す者もいる。このような人々では，自己愛的誇大自己が，根底にある境界性パーソナリティ構造に対する防衛として用いられる。誇大自己とは，理想自己と理想対象と自己イメージの融合である。このような人々は，頻繁に自己愛的憤怒を爆発させたり，他の境界性の人々の必死のしがみつきが目立つのとは対照的に，他者に頼ることができないことで，他の境界性の人々から識別できる。Kernberg (1975) は，これらすべての人々に，劣等感が誇大性と共存していると記している。そしてこれは，「慢性的な強度の羨望と，そのような羨望に対する防衛，特に，脱価値，万能的支配，自己愛的ひきこもり」に根ざすと見ている (p.264)。遅かれ早かれ，羨望の攻撃は彼ら自身の活動や業績をとり囲み，中年に近づくにつれて彼らの破壊的な自己-脱価値が「患者の内的過去の漸次的崩壊」へと導くかもしれない (Kernberg, 1980a, p.138)。現実に対する全能的アプローチから，彼らは自然に年をとることを否認し，若者（彼らの子どもや同僚）に競争意識を抱き，そこへ中年期危機が開花して，重大な職業の転換や，不適切な愛情関係も生じるかもしれない。

　病的自己愛では，その人の貧しい部分が，体験と解離したまま残る。Kerngerg が抑圧を中心に編成されていると見ている強迫的あるいはヒステリー的パーソナリティとは異なり (Kernberg, 1984)，自己愛性パーソナリティは主として分裂を中心にしながら，凝集性はあるがきわめて病理的な自己をもつ。この誇大自己が自己愛性パーソナリティを境界性の障害から区別する。自己愛性病理のより高レベルには，特殊な才能をもち，外界から多大な充足を得られ

る人々がいる。誇大な自己－編成は，環境的な支持があればより安定したものになる。そのような人々は重大な神経症的問題を呈するかもしれないが，通常は分析的援助によく応える。ただし，彼らの性格病理は治療過程への参入を弱めるであろう。スペクトラムのもう一方の極にあるのは，反社会的傾向を持つ自己愛的な人々である。さらに重篤な自己愛性病理のサブタイプは「悪性自己愛 malignant narcissism」であり，Kernberg はこのような患者が実質的に構造化された超自我を全くもたないと仮定している。こうした患者の治療予測は最も貧困なものになる。

　Kernberg の自己愛的機能についての理解には，いくつかの鍵となる特徴がある。(1) 現実的な自己概念が欠如していることに駆り立てられて，常に称賛や注目，確認を探し求める。(2) 自己イメージは全て良い（誇大な）と全て悪い（脱価値された）の側面に分裂し，それが意識面で交代する。(3) 誇大自己を支えるための外的支援を得るという最優先欲求があり，それが純粋に相互的な関係性を築く能力を蝕んでいる。誇大自己を支え損ねた他者は，脱価値されるか攻撃されなければならない。(4) 自己愛的な人々は，自分に欠けていると感じる特質を持った他者をしばしば理想化する。これは純粋な称賛ではなく，誇大自己の対象への投影であり，そのため理想化された関係性さえ，彼らの空虚感を解消しない。(5) 真の共感性も，真の愛着も存在しない。それは，その対象が自己を支持し，投影に適合するようにコントロールしなければならないからである。大抵の人々は投影に適合できないし，したいとも思わないため，対人関係は破綻しやすい。(6) 誇大自己が自我理想を束縛しているゆえに，サディスティックな超自我前駆が健全な超自我として統合されず，そのことが自己愛的な人々のサディスティックな自己攻撃に対する脆弱性を保たせ，それに対して彼らは投影で防衛する。それゆえ，パラノイアも生じうるし，統合された超自我の不在のために反社会病質 sociopathy も生じうる。(7) 「悪性自己愛 malignant narcissism」では，通常なら超自我に統合されるはずの理想化された対象イメージが全面的に誇大自己に統合され，したがってサディスティックな超自我前駆は無調整の攻撃性を表出することができる。そのような超自我前駆は対象から搾取的屈辱的な攻撃を受けるというパラノイア的体験を生み出すような，巨大な投影によって想定される自己攻撃に対する防衛として作られた，きわめて異常な自己構造へと統合されるのである。(8) 誇大自己にサディズムが染み込んでいるために，たとえその勝利が自己の崩壊を予兆するものであるとしても（例えば治療においても），他者への勝利に大きなサディスティッ

クな喜びを得る傾向がありうる。

　Kernbergは自己愛性病理を，冷たいけれども唯一の安らぎを得る資源であった，拒絶的な一次的養育者との体験に根ざしたものとして捉えた。そういう子どもは必然的に誇大自己に頼らざるを得ない。これを護る中での子どもの怒りは親に投影され，そうなると親はよりいっそう，子どもの要求にそぐわないように受け取れ，そして子どもはますます，鎮静と安楽を誇大自己のみに限定するようになる。「誇大自己」という用語はKohut（1968）によっても使われているが，Kernbergとは使い方が異なる。Kernbergにとって自己のこの側面は，子どもの称賛されている側面を含み，万能であることへの代償としての幻想で，愛情深く理解してくれる養育者の幻想でもある。それは人がそこから成長して出ていくべき特定の発達段階とは見なされていない。母親の冷淡な攻撃性は子どものなかに羨望と憎悪を引き起こすが，他者の中に羨望を煽り立てることによってそれを防衛することもある。Kernbergはそのような子どもたちが特別な資質（魅力，才能）をもっていることがよくあり，それが実際に羨望を活性化し得ると示唆している。羨望や憎悪の強さは，他者に頼ることを困難にさせ，傲慢な態度を取らせることもある。このことは，ロンドン・クライン派のHerbert Rosenfeld（1971a）の考えと非常に共通している。彼は，誇大自己とは本質的に攻撃的な構造であって，それが依存的なリビドー的自己から自分自身を護るために有用だと示唆した。自らに課した欠乏によって，自己はさらに絶望し，他者からの滋養を渇望し，それでもなお空虚でますます他者を羨望するようになる。この空虚で，飢えて，怒りに満ちた自己は，自己愛的な人々の自己表象の中核をなしている。

　心理療法では，誇大自己が関係性の中に徐々に現れる。その解釈的な探索は，こうした歪曲が自己評価と自己の連続性を維持するうえで果たす役割について，無力感と怒りという文脈で洞察を与えるであろう。誇大自己は境界性の編成を守る防衛としてきわめて効果的に見えるので，その歪みは境界性の問題そのものよりも解決するのが難しいかもしれない。Kohutとは対照的にKernbergのアプローチでは，誇大自己とそれに伴う理想化は解釈によってのみ解消される。このような患者を扱う際には，分析は彼らの口唇的攻撃性や迫害的不安や，対象飢餓や依存への恐れをあらわにしなくてはならない。これは言うまでもなくKohutの臨床的アプローチに真向から対立するものであって，Kernbergはこれを支持的精神療法であって精神分析ではないと捉えている。Kernbergのアプローチの中核は，自己愛的抵抗の解釈とワーキングスルーであり，それ

は対象関係の病理的な内在化，つまり転移と逆転移の中で独自の抵抗を生み出してくる羨望という境界性の力動を明らかにする前段階の手続きである。

8.2.2.3 Kernberg の境界性パーソナリティ障害のモデル

Kernberg によれば，境界例とは疾病分類学的単位というよりも，心的編成の水準である。彼のこの障害の基準は，(1) 自我脆弱性の非特異的な現れ(情動耐性，衝動コントロール，昇華能力の乏しさ), (2) 分裂を含む原始的防衛, (3) アイデンティティ拡散, (4) 現実検討の健全さと，夢幻様(一次過程)思考への移行しやすさ, (5) 病的な内在化を受けた対象関係である。Kernberg の基準を支持する実証的証拠がいくつかある (Kernberg, 1981 参照)。自我脆弱性は良い(リビドー的)と悪い(攻撃的)の自己および対象イメージが分裂し，情緒や衝動を調整することのできる構造——すなわち自我——へと統合されないゆえと見なされている。

Kernberg (1967; 1977) にとって，境界状態を生じさせる根源は，破壊的，攻撃的な衝動性の強さと，それを扱うには自我構造が比較的脆弱なことである。この攻撃的になり易さは，あるいは生来的かもしれないし，この発達段階での重篤なトラウマのせいかもしれない。どちらの場合でも，取り入れられた良いものは，安定を得るために必要な敵意的なイメージと衝動による破壊によって，繰り返し脅かされる。Kernberg は境界例の人々が，矛盾する自己と他者のイメージを分けておこうとして，発達的に早期の防衛を用いるのだと捉えている。これは，肯定的なイメージが否定的なイメージに圧倒されることから護るために必要なのである。利用可能な最も原初的な心的メカニズムのみを用いて肯定的な対象を破壊から護りたいという願いは，自己表象と他者表象の防衛的断片化を招く。それゆえ境界例の症状は，未解決の幼児的葛藤状態が存続することを表している。

これまで見てきたように，境界例の人々の防衛は，アンビバレンスに結びつく恐怖を未然に防ぐための，矛盾する自己表象と他者表象の分裂(防衛的に分けておくこと)を中心にしている。分裂によって他者は「全て良い」か「全て悪い」として知覚され，その結果，他者に対する態度はその両極間で急速に推移することになる。原始的理想化も，分裂の結果であり，誇大的同一化のコンテナーである万能な対象を空想で作り出すことによって，「全て悪い」対象からその人物を護っている。後に生じる理想化は，攻撃的感情を防衛するべく動機づけられた「反動形成 reaction formation」を基にしている。原始的理想

化では，攻撃性の痕跡は見られない。しかしながら，たとえ理想化していても，その対象への尊敬はほとんどなく，ただ，周辺世界の悪くて危険な表象からの護りとして求めているだけなのである（Kernberg, 1975, p.30）。境界例の人々は，良い自己と他者の表象と悪い自己と他者の表象を1つの表象へと混合させるという第3段階での主要な発達課題を達成できていない。この段階の終わりに通常出現する，情動や葛藤に対処するための統合された自我がないので，防衛は原始的なままになっている。つまり分裂の段階に自我固着 ego-fixation がある。

　Kernberg は投影同一化を，自己対象の分化が欠落していることの副産物と捉えている。つまり，この防衛を用いる人々は，投影の対象に共感し続け，その相手をコントロールしなければならないという感覚を持ち続けている。この段階での原始的防衛編成には，他に投影や取り入れや強度の否認が含まれる。原始的否認を用いると，悪い感情が意識を占めている時に，その対象への良い感情を確実に無視することを保証できる。分裂もまた，「アイデンティティの拡散した感覚」をもたらすが，これは「現実の real」対象と，達成不可能な理想と内在化された迫害的イメージがセットになった統合されない原始的超自我との，混乱した表象を特徴とする。自己表象が他者の表象と同じ様に編成されているために，分裂はまた次のことをもたらす。

　　矛盾する自己概念間で生じる極端な反復的な振動……患者は安定した自己感覚または他者感覚に欠け，急激に断絶する可能性を抱きながら自己の立位置の変動を絶えず体験している——犠牲者としてあるいは加害者として，支配者としてあるいは服従者として，というように（Kernberg, Selzer, Koenigsberg et al., 1989, p.28）。

　自我の統合は，抑圧と三層構造（イド，自我，超自我）の出現が欠如しているところでは達成されず，その結果は自我の非特異的な脆弱さをもたらす。このことが次には，衝動の緊張を効果的に処理できないという脆弱性を作り出す。さらに，欲動と超自我と環境の間での通常の葛藤を，精神内界で起こすことができず，その葛藤はその人の具体的な関係性体験の一部となる。

　自己表象と他者表象の融合が起こりやすいところから，一時的な精神病的エピソードが生じる場合もある。現実検討が適切に保たれているゆえに，精神病的症状は一時的である。Kernberg は境界例の人々が前精神病的であるという自己心理学の見解を共有しない。したがって，否認，投影，分裂，投影同一化

のゆえに，そして強い情緒的圧迫の下で自己と対象のイメージが融合するとアイデンティティの感覚が弱まりやすいゆえに，人々に対する甚だしくゆがんだ知覚があったとしても，それにもかかわらず，Kernberg は物理的現実をめぐる境界は概して健全であると見なしている。彼の仮説は，自我構造が病理的に内在化された対象関係を基にし，原始的防衛が成熟した防衛に優越しているゆえに，境界性パーソナリティ構造の症状はすべて，構造的診断によって説明できるというものである。構造的診断の有利な点は，治療に関連する情報を産み出すということである。ステージ 4 よりステージ 3 の構造の方が優勢だということは，週に 3〜5 回の精神分析よりも緩やかな，週に 1〜2 回の精神療法が適切であることを意味している。

　Kernberg の理論の的確さは，現象学的 (Kernberg は体験に近い experience-near と呼んだ) とメタ心理学的あるいは構造論的 (体験から遠い experience-distant) レベルの記述を同時に持ち込んだことにある。分裂は，このような人々が関係性をどのように扱う傾向があるのかについて説明する。理想化，脱価値，否認は，内的関係表象の編成を示すものであると同時に，その人がより進歩した心的機制を産み出せないことを暴くサインでもある。したがって，この障害のサインは，潜在するメタ心理学的機能不全と直接結びついている。悪い表象と良い表象が劇的に分離していることは，同時に病原的過程（一次過程思考への移行）の指標でもあり，その過程の原因（自我の編成を導く内的表象の統合の失敗）でもあり，その過程の内容（病理的な内在化された対象関係）でもある。Kernberg は「自我脆弱性」に関する説明が，もはや循環論ではなくなっている点で（第 3 章参照），伝統的な自我心理学を超えている。自我脆弱性は，ある種の積極的な防衛過程と隣接しており，そこから悪い対象表象との密接な接触を持ち続けられない分裂 - 自我構造が形成される。

　Kernberg (1987) は，境界例の自己破壊性や自傷行為や自殺の素振りが，いかに対象に向かう激しい怒りの攻撃と一致しがちであるかを例示する。彼らは，関係性を深めることに成功すると，それに対する罪悪感をかき立てたり，無意識の罪悪感を表出することによって，環境へのコントロールを作り直す。中には，自己イメージが攻撃性に「浸透され」たので，そこから自己評価を高め，自己切断や被虐的な性的倒錯によって誇大性を確かめるために，自傷行為を生じる患者もある。治療者はこうした患者たちの痛みや死を超えたという勝利の感覚に絶望する。治療の努力は，無意識に死を支配していると感じている患者には無益に思える。リストカットのような自傷行為はまた，境界例の人々

を，内的世界がばらばらになると脅かし続けているアイデンティティ拡散（現実感喪失 derealization）から護る手段かもしれない。このような過程は，肯定的接触によっても和らげられることのない強度に攻撃的な自己表象と対象表象についての認識がなければ，理解するのは難しいであろう。そうしたイメージは非常に悲痛なものなので，それを投影することは，生か死かという問題のように感じるかもしれない。しかしながら投影は，外界を危険なものにして，同一化による支配が必要なようにするのみである。その結果生じる自我境界の脆弱化が，この状態にきわめて特有の，自己対象融合という体験を生む。万能感，すなわち全て良い自己イメージとの同一化は，脱価値が対象への恐れを減じるように，この強度の迫害不安から多少とも身を護るであろう。攻撃が自己に向け変えられた時，境界性パーソナリティ構造を持つ人は，統制を保っているように見える。こうした攻撃の辛らつさや痛みに耐えることで，患者は理想的自己イメージへと撤退し，通常の人間の限界を越えていると感じる。境界例患者の怒りは節度を欠くので，その攻撃は時に甚だしく暴力的である。

　Kernberg（1970）は，境界性およびシゾイドのパーソナリティ障害を1つのグループとし，両者ともに低水準の性格編成としている（Kernberg, 1967 も参照のこと）。両者がある程度重複することは，この2つの状態の共存性を明らかにした実証的調査によって立証されている（Plakun, Burkhardt and Muller）。病理的な心的機制にも重複があり（Grinker, Werble and Drye, 1968; Kernberg, 1975; 1976b; 1984; 1989; Gunderson, 1985），反社会性パーソナリティ障害の患者は通常，境界性パーソナリティ構造を潜在させていると考えられる。この水準のパーソナリティでは，超自我の統合は最小限であり，そしてサディティックな超自我前駆が外部にたやすく投影されるために，罪悪感や目標の欠如があり，不誠実であり，昇華の能力は断続的である。反社会的行動が最も重篤なパーソナリティ障害に生じるのは，この共通する潜在的パーソナリティ構造のためである（Kernberg, 1971）。超自我の病理は忠誠心を欠き，罪悪や不安の予測が欠如していること，そして過去の体験から学ぶ能力の欠如に，特に明らかである。Kernberg（1989）はまたこうした人々の，自己内省の顕著な欠落についても記している。

　Kernberg の治療的アプローチは，彼の理論にしっかりと根ざし，彼の共同研究者である John Clarkin と彼が集めた治療調査チームによる転移焦点づけ精神療法 Transference Forcused Psychotherapy のマニュアルに詳述されている（Clarkin, Kernberg and Yeomans, 1999）。このマニュアルに描かれた

表出的精神療法は，(1) 患者の今ここでの情動に焦点を当て，(2) 活性化された自己対象表象の探索へと導入し，(3) 続いて治療者 - 患者関係の解釈を用いて，分裂排除され，矛盾している自己対象表象を結びつける。このマニュアルは治療を3段階に特定している。(1) 治療の全体的な目標を特定するための方略，(2) 毎回のセッションで治療者の決定点を説明するための作戦のレベル，(3) 各セッションの中で，一瞬間ごとの決定を下すための技法である。方略のレベルとして，治療者は (a) その患者の優勢な対象関係を明らかにする。(b) 役割の逆転を観察し解釈する。(c) 対象関係の二者間のつながりを観察し解釈する。治療の作戦とは，広範囲の介入にわたっており，(a) 情動の動揺を特定する，(b) 今 - ここで - の対象関係に名前をつける，(c) 主要な対象関係を解釈する，(d) 分裂排除された対象表象と情動をつなぐこと，などである。

8.2.3 Kernberg の定式に一致するエビデンス

　全体的に見ると，現代の情動理論は Kernberg の定式と一致している。日常の社会的相互作用が持つ反復的な性質と情緒性が突出していることが情動の偏向を作り出し，それが時を経て，逆にパーソナリティを編成する中心的な軸になると想定されている (Izard, 1977; Malatesta et al., 1989)。Kernberg の推測と一致して，情動の理論家たちは，生まれつきの情動の偏向が個々の感情の繰り返しを通して固定化されるようになり，堅いパターンに編成されると示唆している。これが特殊な精神病理の形態を導き出すのであろう。例えば，抑うつは悲しみへの偏向と結びつくかもしれないし，不安障害は恐怖と結びついた自己 - 対象 - 情動の三者関係の表象と重なり合うかもしれない。この種の観点に基づくモデルは，子どもの初期の，生得的気質（例えば，自律神経系に見られるストレス反応性，視床下部アドレナリン脳下垂体中枢の覚醒），および特定の障害に結びつく特定の情動的偏向を形成しうるような両親との社会化体験との関係性に焦点を当てた，縦断的研究によって，検証されなければならない (Zahn-Waxler et al., 2000)。しかしながら情緒についての研究の進展を見ると，Kernberg の定式より拡大された構造や編成の概念が求められていることがわかる。例えば，抑うつへの情動の偏向には，心配，不安，罪悪感，恥，自己非難，喜びの欠如，怒りや憎しみの抑制，および，他者の問題に自己が巻き込まれやすいある種の共感的な過覚醒などが伴いやすい。情緒プロフィールの配置を仮定してみると，例えば不安と抑うつというように，きわめて高水準の情緒障害の合併症を説明するような，より複雑なモデルが必要になるであろ

う（Angold, Cstello and Erkanli, 1999）。

　Kernberg の理論モデルに基づいて，投影法を用いたいくつかの実証研究がある。Krohn の夢のための対象表象尺度（Krohn and Mayman, 1974; Hatcher and Krohn, 1980 参照）は，対人的関係性の能力のレベルを査定するために構成された。この尺度の目的は，人々が全体性のあるものとして，一貫性を持ち，生き生きとして，複合的に体験されているか，あるいはその逆に空虚で孤独で，断片化された，悪意のあるものとして体験されているか，その程度を調べることである。主にロールシャッハ反応と共に用いられるが，早期の記憶や夢にも適用できる。この尺度の得点は，一般的メンタルヘルス（Grey and Davies, 1981），心理療法に取り組む能力（Hatcher and Krohn, 1980），そしてその結果（Frieswyk and Cofson, 1980）との関連性が見出されている。

　ロールシャッハのプロトコルを基にした類似の尺度が，Urist（1977）および Urist と Schill（1982）によって開発された。この尺度は Kernberg はもとより，Mahler や Kohut の理論に近く，1点から7点までの連続した段階を同定する。得点1は互恵性や相互性を示し，得点7は包み込みや合体を示す。その中間には，それぞれ，協調，連携，単純な相互作用，分析への依存，反射鏡映，魔術的支配の強要がある。この尺度は心理療法の成果や（Kavanagh, 1985）入院治療（Blatt, Ford, Berman et al., 1988）との相関があり，境界性パーソナリティ障害（BPD）と統合失調症との鑑別診断（Spear and Sugarman, 1984）との相関も得られている。

　Ryan の対象関係尺度（Ryan and Bell, 1984; Ryan and Cicchetti, 1985）もまた，境界性障害を同定し，抑うつや病理的自己愛状態，および関係性に関する神経症的混乱との鑑別をおこなう。この尺度を用いて，Ryan と Cicchetti は対象関係と治療同盟の関連性を例証し，また Ryan と Bell は精神病患者の入院治療から，その緩快期間を予測できるとしている。Westen と彼の共同研究者らは（Westen, Ludolph, Block et al., 1990; Westen, Ludolph, Lerner et al., 1990），対象関係の4下位尺度モデルを開発した。つまり，人物の表象の複雑さと分化度，情動的色彩をもつ関係性，関係に情緒を投資する能力，モラルと社会的因果律の理解の4つである。この尺度は，悪意のある表象がより多く，関係性や価値に対する情緒的投資が乏しく，因果関係の帰属が不正確で矛盾しているという点で，境界例の患者群を判別している。境界例の表象の複雑さは，明らかに他の2群よりも大きかった。

しかしながら、これらの知見は、正確さの問題で阻まれている。Blatt, Brenneis, Schimek と Glick (1976) および Lerner と St Petr (1984) は (Ritzler, Wyatt, Harder and Kaskey, 1980 も参照)、異なるスコアリングシステムを用いて、ここでも患者が健常者よりも高い発達レベルを示したことを報告しているが、しかし、彼らの知覚の正確さと信憑性について疑問を投げかけている。

　おそらく、Kernberg のモデルを最も支持するのは Drew Westen によるきわめて綿密で創造的な研究であろう (Westen and Cohen, 1993)。Westen と彼の共同研究者らは、重要な他者との関係性の一般的な性格づけと特定の記憶を引き出すため、および抽象化の水準をしだいに上げながらの自己描写を提供するための、構造化されたインタビューを考案した。この研究者たちは、境界例の自己表象が一時的で分裂しており、統合が不完全だという Kernberg の見解について、実証的な背景を提供している。境界例の人々は、矛盾があり、自己中心的で、聞き手の視点に関心をもたず、自己と他者の区別が曖昧で、自己表象がきわめて否定的であることを、ほとんど自覚していない。これまでの研究で一致しているのは、(Bell, Billington and Cicchetti, 1988; Westen et al., 1990; Nigg et al., 1992)、境界例の人々が他者との関係性スキーマを一般的に悪意的なものとして描き、そしてその中で自己と他者はたいてい犠牲者と迫害者という役割を持っていることである。自己と他者は多くの場合入れ代りが可能であり (Kernberg, 1984 参照)、その役割の描写も急激に変転する。関係性のスキーマは一時的なもののように見えるのに、主体はその矛盾への自覚を僅かにしか示さない。境界例患者の評価は全てかそれとも無かであり、例えば願望や理想が完全に達成されるか、あるいはまったく達成されないかである。彼らはまた、恐ろしい自己表象についても理想的自己表象についても非現実的で混乱している。彼らの自己評価は特に否定的な方向へと劇的に変動する。体験が解離しているゆえに、自己感は途切れてしまう (Zanarini et al., 1990a 参照)。もっと一般的なものとして、Kernberg のアイデンティティ拡散の概念 (Kernberg, 1975) は、多くの支持を得ており、目的や価値観や関係性への投資が時と共に変動することもそれを示している。

　Kernberg のパーソナリティ障害研究所から提示されている新たなエビデンスは、境界例患者の自我脆弱性に関する彼の主張の多くを確認している。Clarkin と共同研究者らは (Clarkin, 2001 参照)、境界例患者の努力的統制 effortful control 能力について検討した。これはより優勢でない反応を実行す

るために優勢な反応を禁止する気質的な能力である（Rothbart, Ahadi and Hershey, 1994）。努力的統制（Rothbart et al., 2000）には3つの構成要素がある。それは，(a) 禁止的統制 inhibitory control（例えば，「私は興奮して自分の"思いつき"を話したい時でさえ，軽率に話さないようにすることは容易にできる」），(b) 活性化統制 activation control（例えば，「私はしたくない仕事でもし続けることができる」），(c) 注意統制 attentional control（例えば，「心痛がある時に，注意を集中することは私にとって非常に難しい」）である。BPD患者は，Kernbergの理論から予測されるように，否定的情動（恐れ，悲しみ，不快，不満）が特に高く，努力的統制が低い。この知見は，努力的統制の能力の低さ（自我脆弱性）が否定的情動によるリスクを高める元になることを示唆している。

　神経心理学的に見て，努力的統制に相当する管理機能 executive functioning は，BPDでは不全なように見えるが，しかし注意と禁止の過程の他の側面（例えば，警戒することや方向づけること）は健在に見える。つまりこうした注意過程を司る脳の部分（辺縁系の流出を統制する前帯状回）に異常があるらしい。この患者群では，検査の素材を現在の情緒的関心と結びつくものに変更すると，より優勢でない反応を実行するために優勢な反応を禁止する能力（ストループ検査によって測定）が損なわれる。コーネル大学の研究室でfMRI（functional magnetic resonance imaging 機能的磁気共鳴画像）上で統制群と比較したところ，「情動ストループ」がBPDに影響を与えていることが見出された。他の研究においても，この群にその症状と密接に関連する認知的機能不全が示されている。記憶とアイデンティティとは本質的に結びついていて（Klein, 1970），ある個人とは総体として自らの記憶そのものなのである。WestenとCohen（1993）は，境界例患者の個人史的記憶には，大きな溝や断絶が見られ，異なる時期には自己が全面的に異なるものとして表象されることを明示している。これらの研究者たちは，長期の親密な関係性を維持できないことから，この患者たちのアイデンティティの社会的構成が崩壊しているかもしれないと示唆している。

　Kernbergは著作の中で，度々メニンガー心理療法研究プロジェクトについて述べている（Kernberg et al., 1972）。Kernbergはこのプロジェクトの報告の中で，重篤な境界例の病理を持つ人々の治療での，表出的技法の重要性を特に立証している。厳密に言えば，これはこのプロジェクトの知見ではない。これはこの研究で，よくなった患者とならなかった患者の治療間の相異について

の，非公式な観察である。この研究では，支持的技法と精神分析療法を比較したが，表出的心理療法を体験した群はなかった。どちらにせよ，治療の長期的結果は，1960年代および70年代にそう見えたものよりも遥かに複雑になっている（Wallerstein, 1986; 1989; 1993）。患者の大多数は複数の治療を受けており，そのため精神分析，あるいは支持的療法の特定の効果を決定するのは難しい。1つの大まかな結論としては，支持的技法がこれらの患者（特に自我強度の低い者）に驚くほど有益な効果を持つということである。

しかしながら，さらに近年では，Kernbergの治療モデルに関するエビデンスが得られそうになっている。転移焦点づけ精神療法の検証が進められており，BPDの最も手近な代替の治療法（弁証法的行動療法）との比較が行われている。全ての知見が提示されるまではまだ数年かかるであろうが，初期の知見は有望である。17人のBPD患者による予備調査では，治療1年で実質的な成果が見られた（Clarkin et al., 2001）。これはこれまでのところ最も本格的な，厳密に練られ実行されたBPDのための通院治療プログラムの効果を示す試みである。

8.2.4 カーンバーグモデルの評価

Kernbergの研究は，米国，ヨーロッパおよびラテン・アメリカにおいて，きわめて大きな影響を及ぼしている。彼は精神分析的対象関係理論を，古典的構造論的理論にも英国対象関係の理論家たちの研究にも一致する，統一された枠組みに組織化することに成功した。この統合の鍵となる要素は，Melanie Klein, Wilfred Bion, Edith JacobsonおよびMargaret Mahlerの貢献である。高度な理論の統合よりもさらに重要なのは，おそらくKernbergが対象関係理論を現実的な臨床の方法論へと翻訳し，特に境界性パーソナリティ構造（BPO Borderline Personality Organization）を持つと指摘した患者を見事に描写したことであろう。Kernbergは古典的分析の技法的立場を維持した。彼のアプローチの中核に位置したのは中立性neutralityであった。BPO患者の治療では，他の対象関係理論家たち，特にKohutと英国の理論家たち（Winnicott, Fairbairn）は，分析家を実際の人物real personとして前景に置く技法へと修正することを勧めている。Kernbergのアプローチはより古典的であり，支持的というよりも表出的であり，しかしまた，他の多くの対象関係学派の理論家たちよりもより実践的である。

Kernbergのアプローチの価値ある希有な側面は，治療の選択も含めて，精

神分析的診断を重視したことである。精神分析は，他の臨床理論的アプローチが大抵そう見なされるような，診断を無視した治療選択ではない。Kernberg は，患者の自我がパーソナリティを構成する対象関係ユニットへと分解され，次に新しい構造へと統合されることに耐えられるほど強度な場合にのみ，精神分析を勧めている。これは BPO にはあてはまらず，精神神経症のためのものである。この点から見ると，自己愛性パーソナリティ障害は多少あいまいで，Kernberg の描写と適合する多くの患者は構造的に見れば BPO であるが，しかし Kernberg は治療法の選択としては，表出的精神療法よりも精神分析を推奨している。

統合の仕方は完全ではない。例えば，Kernberg は欲動論と対象関係アプローチとを，2つの枠組みに共通の用語（例えば，「良い」と「悪い」対象との関係性の布置）を使って飛び越えた。彼は説明概念として情動を過度に用いたが，これらに対する彼の見解は古典的（欲動論）定式とはうまく適合しない。Kernberg は関係性アプローチを支持し欲動論を放棄する方向に偏っていた（Greenberg and Mitchell, 1983）。彼はエス，欲動，対象，といった古典的モデルの一部であった用語の意味を徹底的に変えることによって，統合を達成した。Kernberg の欲動概念との関わりは，攻撃性の動機づける力への信念に根ざしている。だが，Kernberg は，本能的行為と欲動とを明確に区別し，後者を（これまで述べたように）対象関係表象の比較的効果的な統合に基づく成熟の成果であるとしている。攻撃性は明らかに，Kernberg の描写した本能的反応と適合するが，しかし，果たしてそうした反応は彼が示唆したように，1つの欲動に統合されるのだろうか。

もしも欲動概念を放棄すれば，Kernberg のモデルは病理の説明力をほとんど失うことなく，首尾一貫性を得たであろう。攻撃性は性や渇きや飢えのような，生物学的衝動の循環的性質とは一致しない。成熟した生物的破壊力（および自己破壊力）という仮説を通して，この理論が何を得たのかは分かりにくい。Kernberg の臨床事例や敵意を取り扱う技法的示唆は，ただ対象関係としての（いわばフェアバーン派の）アプローチによる解釈に開かれており，そして実際に，欲動の充足や不満と関係なしに対象関係的（対人的）解釈技法が明らかに推奨される。Kernberg の枠組みでの本能的行為と欲動との区別もまた，分析家たちが境界例の嫌悪と敵意に満ちた破壊的行為を，原始的な嫌悪の昇華と考えられる自己主張を伴う攻撃欲動の表現と比較して，何らか発達的により早期の（本能的で原始的な）ものとして見るように仕向けてしまうであろう。こ

れまで記したように，自分が発動主体だという充足感を意味する自己主張は，最も早期（生後3カ月）からの乳幼児の特徴なのであって（例えば Watson, 1995），報復的で残酷で壊滅的な心的状態が乳児期早期の特徴だという考えを支持するエビデンスはほとんどない（Stern et al., 1985; Stern, 1990, 1995）。

たとえ統合的精神分析モデルを提示するという Kernberg の試みが文句なしの成功であるとはいえないとしても，用いる構成概念の多くに操作的定義を加えたことによって，彼はこの分野を劇的に進歩させている。彼は生涯を通じてこの研究に全力を傾けている（Kernberg, 1974; 1989; 1993; Clarkin et al., 1999）。彼の推奨する技法は明確で検証可能である（Kernberg and Clarkin, 1993）。彼の精神病理についての記述，特にパーソナリティ障害についての記述は，DSM が提供する操作的基準を検証できるものである（Miller, Luborsky, Barber and Docherty, 1993）。彼の病因学的仮説は精神分析的定式の一般的弱点を反映している（以下を参照）。彼の貢献は，単に重篤なパーソナリティ障害についての精神分析的発達論の定式化を進めたというだけではなく，それが臨床的/解釈学的見地から実証的見地へと，精神分析家たちの認識のスタンスに大きな変動をもたらしている点で，きわめて重要なのである。

第9章　対人的‐関係論的アプローチ
　　　——Sullivan から Mitchell へ

9.1　関係論者のアプローチの概観

　この 10 年間の精神分析の中で，最も急速に発展している理論的方向性は，いわゆる対人的‐関係論的アプローチ interpersonal-relational approach である。多くの重要な人物が，この方向性に寄与している。その特徴はおそらく，精神分析的な出会いとは，2 人の能動的な参加者である患者と分析家がともに主観性を用いて，対話の外形 shape と内容 content を生成するような共同構築だという仮説であろう。数多くの現代の主要な貢献者は，多少なりとも対人的‐関係論的視点に関わっており，その業績としては，McLaughlin (1991), Renik (1993), Hoffman (1994), Ogden (1994), Benjamin (1998), Bromberg (1998)，それ以外にも Daniel Stern, Jay Greenberg, Lewis Aron, Stuart Pizer, Charles Spezzano, Edgar Levenson, Stephen Mitchell があげられる。彼らの着想のどれもがいくぶん異なっており，決定的な対人的‐関係論的視点というものはない。本章での議論として，Stephen Mitchell をとりあげたい。というのも，彼の著書は，関係論的アプローチを代表するものであり十分に確立されており一貫性を有するからである。

　1940 年代と 1950 年代のいわゆる**対人学派**の鍵となる着想が，対人的‐関係論的アプローチの基礎を形成している。主要な古典的貢献者には，Harry Stack Sullivan, Erich Fromm, Frieda Fromm-Reichmann, Clara Thompson が含まれる。Sullivan と Thompson は 2 人とも 1930 年代に，対人関係の観点から統合失調症の若い男性患者とシゾイドの若い女性患者をどのように治療するのかを実証していた。彼らのアプローチは，操作主義的（実用的であるとも言えた）であり，人間主義的であり，その上明らかにリビドーのメタファーを除外していた。Sullivan は，Sigmund Freud の恩恵を受けていることを一貫して認めていたが，精神分析家になろうとしたことはなかった。Sullivan の「**対人関係的精神医学** Interpersonal Psychiatry」と，Fromm の

「人間主義的精神分析 Humanistic Psychoanalysis」と，さらにハンガリーの先駆者である Ferenczi の臨床的発見を組合せ，精神分析に新しい，真に対人的アプローチを発生させたのは，おそらく元来はニューヨーク精神分析協会の訓練分析家であった Clara Thompson であろう（Thompson, 1964）。

Sullivan の着想の多くは，今日まで参照され続けている。現代の論者の中では，多分 Benjamin Wolstein（1977; 1994）と Edgar Levenson（1983; 1990）の研究が，近年の対人学派の定義を決定していると言うべきであろう。この2人の著者は，多少なりともサリヴァン派の伝統に忠実であり，関係論的アプローチの重要な側面である，対象関係理論との統合に向う方向性を疑問視しているように見える。最近サリヴァン派の分析家は，純粋な形で Sullivan の着想を維持しようとするのではなく，しだいに Sullivan の思想と現代の精神分析の思想体系との統合へと向かっている。このような統合の過程は，ポスト自我心理学段階の精神分析的思想にとってきわめて生産的である。

この統合への流れや，それに続く関係論（単に対人的ではなく）学派への移行に対する重要な貢献となったのは，Greenberg と Mitchell（1983）の対象関係論に関する大作であった。この驚くべき本は，Sullivan や対象関係理論の着想の多くを「関係論的 relational」に再解釈し，それらを自我心理学のような古典的で関係論的でないアプローチと対比させた。Sullivan の対人関係論を（英国の）対象関係論のアプローチに暗に結びつけることによって，この本はしだいに影響力を増している対象関係論学派と対人論の伝統との関連をより密接にした。その時まで，こうした関連は北アメリカの主流の精神分析では無視されていた，特にアメリカ合衆国の外ではまったく知られていなかった。関係論的準拠枠を用いるようになった研究者は，自我心理学のようなより古典的な精神分析的背景から（Renik, 1994），あるいは Gill の「社会モデル social model」（Gill and Hoffman, 1982; Gill, 1983）のような個人的アプローチから，この視点に達していた。

対人論者のアプローチの重要な目新しさの1つは，観察者としての精神分析家という古典的なモデルを，活動を共有する参加者としての分析家というモデルに置き換えたことである。このような展望の移行には，さまざまな側面がある。対人論者は，客観的な真実という概念を主観性で補いまたは置き換え，精神内界を間主観性に置き換える。空想（詩学）はプラグマティズム（体験や出来事の記述）に道をゆずる。分析的解釈の内容の重要視は，分析過程の観察へと移行する。真実や歪曲という概念は，遠近法主義 perspectivism で補われる。

強力な理論を求める探究は，理論的バイアスを回避しようとする試みに道をゆずり，感情としての逆転移はエナクトメントとしての逆転移に取って代わる。

その間，北米の精神分析理論の有力な流れは，今，ここでの転移 the here-and-now transference という主観性を非常に強調し，相互に参加し合う完全な二者関係による対人心理学を取り入れるようになった，（例えば, Gill, 1994; Renik, 1996; Hoffman, 1998）。この流れにいる人々は，今ここでの出会いに常に焦点化しながらも，これを転移外の解釈に結びつけていた Levenson（下記を見よ）のような古典的な対人論者よりも頻繁に，もっぱら治療状況という「活動の舞台 playground」に焦点を当てる。何十年にわたって対人論の精神分析家は，まったく精神分析家ではないとみなされていた。この20年でようやく，米国での精神分析の主流が非常に弱まってきたことに伴って，対人論的伝統の貢献が認められるようになったのである。転移の中での相互参加という着想は，一般的な精神分析の特質の一部となっている。理想的な精神分析家とは，もはや中立的な観察者ではありえず，真実と現実をめぐる絶え間ない交渉にかかわる患者の協働者となった——この対話こそが，先入観から脱出する唯一の道である。

9.1.1 Sullivan のパーソナリティ発達のモデルと対人論者のアプローチ

歴史的に見て，Sullivan（1953）が精神分析の主流に満足していないのは，Fairbairn（1952b）のそれと類似している。それは時代が似ているのではなく，精神分析の主流が，関係性を希求するという人間の性格の側面を見落としていることへの中心的な不満が共通しているからである。Sullivan は，フロイト派のアプローチとの繋がりを断ち，精神内界のメカニズムから精神障害を説明することを拒み，ひたすら対人関係に焦点を当てることを選択することで，Fairbairn よりも先を行っていた。Sullivan の視点では，いかなる人も他者との関係性から切り離して理解することはできない。つまり人が他者と共にあるあり方が，その人が誰であるかを規定する。Sullivan によれば，欲動や防衛メカニズムのような精神内界の概念，自我とエス，エスと超自我の構造的な葛藤といった説明的構成概念は，人と環境との誤った分断を想定することによって，人の問題を分かり難くすると見なされた。

「あらゆる有機体は，自らが必要とする環境と連続した，共同的な存在である」（Sullivan, 1953, p.31）。人間の環境は，他者との，より広いレベルでは他者（文化）が共同でやり遂げたこととの，絶え間ない相互作用を含んでいる

と，Sullivanは強調する。有機体が適応して収まれる生態学上の適所（ニッチ）（ecological niche）を考慮しないで，なんらかの有機体の構造を把握しようとすることはばかげている。Sullivanは乳児とその人間的環境との早期の相互作用を，できるだけ密接に対人的適所に適合するよう，ほぼ無限に融通のきく受け皿を作っていると説明した。

Sullivan（1953）の発達モデルは，関係性をもつ能力の発展に根ざしている。発達の第1段階では，「母性的共感 maternal empathy」という関係性が特徴である。乳児の満足したいという，生得的，生物的かつ情緒的欲求に対して，母親というもう一人の人物が乳児の満たされない欲求によって生み出された緊張を自分自身のものとして体験し，乳児にそれを行為で示さなければならない。これは「優しい行動 tender behavior」として体験され，このような相互作用は，全般的な優しさへの欲求を生み出し，それは他者の優しい行動によってのみ満たされるような，一次的であるが生物学的ではない欲求となる。対人的な欲求の性質は，年齢とともに変わる。身体的接触を求める早期の欲求（1年目）は，子どもの行動の受けてを求める欲求へ（2年目から4年目），続いて他者との競争や妥協を学びたいという欲求へ（5年目から8年目），それから思春期を通じて同性の良い友人への欲求へと変化し，次には青年期の，異性の人と親密になりたい欲求に転じる。つまり，Sullivanは，Freudのリビドー発達一般と，特に幼児性欲論を完全に拒絶する。「欲望のダイナミズム lust dynamism」は，青年期の発達の特徴に過ぎないのであり，そこでさえ，どのくらいそれに煩わされるかは，進行中の対人的体験に左右されている。うまくゆけば，それは親密への欲求に統合されることになる。

Sullivanは性を発達によって飼い慣らされるべき欲動と考えてはいない。生涯を通じて，情緒的欲求は生物学的欲求を凌駕する。例えば不安は阻止された欲動の指標ではなく，乳児の緊張が母親の中に引き起こした自らの不安感の指標である。不安は同定できる対象を持たず母親から「見つけ出されるcaught」。Sullivanの定式化が，乳児研究を基盤にした情動発達の理解のモデルに，いかによく類似しているのかに気づくのは興味深いことである（Gergely and Watson, 1996）。後者の定式化では，乳児は覚醒状態の生得的な象徴的表象を持っていないと見なされる。この覚醒は，乳児の状態への母親の映し返しを通じて意味を獲得する。もしこれが不安の方向へ歪められると，乳児の覚醒の体験は同じ方向に歪められるであろうし，その場合乳児は他者の不安を「見つけ出している caught」のであろう。「安全への欲求 need for security」とは，

不安（または不安への恐怖）を回避する欲求である。

多くの対象関係論の定式化に見られるように，Sullivan (1953) の見方では，母親の優しさの程度は，乳児のパーソナリティの統合の程度と質を決定する。子どもの欲求が養育者の不安を生み出すと子どもは不安になり，早期の関係性は統合に向かうのではなく，崩壊に向かう傾向を作り出す。「英国」（クライン派）や「ブリティッシュ」（独立学派）の対象関係の理論家と同様に Sullivan も，子どもが養育者とのあらゆる体験を「良い母親 good mother」（不安でない）または「悪い母親 bad mother」（不安が染み込んでいる）との体験にまとめる傾向（捉え prehension）を指摘した。自己と対象の体験はこの時点では分化していないが，養育者からどのように応答されているかを子どもが分かるにつれて，つまり Sullivan (1953) の言う「映し返された評価 refected appraisals」を分かるにつれて，このさまざまなものが集まった情動的イメージから自己が現れる。他者の評価と一致しない自己体験は，新生する自己感から組織的に排除されるであろうと想定される。養育者の不安を排除して，養育者の承認と優しさを高めるために子どもが用いる戦略は，「良い自分 good me」として編成されるようになり，一方養育者に不安を引き起こし承認を得られない行動は，「悪い自分 bad me」へ編成される。Sullivan は第3の体験カテゴリーを考えたが，それは養育者（引き続いて子ども）の中にあまりに強烈な不安を生み出すので，いかなる状況でも意識化され得ない「自分でないもの not me」あるいは「解離した dissociative」システムとしての自分である。これを脅かす行動や脅えた行動や，さらには解離によって応答するような母親をもつ乳幼児に，質的に異なるアタッチメント・パターンが観察されることと結びつけたいと考えたくなる (Schuengel, Bakermans-Kranenburg and van IJzendoorn, 1999)。このアタッチメントのカテゴリー（「無秩序な disorganized」）に属する乳児は，後年心理的混乱を示す傾向が最も高い（例えば，Lyons-Ruth,1996b）。不安を軽減しようとするより成熟した戦略（Sullivan の言う「安全操作 security operations」は，優越感を生み出すことを目指している（例えば，力があり，偉大であり，特別な感覚があるというという錯覚）。自己システムは，不安を軽減し自己の形態を保つことを目指す，幼児期からの一連の戦略である。こうした安全操作は発達しつつあるパーソナリティの特徴となり，後の発達の道筋で生じるかもしれない神経症的パターンの種類を決定すると見なされている。

Sullivan は，怒りや攻撃性を生得的なものと考えてはいなかった。激しい

怒り rage は懲罰に対する第一の反応であるが、それは徐々により適応的応答としての怒りに置き換えられる。もし怒りが罰せられて抑制させられると、激しい怒りはかんしゃく tantrums や慢性的な憤り chronic resentment となって、再現されやすくなる。敵意が優しさへの欲求に取って代るという「悪意のある変換 malevolent transformation」は、歪められた怒りが最も衰弱した形態である。これは、子どもが優しさを求めて否定されるとき起こると考えられる。例えば、この欲求を表出したときに不安や屈辱を体験すると、子どもが優しさへの欲求を制止するだけでなく、ひとが自分に優しく働きかけることを拒否するという変換が生じるであろう。これは、その後の関係性を深く妨げるであろう。

　Sullivan は、個人の中に葛藤がある場合、それは環境での葛藤をはらむ矛盾した信号や価値によって生み出されているのだと強調した。Sullivan（1964）による対人的状況の定義は、二者関係に特化し、「2 人かそれ以上の人で成る形態で、そのうちの 1 人以外は多少とも完全に幻影である（実在しない）（p.33）」となっている。「対人的 interpersonal」（「精神内界的 intrapsychic」との対比で）とは、通常 1 人より多いことを言うものなのだから、これは混乱を招くかもしれない。Sullivan が主張する、人が絶え間なく相互にやりとりをする人間の環境には、当該の人物に加えて、少なくとも 1 人の他者が含まなければならない。そこで対象と子どもとの**現実の相互作用**によって創生された表象システムは、その後の対人的出会いを歪めるように利用される可能性がある。Sullivan（1964）によれば、パーソナリティへの正しい見方は、他者や多少とも人格化されたものと関わる、人々の行為に関わる見方である（p.33）。幻影としての他者は、定義からすれば、現在の相互作用から引き出されたり、生み出されたりはしない。つまり患者は過去の相互作用での現実の他者を、現在の相互作用に持ち込んで強化し、変換するのである。過去の相互作用は、現実の他者との現在の相互作用の複雑な関係の中で、記録され、結合され、再編成され、再体験される。幻影的な人格化 illusory personifications は早期の体験の中で形成される。分析は、こうした過去の他者との関係モデルが、現在の体験をフィルターにかける編成の網目として、どのように働いているかについての洞察をもたらす。このような洞察によって、患者は現在の新しい体験にありうる可能性を発見できる（Sullivan, 1964）。Piaget その他の構造主義的着想をもつ社会科学者が、Sullivan のパラタクシックな歪曲というモデルに影響を及ぼしたと思われる。

一般に，（対人的な）欲求の充足が不安によって妨げられた結果として，精神病理が生じる。不安の源が対人関係なのであれば，あらゆる精神病理を不安で支配された関係性へとさかのぼることは，最終的には可能である。もし安全への欲求が欲求充足の可能性を凌駕すると，パーソナリティは他の発達に適した情緒的欲求よりも，安全への欲求を優先して作動するので，パーソナリティは機能不全となる。そうなると，力，地位や名声への欲求が優位になるであろう。ここから自己愛性パーソナリティ障害の諸側面を容易に理解できる。一般に，好ましくない早期の体験は不安（安全操作）の可能性を避けようとする試みを生じると考えられていたが，この試みが「悪い自分 bad-me」という体験から個人を守ることに失敗すると，自己評価は低くなると予想される。「悪い自分 bad-me」は不安を生み出し，低い自己評価は欲求を充足できるように（例えば，恋に落ちる）状況を統合する可能性を禁じてしまう。これが，精神病理がパーソナリティの機能の全汎的な障害をいかに引き起こすのかについての Sullivan の説明である。探し出された解決は「搾取的態度 exploitative attitudes」で，そこでは，明示的にも暗示的にも他者が搾取されるような関係性が作り出される。例えば，マゾヒズムには「代用過程 substitutive process」，つまり他者を明らさまに搾取する代わりに，自分自身を搾取する。例えば，マゾヒストは，プライベートな事柄を暴露するように追い込まれる関係にかかわり，その結果，慢性的な屈辱を体験する。

　もしパーソナリティの解離する局面に対して安全操作を発動できないとすると，「自分でないもの」が人格化されるという体験が生じ，統合失調症的な過程に陥ることもありうる。Sullivan は，これを「パラノイド変換 paranoid transformation」と呼んだ。彼は他の精神病理と同様に，統合失調症は対人関係的な不安への理解可能な反応であると固く信じていた（Sullivan, 1962）。その不安があまりに破壊的で，またあまりにも人生早期であったために，パーソナリティの解離的な要素をかわすことができなかったのである。

　Sullivan の仕事の奇妙な特徴は，精神分析の代わりとなるような準拠枠を作り出さねばならないと思っていたらしいことである。「安全操作 security operations」のような扱いにくい用語は，防衛という概念にほとんど何も付け加えないのに，サリヴァン派とフロイト派の精神分析に境界を作るために用いられている。同様に，パラタクシックな歪曲 parataxic distortion は，実質的には内在化された対象関係という概念と同一であるように見える。彼の理論は，無意識，欲動，内的な対象関係という概念なしに，力動的理論を作ろうとする

試みである。ある別の専門分野を作りたいというこの願望に従って，彼の心理療法の目標もまた対人関係への適応の改善であった（Sullivan, 1956）。しかしながら逆説的に，この目標を達成するための彼のルートは，治療での関係性をより深く探索することによってではなく，治療の外での現在の関係への気づきを高めることによってであった。臨床的な作業に対する Sullivan の態度は，過去が現在の対人関係の知覚を歪めているという彼の考えに従っている。彼は，セラピストを，「関与しながらの観察 participant-observation」という知的な努力にある程度関わっている人として描写する。Havens (1993) は，この治療態度について詳細に述べている。このように Sullivan は精神科医が多少とも客観的な立場からデータを集め，分析するという，より古典的な仮説に挑戦しようとした。サリヴァン派治療者の仕事は，積極的ではあるが協働して探求する人と想定される。つまり，患者から情報を引き出し，絶えずデータをチェックしながら，こつこつと現在から過去をあるいは現実から錯覚をより分ける人である。

関与しながらの観察者として，分析家は患者の知覚を，解釈するのではなく和らげる。Sullivan (1954) は，「積極的な技法 active techniques」について述べたが，それは患者が恥ずかしいとか，不安になると感じるような体験を，セラピストはそのように受け取らないと，繰り返し患者に示すという技法である。このアプローチは，Alexander と French (1946) の「修正感情体験 corrective emotional experience」の着想と，非常に近いように思える。しかし Sullivan の方が，セラピストは理解するための関与者であるという役割の方にはるかに寄っている。Sullivan (1964, p.39) は，「情報に役立つような出来事とは，精神科医が関与する出来事なのである。それらは象牙の塔の頂上から見ているような出来事ではない」と示唆している。このように，Sullivan の臨床的な仕事の関係性に向かう側面は，常に患者の関係のパターンに気づかせるための援助に焦点を当てることと結びついていた。Sullivan は解釈することにしばしば批判的であったにせよ，おそらく彼の介入は，転移関係の体験を通じて，患者が自分の関わり方への理解をしだいに増していくために行われていたであろう。興味深いことに，Sullivan の態度は，現代の対人論の心理療法家が古典的精神力動的な考えと同一視されることに感じる不快感とそっくりである（例えば，Klerman et al., 1984）。しかしながら，精神力動的な治療効果の最も強力なエビデンスは，まさに対人論的伝統をもつ心理療法研究から生じている。比較的短期な心理療法による最も統制された研究が，気分障害（Frank,

Kupfer, Wagner et al, 1991; Shea et al., 1992; Shapiro et al., 1995），青年期（Mufson and Fairbanks, 1996），摂食障害（Fairburn,1994），ヘルスケアサービスの長期利用者（Guthrie et al., 1999）についてなされているが，いずれも対人論的な心理療法は他の短期の心理療法と少なくとも同じくらい効果があることを示している。より古典的な精神分析的な心理療法に注目した研究では，多くの場合，特定の臨床的問題に焦点を当てていないし，実験的な統制の仕方が不適切である（Roth and Fonagy, 1996）。

　対人論者の考える対話の中に精神分析的な思考を持ち込んだのは，ニューヨークの精神分析家 Thompson（1964）であった。彼女は Sullivan のパラタクシックな歪曲という概念が，Freud の臨床理論のうち，転移と性格構造という，次元の異なる2つの理論を含んでいると主張した。つまりそれは，過去の残滓が現在の状況に置き換えられること（Freud による転移）と，その置き換えがその人の現在の体験と他者との相互作用を編成する役に立つこと（フロイト派の自我心理学での「性格 character」）を意味している。Thompson による Sullivan の着想の再定式化によって，対人論的な精神分析家たちは，古典的な分析家と対比させて，自分たちがはるかに多く現在に焦点づけていると定義することが可能となった。対人論的な精神分析の論者は，患者が現在に埋め込まれているのだと，ますます強調するようになった（例えば，Levenson, 1983）。現代の対人論者は，患者−治療者関係を一次的な分析の手段として用いながら基本的な問いを「それは何を意味しているのか what does it mean?」から「われわれの間で何が起こっているのか what is going on between us?」へと変化させることで，臨床的方法に Sullivan の着想を適用しようとしている。Sullivan のセッション外での患者の行動への関心は，いまだに失われていない（Levenson, 1987）。

　これまで見てきたように，対人論的なセラピストは，患者の無意識への洞察ではなく，治療的な相互作用への洞察を高めることを目指している。ここに，過去の残滓を，エピソード記憶ではなく手続き記憶と考える，一般的システムに立脚する精神分析の理論家と類似する点がある。この種の理論家は，転移の関係では手続き記憶が優先しており，それは力動的障壁および神経心理学的障壁によって引き起こされた過去の体験とは別である（それらは別の記憶システムを表象する）と主張する（Amini et al., 1996; MigoneandLiotti, 1998; Stern et al., 1998; Fonagy, 1999b）。どちらのアプローチでも，再構成から生じた意味は，臨床過程では比較的偶発的だと見なされている。重要なのは，患者が現

在の不安や現在の体験を取り扱うやり方を明確にすることである。

9.1.2 Mitchell の関係論モデルと精神分析的関係論学派

ほぼ20年前に，Jay Greenberg と Stephen Mitchell (1983) の2人は，おそらく初めて，主要な精神分析的思想家の業績を今日的に統合するという，精神分析コミュニティへの重要な貢献を果たした。さらに，彼らは精神分析の対人論者ルネッサンスと呼べるようなことに着手した。現代精神分析の貢献の文脈に対人的-関係論的アプローチを位置づけることによって，彼らは「関係的／構造的 relational/structural」モデルを「欲動的／構造的 drive/structural」モデルと見事に対比させ，読者が Sullivan の著書を「関係的／構造的 relational/structural」モデルの一例として理解できるようにした。しかし Greenberg と Mitchell による，人が関わりをもとうと動機づけられている対人関係的な存在とする「関係的／構造的」理論と，生物学的に決定された遺伝的な傾向（欲動）が人間の動機づけを促進するとする「欲動的／構造的」」理論という精神分析理論の分類は，まったく働かなかった。理論家たちが，この分水嶺の両側に同時に立とうとした例はあまりにも多く（例えば，Kernberg, Sandler, Bowlby），（少なくともこの著者らについては）欲動の動機または関係性の動機を共に認める精神分析的モデルは，純粋に欲動または関係性モデルのどちらかによる場合（Greenberg と Mitchell の基準によれば）ほどには，必ずしも一貫性がないし，実証的に妥当でない。

しかし，Stephen Mitchell の貢献は，学派を統合したテキストの共著者というよりはるかに大きいものであった。その著書出版に続いて，Mitchell はアメリカ合衆国で活躍する最も重要な精神分析家の2, 3人のうちの1人として，多くの重要な著書や論文でその存在を確立した（Mitchell, 1988; 1993b; Mitchell and Black, 1995）。彼は最近54歳で亡くなり，悲劇的な短さで創造的な人生を閉じた。この分野の多くの論者たちとは異なり，Mitchell は他の理論について詳細な説明を行う文脈の中で，自身の関係論的な貢献を提示することに，常に注意深かった。例えば，彼は，セクシュアリティ（Mitchell, 1988）と攻撃性（Mitchell, 1993a）を，関係性の文脈の中に位置づけ，両者ともに人間の体験にとって中心的な位置を占めるのは関係性のダイナミクスを確立し維持するための力強い媒体だからであると，この位置づけを正当化している。同じように，彼は対人論者とクライン派のアプローチを学説的に比較する文脈の中で，治療的相互作用に関係論的な見方を提供した（Mitchell, 1995）。自己

愛に関する彼の論文は，その当時の主流の見方に基づいている（Mitchell, 1986）。彼の最後の著書（Mitchell, 2000）では，Loewald, Fairbairn, Bowlby, Winnicott, Sullivan を一緒に提示して，何が関係論的精神分析を構成するのかについて系統的に論述している。Mitchell の貢献は，本質的に統合的なものであった。Mitchell と類似のテーマにアプローチしながらも古典的対象関係理論や構造的／欲動的理論に依拠する精神分析家でさえ，彼の感銘を与える著作によって，関係論的着想に興味をもつようになっている。

　Mitchell の貢献は，個人の主観性がもつ対人的性質を中心テーマにしたという意味で，関係論的である。Mitchell（1988）は，心的現実とは精神内界領域と対人領域をともに包含する関係論的マトリックスであるという，根本的な仮説を推し進めた。これと明らかに関連しながら自己心理学に根ざした展望を，Stolorow と Atwood（1991）が以下のように明確に説明している（1991）。

　　孤立した個人の心という概念は，理論的な虚構であり神話であって，個人の個別性の主観的体験を現実的なものと見なす……。個別化の体験には，生涯にわたって，自己を形造る過程を励まし支える，間主観的関係性の結びつきが必要なのである。(p.193)

　この見方は，個別性 individuality を，内的で生物学的かつ原初的なものと，協調的で，編成的かつ成熟したものとの妥協と見る伝統的なフロイト派の見方（Mitchell が「単項的 monadic」と呼ぶ心の見方）とはまったく対照的である。Mitchell にとって，関係論的であることこそが精神分析の中核にあり，その中核は精神分析の始まりから存在する。関係論的であることは，個別性も，主観性も，間主観性も内包する。個別性を実現させ，体験を個人的でユニークで意味のあるものにするのは人とのつながり human relating である。このアプローチの哲学的な基盤は多くの精神分析的伝統によって共有されている。Marcia Cavell（1994）は，Wittgenstein, Davidson その他の著者を引用し「主観性は間主観性とともに現れるのであって，先行する状態ではない」と書いている。

　Mitchell（1988）は，自己心理学者に批判的であった。なぜなら彼は，自己心理学者たちの分析の単位（中核自己）が精神内界であると捉えたからである。また彼は，葛藤の役割や発達がもつ関係論的な性質を重視せずに精神病理を発達の停止として考える対象関係論の理論家たち（例えば Winnicott や

Guntrip) をも批判した。Mitchell は，心の基本的単位は，本質的に葛藤の中にある関係性の配置であると示唆した Sullivan の着想に基づく臨床的含意に根ざしていた。精神分析理論や臨床的作業の主眼は，個人の意味が埋め込まれている関係の絆のマトリックスである。Sullivan と異なって Mitchell は，このようなマトリックスが意味をなすと考えたが，それは精神分析が，患者－セラピストの相互作用の文脈で意味を解明するように枠づけられていると考えたからであった。

　関係論的理論は，一部には歴史的起源ゆえに，動機づけや人間の性質を考える上で，生物学的なものを拒む傾向がある。成人の自己は，他の種類の生物，動物あるいは乳児によって理解できると考えてはならず，それ独自の性質を有している。それは，「特定の」欲動に動機づけられているのではなく，多様な活動の発動主体であり，その活動すべてが関係性の文脈の中で創造したり，再創造したり，自身を表現したりする総体的な企画に貢献している（Mitchell, 1988 を見よ）。古典的な精神分析理論には生物学的基盤に立つものや立たないものがある（Sulloway, 1979）のに対して，対人的－関係論的理論の伝統は質的に異なっていて，脳－行動との統合よりも，ポストモダンな脱構築的な着想と関連が深く，結局のところ，アタッチメントの生物学的な文脈への還元主義とは一致しないのである。Mitchell (1988) は，セクシュアリティを，必然的に関係性の文脈に立ち現れ，対象世界によって条件づけられる，強力な生物学的，生理学的な力であると見なしている。引き金となるもの，つまり性的な反応の体験や記憶はすべて，性的な反応がおこってそれが心理的な意味を帯びてくるような，対人的文脈によって形づくられる。セクシュアリティは，たとえ内側から突き上げてくるものとして体験されるとしても，基本的にそうであるとは見なせない。つまりそれは関係性領域の中での，外的なまたは内的な対象への反応として理解した方が良い。これは生物学的なものを重視しないのではなく，性的な行動システムが他のシステムとどのように関連するのかという異なる理解の仕方を仮定しているのである。

　セクシュアリティは，相互に調整し合う，間主観的または，関係論的な対人的文脈に現れる，遺伝的に統制された生理学的な反応と見なされる。このような文脈が心を発達させ，機能させる媒体を形成するのであり，セクシュアリティは，このような文脈の一部を成すほどに形成力がある。その形成する力は，器官の快感からではなく，関係性のマトリックスにとっての意味から導き出される。同様に強力な関係論的な議論が，攻撃性についてなされたのであった

(Mitchell, 1993a)。

　そこで，セクシュアリティも攻撃性も決して発達や適応を進める力ではない。むしろ，性的，攻撃的反応は，その人の乳幼児や早期幼児期体験が，次のような特殊なやり方で彼に教えたことの文脈で読むと理解しやすいように思われる。それは，「彼の対象関係は，必然的に辛く，絶望的で，息苦しく，過度に性愛化された，といったものなのだ。彼がこれから入ろうとしている関係性が何かそれと違うものだと信じる理由は何もない」(Ogden, 1989, pp.181-2) ということである。

　対人論者の伝統を追求している論者の大半は，Mitchell の業績を Sullivan の着想や対人論的伝統の基本理念の代表と認めていないことにも，注目すべきであろう。例えば，Levenson (1989) は，対人論的視点と対象関係論を関連づける Mitchell の試みを，対人論的視点を覆そうと脅かす，根拠のないキリスト教統一運動のようなものだと批判する。関係性モデルと対人モデルを分ける決定的な問題の1つは，心的現実と物理的現実の性質と起源に関する仮説に関わる問題である。Sullivan は，観察可能な行動に鋭い関心を示した。彼は行動主義ではなかったが，人々の間で実際に何が起こったかについて，体系的な関心をもった。Sullivan にとっては，これが誰が誰に対して何を言ったのかを正確に解明しようという「詳細な質問 the detailed inquiry」である。このように，多くの対人論者は現実より幻想を扱うことに明らかな抵抗を示す。これは，Freud が誘惑仮説を否定したことに対する彼らの批判的態度にまでさかのぼるかもしれない。Mitchell の関係論的アプローチでは，幻想と現実は必ずしも二者択一ではなく，それらは「相互に浸透しあい，相互に豊かにする可能性がある」(Mitchell, 1998, p.183)。現実は，必然的に想像や幻想に入りこまれる。一方 Levenson (1981) の見方では，決定的な差異は対人論的な見方か精神内界的な見方かではなく，「現実が外観の**背後**にある（古典的精神分析的な視点)」とするモデルと「現実が外観の**中**にある（対人論的な視点)」とするモデルにある。Levenson の見方では，幻想とは，対人認知の歪みを推し進めるものではなく，現実の対人的不安への反応である。また彼の見方では，古典的モデルや Mitchell は，幻想が心的現実への王道であって，象徴や偽装の解釈を通じて近づくことができると理解する誤りを犯している。患者の問題は，解明可能な精神内界の現実の中に見出されるものではない。むしろ問題は，現実世界での対人的な不安によって生み出された歪曲なのである。

　Mitchell の観点は，厳格な対人論者と，同じくらい厳格な古典的精神分析

の立場との橋渡しと見てよいかもしれない。彼は，Hans Loewald（1974）を幻想と現実の関係を精神分析的に理解する，伝統を超えた創始者であると認めている。Loewald は，現実検討とは，単に外的な現実に対する着想の評定ではなく，「幻想の実現可能性と適切さを体験に基づいて検討すること」だと論じた（p.368）。意味のある，活気のある，たくましい人生であるためには，幻想と現実とは互いにあまり深く切り離されてはならない。というのは，幻想のない現実は退屈で空虚であり，現実から遊離した幻想は妥当性に欠けるばかりでなく，脅威にもなりうるからである（Mitchell, 2000, p.29）。

　Mitchell はわれわれが発達の早期に，社会と，言語と，関係性のマトリックスの文脈の中に，身を置いている自分に気がつくと想定している。個人の心（psyche）は，主観的に体験された内的な空間に形成されている。Mitchell の関係論的見方では，人間の心は相互作用的な現象であり，したがって，「個人の心」というのは用語上の矛盾である。主観性は必然的に間主観性に根ざしているのであり，心は自己と外界とを繰り返すパターンの中に組み込まれ続けている。主観の空間は「関係論的領域のミクロコスモス（microcosmos of the relational field）」として始まると想定される（Mitchell, 2000 p.57）。つまり，対人的体験が内在化され，個人に限定された体験へと変換される。当然ながら，かつて形成された内的関係性の過程は対人的な過程を作り直すことの役に立ち，それは逆に内的過程を変え，それはまた相互作用のパターンを変え，絶えず自分自身と相互作用とを変換させている。

　この体験を編成するための構造は，編成のスキーマが継時的に現れるという点で，ある程度発達に特有である（もっとも，体験の編成は成人してから一斉に，意識から無意識への連続体に沿って働き，生涯を通じて相互に弁証法的な緊張を伴うとも考えられる）。Ogden（1989）は，編成のスキーマを，次のように群分けできると示唆した。(1) 自閉的―隣接的 (2) パラノイド－シゾイド (3) 自己－他者境界，分裂対全体対象関係，現実検討の質，時間の非可逆性への気づきの明確さの程度に応じて変わる歴史的なモード。Mitchell（2000）はこれに代る群分けとして，関係的なものが機能する4つの基本的なモードを同定した。すなわち (1) **非内省的前象徴的な行動**，または人々が実際に互いに行って，それが互恵的な影響や相互調整をめぐる関係的な領域の編成をもたらすような行動 (2) **情動の浸透性**，または浸透しやすい境界を越えた激しい情動を共有する体験 (3) **体験を自己－他者の配置に編成すること** (4) **間主観性**，または自己内省的な発動主体の相互認識。

Mitchell (2000) はこのスキーマを，真の発達モデルとして提示したのではないことを指摘しておかねばならない。彼は明らかに関係性編成の4つのモードの範囲を，「画一的な概念的スキーマ Procrustean conceptual scheme」(p.59) に限定していた。これは，主要な精神分析の理論的定式をスキーマに位置づけるためには，どんな場合にも使うことができる。アタッチメント理論（第10章を見よ）は，もともと，母親と乳児が実際に行ったこと，特に子どもの示す合図への母性的感受性が他の行動上の相互作用の予測を作り出すことができるかとの，密接な関連があった（上記のモード1）。モード1はまた，対人的相互作用の表象に関する最近の研究によると，トラウマを抑圧するためにそれを追いやっているにせよ（Daviesand Frawley, 1994）認知的発達のせいで制約されているにせよ，対人相互作用の表象は記憶の手続き的側面に組み込まれている。これとは対照的に，Fairbairn や Kernberg のような理論家はモード3，つまり自己 – 他者の配置に焦点を当てている（Fairbairn の場合は，対象と関連するリビドー的自我と，反リビドー的自我の配置）。当然ながら，Kernberg やアタッチメントの理論家たちは機能の他のモードについても述べているが，自己 – 他者の配置や行動上の相互作用こそが基盤となっており，他のものはこれらからの派生物であると見なしている。モード2の直接的な響き合い resonances が対人的な二者関係に現れるとする情動の浸透性の体験は，分析家自身の体験を患者の情緒的不安の反映と見なす（投影同一化）最近の精神分析的文献で解明されている（Ogden, 1979; Bollas, 1987; Bromberg, 1998; Davies, 1998）。

関係性の間主観性の次元を理論化するモード4は，関係論を指向したChodorow や Benjamin のような，関係性を志向する精神分析的フェミニストから来ている。例えば Benjamin (1988;1995) は，相互に発動主体として関わるパーソナルな主体としての自己感（sense of self）の発達に，特に関心が高かった。もちろん，彼女は行動，情動，その他の自己 – 他者の配置についても述べている。しかし，彼女の著作では，これらは間主観性が現れ出てくる軌道という次元に文脈化されている。Benjamin (1988) は，性的関係での主導性や支配に関する疑問に焦点を当て，女性の主体性 subjectivity の分析に，新しいテーマを導入した［訳注: この部分 Benjamin の用語としてのみ，subjectivity を主体性と訳す］。Benjamin の出発点は，精神分析が「主体 – 対象 subject-object」の教義ではなく，「主体 – 主体 subject- subject」の教義になることによって，間主観性を概念化できるようにするべきだということである。前者

の対話の形では，極の片方のみが発動主体になれる二者択一のリスクが絶えず持ち込まれる。主体と対象は「能動的 active」「受動的 passive」，「男性的 masculine」「女性的 feminine」となる。この対話は，発動者が両側に存在するような「主体－主体（subject-subject）」の観点から書き直さなければならない。彼女は，以下のように述べる。「常に主体は1人で，2人の主体はないという主体－対象のパラダイムでは，一方が得るものを必ずもう一方は失わなければならない」(Benjamin, 1998, p.40)」ヘーゲル派哲学の精神から，彼女は他者によって認知されたい欲望は，二者（母親－乳児）の関係を開始させる原則であるが，恐怖や防衛から関係を閉じることも可能にすると示唆した。この母性的なイメージに対する恐怖と防衛こそが，女性のセクシュアリティにマゾヒズムの普遍性を引き起こしている。

　プレエディパルな父親は，重要な機能を果たす。つまり，「母親を撃退し，母親以外の誰かを防衛的に理想化し，そしてこの第2の人に愛を示すこと（p. 61）」である。Benjamin は論を進めて，プレエディパルとエディパルという精神分析の古典的な対立は社会全体のジェンダーの分極化の一端であると言う。しかし，関係論的精神分析理論は，このような分極化や二者択一の傾向に挑戦する。そこでは，伝統的な「父親的 paternal」対「母親的 maternal」という立場を超える，流動的で多様な同一化のモデルが提供される。古典的なエディパルな相補性では，自己が支持されるためには他者が拒否される。より成熟したポストエディパルな相補性では，自己と他者を対立させない仕方で，同一化の要素が寄せ集められる。それらはもはや，自己と対象のどちらのアイデンティティも無効にしないので，それほど脅威的ではない。理想化か中傷かの二者択一は乗り越えられる。ジェンダーは未完成な主体の出会う場にならざるを得ないが，それでもなお，そうした主体は脅威としてではなく，発動主体として相互に関わっている。間主観的な関係性が強調するのは，差異を認めながらも，差異が同定されたからといって，他者を価値下げする誘惑に負けないという結びつきのあること connectedness なのである。

9.1.3　精神病理とその治療に関する関係論的観点

　対人論者は「悪い bad」対象へのアタッチメント，つまり，応答不全で満足させない対象へのアタッチメントという Fairbairn の考え方を取り入れている。Mitchell (1988) は，感受性のある対象がいないと，子どもは欠落している親の機能を早熟に満たし，したがって欲望に安心して身をまかせることがで

きなくなると示唆している。Winnicott（1956b）が示すように，乳児が決して直面するべきではない適応への欲求のために，自発的な身振りが犠牲にされているように見える。他方で，感情（否定的であれ，肯定的であれ）と関わり合う能力は，その人自身の体験に安心して身をまかせるための機会であり，感受性のある対象からの保証によって開かれる機会とみなされるであろう。ある種の親機能が欠如することで，このような可能性が妨げられる。

例えばSullivanは，急性の統合失調症のエピソードに伴う恐怖の程度は，乳幼児期の恐怖に根ざしていると考えた。彼は，不安な母親は心理的に脆弱な乳幼児に自分の不安を何らか伝えていると想定した。これは，Sullivanが「自分でない not me」不安と呼んだ，耐えられない不安な自己の状態につながる。いくつかの著作の中で，Sullivan（1956）は母親をはっきりと非難している。

> 統合失調症者は，望ましい自己評価システムを形成するのに役立つ機会が極度に乏しく，それは人生早期に自分が相対的に人間より下等である infra-human という着想が，彼に逃れ難く伝えられたためだということについて語ろう（pp.163-4）。

もう1人の対人論者，Frieda Fromm-Reichmann（1948）は，精神病者が受けたに違いないと想定する拒絶的な養育を描写するために，「統合失調症の病因となる母親（schizophrenogenic mother）」という用語を作った。同様にSearles（1963）は，統合失調症の患者との心理療法の経験を基に，不安，失望，人間らしくない，狂気じみた感じという逆転移の体験は，まさに患者を狂気に追い込んだ養育者から実際に受けた幼児期の体験によるコミュニケーションであると論じた。

もし性的本能が発達を駆り立てる力でないとすれば，それはどのようにして，これほど多くの心理的障害の中心になっているのだろうか。Mitchell（1988）によれば，セクシュアリティの生物学的な力と，性的欲求を満たすためにはもう1人が必要だという関係性の要請が，セクシュアリティを危険だが強力な，対人関係の媒体にするのだと論じている。セクシュアリティが，切に求める他者に対して人を脆弱にすることはよくある。さらに多くの社会では，身体はある種のプライバシーを与えられているので，抑止され隠された性的身体は対象希求の象徴化として役に立つ。対象を希求することが危険を伴う努力だと感じられるような場合に，セクシュアリティは「象徴的元気づけや錯覚による保証への探求 a search for symbolic reassurances and illusory guarantees」に

なる（Mitchell, 1988, p.111）。性的困難とは，関係性の葛藤を性愛化した表現である。例えばもし捕えにくい対象を探求することが，性器的な接触を追い求めることで具体的に表現されるとしたら，それは欲求を満たすための強迫的な乱交となってしまうであろう。

関係性理論家は，自己心理学者や対象関係論者一般が提示する精神病理論の発達阻止モデルに一様に批判的になりがちである。例えば Mitchell（1988）は，乳幼児期の発達を阻止された乳児が成人の表層の下に潜んでいるという考え方を批判する。赤ん坊じみた自己とは，単に承認と適切な映し返しを求める，葛藤のない阻止された自己ではなく，偏在する関係性の葛藤の結果であり，他者との相互作用を可能にする戦略（Sullivan のモデルでは安全操作）である。同様に，成人の患者によって表現される子どもっぽい欲求は，幼児的欲求なのではなく，強い不安を伴った成人の依存欲求である。対人的欲求は生涯を通じて強烈なのであって，発達阻止という考え方は人生最早期の欲求を優先させ，最近の関係性の欲求を見過ごすという危険を冒すものである。

一般に，関係論者にとって精神病理論は，人が特定の関係的な配置を維持する際の硬さや固執性から来ている（例えば，Greenberg,1991;Mitchell,1988）。異なる関係性を異なる仕方で体験する柔軟性とは，心的健康に関する関係論的な定義に近い。それでは，なぜ発達的パターンがそれほど存続するのだろうか？ Mitchell（1988）はその人が知っている唯一の関係性が病理的なパターンなので，それにしがみつくのだと述べる。子どもは，何はともあれ最小限の不安で親にかかわることを学ぶ。そしてこのようなかかわりのモードは，その後の出会いでの関係性の鋳型になる。このように早期のパターンは，不安を排除する上で効果的だったので固守されるのであり，そのパターンが脅かされると，人は孤立や自己との関わりの喪失を怖れるであろう。もし特定の関係的な配置と自己形成した優位な関係パターンとの間に葛藤があると，それらは「自己のタペストリー（tapestry of the self）」に織り込まれず，隠れた表現形式を見つけ，それが神経症を招くであろう。Mitchell（1991）によれば，心理療法の目的は患者がより適応的な自己を発展させる援助をすることで，そのために患者の主観的な世界に入ろうとし，その関係性の世界の一部になり同時に，なにゆえに被分析者の関わり方が分析者との関係性を形成できる唯一のものであるのかのように見えるのかを，被分析者とともにあれこれ考えて，被分析者の幼児期の制約という狭い枠を超え，関係性の世界の構成を広げようとすることである。

関係論的視点からみたパーソナリティ障害の良い例を，Mitchell の自己愛的な問題の議論に見ることができる（Mitchell, 1988）。Mitchell は，Kernberg と Kohut の間のどこかに位置するように思われる。彼は Kohut について，誇大感という自己愛的な錯覚への子どもの欲求に関する洞察は評価するが，誇大的および理想化的錯覚のもつ防衛的な性質を無視していると批判する。彼は，Kernberg に対して相補的な位置をとる。彼は自己愛的錯覚を防衛的と見ることに同意するが，自己愛を健常な発達に統合できていない，と Kernberg を批判する。彼は，健常な幼児期には親は遊びに関わり，ある段階では自己愛的錯覚をあきらめなければならないと分かっていることを示しつつも，一緒にごっこ遊びをすることによってそれを承認していると主張する。われわれは発達精神病理論の見地から，二重の心的現実という同様の視点を展開している（Fonagy and Target, 1996a; Fonagy and Target, 1996）。臨床的に見ると，Mitchell は患者の自己誇大感に関わることを擁護しながらも，なぜそれが分析家も含めた他者と関わる唯一の方法のように見えるのかについて検討している。「遊び play」と解釈との組み合わせが，次元の異なる関係性を体験できる可能性を創り出す。

Merton Gill（1982）は治療的行為の性質について，ある部分分析のセッションを記録する実証的研究に基づきながら，同様の結論に至った（Gill and Hoffman, 1982）。Gill は分析家は解釈し続けるべきだが，その解釈は治療外の素材と分析状況とがパラレルであることを強調するべきだと提言する。Gill は，転移を患者の歪んだ投影とは見なさない。むしろそれは分析家の行為に対する現実の社会的反応であり，転移の要素も転移でない要素も共に含んでいる。つまり転移は，相互作用の現象なのであって，分析家は主に解釈と洞察を通じて，関係性の現実の側面を明確に描写しなければならないことを意味している（Gill, 1983）。

関係論のスペクトラムの中でより対人的な極になると，過去の重要性は軽減され，現在の重要な社会的問題が優先される。心理療法の目的は，例えば Levenson（1990）によれば，治療の目的は理解を生み出すための素材としてセッション中の患者の行動を用いて（患者の投影その他の非現実的な認知を探求する基盤してではなく），分析設定の外で現に起こっている対人パターンを明らかにすることである。分析家の現実認識は特権的な地位をもっていないので，心理療法の力は解釈ではない（Levenson, 1982）。患者と分析家はともに対人関係の事実を形成するが，そこでは二人ともエナクトメントに巻き込まれ

ることは避けられず，どちらも真実の決定者ではない。解釈は参加であるが，分析的中立性や沈黙も等しくそうであろう。もし分析家が患者の感じやすさを指摘して，患者はそれに呼応して泣き始めたとすると，患者はマゾヒスティックになり，分析家（多分優しい気持ちになっているか，距離を置いている）は，サディスティックな役割をエナクトしている。分析家はさらにこの役割を発展させ，実際に患者に腹を立てるかもしれない。すると，サド-マゾヒスティックな関係性がエナクトされる。変化は，解釈によって起こるのではなく，分析家が患者のその素材をめぐる体験世界に広く参加することや，定義しにくいのだが，患者に「再形成 reconfiguration」の体験をもたらすような「対人的響き合い an interpersonal resonance」を通じて起こるのである（Levenson, 1982, p.99; 1990）。この記述は，自己心理学者たちの情動調律に応じた変化という概念（Kohut, 1984）に，きわめて近いように見える。対人理論では，患者の体験的世界がこの世界への分析家の真摯な関わりで豊かになるにつれて，患者は真摯な自己の願望を選んで，変わるまいとする願望をあきらめるのだと主張されている。対人的分析は談話療法ではなく，体験療法である。分析家は患者の心的現実にではなく，患者の現実の世界に関わる。強調点は，解釈や患者の幼児期の欲求に呼びかけたり関わったりすることではなく，患者との真摯な取り組みにある。

　真摯さ authenticity という課題は，対人論者／関係論学派の中心である。これは，「修正感情体験 corrective emotional experience」のように明白に「技法 skill」と考えられてはいない（Levenson, 1982）。二者関係の視点を維持する分析的なアプローチの中で何十年間対人論の伝統のみが，分析的な相互作用に焦点を当て，治療過程を分かりやすくしようとしている。精神分析的な着想の発展を特徴づける弁証法の中にあって，対人論者が「場の理論」（Lewin, 1952）を強調していることは，数十年間フロイト派アプローチの主流を特徴づけてきた分析家の参加を否認することに対する中和剤となっている。臨床的観点から言えば，対人論者／関係理論の貢献の中で最も衝撃的なことの一つは，実際の早期の対人的体験の変遷が，分析家をも含む現在の関係性の中にどのように現れるのかという理解を提示したことである。対人的視点から分析家の真摯さを強調することは，「分析家の体験を，過剰に形式的で，機械的で，結局は非常に不誠実な分析家のスタンスに押し込もうとする伝統の要請によって創られた無気力な雰囲気に，新風」を吹き込んでいる（Mitchell, 1995, p.86）。

関与しながらの観察者という概念は，精神科医が多少とも距離を置いたところからデータを分析するという，より伝統的な前提に挑戦するために発展した。Sullivan は，治療者の「データへの関与 participation in the data」を繰り返し強く糾弾しているが，同時にまた治療者が面接をコントロールすることの必要性，驚かされることの悲惨さ，および計画された仕事の有用性をも強調した。Mitchell (1995) はそれについて，次のように述べている。

> 対人論的伝統でのより最近の発展との関連で，Sullivan の認識論を位置づける1つの方向性は，Sullivan が Heisenberg へと至る道半ばにあったことであろう。Sullivan は，分析家が，自らが観察していることに関与することと影響を与えることの重要性を非常に強調した。しかし，後年の理論家と異なり，Sullivan は分析家が自己覚知を通じて，分析家がその関与を因数に分解し，客観的で妥協のない仕方で現実を捉えることができると信じていた。(p.70)

対人学派の分析家は，Freud の「ハイゼンベルク学派以前 pre-Hdisenbergian」の認識論からさらに Sullivan 以上に距離を置く観点をとっている。「たとえ合理的で，自己内省的な観察を経て到達したものであっても，分析家の視点は，その自らの関与の形態と切り離すことはできない。観察は決して中立的ではない。観察は常に文脈に沿ったものであり，仮説や価値観や体験の構成に基づいている。」(Mitchell, 1995, p.83) このことを最も雄弁に語っているのは，Levenson の影響力のある著作**「理解の誤謬 The Fallacy of Understanding」**である。

> その時間や場所や関係性の結びつきを抜きにして理解できるものは何もない。自らが観察しているものの外側に立つことができるとか，体験になじまないものを歪めずに観察できると考えるのは，認識論的誤謬である。(Levenson, 1972, p.8)

関係論的な理論家は，分析家の認知が正しいと想定することの認識論的問題を際立たせる道を先学する。実際，分析家が客観的な現実をある種特権的な仕方で知ることができるという実証主義的で認識論的な立場は，もはや支持できないということについては関係論的な理論家と対人論的な理論家のかなり幅広い合意が得られている (Gill, 1983; Hoffman, 1990; 1991; 1994; Renik, 1993)。患者と分析家は相互作用のドラマの中で，絶えず共有される対人関係の現実を

構成している共同関与者なのである。

　Mitchell（2000）は，逆転移が，特にそれが患者をめぐる分析家の情熱的な感情に関連するものであると，関係論的著作は「劇的に開放的なトーン dramatically emancipatory tone」（p.126）になると指摘した。古典的時代には，分析家はおしなべて自制された態度であることが最も望ましかった（Gill, 1994）。中立性（neutrality）という概念によって伝えられた態度は，質問に答えたり，感情を表現したり，自由に話したり，関連する個人的な体験を開示したりすることが禁止されるような，否定的なものであった。現在ではこのように発展することは有用な臨床的な選択を広げ，臨床家の統合を促す上で，「良い good」ことだと，一般的に受け入れられている（Mitchell, 2000）。当然ながら，この「解放運動 liberation movement」（例えば，Greenberg, 2000）に対する反論があり，そこでは関係論的分析家は，乱暴で，抑制されないやり方で個人的な詳細を暴く分析家として描かれた。このことのエビデンスもいくらかはあるが，関係論の著作を読むと，分析状況での自発性の背景として，十分に訓練された自己内省が非常に強調されていることがわかる（例えば，Hoffman, 1998）。

　ヨーロッパの多くの伝統の中で，逆転移はきわめて包括的な用語となっている。この用語が，患者との相互作用への分析家の関与のあらゆる側面を過剰に含めるほどに拡大された場合に見落とされるもの，つまり，逆転移があまりに大ざっぱにぞんざいに扱われる場合に失われるものは，分析家の主観性であって，分析家の主観性とは，分析家——健康な部分とそうでない部分がある——という個人が分析過程の構築に貢献するユニークな仕方である。あらゆることを逆転移と呼ぶことが，患者の素材によって促されるもの（逆転移）と，主に分析家のもの（主観性）との区別をあいまいにしてしまう。

　Lewis Aron（1996）は，次のように力強く述べている：

　　分析家の全ての応答を逆転移と呼ぶことは，重大な間違いである。分析家の体験を，患者の転移に対する「逆なもの counter」あるいは応答的なものと考えることは，分析家の体験が主観的なものではなく反応性のものだという信念を促進する。

　Hoffman（1991）は，対人論者でさえ患者の認知を解明しようとしており，つまりすでにそこにあるものは把握できるとしているのだから，彼らは暗に実証主義者なのだと主張する点でおそらく最も徹底している。彼は実証主義的な

認識論を，社会構成主義モデル social-constructivist model に置き換えることを提案しており，介入が「現実 reality」を捉えることはできないのであって，そこにいる2人がともに状況に影響を与える可能性があるのだから，なんらかの探索がそれまでに定式化されたことのない何かを導くかもしれないのだと，分析家が認めることを要求している。これを認めることが分析家を自由にして，もはや「正しい the correct」解釈を特定しなければならないという神話に苦しむことなく，より開放的で真摯な仕方で振舞うようにするであろう。通常の実存的な出会いを超えて，このような相互作用を動かすのは2人の関わり合いの本質を特定しようとする，分析者の絶えざる自己内省の試みである。同様に相互作用によって，患者はそのパターンが絶対的ではなく，相対的であると気づくようになる。こうした構成主義的な態度が患者の生活に影響を及ぼすと，患者の関わりパターンの硬さを弱めるかもしれない（Hoffman, 1994）。

　臨床的アプローチには多様なものがあり，それらの全ては「対人的／関係論的 interpersonal/ relational」と考えることができよう。「本物の genuine」対人的な立場かどうかというリトマス試験の1つは，逆転移の開示，つまり分析家自らの出会いの体験についての描写である。現代の関係論的分析家によって見方はさまざまであるが，その多くは抑制に配慮することで表現性のバランスを保っているように見える（Aron, 1996; Bromberg, 1998; Hoffman, 1998; Maroda, 1999）。

　現代の論者の中で Ehrenberg は，逆転移の開示を強調する点で最も徹底している1人である。相互関係技法にとって，治療の関係性の側面が最も明確に定式化されるのは，おそらく関係性のなかでの「親密さの極 intimate edge」での出会いという Ehrenberg の概念であろう（Ehrenberg, 1993）。この概念は2人の境界を侵害することなく，長時間にわたる関係性をもつ個人間での親密さの最高地点と定義される。それが患者と分析家の相互作用の境界を構成する。治療的文脈のなかで，そのような出会いに到達しようとすることは安堵をもたらし，目の前の相互作用のなかでその相互作用への妨害や抵抗やその出会いに関連する患者の怖れについて，問いかけ，探究しようとする方向性を開く。同時にそれは個人の境界を明瞭にすることを促し，そのような境界を侵さずに関わり合うことを可能にする。このようにして，治療的関係性は，患者の自己覚知を広げ，親密な自己知識を深め，自己決定を高めるための媒体となる。Ehrenberg が重視するのは逆転移を用いることであり，特に分析的な探究の中心手段として，分析家自身の体験を開示することである。Ehrenberg は分

析的な客観性への誤った主張に対する中和剤として，自らのアプローチを提示する。患者は「対人的に自分がしたこと」に繰り返し直面させられ，それが「親密さの極」に焦点をおくことになる。Ehrenbergは，「今ここでの相互作用の体験を試練の場とし，ワーキングスルーのための舞台」にする（p.6）。その極で分析家は最も真摯に関わることができるのであり，ここにこそ，理解と成長の最大の機会がある。

　関係論の立場からは他にも重要な試みがなされていて，それは一方では両関与者間の深い関わり合いの弁証法を捉えることであり，一方では両者の関わり合い方の決定的な違いを捉えることである。患者と分析家の分析的な関係性の「相互性 mutuality」と，役割の「非対称性 asymmetry」を対比させている論者もあった（Aron, 1996; Burke, 1992）。おそらく，Ogden (1989) が分析状況について述べた「形式性という文脈の中での親密さ intimacy in the context of formality」(p.175)という言葉がそのことを最も明確に示しているであろう。Mitchell (2000) は，被分析者の責任は応答的であること，一方分析家の責任は分析的な関係性を分析的に保つことだと指摘する。そこで被分析者は建設的な無責任の一部として情熱に身をゆだねることを求められる一方，分析家は自らの感情が現れ出ることを許すが，管理責任の一部としてそのことの分析過程全体にとっての意味を必ず考慮に入れなければならない。このように，特に感情がより強くなって，分析状況を危うくする可能性がますます大きくなる場合には，分析家の情緒的体験は患者のそれと同じではあり得ない。ここでMitchellが強調するのは，分析家の情緒的体験は現実のもので強いかもしれないが，それと同時に文脈に沿ったものでもあるということである。ある感情を感じられるようにしながら，他の感情を排除するということは分析状況によってこそ形成される。重要なこととして，制約も表現も，逆転移の開示を取り扱う上での適切な指針とは考えられないと，彼は主張する。「制約も自発性もともに，思慮深くも無思慮にもなり得る」(p. 146) 言うまでもないが，このように，さらにあいまいなことを端的に述べても，この領域で働く多くの臨床家のジレンマを解決することにはならない。

9.2　対人的‐関係論的理論の評価

9.2.1　このアプローチの評価

　対象関係論も対人論も，ともに対人関係を重視するが，前者はこれ（対象関

係）を病理の場として捉えるのに対して，後者は発達が健全か不健全かという心理的問題以外に妥当な文脈で見ることができない。このように，単に強調点が変わることにとどまらず，対人的-関係論的理論は対人関係に**基盤を置いて**いる。出発点を考えると，この種の理論は本質的に精神内界の構成概念なので，発達や病理学について説得力のあるモデルにはなりにくい。もし心が，生得的に社会的なものとして存在するのみ考えられているのならば，子どもの心の社会化の過程について論じることは不可能である。Mitchellは，間違いなく他の対人論者よりも発達の観点に敏感であるが，Mitchellの論文でさえ，発達の観点から語るのではなく，最終的には現在の関係づけの失敗が問題を生む過程に焦点を当てている。Mitchellの最後の著作では，発達的関係論的見方を最も広く取り入れているが，著者自身が認めているように，これは多分に派生的なもので，他の精神分析的理論に，特にアタッチメント理論の発達的定式化に大いに依拠している。

対人的-関係論的アプローチは，精神医学的カテゴリーではなく，対人的パターンに焦点づけているので，その定式化に抑うつ，パーソナリティ障害，自己愛といったラベルを避ける傾向があることは驚くことではない。ひとが問題をもっているのではなく，問題のある関係性をもっているのだと考える。対人的-関係論的視点からすると，診断的ラベルは対人的な問題を具体的なものと見なし，関係性の問題に対して適切に治療的に着目することから目をそらしてしまうであろう。このような考え方は，精神医学的診断に対する初期の行動論的懐疑論（例えばRachman and De Silva, 1978）や，システム的家族療法家の関心（例えばMinuchin, 1988）と多くの点で共通している。最近の論者の中には，精神医学的アプローチと精神分析の対人学派を統合しようとしている者もある。例えばLewis (1988)は，3領域にわたる実証的研究をレビューした。それは，家族と結婚に関する研究，破壊的な幼児期体験の成人への影響を解消するための成人の関係性の役割に関する研究，夫婦の変数と抑うつ障害の起始と経過との関連に関する研究である。これら全ての領域での研究結果は，現在の対人関係が心理的混乱の出現や経過を決定しうるという，関係論による仮説と一致する。

もちろん，心的障害に関する生物学的／遺伝的（心理社会的に対立するものとして）因果関係は素朴な対人論の伝統と一致しないという証拠は蓄積しつつある。(例えば，Rutter et al., 1997; Reiss et al., 2000)。しかし，心理的混乱に対する多くの洗練された行動-遺伝的アプローチは，遺伝と社会的環境との

相互作用が最も重要な決定要因だと考えている（Kandel, 1998; 1999）。したがって，対人論者がこれまで自らの着想と新たに出現した生物学的な準拠枠とを統合してこなかったという事実が残念であっただけで，このアプローチが損なわれるわけではない。

　精神病理論には関係性の問題がほぼ必然的に伴うという発達的エビデンスは，かなり確かなものである。例えば子どもの行為障害は，仲間からの不人気投票で容易に予測できる（例えばStormshak et al., 1999）。仲間の関係性から，心理的混乱の経過を予測できる（例えばQuinton et al., 1993）。統合失調症のような，きわめて重篤で長期にわたる障害でさえ，家族内での情緒交流の質（表出された否定的情緒がないこと）は，再発の傾向を低減する上で決定的になり得る（Vaughn and Leff, 1981; Leff et al., 1982）。関係性の問題は，あらゆる種類の混乱のリスクを高める最も共通したタイプのライフイベントである（例えば，Tishler, McKenry and Morgan, 1981; Morgan, 1981; Marttunen, 1994; Kendler and Karkowski-Shuman, 1997）。ライフイベントと抑うつの発症を関連づける研究には，長期にわたる目覚しい歴史がある（Goodyer, 1995; Brown, 1998）。また，大うつ病のエピソードの発現を早める上で，ライフイベントが重要な役割を果たすことは広く受け入れられている（Kessler, 1997）。抑うつの多くのケースでは，数カ月前にストレスフルなライフイベントが先行しているように思われても，重大な遺伝的脆弱性をもっていないかぎり，ほとんどのライフイベントは，抑うつその他の障害をもたらさないというのが一般的な知見である（Kendler et al., 1995; Kessler, 1997; Silberg, Rutter, Nearle and Eaves, 2001）。さらに言えば，良い対人関係はさまざまな形のリスクと結びつく心理的問題を予防するうえで，力強い防御的な効力を持つ（例えば，Berman and Van Horn, 1997）。いくつかの研究は，調和のとれた結婚が反社会的な個人に対して有効な影響を及ぼすことを示している（Laub, Nagin and Sampson, 1998; Zoccolillo et al., 1992）。先述したように，精神分析的心理療法を支持する質の高い研究のエビデンスの中では，明らかに対人的心理療法に関するものが最も強い（Fairbairn, 1994; Shapiro et al., 1995; Mufson and Fairbanks, 1996; Guthrie et al., 1999）。つまり，対人的アプローチへの実証的な支持は強く，少なくとも実証的な基盤をもつアタッチメント理論を除けば，他のいかなる精神分析的アプローチの場合より強い（第10章を見よ）。

　対人的-関係論的と分類されると思われる理論は，これまでの章でレビュー

してきたものより，おそらくさらに多様であることに注目しなければならない。つまり対人的―関係論的理論を一般化することには，常に制限を加えるべきである。例えば Mitchell の論文には，どの対人論者よりも，発達的関心がはるかに深く染み込んでいる。また彼の考えは，アタッチメントの理論家と密接に結びついている。特に，確立された自己感に関連するアタッチメントについての彼の示唆は価値のあるものである。他の対人的理論家はアタッチメント理論をあまりにも実証主義的であり，ほんの表面しか見ない社会的，対人的な理論と見なしている（他の対象関係理論家も同意するであろう）。

　発達論や臨床理論が比較的重視されていないことから，必然的に治療の理論に大きなウェイトを置くことになる。ここに対人的－関係論的アプローチの目新しさがあるのは確かに明らかである。以下のように，重要な主張が提示されている。(1) 分析家は治療過程の関与者であり，観察者では決してない。(2) 解釈ではなく，関係性の体験が心理療法の変化をもたらす。(3) 分析家の解釈を聞くことは関係性の体験であり，また関係パターンを変える発動主体でもあるかもしれない。(4) 分析家の側がエナクトすることは避けられない。(5) 分析家と患者の出会いの真摯さはきわめて重要であり，真摯さが分析家の側の自己開示をある程度正当化する。(6) 分析家も患者も，2人の間で起こっていることをめぐる真実にアクセスする特権をもっていない（いわゆる遠近法主義者 perspectivist の立場）。

　このリストのどの要素をとってみても，分析家の側の自己開示が避けがたいという考えを除いて，対人－関係論的アプローチにユニークな存在する項目はない。われわれは，例えば自我心理学の Loewald（第4章を見よ）や，自己心理学の Stolorow が分析家の相互作用的役割を強調するのを見てきた（第8章を見よ）。歴史的な過去だけでなく，分析の現在に作用しているものとして，もちろんクライン－ビオンモデル（第6章を見よ）もまたそうである。治療途上でのエナクトメントが避けられないことについては，ビオン派の分析家（Joseph,1989）と Joseph Sandler（Sandler,1976b;1987c）が真剣に考察している。それにもかかわらず，対人－関係論的アプローチは，こうした側面を1つにまとめることを通じて，自我心理学のヘゲモニーの崩壊に続いて低迷状態にあった北米の精神分析的思想を切り開いた。対象関係論はヨーロッパと北米で具現化しながらも，おそらく政治的システムとしてさえも機能した包括的なモデルが崩壊した後に求められる，急進的な特性を欠いていた。

9.2.2 関係論的な考え方への批判

関係論的理論は，古典的精神分析的理論（第1章を見よ）が大切にした多くの仮説に公然と反対する。関係論的理論は，関係性を動機づける，体験以前の欲求については沈黙する。この点について，関係性への普遍的でおそらく生物学的な欲求に特定すると，それを実証するものは関係性への人間の欲求の観察から生じるというわけで，まことに堂々巡りの議論になる。したがって例えばGreenberg (1991) が指摘したのは，関係性は自律的ではなく，他の欲求によって動機づけられているが，他の欲求とはわずかに偽装された見え透いた欲動概念の派生物である（自己心理学では，関係性は自己組織化への要求によって動機づけられ，英国の対象関係論のアプローチでは自我の成長の関係基盤によって動機づけられる）。関係論者が欲動概念をなしですますとしても，Klein の後継者である Winnicott や Kernberg はそこまではしていないことに留意しておこう。

関係論者は欲動概念から遠ざかり，精神病理は成熟の経路での侵害からのみ生じ得るという発達モデルに閉じこもっている。伝統的に精神分析は人間の状態に固有の葛藤という着想を基盤にしているのであって，そこには単に環境からの反撃だけではなく，欲求相互や願望相互の葛藤もある。Kris (1984) は拡散した葛藤と収束した葛藤との区別を通して，徹底的にこの点を追求した。その主張にあるとおり，葛藤は環境からの侵入がなくても，望ましい養育の中でも生じ得るのである。

さらに，関係論者は自律性をなおざりにしてでも，関わることの重要性を強調する傾向があると言われている。一連の重要な論文の中で Blatt は，分離したいという欲動も，関係をもちたいという欲求も一次的ではあり得ないと論じている (Blatt and Blass, 1990; 1996)。Margaret Mahler とその後継者たちが，分離と自律を偏重し過ぎている一方で，関係論者はおそらくこのことに適切な注意を払っていない (Greenberg, 1991)。

多くの古典的分析家は，患者のコミュニケーションを理解しようとする関係論的アプローチのあら探しをする。無意識はどこにあるのだ？　対人的行動を動機づける幻想はどこか？　もちろん，これらは公正な問いである。しかし，多少なりとも，彼らも重要な点を見落としている。興味深いことに，現代の精神分析の考え方で最も厳格に古典的である，現代クライン派のアプローチでさえ，対人関係的なものへの観点の移行を否定できない。例えば著名なクライン派の分析家，Betty Joseph の「全体の状況 total situation」という転移の概

念は，分析家と患者の対人的出会いの複雑さを十分に説明する試みとして見ることができる（Joseph, 1985）。これより早く Joseph Sandler（1976b）は，分析家が重要な関係性のパターンを患者にエナクトしている自分に否応なく気づくメカニズムを，役割 - 応答性 role responsiveness と説明した。たしかに，理論的な説明は異なるだろうが（Joseph の場合投影同一化であり，Sandler の場合他者の反応を無意識に期待することの外在化である），臨床的な焦点はすべからく同一であろう。意味によって理解するという考え方を拒絶する，対人論者の「強硬派 hardliners」に共通点を見出すことはさらに難しい。Levenson（1990）は対人論者の治療的変化に関する概念づけはあいまいであると認めている。行動パターンとは，現在の幻想や過去の体験によって解釈したり，理解したりし難いかもしれない。しかし，そうしたエピソード記憶のレベルではなく，手続き記憶のレベルで存在しているにせよ（Fonagy and Target, 1997），治療の過程で変化する対人上の行動を維持している心的構造があるに違いない。問題になるのは，現在を取り散らかしたり歪曲したりする過去の残滓であるよりも，より合理的で健康な統合を邪魔する，現在の不合理な態度である。ひとはなぜ，援助を求めて来るのかをその人の社会的問題に託して説明するのでは明らかに不十分であり，堂々巡りである。社会的問題は苦悩を引き起こすかもしれないが，苦悩の本質を明らかにしない。例えば両親の夫婦の不調和によって子どもの依託が促進され，親の夫婦問題の解決を援助することはたしかに子どもの問題に取り組んでいることかもしれないが，このような診断も治療過程も子どもの体験を明らかにはしないだろう。子ども，つまり一般的には患者の，主観的な苦悩を理解するための説明的枠組みが欠如しているのである。

Mitchell の精神病理の構成では，過去の構造（「悪い bad」内的対象へのアタッチメント）に強固に執着することが重要な役割を担っている。この文脈では，病理の重篤さを決定するのがアタッチメントの強固さなのか性質なのかがはっきりしない。もちろん，両方でもありうるが，その場合どういう割合なのだろうか？ 明らかな疑問が，いくつか生じる。精神分析家の関心を，幻想のみに集中せずに，関係性の問題や患者のリソースを取り入れることへ焦点化し直すことは，間違いなく有益である。しかし，例えば患者が治療可能かどうか，成功する治療あるいは必要とされる治療の「臨床用量 clinical dose」の可能性を決めるために，このことを介入のための枠組みとして用いるとすれば，臨床判断を行う上で関係性の問題を分類しなければならない。そのような分類は，

まだ得られていない。状況は，約30年前に行動主義のMischel (1973) が先導したパーソナリティ理論での論争と多くの点で類似している。パーソナリティとは変わらない状況（行動の真の決定因）ではなく，一貫性のある行動を人格特性だととり違えた誤帰属に基づく観察の所産だという主張は，行動主義者がパーソナリティ分類の経験則 heuristic を，説得力のある状況分類に置き換えることができなかったため，結局道半ばで頓挫した。

　少なくとも認識論の観点から，分析家と患者の対等性を重視すること（構成主義の立場）によって，対人-関係論者は分析家に難問を提示する。分析家はそれを自覚していると主張できなくても，対人的現実に焦点を当てていると想定されている。「現実 reality」とのアクセスをもたなくても，分析家の課題は患者の現実の歪曲に焦点を当てることである。どのようにして？　もちろん，実証主義を拒否することは，ほんの一部に過ぎない。多くの関係論的分析家はたとえ試みとしてでも，自らの見方を患者に提示し，そして治療状況の社会的枠組み（分析家はエキスパートと見なされ，料金を支払われるなど）が残りを引き受ける。関係理論はしばしば抵抗について言及する。そして当然ながら関係論的分析家も古典的分析家と同様に，彼らが立証しようする強い信念とは矛盾して，同僚の臨床的仕事に自らの観点を重ね合わせざるを得ない（例えばLevenson, 1989）。つまり彼らの視点が他の人々よりも，真実に近いということはない。彼らがある介入より良い介入を手に入れたら直ちに，その視点の質を評価できる基準を提供しようとする。構成主義 constructivism とは分析的関係性の理想化であって，ちょうど中立性という概念に置き換わろうとしているのである。この視点が弁証法の一方の極として価値があるのは，この文脈の中でこそである。

　分析家の自己暴露を重要視することについては，多くの批判がなされている。対人的-関係論的理論家が，精神分析は本来対人的な営みであることを首尾よく確立しているとしても，対等な立場での2人の相互作用が，心理療法での正当な形であることを証明できてはいないのである。

第10章　ボウルビィの愛着理論モデル

10.1　発達研究に基づいた精神分析的アプローチ序論

　様々な精神分析理論が乳幼児の行動観察から恩恵を得てきた。これまで見てきたように，自我心理学的アプローチや自己心理学，あるいはクライン派のアプローチでさえ，そして特に英国独立学派は，成人の臨床実践からの観察に基づいて乳幼児研究に刺激を与えてきた。それに対して，乳幼児研究から影響を受けた精神分析理論ははるかに限られており，その発見のいくつかは成人の患者に対する心理療法を理解することへ応用されている。この手続きの方向性は，どちらにも欠陥がある。この領域には多くの貢献者がいるので，その全員の恩恵を受けるにはそれだけでも1冊の本が必要である。惜しいことにその恩恵をもはや受けられない理論家の中には，大家も含まれている。Robert Emde はおそらく他のどの科学者よりも，特に情動に関する早期発達と精神分析的および心理療法的アプローチに関する理論を結びつけてきた（Emde, 1980b, 1980c, 1988a, 1988b, 1990; Emde and Robinson, 2000）。フランスからのもう一人の主要人物は Serge Lebovici である。乳幼児の精神病理に関するその業績は乳幼児精神保健に関する強力な国際的運動を引き起こした（Lebovici and Widlöcher, 1980; Lebovici, 1982; Lebovici and Weil-Halpern, 1989）。他にも多くの者たちが，早期発達研究と精神分析との統合に協力している。精神分析的理論における発達精神病理学的アプローチを促進してきたキーパーソンは Donald Cohen である。彼はエール大学児童研究センター所長として，研究に基づいた発達理論構築を背景に，学術的にも政治的にも強力な推進者であった（Mayes, Cohen and Klin, 1991; Mayes and Cohen, 1992; 1993; Cohen et al., 1994; Cicchetti and Cohen, 1995a; Cohen, 1995）。

　この章と次の2つの章で，われわれは主に4つのアプローチに焦点を当てるつもりである。まず John Bowlby の愛着理論モデルを，次に Daniel Stern とその同僚との研究を，さらに Anthony Ryle による認知分析療法の発展を，

最後に，早期の愛着関係に起源を持つ，自己および他者の心的状態への気づきの発達に焦点を当てた，一連のわれわれの研究を考察する。

10.2 Bowlbyの発達モデル

愛着理論は一般心理学と臨床精神力動理論との橋渡しをするほとんど唯一の精神分析理論である。愛着理論に関するJohn Bowlbyの研究は，彼が21歳で不適応男児のための施設で働いていた時に始まった。母親との関係が甚だしく障害されていた2人の少年との臨床経験は，Bowlbyに深い衝撃を与えた。10年後に彼は44人の未成年窃盗犯の生育歴を調べる遡及的研究を行い（Bowlby, 1944），早期母子関係の障害が精神障害の前駆として中心的なものだという見解を固めた。病院の子どもと窃盗犯を区別する1つの要因は，両親から長期間分離されたというエビデンスがあることであり，それは特に「愛情希薄 affectionless」と彼が名づけた者達に顕著であった。1940年代終わり頃にBowlbyは母─乳幼児関係への関心を広げ，施設への入所が小さな子どもに及ぼす影響に関する調査結果をレビューした（Bowlby, 1951）。彼の言う「愛情希薄」な未成年の窃盗犯たちに認められたのと同じ症状が，母性的養育の剥奪が深刻であった子どもたちにも進行する傾向があった。1951年のWHOのモノグラフでは，養育全般，特に乳幼児─母親関係を中心的に扱っていながら，母性剥奪がどのようなメカニズムで劣悪な結果を生み出すと想定されるかについては言及されなかった。母性剥奪に関する文献それ自体が，別の解釈，特に母親─乳幼児の絆を強調しないもの（例えば，Rutter, 1971）へ広く開かれたものであった。ほぼ同時期にJames RobertsonはBowlbyの励ましを受けて，入院や宿泊型育児施設への入居によって親から分離することが18〜48カ月児へもたらす影響について4年間かけて記録映画を撮影した（Robertson, 1962）。後にChristopher Heinickeはより組織的に観察を集積したが，それはRobertsonの観察記録を完全に確認するものであった（Heinicke and Westheimer, 1966）。

Bowlbyは20世紀前半に優勢だった愛情の絆 affectional bondsの起源に関する見解に不満を持っていた。精神分析とハル学派の学習理論は共に，一次的養育者への情緒的な絆は授乳に基づく二次的動因だと強調していた。しかし，少なくとも動物界では，種の子どもは食事を与えない種の大人にも愛着を持つようになり得るというエビデンスがすでに存在していた（Lorenz, 1935）。

Bowlby（1958）は，人間の乳児が元来，社会的相互作用に参加しやすい傾性を持って世界へと参入するということをいち早く認識した。発達心理学はこの発見を自明の理のように扱っている（例えば，Watson, 1994; Meltzoff, 1995）。しかし，養育者との相互作用を開始し，維持し，終了するという愛着を形成して，この人物を'安全基地'として探索と自己高揚のために使用するという乳幼児の生物学的傾向を最重要視しようとBowlbyが決意したのは，20世紀の中頃に彼が精神分析の訓練を受けている最中であった。

　Bowlbyの決定的な貢献は，乳幼児が生まれて間もない頃から母親に対して崩れることのない（安定した）愛着を求める欲求に，確固たる焦点を当てたことであった。このような欲求を持たない乳幼児は**部分的剝奪**——愛情や復讐への過剰な欲求やひどい罪悪感または抑うつ——あるいは**全体的剝奪**——無関心，静かな無反応，発達の遅れ——のサインを示しがちであり，成長した後には表面的であったり，真の感情の欠如や注意力不足，また詐欺や強迫的窃盗などのサインを示す傾向があるとBowlbyは考えた（Bowlby, 1951）。後に（Bowlby, 1969; 1973），彼はこれらの相互作用を，分離に対する反応という枠組みに位置づけた。それは，抗議→絶望→孤立，である。抗議は子どもが分離の脅威に気づくところから始まり，最大1週間は継続することがある。その特徴は泣き，怒り，逃げようとしたり，親を探そうと試みることである。それは1週間程度は続き，夜間に激しくなる。抗議の次に絶望が来る。動くことが少なくなり，泣くことも断続的となり，子どもは悲しそうに見え，関わりから引きこもり，他の子どもや家から持ってきたお気に入りのものに対して敵対的になり，愛着対象の喪失を嘆き悲しむ段階へと入っていくように見える（Bowlby, 1973）。孤立の最終段階では，多少とも完全な社交性が戻ってくるという特徴がある。他の成人がケアを提供しようと試みてももはや拒絶されることはないが，この段階に達した子どもは養育者と再会する際に極めて異常に振る舞うであろう。HeinickeとWestheimer（1966）による2週間から21週間にわたる分離の研究では，2人の子どもは再会時に母親を認識していないように見え，8人は母親に背を向け，あるいは，立ち去ってしまった。彼らは代わる代わる泣き，無表情に見えた。孤立は再会後にもある程度継続し，しがみつき行為と交互に起こったが，これは見捨てられることへの強い怖れを示唆していた。

　古典的精神分析と同様に，Bowlbyの愛着理論には生物学的な焦点がある（特にBowlby, 1969を見よ）。愛着は乳幼児の行動を微笑や発声といった「分子」レベルに容易に変換できるので，それが子どもに社会化への関心があるこ

とを養育者に気づかせ，養育者を子どもに引き寄せる。微笑や発声と同様に，泣くことも愛着行動であるが，泣くことはたいていの養育者に嫌なものとして体験され，養育行動に関わらせることになる。Bowlby は，愛着には養育者に接近することで食べ物を得ると同時に安全を高め，環境や社会的相互作用について学ぶばかりでなく，捕食者からの保護を受けるという生存価値があることを強調した。Bowlby（1969）が愛着行動の生物学的機能と考えたのは後者であった。愛着行動は行動システム（Bowlby がエソロジーから借りた用語）の一部であると見なされた。これが精神分析と愛着理論との激しい論争を理解する鍵である。行動システムは生得的動機づけを含んでいる。それは他の動因には還元できない。これによって，なぜ食べ物を貰えることが愛着と因果的に結びつかないのか（Harlow, 1958），そしてなぜ虐待する養育者に愛着が起こり得るのか（Bowlby, 1956）が説明される。

　この分子レベルの行動について Bowlby と対象関係論者（例えば Fairbairn, 1952）の定式化には，この分子的行動レベルで，わずかだが重要な差異がある。子どもの目標は対象，例えば母親ではない。システムを調整する目標は，当初は身体的状態，つまり母親への望ましい程度の近接を維持することである。この身体的目標は，後に養育者への親密感という，より心理的な目標に取って代わる。目標は対象ではなく，存在や感情の状態なので，子どもが生きている文脈，つまり養育者の応答は，愛着システムに強く影響するだろう。というのも，もし愛着目標は達成されていると子どもが理解したならば，それは行動システムに影響するだろうからである。

　愛着理論は当初から愛着以上のことに関連していた。実際愛着は，愛着であるものと**愛着でないもの**との多くの重要な区別をした文脈でのみ，発達理論として意味をなすのである。**探索行動システム**は愛着に微妙に連結している。つまり愛着対象が，探索をするために不可欠な安全基地を提供するからである（Ainsworth, 1963）。養育者が一時的に不在であることに子どもが気づくと，子どもの探索行動は突然中断する（Rajecki, Lamb and Obmascher, 1978）。愛着対象の不在は探索を止めてしまう。したがって，安定した愛着は一連の認知的および社会的能力にとって有益だと期待できるだろう。対照的に，恐怖システムは愛着システムを活性化し，養育者の応答性が子どもの刺激への反応を弱めるか，そうでなければその刺激は危険に感じられるであろう（Bowlby, 1973）。危険に対する「もっともな」きっかけと Bowlby が呼ぶもの（例えば，なじみのなさ，突然の音，孤立など）によって恐怖システムが活性化された時，

子どもは保護と安全の源である愛着対象を真っ先に探し求める。つまり分離は2つのストレッサーを含む。保護されずに危険にさらされること，及び重要な保護の源から切り離されているという感覚，である。Bowlby は，愛着対象が不在だという体験の中で恐怖システムが喚起されるような状況でなければ，不安という用語を使用しない。愛着，探索，恐怖という3つの行動システムは子どもの発達上の適応を調整する。それとともに，子どもがあまりに遠いところへ迷い込みすぎたり，あまりに長い間離れたままでいたりすることなく，学習し成長する手段を提供する（Ainsworth and Wittig, 1969）。

　3部作の第2巻で Bowlby は，愛着システムの設定目標を養育者の接近可能性と感受性を維持することとして確立し，それらを「応答可能性 availability」という1つの用語に含めた（Bowlby, 1973, p. 202）。実際，彼が愛着システムの働きを評価する決定的役割に着手したのは，この本の第3部に至ってからであった。そこで彼は，応答可能性とは長期間にわたって「それなりに正確に(P.202)」表象された体験から得られた，愛着人物は応答可能であろうという確信を伴う期待を意味すると主張している。このように愛着行動システムは Bowlby による表象モデルとして，あるいは Craik (1943) による，**内的作業モデル**として論じられた一連の認知的メカニズムによって支えられるようになった。Bowlby の見解は実際のところ極めて「ピアジェ派」である（Konrad Lorenz や Robert Hinde のようなエソロジストの影響に比べれば，Piaget の Bowlby への影響が認識されることは少ない。しかし，Lorenz も Piaget もともに Bowlby が組織したジュネーブにおける世界保健機関での，親の養育と人格発達についての討論グループに参加した。）

　Bowlby の独自の概念は愛着研究領域における何人かの偉大な知性によって慎重に推敲されてきている（Main et al., 1985; Crittenden, 1990; Sroufe, 1990; 1996; Bretherton, 1991; Main, 1991; Bretherton and Munholland, 1999; 1994）。これらの再定式化の中に含まれる4つの表象システムを要約することは役に立つかもしれない。(1) 生後1年以内に始まり，しだいに精緻化される相互作用上の早期養育者の特性への期待；(2) 愛着に関連した体験の，一般的記憶と特定の記憶を符号化し，検索するための出来事表象；(3) 連続している個人的な語りと成長しつつある自己理解に関連するゆえに，特定の出来事を概念的に結びつける自叙伝的記憶；(4) 他者の心理的特徴を理解することと，それらを自分の心理的特徴と区別すること。

　1970年代終わりに Alan Sroufe と Everete Waters（Sroufe and Waters,

1977)は愛着システムの設定目標を物理的距離を調整することではなく「安全感 felt security」として再定義した。それによって，外的な出来事や社会環境という文脈だけでなく，気分や病気さらには幻想といった内的なきっかけが，分離への子どもの反応に関連していると見なすことができる。安全感という概念によって，愛着の概念が，早期の幼少期から年長の子どもや成人にさえ適用されるほどに拡大した（Cicchetti et al., 1990）。Sroufe (1996) は愛着理論を情動調整の観点から再概念化することができた。自己調整能力を内在化している安定型愛着を持つ人々は，情動を早くから過小調整（回避型）するか過大調整（抵抗型）するような人々とは対照的である。安全感に寄与し得る体験の範囲は，決して養育者の行動に限定されないので，これはボウルビィ派の考えをかなり拡張したものである。しかし，Ainsworth (1990) が指摘したように，もし安全感を愛着対象の現在の応答可能性の評価に伴う感情に限定するとすれば，Bowlby の見解は安全感という概念と折り合いがつくかもしれない。実際，愛着対象の近くにいることが，子どもが安全だと感じる手段であることが多い（Ainsworth and Bowlby, 1991）。したがって，過去は期待に影響するが決定はしない。年長の子どもも成人も，愛着対象の接近可能性と感受性をモニターし続けている。パーソナリティの内在化された側面も，現在の愛着関係の質と相互作用すると考えられるかもしれない。

　応答可能性に対して外的脅威がありうることについては，1973年の本のかなりの部分を占めて扱われている。Bowlby は見捨てることの象徴的伝達，例えば自殺の脅し，子どもを置きざりにするという脅し，あるいは子ども追い出すという脅し，などに強く印象付けられた。そのような体験は「現実だ」として体験されると同時に，この領域ではある脅しの現実と子どもの心的現実は明らかに重なり合っている。例えば Bowlby は，親による比喩的コミュニケーション（例えば，'私はあなたのせいで死ぬでしょうね you will be the death of me[訳注1])）を，子どもが応答可能性を脅かすものとして具象的に解釈することに言及している。ドメスティック・バイオレンスは発達上の問題の特に有力な原因の1つである。というのも親に迫っている危害の恐れは応答不可能性を予期させ，それは深刻な夫婦喧嘩の最中には母親に接近できないことがその予期を確証するからである（Davies and Cummings, 1995, 1998）。開かれたコミュニケーションがあれば親の怒りなどの破壊的出来事が脅威として受けとられる程度は減少することが一貫して観察されていることから（Allen and Hauser, 1996; Allen, Hauser and Borman-Spurrel, 1996），応答可能性の評

価を歪める源として，幻想が果たす役割は小さいことが示唆される。

　後期の研究において，Bowlby (1979; 1980; 1987) は認知心理学，特に神経および認知機能の情報処理モデルに，ますます影響を受けるようになった。認知心理学者が表象モデルを特定の種類の情報とデータへのアクセスという観点から定義したのと同様に，Bowlby は異なる愛着パターンがある種の思考，感情，記憶に個人がアクセスする程度の差異を反映していると示唆した。例えば，回避的な不安定型愛着のモデルは，愛着に関連した思考や感情や記憶に対して限られたアクセスしか許さないのに対して，他のモデルは愛着に関連した情報へ，誇張された，または歪められたアクセスを与える。このように Bowlby にとって愛着に関連した情報への認知的および情緒的アクセスは，過去の乳幼児と養育者の関係と同じ性質を持つ機能として生じるのである。

10.3　Bowlby 理論に関する他の精神分析的観点

　さて愛着理論は，より伝統的な精神分析的着想（Rapaport and Gill, 1959）とどのように異なっているのだろうか？　Bowlby が進めた発生論的あるいは発達論的観点は，構造論的観点を含んでおり，それは現代の認知心理学の文脈に乗せて，かなり精緻化したものであった。適応論的観点も養育者—子ども関係の中で，明瞭な中心的位置を占めている。これらの精神分析的原則 3 つの全てが Bowlby の最初の定式化において明らかに生きており，より最近の愛着理論の改作でもいまだにそうである。しかし，2 つの側面がはっきりと捨て去られた。経済論的および力動論的考察である。1950 年代と 1960 年代のほとんどの精神分析家にとって，精神分析的モデルのこれらの特徴は最初の 3 つの特徴よりも学術上の定義にとってはるかに重大であった。さらに悪いことに Bowlby は，当時は受け容れ難かった多くの新しい観点を精神分析的思考に加えた。それは心的機能に関するエソロジー的（現在は社会生物学的として認識している）観点，身体的欲動ではなく関係性を動機づけとする対象関係論的観点，外的環境を優位におく認識論的観点，そして精神分析のみをデータ源とする伝統的な臨床報告に異議申し立てる研究上の観点である。彼が精神分析の同僚たちに不人気であったのは驚くことではない。

　1960 年代初頭に，多くの精神分析の大家たちが，Psychoanalytic Study of the Child (Bowlby, 1960) に掲載された Bowlby の論文を攻撃した。愛着理論は機械的で非力動的であり，精神分析理論への基本的誤解を含んでいると批

判された（Freud, 1960; Schur, 1960; Spitz, 1960）。彼の見解に反対することによって，アンナ・フロイト派とメラニー・クライン派との間に１つの小さな共通点ができたが（Grosskurth, 1986），その後数十年間 Bowlby は精神分析の中で比較的孤立した人物であった。Engel（1971）や Rochlin（1971）や Roiphe（1976）や Hanley（1978）などの大家によってさらに増幅されたこれらの批判は様々な論点を挙げたが，結局のところ比較的少数の単純な反論へと要約できる。Bowlby は欲動，エディプス・コンプレックス，無意識的過程，特に無意識の幻想，そして内在化された複雑な動機づけおよび葛藤解決システムを放棄したと見なされているのである。さらに情動は自我によって体験され，社会化されるのであり，それは乳児の身体に根ざした快感の源をもっているというのに，人間の情緒の豊かさをも捨てたと見なされている。愛着理論は，養育者の行動に基づいていない生物学的脆弱性を無視し，全ての病理を身体的分離のせいにするものと見なされている。Bowlby は子どもが愛着を形成し，喪失に反応する能力に影響する自我の発達状態の重要性を考慮できていないと批判される。また母親への恐れや身体的分離以外のトラウマに関連した，否定的な愛着を無視していると非難される。Bowlby は複雑な象徴機能の認識を犠牲にして，進化論を強調する還元主義者だと見なされている。

（愛着理論と他の精神分析理論との—訳注）交流が回復しているのは，以下のようなさまざまな変化が生じているためである。(1) 愛着理論の内部で，行動と環境から乳幼児と親の内的表象への関心へと，焦点が移行していること。(2) 科学的に受け入れられ（信頼性と妥当性があり），精神分析的臨床家にも理論家にも興味深い情報を提供するパラダイムが深刻に不足しているなかで，体系的観察と実証研究への関心が，精神分析内部でしだいに増していること。(3) アメリカで（そしてそれほどではないにしてもヨーロッパで）支配的な精神分析理論の覇権が崩壊し，臨床的有用性と知的魅力を第一として新しい着想が評価され，理論の多様性が増したこと。(4) 愛着理論の中での「パラダイム拘束性」への認識，つまり純粋な認知科学的アプローチは臨床実践で限界があることと，臨床家に関係のある研究と理論を豊かにするような別の理論的準拠枠の必要性への認識が増していること。

10.4 愛着理論の実証的発展

これまでの節で論じてきたような理論とは異なり，実証研究に基づいた精神

分析理論では，理論の発展は臨床経験から導き出された概念的進歩に必ずしも基づいていない。進歩は臨床的および実験的状況の両方でなされる。ここでわれわれは30年間の愛着研究の成果を包括的に要約する余裕はない。ここでは愛着理論の発展に貢献し，そして／または進化しつつある精神分析との関係に影響を及ぼしそうな選ばれた成果を概観しよう。このような仕事の最近の優れたレビューとしては，Cassidy and Shaver (1999)の編集による著作が最も信頼できる要約の代表である。

10.4.1 乳児期の愛着パターン

愛着理論の第2の偉大なパイオニアであるMary Ainsworth (1969; 1985; Ainsworth et al., 1978) は，乳幼児の作動中の内的作業モデルを観察するためのストレンジ・シチュエーションというよく知られた実験に基づいた手続きを開発した。乳幼児はなじみのない状況で養育者から短時間分離させられた時，4つのパターンのうち1つを示すだろう。**安定型**と分類された乳幼児は主要な養育者がいる前では進んで探索し，見知らぬ人の前では不安になって，その人を回避し，養育者が短時間いなくなると嘆き悲しみ，再会するとすぐに養育者との接触を求め，接触すると安心し，探索へと戻る。しかし乳幼児の中には分離してもあまり不安にならないように見え，分離後にも養育者への近接を求めず，見知らぬ人より養育者を好むことがないようなものがいる。このような乳幼児は「**不安／回避型**」と認定される。第3のカテゴリーである「**不安／抵抗型**」の乳幼児は，探索や遊びが限定されており，分離によって非常に嘆き悲しむ傾向があり，その後落ち着くのが非常に難しく，じたばたしたり，頑固であったり，泣き続けたり，受け身的に抵抗する。養育者がいたり，なぐさめようとしても安心を取り戻せず，乳幼児の不安と怒りのために接近によってなぐさめを得ることができなくなっているように見える。

安定型の乳幼児の行動は，養育者が過度に刺激的になることがほとんどなく，子どもの混乱した情緒的反応を再び安定させることができるような，良く協調され感受性豊かな相互作用の体験に基づいている。したがって，ストレスフルな状況でも比較的安定したままでいられる。否定的情緒はそれほど脅威として感じられず，意味があり交流可能なものとして体験され得る (Sroufe, 1979; 1996; Grossman, Grossman and Schwan, 1986)。不安／回避型愛着をもつ子どもたちは，彼らの情緒的覚醒が養育者によって再安定化されなかったか，侵入的養育によって過覚醒された体験をもつと想定されている。したがって，

彼らは自分の情緒を**過剰調整**し、つらくなりそうな状況を回避する。不安／抵抗型愛着を持つ子どもたちは**過小調整**する、つまり苦しみの表出を高め、期待される反応を養育者からできる限り引き出そうとする。脅威への閾値は低く、子どもは養育者と接触しようと熱中するようになるが、接触できている時でさえ欲求不満を感じている（Sroufe, 1996）。

一見したところ方向性のない行動を示す第4のグループの乳幼児は「**無秩序／無方向型**」と呼ばれる（Main and Solomon, 1990）。彼らは固まって動かなくなったり、手を叩いたり、頭を打ち付けたり、養育者がいる時でさえ状況から逃げ出したい願望を示す（Lyons-Ruth and Jacovitz, 1999; van IJzendoorn et al., 1999）。そのような乳幼児にとって養育者は脅威と安心と両方の源なのであり、それゆえに愛着行動システムの覚醒が強力な葛藤的動機づけを生み出すのだと、一般に考えられている。

10.4.2 対人関係の決定要因としての愛着システム

展望的縦断研究が示してきたのは、安定型愛着の歴史をもつ子どもたちはより立ち直りやすく、自立的で社交的であり（Waters, Wippman and Sroufe, 1979; Sroufe, 1983）、苦しみに対して共感的であり（Kestenbaum, Farber and Sroufe, 1989）、より深い人間関係とより高い自己評価をもつ（Sroufe, 1983; Sroufe et al., 1990）と、独立に評定されるということである。Bowlby は、自己と他者の内的作業モデルが後の全ての人間関係のプロトタイプを作り出すと提唱した。そのようなモデルは生涯を通じて比較的安定している（Collins and Read, 1994）。

内的作業モデルは自覚していないところで機能しているので、変化に抵抗する性質がある（Crittenden, 1990）。愛着の安定性は、ストレンジ・シチュエーションで評価した乳児を、青年期あるいは若年成人期に**成人愛着面接（AAI）**（George et al., 1985）でフォロー・アップした縦断研究によって証明されている。この構造化された臨床的評価法は、幼少期の愛着関係の歴史——早期の関係性の特徴や分離、病気、罰、喪失、不適切な養育あるいは虐待などの経験——に関する語りを引き出す。AAI の採点システム（Main and Goldwyn, 1994）は、個人を**安定／自律型、不安定／軽視型、不安定／とらわれ型**あるいは喪失や心的外傷に関する**未解決型**という、早期の体験に関する語りの構造的特質に基づいたカテゴリーに分類する。自律型の人は愛着関係を重視し、記憶を意味のある語りに一貫した形で統合し、これらが自分を形作ってきたと見な

すのに対して，不安定型の人は体験の記憶をその体験の意味へと統合することが難しい。愛着**軽視型**は記憶を否認し，早期の関係を理想化または脱価値化（あるいはその両方を）することで回避する。**とらわれ型**の人は愛着対象との関係では混乱したり，怒ったり，受け身的になる傾向があり，幼少期の侮辱への不満が続いており，それは抵抗型乳幼児の抗議に対応している。**未解決型**の人は愛着関係の表象に重大な混乱があることを示す。これは幼少期のトラウマや近年の喪失について語る際に意味論的または統語論的混乱があることで明らかになる。

これまでに 14 の研究が示しているのは，母親や父親に施行された AAI が，その親への子どもの愛着の安定性を予測するばかりでなく，さらに驚くべきことには，子どもがストレンジ・シチュエーションで示すはずの愛着のカテゴリーをも予測することである (van IJzendoorn, 1995)。したがって，軽視型の AAI の面接は回避型のストレンジ・シチュエーションの行動を予測するのに対して，とらわれ型の面接は不安‐抵抗型の乳児の愛着を予測するのである。喪の解決の欠如（未解決型の面接）は乳幼児の愛着が無秩序型であることを予測する（以下を見よ）。気質（子どもから親への影響）はこの現象を説明するには不適切なようである。なぜならば子どもが産まれる前に取って評定した各親への AAI が 12 カ月および 18 カ月時の乳児の愛着の分類を予測するからである (Fonagy, Steele and Steele, 1991; Steele, Steele and Fonagy, 1996)。

Slade と彼女の共同研究者らによる最近のエビデンスは，愛着の安定性の世代間伝達をめぐる難題について重要な手がかりを提供した。AAI で，自律（安定）型の母親達の方が，軽視型やとらわれ型の母親達よりも自分の幼児との関係をより一貫した形で表象し，関係の中での満足と喜びをより多く伝えるということを示した (Slade et al., 1999)。それぞれの子どもに関する母親の表象が，愛着の状態を決める重大な決定要因であるということは，同胞間で愛着分類の一致度が比較的低いということと一致する (van IJzendoorn et al., 2000)。まだ意図をもたない乳児があたかも意図をもっているかのようなスタンスで関わる親の能力，つまり乳児の心にも，親の心にも，乳児と親との関係についての考えや感情や欲望などがあるかのように考えられる能力が，養育者の感受性の影響に関する愛着と古典的観察の説明との橋渡しをする鍵であるとわれわれは信じている (Fonagy et al., 1991)。AAI の文脈で自分自身や自分の養育者の精神状態について内省する能力が高い人は，安定して愛着する子どもを持つことがはるかに多かった――われわれはこの結果を子どもの自己発達

を促進する親の能力と結びつけた（Fonagy et al., 1993）。また片親家庭，親の犯罪行為，失業，過密な家族，精神疾患などを特徴とする比較的ストレスが高い（恵まれない）群の母親が，もし内省機能が高ければ，安定して愛着する乳幼児をはるかに持ちやすいことも発見した（Fonagy et al., 1994）。

1970年代後半と1980年代に愛着研究は不適切な養育や身体的および性的虐待にしだいに関心を向けるようになった。おびえや，すくみや，無方向性を特徴とするストレンジ・シチュエーションの行動の無秩序／無方向型の分類（Main and Solomon, 1986）は，子どもへの不適切な養育（例えば，Cicchetti and Barnett, 1991）や，親の生育歴に見られる未解決のトラウマ（Main and Hesse, 1990b）と関連していた。親のおびえる／おびえさせる行動が子どもの愛着の組織化を損なうと想定されている（Main and Hesse, 1992）。安全の信号であると同時に危険の信号でもある愛着対象は，いつでも愛着行動システム全体を破壊する可能性があると見なしてよいだろう。幼少期の不適切な養育は，乳幼児期に観察される無秩序型愛着を，全てではないがある程度説明する。そこから愛着システムが無秩序になりうる理由は拡大されて，より微妙ではあっても，乳幼児の観点からは非常に不安であるような体験をも含むようになった。ストレンジ・シチュエーションの行動が無秩序型と分類された乳児の親たちには，解離したり奇妙でおびえたような表情をする瞬間が観察された（Schuengel, Bakermans-Kranenburg, and van IJzendoorn, 1999; Schuengel, Bakermans-Kranenburg, van IJzendoorn and Blom, 1999）。多くの縦断研究において，乳児の無秩序型は後の精神病理と関連しており（Shaw, Owens, Vondra et al., 1996; Lyons-Ruth, 1996b），特に解離症状が含まれる（Carlson, 1998）。愛着はいまだに誰にでも生じるものと見なされてはいるが，しかし愛着の無秩序型に関する研究と理論は，早期の愛着体験とパーソナリティ障害との間にこれまで以上に有効な満足のいく理論的結びつきを提供しているので，それゆえに現代の臨床的な愛着研究の最先端となっている（Lyons-Ruth and Jacobovitz, 1999; Solomon and George, 1999）。

乳幼児期の愛着とパーソナリティ特徴とを結びつけるエビデンスの確かさには，研究によって相違がある。ミネソタ研究では，安定型愛着の歴史をもつ就学前児童は自己評価，情緒的健康さ，発動主体性，従順さ，肯定的情動がより高いと教師によって評定され，これは10歳まで継続した（Elicker, Englund and Sroufe, 1992; Weinfield et al., 1999）。このコホートからの最新の結果では，多くの潜在的な交絡因子を統制すると，乳幼児期から成人の精神疾患の測

度をいまだに予測することを示している (Carlson, 1998; Weinfield et al., 1999)。しかし，全ての研究がこの結果を再現できるわけではない（例えば，Feiring and Lewis, 1996）。Bowlby の予測とは対照的に，安定型，回避型，抵抗型の分類は後の不適応の測度と強くは関連しない傾向がある。後の心理的障害に最も強力な予測的意義をもつように見えるのは，無秩序／無方向型の乳幼児のカテゴリーである (Lyons-Ruth, Alpern and Repacholi, 1993; Lyons-Ruth, 1996a; Ogawa, Sroufe, Weinfiedl et al., 1997; Carlson, 1998)。

より一般的には，安定型の乳幼児の愛着と自我のレジリエンスなどのパーソナリティ特徴との関連は，いくつかのサンプルには見られるが，他のサンプルには見られず，不安定型が行動上の問題を予測するということが観察された場合，その予測力は性差，環境上のストレス，または子どもの知的能力など，媒介する体験によって調整されるように思われる (Erickson, Sroufe and Egeland, 1985; Fagot and Kavanagh, 1990; Lyons-Ruth et al., 1993)。愛着が後の適応への基礎であるというエビデンスは，信頼できるものでも一貫したものでもない。われわれが思うには，多くの精神分析的着想を含む他の理論的アプローチと開かれた対話をする必要性へと愛着理論家の注目を引きつけるのは，まさにこの種の理論とエビデンスのギャップなのである。

10.5 愛着と精神病理

低リスクサンプルを用いた多くの研究では，生後2年間の不安定型愛着と児童期半ばの情緒的あるいは行動上の問題という単純な関係性を同定できていない (例えば, Feiring and Lewis, 1996)。反対に，高リスクサンプルによる研究は，乳幼児期の不安定型愛着と就学期および前就学期の，特に外在化する問題との関連をより見出しやすい。例えば，社会的高リスクの母集団から抽出されたサンプルでは，早期に不安定な関係を示した子どもたちは，前青年期に至るまでずっと気分が不安定で，友人関係は貧弱であり，また抑うつと攻撃性の症状を示しがちであった (Weinfield et al., 1999)。最近行われたこのサンプルの2つのフォローアップは，青年期の精神病理が強力に予測されることを示した。青年期の不安障害は，乳幼児期のアンビヴァレント型愛着に最も関連する傾向があった (Warren et al., 1997)。全体的に見ると，回避型の乳幼児は最も高い障害の割合（70%）を示し，抵抗型の乳幼児は安定型の乳児と比べても，診断可能なほどの精神障害をもちやすいということはなかった。同じサン

プルでは，17歳と19歳の時点での解離症状は，回避型の分類と無秩序型行動得点から予測できた (Ogawa et al., 1997)。

多くの研究 (Lyons-Ruth et al., 1989; Lyons-Ruth, 1995; Shaw and Vondra, 1995; Shaw, Owens, Vondra et al., 1996) によれば，無秩序型愛着は他のリスク要因と結合して，後の心理的障害になりやすい脆弱性となる要因の1つであることが示唆されている。大きなサンプル (n=223) による最近の研究は，愛着の分類が乳児期に無秩序型であるか24カ月時に非定型であるものは，3歳半の時に外在化行動が高いと最も評定されやすいことを確認した (Vondra, Shaw, Swearingen et al., 2001)。さらに Greenberg (1999) がレビューした豊富な文献によれば，同時に測定された愛着と精神病理との間には強い関連があることが示されている。しかしながら横断研究では，非‐安定型愛着であることは子どもが心理的障害をもつ見込みが大きくなることにすぎないという可能性が常にありうる。

愛着の安定性は成人の精神病理に対する保護的要因となり得るし，また不安の低さ (Collins and Read, 1990)，敵意の低さとより優れた自我のレジリエンス (Kobak and Sceery, 1988)，そして対人的関わりを通じて情動を調整するより優れた能力 (Simpson, Rholes and Nelligan, 1992; Vaillant, 1992) などの幅広い範囲にわたる健康なパーソナリティ変数と関連していることについては，一般に合意されている。不安定型愛着はリスク要因であるらしく，抑うつ (Armsden and Greenberg, 1987)，不安，敵意，心身症 (Hazan and Shaver, 1990) そして自我のレジリエンスが不足がちなこと (Kobak and Sceery, 1988) などの特徴とより大きく関連している。

愛着パターンと成人の精神疾患を結びつけている研究が5つある (Dozier, Stovall, and Albus, 1999)。精神疾患はほとんど常に不安定な精神状態と関連しているので，精神疾患群では未解決型の状態が過剰に表現される。ある縦断研究では (Allen et al., 1996)，高リスク群のなかで，虐待の傷つきと未解決が犯罪行動と中毒性の高い薬物の使用を予測した。軽視型に該当する精神状態は，反社会性パーソナリティ障害，摂食障害，薬物乱用および依存に関連があり，とらわれ型に該当する心的状態は抑うつ，不安，境界性パーソナリティ障害など自分自身の感情にのめり込む障害と結びついているのではないかと示唆されてきたが，今のところ有効な研究からはこの種の単純極まるモデルは支持されない (例えば，Fonagy et al., 1996)。Eagle (1999) はとらわれ／まきこまれ型の人は心理的苦悩をより強く体験しているのに対して，回避型愛着の人

は身体的な症状や疾患のより高い発生率を示すというエビデンスを引用している。

この種の研究にはいくつかの問題がある。第1にⅠ軸障害の合併症，特に合併症が極端に高い比較的重篤な臨床群においては，愛着分類と単独の精神医学的疾患との間にいかなる単純な関連も成立しない。第2に愛着分類を決定するための評定システムは，必ずしも臨床条件から完全に独立してはおらず，両者に一貫した関連が見られたとしても，単に項目が重複しているだけという場合もあるかもしれない。(例えば，早期の(愛着)記憶を想起する能力の欠如が軽視型愛着分類(Ds)の基準であると同時に記憶の障害が大うつ病性障害(MD)の診断基準の一部であるとしても，DsとMDの何らかの関連が深刻な考慮に値することになるのは，愛着に関連した記憶の欠損が，MD患者が報告する一般的な記憶の障害を越えたものであることが示された場合のみである。) 第3に，成人愛着の評定システムは臨床群を想定して開発されていなかったので，それゆえ精神疾患そのものの重篤さが愛着分類の割り当てを歪めることがあるのか，あるならどのように歪めるのかは明らかでないのである。現在のところ，利用可能な愛着尺度が精神病理を分類するために有用であると確認するのに必要な妥当性研究は不足している。

さらに最近になって，愛着分類と治療効果を結びつける一連の研究が現れ，そこでは愛着分類は特定の診断群の中での予測因子として使用されている。軽視型の成人は処置に逆らいがちで，治療の流れの中で比較的抵抗するようである。おそらく彼らは，養育者が結局のところ役に立たないかもしれないことから自身を守るために，助けを求める欲求を否認しているのであろう。彼らは治療を拒否しがちで，助けを求めることもまれであろう(Dozier et al., 1990)。とらわれ型の成人は，セラピストの言葉や支持を取り入れて協働する能力全般がさらに欠けているが，しだいに依存的になって，セッション外の時間にセラピストに電話をよこすようになる(Dozier et al., 1991)。

こうした文献に関する1つの統合的見解がSideny Blattとその共同研究者らによって提案されている(Blatt et al., 1995; Blatt and Blass, 1996; Blatt, Zuroff, Bondi et al., 1998)。Blattと彼の共同研究者らはBowlby–Ainsworth–Mainのカテゴリーと非常に有益な形で重なり合う二分法を提唱している。彼らは進化しつつある自己‐他者関係の表象を明確にする2つの発達推進力の間の弁証法を想定する。その2つとは(a)関わり合い(relatendness)という感覚，と(b)自律的アイデンティティという感覚，への欲求である(Blatt and Blass, 1996)。こうした発達的欲求は，個体発生の全期間にわたって相乗的相互作用をしていると考えられ，そのバランスが欠けると精神病理が示唆される。「依託性病理 Anaclitic pathology」（関わり合いを求める過剰な欲求－とらわれ／纏綿型）は依存性，演技性，または境界性パーソナリティ障害に存在する。「取り入れ性病理 Introjective pathology」（アイデンティティを過剰に探し求めること－軽視型あるいは回避型病理）はシゾイド，失調型，自己愛性，反社会性，または回避性の人を特徴づけると考えられている。たとえば，BPDについて愛着理論の観点から書いている John Gunderson（1996）は，まさにその依託性の病理を同定して，このような患者が一人でいることに全く耐えられないことを指摘している。

このように，人間中心のアプローチである愛着理論のパースペクティブはDSM-IVによって分類された精神疾患に関するわれわれの理解に力動的発達的観点を加えることで，大いに深めてくれる可能性をもっている。例えば，Blattとその共同研究者らは，関わり合い－自律性の弁証法を使って，抑うつを2つのタイプに区別することを可能にする。それは依存的（依託性）タイプと自己批判的（取り入れ性）タイプである（Blatt and Bers, 1993）。したがって，境界性パーソナリティ障害の人の抑うつは空虚さや孤独感，愛着対象に関する絶望感，そして不安定で拡散した情動性を特徴とする。境界性パーソナリティ障害ではない大うつ病の人にとって，これらの側面は抑うつの重篤さと負の相関があるのに対して，境界例の人にとっては同じ症状が，尺度の信頼性の範囲内で，重篤さとほぼ完璧に相関している（Westen et al., 1992; Rogers, Widiger and Krupp, 1995）。

この区別によって，治療への反応が強力に予測できる。例えば，NIMHによるうつ病への心理療法の治験では（Elkin, 1994; Blatt et al., 1998），完璧主義の人（取り入れ型）は最初の数セッションを過ぎると改善しにくくなったが，承認への高い欲求を持つ患者（依託型）は治療の後半に顕著に改善した（Blatt et al., 1995）。一般に軽視型の患者はたいていの短期治療では良い結果を出せない傾向がある（Horowitz, Rosenberg and Bartholomew, 1996）。2つのグループの心理的苦悩の体験は決定的に異なるのに，うつ病研究の大部分がこれらのグループを探索も区別もしていないという事実から，精神分析的アプローチの価値が際立ってくる。表象世界に注目する人間中心の愛着理論アプローチは，心理的障害に関するわれわれの予測を洗練するのに役立つであろう。

10.5.1 無秩序型愛着

現在最も有望な愛着研究の領域は間違いなく無秩序／無方向型愛着行動の研究である。無秩序／無方向型愛着はストレンジ・シチュエーションで矛盾する行動パターンを継時的または同時的に示すという特徴がある。例えば，無方向の，不完全な，または中断される動き，ステレオタイプの行動，変則的な姿勢，すくんでしまうこと，親を恐れること，または方向感覚を失ってさまようこと，などである (Main and Solomon, 1986; 1990)。今や古典といえる Main and Hesse (1990b) の貢献は，無秩序型愛着行動を，おびえたりおびえさせたりするような養育に結びつけた。つまり乳児は，安らぎを与えてほしい人物を恐れるというパラドックス (Main, 1995) への解決を発見できなかったのである。10 年の間に無秩序型愛着について非常に多くのことがわかった。2,000 組の母－乳幼児ペアに基づく無秩序型愛着に関する研究のメタ分析では (van IJzendoorn et al., 1999)，中所得層では 14％，低所得層 24％の普及率と推測された。同様に，青年期の母親達には無秩序型の乳児が過剰に現れるだけでなく (23％)，安定型は少なく (通常 62％に対して 40％)，回避型は多い (通常 15％に対して 33％) 傾向がある。無秩序型愛着分類の安定性はまずまずというところであり (r＝.36) (van IJzendoorn et al., 1999)，安定性に欠けるのは，12 カ月から 18 カ月にかけて無秩序型乳児の数が増えることで説明されるかもしれない (Barnett, Ganiban and Cicchetti, 1999; Vondra, Hommerding and Shaw, 1999)。

無秩序型愛着の原因については非常に多くのことが知られている。無秩序型愛着が優勢になることは養育不全 (Carlson, Cicchetti, Barnett and Braunwald, 1989) や大うつ病性障害 (Lyons-Ruth, Connell and Grunebaum, 1990; Teti et al., 1995) などの家族のリスク要因と強く結びついている。加えて，乳児の無秩序型愛着と母親の成人愛着面接における未解決の喪や虐待との結びつきは広く証明されている (van IJzendoorn, 1995)。過去のトラウマをめぐる母親の語りのちょっとした間違いと，ストレンジ・シチュエーションで乳児が母親に示す奇妙な行動との，こうした一見神秘的な関連について，3 つの研究が明確にしてくれる。Jacobovitz と共同研究者らは，子どもが生まれる前の AAI におけるそうした言い間違いと，8 カ月時に観察された赤ん坊へのおびえたり脅えさせたりする行動との間に強力な関連があることを報告した (Jacobovitz, Hazen and Riggs, 1997)。奇妙な行動には，極端な侵入性，歯を剥き出すこと，見たところトランスのような状態に入ることなど

があった。解決されていないトラウマが起きたのが，母親が17歳になる前だった場合，母親のおびえたり脅えさせたりする行動はより顕著であった。興味深いことに，これらの未解決型の母親は，感受性や温かさなど養育行動の測度において，他のサンプルと異なってはいなかった。

これに似た研究でSchuengelと共同研究者らは，未解決型で不安定型と分類された母親たちは未解決型で安定型の母親たちよりもはるかに多くのおびえたり脅えさせたりする行動を見せることを発見した（Schuengel et al., 1999）。母親のおびえたり脅えさせたりする行動は乳児の無秩序型愛着を予測させたが，実は最も強力な予測因子は，母親の解離した行動であった。また別の研究でもLyons-Ruthと共同研究者らは，おびえたり脅えさせたりする行動が乳児の無秩序型愛着を予測させ（Lyons-Ruth, Bronfman and Parsons, 1999），それは特に母親が乳児の愛着の合図を著しく誤解した場合と，愛着を引き出したり拒絶したりする葛藤的なメッセージを送った場合であることを見出した。

横断的研究と縦断的研究の両方から，無秩序型乳児の愛着は幼児期中期に，支配型愛着行動へと変化することが一般的に合意されている（van IJzendoorn et al., 1999）。観察研究が示しているのは，無秩序型の子どもは他の子どもたちと遊んだり，葛藤解決したり（Warner et al., 1994），異なる仲間たちと一貫して関わったり（Jacobovitz and Hazen, 1999）する能力に劣る，ということである。

10.5.2 乳幼児期から成人の病理への道のり

愛着理論は早期児童期の体験と後の発達，特に精神病理の発症とを統合するためのモデルを提供してくれる。この短いレビューが示しているように，対人体験の継続性に関してかなりの――圧倒的ではないが――エビデンスがある。観察された継続性を説明するための，実証研究に基づいたモデルも幾つかある。

最も単純なモデル（Lamb et al., 1985; Lamb, 1987; Belsky, 1999; Thompson, 1999）は，心的構造ではなく，単に社会的環境，特にケアの質の継続性という観点である。複数の大規模研究によれば，少なくとも高度な剥奪に関しては，それが影響力を及ぼすのに継続性は必要ないということが示されている（Chisolm, 1998; Marvin and Britner, 1999; O'Connor, Rutter and Kreppner, 2000）。

継続性を説明する第2のメカニズムは，関係性の表象を含む。この枠組みでは，乳幼児期の応答的養育が関係性の作業モデルを生成するが，そこでは親密

性と他者からのケアに関する肯定的予期が深く符号化され，それが知覚，認知，動機づけに影響を与える（Bretherton and Munholland, 1999）。広範囲な帰属バイアスに関する文献は増大しているが（Crick and Dodge, 1994; Coie and Dodge, 1998; Matthys, Cuperus and van Engeland, 1999），それらはこの見解と一致しており，直接支持するものも幾つかある（Cassidy, Kirsh, Scolton and Parke, 1996）。

　第3の説明は，神経組織とその基底にある遺伝子発現の継続性という水準の説明である。ネズミの子どもを用いた Myron Hofer の研究は，母親の傍にとどまって相互作用することの進化論的価値は，保護されることばかりでなく，乳児の生理システムおよび行動システムの調整への多くの経路に及んでいることを示している（Hofer, 1995; Polan and Hofer, 1999）。この Hofer の再定式化によって，愛着という見出しの下に従来議論されてきた一連の現象を，非常に異なった形で説明できる。伝統的愛着モデルは明らかに循環的である。つまり，分離は社会的絆を断ち切るが，その絆が存在することは，分離への反応から推測されるのである。Hofer のモデルでは「喪失」において失われるものは主に絆ではなく，より高次の調整メカニズムを生成する機会である。愛着は後の心理的障害に含まれるような神経組織の変化を目立たせるかもしれない。例えば，幼児期早期に確立された情緒調整は，偏頭体における恐怖条件づけ過程（LeDoux, 1995）や，前頭前皮質と辺縁系との連結（Schore, 1997a）を相当に変えるかもしれない。動物研究は，有害な愛着体験の後に起こるストレスメカニズムのへの恒久的変化に関する良いエビデンスを提供している（Meaney et al., 1998; Plotsky and Meaney, 1993）。

　動物モデルは，視床下部下垂体副腎軸，およびドーパミン作動系，ノルアドレナリン作動系，セロトニン作動系を含む様々な神経生物学的システムへの早期のストレスの影響を実証している（Bremner and Vermetten, 2001）。さらに人間ではない霊長類における早期の有害な体験は，脳脊髄液における副腎皮質刺激ホルモン放出因子を上昇させただけでなく，行動に対しても長期にわたる影響を及ぼす結果となった（Coplan et al., 1996）。また動物モデルは一定の介入が早期ストレスの影響を減らすことも示しており，脳にはある程度可塑性があることが示唆される。このようにネズミの子どもを出生後に操作することによって，タイプⅡグルココルチコイド受容体結合を増大させ，それはグルココルチコイドへのフィードバック感受性を増しながら生涯存続するということが示されてきた（Meaney et al., 1988; Meaney, Aitken, Sharma and

Sarrieau, 1989)。これは取り扱われたネズミを母親が繰り返しなめることによってある種の「ストレスの予防接種」が行われたためであると仮定されてきた (Liu et al., 1997)。早期のストレスは，ノルアドレナリン作動系の感受性が生涯にわたり上昇することと関連していることがわかっている (Francis, Caldji, Champagne et al., 1999)。セロトニン作動系に関する限り，様々なストレッサーが内側前頭前皮質 (Pei, Zetterstrom and Fillenz, 1990; Inoue, Tsuchiya and Koyama, 1994) と青班を含む他の領域 (Kaehler, Singewald, Sinner et al., 2000) におけるセロトニンの代謝増大をもたらすことが示されている。深刻なストレスは海馬に関連する損傷をもたらすかもしれない (O'Brien, 1997)。このように動物モデルは，早期の心理社会的体験と愛着と精神病理とを媒介する，豊富なありうる通路のセットを提供する。

　臨床群の研究によるエビデンスは，比較的極端な環境に関するものである。これらの結果は概して動物研究の結果と一致しているものの，人間の研究は早期のストレスが脳の構造と機能に与える影響を考慮し始めたばかりである (Rutter, 2000)。幼少期のトラウマの歴史を持つ成人の研究は，視床下部下垂体副腎 (HPA) 軸の長期にわたる変化と合致している (Bremner et al., 1997)。愛着の安定性は重要な生物学的関連を持っているかもしれず，視床下部下垂体副腎軸の反応性と愛着との間には複雑な関係がある。不安定型乳幼児，特に無秩序型愛着パターンの乳児は HPA 軸の反応性を増大させていることが，複数の研究によって実証されている (Spangler and Grossman, 1993; Nachmias et al., 1996)。増大した HPA 活動はストレス反応のような統合された生理的反応の一部ではなく，むしろ先行する母－乳幼児相互作用の調整効果が欠如していることを示すと論じてよいかもしれない。養育者の喪失は，少なくとも動物モデルの範囲内では，愛着関係の中に隠されてきた多数の異なる調整過程の撤回を反映する。母親と子どもの相互作用の種々の要素を操作した動物実験研究は，動物の乳児が分離に対して HPA 反応を幾らか見せるが，他の反応は見せないことを示している。

　当然のことながら人間との関連は決して単純ではない。不適切な早期の養育が障害を引き起こすのは，生理的機能や情動や行動を安定したパターンへと導く通常の円滑な調節と協調が失敗したためであると Hofer (1996) は論じている。人間と動物モデルとの重要な違いは，動物の乳児では調整の起源はおそらく行動の相互作用の水準であろうが，母親－乳幼児相互作用の場合は，主観的予期（認知的表象または関係性のモデル）の素早い相互作用の水準でも調整が

起こるということかもしれない。ソーシャルサポートによる促進が，相互作用の調整者を取り戻すことによって機能するのかもしれない。慣れない状況というストレスへの HPA 反応性を調べたところ，上昇したコルチゾール反応が起こったのは，母親への愛着が不安定で内気な幼児だけであることがわかった (Nachmias et al., 1996)。安定型愛着の内気な幼児は，こうした上昇を示さなかったことから，安定型愛着は保護要因になるかもしれないことが示唆される。

　第 4 の継続性の潜在的媒介者は，行動上の障害と障害された愛着行動が同型であることである。混乱した行動は親との関係を調整することを目的とした愛着方略の 1 つとも見てよいかもしれないと Greenberg (1999) は示唆している。例えば，反抗的行動は子どもへの養育者の近接と注目を調整するかもしれない。注意を方向付け，集中させる能力に関わる経路は，今まであまり注目されてこなかった。この能力は社会的コンピテンス，共感，同情，攻撃性の低さ，及び良心の発達など，安定型愛着の結果と認識されたものの多くに関わっていることが近年示されてきている (Kochanska et al., 1998; Eisenberg, Fabes, Guthrie and Reiser, 2000; Eisenberg, Guthrie et al., 2000; Kochanska, Murray and Harlan, 2000)。母-乳幼児関係は，注意の努力的統制 (Rothbart and Bates, 1998) の質に大きく関連しているかもしれないという間接的エビデンスがある。例えば，乳幼児期に相互に応答的であった母-子の組み合わせからは，より良心的でよりよく指示に従える子どもが育っていた (Kochanska and Murray, 2000)。異なるサンプルでのさらなる興味深い研究によれば，14 カ月時に不安定型愛着を示した乳児は，情緒を調整するのにより大きな困難を抱えていることを示した (Kochanska, 2001)。これは気質の変数とは関わっていないことが，結果から明らかであった。複数のセットになった状況で，9, 14, 22 カ月時の子どもの情緒的反応を統制すると，14 カ月時の愛着分類は子どもの情緒性（快を引き出すように設計された状況での恐怖や怒りやより大きな苦悩）の優れた予測因子であり続けていた。これに対しては多くの説明があるかもしれないが，努力的統制に伴う注意のメカニズムを情緒反応の調整に結びつける強力な神経生理学的エビデンス (Posner and Rothbart, 2000) があり，それが示唆するのは，安定型愛着がたどる経路の一つは上位のメカニズムによって優勢な（未熟な）反応を抑制し，より良く社会化されてはいるが優勢ではない反応を支持するというものである。早期の相互作用を通じてこの能力の見本を示すことができる母親を持った人は，その後の人生でこの重要な課題をより上手にこなし続ける。

最後に，メンタライジングは神経生理学的にも（Frith and Frith, 1999）発達的にも（Carlson and Mose, 2001）鍵となる人間の能力である。安定型愛着は，メンタライズする親の能力（Fonagy, Steele, Moran et al., 1991），乳児の行動を感情と意図という観点から理解すること（Meins et al., 2001），そして後に子どもがそのような精神状態を表象できる能力に，強く関連している。このように，安定型愛着の歴史を持つ個人の象徴能力が概して優れていること（Thompson, 1999）の幾らかは，精神状態という観点から考えるレディネス，つまり関係性に大きな利点をもたらす能力（Dennett and Haugeland, 1987; Bogdan, 1997; 2001）によって媒介されているのである。

10.6 愛着理論の精神分析的な進歩

愛着理論に立つ多くの主要な著者たちが精神分析的着想に非常に影響されてきたし，またその逆も真である。

Karlen Lyons-Ruth は乳幼児期における無秩序型愛着の性質，原因，結果に関する先駆的研究を行ってきており（Lyons-Ruth, Bronfman and Atwood, 1999），彼女の関係性素質モデルはこれらのデータを説明するのに現在利用できる精神分析的発想を伴う唯一の説明である（Lyons-Ruth, Bronfman and Atwood, 1999）。養育者の愛着システムがすでに無秩序である場合はトラウマはより頻繁に起こり，解決するのはより難しいとこのモデルは予測する。Lyons-Ruth は Bowlby の理論を改訂し，無秩序型愛着が直接的にも，また後に間接的にも，将来起こることの潜在的決定因となるとしている。彼女のモデルと合致する予備的データがある（Ogawa et al., 1997）。

このモデルは多くの局面で研究結果と精神分析的臨床実践を結びつけている。Lyons-Ruth は精神分析での変化の過程を理解するためにボストンで研究する優れた研究者的精神分析家グループの一員である。この研究は関係性の体験の記号化だけでなく，これらを治療によって変化させるメカニズムまでも説明する，統合的な心理学的モデルを作り出す見込みがある（Lyons-Ruth, 1999）。関係性素質モデルは精神分析的着想とまだ十分に統合されていないが，John Bowlby 以来精神分析的研究者によって発展した，おそらく最も洗練された愛着理論モデルであろう。

Morris Eagle は，精神分析が関係論（対象関係）的視点を受け入れることの困難さという非常に広い観点から，精神分析と愛着理論との統合に焦点を当

てきた。Eagle の見解（1997; 1998; 1999）によれば，愛着理論の最も重要な貢献は対象関係論の貢献と重なり合う。つまり，乳幼児期に「安全感 felt security」を主観的に体験することと後の発達へのその影響力である。Eagle は愛着理論を古典的分析理論，特にフロイト派理論とクライン派理論の様々な側面への「反論と修正」（Eagle, 1997, p.217）だと考えている。彼は伝統的精神分析と愛着理論が外的要因と内的要因との役割に関して，根本的な差異があると強調する。彼はまた愛着理論に対して精神分析の視点から精力的に反論している。例えば Eagle は，IWMs が養育者との現実の相互作用を反映するという Bowlby の主張に異議を唱えている（例えば，Eagle, 1999）。ここで Eagle は異なる乳児がその気質に応じて養育者から異なる応答を引き出しているかもしれないというよくある主張（いわゆる子どもから親への影響）をしているのではなく，むしろ同じ養育者の同じ行動が，異なる乳児ごとに体質に応じて異なって体験されているかもしれないと主張しているのである。残念なことに Eagle の論理はしっかりしているものの，体質自体が体験に依存しているのだから，現代の遺伝学からは無限後退と見なされる（Kandel, 1998; 1999）。体質は絶対的なものではなく，特定の遺伝子が発現するかどうかを最も良く予測するのは実際のところ Bowlby の IWMs かもしれない。しかし，これは細かい点にすぎない。愛着理論が客観性があることを誇張して主張することに対する Eagle の批判は正当なものである。

　Eagle は愛着理論に批判的である一方で，その強み，特に実証的基盤について評価もしている。彼は愛着研究の主流からは独立しており，この立場ゆえに主要概念（安定性とナラティブの一貫性との関連など）を非常に批判的な視点で検討できている。Eagle は決して関係性理論家ではないが（そして過去にはそういった学派に極めて批判的であったが），精神分析理論と愛着理論を統合する彼の方法は，Mitchell などの関係性理論家に極めて近づいている。

　Jeremy Holmes による精神分析と愛着理論の着想に関する理論的および臨床的統合は，今までのところ「愛着理論心理療法」を最大限に説明するものである。Holmes(2000)は，もし精神分析が科学と医学のなかに一定の場所を保つつもりなら，喫緊の課題に直面していると示唆し，愛着理論は役に立つ同盟者であるかもしれないと論じている。彼は愛着理論家と精神分析家との間に，生後数か月の母親乳児関係に関して不一致があると指摘している。愛着理論家は，母親と乳児が誕生の瞬間からお互いに，関わり合おうとして相手を探す仕方を強調する。対照的に Mahler の古典的説明では(Mahler, 1975)，最初の

数カ月にわたって未分化な共生があると考えている。Holmes の見解では Myron Hofer の研究（前節を見よ）は，母親の行為が乳児の生理機能を変化させることを示している。情動は危険を本人に知らせる人間の心理的免疫システムの一部であると Holmes は示唆している。安定した関係性は，免疫システムが身体を守るのと同様の機能を情緒面に提供する。トラウマはこれを圧倒し，破壊してしまう。境界性パーソナリティ障害は，早期のトラウマ，母親のうつ病，または類似した体験による，早期の母親－乳幼児の心理－生理調整システムが破綻した結果であると Holmes は示唆している。

　Holmes は愛着理論を心理療法の中核に位置付けている（Holmes, 1993a, 1993b）。心理療法は単に安全基地を提供するにすぎないという Bowlby の場当たり的な意見に彼は大いに反対している。Holmes（1998）は物語る能力に関する3つのプロトタイプの病理を定義している。(a) 堅苦しいストーリーにしがみついている（軽視型）か，(b) ストーリー化されない体験に圧倒されている（とらわれ型）か，または (c) トラウマ的な痛みをコンテインできるほど強力なナラティブを見つけられずにいる（未解決型）か，である。こうした物語る能力の病理は，深くて独特な影響を臨床過程に及ぼす。第1のカテゴリーでは，患者のストーリーは柔軟性を欠き，それが進展を妨げるので，書き直して再構築する必要がある。対照的に，とらわれ型の成人との臨床では，圧倒的な感情による混乱を捉えるための方法をセラピストが見出すことを含んでいる。Holmes は BABI（Brief Attachment Based Intervention: 愛着理論に基づいた短期療法）という特殊な治療的アプローチを提唱しており，それは中程度に重篤な心理的障害に対する比較的よく構造化された介入法である。定式化を重視して時間制限を設け，資料を使い，セッション間に宿題を出し，Rogers 的，力動的および認知行動的技法を使用する統合的なものである。

　Arietta Slade は臨床実践と愛着研究を結びつけているもう一人の中心人物である（Slade, 1999a）。Slade の見解によれば，愛着理論は特定の心理療法的アプローチを決定づけるのではなく，むしろ愛着の性質と力動を理解することが臨床的発想に情報を提供するのである（Slade, 1996; 2000; Slade et al., 1999）。Slade は愛着であっても臨床の文脈であっても，声が変化したり，言い間違ったり，的外れであったり，語りの構造がより微妙に破綻したりするなどの特徴に耳を傾ける点ではほぼ同じであることを明らかにしている。セラピストはナラティブの失敗に注目することによって，患者が体験をメンタライズできないという問題に敏感になる。ナラティブに生じるこのようなギャップは，

現在の欠損を生みだしたかもしれない子どもの時の患者の，体験の性質についてもヒントを与えると Slade (2000) は主張している。Slade (1999; 2000) はまた，子どもとの臨床実践と愛着理論研究との関連性についても考察している。これについて2つの点が浮き彫りにされる。第1に，子どもにとって愛着は過去ではなく現在の治療の文脈なのであり，子ども自身の過去の体験によって，そして親の愛着の歴史によって規定されたものである。第2に Slade は子どもに関する母親の心的表象がどの程度彼女自身の愛着の体験によって決定され，どの程度臨床実践の中で修正可能なのかについて重要な研究を行った。母親が子どもを考えたり感じたりする人として表象し認識できることと子どもが自分自身を考えたり感じたりする人として認識することとの結びつきという考え方は，彼女の臨床実践の核心である。

　Selma Fraiberg (1980) は，生後3年間に起こる乳幼児と親との間の障害は，乳幼児の親の一方または両方が，幼少期の重要な人物に関して持っている未解決の葛藤を示していると論じた。「育児室のお化け」という論文で，Fraiberg は書いている。「われわれは両親と共に過去と現在を検討し，育児室に侵入していた古い'お化け'から両親と赤ん坊を解放し，解釈によって過去と現在との間に意味のある結びつきを作らなければならない」(Fraiberg et al., 1975, p.61)。愛着理論とこのような精神分析的乳幼児-親心理療法は，Alicia Liberman (1991) によって強力に結びつけられた。乳幼児-親セラピストが過去と現在を結びつける率直なアプローチで出くわしがちな抵抗があることを彼女は認識していた (Liberman and Paul, 1993; Pawl and Liberman, 1997)。彼女の臨床的アプローチは現在の重要な対人関係にもある感情状態に焦点を当て，こうした感情状態が赤ん坊との関係にもどのように存在しているのかを探り出すというものである（生き生きとした臨床例が Silverman, Lieberman, and Pekarsky, 1997 に提示されている）。

　洞察志向的介入の他に，Selma Fraiberg (1980) は乳幼児-母親心理療法として3つの治療様式について述べた。それは，短期危機介入，発達ガイダンス，支持的治療である。赤ん坊は転移の適切な焦点になると，Fraiberg はもともと提案していた。これは愛着理論の文脈では，母親の愛着関係での IWM を観察する最高の機会と見なせるだろう。母親は赤ん坊に同一化して，自分の母親との体験の残滓を演じる。子どもの誕生によって刺激された愛着システムと養育システムの同時的活性化を通して，生々しい体験が生じる。親の体験を理解するのに役立つとともに，IWM 概念はまた推測される乳幼児の内的体験の理

解にも用いられる。Lieberman とその共同研究者ら（Lieberman and Pawl, 1993; Lieberman and Zeanah, 1999）は，Ainsworth とその共同研究者ら（Ainsworth et al., 1978）が説明した方向に沿って，防衛的操作という観点から乳幼児の行動を考える。興味深いことに，防衛的行動による愛着分類は，臨床場面で Fraiberg が観察した劇的な自己保護のメカニズム（Fraiberg, 1982）とほとんど同じである。Fraiberg は論文の中で Ainsworth について言及しているものの，それは彼女の考えを愛着理論から区別するためであり，統合を提案するためではないようである。しかし彼女が拠り所にしている理論（現代自我心理学）は，乳幼児の防衛を直ちに受け入れられるような，乳幼児期の精神構造モデルを持っていない。対象関係論だけが，特にクライン派の発達理論が，これらを防衛機制として考えるのに十分な精神構造を乳幼児に備え付けている。

10.7　愛着理論と研究の評価

Bowlby の業績は，欲動放出モデルに依拠する精神分析家によって，心理学的に不十分であり（Freud, 1960; Schur, 1960），また乳幼児に過度に複雑な表象能力を仮定している（Spitz, 1960）と，ひどく批判された。この批判は Klein にも浴びせられたが，われわれが見てきたような最近の研究の見地から再評価されるべきである。一方 Bowlby は，精神分析批判においてやや不誠実であり，彼が提案する様々な発達経路を持った発達の複線的モデルは，退行や固着をもたらすようなたった一つの発達経路の可能性しか提案しない精神分析とは対照的であると論じた。似たような複線的発達ネットワークを仮定した Anna Freud や Erick Erikson のような分析家の業績を彼は無視した。要するに Bowlby はやや戯画化された類の精神分析を批判したのであり，この立場は最後まで変わらなかった。

愛着理論の観点から見た子どもの行動の不連続性についてや，または体験が子どもの社会的発達に影響を及ぼさないように見える例についての研究は，ほとんどなされていない。もう一つの限界は，精神分析が心的編成の生成に関して，関係性よりも本能や身体的過程を優先したのに対して，愛着理論は身体的自己やセクシュアリティについてあまり言おうとしない。愛着関係は身体的および心理的自己の統合感覚を確立するのに欠かせないかもしれず，また成熟した性的関係にも関連しているかもしれないのである(Holmes, 1993a)。

全般的に見れば，愛着理論家の初期の期待は，Ainsworth と Bowlby の研究以来の 30 年間の研究によってある程度満たされた。愛着は気質からは独立しており，環境の安定性をはるかに超える過程によって維持されることが示された。愛着の安定性の決定要因はしだいにはっきり理解されるようになったが，それは乳児を心理的存在として正確に知ることと非常に関連している。乳幼児期の愛着の安定型は必ずしも一生続くわけではないが，不安定型であると後で安定型になることはきわめて難しい。養育者との愛着関係は，子どもと養育者のどちらにとっても特異的である。どちらも他の家族成員と異なるタイプの関係を持ち得る。しかし，AAI で測定された内的作業モデルが，その人の子どもの愛着分類を予測するのは事実である。

　幼少期からの長期間の愛着分類の成り行きという点から見ると，研究は理論家や研究者の初期の願いを部分的にしか証明していない。何かが持続していることはほぼ疑いないところであろう。不安定－無秩序型愛着は精神障害を含む様々な悪い結果を特に強力に予測させる。つながりの道筋は決して単純ではない（Sroufe et al., 1999）。早期の養育がきわめて過酷または混沌としていた人にとっては，注意と情緒と象徴の調整過程は逸脱し，様々な行動状態にわたって自己状態を統合することは決して十分には達成されないかもしれない。早期の愛着の問題は自己組織（ストレス調整，注意調整，そしてメンタライゼーション）の機能不全として感じられるので，しかもこれらの能力は社会的ストレスに対処するのに必要とされるので，幼年期の関係性障害はそれに加わる社会的プレッシャーと共に，心理的障害を強く予測させるのである。

第11章　スキーマ理論と精神分析

　von Bertalanffy が展開した一般システム理論は，生物学的システムの研究を物理学の認識論的世界から移動し，より人間行動に適した準拠枠を創り出した。「重力や電力のような物理学的力とは対照的に，生命という現象は有機体と呼ばれる個々の個体にのみ見出される……〔それは〕1つのシステム，つまり相互に交流しあう諸要素と過程のダイナミックな秩序である」(Bertalanffy, 1968, p.208)。心は開放システムであり，外部からの影響と修正を受けることが可能である。システム理論は発達の構造論的な精神分析的定式化(例えば，Peterfreund, 1971; Basch, 1976; Noy, 1977; Rosenblatt and Thickstun, 1977; Boesky, 1988; Tyson and Tyson, 1990)にも，この枠組み以外(例えばBowlby, 1980 を見よ)にも広く適用されてきた。

　このモデルを採用する気になったのは，そもそも精神分析理論によって定式化する場合，具象化されたり擬人化されたりするために，必然的に論理的矛盾に陥ることになるからである。発達をシステム論によって定式化する場合，発達過程を構成する多様な要素が同時に複数の抽象レベルで扱われることになる (Tyson and Tyson, 1990, p.32)。Bowlby の愛着理論は，前章で考察したように，一般システム理論を包括的に遂行したものである。他にも幾つかの，より現代的な精神分析的説明は，ある程度愛着理論と一般システム理論の両方に基づいており，また英国の対象関係論にも認知科学研究にも影響されている。この章ではそのうちの幾つかを検討しよう。

11.1　Horowitz の人物スキーマ理論

　Horowitz (1989; 1992)は一般システム理論による対象関係論の再定式化を提唱しており，それに強い影響を与えたのは Bowlby (1980)の内的作業モデルの概念や，Sandler の役割反応性の概念(Sandler, 1976a; 1976b)や，Kernberg(1984)の自己対象二者単位モデルおよび，現在の認知科学である。個人は自己と他者に関する多様なスキーマを，人物スキーマまたは役割関係モデル

(role-relationship models: RRMs)という2つの形式のどちらかで進化させると，彼は提唱している。人物スキーマ同士は階層的に結合し，「他者との関係の中にある自己」という，より複雑なスキーマになる（この後のSternも見よ）。自己スキーマは個人の体験を統合し，理想的には，自己の安定したイメージを提供する。次に述べるRRMsは関係性の鋳型であり，関係性に関する概念形成にも，対人相互交流の実際のパターンにも影響を及ぼし得る。RRMsは相互作用パターンを連続して起こるものとして特定すると想定されており，それは演劇の脚本によく似ているが，ただしある人物の他者に対する期待や願望や評価という観点から特定するのである。

特定のテーマに関連する一連の願望，恐れ，防衛を伴ったRRMsが配列されたものconfigurationがRRMCsである。**願望**(desired)RRMCsは強力な願望を含んでおり，**恐怖**(dreaded)RRMCsは恐れられたRRMsから成り立っている。防衛操作から派生してできたのが**妥協**(compromise)RRMsであり，それは（うまくいった場合）適応的であるか，（うまくいかない場合）問題があるかのどちらかである。しかし，どちらの場合でもRRMの情動価は弱められている。問題のあるRRMCは否定的情動か不適応な性質を伴うだろうが，それでも恐怖RRMsに伴うものに比べれば対処可能なレベルである。もし恐怖RRMの脅威のために願望RRMが実現されなかったとしても，願望RRMには次善策が与えられるため，願望を部分的に満たすことはできるのである。RRMCとはRRMs同士が強固につながった状態かもしれない。並列分散コンピュータモデルは神経活動を活性化のパターンとして実現できるかもしれない。

Horowitz (1991a; 1991b)は不安を，スキーマと入ってくる情報との不一致であると見なしている。もし情報が恐怖スキーマを示唆するものと解釈されるならば，結果として不安が起こるだろう。そうであるとしたら，もし願望するRRMが力強い指導的な人物との関係性であり，しかしこれが搾取という恐怖のRRMを同時に引き起こすならば，力強くしかも善良な人に接近された時にでも，その人は搾取されることを恐れて不安になるだろう。このため統制過程が働いて，この人物から距離を取るようになるかもしれない。恐怖RRMを予期すると，たとえ恐怖RRMが十分に活性化されない（気づかれない）場合でも，不安として体験される。この統制過程は，極端になるとパーソナリティ障害を，この場合おそらくシゾイドか妄想性タイプを生じるほど深刻にもなりうる。

恐怖RRMは部分的に体験されることがあるが，その場合もやはり不安を

引き起こす。信頼はできるが愛すべき人ではないと感じていた夫を失った女性が，より強烈な感情を感じる別の男性との関係を始める時，不安を発展させるかもしれない。このときの恐怖 RRM は，信頼できるがありきたりの夫を侮辱する不貞な女と自分を見なす体験である（Horowitz, 1991b を見よ）。外傷後ストレス障害では，ある体験が記憶の中に鮮明に符号化される。それがすでに統合されていたその人の自己スキーマに組み込まれていないので，入力情報として活性化され，トラウマの再現を意味するかのように誤解されがちである。またトラウマは恐怖 RRM，例えば弱くて圧倒される自己，を実現するという脅威を与えるかもしれない。その妥協状態として，否認，離人症，情動の制限，そして過覚醒が生じるかもしれない（Horowitz, 1986a；1986b を見よ）。全般性不安障害では，妥協に到達することができないか，願望 RRM がなんらかの恐怖要素を含んでいるかのどちらからの理由で，恐怖 RRM は避けがたいものと見なされる。Horowitz のモデルは RRMs の再編成を目指した，外傷後ストレス障害の 12 セッション治療（Horowitz, 1986a；1991a）として最も精力的に精緻化されている。

　Horowitz は自己愛性パーソナリティ障害を説明するために，Kernberg と Kohut の着想を結合して，情報処理モデルへ統合することを提唱した。彼は自己愛的な人には認知の歪みがあるので，自己を特権化し，かつ可能な限り肯定的に自己を見られるように出来事の意味を統合せずにはいられないのだと見なした。彼らの情報処理は賞賛と批判の発信元に偏っている。さらに意味と意味との間を相互に参照することがないので，相異なる心理的態度が個々のクラスターごとに維持されることになる。彼らは怒りや抑うつや恥などが活性化する状態を防ぐために，情報の意味を切り替える。Horowitz（1987）は演技性パーソナリティの特徴を，入力情報を印象によって歪めること，意味を急速かつ手短かに評価すること，記憶のカテゴリーと利用可能性が限定されていること，と描写している（Gardner et al., 1959 も見よ）。このような人はあたかも自分が受け身的で欠陥があり，子どもっぽいかのように自分自身に関する情報を編成し，また理想自己は統合されておらず，不安定である。認知が全般的に抑制されていると，多様な表象を統合しうる範囲が狭められる。治療の機能はこのような抑制を緩めることである。

　Horowitz のモデルは，一連の精神医学的障害の領域に特化した包括的準拠枠を提出すると同時に，研究にも開かれているという点で，精神分析的定式化の中で際立っている。臨床的判断を下す者は，自己と他者の役割，特徴，特性

を確実に評価し，それらを願望-恐怖ジレンマの中で結びつけ，心理療法セッションで想定される特定の患者のRRMCsへと組み立てることができる（例えば，Horowitz and Eells, 1993）。RRMC定式化とLuborskyの中核葛藤関係テーマ(Core Conflictual Relationship Theme: CCRT)アプローチには多くの共通性がある(Luborsky and Crits-Christoph, 1990; Luborsky, Barber and Beutler, 1993)。Horowitzの治療戦略には，無作為に統制された効果研究がない。

Horowitzの観点は，精神分析を精神病理の認知的説明へと，より密接に結びつけている。後者の説明は行動の無意識的決定因を強調している（例えば，Williams, Watts, MacLeod and Mathews, 1988; Mathews, 1990）。また記憶の病理的組織化（例えば，Foa and Kozak, 1986）や，自覚せずに危険の合図が不随意に活性化し，危険を処理すること(Mathews and MacLeod, 1986; McNally, Riemann and Kim, 1990)も強調している。認知心理学における無意識のモデルはFreudや精神分析のモデルとは非常に異なるが，Horowitzが仮定しているメカニズムと認知理論家達が証明したメカニズムは，まさに本質的な特徴を共有している。Horowitzの枠組みが精神分析の実証的基盤を強化するのか，あるいは単にコネクショニズムを実践しているにすぎず，どちらの分野も大して進歩させるものではないのかははっきりしない(Fodor and Pylyshyn, 1988)。

11.2 Stern のアプローチ

Sternの最初の著作(1985)は，発達に関する精神分析理論のマイルストーンを表すものである。彼は発達図式に関する多くの既存の着想に異を唱えている。彼の研究は病理的形態であるよりも標準的であり，回顧的であるよりも展望的であるという点で異質である。彼は新たに成熟してくる能力の発現に伴って，自己と他者に関する主観的パースペクティブが再編成される過程に焦点を当てている。彼のモデルは4つの異なる自己感を使用しており，それぞれと関連する関わり合いの領域がある。自己体験のどの領域も特定の年齢で始まるが，その後生涯に渡って体験に影響を及ぼし続けるとStern (1985)は提唱した。重要なのは自己が関係性の中から発達すると見なされていることである。誕生してから2カ月までに乳児の「新生自己 emerging self」が始まる。この時期身体は感覚データを獲得して，乳児は直接体験した世界に関して，生まれつつあ

る編成の感覚を発達させる。2カ月後から，続く6カ月ほどの間に乳児は「中核自己 core self」感を発達させ始める。乳児の発動主体，つまり意思の中枢であるという感覚はこの時期の主要な特徴であると Stern は想定している。さらに，身体から生じる感覚に関する一貫性の感覚もこの時期に遡る。また自己体験の記憶という形で時間を越えて継続する自己感も，中核自己感の発達上の達成であるとも Stern は確信している。情緒体験の基本的コントロールも，この時期までに達成される。まだ存在しないのは主観的自己感である。次の段階，9カ月から18カ月の間になって初めて，真の自己感と他者と共にいる自己の体験が生じると，Stern は示唆している。この発達上の進歩のサインには（求める対象を指差す時のように）他者と注意の的を意識的に共有することを含む。意図の対象だけでなく，意図も自己と他者の間で共有されるかもしれない。共有は他者の中にある情緒に気づくことにも及び，子どもと養育者との間の情緒の共有はこの時期の新しい主要な特徴である。言語の出現とともに，物語的自己が現れることが可能となる。この時点以降，自己は自叙伝的ナラティブによって定義されるが，それにもかかわらずこの自叙伝的ナラティブは自己発達のそれ以前の特徴を組み込み，また重要な仕方でそれに条件付けられる。

　興味深いことに神経構造に生じる発達的変化についての理解が深まるにつれて，自己発達の段階も類似していることがわかってきているようである。Damasio (1999)は神経科学の文献を調査して，自己の3つの形態と意識の2つの形態について提案した。「原型自己 proto self」という彼の概念は，感覚情報を表す脳内の深層構造から生じ，そしてまた内的および外的世界との直接的体験を生み出す身体-感覚システムを経由して体内から生じると見なされている点で，Stern の新生自己と類似している。このように Stern の新生自己は，Damasio の第一次神経地図と比較可能である。第二次神経地図は脳内の高次回路によって生成され，原型自己が世界または自身の身体との相互作用によって変化させられる様式を含む。この第二次地図は原型自己を相互作用の前後で比較する。したがって，この神経構造は Stern の「中核自己」に類似している。Siegel (2001)が指摘したように「この変化の過程が『中核自己』を定義する(p.75)」のである。これが注意の高められた状態を導き出し，それが意識の中核であると，Damasio は主張している。中核的意識は対象との相互作用によって生じる。Damasio モデルの第3段階は拡張された意識に関連し，Damasio によれば第三次神経地図を含む。Damasio がこれらの地図を中核自己の経時的な変化が神経上に表象されたものとして記述しているように，これ

らはSternの「主観的自己」という概念に結びつけられる。

　主観的自己感の基礎にあるのは臨床に極めて関連しているいくつかの能力である。その最早期の現れは注意という精神状態であり，健常の乳児がおよそ9カ月から母親の注視をモニタリングすること(Scaife and Bruner, 1975; Butterworth, 1991)や，原宣言的指差しなどの身振り（Bates et al., 1979)に明らかである。乳児が他者の意図や動機づけを理解していることは，注視モニタリングから明らかである。なぜならば乳児は，人がどこを見ているかだけでなく，自分が見ているものをその人物がどのように評価しているか（社会的参照という現象，Sorce et al., 1985）をも確かめているように見えるからである。そのような情緒的コミュニケーションは親やなじみのある養育者の顔や声を通して伝えられ，対象や場所や人物に向かう行動を調整することができる(Boccia and Campos, 1989; Camras and Sachs, 1991)。

　表象世界のうち意識的または無意識的に体験される諸側面には焦点を当てるが，心的表象を支えて創り出す精神構造（または精神過程，Fonagy, Moran, Edgcumbe et al., 1993を見よ）という体験できない側面には焦点を当てないという点で，Stern (1993)はSandlerに同意している。Sternは生きた体験，情緒，行動，感覚，その他全ての内的および外的世界の側面の主観的な統合である「新生モーメント」から始める。新生モーメントは，様々なタイプのスキーマ的表象に由来すると見なされる。すなわち，出来事表象またはスクリプト，意味表象または概念スキーマ，知覚スキーマ，そして感覚運動表象，である。彼はさらに2つの臨床的に非常に関連のある表象様式をこれらに加えている。それは「感情形態 feeling shapes」と「原物語封筒 proto-narrative envelopes」である。これらのスキーマはネットワークを形成し，彼はこれを「共にあるあり方のスキーマ」と名づけている。

　Sternは「共にあるあり方のスキーマ」を，養育者と相互作用している乳児の主観的視点を想定したことから概念化している。多くの領域にわたる乳児の体験は，動機と目標をめぐって編成されており，この意味でSternはFreud (1905d)が『性欲論三篇』で示した，欲動と対象関係に関する最初の定式化と共鳴している。これらのモーメントを編成する目標は，生物学的なものだけでなく，対象との関係性，情動状態，自己評価と安全の状態を含み，それだけではなく，飢えや渇きや性欲や攻撃性といった，身体的満足をも含むのである。表象は発動主体，行為，手段，文脈に伴う原プロットを含み，それらは人間行動の包括的理解には不可欠なものばかりである(Bruner, 1990を見よ)。

Stern(1993)は抑うつ的な母親と共にあるあり方の説得力のある例を提示して，乳児が繰り返し母親を取り戻し，元気づけようとするところを描写している。彼が描写しているのは，抑うつ的な母親が刺激を与えられない自分をモニタリングして，乳児を元気づけようと不自然なやり方で必死の努力をしているらしく，それに対して乳児はおそらく同じくらい偽りの活気づいた相互作用で応えているあり様である。このモデルは Sandler の投影と投影同一化のモデルに極めて密接であり，これら2つは結合されて充分に一貫した説明に到達する必要がある。母親が投影同一化によって子どもにコミュニケートすると，それによって母親のゆがんだ表象に子どもが同一化し，これは他者と「共にある偽りのあり方」の予測へと発展する。

　共にあるあり方のスキーマは，神経心理学的に妥当な対人関係体験表象モデルをまさに提供しそうなところまで近づいている。ここで重要なのは，このモデルのいくつかの特徴である。第1にこれらのスキーマは神経組織と心 mind から現れ出る創発的特性である。第2にそれらは生きた体験の，複数で同時的な表象を用いる。これは広汎な脳損傷でさえも，体験の一部は保持されているという臨床的観察と一致している。第3にそれらはプロトタイプを基盤としており，個々の体験にはあまり影響されず，また当然ながら生きた体験に共通するパターンを集約している。新生モーメントはネットワーク内の一連のノードが同時に活性化される中で表象され，それぞれのノードの活性化に伴ってノード間の結びつきが強化され，それが自動的に「学習過程」を構成している。他者と共にあるあり方のスキーマをネットワークとして概念化することによって，Stern は自分のモデルを認知科学で支配的なモデルである並列分散処理モデル（PDP）と結びつけている（Rumelhart and McClelland, 1986 を見よ；PDP は現在評判の学習過程のコンピュータ・シミュレーションであり，「ニューロン」のネットワークを用いる）。第4にこのモデルは内部からも外部からも修正される余地を残している。注意を向けることで表象を精査できる過程である再形象化 refiguration というものを想定することによって，Stern は内的に生成された活性化（幻想）が体験を強化したり，変更したりする仕方を提示している。第5に Edelman の神経ダーウィン主義という概念を採用することによって，Stern は選択されない表象の行方に関するさらなる研究への重要な道を開いている（以下を見よ）。

　「形態 shape」という用語は Stern (1993) と Sandler (1993) とでは異なる意味で使われている。Sandler にとって形態は，心的表象のゲシュタルト体験

(Werthheimer, 1945も見よ）に関連しているのに対して，Stern にとって形態は，覚醒 arousal の時間的パターン形成に関するものである。覚醒は体験の様々な様式を融合するが，その最も純粋な形式は，自由に漂う情動として現れるかもしれない。実際には，情動は認知なしには起こりえないが，これらの表象の領域が独立しているという Stern の主張は正当なものである。臨床家として私達は皆，セッションでの時間的感情形態をよく知っている。患者の中には，一連の情動が厳密に順序づけられたような時間的連続性に従って起こるような，臨床的出会いを作り出す人々がいる。

　総合すると，Sandler と Stern の精神分析的提案は，臨床に基づいた精神分析的観察と神経科学の進歩との間に，多くの新しい架け橋を作り出してきた。彼らは精神分析的メタ心理学が劇的に改定される可能性を提供している。すでに触れた例を1つだけ挙げてみよう。以前は質的に異なる認知構造であると考えられた一次過程思考は，神経が進化する過程で選択されなかった神経ネットワークまたは表象が，単に活性化したものに過ぎないかもしれない。時には前言語期の幼児は対象の物としての現れに従って，概念化されない仕方で，物の世界を組み立てることがある。言語発達の研究（例えば Clark, 1983 を見よ）が示すところでは，言語の早期の使い方は，対象の物理的外観に支配されていることが多い（例えば，子どもは同じ言葉で周りの全ての対象を言い表す）。子どもがこれらの要素間のより複雑で概念的な関係を理解するにつれて，そのような神経ネットワークは淘汰される。もの想いや夢見や強烈な情緒的覚醒などの状態において，こうした古い「残留」構造が再活性化されるのかもしれない。またスキーマは，効率的，適応的な神経機能を妨げるようなネットワークの枠組みやその一部を故意に分離する神経自然淘汰の過程で，失われることがあるかもしれない。このようにして，葛藤や不安を生じさせるような着想は，神経網から排除されるかもしれない。しかし，このようにして排除された共にあるあり方のスキーマは，もし夢を見る睡眠やもの想いや自由連想などによってシステムへの他の制限が一時的に外されるならば，再出現するかもしれない (Sandler and Joffe, 1967)。

　一連の論文で Stern とボストンの共同研究者らは，精神分析的治療のまったく新しい発達的理解を描き出している (Stern, 1993; 1998; Stern et al., 1998)。この核心にあるのは認知科学から借りた潜在記憶または手続き記憶という概念である (Schachter, 1992b)。この着想に精神分析が注目するようになったのは，Bob Clyman (1991) の貢献とされるべきであり，これを愛着理論に統合した

のは Crittenden (1990)の着想である。その基本的な考え方は，パーソナリティの構成要素が，非－意識的スキーマに根ざしそれは対人行動の「何を」ではなく「いかに」を決めているというものである。

過去20年間にわたって認知科学者は，過去の体験を非意識的，潜在的に用いることに基づいた，手続き記憶 procedural memories という概念を精緻化してきた(例えば, Squire, 1987; Kihlstrom and Hoyt, 1990; Schachter, 1992b)。記憶システムは少なくとも二重の性質から成り，2つの比較的独立しているが，神経学的にも心理学的にも同質のシステムに支えられているという，一般的な合意がある。それは，少なくとも部分的には意識することが可能な自叙伝的記憶と，もう一つの記憶の重要な構成要素は，非自発的システムであり，それは潜在的で，主に知覚的で，非宣言的，非内省的である (Squire, 1987; Schachter, 1992b)。一般的な言い回しでの記憶とは，再生という内的体験を含み，符号化の段階で，焦点化された注意を必要とする。これは宣言的記憶あるいは顕在記憶である。これは発達論的には，人生早期からの関係的および情緒的体験を符号化している潜在記憶ほどには精神分析と関連していないようである。潜在記憶は，少なくともいくつかの側面では，自叙伝的なものよりも情緒的および印象的情報が優勢になりがちである(Pillemer and White, 1989; Tobias, Kihstrom and Schacter, 1992; van der Kolk, 1994)。それは典型例としては運動スキルなどの一連の行為を'いかに'実行するかを内蔵している。そこに含まれている手続き知識には，実行することを通してのみ接近できる。人がその（手続き）知識が埋め込まれている操作に関わった時にのみ見えてくる。これらの特徴を考慮すると，愛着理論家と対象関係理論家が仮定するスキーマ的表象は，手続き記憶として解釈されるのがおそらく最も適切であり，その機能は社会的行動を特定の文脈に当てはめることである。

乳幼児期の愛着パターンの分類(Ainsworth et al., 1978)は手続き記憶をうまく活用している(Crittenden, 1990; Fonagy, 1995a)。心理アセスメントの方法としてのストレンジ・シチュエーション(SSn)の強みは，特定の養育者との行動の「いかに」に関する知識を生み出す過去の状況的文脈にきわめて類似した状況を提供するということである。この意味で愛着は，特定の養育者との関係の中で得られたスキルの1つである。心理療法家は宣言的知識を探索することには通じている。そこで，個人の他者に対する関係のあり様を，患者のナラティブの中の変わらないテーマから引き出す傾向がある。例えば，Lester Luborsky の「中核葛藤関係テーマ(Core Conflictual Relationship Themes:

CCRT)」技法(Luborsky and Luborsky, 1995)は，繰り返し出現する3つの構成要素，(a)願望，(b)対象の反応，(c)主体の反応，を識別する。対照的に，Mary Main は成人のナラティブから愛着の安定性を評定するのに，幼少期の歴史の内容からではなく，これらのストーリーの関連づけられ方（安定型であれば，一貫性があり，内省的であり，バランスが取れ，きめ細かい）から評価する方がより適切であることに気づいた。Mary Main のシステムでは，愛着関係の質は，人が愛着に関するナラティブを作り出すのに用いる手続きを基礎に評定される。この測定手段が成功していること(van Izzendoorn, 1995)は，手続き志向の精神力動的アプローチの有望さを物語って余りあるものである。

　また臨床家は手続き記憶を扱うことにも慣れている。臨床的感受性とはそれ自体，一連の手続きとして表されるスキルであるが，大部分は強調，話の中断，イントネーション，その他の語用論の特徴など，手続き的に貯蔵された知識のあらゆる表現を使用して単一の言語的メッセージへと符号化されている，複合的意味への敏感さのことである。「今のモーメント now moment」という Stern のモデルの革新的特徴は，パーソナリティ機能の手続き的側面を生み出す要因として対人要因を強調していることである。Karlen Lyons-Ruth (1998) は，内在化という古典的な（問題のある）概念は手続き記憶の獲得にはほとんど適合しないと指摘した。彼女と Tronick (1998)はそのような情報には二者的性格があると強調している。すなわちそこでは，他者に気づくことがこれらの構造を明確化し，識別し，柔軟に使用する前提条件と見なされている。Stern は Tronick と同様に，母親と乳幼児との対話で繰り返し起こる破綻－修復サイクルを発生源とする，この構造の弁証法的基礎を強調している。暗黙の関係理解の構造は発達の不均衡から生じるのだから，通常それらは情緒に満たされ，自発的な性質を保っていると予想される。暗黙の関係理解という概念は，記述的には無意識的で考えられたことのないもの unthought であるが，知ることができないもの unknowable ではない。

　Stern(1998)の記述では，もし「今のモーメント」において，2つの意識がお互いに出会うことに成功するならば，発達的不均衡に続いて起こる「開かれた空間 open space」というさらなる重要な概念がある。「開かれた空間」では他者の応答可能性への確信から生まれるある種の解放があり，それはおそらくは「出会いのモーメント」に他者が明らかに存在していることで確認される。この着想は Donald Winnicott の一人でいる能力(Winnicott, 1958a)に関連しており，変化の過程の核心である。双方の参加者は相手の心的編成の「足場づ

くり scaffolding」(Vygotsky, 1966)の体験に照らして，自分の暗黙の関係システムを再構築することができる。彼らのモデルの鍵仮説は，著者らを対人論的心理学へと必然的に導く。Tronick の二重意識モデルはおそらくそれが最もはっきり表れたものであろう。「我交流する，故に我あり」。著者らがよく承知しているように，おそらく Hegel (1807) に始まり，Mead(1934)，Cooley(1964/ 1902)，より最近では Davidson(1987)によって，そして精神分析の領域では Cavell(1994)によって強化された豊かな伝統に彼らは貢献している。しかし，Stern と彼の共同研究者らは，発達的由来と技法的示唆を備えた間主観性に関する一貫した心理学モデルを提供している点で，現代の精神分析的対人論者(Fiscalini, Mann and Stern, 1995)とは異なっている。

　「モーメント」モデルの治療的意義を概念化するのにはいくつかの方法がある。注意深い読者はこの点に関する著者らの微妙な差異に気づくであろう。どの論文も，心的変化を理解する鍵として，心理療法のミクロ過程に焦点を当てているが，伝統である転移の言語による明確化を，さらなる有力な力と見なす程度に関しては何らかの違いがある。また患者-分析家関係の破綻を扱う際の洞察の重要性についても，これらの論文はやや異なる見解を表明している。極端な場合，読者はこれらの論文から，古典的には治療関係を，暗黙の関係構造に変化を起こさせる背景と理解しているのだと結論づけるかもしれない。この伝統的に受け入れられてきた設定の治療的性質は，相互作用の暗黙のルールからの逸脱を明らかにするのに役立つ良い慣習という地位に追いやられる。Morgan (1998)は次のように述べている。「それは過去の他者への期待から脱却するための場を提供する。」ここには二重のメッセージがこめられている。(1) 「日常的」関係は，患者が暗黙の関係構造から距離を取れるようにするのではなく，むしろそこに巻き込んでしまうので，伝統的パラメーターはそれに代わるものとして求められる。そして(2)伝統的パラメーターはいわば，関係性の過程に関わるために必要な素材である対人行動を，予測し易くする。

　転移とその解釈を「主役」から単なる「脇役」へと格下げするのは行き過ぎであり，不敬にすら思えるかもしれない。しかし，幾つかの事実がこの主張を支持する。例えば，現在400以上の異なる心理療法の学派が実践されている(Kazdin, 2000)。こうした様々な方向性で訓練された治療者は，共通の基盤を排除するほど異なる理解をクライエントに提供している(Wallerstein, 1992)。こうしたセラピーのほとんどは評価を受けていないものの[訳注2]，比較研究がなされた多くのものは似たような効果を持つようである(Roth and Fonagy,

1996)。お話し療法が共有する主要特徴はセラピーの関係性要素なので，これが効果の要因かもしれない。

　実際，心理療法実証研究は「モーメント理論」と共通する多くの特徴をもつ評判の良いモデルを明らかにしている。治療同盟の破綻がどのくらい適切に扱われるかが，セラピーの結果をよく予測すると示唆するエビデンスがある(Safran et al., 1990; Horvath and Simmonds, 1991)。その著者らは「実在の関係性 real relationship」に呼びかける。読者がこの一節を，精神分析的文献のどこか別のところで使われているように，治療関係の転移的ではない側面を意味しているのだと理解しないことが重要である。これらの論文では実在の関係性とは，非意識的な暗黙の関係モードや，Sternがたまたま発した言い回しを用いるなら「共にあるあり方 a-way-of-being-with」や，またはより正確にはおそらく「関わりのスタイル a style of relation」に関連している。著者らは意識的な，「実在の」関係性に基づいてなされ得るコメントと，彼らのコメントとを慎重に区別している。Sternが指摘しているように，心的変化にとって決定的だと著者らが考えている関わり方の側面は，患者と治療者相互の歴史から生じるユニークな体験の中での「本物の感情 feeling of authenticity」と常に結びついているのであって，他の現在や過去の関係性ではない。治療者は過去の他者への期待から患者が抜け出せるような関わり方をする新しい対象である。したがって，ここには転移との弁証法がある。

　この全てが「出会いのモーメント moments of meeting」という概念の中に捉えられている。このモーメントのエピソードの引き金は「今のモーメント now moments」であり，そこには意味が共有されている期間内に生じる明らかな破綻をも含み，やや軽蔑的に「動き回っている moving along」と言い表されている。出会いのモーメントは，共有された主観的現実への，間主観的な認識を含んでいる。各パートナーはなんらかユニークな本物を提供し合う。このことに必要な自発性は，定義上，大部分が暗黙の構造よりも顕在的な構造に結びつくような理論や技法を越えたところにある。モーメントを捉え損なうと患者を失望させるが，多くの患者の固定した関わり合いのパターンを考えると，そのような機会はまれである。「出会いのモーメント」は暗黙の関係理解を変えることがある。これは知的洞察（モーメントのメタファーが誤解されるかもしれない）が多分そうであるように，突然起こるのではなく，徐々に何かが変

訳注2)　たいていの心理療法は統計的に厳密にデザインされた無作為化比較研究によってその効果が実証されているわけではないということ。

わるのであり，それはお互いが同席していることに心地よさが増大していく感覚でしか，患者や分析家には感知できないものかもしれない。したがって，この過程を説明する説得力のある臨床例を持ってくるのはほとんど不可能であり，おそらくそのためこの現象を認識することが遅れたのである。

暗黙の関係理解という観点から心理療法の進展について探究することは疑いなく有益だが，Sternと共同研究者らにとっての課題は，こうした着想を正式に操作化することである。このグループによる乳幼児観察パラダイムからの類推（'静止顔'など）には固有の限界があり，それは成人の精神分析に適した操作化の枠組みが発見できた場合のみ克服されるものである。おそらく語られている現象の多くは，テープ録音の使用なしには直ちには定量化できなかったであろう。ここ数年にわたって，この領域では多くの進歩がなされている（オフライン・コンピュータによる心理療法の談話分析は今や簡単に利用できる。Bucci, 1997b）。著者たちは手続き知識の変化を示す信頼できる指標を同定し，「出会いのモーメント」との関連で，これらの変化を探索する必要がある。

概念的水準としては，古典的な転移の概念とボストン・グループの概念との区別を十分に描き出すことがさらに求められている（ボストン・グループもこの必要性を認識している：Morgan, 1998）。転移と暗黙の関係理解という単純な二分法ではうまく行かないことは明らかである。問題は転移の定義があいまいなところにある。いくつかの定義によれば，患者と分析家との間に起こっていることの全てが転移である。しかし，たいていの臨床家は転移を，分析家との間で過去の関係パターンを再体験することと見なす。ここでは治療関係の諸側面の中で，分析によって再活性化された古い関係スキーマによって動機づけられている側面と現在活動している関係性の構造とを区別することが役に立つ。どちらも宣言的理解および暗黙の理解構造を含んでいる。

技法についてはどうだろうか？　これに関しては，心理療法に対する対人論者のアプローチが多くの革新をもたらしている現在の雰囲気では特に，はるかに多くのことがなされる必要がある。このグループは劇的な技法的革新や，「乱暴な分析」を提唱しているのではないことを明確にしている。これは古典的セラピストを安心させるものではあるが，しかしそうはなり得ない。もしこのグループの提唱している着想が具体性を持つとすると，古典的な理論的準拠枠と目的のために作られたものと全く同じ技法上の優先事項が，こうした新しい着想に最も役立つというのは，ありえないことである。心理療法での変化に関する刺激的な新しいモデルが提案され，発達論的に信頼できる心理学モデル

へと翻訳されたのである。もしこの一連の着想が現在の実践法を正当化することを意図しているにすぎないのであれば，少なくともいくつかのグループの患者に対しては，技法上の変化がそこから生じる場合に比べると，はるかに重要性が低くなるであろう。

11.3 Ryle の認知分析療法：病理と療法の手続きモデルの充分な実用化

米国では比較的知られていないが，英国ではしだいに影響力を増しつつあるのが認知分析療法（cognitive analytic therapy）という時間制限統合的心理療法である（Ryle, 1982; 1990; 1995a）。手続き系列モデル（procedural sequence model: PSM）は認知的言語を使用して精神分析的概念を言い直すために Ryle が用いた準拠枠である。このモデルは，Stern と共同研究者らが概説してきた一般的な手続きモデルを最も包括的かつ複雑に実現したものを提供している。それ自体は精神分析理論ではないが，スキーマと手続き記憶に関する研究の包括的な臨床的実施を構成する理論的着想と技法を集めたものである。

このモデルは意図的行為を，計画と予測された結果の評価と，この評価に従った目的と手段の修正を含む一連のステップを伴う手続きとして概念化している。治療法は再定式化を中心にしている。最初の1カ月間，患者は自分の症状や望ましくない行動や気分の変化をモニターする。神経症的パターンは3つのカテゴリーで記述され，それはジレンマ，罠，妨害である。これらは初回セッションの終わりに患者に渡される「心理療法ファイル」に記載されている。患者はその中の項目がどれほど自分の特徴となっているかを評定する。その後これらの項目は標的問題 Target Problems とその基にあるジレンマ，罠，妨害と共に論議される。罠とは「喜ばせようとする」のように，私達が逃げることのできないものである。ジレンマとは，自分自身あるいは他者との関係についての誤った選択で，例えば「私は贅沢で欲張りなのか，それとも自制してみじめなのかどっちかだ」とか，または「私は野獣なのか，それとも殉教者なのかどっちかだ」といった思い方である。妨害とは，例えば「他者の反応を恐れること」のように，自分自身の変化を止めてしまうやり方である。ある個人に特徴的なジレンマ，罠，妨害が，標的問題手続き Target Problem Procedures なのであって，それはその人の中心的問題の根底にあると考えられる。「TPs（Target Problems）」と「TPPs（Target Problem Procedures）」は，まず治療のアジェンダ（検討課題）を作成する。残りのセッション（通常は週1回3カ月間）は，

日記その他の自己モニタリングの工夫を使ったり，治療状況でのクライエントの行動を詳しくモニタリングすることによって，TPPs を認識することへと向けられる。TPPs の修正は主としてロールプレイや自己内省を高めることなどの行動技法によって達成される。治療者との分かりやすくて共謀的でない関係も，新しい手続きの発達を促すと考えられる。

Ryle (1985) は CAT（認知分析療法）に対象関係論を組み入れ，互恵的な役割手続きという概念を導入した。これは早期の対象関係を基礎に発達すると考えられ，自分にどのような行動が期待されるのか，または他者にどのような行動を期待してよいのかを，子どもに教えるものになると想定されている。自己管理は親の行動を子どものレパートリーに取り入れることを通して学習される。CAT が強調するのは，分裂のような原始的防衛の原因が早期の深刻な剥奪にあるということであって，それは自己構造を統合できず，分裂排除された自己状態のそれぞれに，他者からの承認を求めるような人々に特徴的である。神経症のクライエントが手続きを制限したり，歪めたりするのに対して，境界性パーソナリティ障害の患者は，解離した自己状態のそれぞれが異なる手続きを持っているという状態を示す。

このように CAT は認知療法 (Beck, 1976) と対象関係論に基づいた精神力動的心理療法 (Ogden, 1986) との真の統合である。CAT の診断へのアプローチは，私達が先に検討してきたもの，特に Luborsky と Horowitz に類似している。提唱されている治療技法は彼らとは異なり，情緒的問題を多年にわたって不活発であったスキーマの再活性化と見なすスキーマ志向認知療法と多くを共有している (Beck and Freeman, 1990; Young, 1990; Bricker and Yound, 1993)。また Ryle の統合は，自己維持的な悪循環と精神内界的および対人間的心理過程と，構造化された介入技法を強調する Gold と Wachtel の「循環的精神力動論 Cyclical Psychodynamics」などの，他の統合的モデルとも非常によく似ている (Gold and Wachtel, 1993)。Safran (1990a; 1990b) もまた対人スキーマという概念と認知的対人サイクルとを結びつけており，治療プログラムは不適応的な対人スキーマに焦点を当てている。しかし，CAT はこうした他の方法に比べると，伝統的な精神力動的定式化とより一貫した形で統合されている。

手続き系列対象関係モデル (Procedural Sequence Object Relations Model: PSORM) は，よく考慮された統合であることを例証している。この手続き系列モデルは，神経症的行動に持続性があることを説明するパターンを確認して

いる。例えば、自己破壊的行為はジレンマ（'私は自分を傷つけなければならない、あるいは他者を傷つけなければならない'）や罠（'罪深いから自分を罰する'）の故に帰されそうである。パターンが持続するのは手続きが相互につながっているからである。例えば、見捨てられるという予期は、関わり合って見捨てられる危険を冒すことと親密さを避けることの間のジレンマを生み出すことがある。したがって、関わる際には、情緒的に重要な他者を補完的手続きによってコントロールするという手続きが必要になる。過食症のような障害や症状は、情緒的な空虚さを代償する補完的手続きと見なせるかもしれない。PSORMは相補的役割パターンを仮定しているが、それは中核を構成するものであり、内的親 - 内的こども(Inner Parent—Inner Child: IP—IC)関係という観点から述べられているものである。例えばひどく拒絶的な内的親が、従順で貧困な内的こどもに関わっているという場合がありうる。役割パターンの相補的性質は、同一化、取り入れ、投影、内的対象、部分対象などの精神力動的概念を含んでいる。受け入れ難いものとして体験された役割は投影される、つまり他者の中に導入され、症状的手続きや防衛的手続きによって取り換えられることがある。一般に他者から引き出しやすい相補性を確認することから、手続きは安定性を獲得するので、したがって中核レパートリーは変わらないままとなる。CATの視点から書いているRyleや他の者たちは、VygotskyやBakhtinやLeonjewなどのソ連の理論家たちを受け入れるのに熱心であるが（例えば、Leiman, 1994）、彼らの見解は対人論の伝統に立つ精神分析家の著作と非常に一致している（例えば、Mitchell, 1998）。

　CATと伝統的な精神力動的心理療法との重要な違いは、解釈から記述description へと移行していることである。CATの治療者は著作の中で、情動状態を記述することが多く、その後それは治療的会話の中で直接議論され、意義を申し立てられる。Ryleは解釈を、退行を引き起こし、不平等な権力関係を反映し、治療者の万能的空想を満足させるものとして拒絶している(Ryle, 1992; 1993)。Ryleのアプローチは意識過程により重きを置いているし、彼の技法は洞察と自己修正的メカニズムの活性化に基づいている。こうした成熟した心的過程を強調しているにもかかわらず、Ryleと彼の共同研究者らが境界性パーソナリティ障害の短期治療において大きな成功を報告していることは特筆すべきことである。現在進行中の研究では、BPD患者は24セッションまでのCATと1, 2, 3, 6カ月時にフォローアップ・セッションを提供されている。3カ月時と1年後のフォローアップ結果がある。最初の結果は期待できる

ものである(Ryle, 1995b; Ryle and Marlowe, 1995)。13人中8人が終結後4カ月でBPDの基準をもはや満たしていなかったが，7人は様々な他の治療へ再びリファーされた。1年後に評価された5人の患者は全て症状の継続的減少を示し，1人のみが治療に残っている。

　多くの他の効果研究がCATの有用性を支持している。48人の外来患者が12セッションのCATとMann方式の短期療法に無作為に割り当てた研究では，問題の分析力の変化をグリッド法[訳注3]で測定したところ，CATの優位性が証明された(Brockman et al., 1987)。残念なことにこの測度は，確かな結論を保障できるほどには標準化されていないし，治療から十分に独立してもいなかった。コントロールが不十分ではあるが，糖尿病の研究では32人の患者を集中的教育かCATに無作為に割り当てた(Fosbury, 1994)。9カ月時のフォローアップでは，CATの治療を受けた患者の方がHbA1cレベルで，より良い糖尿病のコントロールを示した。他の研究は対照群のない臨床報告（例えば，Cowmeadow, 1994; Duignan and Mitzman, 1994; Pollock and Kear-Colwell, 1994）か，またはCATと対照群の治療との間で有意な差を生みださないものであった（例えば，拒食症の外来治療(Ryle, 1995b)）。このようにCATの実証的基盤はまだ十分に確立されているとは言い難い（他の多くの精神力動的治療に比べると，その実証的地位ははるかに好ましいものであるが）。

訳注3）　個人に特有の認知構造を測定するために心理学者のGeorge Kellyが開発したレパートリー・グリッド法，通称Repテスト。Ryleは対象関係論の治療効果をグリッド法で実証的に測定しようとする中で認知分析療法を発展させていった。

第12章 フォナギーとタルジェによる
　　　　　メンタライゼーション・モデル

　心の状態という観点から対人行動を理解する能力は，自己の編成 self-organization と情動調整のあり方を決定づける鍵となる。そして，この能力は早期の愛着関係の文脈で獲得される。実証的観察と理論的推敲をもとに，Fonagy と Target はこの主題を発展させてきた。彼らはこの能力をメンタライゼーション mentalization と呼び，調査研究おいては内省機能として操作的に定義している。

12.1　Fonagy と Target の発達図式

　Fonagy と Target は，この精神分析的モデルを George Moran, Miriam and Howard Steele, Anna Higgitt, Gyorgy Gergely, Efrain Bleiberg, Elliot Jurist らと共に発展させている。このモデルの輪郭が最初に描かれたのは，ある大規模な実証研究の文脈の中であった。その研究で明らかにされたのは，それぞれの親との間での乳児の愛着の安定性は，妊娠中に調べた親の愛着の安定性によって予測される(Fonagy, Steele and Steele, 1991)ばかりでなく，それ以上に，心の状態という観点から，親自身が幼児期の自分の親との関係性を理解する能力によって，乳児の愛着の安定性が強く予測されるということであった (Fonagy, Steele, Moran et al., 1991)。
　心的発動主体 a mental agent として自己という存在 the self を理解することは，対人的体験，とりわけ一次的対象との関係から生まれ，成長する。その過程をわれわれは描こうとしてきた(Fonagy et al., 2002)。メンタライゼーションは，自己-内省的要素と，対人的要素の両方を含んでいる。この2つの要素が組み合わされることで，子どもは外的現実から内的現実を区別し，対人関係での出来事から，内的，心的，情緒的な過程を区別する能力をもつに至るのである。乳児が心をもつ存在として，すなわち心理的自己として自分自身をみなす経験は，遺伝によってあらかじめ与えられているわけではない。このことについては，発達的観察とあわせて，臨床的にも実証研究的にもエビデンスが提

出されている。心理的自己としての自分自身についての経験は、乳児期から幼児期を通して発展する1つの構造なのであり、その構造の発達は、良性かつ内省的で、充分に調律的であるような、より成熟した心をもつ者との相互作用に、決定的に依存しているのである。

　われわれはメンタライゼーションを単なる認知過程として理解しているわけではなく、一次的対象との関係性を通して、情動を「発見」するところから発達的に始まるものとして理解している。つまり、われわれは発達や精神病理にかかわる諸理論の多くの領域で重要であるとされる(e.g. Clarkin and Lenzenweger, 1996)、「情動調整 affect regulation」という概念に注目してきた。情緒状態 emotional states を調節する能力である情動調整は、自己感や発動主体の感覚の展開に本質的な役割を果たすメンタライゼーションと密接に関連するのである。この説明では、情動調整はメンタライゼーションに先立つことになる。しかし、メンタライゼーションが生じると、情動調整の性質は一変する。すなわち、情動調整は情動状態の調節を行うだけでなく、さらに重要なこととして、自己を調整するために用いられるのである。

　Jurist が提唱した「メンタライズされた情動性 mentalized affectivity」(Fonagy et al., 2002)という概念は、情動調整に関する成熟した能力に注目したもので、自分自身の感情の主観的な意味を発見できる能力を表す。われわれの示唆するところでは、このメンタライズされた情動性は、精神分析治療の中核に位置している。それは知的な理解をはるかに越えて拡張する方向での、自分の感情に関する経験的な理解のあり方を表象している。まさにこの領域で、われわれは抵抗や防衛と遭遇するのである。抵抗や防衛は、特定の情緒経験に対して生じるばかりでなく、心理的機能のモード全体に対しても生じる。したがって、心理療法の進展の途中に立ちはだかる心的表象の歪曲だけでなく、心的機能の制止としても生じるのである(Fonagy, Edgcumbe et al., 1993)。そこでわれわれは、本当は別のものを感じているにもかかわらず、あるものを感じていると考えるというように、自分の感じていることを誤って理解することが生じうるのである。もっと深刻な場合には、われわれは情緒的な豊かさをもった体験世界全体を自ら奪ってしまうこともある。たとえば、心理的ならびに心理社会的な因果関係を想像することができなくなることがあるが、これはおそらくこの想像力を支える心理過程の広汎な禁止と発達的な形成不全のどちらか一方、もしくは両者の結果であるかもしれない。

　この情動調整とメンタライゼーションに関する理論は、Bowlby などの理論

家によって提唱されてきた，愛着の進化論的な機能に関する論議を深める意図をもつ。われわれが論じてきたのは，早期の対象関係のもつ進化論的な機能とは，他者や自己の心的状態を理解することによりメンタライゼーションが充分に，そして安全に発達しうる環境を，幼い子どもの身につけさせることである。

われわれは，ともに発達心理学に根ざし，密接に関連する2つの発達理論を提案している。両理論はともに，心の表象的な性質についての理解を得ることと，情動調整との相互関係にかかわっている。親の情動ミラリングに関する社会的バイオフィードバック理論(Gergely and Watson, 1996)は，GergelyとWatsonによって導入され，実証的に検証されてきた。この理論が探究しているのは，乳児の自動的な情緒表出と，その応答として生じる母親の表情や音声による情緒ディスプレイが，John Watsonらが明らかにした随伴性検出メカニズム(Watson, 1972; Bahric and Watson, 1985)を通して乳児の心のなかで結びつけられるようになる道筋である。この結びつきができることには，2つの重要な効果がある。第1に，乳児は，親によるミラリングのディスプレイを制御する力と，自分の情動状態が改善するという結果とを結びつけるようになり，結果的に，調整する発動主体としての自己という体験をもつようになる。第2に，情動状態の二次的表象が確立すると，それが情動調整と衝動制御の基礎となる。つまり情動は，行為によってでも，内的にでも操作したり，発散したりできるものであり，また何かの形で認識可能で，したがって共有することも可能なものとして体験される。乳児の情動に随伴しない親の情動表出は，内的状態の適切なラベリングを難しくさせるであろうし，すると，その内的状態は象徴化されず，調整困難なものとして体験され，混乱したままになるであろう。

情動のミラリングが表象的枠組みを発達させる基礎として役立つものであるためには，親は自分の表すディスプレイが本物でない，つまり親自身がどのように感じているかを表すものではないことを示さねばならない。われわれは，この親のミラリング行動の特徴を「有標性 markedness」として記述した。乳児の状態と一致していても，この有標性が欠けている表出は，その乳児を圧倒してしまうであろう。そうした表出は親自身の本物の情緒であると感じられるので，乳児の体験を伝染性のあるもの，あるいは普遍性をもつもの，つまりはより危険なもののようにしてしまうのである。手短に述べるならば，乳児の体験と一致しており現実味のあるネガティブな情動を乳児が知覚することは，その乳児の状態を調整するどころかエスカレートさせ，コンテインするよりも累

積性のトラウマ受傷へと向かわせる可能性をはらむのである。

　不快状態にある子どもは，親の反応のなかに自分の心的状態の表象を探し求め，それを内在化して，より高次の情動調整の方略のひとつとして用いているように見える。安定した養育者は，子どもの感情と一致しないディスプレイをミラリングに組み合わせて（つまり，距離をとっての接触や対処をほのめかして），その子どもをなだめる。この感受性の定式化は，母親の果たす役割に関する Bion の見解(Bion, 1962b)と，きわめてよく一致する。母親は乳児にとって耐え難く感じられている情動状態を心的に「コンテイン」し，その子どもの心の状態を認めるやり方で応答することで，処理できない感情を調整する役割を担うのである。妊娠中に実施された両親の内省機能の質に関する評定は，その後ロンドン親-子研究プロジェクト the London Parent-Child Project の調査で，その子どもの愛着の安定性を，独立した形で予測することが分かった(Fonagy, Steele, Moran et al., 1992)。子どもについての母親の表象の明瞭性と一貫性が成人愛着面接 the Adult Attachment Interview と母親の観察された行動とを媒介するという知見もまた，このモデルと一致している(Slade et al., 1999)。

　広く一致した意見として，子どもの中で愛着の安定性が増すことと同様に，「母-子関係での調和性も，象徴的思考の発現に貢献する」(Werner and Kaplan, 1963; Mahler et al., 1975; Vygotsky, 1978; Bretherton, Bates, Benigni et al., 1979 p.224)。Bowlby(1969)も「母親を，彼女自身の目標と関心をもつ自分とは別の存在とみなすことと，そのことを考慮に入れることの両方ができるようになる子どもの能力」(1969, p.368)の発現を，必然的に引き起こす発達段階の重要性を認識していた。これらの文献は実証的な検証の先導となっている。Moss, Parent and Gosselin(1995)は，母親との愛着の安定性が，記憶，理解，コミュニケーションといった領域における子どものメタ認知能力に関する，よい並行予測因子 concurrent predictor であると報告した。愛着の安定性に関する投影検査である分離不安テストは，年齢，言語能力，社会的成熟をすべて統制して使えば，3歳半から6歳の子どもの信念-欲求を用いて理由づける能力を予測する(Fonagy, Redfern and Charman, 1997)。さらに，この能力は乳児期の愛着の安定性からも予測されうることがわかった。つまり，生後12カ月の時点で母親との安定型の愛着をもつと分類された乳児の82％が5歳半の時点での信念-欲求理由づけ課題（誤信念課題）を通過したのである(Fonagy, 1997)。この課題で子どもは，登場人物の信念についての知識に基

づいて，この登場人物が何を感じているのかを尋ねられる。不安定型と分類されていた子どもの46%はこの課題に失敗した。乳児と父親の愛着（生後18カ月時の）も，子どものパフォーマンスを予測した。このパターンはMeinsたちによって部分的に追試されている（Meins et al., 1998）。

　親の内省機能と，乳児の愛着の安定性と，子どものメンタライズする能力との実証的な関係について，いくつかの説明が想定されるが，これについては別のところですでに検討を行っている（Fonagy et al., 2002）。そこでわれわれは，心の理論を獲得することが，乳児と養育者との間主観的過程と不可分な要素なのだと仮定することによって，このエビデンスをもっとも良く説明すると論じた（そうしたモデルに関する1つの見事な説明に関してはGopnik, 1993を見よ）。われわれの見解では，養育者は，言語的ならびに準言語的な複雑な過程を通して，子どもがメンタライズするモデルを創り出すのを援助する。養育者は子どもが徐々に次のような結論に至るような形で，子どもに向かって振る舞うのである。その結論とは，その子ども自身が観念や信念，感情，願望を持っていて，そうしたものが自分の行動を決定するのだと想定すると，自分自身の行動は最もうまく理解できるだろうし，他者の反応についても，別の似たようなあり方を当てはめられるだろうというものである。「おむつをかえてほしいの？」「抱っこしてほしいの？」母親は心のなかでこう問いかけながら泣いている乳児に近づく。感受性を持ち合わせているならば，母親は心のなかにその乳児を思い描かずにその状況を取り扱うことなどしないのだから，したがって，「あなたはお尻のあたりを濡らしているの？」とか「あなたはそんなに長いこと一人でじっとしていたの？」と心のなかで自分につぶやくことはありえない。感受性をもつ養育者は，身体的な事実と内的状態との焦点を，乳児が両者の随伴性を充分に理解できるように，架橋することができる。最終的に子どもは，養育者の自分への反応が，自分自身の中にある信念や欲求といった内的状態を意味づけてくれているのだという結論に達するのである。無意識的に，そしてあらゆる機会をとらえて，養育者は自分の行動を用いて，ある心の状態を子どものものと見なし，子どもを心的発動主体として扱う。こうしたかかわりが結果的に子どもに知覚されて，因果に関する心のモデルを練り上げる際に利用され，自分自身という感覚の中核の発達がこの一連の流れにそって編成されることへと道を開くのである。われわれは，こうした交流の大部分がありふれた日常的な過程であり，乳児にも親にも前意識的なものであるだけに，内省や修正がなされにくいと推察している。しかし，親はこの自然な人間の機能をそれぞ

れに違ったやり方で実行している。ある親は最も早期の志向性の兆しに気づくかもしれないし，別の親は子どもの心的状態を知覚し，それにしたがって自分の行動を修正できるようになるには，もっとはっきりとした兆しを必要とするかもしれない。

われわれの第2の理論は，内的状態とは現実の表象なのだと子どもが認識する以前の，主観性の性質にかかわるものである。ひじょうに幼少期にある子どもは，内的世界と外的世界が等しいと考えていると，われわれは示唆している(Fonagy and Target, 1996a; Target and Fonagy, 1996)。心のなかに存在するものは外側にも間違いなく存在するのであり，外側に存在するものはまた，心のなかに必ず存在するのである。この「心的等価 psychic equivalence」は，内的世界を経験する1つの様式であるが，幻想の投影に脅かされて，強い苦しみを引き起こすことがある。そこで，心の状態に関して「ごっこ pretend」の感覚を獲得することが必須となる。情動調整的なミラリングを繰り返し体験することに助けを得て，子どもは感情が必ずしも外的世界にあふれ出したりはしないことを学ぶ。感情は物理的現実から切り離されるのである。情動が一致し，随伴性をもち，適切に標識をつけたミラリングのディスプレイを比較的多く提供する親をもつ子どもは，この切り離しを促進させるであろう。これとは対照的に，(自分自身の情緒調整に困難があるゆえに)乳幼児の否定的情動によって容易に圧倒され，有標性をもたない現実的な情緒表出をしてしまう親は，情動調整の発達を妨げる。つまり，表象的な心の状態と実際の心の状態との違いについて学ぶ主要な機会が失われるのである。外的なものと内的なものを等しいとみなすあり方が，重篤なパーソナリティ障害をもつ者の主観世界を支配し続けていると，われわれは論じている(Fonagy and Target, 2000)。

われわれは，2歳から5歳までの子どもにおける内省機能の正常発達を記述するなかで(Fonagy and Target, 1996a; Target and Fonagy, 1996)，体験を分裂する様式からメンタライゼーションへの1つの移行があることを示唆している。また，自己の心理的部分の発達に関して，いくつかの主張を推し進めている：

1. 幼児期早期には，内省機能は外的状況と内的体験とを関連づける2つのモードを特徴とする。(a)真面目な心の枠に入っているときに，子どもは自分自身や他者の内的世界が外的現実に対応すると予測する。そのため主観的体験は外部からの情報に合わせるために歪曲されがちである（「**心的等価**

モード」)(e.g., Perner et al., 1987; Gopnik and Astington, 1988); (b) 遊んでいるときに，子どもは内的体験が外的現実を反映しないであろうことを知っているが(例えば，Bartsch and Wellman, 1989; Dias and Harris, 1990)，そのとき内的状態は外部の世界にとって何の意味ももたないと考えられている(「ごっこモード」)。

2．通常では4歳前後に，子どもはこの2つのモードを統合し，**メンタライゼーション**，あるいは**内省モード**に達し，心の状態は表象として経験されるようになる。内的現実と外的現実は結びついているものの，重要な点で異なっていると見なされ，もはや等価視される必要も，互いに解離される必要もなくなる (Gopnik, 1993; Baron-Cohen, 1995)。

3．メンタライゼーションが正常な形で生じるのは，自分の心の状態が映し出されるという子どもの体験を通してであり，典型的には親や年長の子どもとの安定した遊び secure play を通してである。こうした体験がごっこモードと心的等価モードの統合を促進する。おそらくこの対人的な過程は，より早期から親が提供した複雑な映し返しから手塩にかけて作られてきたものであるのだろう。養育者は子どもの心の外側にある別の見方をプレイフルに示すことで，(子どもは「単にごっこをしている」だけなのに)子どもの着想や感情に現実との結びつきを与える。親や年長の子どもはまた，現実は働きかけると歪むかもしれないことをプレイフルなやり方で示し，そしてこのプレイフルであることを通して，ごっこでもあり現実でもある心的体験が導入されることもありうる。

4．トラウマを受けた子どもの場合，強い情緒とそれに伴う葛藤が，この統合を妨害することがある。すると機能するはずのごっこモードの諸側面は，現実を体験する際の心的等価のやり方の一部になってしまう。例えば，家族の中でトラウマが起こっている場合には，親は子どもの思考のうちでもっとも緊迫している側面と「共に遊ぶこと」はできないであろう。こうした側面は，子どもがそうであるのと同じく，大人にとっても苦痛で受け入れがたいことが多いからである。混乱型の愛着の生育史をもつ就学前の子どもに見受けられる融通の利かない支配的な行動は，特定の着想や感情について，心的等価モードを越えていくことに関する子ども側の部分的な失敗から生じるとみなされる。その失敗ゆえに子どもは，過去に現在のような外的出来事があった際に想定されたような強さで，そうした着想や感情を体験するのである。

つまり，自己や他者の心の状態についての子どもの知覚は，養育者の心的世界をどのように子どもが観察するかによって決まる。親の行動が子どもの心の状態を意味づける程度にしたがって，子どもはそれらを知覚し，思い描くことができるのである。これは，子どもと共有するごっこ遊び（早期のメンタライゼーションと関連することが実証的に示されている）を通して生じうるし，多くの日常の相互作用（例えば会話や仲間との相互作用）もまた，ある着想について考えを共有することを含んでいるであろう。したがって，考えること thinking のような心の状態を示す概念は，本来的に間主観的なのである。つまり，共有された体験は，まさに共有した人々の論理そのものの一部をなすのである。

子どもが自己感を発達させる際に，このことが与える影響についてわれわれにわかっていることがある。回避型の乳児は，分離に際して，ほとんど苦痛のディスプレイを見せずに反応する一方で，生理学的覚醒は非常に強く体験している (Spangler and Grossman, 1993)。Crittenden (1998; Crittenden and DiLalla, 1988) の報告によると，不適切な養育を受けた1歳児たちは，自分の本当の感情に適合しない偽りの肯定的な情動を示す。おそらく養育者の防衛の内在化は，真実の情緒体験を適切に表象することの失敗へと導くだけではなく，この偽りの内在化の周囲に自己に関する体験を構築する方へと導くのであろう (Winnicott, 1965a)。

このようにして，回避型の子どもは情緒状態を遠ざけることを学習し，反抗型の子どもは親密な間主観的なやりとりを排除して，自分自身の苦しみに焦点付けるのである。これらに対して混乱型の乳児は特殊なカテゴリーである。彼らは養育者の行動を過剰に警戒して，予測のために利用可能なあらゆる手がかりを用い，意図的状態 intentional states に対しては急激に敏感になるだろう。そうした子どもにも，メンタライゼーションははっきり認められるかもしれないが，そのメンタライゼーションは安定型の子どもに見られるようには，自己編成にとって建設的な役割をもたない。メンタライズを伴う自己編成の発達にとって最も重要なのは，感受性のある養育者の心の状態を探索することであって，それによって，子どもは信念や感情や意図によって動機づけられている自分自身の像を，自分が想像する養育者の心の中に，見いだすことが可能となるのである。対照的に，混乱型の子どもが何を求めてそれほどまでに余念なく走査するのかと言えば，他者の心のなかにある自分自身の心の状態の表象を求めるのではなく，子ども自身の自己を脅かす他者の心の状態を走査している。こ

のような子どもは，自己表象の中に異質な存在 an alien presence を構成することがあり，それは非常に耐え難いので，子どもの愛着行動は，情動などの意図的状態を抱え持つ能力を内在化することにではなく，愛着する人物にこの自己の異質な断片を再－外在化することに焦点づけられる。安定型の愛着が，自律性の発達をはじめ，自己の発達や，内的安定性，自己価値感，自己信頼，新生自己のもたらすパーソナルパワーなどの発達を高めるという見解を支持するエビデンスはかなりの数にのぼる (Matas, Arend and Sroufe, 1978; Londerville and Main, 1981; Gove, 1983 in Carlsson and Sroufe, 1995; Bates, Maslin and Frankel, 1985)。混乱型の乳児は，この情緒的な気づきをたとえ知覚できたとしても，自分の自己編成に統合することができない。

　このことと結びつく理由はいくつもありうる：(a)混乱型の子どもは親の行動を理解するためにあまりにも不釣り合いなほどの資源を用いる必要があるので，自己状態の内省を犠牲にしてしまう。(b)混乱型の乳児の養育者は，乳児の自己状態に付随して反応することが少なく，さらに子どもの状態の知覚にも反映にも，系統的な歪曲を示しがちである。(c)混乱型の乳児の養育者の心の状態が，子どもをこわがらせるような行動や，恐れているような行動をとることを通して，強い不安を喚起することがある。そこには子ども自身の説明のつかない恐怖も加わっている。

　おそらくは，これらの要因が組み合わされることで，混乱型の乳児は特定の状況の下では養育者の心の鋭敏な読み手となるが，（われわれが示唆したように）自分自身の心の状態の愚鈍な読み手となる。メンタライズする能力の発達に関するこのモデルは，多大な臨床的な意義をもっている。例えば，重篤なパーソナリティ障害をもつ患者の愛着分類をした研究で(Fonagy et al., 1996)，境界性パーソナリティ障害の患者の AAI の語りは，より低い内省機能を示し，それは明らかに未解決の深刻なトラウマの生育史と結びついていることが分かった。他の知見が示唆するところでは，メンタライズする能力の発達に間主観的な基盤を提供する感受性のある愛着関係が与えられるならば，（たとえ深刻なものであっても）トラウマが解決される見込みはより高くなる。虐待やネグレクトによって，メンタライゼーションの防衛的な抑止が引き起こされると，パーソナリティの深刻な歪みが生じる。同じように，不適切な養育の生育史を共通してもっている少年犯罪者は，メンタライゼーションの能力はひどく制限されることを示すエビデンスが蓄積されてきている(Blair, 1995; Levinson and Fonagy, submitted)。

正常な発達とは分画 fractionation から統合へと向かうものであり，そこではかつてはバラバラであったスキルのあいだに特定の調和が構築され，もっと複雑で洗練された統御システムの基礎を提供する(Bidell and Fisher, 1994)。内省機能の異常は，したがって，ある早期の段階での「停止や固着」，あるいはある段階への「退行」の結果とみなすべきではない。不適切な養育を受けた子どもの内省機能の病理は，他のスキルと類似したやり方で，年齢と時間と共にその複雑さを増大させて発達すると予測できよう。不適切な養育に耐えるために子どもが発達させてきた内省を制限するスキルは，その世界では適応的なのである。しかし，他の文脈にあっては複雑で，増加するばかりの困難を生み出してしまう(Noam, 1990)。全般的には内省的な能力があるにもかかわらず，「世話をする」他者の心の状態，あるいは同様のスキーマが再活性化するようなその後の関係性では内省を制限してしまうことは，自然な分画の結果であるか，あるいは特定の関係性の領域では内省をしないという目的性をもった（意識的あるいは無意識的な）試みの結果なのであろう。この不規則さは，「発達による達成」であって，そこでその人は，統合に向けて自然に動いていく文脈との分離をあえて維持しなければならない。愛着理論の用語で説明するならば，ある内的作業モデルは内省的であること，すなわち自己や他者の心の状態についての予測を多く伴う一方で，別の内的作業モデルはわずかなメンタライズするスキルしかもたず貧弱であるというように，自己が編成されるのである。後者の文脈では，その主体は紋切り型の具体的で低いレベルの描写しか提供しない。しかし，これは発達的な遅れや退行を意味するのではなく，水準の異なる2つの機能を調和させる複雑な能力を意味するのである。これらの機能のレベルを発達させるような，虐待的，あるいは情緒的に剥奪する世界では，そうした適応に必要な洗練されたスキルが要求されているのである。つまり，そのような人々に能力の欠陥や欠如があると語るのは，過度の単純化である。全体的な能力の測定をしてみると，こうした人たちと他の人たちとの差異は示されないかもしれない。

　不適切な養育，あるいはより広く言えばトラウマは，2つのレベルで，内省機能に関する領域特異的ならびに状況特異的な制約と関連していると見なされる。第1に不適切な養育は，幼い子どもの，他者の立場に立つ力に，強烈な情緒的妨害を与えるが，それは虐待者のもつ意図的な姿勢に実際の脅威があるためばかりでなく，子どもの芽生えはじめた意図性を親が理解し認識し損なうことから生じる自己発達の制約のためでもある。第2に，その子どもは，対人的

状況を理解する能力から得られる，その後のレジリエンスを奪われてしまう（Fonagy et al., 1994）。つまり，家族環境によってトラウマを受けた人々は，トラウマの長期的な影響があるために，それに対処する能力が減少すること，そして後にはよい関係性を見い出すことの難しさなどのために，脆弱なのである。その結果生じるのは重篤な発達的精神病理であり，最終的には固定化されたパーソナリティ障害に至るであろう。われわれはこのような結果をいくつかの論文の中で解明している（Fonagy, 1991; Fonagy, Moran and Target, 1993;Fonagy et al., 1995; Fonagy and Target, 2000; Fonagy, Target and Gergely, 2000）。

12.2　Fonagy と Target の枠組みによる発達的病理のモデル

　もし安定型の愛着とメンタライゼーションが上首尾のコンテインメントから生じるのであるならば，不安定型の愛着は親の防衛的行動への乳幼児の同一化とみなしてよいだろう。親との親密さは内省機能を犠牲にすることで維持されるのである。回避型の親は，子どもの苦しみを映し返すことに失敗しがちであるが，それは子どもの苦しみを認めまいとするゆえでもあるし，子どもの苦しみが無意識的に苦痛な体験を呼び覚ますゆえでもあるし，そして子どもの感情に関する自分のイメージを歪曲させるゆえでもある。対照的にとらわれ型の親は，誇張した仕方で，あるいは自分自身の体験と混同して，子どもの状態を表象するだろう。そのため，映し出された体験は子どもにとっては警戒心を抱かせ，あるいは違和感を感じさせる。どちらのケースでも，子どもは養育者の態度を内在化するのであり，「この同調不全 dysynchrony が自己という体験の内容になるのである」（Crittenden, 1994, p. 89）。

　子どもの反応に応じる際に，親が自分自身の苦痛な感情によって圧倒されてしまい，現実的過ぎるほどに情緒をかき立てるディスプレイを示すと，情動の映し返しは病理的経路をとることになる。これは二次的表象を生み出す乳児の可能性を阻害するばかりでなく，自己と他者の境界の感覚をも阻害する。つまり，内的体験が突如外的なものになる。これは，境界性パーソナリティ障害にとりわけ関連づけられる習慣的な防衛である投影同一化の臨床的特徴と一致する。境界パーソナリティ構造の発達で生じる優勢な情緒体験の形式としての投影同一化を確立する上で，この種の継続的な体験が重要な役割を果たすのかもしれない(Kernberg,1967)。こうした患者の顕著な特徴である情緒的易変性は，

彼らの障害の本質への手がかりと一般的にみなされている(e.g., Rey, 1979)。彼らの心理療法に，患者自身や時にセラピストによる劇的なエナクトメントが生じないことは稀であり，さらにセラピストへの患者の強い依存が治療過程をますます困難なものにする。

　逸脱した映し出し構造の第 2 のタイプは，われわれが境界例状態よりも自己愛性パーソナリティ障害の素因と考えているものである。情動の映し返しが有標性をもつものの乳児に一致していない場合，つまり乳児の情緒が養育者に誤って知覚されている場合，その乳児は映し返された方の情動を内在化し，自分のもともとの情動状態のかわりにそれを位置づけるだろう。この映し返された状態は乳児の実際の感情と一致しないために，創りだされた二次的表象はもともとの情緒状態に誤ったラベルを与えることになる。時間の経過とともに，根底にある情緒状態と自己表象との繋がりは弱められる。すると，自己は空虚で偽物と感じられるであろう。心理療法やその他の関係性の体験が，「メンタライズされた情動性」を生成する場合にのみ，心理的自己に生じたこの欠落の溝は架橋されるのであろう。

　逸脱した親による情動の映し返しを描き出す，もうひとつの鍵概念は異質自己 alien self という概念である。親による養育が非常に感受性に欠け，調律不全である場合に，心理的自己の構築の中に，ある欠落が創り出されるとわれわれは想定している。すでに述べたように乳児が母親の心の中に**自分自身**を見つけだすことに失敗すると，その代わりに母親を見つけだすのである(Winnicott, 1967b)。つまり，乳児はその対象の心の状態の表象を，自分自身の中核的な部分として内在化しなければならなくなる。しかし，そうしたケースでは，内在化された他者は**異質**なままで，体質的自己 constitutional self の構造には結びつかない。発達早期には，「異質自己」は外在化によって対処され，したがって，混乱型の愛着を示す幼児は，親の行動をしばしば統制し操作するのである。これは投影同一化過程の一部であり，それによって子どもは一貫したものとして自分の自己を体験することができ，一方自己構造の異質な部分を他の誰か，しばしば親の内部に知覚することで，これらの要素を自分の心の外側にあるものとして体験することができるのである。自己の混乱は，どんな親密な関係性にも，この投影同一化（異質自己の外在化）を絶えず求める欲求によって，愛着関係を混乱させる。

　一時的なネグレクトは通常の養育の一部なので，われわれは皆，異質自己の部分をもっている。メンタライゼーションの発達に伴って，比較的トラウマか

ら自由な幼児期中期になると，自分と一致しない養育によって生じた自己内のギャップは，合理的に機能し，メンタライズできる心が創り出す自己についての語り self-narrative によって覆われるようになる。異質自己が最も破壊的になるのは，もっと後になってから家族や仲間集団の中でトラウマの体験が生じる時で，子どもはこのとき攻撃者と同一化するために異質自己を用いるので，その苦痛のために解離することを余儀なくされる。こうした事例の場合，自己に生じたギャップは攻撃者のイメージによって乗っ取られるようになり，子どもは自分を破壊的な存在と体験し，極端な場合は，モンスターであるかのように体験するようになる。このように，不適切な早期の養育はある種の脆弱性を生み出すとわれわれは考えている。この脆弱性は，その後の体験が好ましくなければ，その後のメンタライゼーションの発達を促進しそこなうことによって，もしくは自己発達の途上で防衛のために欠落を使うというやり方をあからさまに引き起こすことによって，発達にとって破壊的になったり，深刻な病因になるかもしれない。こうした要因は相互作用する。つまり，メンタライズする力を加害者の行動を解釈するために自由に活用できるならば，心理的な暴行から生き延びる見込みは高くなるだろう (Fonagy et al., 1994)。しかし，愛着関係の文脈の中で行われる残忍な行為は，強い恥辱 shame を生じさせる。この感情がネグレクトの生育史や，その結果生じるメンタライゼーションの弱さと結びつくことになれば，自己や他者に対する暴力にとってあつらえ向きの引き金になる。なぜなら，そのトラウマをメンタライゼーションを経由して処理し緩和することができなければ，強い屈辱感 humiliation が体験されるからである。メンタライズされない恥辱は，感情と客観的な現実との間に何らかの意味での距離があれば調停されないままなので，自己の破壊として体験されるのである。

　自己の中の異質な部分を防衛的に利用することは，たとえもともとは適応的であったとしても，いまや深刻な病因となる。そこで3つの重要な変化が生じる：(a) 少なくとも愛着の文脈では，メンタライゼーションをさらに放棄すること。(b) 自己の内部に責め苦を与える他者が発生することによる心理的自己の崩壊。(c) 外在化するための媒体として，他者の物理的存在に頼ること。こうした特徴の組み合わせが，境界例患者で障害される機能の多くの側面を説明する。虐待を受け，トラウマとなった人々は，虐待者の行為を説明しうる心の状態について思い描くことができないが，それは彼らが内的状態について考えることを自発的に，そして防衛的に犠牲にしているからである。彼らは通常

の社会的関係の文脈の中であれば，自己や他者の心の状態について考えることができるのに，ひとたびある関係性が情緒的に密接になり，愛着関係にかかわる心の構造によって編成されるようになった途端に，彼らは避けようもなく葛藤し，もつれ乱れるのである。メンタライズすることの放棄によって，彼らは心的等価が支配する内的現実の中に取り残される。こうした人々も，他のすべての患者と同じように，自分の無意識の期待に従わせようと治療関係を組み立てるが，しかし，他の患者と異なるのは，彼らにとってこれらの期待は強烈な現実味を帯びており，それに代わる見方はありえないことである。心の状態について考えることができないと，自己構造の中にある基本的なギャップを「語りによって滑らかにする」可能性を失うので，セラピストから見ても分かり，体験できるほど明瞭な形で異質自己が登場することになる。分裂が支配的な防衛となり，投影同一化（異質自己の外在化）が生き残りにとっての必須の部分となる。外在化の過程が機能するためには，投影同一化の媒体となる者が存在せねばならないので，そうした人々への依存性が主要なテーマになる。

　早期の体験によってメンタライズする能力を制限されている人々との心理療法は，この能力の構築を援助することに焦点付けるべきだと，われわれは提唱している。心理療法という困難な作業全体を概念化する方法の1つは，この機能の修復 rehabilitation に特化して焦点づける活動とみなす方法である。このことは Bion (1959) のコンテインメントに関する考えと密接なつながりをもつ。ある種の患者，とりわけ境界例スペクトラムの極にあるような患者たちとの心理療法では，セラピストの務めは，子どもの心的等価の世界に直感的にかかわりながら，その表象的な特徴を強調していく親のそれと似ているのである。具体的モードと解離された（ごっこ）モードの機能を最もよく統合するのは，患者の現在体験している転移に焦点づけた作業である。セラピストと患者の両者に何らかのエナクトメントが生じることは避けがたい。なぜなら患者は自己の異質な部分を外在化しないかぎり，セラピストに心理的に接近し続けることはできないからである。セラピストが患者の体験の分裂排除された部分をエナクトする，まさにこの瞬間に，患者の真の自己 true self が最も正確に観察されるであろう。残念なことに，こういう機会に，強い情緒的衝撃を体験しているので，セラピストにとって洞察を伝えるには最も困難な時でもある。にもかかわらず，刻々変化する患者の体験を理解することに限定して焦点づけることは，たとえ重篤な障害をもつ患者であってさえ，驚くほどに効果的であり (Bateman and Fonagy, 1999)，永続的な影響をもちうるのである (Bateman and Fonagy, 2001)。

12.3 メンタライゼーション・モデルの評価

　このモデルの重要な留意点の1つは，精神病理全体を広く取り扱うよりも，比較的重篤な性格障害に焦点付けていることにある。このモデルは，伝統的に神経症性障害と呼ばれてきたものについて新たに主張することはほとんどなく，またパーソナリティ障害の中でも，その焦点はスキゾイド障害や回避性障害に比べてもっと劇的な障害にあてられている。さらに，精神病に関連する問題もほとんど扱っていない。

　次に留意すべき点は，ここに示したような着想には長い歴史があることである。Freud や自我心理学者，対象関係論者は，さまざまな性格障害にみられ，一般に象徴化の問題と呼ばれることがらについて著してきた。これらの見解を慎重に検討することで明確になってきたのは，象徴化と具象化という2分法が通常言及しているのは，内的状態を表象する能力についてなのだということである。われわれが推進してきているのは，発達研究のアプローチと理論を統合することにある。これに反対する批判もまたありうるであろう。つまり，ここで行われるメンタライゼーションのアプローチは明らかに認知的で，患者の情緒体験についてはあまりにも注意を払っていないという主張がありうる。しかし，われわれが提出している発達的な定式化は，感情を直接に取り扱うときでさえ，主として心のメカニズムという観点から説明されているのであり，ある患者の特定の個人的な感情について必ずしも言及してはいない。例えば，思考や感情の一次的オーガナイザーとしてのセクシュアリティをそれほど重視しない立場をとっているが，性的問題はむしろ時として内的状態を表象する際の心のメカニズムの水準での失敗に次ぐ二次的なものとして理解しているのである。

　これと関連して，この理論は単一のメカニズム，すなわち内省機能をあまりに強調しすぎるという論議もありうる。内省機能は満足の行くような心的生活あるいは対人的生活にとって，おそらくは必須ではないし，明らかにこれだけで十分といえるものでもない。メンタライゼーションの能力が非常に弱い多くの人が，それなりによくやっている一方，この領域で強いスキルをもつ人が苦労していることもある。これに対してわれわれは次のように主張してきた。(a) メンタライゼーションが本当に必要とされるのは，高い対人ストレスをもつ環境におかれたときにのみである。(b) よくメンタライズできるように

みえる人の中には，実際にはあまり機能していない人があり，その人たちは部分的な，あるいは歪曲された内省機能の能力を示している（混乱型の愛着と関連した過剰警戒に関する議論を参照）。この理論は，こうした領域でもっと精錬される必要がある。

さらにもう1つ，この理論の限界は，他の多くの対象関係的着想と共通して，それは，形成期として最早期の年代を強調しすぎており，しかし実証的なエビデンスはこれを充分に支持していないということである。発達精神病理学が示すところでは，青年期のトラウマも，早期の不適切な養育と同じように，内省機能の喪失を引き起こしうるのである。

多くの伝統的な精神分析学の構成概念と距離をとっているという，この理論のもつ決定的な弱みは，強みにもなる。例えば，Sandlerのモデルのように，この理論は欲動よりも情動に基礎を置いており，この点で精神分析家の一部から反感を買っている。しかし，その同じ特徴によって，われわれは伝統的な精神分析的な（精神内界的な）着想と，もっと新しい対人論者の枠組みとをつなぐ橋を創り出すことが可能になったのである。この理論は完全な精神分析的モデルなのか，あるいは（隣接分野に精神分析を関連づける）統合主義的モデルなのかを問うことは，もっともなことである。この理論は，愛着理論にしっかりとした根をもつが，愛着理論を精神分析の一部だと認めない者もいるであろうし，しかもわれわれは対象関係と自己の発達について考える際に，発達的な調査研究との密接な対話を敢えて維持してきている。このことが生産的であるかどうかの判断は，他の人たちに任されている。

第13章　精神分析理論の実践

13.1　精神分析における理論と実践の関係

　精神分析家たちはこの数十年の間に精神分析の理論が分裂しつつあることを目の当たりにしている。この傾向は精神分析雑誌で，最近の精神分析の論文が引用される件数が減少していることにも明らかである（Fonagy, 1996a）。これは，社会科学や医療文献の読者に，精神分析への関心が減っていることを示唆するだけでなく，分析家たち自身が他の分析グループの見解への興味を失っていることを示唆している。Freudの没後に創設され，20世紀後半に教義を編成した主な精神分析学派は分裂していると言ってよい。この細分化を婉曲に多元主義として論じることもできるが，精神分析の死を意味している可能性もある。もし今のような理論的分裂傾向が続き，精神力動派の著者たちがその歴史と用語を共有するだけになってしまうなら，この分野は最終的に理論的衰退に直面し，著者たちはすべて，消退しつつある精神分析の小区画を慎重に守ろうとするであろう。

　なぜ，このようなことが起こったのだろうか？　精神力動的な理論構築の主要な課題は，臨床実践との関係にあるとわれわれは考えている。精神分析家たちは，精神分析治療が人間の行動や体験に独自の窓を提供し，発展するにつれて豊かさを増し，臨床的に力強い価値を生み出していると常に述べており，われわれもこのことには同意している。実践家にとって理論の主な機能は，臨床上の現象を説明することにある。このような臨床論の弱点は，理論が帰納法に著しく依存していることである（精神分析の臨床家はデータという言葉を逸話という言葉の複数形だと理解しているという皮肉があるが，これにはいくぶんかの真実が存在する）。1つの理論は，推論の道具というよりも発見のための手段として使用される。帰納的な議論の臨床的な有用性と説得力は，きわめて容易に「臨床理論」の地位を法則へと押し上げることを可能にし，われわれも同じ事を行っているのだから，われわれにとって意味があるばかりでなく患者

に対しても作用を発揮し、さらには科学的でもあるという印象が発生するのである。(事実、臨床的法則の多くは、どんな場合も見込みに基づくものであり(Ruben, 1993)、したがって推論的─演繹的な説明ではなく、帰納法的**統計的**な説明のみを受け入れる(Carl Hempel, 1965 の Cognitive-Role Model を参照)。われわれは子どもの不適切な養育が行動障害を引き起こすことを知っていても、このことは決して必然的ではない(例えば Anthony and Cohler, 1987)。

臨床観察の蓄積が精神分析理論の純粋に適切な基盤となるためには、満たされなければならない条件が少なくとも4項目ある。(a)理論と技法との明確な論理的結びつき、(b)臨床素材との関連のある帰納的かつ推論的な理由づけ、(c)用語の明確な使用、(d)より多くの臨床研究を詳細な精査に積極的に曝すこと。第1の基準は、もし理論と技法を切り離すことが可能ならば不可欠である。もし技法が理論との間に既知の明記できる関係をもっている場合には、どのように観察が避けがたく技法によって汚染されるかのを、特定して研究することができる。第2の推論的な理由付けの基準については、理論的モデルを証明するにせよ反証するにせよ、観察が可能であれば、満たされるに違いない。第3の基準は、理論的予測と関連させ、記述し、再現し、考察することができるような仕方で、観察のラベリングをすることである。最後の基準は、臨床観察のデータが、異なる理論的観点との関連で、選択され、検証されるのを受け入れることである。これらの基準のいずれもが、まだ適切に満たされていない。次の節ではこのような状況が意味することについて論じたい。

13.1.1　精神力動論による臨床実践はいかなる精神分析の臨床理論からも論理的に推論することはできない

臨床実践、少なくとも精神分析の実践は、利用可能な理論から論理的に推論をすることができない、というのがわれわれの印象である。このことについては複数の理由がある。

第1に、精神分析のテクニックは試行錯誤を基礎に発展してきたことが知られている。Freud (1912c)は積極的にこのことを認め、次のように書いている:「私が推し進めている技法の原則は、不運な結果によって私が他の方法を棄却した後に、私自身の長年の経験からたどり着いたものである」(p.111)。例えば、Laplanche と Pontalis (1973)によれば、自由連想は推論されたというよりも「発見された」(経験的に到達した)と認識されている(p.227)。同じよう

に，Melanie Klein（1927）と Anna Freud（1926）の遊戯療法の発見は，理論によって導かれたものと考えることはほぼ不可能である。もちろん，試行錯誤は理論的に誘導される可能性がある。もしそうであれば，われわれは，少なくともいくつかの場合には，技法を理論から，論理的に引き出せると予測できるであろう。一般に，このような主張は頻繁に行われているので(Freud, 1904b, p.252; Kohut, 1971, p.264)，1例を挙げれば十分であろう。Gedo（1979）は大胆に次のように述べている：「精神分析の実践の原則は（中略），心的機能に関する最も新しい概念から得た合理的な推論に基づいている(p.16)。」実際，Gedo は自著で次のように主張している。発達障害の不良な転帰は，「後に適応障害を引き起こすような既存のあらゆる発達上の障害の結果に対処することによってのみ」逆転させることができる（p.21）。ここで「合理的な推論」のように思われ，「合理的な推論」だと主張されているのは，実は，仮説であって，裏付けとなる論議の欠如を隠すために強調して述べられているのである。発達が遺伝子外のスキームに従うことと，治療で全ての先行障害に対処しなければならないことは全く別のことである。Gedo の主張にはエビデンスがなく，Gedo が所属する自己心理学理論グループからさえもエビデンスを見つけ出すことはできない(Kohut, 1984)。Kohut と Gedo の臨床的アプローチの違いは，自己心理学の遺伝子外モデルと，このモデルに結びつくと主張されている技法上の命題との，推論による結びつきが無いことを示している。Kohut は，特定の環境のもとでは，自己愛的外傷のような発達上の変動は放置すべきであると明確に提案している（pp.42-6）。

　理論と実践の緩んだ結合をレトリックによって偽ろうとする傾向は悪質である。なぜならば，理論に基づいた確実性があるという錯覚を助長して，事実上，想像的な臨床探索の扉を閉ざしてしまうからである。精神力動的な技法の発展が遅いのは，なんらかの受け入れられた臨床実践との一致を経て仮説を実証しようとする理論家の傾向が主な原因であると，われわれは確信している。これらの実践は，少なくとも新しい理論が展開するまでは，特に有効で批判を許さないものと主張されるのである。

　第2に，精神分析家は，自らの治療が何故，どのように作用するのかについて，わかろうとか，主張しようとかしないことが挙げられる(例として Fenichel, 1941, p.111; Fairbairn, 1958, p.385; Matte Blanco, 1975, p.386; Modell, 1976, p.285; Kohut, 1977, p.105 を参照)。実践は理論に組み込まれているというのであろうか。たしかに，治療的作用には明確な理論的説明が付

随するはずである。精神分析の治療的作用の本質は，おそらくマリエンバートで開かれた第14回国際精神分析学会から継続している精神分析学会のテーマである（Glover et al., 1937）。その学会では，Glover, Fenichel, Strachey, Nunberg, Bibringが激論を戦わせた。その時からおよそ10年ごとに，国際精神分析学会またはアメリカ精神分析学会で交互にこのトピックに関するシンポジウムが開かれている。どの学会でも，演者は精神分析がどのようにして作用するのかについては，「適切に解明されていない」とほぼ儀式的に主張している（Fairbairn, 1958, p.385）。この状況認識については，Matte Blancoの言葉でよくまとめられている：「要因が何であるのか，そして要因が治癒の発生についてのわれわれの理解とどのように結びつくのかについて，完璧に説明づけることができる者はいないというのが事実である。」（Matte Blanco, 1975, p.386）。（精神分析の治療的作用を議論する場合，われわれがその効果が何であるのか，何が治療的なのかを知っているということが前提となる。一般に，精神分析家の間でこのことはあまり疑われていないが，この話題については後に再度言及する）。

第3に，すでに示唆されているように，Freudが第一次世界大戦以前に書いた数本の短い論文（Freud, 1912a; 1912c; 1913b）にオリジナルの記述がなされて以降，精神分析の実践は，全くではないとしても，ほとんど変わっていない。この状況は，繰り返し認識されている（Greenson, 1967, p.3; Glover, 1968, p.115）。例えば，Glover（1968）は以下のように述べている：「たしかに，技法に関する論文は多数あるにもかかわらず（中略）治療の分野では革新的な進歩はなされていない。」（p.115）精神分析家は伝統的に臨床研究を記録しないので，このような主張を証明するのは難かしい（以下を参照）。しかしながら，精神分析訓練の中核を成す，報告された心理療法プロセスに基づく詳細なスーパーヴィジョンをみると，少なくとも訓練過程では伝統的な技法を強化しようとしているようである。20世紀を通して，あまりにも膨大な理論的進歩が遂げられたので，精神分析理論を要約しようとする試みは，実用的だとは言えない。理論と実践との進歩の速度の落差が著しいので，2つの行為をある程度別にしておかないと理解するのは難しいであろう。

第4に，治療効果という争点の多い問題は，理論領域と実践領域の独立をも意味しているであろう。精神分析が有効な治療法だという臨床的な主張を支持するエビデンスは非常に限られている（Roth and Fonagy, 1996; Fonagy and Target, 1996b; Fonagy et al., 1999）。治療過程に関連する主張（例: Luborsky and Luborsky, 1995)をはじめ，多くの理論的主張（例として Bucci, 1997b; Fonagy, Steele et al., 1993)にはより強力な支持がある。治療効果に関するエビデンスの欠如が治療効果の欠如を意味しているわけではないが，この食い違いは，理論に実践が伴っていないという推測でも説明できるかもしれない。現存するエビデンスは，無意識の力動的な要素をもつ心の理論についてのものである。しかしながら，心理学的理論から臨床実践へとエビデンスを移行させるための翻訳規則が欠如しているのである。例えば，親の幼児期の体験が次の世代へ伝えられ，子どもとその親の関係を部分的に決定づけるという精神分析所見については，われわれや他の実験的研究から十分なエビデンスが提供されている(Fonagy, Steele et al., 1993)。しかし，心理療法で母親の過去の葛藤に対処することによって，母親は自分の子どもとの安定した愛着関係を築くことが可能となることを示すエビデンスは非常に乏しいのである(van IJzendoorn, Juffer and Duyvesteyn, 1995)。

　第5に，すでに示したように，治療技法と理論的枠組みを1対1でマッピングすることは，どうしても不可能である。興味深いことには，1つの技法がどのようにして複数の理論によって正当化されるのかを説明することも，1つの理論からどのようにして複数の技法が生み出されるのかを説明することも，同じように容易である。例えば，Campbell (1982)は，大まかに類似した理論的オリエンテーションを持つ臨床家らが，どのよう技法上中立的な立場を採るか，どのように考え感情を患者と共有するか，どのように患者の原初的発達的欲求を満たすのかに関して，いかに異なっているかを証明した。また逆に，全く異なる理論的枠組みを使っている臨床家が，非常によく似た治療的アプローチに到達することも注目に値する。例えば，Kernberg (1989)の境界例患者との仕事は，クライン派の準拠枠を用いて実践する臨床家の仕事と多くの点で共通している(Steiner, 1993)。こうした観察はいずれも，論理的には，理論に実践が伴っていないという意味になるのである。

　第6に，次のような質問が公然となされるであろう：精神分析理論が精神分析の実践のためのものでないならば，この理論は何のためにあるのかと。その答えは，この理論は主として心理学的モデルの精緻化のためのものであり，また心的障害の理解のためにも適用されるであろうし，それより限定的ではあるが，人間行動の他の側面（例えば文学，芸術，歴史等）の理解にも応用されるであろうということである。フロイト全集はこれをよく物語る例であろう。Freud の全23巻の心理学的著作のうちで，技法に関する論文は1巻にも満た

ない。精神分析の実践家にとっての理論の価値は，行動の意味を心的状態の用語で精緻化することにある。そのような精緻化はどう使われるのか，あるいは実際に伝えられた場合に役立つのかについては，理論から推論することはできない。

13.1.2 臨床素材との関連では推論的な理由づけより帰納的な理由づけが使われる

臨床的精神分析での優位な理論構築の方略は「枚挙的帰納法 enumerative inductivism」（前提と一致する事例の蓄積）である。患者の治療にあたって，われわれはアセスメントと進んでいる治療過程に基づいて一連の観察所見を手に入れる。このサンプルから，何らかの観察所見が有意義なものとして選択され，そこから分析家は，患者が通常どのように行動するのか，患者は何故そのように行動するのかについての結論を引き出す。分析家は，自分の好む理論的構成概念から見て意味のある患者の行動関係に注目しやすいであろう。したがって帰納法が使われるのは，単に特定の個人に関する観察所見の蓄積だけではなく，他の精神分析家が自らの「臨床理論」で定式化した過去の事例からも蓄積されているのである(Klein, 1976a)。

臨床的観点からみれば，これは有用である。無意識パターンの影響に関する例を集めれば，解釈のための地盤を整えることができ（「あなたがそう感じる時にはいつも，これこれ行動をしますね」），それが患者の内面世界を詳細に描き出そうとする分析家にとって，より確かな地盤に立っている感覚を得る助けになる。理論の役割についてこのように理解すると，臨床家としては難しい問題が起こってくる。われわれは，理論とは膨大な観察所見から推論されるものであり，その後にも新しい独立した観察所見と照合されると考えているので，帰納的観察法は信頼できると考えている。しかしながら，気がついてみると，われわれ自身がやっているのは，帰納法の上に帰納法を積み重ねることなのである。

したがって，理論は，観察所見を生み出すために用いられる技法によって，本質的に汚染されている。技法は実践的に進化し，理論との密接なまたは充分に一貫した関係をもたずに進化しているので，理論は心についての真実に左右されるような実践によってではなく，むしろ臨床的に役立つとわかっていることによって形作られるであろう。したがって，理論は臨床的実践にとって重要な補佐役ではあるが，どちらもお互いを実証するのに役立つ用いられ方はして

いない。互いを実証するためには，ある特定の前提条件が理論的に期待された結果と結びつかなかった場合について，慎重にモニタリングする必要がある。この問題を抱えているのは精神分析家だけではない。多くの臨床的思考だけでなく，実際にはあらゆる人間の理由づけがこの弱点を共有している。1970年代には，イギリスの著名な認知心理学者である Peter Wason と Phil Johnson–Laird (Wason and Johnson-Laird, 1972)が，三段論法による人間の理由づけには，深刻かつ普遍的な脆弱性があることを証明した。「もし雨が降ったら（先行条件），道路が湿る（結果）」を前提として，被験者には，その前提を明確に検証するために以下の4つの実例条件から選択するようにと要請された：(a) 雨が降っている，(b) 雨が降っていない，(c) 道路が湿っている，(d) 道路が湿っていない。被験者の多くは正しく (a) を選択するが，時に間違って (c) を選択したり，(d) を選択しない傾向がある。(c) は前提を検証することとは無関係である。というのは，先行条件（雨）を含まない広範な条件によって結果（路面がぬれた状態）が発生するかもしれないからである。結果を否定すること (d)，すなわち道路が湿っていないことは，前提を検証することと関係している。なぜならば，雨が降っていたならば，前提が明らかに間違っていたことになるからである。B は必ず A に続くという前提を評価することを特別に依頼された場合でも，われわれは，B なしに A が起こることには気付かない傾向にある。このことは「結果を否定」しないこととみなされている。理論的定式化に基づいて予想したものと患者の反応が異なる場合を，われわれが多数見落としていることはほぼ間違いないので，精神分析理論を改善または放棄する際に，非承認という手段を用いないのである。

単純化した例として，無意識の怒りの徴候を挙げることができる。アンビヴァレントに愛して今では失ってしまった人から切り離して自分に向け換えた無意識の怒りの徴候は，抑うつの症例に容易に見受けられ，Freud (1915b) の記述の深い真実性が依然として実感されるのである。しかし，怒りを内へ向ける方向性が見えても，それが抑うつを引き起こしていない症例の場合はどうだろうか？　そのような症例を，抑うつの精神分析理論を検証し拡大するために用いることができる。しかしながら，臨床家（精神分析家に限らず）にこのような否定的な事例に注目して働きかけるように依頼することは，治療過程に何か異質なものを導入し，治療の目的と研究の目的を互いに対立させるように思える。Freud のような偉大な例外があるにも関わらず，多くの場合，Wason, Johnson-Laird らによって特定された確証的バイアスが，臨床家を研究者とみなす

一般的な認識にとって致命的なのであろう。

　理論を選択する上で生じるこのような論理的な難しさが，理論が増える主な理由である。臨床家でもある理論家によって，臨床観察所見が帰納的に用いられると，新たな精神力動的理論が直ちに生まれ，何らかの確証が得られる。たとえ確証の程度が大きくないとしても，その理論の運命に関心を持つ人々によって，肯定的な事例は注目され，否定的な事例は見逃されるので，理論は生き残りがちである。新たな理論は，古い理論に取って代わるというよりも，古い理論を補うように感じられる(Sandler, 1983)。したがって，包括的な説明を提供するためには，併せて使わなければならないような，部分的に矛盾し合った定式も多い。どの時代にも，精神分析理論は類似点や関係性や不和を伴う着想の家族のようなものである。新しいメンバーは他のメンバーの近くに位置どることと，先祖，とくに Freud の権威に敬意を払うことを求められる。精神分析のアプローチが生き残ろうとするのなら，「家族図」の対立する解釈を選んで剪定し，枝分かれを続けるのではなく，理論本体が強化されるように整理しなければならない。

13.1.3　用語の曖昧な使用

　おそらく着想の急速な増加に対応するために，理論的な用語の定義付けが曖昧なままになっている(Sandler, 1983)。これは珍しいことではないし，簡単に回避できることでもない。言語やあらゆる人間の概念体系が，意味づけしなければならない現象の複雑さに関わり合うと，このようなことが生じるのである(Wittgenstein, 1969; Rosch, 1978)。しかしながら，操作的な定義づけが欠如すると，断片化を促進するし，理論的アプローチ相互の重大な相違を目立たなくすることがある。

　われわれ自身の児童心理療法研究からの，ささやかな実例をあげよう。効果研究のための治療マニュアル (Fonagy, Edgcumbe, Target et al., 未刊行 MS) を準備する際に，われわれは異なる理論的方向性を持つ心理療法家 (Anna Freud, Winnicott または Klein/Bion に続く) が用いる技法と概念を調べなければならなかった。こうした臨床家たちは，研究の理論的根拠を記述する方法について一致をみることはできなかったものの，実はよく似た目的のための，よく似た技法について，異なった理論的枠組みを用いていたことが明らかになった。同様に，われわれが診断プロファイル (diagnostic profile: Freud, 1965) (児童の精神病理の本質を定式化するために Anna Freud が策

定し，そのクリニックで訓練を受ける全ての者が使用していた用具）のカテゴリーに操作的定義をつけようとした際に，同じ言葉が異なる臨床家によって大幅に異なる仕方で用いられていたことがわかった。しかも臨床家たちは，常に同一の現象について語ったり書いたりしていると考えていたのである。

精神力動的理論が関わる変数の検証は，たしかに厄介な挑戦を突きつけている。変数の多くは個人的なものであり，その多く（例えば，「自我の分裂」，マゾヒズム，万能感）は複雑で抽象的であり，操作的に扱ったり，検証したりするのが難しい。変更の説明は，非常に離れた変数に焦点づけて行われている。しかしながら，用語や概念を明確にするのは困難な作業ではあるが，そうすることは可能である（例: Sandler, 1962a）。どこが実際に理論の相違するところなのか，そしてどこが実は想像にすぎないのかを特定しようとするならば，この作業はやはり不可欠なのである。

13.1.4 臨床観察を共有して検証するのを認めること

臨床家の語りによる報告は，科学的有用性が損なわれるようなやり方なので，必然的によしあしがある（Brown, Scheflin and Hammond, 1998）。精神分析理論では，どんな人が関わっても相互作用を偏らずにすることはできず，また間違いや手抜かりや歪みを回避することを期待することはできないと確認している。しかしながら，バイアスよりもはるかに重大なことは，相互作用が，充分に非意識的なメカニズムによって支配され，内省することができないことである。これについては，Krause (1997) の対面心理療法での顔表情の研究や，Beebe ら (1997) および Tronick (1989) の母－乳幼児相互作用に関する研究など，きわめて劇的な実例がある。決定的な情報が参加者に意識的に伝えられたことは一度もなく，報告されることも不可能で，ただ観察されただけであった。

信頼性が高く扱いやすい観察をすることと，致命的となるかもしれない難点との間には，常に緊張関係がある。つまり，研究に役立つような分析セッションの記録をとることは，認知を超えたところでプロセスを変化させてしまうので，受け入れ難い侵入である。臨床の仕事に作用するあらゆる手順について，できるかぎりインフォームド・コンセントを得て，機密性を守るために全力を尽くさなければならないことは明らかである。しかしながら，他の領域の心理療法研究ではこれは対処できない難問ではなく，精神分析の将来においても，そうなるであろう。われわれは，音声録音がどの程度，精神分析プロセスの重要な側面を妨害しているのか知らない。しかしながら心理療法プロセスの研究

を経験している臨床家たちは，分析の素材に含まれている患者の反応を見る限り，ビデオ録画されている精神分析でさえ，臨床の仕事を妨害することはないと主張している(Jones, 1993)。

精神分析は，仕事の一部を外部の観察に開放し，技法と理論，および両者の関係が，研究され評価されうる道を見出す必要があるように思われる。もし精神分析が，統制された観察や，精神分析家以外の研究者による検証が可能な仮説を出すことは受け入れがたいと宣言するのであれば，素材と理論の相互作用をみずから奪い去ることになる。バイアスのない素材をもたなければ，精神分析家は臨床観察という間接的なエビデンスか，あるいは権威に訴えるかに逃げ込むことになる。

13.1.5 理論と実践との関係の本質

われわれは精神分析の仕事では，実践は理論と論理的につながっていないと主張しているので，この2つの領域の関係性について簡単に考察していきたい。理論は，臨床的な現象の観察や記述や説明に際して，臨床家を方向づけている。たとえ理論と技法との関係が非常に緩いものであっても，理論が技法に影響を及ぼすことは避けがたい。この関係は，心理的障害に関する分類体系を提供しようとする精神分析の試みに特に顕著に見られる（例：Freud, 1965; Kernberg, 1989）。この場合，カテゴリーは明らかに理論主導となる。理論が最も一般的に用いられるのは，治療原理を提案したり理由づけしたりするために，モデルや類似性を提示する場合である。各種モデル（発達のモデル，心のモデル，障害のモデル）は治療的介入に推論を導入するために使われる。こうした推論は，演繹というよりも，常識的な意見である。

精神分析家は，自分達がモデリング以上のことをしている，つまり自分たちの実践は理論に基づいていると想定するという誤りを犯すことが多い。そのような想定には支払わなければならない代償が伴う。実践は理論から演繹されるという見せかけがあると，実践が硬直することになるかもしれない。純粋に理論主導になっている実践の側面について，明確な停止命令が出ていなければ，体系全体を揺るがさずに実践のどの側面を変更するべきかを特定することは難しくなる。例えば，Freudの心的構造論モデル(Freud, 1923)に基づいて，もし，患者の防衛を全面的に変更するかまたは防衛を強化しなければ，心的変化は達成されないと提唱されたとすると(Fenichel, 1945)，この2つの手順のいずれかを伴わない介入はすべて除外されることになる。これはMelanie Klein

のいわゆる無意識の願望に対する深い，または直接的な解釈との関係で取り入れられた古典的なアンナ・フロイト派の立場であった(King and Steiner, 1991)。しかしながら，この技法制限の理論的根拠は初期フロイト派の思想の水力学メタファーにあるのであって，実のところ，構造論には組み込まれていない。このことは，提案自体に思慮がないと言っているわけではない（事実，クライン派の臨床家たちも，最近では，無意識の欲求の直接的な解釈から遠ざかっている）。この考え方が与える負担は，理論と直接結びついているという錯覚が，理論と実践との脆弱な関係とあいまって，実践家が新しい技法を用いることを過度に慎重にさせる可能性が挙げられる。というのは実践家は，理論が許すことあるいは許さないことについて，知ることができないからである。

　精神分析理論には，技術との明確な関係を阻止する明らかな問題がある。われわれが見てきたように，関係性の本質に関する不明確さは，精神分析治療の進行の遅さに重大な責任があるものと思われる。理論が実践から切り離されていると，技法は純粋に経験的な土壌で，有効と思われるものに基づいて進むことになる。理論が技法と密接に結びついていれば，理論化の進歩は必然的に実践的利益を導く。もし精神力動論的実践における事例についてわれわれが主張していることが事実だとすれば，理論は類似性を介して実践を正当化するのに役立つ（例えば患者の治療は発達過程と類似の進み方をするという発達メタファー）のであって，常に気をつけなければならないのは，われわれが実践していることは臨床経験の蓄積に基づいているのであって，われわれが理論化していることは，せいぜい臨床実践に有用な補助にすぎず，その正当化ではないということである。

13.1.6　精神力動論的研究からの理論生成

　そこで何が精神分析の理論化を誤った方向に進ませたのだろうか？　その答えはおそらく，精神分析家が理論を生成するために実践を帰納的に用いた用い方にあると思われる。

　精神分析家はこの事情に関心を持っている。なぜなら，一部には理論を実証するための代替（実験的）方略がないので，臨床の仕事が理論構築の主要な資源となるからであり，一部には，過去半世紀にわたる精神分析へのしだいに強まる批判が，その認識論の危険性を強調しているからである(Grünbaum, 1984; Crews, 1995)。

　Freudがすばらしい臨床理論の基礎を創生したことに疑いはない。精神に

ついての哲学者が結論づけているように，Freud の洞察力は常識や民族の心理学を非‐意識の心的機能にまで拡大したのである(Hopkins, 1992; Wollheim, 1995)。認知神経科学は脳の働きの大部分が非‐意識であることを明らかにしている(Kihlstrom, 1987)。Freud (1900; 1923)は，精神病理学の発展にとってのこの事実の重要性を認識して，2つの急進的な命題を提起した。第1に，心の問題は非‐意識の信条や感情によって理解されるかもしれない(Freud and Breuer, 1895)。第2に，こうした問題の効果的な治療では，このような非‐意識の心的状態に気づくことを求める必要がある(Freud, 1909; 1916)。

　Freud の議論は絶対的に正しかった。Freud の根本的な誤りは，無意識的葛藤の内容をあまりに特定しすぎたことにある（例えばトイレットトレーニングに関する無意識的葛藤）(Freud, 1905d; 1920; 1927)。Anna Freud (1974)はさらに発展させて，児童期のメンタルヘルス上の問題のタイプと，無意識的葛藤のカテゴリーを結びつけようと試みた。このように Anna Freud は，児童期の恐怖性障害は未解決のエディパルな葛藤と結びつき，強迫神経症はトイレットトレーニングの体験と結びつくと，臨床経験によって説得されたのである。

　言うまでもなく，偉大な理論をこのように単純化して実行することは逆効果にならざるをえなかった。多くの心理社会的経験が，共通の症状という終着点に到達する。同様に，同じ体験が多様な臨床症状に先行することもありうる(Cicchetti and Cohen, 1995b)。残念ながら Freud は，理論を過度に特定したために，自らの着想の中核とは全く異なるところで，精神分析理論の終わることのない更新を促したのである。例えば Melanie Klein は（自分の）健康な子どもが示したあからさまな破壊性と残忍性によって衝撃を受けた(Klein et al., 1946)。乳幼児の心的状態に関する比較的確かな資料を提供する科学的な方法論が未だ利用できなかったために，Melanie Klein は，矛盾というリスクを伴わずに，非常に複雑な観念化（羨望，投影同一化，抑うつポジション）をためわらずに乳児に帰したのであった。一方，その後の発達段階に注目した他の研究者ら（例えば，Margaret Mahler—Mahler et al., 1975 を参照）は，まったく異なる中心的な心理的葛藤（この場合，共生，分離‐個体化など）を特定したのであった。

　われわれは，葛藤の無意識の原因に関するこうした着想のいずれか，または数百に及ぶ他の着想(Kazdin,1994)が間違っていたと主張しているのではない。愛する対象へ破壊的な嫉妬（羨望）をめぐる葛藤も，分離欲求と母親との一体感という錯覚を保持したいという願望をめぐる葛藤も，苦悩する心の状態

を理解する上での重要な前提であることは間違いない。問題なのはこうした発想のみを主張しようとすることなのである。ここで統合論者のモデルを弁護しているわけではない(Goldfried and Newman, 1992)。むしろわれわれが示唆しているのは，Freud 固有の豊かな理論化が，この構造的枠組みの中にあって，理論によって暗示された心理的メカニズムの枠組みと，特定の心的内容とを融合させている後の臨床家のせいで責めを負うことになるということである。無意識の葛藤は**核理論**であって，おそらく技法に関する提案と結びつくことができるであろう。羨望，エディパルな競争意識，分離—個体化の葛藤，自己愛的外傷は，臨床観察という異なったレベルで精緻化されており，したがって実践と過度に混同されているので臨床方法につながる演繹的推論ができなくなっている。

人間の思考や本質や，必然的な結果の否定を含む三段論法の理由づけに関してわれわれすべてが経験する固有の難しさについて考えると(上記と Johnson-Laird and Byrne, 1993 を参照)，精神分析家が，自らの先入観のさらなるエビデンスを提供する実例を好んで特定しようとするのは驚くべきことではない。有力な精神力動的認識論の方略は，臨床症例報告の中に取り入れられ，枚挙的帰納法の一部となった。すでに指摘しているように，これは古い理論を棄却しないまま新しい理論が発展してきたことを意味している。精神分析家たちは，用語の定義づけを緩めることで，部分的に互換性のない定式化を作り出して，実証的問題を避けているのである(Sandler, 1983)。残念だが避けがたいことに，このようにして操作可能性への対立と，明らかな曖昧さへの好みを招いているのである。同様に予想可能なのは，理論の多様化，対立する着想を除外するための基準としての仮説単純化の拒否，特殊な理論的伝統の地理的特異性，妥当性の基準としての語りや記載によるレトリックの過大評価，概念の多様な用い方，そして最終的にはほとんど統合が不可能なほど理論の大建造物である。

13.2 精神分析の効果に関する研究

1903 年に，Freud は Loewenfeld の強迫観念に関する書物に寄稿し，次のように述べている:「精神分析治療に適した人々の数は非常に多く，この手法によるわれわれの治療活動で対応できる範囲は……非常に広い」(Freud, 1904a, p254)。それ以前にも，1905 年 10 月に行われたヒステリーに関する 3 つの講演の中で Freud は次のように主張している:「心理療法の中で精神分析は最も

深く浸透し，最も遠くまで到達し，つまり，患者にとってもっとも効果的な変容をもたらす方法だと言えるだろう。」(Freud, 1905c, p.260)。 Freud の治療に対する楽観主義は少なくとも 20 年間は続いた。1917 年には以下のように記述している：「このような抵抗を克服することを通して，患者の精神生活は永久的に変化し，より高度の発達水準に上り，新たな疾患に罹りにくい状態が維持される」(Freud, 1916-17, p.451)。しかしながら，15 年後には，Freud の楽観主義は明らかに衰えて，「治療の熱狂者であったことはない」と主張した(Freud, 1933, p.151)。最後の厳密に精神分析的な論文の 1 つ(Freud, 1937) で Freud は，分析の予防的な側面に関する初期の見解を決断と否定した。その時の Freud は以下の通り驚くべき発言をしている：

> 分析されていない人と分析された後の人の行動との相違が，最終的にはわれわれが，意図し期待し維持しようと思ったほど顕著ではないことが判ったとしても，驚くべきではないという印象がある(p.228)。

分析家が数年間の治療の後に観察できる恩恵は限られたものであることを認めて，Freud は次のように付け加えている：「精神分析は，満足できる結果を達成できないことが事前に明確に判っているという『不可能な』専門職の第 3 位であるように思われる」(p.248)。(他の 2 つとはもちろん教育と政治である。)

これは，50 年前の実情であった。実証的に検証された治療の時代には，どのような希望があるのだろうか(Lonigan, Elbert and Johnson, 1998)。この時代には，制約や先入観から解放されて自らの本質を明らかにする治療的アプローチとして，短期の構造化された介入が尊重され(Bion, 1967a)，治療期間を僅かなセッション数ではなく僅かな年数で数えるようになっているのだろうか？ 精神分析は今やその効果を，費用対効果は言うまでもなく，証明することができているであろうか？ 結局のところ精神分析は，質的に異なる治療形態なのではなく，その効果を反映するために質的に異なる測定基準を求めているのではないか？ 治療の恩恵を計る唯一の指標としての症状の変化は，平均して週に 3〜5 回の精神分析治療を数 100 セッション繰り返して進化するという複雑な対人プロセスとの関連から見ると，事実大雑把だと思われるに違いない。効果研究に対して多くの精神分析家が懐疑的であるのは，少しも不思議ではない。

このような不運な背景を考えると，心理的障害の治療法としての精神分析の

有効性を裏付ける何らかのエビデンスが実際に存在するというのは驚くべきことである。このエビデンスを要約する前に，心理療法の効果研究によく適用される研究デザインに関して，一般に合意されているヒエラルキーの概略に言及しておこう（Roth and Fonagy, 1996）。おおまかにみると，ヒエラルキーの最底辺には症例報告やケース・シリーズ研究があり，そこではせいぜい変化に関する時間枠が決められているだけである。そのすぐ上には，予測的な治療前後比較研究が位置し，そこでは変化の質と程度を示すことができる。望ましいのは，ある介入の効果を治療を受けなかった場合あるいは「通常の治療法」の場合と比べる比較研究である。究極の判断基準は，取り上げる治療法と，効果が認められている他の治療法また適切なプラセボ・コントロールとを比較する無作為化比較試験（RCT）である。精神分析についてのほとんどのエビデンスは症例報告のレベルである。ただし，例外もある。

13.2.1 精神分析治療におけるエビデンスの基盤

精神分析家は，短期力動心理療法を支持する研究に励まされてきた。この心理療法に関する26件の研究をメタ分析したところ，他のアプローチに匹敵するエフェクトサイズが認められた（Anderson and Lambert, 1995）。もしこの研究デザインに長期の追跡調査が含まれていたならば，他の治療法よりわずかに優位となるかもしれない。最も良くデザインされたRCT（無作為化比較試験）の1つ，シェフィールド心理療法プロジェクト（Sheffield Psychotherapy Project）（Shapiro et al., 1995）は，大うつ病の治療に関して，Hobson (1985)のモデルに基づいた16回の精神分析治療セッションの有効性を裏づけるエビデンスを認めた。薬物依存の治療プログラムに精神分析治療を併用した際の有効性のエビデンスも報告されている（Woody et al., 1995）。パニック障害に対する短期精神分析治療に関する研究も進行中である（Milrod et al., 1997）。高齢者への短期精神分析的アプローチの使用を裏づけるエビデンスも報告されている（Thompson, Gallagher and Breckenridge, 1987）。心理療法は，すでに身体疾患に罹っている人々に，状態の重さに関わらず使用することが可能であり，症状が改善するというエビデンスも存在する。例えば，毎週のグループ心理療法によって，転移性の乳がんを患った女性たちの寿命を18カ月まで延長することが可能である（Speigel, Kramer and Gottheil, 1989）。同様の改善が，リンパ腫，白血病，メラノーマ（悪性黒色腫）の患者でも観察された（Speigel and Lazar, 1997）。

精神分析に対して質の高い支持を提供している心理療法のプロセス研究もある。例えば、クライエントに与えられた精神分析的解釈が正確だと判定された場合は、比較的よい結果が得られると報告されている（Crits-Christoph, Cooper and Luborsky, 1988; Joyce and Piper, 1993）。NIMH（英国国立精神衛生研究所）による抑うつ治療共同研究プログラムで入手された治療テープの再分析からの試行的エビデンスではあるが、短期治療（認知行動療法、対人関係療法の）プロセスが精神分析のアプローチのプロセスと類似しているほど、効果が高くなるらしいと示されている（Ablon and Jones, 1999）。

明らかに精神分析から派生している治療的介入については、これを支持するエビデンスがある。しかしながら、こうした探究を容認する精神分析にはある程度の不純さがある。分析家の多くは、週1回の短期心理療法の目的や方法は「充分な分析 full analysis」と同等ではないと考えている。集中的で長期にわたる精神分析治療の価値について、われわれに分かっていることは何だろうか？ここに至って、エビデンスの基盤は少々継ぎはぎになってくる。

精神分析教育研究所臨床センター（IPTAR Clinical Center）で99名の外来患者を対象に実施された精神分析治療の効果研究（Freedman et al., 1999）では、1週間あたりのセッション数を1回から2回または3回に増やした場合、患者が実感した効果はいっそう良好であった。また、6カ月間の治療よりも24カ月間の治療の方が有効であった。

最近実施された別の無作為化比較試験（Bateman and Fonagy, 1999）では、境界性パーソナリティ障害（BPD）の患者が精神分析志向の外来治療、または精神科の外来治療を受けた患者が大多数を占める通常の治療に割り付けられた。精神分析治療群では、18カ月間にわたる週1、2回の個人心理療法と、週3回のグループ療法を受けた。この群は統制群に比べて、希死念慮と自傷行為、抑うつ症状と不安症状、社会的機能と対人機能において、顕著な効果があった。この相違は、治療終了後18カ月間にわたって維持されていたばかりでなく、対照群と比べて外来治療が少なかった場合でさえ、より改善されていた（Bateman and Fonagy, 2001）。さらなる統制された試みとして、慢性的に統制不全の糖尿病の児童への集中的な精神分析治療で、扱ったグループの糖尿病コントロールが有意に良好であり、1年後の追跡調査でもこの状態が維持されていたと報告されている（Moran et al., 1991）。この同じ人々に実施した実験的単一事例別の研究でも、解釈的働きかけと、糖尿病コントロールおよび身体的成長との因果関係が支持された（Fonagy and Moran, 1991）。Chris

Heinicke の研究も，特定の情緒障害と学習障害（LD）を併せ持つ子どもたちに，週4回から5回の治療を実施したところ，精神分析的介入の頻度がより少なかった場合よりも，著明な改善が認められたことを示唆している（Heinicke and Ramsey-Klee, 1986）。

最近発表された研究の中で最も興味深いものの1つは「心理療法と精神分析の効果に関するストックホルム研究 Stockholm Outcome of Psychotherapy and Psychoanalysis Project」（Sandell, 1999; Sandell et al., 2000）である。この研究では，国民保険制度でカバーされる精神分析療法または精神分析的心理療法を最長3年間まで受けた患者756名について，追跡調査を実施した。両群は，多くの臨床変数に関して一致していた。週に4，5回の精神分析は，終了時点で比較して，週に1，2回の心理療法を受けたグループとほぼ等しい効果を示した。しかしながら，SCL-90（症状チェックリスト）を用いた症状の予後に関する測定では，精神分析的心理療法を受けた集団と比べて，精神分析を受けた集団の方が3年間の追跡調査時点での改善レベルが大幅に上回っていた。実際，追跡調査の期間中に，心理療法を受けた患者には変化が認められなかったが，精神分析を受けた患者は症状の改善が続き，スウェーデン人の非臨床集団サンプルと区別がつかない程度に達していた。この研究結果は精神分析に有利であるものの，研究所見のある側面はきわめて問題である。例えば，臨床プロセスへの対応が「古典的な分析家」（中立性と節制，洞察のみを重視する方針）に最もよく似ている治療者が心理療法を担当したクライエントの予後が，最も悪かったのである。

精神分析治療の前後比較による別の大規模な研究はアンナ・フロイト・センターで精神分析治療を受けた子ども763名の臨床記録の調査である（Fonagy and Target, 1996b）。ある種の障害（例えば抑うつ，自閉症，行動障害）をもった子どもの場合，精神分析または心理療法の恩恵が比較的少ない。興味深いことには，複合的な情緒障害（複数の障害があり社会的機能が乏しい）の子どもの場合，精神分析では驚くほどの効果があったが，週に1，2回の精神分析的心理療法では成果が乏しかった（Target and Fonagy, 1994a）。年齢がより低い子どもの方が，集中的治療によって最大の恩恵を得ることができた。思春期の青少年の場合，セッションの回数を増やしても，効果が得られないようであった（Target and Fonagy, 1994b）。この研究はおそらく精神分析が一般に有効だという証明にはなりにくいが，どのグループには集中治療へのさらなる努力が有効か，どのグループには必要でないかを同定するうえで重要である。

治療前後比較を用いたいくつかの予測的追跡研究では，パーソナリティ障害への精神分析治療には実質的な改善があることが示唆されている（Stevenson and Meares, 1992; Høglend, 1993; Monsen et al., 1995a, 1995b;)。しかしながらこれらはすべて統制群を設定していない研究であり，症状がかなり変動する患者群であり，したがって，どのような下位グループに精神分析的アプローチが有効なのかについて，信頼できる指標の乏しいエビデンスであった。

国際精神分析学会（International Psychoanalytic Association）の研究委員会（Research Committee）は，近年北アメリカとヨーロッパでの精神分析治療の効果研究について，包括的な総説を発表している（Fonagy et al.,1999）。委員会の結論によれば，既存の研究は，精神分析が他の治療または実薬プラセボよりも有効だと明確に示していない。また，今回の報告のような 50 件程度の研究で，異質な患者群の統制をしようとしていないこと，無作為割当てがなされていないこと，効果に関する独自に設定された標準化した尺度がないことなど，一連の方法論および研究計画上の問題があると結論づけた。それにも関わらず，この報告は精神分析家を鼓舞するものである。（多くの治療法研究に共通する）限界はあるものの，数多くの前後比較研究によるエビデンスから，より軽度の（神経症水準の）障害をもつ患者には，精神分析が一貫して有効であるらしく，他のより重篤なグループには，一貫性を欠くことを示唆している。主にヨーロッパで行われた一連のコホート研究（統制をしていないか，僅かにしかしていない）によると，長期間にわたる集中的治療の方が，短期間の集中的ではない治療よりも良好な効果が得られる傾向がある。精神分析の効果は，労働機能および医療費の軽減といった尺度で，症状の改善よりも顕著であった。さらに，「最先端の」方法論で精神分析を検証する研究が数多く進められており，この数年の間にはより強力なエビデンスが得られるものと思われる。その研究とは以下のとおりである：抑うつの心理療法に関するミュンヘンの研究，コーネル大学での転移に焦点化した精神療法（TFP）と弁証法的行動療法（DBT）の比較研究，境界性人格構造（BPO）の精神分析治療に関するミュンヘンとニューヨークの共同研究，ヘルシンキ心理療法研究，重度情緒障害児の心理療法に関するアンナ・フロイト・センターの予測研究。

精神分析家と他の人々との死亡率を比較された効果統計で,的を射てはいるが奇妙な効果が出ている。最近の研究（Jeffery, 2001）で，1953 年から 1982 年までの期間に，男性の精神分析家の死亡率は，男性一般の死亡率と比較して 48％低かった。言い換えると，アメリカ合衆国での精神分析家としてのキャリ

アは，ある年に精神分析家が死亡する確率を，平均的なアメリカ人男性が死亡する確率の半分に確実に低下させている。精神分析家の死亡率は他の医師の死亡率と比較して著しく低い。この分析家はすべて精神科医であり，一般には，他の医療専門職と比べて，精神科医の死亡率は高いにもかかわらずである。明らかに平凡な説明ではあるが，精神分析家が特権的に長命なのは，座り仕事であり，ストレスが少なく，比較的隔離された専門職であることと関連しているかもしれない。Doidge (2001)が示唆した別の見方では，精神分析を受けることは精神分析家となる人々の訓練の必須項目であり，これ自体が寿命を延ばす役に立っている可能性がある。この見解を支持する報告として，精神分析治療を受けている患者は医療を受ける回数が大幅に減少（最大で3分の1に減少）することがドイツで発表されている (Dührssen, 1972; Dossman, Kutter, Heinzel and Wurmser, 1997)。ドイツでのこの種の研究のいくつかでは，精神分析治療に伴う改善として，入院の減少(2/3)，損失労働日数の減少(2/5)，薬物使用量の減少(1/3)が一般によく挙げられる。つまり，充分な精神分析が，免疫システムの機能や加齢プロセスと結びつきやすいと知られているストレス調節システムと連動して，心的構造を修正する方法であるとは，あまり理解されていないと言える(Sapolsky, 1994)。

　効果研究の資料は明らかに蓄積されており，その多くが精神分析家の主張を支持している一方で，精神分析プロセスの中核をなす主観的な体験を,どの研究も捉えていないことは,否定できない。これは単に近年の研究方法論が，この課題に適していないのだと思われる。おそらく神経科学，特に情緒や認知に関する神経心理学が進歩すれば,新たな理解を得るための客観的な指標が見出されるはずである。

13.2.2　方法論の必要性

　研究手段の開発は，このように方法論上の厳格さが増してくることに伴う不可欠の部分である。これまで精神分析の知識基盤の継続的な構築を阻止してきた本領域での大きな格差は，臨床症例を記述するための基礎的なシステムさえ欠如していることである。これは差し迫って必要である。ドイツの精神分析家のあるグループは，すでに操作可能な力動的診断法を開発している。それはDSM-IVとの接続も可能であるが，単独でも使えるものである (Cierpka et al., 1995; Arbeitkreis OPD, 1996)。ジュネーブ，バルセロナ，ストックホルムでも，これに似た操作可能な疾病分類法が策定段階にある。主要な防衛メカ

ニズム分類に関する包括的アプローチも，すでにアメリカで開始されている (Crits-Christoph et al., 1988)。

精神分析治療が実際に行われているという立証のための測度も必要である。ここには2つの課題がある：第1に，評価が可能な形態で精神分析治療を記述することであり，第2に，特定の治療を行うセラピストの，治療基準を堅持する力と，治療能力を証明する方法である。治療基準堅持力を評価するためには，マニュアルを使わなければならない。しかしわずかな例外を除いて(Clarkin, Yeomans and Kernberg, 1998; Fonagy et al., 未公刊 MS)，これまでに精神分析をマニュアル化しようとした者はいない。困難が目に見えているからである。通常マニュアルは，短期療法のセッションの順序に従って記載されている。マニュアルが最も有効であるのは，治療が患者の生産性に依存せず，理論的基盤が障害についての比較的明確な定式を提供し，しかも治療技法がその定式と直接的に結びつく可能性がある場合である。精神分析はそれとは対照的に，患者によってもたらされる素材に完全に頼り，かつ長期間にわたる治療である。そこでの技法は，理論上は非常に処方しやすいものであるが，効果的に用いるためには分析家の創造性と主観性に頼るものである。また，これまで見てきたように，精神分析の技法と理論的枠組みを1対1で対応させるのは，どんな場合でも不可能である。というのも，精神分析の理論は大部分臨床技法に関するものではない。たとえ精神分析家たちが同じ理論的枠組みの中で治療を行ったとしても，ある精神分析的プロセスの有無について合意に達することは非常に難しいのである。

精神分析が何であるかという操作的定義がないからといって，立ち止まっているわけにはいかない。むしろこの不確実性が，精神分析プロセスの組織的な検討を必要としているのである。おそらくこの研究が，この治療の最も包括的で決定的な構成要素を最終的に特定し，するとそれは効果測定に，そして最終的には費用対効果の検証にまで至るであろう。近年のいくつかの研究プログラムは，この方法で精神分析プロセスを組織化できそうである。Krause (Anstadt et al., 1997; Krause, 1997)は，治療的二者関係での，互恵的な顔面情動表現について研究した。Bucci (1997b)は非言語システムと交流言語コードとの結びつきを探りだせる参照行動のコーディングシステムを作製した (Bucci and Miller, 1993)。おそらく最も期待されるアプローチは，精神療法過程Qセット（Psychotherapy Process Q-set）とよばれる比較的単純な用具を用いるものである（Jones, Cumming and Pulos, 1993）。100項目で構成

されたこの用具は，治療プロセスの記述と分類に，定量分析に適した形態で基礎言語を提供する。全体の治療時間はQ項目のソーティングによって評価し，統計分析を用いて相互作用に潜在すると予想される基礎構造を特定する。次に，時系列分析を用い，異なる変数の現れてくる時間について探索することによって変化を評価する。この方法は，思春期の糖尿病患者の分析治療を通して，精神分析上の関心事と生物学的変数とを結びつけるのに効果を上げている (Moran and Fonagy, 1987)。

可能性のある実証的アプローチとして最後に挙げる方法は次のような前提に基づいている。つまり精神分析プロセスは，少なくともある種の患者には有効である。なぜなら精神分析は，患者が幼少期の葛藤の多い環境に適応する過程で，防衛的に禁じてしまった心的機能の様式に関与しているからである (Fonagy, Moran, Edgcumbe et al., 1993)。このグループの関心の焦点は，愛着関係の文脈で自己と他者の心的状態を表象する能力にある (Fonagy, Steele, Moran et al., 1991; Fonagy, 1995b)。反射する（メンタライズする）能力の改善が，有効な精神分析治療の長期的な成果であって，精神分析プロセスの指標として日常的にモニターすることが可能である。現在，ヨーロッパの数多くの研究グループがこのアプローチを研究している。

しかしながら，精神分析治療のプロセスをモニターするために利用可能な測度がすでに多数あるにもかかわらず，その多くは複雑過ぎ，あるいは扱いにくいために，日常的に使うことはできない。そこで，研究者らは，プロセスと成果の測度を含む最小限の資料を簡単に集められる測定法の作製にも取り組んでいる。例えば，European Psychoanalytic Collaborative Study on Process and Outcome（ヨーロッパ・精神分析プロセスと効果の共同研究）では，治療プロセスの測定のためにチェックリスト（アンナ・フロイト・センターで開発した尺度に基づく定期評価尺度）を適用している。このチェックリストは，精神分析家がセッションの顕在的，潜在的な内容を示すために毎月記入する (Stoker, Beenen and the Dutch Psychoanalytic Institute, 1996)。このチェックリストには，患者の全般的態度，特定の意識的および無意識的問題，対象関係，転移のあらわれ，分析家の介入スタイルとそれに対する患者の反応に関する報告が含まれている。このチェックリストに転記して用いたセッションでは，高い評定者間信頼性が示され，アンナ・フロイト・センターで成人期前期患者の小規模な分析研究では，治療効果を予測できることが示された。転移の中での不安，罪悪感，理想化の報告は，治療の成功と結びつき，恥，屈辱，実存的

不安についての報告は、治療の失敗と結びついていた。

同じように簡略化したアプローチを、精神分析の効果測定にも使うことができる。最小限の精神分析資料のセットには、基準値と分析家と患者から収集した1年間の効果に関する資料が含まれる；比較的単純な効果測定には、すでにこれが使用可能である。精神分析療法家でないセラピストが使っている測定技法と重なる技法を持っておくと便利である。これは症状の領域ではかなり簡単で、SCL-90-R (Derogatis, 1983)および抑うつ尺度(BDI) (Beck et al., 1961)のような自己報告による測定が心理療法の研究でも広く使われている。機能の全体的評定(GAF)尺度も同様に、セラピストの見通しを示すことがすでに可能である。Barkhamら(Barkham et al., 2001)は、イギリスの医療制度において成人向けの心理療法を標準的な方法で評価するための新しい自己申告による質問紙を作製している。簡便かつ一般的な方法で転機を評価することが可能であり、大きな期待が寄せられている。

したがって、精神分析治療の効果に関する基本的な探究を可能にする測定法はすでに存在している。スーパービジョンつきの精神分析を受けている全患者から、基準値、年間治療情報、治療終了時の情報を入手することもできる。もし実質的なサンプルから資料が得られ、妥当な精密さで収集されれば、精神分析プロセスの本質に関わる重大な疑問に答える第1歩を示すであろう。

13.2.3　将来への希望

精神分析治療にエビデンスの基盤が乏しいことについて、適切な説明は何もない。精神分析家は、精神分析治療が他の対話療法（例えばシステミックセラピー、認知行動療法）の知的起源であると主張しながらそれと同時に、効果についてのエビデンスがないことを説明するために、他の比較的教義が未熟な方法をシェルターにしようとしている。しかし、これら精神分析治療の「派生物」のエビデンス・ベースは、精神分析そのもののエビデンスよりはるかに確立されている。もちろん、これには理由がある——治療が長期にわたるという性質、手順が繊細かつ複雑であること、自ら公言している成果目標があいまいなこと、直接的観察と絶対的な機密保持の要求が両立しないことが挙げられる。ただし、これらの理由の中に克服できないものはない。例えば、クライアントの信頼を損なわずに分析プロセスを記録することは可能なはずである(Thomä and Kächele, 1987)。さらに、組織的な観察によって、精密さという多くの効果的な治療法に共通する重要な要素を増すことができる(Fonagy, 1999a)。

第14章 終わりに，そして将来に向けて

すでに見てきたとおり，どんな精神分析の定式化にも，発達と精神病理には対応関係があるという仮定が存在している。特定の障害にかかわる発達の正確な時期について，あるいは特定の病理の基礎となる発達過程の側面については見解の相違があるが，発達の研究と病理の研究は同じ心理過程に関わっているという仮定は共有されている。ここで，われわれはこの仮定の2つの側面について取り組み，論議したい。

第1に，この仮定は「部分をもって全体を表す pars pro toto」理由づけという問題を含んでいる。精神病と早期発達との心的機能の諸側面には類似（例えば，言語の法則を外れた用い方，内省能力の欠如，言葉の風変わりな使い方など）があるにしても，それをもって精神病は乳幼児期の心的機能様式の復活だと論じるのは誤りである。すでにみてきたように，乳幼児期の思考様式と「退行している」成人の心の間には，重要で顕著な違いがある（すなわち乳幼児期には幻覚過程や，迫害的体験や，誇大妄想などのエビデンスは見られない）。たとえ共通した特徴を持つケースであっても，重篤な精神病理が再活性化したと思われる早期の構造のメカニズムと機能を，その後の発達が実質的に作りかえているのだ想定しなければならない。早期に生じたある欠損がどれほどその後の発達に影響をもたらすかについて軽視することは，非常に複雑な発達過程を過度に単純化することになる。重篤な精神病理に認められる「原始的な」側面はおそらく，幼児期に作用していたものとは異なる形で，大人の心のなかで機能していると仮定すべきであろう。

第2に，構造論と対象関係論からの説明はどちらも，説得力をもたせるために，生後の2,3年間の一次対象関係という文脈のなかでの，自我や自己構造や自他の分化についての説明に頼っている（Kohut, 1971; Kernberg, 1975; 1980a; Masterson, 1976）。重篤な障害の現象学を説明するために引き合いに出されるメカニズムはどれもが，発達の早期段階に基礎をもつと想定されている。しかしながら，これも論じてきたとおりで，これらの発達モデルの多くはほとんど実証的な裏づけをもっていないし，入手可能な実証的なエビデンスと

実際には矛盾しているものもある。たとえ観察された病理が早期の心的機能の様式と似ているとしても，この発達期にその障害の病因を結びつけるのは危険である(see Gunderson, 1984)。例えば，その後に生じたトラウマや，あるいは累積性のトラウマが，（適切に発達していた）より成熟した機能の形式を放棄させ，発達的により早期の相互作用の形式へと戻らせることもありうるだろう。

精神分析が実際的な発達理論になるためには，もっと後期の幼児期や青年期，成人期の発達にも適合するより多くの概念を発展させる必要がある。発達にかかわる着想のなかには，発達過程そのものにまで一般化を及ぼしている着想もある(たとえば，生涯を通じて交替しているとみなされる Klein の妄想-分裂態勢と抑うつ態勢の着想や，今や発達のさまざまな時期を通じて追跡されている Bowlby の愛着という構成概念)。人生最初の 4 年間から先の発達の軌道に深く影響を与え続ける環境的な出来事や精神内界の状況の影響力を包含するためには，これら一般化しうるものばかりでなく，その後の発達期についての発達理解を進歩させる必要がある。

14.1 精神分析は有望か

最初に，精神分析は遺伝学やそれに関連する分野から明らかにされる新しい知識と両立するかどうか，また精神分析の発見は，他の分野でなされている進歩と統合できるかどうかを，手短に検証したい。その次に，精神分析は心の研究という分野で持続的な影響を及ぼすと言えるような，さらなる特徴を持つかどうかについて考察する。

14.1.1 遺伝学からの挑戦

最近 10 年以上にわたって，遺伝学における調査研究が，精神分析の説明してきた場を，ならびに早期の家庭体験がもつ重要な役割を支持するあらゆる理論の場をほとんど奪ってしまうのではないかと思わせる事態が起こりはじめている(see Scarr, 1992)。環境によって媒介される家族の影響とは遺伝されたものであり，したがってそれ自体が重要でないという主張(Rowe, 1994; Kendler et al., 1996)や，さらには，子どもの行動のうち，遺伝的に影響を受けている側面が，親や他者に見られる否定的な反応を引き起こしているのかもしれないとする主張(O'Connor, Deater-Deckard et al., 1998)がある。精神医学的障害

の遺伝する推定値はすべて,ある時点での有病率ではなく,生涯のリスクをインデックス変数にすることで増大するのである(Kendler et al., 1993)。一般的に言えばわれわれは,専門家も一般大衆もともに,子どもや成人の障害に関する基本的に心理社会的なモデルから,あらかじめ精神力動的側面を排除している遺伝的-生物学的参照枠へと切り替わるという,文化的な転換を体験したのである。

こうした遺伝学的データについてもっとバランスの取れた見方が,Michael Rutterと共同研究者たちにより提出され(Rutter et al., 1997),それによって精神分析的な説明の可能性が再確認されている。この見解の主要点について以下に概略を述べる。

実質的には,あらゆる形の精神病理が,遺伝-環境の相関と相互作用とを伴っている。しかしながら,こうした相関は,遺伝に病因論的役割があることを必ずしも意味しない。個人は環境に影響を及ぼすのであり,その特徴の起源が遺伝的か環境的かに関係なく,遺伝-環境の共分散のうちのいくらかはその個人の特徴に負っているであろう(O'Conner, Deater-Deckard et al., 1998)。

「非共有環境non-shared environment」という考え方(Plomin and Daniels, 1987)は,類似した環境の影響を受けた子どもが異なって発達する道筋を,必ずしも遺伝学的な説明を伴わずに説明する役に立つ。第1に,ある共有環境の中にある鍵パラメータは,それぞれの子どもによって異なる。第2に,純粋に共有された環境であっても,2人の子どもには異なって**体験される**。異なる結果をもたらすどちらの経路も,必ずしも遺伝的な差異を伴うわけではない。

双生児研究も養子研究も,遺伝と環境の重要性の優劣について,確実な指標を示すことができない。どちらの研究法も,ある母集団内での個人差の推定値を提供するものである。例えば,身長はあきらかに遺伝性のものであるが,過去100年間の平均身長の変化(男性において1フィート以上伸びている)は,その変動の多くの部分を環境に帰属させねばらなないことを示している。過去50年に及ぶ経年推移は,多くの児童期の心的障害の罹患率の実質的な増加を示している(例えば,行為障害,自殺行動,うつ病性障害,薬物の濫用など:see Rutter and Smith, 1995)。子どもの年齢を同一にした双生児研究は,そうした経年推移の基にある重要な環境的影響を除外している。

遺伝率の推定値は研究対象となるサンプルによって変わってくる。サンプルは,パーソナリティ障害と結びつく可能性を強くもつ環境を除外するために,ほとんどが歪曲されている。文化的要因もまたほとんど取り除かれるのだが,

もしさまざまな文化出身の人たちが同じ研究に含められるとすれば，パーソナリティに与える共有環境の影響の推定値は大いに異なってくることだろう(Mandler, 1997)。

遺伝の影響は直接的でも，間接的でもありうる。何らかの環境的な危険をもたらすものが大きな遺伝的な負荷を負っているとしても，その結果は必ずしも環境的ではなく遺伝的に媒介されるとは限らない。例えば，児童虐待には大きな遺伝的構成要素があると見いだされたとしても，その毒性の作用はやはり純粋な遺伝過程を通してではなく，虐待を受けた子どもの信頼感の崩壊を通して生じるであろう。

直接的，間接的な遺伝の効果を除外しようと試みる研究は，早期の体験が強い影響力をもつことを強調している。例えば，成人女性の双生児についての研究は，死別ではなく，離別によって親を失った生育史が，うつ病やアルコール症に対する成人の脆弱性と関連することを示している(Kendler et al., 1996)。

この10年以上に及ぶ遺伝学からの挑戦は，全般的に精神力動的アプローチにとって助けとなってきたとわれわれは考える。それは今世紀（20世紀：訳者注）後半のナイーブな環境主義を調整する役に立っている。ナイーブな環境主義は，たとえば，幼児期の不適切な養育の犠牲者に心的外傷後ストレス障害という過剰診断をすることで頂点に達し，また虐待についての偽りの記憶に関する不幸な論争を生じさせた(Sandler and Fonagy, 1997)。精神力動理論は，発達科学に遺伝学を統合することに多大な貢献をしている。精神分析の主要な関心は，発達的な結果を生み出す，多層な表象(例えば，イド・自我・超自我や，部分対象と全体対象の表象)の相互作用にある。遺伝学からのデータは，遺伝子が特定の個人に表現されたり，されなかったりするその道筋を理解する際に，まさにそうした洗練された説明を求めているのである。例えば，危険因子は組み合って作用しているのに，一方ストレスや逆境への反応には，実質的に個人差がある。この個人差の大部分についてはほとんど判っていない(Rutter, 1999)が，精神内界の変数が重要になる可能性が高い。特定の環境因子が，ある遺伝子の現れの引き金となるかどうかは，そうした環境因子の性質によるばかりでなく，その子どもが環境因子をどのように体験するかにもよるであろう。さらにこれは，遺伝または環境のいずれかの影響であるかもしれないし，両者の相互作用であるかもしれない(Kandel, 1998)。つまり，精神内界の表象過程は，単に環境と遺伝の効果の結果ではない——表象過程は，両者の重要な調停者なのかもしれない。このことは臨床にとって本質的な意義をもつ。なぜ

なら，ある環境への子どもの理解は，環境そのものよりも，あるいはその環境と相互作用する遺伝子よりも，修正しやすいからである(Emde, 1988b)。精神力動的，精神内界的な観点は，何がある障害に陥らせるのかについてだけでなく，どんな過程がその障害の経過に良くも悪くも影響を与えるかを検討するうえでも役立つであろう。

14.1.2 無意識の志向性

　精神分析理論の顕著な特徴は，複雑で時に逆説的な人間の行動を説明する際に，力動的な無意識の心的過程と動機に注目する点にある。この知識は新たな心の科学に統合できるであろうと，われわれは示唆している。認知神経科学は，脳の作業の大部分が意識の外側（'非意識的 non-conscious'）で行われることを示している（Kihlstrom, 1987）。これには，潜在的に獲得される記憶（see Milner, Squire and Kandel, 1998）だけでなく，意思決定や問題解決その他の認知課題の潜在的側面（e.g., Underwood, 1996）も含まれることが，今では知られている。

　精神分析の立場がユニークであり続けているのは，発達過程に影響を与える動機的過程と情動的過程は，無意識的なのであろうと示唆している点にある。ここで難しいのは，情動と動機は定義上「認知的無意識 cognitive unconscious」（Kihlstrom,1987）とほとんど同じであるのはあきらかで，情緒や動機づけにとっての認知の役割ははっきりと立証されているのだから（Mandler, 1997）当然のことを言っているに過ぎないではないかということである。神経学的には，情緒に関する神経経路には2組の構造があると示唆するエビデンスが蓄積されてきている。1つは，視床から扁桃体に向かうものであり（情動価をもつ原初的な知覚情報を，意識の関与なしに伝達する），もう1つは扁桃体の活性化に先行する，皮質中枢の活性化とより深い情報処理に関与する構造である（LeDoux, 1995）。さまざまな損傷をもち，意識的な弁別能力を失った患者でも，情緒レベルでは弁別的に反応する能力を保持している場合がある（e.g., Bechara et al., 1995）。神経学的症状をもたない患者については，信号対雑音比の低い刺激に対して，無意識的な情動による好ましさが生じるというエビデンスがある（e.g., Murphy, Monahan and Zajonc, 1995）。条件付けられた情緒反応は，気づかないところで誘発されたり，獲得さえされているかもしれない（Wong et al., 1997）。無意識的な態度，とりわけ人種上の偏見は，情報処理の速さに影響するだけでなく，個々の観察者に引き起こされる反応に

も影響することが，説得力を持って示されている(Fazio et al., 1995)。

近年 Westen(1999)によって包括的に要約されているとおり，上記その他の知見はいずれも，情緒の処理は自動的に，意識されずに生じるという見方を支持している。予備的なデータもまた，神経メカニズム(Morris, Ohman and Dolan, 1998)，心理生理学的な付随現象(Dozier and Kobak, 1992)，行動となってあらわれる結果(Greenwald and Banaji, 1995)などに関して，情緒的情報の無意識的処理は，意識的処理とは質的に異なるのではないかという見解を支持している。非‐意識的な要因に果たすべき役割があるかぎり，精神分析が仮定している無意識的な機能の異常は，非常に重要な貢献を提供し続けるのである。

14.1.3 無意識の動機

情動が意識的でないかもしれないと認めることは，無意識の心的状態が行動を動機づけると主張することと同義でないのは言うまでもない。しかし，これは飛躍し過ぎた仮説でもないし，他の資料源によって支持されない仮説でもない。Westen(1999)の指摘によると，人間の行動は複数の目標によって同時に動機付けられると仮定されているが，これを作業記憶上で行うというのは過度の要求になるので，これらを編成するための論理メカニズムが意識の外に存在するに相違ないということになる。この見解と一致する相当数のエビデンスがある。例えば，ある行為を実行しようと意図していると，その意図がもはや意識されなくなってからでも，想起される情報の活性化を高める。このことは，あるリストから想起すべき項目を認識するための反応潜時によって実証されている(Goschke and Kuhl, 1993)。一連の研究が示してきたことによると，人は自分のものではない動機や好みに基づいて行為するとき，このように行為した理由を見いだそうとするが，その理由は不正確であったり(Nisbett and Wilson, 1977)，それに続く課題履行の妨害になったりしがちである(Wilson and Schooler, 1991)。

動機としての無意識的情動という概念は，心理的障害を説明する上で最も有力である。Westen(1998)は，精神力動モデルが，認知科学での現代のコネクショニスト（コネクショニズムモデルを採用する研究者：訳者）のモデル，あるいは並列分散処理モデル(PDPモデル; Rumelhart and McClelland, 1986)と一致しているという強力な実例を示している。精神力動モデルとPDPモデルはどちらも，意識的および無意識的な決定を生み出すために，葛藤し合った

り，協力し合ったりしながら並行して働く複数の独立した処理ユニットを仮定している。PDPモデルの枠内では，葛藤とは人間の神経システムの「創発特性 emergent property」である。そのシステムに課せられる制約には，外的なもの（文脈‐依存的）と内的なもの（情緒的および動機的）の両方がある。個々の心的状態（信念，欲求，恐れ，価値）の発生の基礎となる神経回路が独立していることから，これらの心的状態は互いに対立しあうこともある。さらに，PDPモデルと一致する発達の局在論的観点（Kinsbourne and Hicks, 1979; Schore, 1999）から考えれば，いくつかの神経の処理ネットは，同じ心理機能を果たす目的で，発達の早期にしかも同時に発現することになる。これが可塑性を保証し，脳損傷という帰結から生体を保護するのである。

発達の経過の中で，特定の課題への特定の脳の部位の関与が増大する中で，これらのネットのあるものと，（局在のポイントから皮質の上でかなり離れた）進化するシステムの末梢部にある処理ユニットとの結合は，徐々に周辺的なものとなっていく。そうしたシステムへのフィードバックは皮質上の距離によって低下していくので，これら残存するシステムの処理の特徴は，特定の課題に関わる中心領域近くにある神経ネットと一緒に更新されることはないであろう。したがって，これらの残存したネットは，その機能という点で原始的なままであろう。つまり，中枢と末梢の処理ユニットの出力の間に葛藤が生じることは，それぞれの成熟レベルを反映する処理の特徴があるゆえに，避けがたいのである。

さまざまな情緒や動機の状態に関連する神経回路は，比較的独立しているという考え方と一致するような，肯定的および否定的な情動状態に関与する神経回路についての知識が集積されている（Gray, 1990; Davidson, 1992）。肯定的および否定的情動が同時に存在することによって，対人相互作用の複雑さが論証される（Hartup and Stevens, 1997）。情緒的な情報を処理する際の，調和的に両立しないという課題を解決する認知‐情緒構造が発達することは，重要な発達上の目標を意味する。例えば12カ月児が，社会的参照課題において，両親から相反する顔表情のメッセージを受け取ると，苦悩や困惑で反応する（Hirshberg and Svejda, 1990）。愛着人物について予想した行動をめぐる葛藤の解決ができないというのは，混乱型愛着のモデルの鍵となる重要な部分である（Main and Morgan, 1996; Lyons-Ruth and Jacobovitz, 1999）。精神病理に関する精神分析モデルは，多くの場合，妥協形成という考え方を伴っている（Brenner, 1982）。新ピアジェ派の発達理論（Fischer and Ayoub, 1994）も，

発達とはそれぞれに独自に発展する認知能力の，段階的な統合だと仮定している。

以上のように，さまざまな発達段階で生じた処理ユニットが同時に存在すること，それらユニット間の葛藤は遍在すること，さらに発達過程の一部としてこれらの葛藤を適応的に解決するのが望ましいということに関して，神経心理学モデルと発達モデルはどちらも精神分析の着想と一致している。葛藤についての精神分析理論は将来にわたって，発達研究に多くの貢献をするであろう。

14.1.4 早期幼児期の体験

発達精神病理学と最も直接に関連性をもつのは，成人のパーソナリティを規定する早期幼児期の体験の役割である。これはあらゆる精神分析の主張にとって重要な教義となっている。この問題は心理学の内部で白熱した議論を呼んできた（Rutter, 1999）。1980年代のレビューでは，逆境的な幼児期体験が深刻な長期にわたる後遺症となることはほとんどなく，あきらかにその後の逆境と無関係であると結論づけられた。しかし，その後の調査研究は，早期の体験は確かに長期的な影響を及ぼす（Sroufe et al., 1990）が，その影響とは（a）さらなる否定的な体験の発生に寄与すること（Sroufe and Fleeson, 1988）と，（b）そうした人を同様の体験に対してより脆弱にすること（Suess, Grossmann and Sroufe, 1992; Rutter et al., 1995）から生じるのだと主張した。精神力動理論は，早期に逆境を体験した者は，そこでの躓きに影響されて自分の体験を作り変え，過去の相互作用と共存できるような体験を創り出すのだと示唆してきた（e.g.,Caspi and Moffitt, 1995）。早期の逆境に出会った者は，成人になってからの生活のなかでも急性および慢性の心理社会的逆境に，より出会いやすいというエビデンスがある（e.g., Champion, Goodall and Rutter, 1995）。精神病の心因的因果関係に関する初期の理論のなかのいくつかは，過度に飛躍しやすく，概して役立たないことが判明している（Willick, 2001）が，一方，健康な発達にとっての早期体験の重要性が一般に強調されていることについては，心理学と神経科学の研究から，ともに良い支持を受けている（Schore, 2001; Fonagy et al., 2002）。

他に，Freudの着想（Freud, 1915b）と実によく一致して，早期体験と精神病理に向かう傾向との関係性について取り上げているモデルが，生物学の文献から登場している。齧歯類の幼体時代に生じた早期のストレス（母親からの分離）は，神経内分泌の永続的な異常をもたらした。ところが，その子どもの苦

痛に対する適切な養育反応が，この動物のその後の生活における視床下部-下垂体-副腎系（HPA）の反応の低下をもたらしたのである（Levine et al., 1967）。こうした介入研究は，長期にわたる感度のよい養育が動物の子どもの恐怖反応やストレス関連障害への脆弱性を減じることを明示してきた（Plotsky and Meaney, 1993; Liu et al., 1997）。その他の研究が示すところによると，ラットにおける早期の逆境的な生活体験は，視床下部ばかりでなく，辺縁系領域でも，コルチコトロピン放出因子（CRF）に関する遺伝子発現の甚大で持続的な増加と関連する（Plotsky and Meaney, 1993; Nemeroff, 1996）。これらとは別に，長期間に渡るグルココルチコイドの分泌増加は海馬ニューロンに永続的なダメージをもたらしうることが示されている（McEwen and Sapolsky, 1995）。これらのデータは，非常に早期の愛着体験が生涯にわたる影響を持つという，伝統的な精神分析の強調点を支持する基盤を提供している。

　早期の環境的リスクを持ち越させるのは，そもそも逆境的環境を選択する素因なのか（Quinton and Rutter, 1988; Farrington, Barnes and Lambert, 1996），不適切な情動調整なのか，神経内分泌系の異常なのか，それともこれら3者の組み合わせなのかについては，まだ明らかになっていない。しかしながら，これらのモデルはどれも精神分析的な着想と一致している（Kandel, 1999）。実際に，そこに含まれる心理メカニズムは，分析のレベル（社会的か生物学的か）如何にかかわらず同じであろう。つまり，そうしたメカニズムには，情報処理での無意識的な歪曲や，計画を立てる能力の欠如（Quinton et al., 1993），あるいは関係性の表象に関する歪曲したモデル（Fonagy et al., 1996）を含んでいるのである。長期間にわたる早期の重篤な母性欠損，特に愛着関係の欠如がもたらす可能性のある不可逆的な影響についてエビデンスが蓄積されてきている（O'Conner et al., 2000）。これらの観察に並置されるのは，いわゆる「ターニング・ポイント効果」と呼ばれる変化の可能性についてのエビデンスである（Caspi and Moffitt, 1993）。「幼児期の逆境体験によってリスクを与えられている人々は，成人してからの生活を決定的に異なって体験する」（Rutter, 1999, p.487）というエビデンスが存在しないとすれば，心理療法を行う意味などないだろう。調査研究が示すとおり，精神分析が早期体験に焦点づけるのは適切なのであって，精神分析の深層心理的な見通しが，未解決の問いに光明を投じるであろう。

14.1.5　心的表象と対象関係

　心についての精神分析モデルの鍵となる側面であり，また他の基準と最もよく似ているところは，関係性の心的表象を自己編成の媒体として，またその個人への環境の影響を決定づけるものとして，強調することである（Westen, 1991b）。こうした表象の構造は，異常な発達の体験を媒介すると考えられている。この考え方は，そもそも対象関係論を背景として産み出されたことはすでに述べたとおりである。子どもの表象世界の精神力動的側面を探究するために，多くの研究法が創出された（e.g., Oppenheim, Emde and Warren, 1997; Toth et al., 1997; Macfie et al., 1999）。子どもは一次的養育者との早期の相互作用を，自己と他者との認知‐情動的なスキーマへと変容させ，それがその後の行動を調整し方向づけるということを示唆するエビデンスが蓄積されてきている（Bretherton and Munholland, 1999）。このスキーマは重要な相互作用の痕跡を持ち越しているだけでなく，その人の機能を特徴づける発達レベルを表している（Westen, 1990b）。精神分析理論によると，内的作業モデルはそれぞれの子どもに独自の構成を持っているのであって，合意された現実を表象するばかりではない。表象は防衛によっても歪められ（Newman, Duff and Baumeister, 1997），衝動によっても歪められている（Westen et al., 1997）。こうした表象の歪曲は遺伝素因の指標かもしれないし，以前の環境についての体験の指標かもしれない。どちらの場合でも，子どもによる外界の歪曲は，心理社会的な逆境と精神病理との直接的な関係を見いだそうとする研究にとって挑戦すべき重要な課題を示している。精神分析の対象関係論は，個人特異的な歪曲に焦点化しているので，重要な貢献をなしうるであろう。

14.1.6　精神分析モデルの独特な強み

　これまで心理学や心の障害に関心をもつようになる偉大な人物のなかに，精神分析の枠組みを探究し，採用する人たちがいた。彼らがそうしたのはおそらく，心的機能を記述するための要素として，もっとも豊かな着想のまとまりを精神分析が提供したからであろう。ここでわれわれはこのアプローチを魅力あるものにし続けている4つの特徴について述べることにしたい。

(a) **生成可能性** generativity　精神病理学に関する多くの重要な心理学理論は，精神分析の着想が一連の調査研究を触発したことを認めている（例えば，学習性無力感理論，スキーマ理論，愛着理論，心身症状態の原因とし

ての攻撃性や敵意，防衛メカニズムに基づく利己的な認知の歪み，など）。
(b) **統一性のある説明** unifying explanation　多様な症状と行動が単一の隠された問題を反映していることがある。例えば，なぜ自己愛的な者はしばしば人の名前を忘れ，偏見を持ち，他者の時間に配慮せず，軽視によって傷つきやすく，愛情を保てないのだろうか？　精神分析の説明は，自己心理学による見解でも対象関係論に基づく見解でも，こうした現象群に単一の説明を提供する。
(c) **力動的アプローチ** dynamic approach　妥協形成の連続としての発達。この観点は神経科学と発達精神病理学の両者から創生される新しい知識に，深みと質感と複雑さを与える。多くの精神分析的な説明は，観察された行動のパターンや観察された心的表象の特徴に，満足のいくような機能主義的説明を提供する。
(d) **道具としての心** The mind as an instrument　正常な範囲の意識体験や常識的な心理学では理解できないような思考や感情体験や行動を理解するためのモデルを生成する場合には，セラピストの感受性から理論が構築される。精神分析における傾聴はおそらく，特定のモデルなしに，とりわけ強烈で，障害に歪められた相互作用に何とか対処しつつ，それを理解するために臨床家が身につけたのだろう。たとえ精神分析が心理療法的にはもはや効果的でないとしても，結果として生じる理解は，他の「総花的な」人間行動の理論（認知行動理論，人間性理論，システム理論）よりも複雑で心理的深みがある。この点に，多くの臨床家やその他の者に訴えかける精神分析の着想の魅力がある。

14.2　最終考察

　精神分析の着想は今なお革新的であり，発達精神病理学の多くの側面を明らかにすることができる。精神分析的な方向づけをもつ臨床家 – 研究者に求められる今後の課題は次のとおりである。(a) 枚挙的帰納主義から離れること，そして現代の社会科学や生物科学に役立つような，別のデータ収集法を利用すること。(b) 精神分析の構成概念と技法をもっと厳密に定義すること。これには，操作的定義だけでなく，例えば対象関係のように，すべてを包含する概念の「中身を取り出すこと unpacking」，そして次のような予測を明確にすること：つまり，特定の症状を説明する上で関連が遠い変数と近い変数は何である

か？ そして，罹患素因となる変数と他の寄与因子との相互作用はどのようか？ (c) 異なる精神分析の枠組みを観察との関連で並列的に検討する「比較精神分析的研究」の伝統を発展させること。これは拡張されて，精神分析の外部からの説明も検討されるようになるべきだろう。外部からの説明は，データを理解するためのより良い方法や補完的な方法を示唆してくれるからである。この流れの中で，一連の臨床観察を定式化する別の方法が可能であるような報告の基準を立てることが重要になる(Michels, 2000; Tuckett, 2000a)。(d) 上記と関連して，精神内界と環境との間(Rutter, 1993)，ならびにリスクとトラウマの相互作用過程について，もっと洗練された考えを生成すること。(e) 対象関係が発達する，より広い社会や文化の文脈について，もっと多くの考慮を払うこと。(f) 精神分析理論と治療の，コミュニティ全般への適合性に焦点を当てること。例えば，世代間のトラウマに関する精神分析的研究は，ホロコーストの生存者に注目し続けている(Bergmann and Jucovy, 1982; Kogan, 1995)。しかし，われわれはこのプロセスについて，他のトラウマを受けた集団や迫害を受けた集団の研究から学ぶこともできたであろう(e.g., Belsky, 1993)。(g) 時代遅れとなった，あまりに特殊すぎる理論による足かせを捨て，それらの心理的な提言を構成する本質的な要素に焦点づけること。

一方，精神分析の着想をもっと真剣に取り扱うことは，発達精神病理学の認識論的ならびに方法論的側面に非常に有益な効果をもたらすであろう。これは，無意識の信念や情動が行動に影響を及ぼすという中心的な考え方に特に適合する。たとえば焦点の拡大によって，自己報告から語りの資料への強調点の移行が生じ，さらに語りの内容の観察から，語りのパターンを綿密に検討することへ，一致や一貫性をひたすら探究するよりも，反応システム間での不一致や葛藤により大きな関心をもつ方向への移行が生じた。

精神分析の理論家にとっての根本的な課題とは，実践と理論との結びつきの弱さを認識することである。つまり，技法を変えても，大切にしてきた着想を証明したり，反証したりする力をもたないし，理論に変化があってもなくても，実践は革新的に変化するかもしれない。そういうわけで，われわれは精神分析の中心的仮説への忠誠をもちつづけたままで，技法を修正する才能ある臨床家と出会うことになる。つまり，無意識の動機と過程を相変わらず中心に置いたままでも，他の領域での進歩が臨床的な成果を最適にすることもあるかもしれない。しかしながら，臨床的出会いの複雑さを理解するためには，精神分析の着想を徹底的に熟知することが，今後も必須であり続けるだろう。この本でレ

ビューしてきた理論はどれも，パーソナリティとその障害の理解に重要な貢献をもたらしてきた。実践と理論をさらに発展させるためには，臨床家が精神分析の着想の核心にある臨床的な関係性を十分に把握することができるくらいに，実践と理論に精通することが必要である。

精神分析的科学 a psychoanalytic science は，一連の科学分野とその他の情報源，適応的および不適応な発達の経過で，体験の主観的側面が巻き起こす苦闘に焦点づけられた情報源に導かれる，統合的な学問分野とみなされるべきであろう。精神分析理論は充分に活発であり，発達精神病理学へのわれわれの理解を豊かにする可能性は，まさに終わろうとするこの世紀（20世紀: 訳者注）には，まだ十分に活用されてはいないのである。

文　献

Abend SM, Porder MS, Willick MS (1983) Borderline Patients: Psychoanalytic Perspectives. New York: International Universities Press.
Ablon JS, Jones EE (1999) Psychotherapy process in the National Institute of Mental Health Treatment of Depression Collaborative Research Program. Journal of Consulting and Clinical Psychology 67: 64-75.
Abraham K (1927) Selected Papers of Karl Abraham. New York: Brunner/Mazel, 1979.
Abrams S (1977) The genetic point of view: historical antecedents and developmental transformations. Journal of the American Psychoanalytic Association 25: 417-26.
Adams HE, Wright LW, Lohr BA (1996) Is homophobia associated with homosexual arousal? Journal of Abnormal Psychology 105(3): 440-5.
Adamson LB, Bakeman R (1985) Affect and attention: infants observed with mothers and peers. Child Development 56: 582-93.
Adler A (1916) The Neurotic Constitution. New York: Moffat Yard.
Adler G (1981) The borderline-narcissistic personality disorder continuum. American Journal of Psychiatry 138: 46-50.
Adler G (1985) Borderline Psychopathology and Its Treatment. New York: Jason Aronson.
Aichhorn A (1925) Wayward Youth. New York: Viking, 1935.
Ainsworth MDS (1963) The development of infant-mother interaction among the Ganda. In BM Foss (ed.), Determinants of Infant Behavior (Vol. 2, pp. 67-112). New York: Wiley.
Ainsworth MDS (1969) Object relations, dependency and attachment: a theoretical review of the infant-mother relationship. Child Development 40: 969-1025.
Ainsworth MDS (1985) Attachments across the lifespan. Bulletin of the New York Academy of Medicine 61: 792-812.
Ainsworth MDS (1990) Epilogue: some considerations regarding theory and assessment relevant to attachment beyond infancy. In MT Greenberg, D Cicchetti, EM Cummings (eds), Attachment in the Pre-School Years: Theory, Research and Intervention (pp. 463-88). Chicago, IL: University of Chicago Press.
Ainsworth MDS, Bowlby J (1991) An ethological approach to personality development. American Psychologist 46, 333-41.
Ainsworth MDS, Wittig, BA (1969) Attachment and exploratory behavior of one-year-olds in a Strange Situation. In BM Foss (ed.), Determinants of Infant Behavior (pp. 113-36). London: Methuen.
Ainsworth MDS, Blehar MC, Waters E, Wall S (1978) Patterns of Attachment: A Psychological Study of the Strange Situation. Hillsdale, NJ: Erlbaum.

Akhtar S (1989) Kohut and Kernberg: a critical comparison. In DW Detrick, SP Detrick (eds), Self Psychology: Comparisons and Contrasts (pp. 329-62). Hillsdale, NJ: Analytic Press.

Akhtar S (1992) Broken Structures: Severe Personality Disorders and Their Treatment. Northvale, NJ: Jason Aronson.

Akhtar S, Thomson JA (1982) Overview: narcissistic personality disorder. American Journal of Psychiatry 139: 12-20.

Alexander F (1930) The neurotic character. International Journal of Psycho-Analysis 11, 292-311.

Alexander F, French T (1946) The principle of corrective emotional experience: the case of Jean Valjean. In F Alexander, T French (eds), Psychoanalytic Theory, Principles and Application (pp. 66-70). New York: Ronald Press.

Allen JP, Hauser ST (1996) Autonomy and relatedness in adolescent-family interactions as predictors of young adults' states of mind regarding attachment. Development and Psychopathology 8: 793-809.

Allen JP, Hauser ST, Borman-Spurrell E (1996) Attachment theory as a framework for understanding sequelae of severe adolescent psychopathology: an 11-year follow-up study. Journal of Consulting and Clinical Psychology 64: 254-63.

American Psychiatric Association (1987) Diagnostic and Statistical Manual of Mental Disorders (DSM-III-R) (3rd edn, revised). Washington, DC: American Psychiatric Association.

American Psychiatric Association (1994) Diagnostic and Statistical Manual of Mental Disorders (DSM-IV) (4th edn). Washington, DC: American Psychiatric Association.

Amini F, Lewis T, Lannon R et al. (1996) Affect, attachment, memory: contributions towards a psychobiologic integration. Psychiatry 59: 213-39.

Anderson EM, Lambert MJ (1995) Short-term dynamically oriented psychotherapy: a review and meta-analysis. Clinical Psychology Review 15: 503-14.

Angold A, Costello EJ, Erkanli A (1999) Comorbidity. Journal of Child Psychology and Psychiatry 40: 57-87.

Anstadt T, Merten J., Ullrich B, Krause R (1997) Affective dyadic behavior, core conflictual relationship themes, and success of treatment. Psychotherapy Research 7: 397-419.

Anthony EJ, Cohler BJ (eds) (1987) The Invulnerable Child. New York: Guilford Press.

Anzieu D (1993) Autistic phenomena and the skin ego. Psychoanalytic Inquiry 13, 42-8.

Appignanesi L, Forrester J (2000) Freud's Women. London: Penguin.

Arbeitkreis OPD (ed.) (1996) Operationalisierte Psychodynamische Diagnostik: Grundlagen und Manual. Bern-Stuttgart: Hans Huber.

Arlow JA (1985) The structural hypothesis. In A Rothstein (ed.), Models of the Mind: Their Relationships to Clinical Work (pp. 21-34). New York: International Universities Press, Inc.

Arlow JA, Brenner C (1964) Psychoanalytic Concepts and the Structural Theory. New York: International University Press.

Armsden GC, Greenberg MT (1987) The inventory of parent and peer attachment: individual differences and their relationship to psychological well-being in adolescence. Journal of Youth and Adolescence 16: 427-54.

Aron L (1996) A Meeting of Minds: Mutuality in Psychoanalysis. New York: International Universities Press.

Bacal HA (1990) Does an object relations theory exist in self psychology? Psychoanalytic Inquiry 10: 197-220.

Bacal HA, Newman KM (1990) Theories of Object Relations: Bridges to Self Psychology (Personality, Psychopathology, and Psychotherapy). New York: Columbia University Press.
Bahrick LR, Watson JS (1985) Detection of intermodal proprioceptive-visual contingency as a potential basis of self-perception in infancy. Developmental Psychology 21: 963-73.
Bak R (1954) The schizophrenic defence against aggression. International Journal of Psycho-Analysis 35: 129-34.
Bak R (1971) Object relationships in schizophrenia and perversions. International Journal of Psycho-Analysis 52: 235-42.
Bakermans-Kranenburg MJ, van IJzendoorn, MH (1993) A psychometric study of the Adult Attachment Interview: reliability and discriminant validity. Developmental Psychology 29: 870-9.
Balint M (1937) Early developmental states of the ego, primary object of love, Primary Love and Psycho-analytic Technique (pp. 90-108). London: Tavistock, 1965.
Balint M (1959) Thrills and Regressions. London: Hogarth Press.
Balint M (1965) Primary Love and Psycho-analytic Technique. London: Tavistock.
Balint M (1968) The Basic Fault. London: Tavistock.
Bandura A (1982) Self-efficacy mechanism in human agency. American Psychologist 37: 122-47.
Barkham M, Margison F, Leach C, Lucock M, Mellor-Clark J, Evans C, Benson L, Connell J, Audin K (2001) Service profiling and outcomes benchmarking using the CORE-OM: towards practice-based evidence in the psychological therapies. Clinical Outcomes in Routine Evaluation-Outcome Measures. J Consult Clin Psychol 69(2): 184-96.
Barnett D, Ganiban J, Cicchetti D (1999) Maltreatment, emotional reactivity and the development of Type D attachments from 12 to 24 months of age. Monographs of the Society for Research in Child Development.
Baron J, Gruen R, Asnis L, Lord S (1985) Familial transmission of schizotypal and borderline personality disorders. American Journal of Psychiatry 142: 927-34.
Baron-Cohen S (1995) Mindblindness: An Essay on Autism and Theory of Mind. Cambridge, MA: Bradford, MIT Press.
Baron-Cohen S (2000) Autism: deficits in folk psychology exist alongside superiority in folk physics. In S Baron-Cohen, H Tager-Flusberg, DJ Cohen (eds), Understanding Other Minds: Perspectives from Autism and Developmental Cognitive Neuroscience (2nd edn, pp. 59-82). Oxford: Oxford University Press.
Baron-Cohen S, Tager-Flusberg H, Cohen DJ (eds) (2000) Understanding Other Minds: Perspectives from Autism and Developmental Cognitive Neuroscience. Oxford: Oxford University Press.
Bartsch K, Wellman HM (1989) Young children's attribution of action to beliefs and desires. Child Development 60: 946-64.
Basch MF (1985) Interpretation: toward a developmental model. In A Goldberg (ed.), Progress in Self Psychology, Vol. 1 (pp. 33-42). New York: Guilford Press.
Basch MF (1976) Psychoanalysis and communication science. Annals of Psychoanalysis 4: 385-421.
Bateman A (1997) The concept of enactment and 'thick-skinned' and 'thin-skinned' narcissism. International Journal of Psychoanalysis.
Bateman A, Fonagy P (1999) The effectiveness of partial hospitalization in the treatment of borderline personality disorder - a randomised controlled trial. American Journal of Psychiatry 156: 1563-69.

Bateman A, Fonagy P (2001) Treatment of borderline personality disorder with psychoanalytically oriented partial hospitalization: an 18-month follow-up. American Journal of Psychiatry 158(1): 36-42.

Bates E, Benigni L, Bretherton I, Camaioni L, Volterra V (1979) Cognition and communication from 9-13 months: correlational findings. In E Bates (ed.), The Emergence of Symbols: Cognition and Communication in Infancy. New York: Academic Press.

Bates J, Maslin C, Frankel K (1985) Attachment security, mother-child interactions, and temperament as predictors of behavior problem ratings at age three years. In I Bretherton, E Waters (eds), Growing Points in Attachment Theory and Research (pp. 167-93) Monographs of the Society for Research in Child Development, 50. (1-2, Serial No. 209).

Beardslee W, Bemporad J, Keller MB, Klerman GL (1983). Children of parents with a major affective disorder: a review. American Journal of Psychiatry 140: 825-32.

Bechara A, Tranel D, Damasio H, Adolphs R, Rockland C, Damasio A (1995) Double dissociation of conditioning and declarative knowledge relative to the amygdala and hippocampus in humans. Science 29: 1115-18.

Beck AT (1967) Depression: Causes and Treatment. Philadelphia: University of Pennsylvania Press.

Beck AT (1976) Cognitive Therapy and the Emotional Disorders. New York: International Universities Press/Meriden.

Beck AT, Freeman A (1990) Cognitive Therapy of Personality Disorders. New York: Guilford Press.

Beck AT, Ward CH, Mendelson M, Mock J, Erbaugh J (1961) An inventory for measuring depression. Archives of General Psychiatry 4: 561-71.

Beebe B, Lachmann F, Jaffe J (1997) Mother-infant interaction structures and presymbolic self and object representations. Psychoanalytic Dialogues 7: 113-82.

Bell MB, Billington R, Cicchetti D (1988) Do object relations deficits distinguish BPD from other diagnostic groups? Journal of Clinical Psychology 44: 511-16.

Belsky J (1993) Etiology of child maltreatment: a developmental-ecological analysis. Psychological Bulletin 114: 413-34.

Belsky J (1999) Interactional and contextual determinants of attachment security. In J Cassidy, PR Shaver (eds), Handbook of Attachment: Theory, Research and Clinical Applications (pp. 249-64). New York: Guilford.

Belsky J, Rovine M, Taylor DG (1984) The Pennsylvania Infant and Family Development Project. III: The origins of individual differences in mother-infant attachment: Maternal and infant contributions. Child Development 55: 718-28.

Benedek T (1959) Parenthood as a developmental phase. Journal of the American Psychoanalytic Association 7: 389-417.

Benjamin J (1988) The Bonds of Love: Psychoanalysis, Feminism and the Problem of Domination. London: Virago.

Benjamin J (1995) Like Subjects, Love Objects. New Haven, CT: Yale University Press.

Benjamin J (1998) The Shadow of the Other: Intersubjectivity and Gender in Psychoanalysis. New York: Routledge.

Bennett I, Hellman I (1951) Psychoanalytic material related to observations in early development. Psychoanalytic Study of the Child 6: 307-24.

Benoit D, Parker K (1994) Stability and transmission of attachment across three generations. Child Development 65: 1444-57.

Benvenuto B, Kennedy R (1986) The Works of Jacques Lacan: An Introduction. London: Free Association Books.

Berelowitz M, Tarnopolsky A (1993) The validity of borderline personality disorder: an updated review of recent research. In P Tyrer, G Stein (eds), Personality Disorder Reviewed. London: Gaskell, Royal College of Psychiatrists.

Berger RJ (1963) Experimental modification of dream content by meaningful verbal stimuli. British Journal of Psychiatry 109: 722-40.

Bergmann MS, Jucovy, ME (eds) (1982) Generations of the Holocaust. New York: Columbia University Press.

Berman AL, Jobes, DA (1995) Suicide prevention in adolescents (age 12-18): a population perspective. Suicide and Life-threatening Behavior 25: 143-54.

Berridge KC, Robinson T (1995) The mind of an addicted brain: neural sensitization of wanting versus liking. Current Directions in Psychological Science 4: 71-6.

Bertenthal BI, Proffit DR, Spetner NB, Thomas MA (1985) The development of infant sensitivity to biomechanical motions. Child Development 56: 531-43.

Bever T (1968) Associations to stimulus-response theories of language. In TR Dixon, DL Horton (eds), Verbal Behavior and General Behavior Theory. Englewood Cliffs, NJ: Prentice-Hall.

Bibring E (1947) The so-called English School of psychoanalysis. Psychoanalytic Quarterly 16: 69-93.

Bibring GL, Dwyer TF, Huntington DS, Vallenstein AF (1961) A study of the psychological processes in the pregnancy and earliest mother-child relationship. The Psychoanalytic Study of the Child 16: 9-72.

Bick E (1964) Notes on infant observation in psychoanalytic training. International Journal of Psycho-Analysis 45: 558-66.

Bidell TR, Fischer KW (1994) Developmental transitions in children's early on-line planning. In MM Haith, JB Benson, RJ Roberts, BF Pennington (eds), Development of Future-oriented Processes. Chicago, IL: University of Chicago Press.

Bion WR (1955) Language and the schizophrenic. In M Klein, P Heimann, R Money-Kyrle (eds), New Directions of Psychoanalysis (pp. 220-39). London: Tavistock Publications.

Bion WR (1957) Differentiation of the psychotic from the non-psychotic personalities. International Journal of Psychoanalysis 38: 266-75.

Bion WR (1959) Attacks on linking. International Journal of Psychoanalysis 40: 308-15.

Bion WR (1962a) Learning from Experience. London: Heinemann.

Bion WR (1962b). A theory of thinking. International Journal of Psychoanalysis 43, 306-10.

Bion WR (1963) Elements of Psycho-analysis. London: Heinemann.

Bion WR (1967a) Notes on memory and desire. Psychoanalytic Forum 2: 272-3, 279-80.

Bion WR (1967b) Second Thoughts. London: Heinemann.

Bion WR (1970) Attention and Interpretation. London: Tavistock.

Blair RJR (1995) A cognitive developmental approach to morality: investigating the psychopath. Cognition 57: 1-29.

Blanck G, Blanck R (1979) Ego Psychology, Vol. 2. Psychoanalytic Developmental Psychology. New York: Columbia University Press.

Blatt SJ (1995) Representational structures in psychopathology. In D Cicchetti, SL Toth (eds), Rochester Symposium on Developmental Psychopathology: Volume 6. Emotion, Cognition and Representation (pp. 1-33). Rochester, NY: University of Rochester Press.

Blatt, SJ, Behrends RS (1987) Internalization, separation-individuation, and the nature of therapeutic action. International Journal of Psycho-Analysis 68: 279-97.

Blatt SJ, Bers SA (1993) The sense of self in depression: a psychodynamic perspective. In ZV Segal, SJ Blatt (eds), Self Representation and Emotional Disorders: Cognitive and Psychodynamic Perspectives (pp. 171-210). New York: Guilford.

Blatt SJ, Blass RB (1990) Attachment and separateness: a dialectical model of the products and processes of development throughout the life cycle. Psychoanalytic Study of the Child 45: 107-27.

Blatt SJ, Blass RB (1996). Relatedness and self definition: a dialectic model of personality development. In GG Noam, KW Fischer (eds), Development and Vulnerabilities in Close Relationships (pp. 309-8). New York: Erlbaum.

Blatt SJ, Auerbach JS, Aryan M (1998) Representational structures and the therapeutic process. In RF Bornstein, JM Masling (eds), Empirical Studies of Psychoanalytic Theories: Vol. 8. Empirical Investigations of the Therapeutic Hour (pp. 63-107). Washington: The American Psychological Association.

Blatt SJ, Brenneis CB, Schimek JG, Glick M (1976) Normal development and psychopathological impairment of the concept of the object on the Rorschach. Journal of Abnormal Psychology 85, 364-73.

Blatt SJ, Quinlan DM, Pilkonis PA, Shea MT (1995) Impact of perfectionism and need for approval on the brief treatment of depression: The National Institute of Mental Health Treatment of Depression Collaborative Research Program revisited. Journal of Consulting and Clinical Psychology 63: 125-32.

Blatt SJ, Stayner D, Auerbach JS, Behrends RS (1996) Change in object and self representations in long-term, intensive, inpatient treatment of seriously disturbed adolescents and young adults. Psychiatry: Interpersonal and Biological Processes 59: 82-107.

Blatt SJ, Ford RQ, Berman W, Cook B, Meyer R (1988) The assessment of change during the intensive treatment of borderline and schizophrenic young adults. Psychoanalytic Psychology 5: 127-58.

Blatt SJ, Zuroff DC, Bondi CM, Sanislow CA, Pilkonis PA (1998) When and how perfectionism impedes the brief treatment of depression: further analyses of the National Institute of Mental Health treatment of depression collaborative research program. Journal of Consulting and Clinical Psychology 66: 423-8.

Blos P (1962) On Adolescence: A Psychoanalytic Interpretation. New York: Free Press.

Blum HP (1982). Theories of the self and psychoanalytic concepts: discussion. Journal of the American Psychoanalytic Association 30: 959-78.

Blum HP (ed.) (1986) Defense and Resistance: Historical Perspectives and Current Concepts. New York: International Universities Press.

Blum HP (1994) Reconstruction in Psychoanalysis. New York: International Universities Press.

Boccia M, Campos JJ (1989) Maternal emotional signals, social referencing, and infants' reactions to strangers. New Directions for Child Development 44: 24-9.

Boesky D (1988) The concept of psychic structure. Journal of the American Psychoanalytic Association 36 (Suppl.): 113-5.

Boesky D (1989) A discussion of evidential criteria for therapeutic change. In A Rothstein (ed.), How Does Treatment Help? Models of Therapeutic Action of Psychoanalytic Therapy (pp. 171-80). Madison, CT: International Universities Press.

Bogdan RJ (1997) Interpreting minds. Cambridge, MA: MIT Press.

Bogdan RJ (2001) Minding Minds. Cambridge, MA: MIT Press.

Bolland J, Sandler J (1965) The Hampstead Psychoanalytic Index. New York: International Universities Press.
Bollas C (1987) The Shadow of the Object: Psychoanalysis of the Unthought Known. New York: Columbia University Press.
Bollas C (1989) Forces of Destiny: Psychoanalysis and Human Idiom. London: Free Association Books.
Bornstein RF, Masling JM (1985) Orality and latency of volunteering to serve as experimental subjects: a replication. Journal of Personality Assessment 49: 306-10.
Bouvet M (1958) Technical variations and the concept of distance. International Journal of Psycho-Analysis 39: 211-21.
Bower TR (1989) The Rational Infant: Learning in Infancy. New York: WH Freeman.
Bowers KS, Schacter DL (1990) Implicit memory and test awareness. Journal of Experimental Psychology: Learning, Memory, and Cognition 16: 404-16.
Bowlby J (1944) Forty-four juvenile thieves: their characters and home life. International Journal of Psycho-Analysis 25: 19-52.
Bowlby J (1951) Maternal Care and Mental Health. WHO Monograph Series, No. 2. Geneva: WHO.
Bowlby J (1956) The growth of independence in the young child. Royal Society of Health Journal 76: 587-91.
Bowlby J (1958) The nature of the child's tie to his mother. International Journal of Psycho-Analysis 39: 350-73.
Bowlby J (1960) Grief and mourning in infancy and early childhood. Psychoanalytic Study of the Child 15: 3-39.
Bowlby J (1969) Attachment and Loss, Vol. 1: Attachment. London: Hogarth Press and the Institute of Psycho-Analysis.
Bowlby J (1973) Attachment and Loss, Vol. 2: Separation: Anxiety and Anger. London: Hogarth Press and Institute of Psycho-Analysis.
Bowlby J (1979) The making and breaking of affectional bonds. British Journal of Psychiatry 130: 201-10, 421-31.
Bowlby J (1980) Attachment and Loss, Vol. 3: Loss: Sadness and Depression. London: Hogarth Press and Institute of Psycho-Analysis.
Bowlby J (1987) Attachment. In R Gregory (ed.), The Oxford Companion to the Mind (pp. 57-8). Oxford: Oxford University Press.
Bradley C (1997) Generativity-stagnation: development of a status model. Developmental Review 17: 262-90.
Brandschaft B, Stolorow RD (1987) The borderline concept: an intersubjective view. In JS Grotstein, JA Lang (eds), The Borderline Patient: Emerging Concepts in Diagnosis, Psychodynamics and Treatment (pp. 103-26). Hillsdale, NJ: The Analytic Press.
Bremner JD, Vermetten E (2001) Stress and development: behavioral and biological consequences. Development and Psychopathology 13: 473-89.
Bremner JD, Licinio J, Darnell A, Krystal JH, Nemeroff CB, Owens M, Charney DF (1997). Elevated CSF corticotropin-releasing factor concentrations in posttraumatic stress disorder. American Journal of Psychiatry 154: 624-9.
Brenneis CB (1994) Belief and suggestion in the recovery of memories of childhood sexual abuse. Journal of the American Psychoanalytic Association 42: 1027-53.
Brenner C (1959) The masochistic character: genesis and treatment. Journal of the American Psychoanalytic Association 7: 197-226.
Brenner C (1979) The components of psychic conflict and its consequences in mental life. Psychoanalytic Quarterly 48: 547-67.

Brenner C (1982) The Mind in Conflict. New York: International Universities Press.
Brenner C (1987) Working through: 1914-1984. The Psychoanalytic Quarterly 56: 68-108.
Brenner C (1994) The mind as conflict and compromise formation. Journal of Clinical Psychoanalysis 3: 473-88.
Brentano F (1924) Psychologie vom Empirischen Standpunkt. Leipzig: O. Kraus.
Bresleau N, Schultz I, Peterson E (1995) Sex differences in depression: a role for pre-existing anxiety. Psychiatric Research 58: 1-12.
Bretherton I (1985) Attachment theory: retrospect and prospect. Monographs of the Society for Research in Child Development 50(1-2): 3-35.
Bretherton I (1991) Pouring new wine into old bottles: the social self as internal working model. In MR Gunnar, LA Sroufe (eds), Self Processes and Development: Minnesota Symposia on Child Psychology (Vol. 23, pp. 1-41). Hillsdale, NJ: Lawrence Erlbaum Associates.
Bretherton I, Bates E, Benigni L, Camaioni L, Volterra V (1979) Relationships between cognition, communication, and quality of attachment. In E Bates, L Benigni, I Bretherton et al. (eds), The Emergence of Symbols. (pp. 223-69). New York: Academic Press.
Bretherton K, Munholland KA (1999) Internal working models in attachment relationships: a construct revisited. In J Cassidy, PR Shaver (eds), Handbook of Attachment: Theory, Research and Clinical Applications (pp. 89-114). New York: Guilford.
Breuer J, Freud S (1895) Studies on Hysteria. London: Hogarth Press.
Brewin CR, Andrews B, Gotlib IH (1993) Psychopathology and early experience: a reappraisal of retrospective reports. Psychological Bulletin 113: 82-98.
Bricker DC, Young JE (1993) A Client's Guide to Schema-Focused Cognitive Therapy. New York: Cognitive Therapy Center of New York.
Britton R (1989) The missing link: parental sexuality in the Oedipus complex. In R Britton, M Feldman, E O'Shaughnessy, J Steiner (eds), The Oedipus Complex Today: Clinical Implications (pp. 83-102). London: Karnac.
Britton R (1992) The Oedipus situation and the depressive position. In R Anderson (ed.), Clinical Lectures on Klein and Bion (pp. 34-45). London: Routledge.
Brockman B, Poynton A, Ryle A, Watson JP (1987) Effectiveness of time-limited therapy carried out by trainees: comparison of two methods. British Journal of Psychiatry 151: 602-9.
Brody S, Axelrad S (1978) Mothers, Fathers, and Children: Explorations in the Formation of Character in the First Seven Years. New York: International University Press.
Bromberg PM (1998) Standing in the Spaces. Hillsdale, NJ: The Analytic Press.
Bronstein C (2001) Kleinian Theory: A Contemporary Perspective. London: Whurr Publishers.
Brown D, Scheflin AW, Hammond DC (1998) Memory, Trauma Treatment and the Law: An Essential Reference on Memory for Clinicians, Researchers, Attorneys, and Judges. New York, NY: WW Norton & Co.
Brown GR, Anderson B (1991) Psychiatric morbidity in adult inpatients with childhood histories of sexual and physical abuse. American Journal of Psychiatry 148: 55-61.
Brown GW (1998) Loss and depressive disorders. In BP Dohrenwend (ed.), Adversity, Stress and Psychopathology. New York: Oxford University Press.
Brown GW, Harris TO (1978) Social Origins of Depression: A Study of Psychiatric Disorders in Women. London: Tavistock.
Brown GW, Harris TO (1989) Life Events and Illness. London: Unwin Hyman.

Brown GW, Harris TO, Bifuloc A (1986) Long-term effects of early loss of parent. In M Rutter, CE Izard, PB Read (eds), Depression in Young People: Developmental and Clinical Perspectives (pp. 251-96). New York: Guilford.
Brown GW, Harris TO, Hepworth C (1995) Loss, humiliation and entrapment among women developing depression: a patient and non-patient comparison. Psychological Medicine 25, 7-21.
Bruer JT (1999) The Myth of the First Three Years: A New Understanding of Early Development and Lifelong Learning. New York: Free Press.
Bruner J (1990) Acts of Meaning. Cambridge: Harvard University Press.
Bryant P (1986) Theories about the causes of cognitive development. In PLC v Geert (ed.), Theory Building in Developmental Psychology. Amsterdam: Elsevier Science Publishers BV (North-Holland).
Bucci W (1997a) Patterns of discourse in 'good' and troubled hours: a multiple code theory. Journal of the American Psychoanalytic Association 45: 155-87.
Bucci W (1997b) Psychoanalysis and Cognitive Science: A Multiple Code Theory. New York: Guilford Press.
Bucci W, Miller N (1993) Primary process: a new formulation and an analogue measure. In N Miller, L Luborsky, J Barber, J Docherty (eds), Psychodynamic Treatment Research (pp. 381-406). New York: Basic Books.
Buhle MJ (1998) Feminism and Its Discontents: A Century of Struggle with Psychoanalysis. Cambridge, MA: Harvard University Press.
Buie DH, Adler G (1982) Definitive treatment of the borderline personality. International Journal of Psychoanalytic Psychotherapy 9: 51-87.
Burke W (1992) Countertransference disclosure and the asymmetry/mutuality dilemma. Psychoanalytic Dialogues 2: 241-71.
Burland JA (1986) The vicissitudes of maternal deprivation. In RF Lax (eds.), Self and Object Constancy: Clinical and Theoretical Perspectives (pp. 324-7). New York: Guilford Press.
Burlingham D (1952) Twins: A Study of Three Pairs of Identical Twins. New York: International Universities Press.
Burlingham D, Barron AT (1963) A study of identical twins: their analytic material compared with existing observation data of their early childhood. Psychoanalytic Study of the Child 18: 367-423.
Bus AG, van IJzendoorn, MH (1992) Patterns of attachment in frequently and infrequently reading mother-child dyads. Journal of Genetic Psychology 153: 395-403.
Buss DM (1995) Evolutionary psychology: a new paradigm for psychological science. Psychological Inquiry 6: 1-30.
Butterworth GE (1991) The ontogeny and phylogeny of joint visual attention. In A Whiten (ed.), Natural Theories of Mind. Oxford: Basil Blackwell.
Byrne CP, Velamoor VR, Cernovsky ZZ, Cortese L, Losztyn S (1990) A comparison of borderline and schizophrenic patients for childhood live events and parent-child relationships. Canadian Journal of Psychiatry, 35, 590-5.
Call JD (1984). From early patterns of communication to the grammar of experience and syntax in infancy. In JD Call, E Galenson, RL Tyson (eds), Frontiers of Infant Psychiatry (pp. 15-29). New York: Basic Books.
Campbell K (1982) The psychotherapy relationship with borderline personality disorder. Psychotherapy: Theory, Practice and Research 19: 166-93.

Campbell SB, Shaw DS, Gilliom M (2000) Early externalizing behavior problems: toddlers and preschoolers at risk of later maladjustment. Development and Psychopathology 12: 467-88.

Campos JJ, Barrett KC, Lamb ME, Goldsmith HH, Stenberg C (1983) Socioemotional development. In MM Haith, JJ Campos (eds), Infancy and Developmental Psychobiology (4th edn, Vol. 2, pp. 783-915). New York: Wiley.

Camras LA, Sachs VB (1991) Social referencing and caretaker expressive behavior in a day care setting. Infant Behavior and Development 14: 27-36.

Caper R (1988) Immaterial Facts. Northvale, NJ: Jason Aronson.

Carlson EA (1998) A prospective longitudinal study of attachment disorganization/disorientation. Child Development 69: 1107-28.

Carlson J, Cicchetti D, Barnett D, Braunwald KG (1989) Finding order in disorganization: lessons from research on maltreated infants' attachments to their caregivers. In D Cicchetti, V Carlson (eds), Child Maltreatment: Theory and Research on the Causes and Consequences of Child Abuse and Neglect (pp. 494-528). Cambridge: Cambridge University Press.

Carlson SM, Moses LJ (2001) Individual differences in inhibitory control and children's theory of mind. Child Development 72: 1032-53.

Carlsson E, Sroufe LA (1995) Contribution of attachment theory to developmental psychopathology. In D Cicchetti, DJ Cohen (eds), Developmental Psychopathology. Vol. 1: Theory and Methods (pp. 581-617). New York: Wiley.

Carlsson V, Cicchetti D, Barnett D, Braunwald K (1989) Disorganised/disoriented attachment relationships in maltreated infants. Developmental Psychology 25:525-31.

Casement P (1985) On Learning from the Patient. London: Tavistock.

Casement P (1990) Further Learning From the Patient: The Analytic Space and Progress. London: Routledge.

Caspi A, Moffitt T (1993). When do individual differences matter? A paradoxical theory of personality coherence. Psychological Inquiry 4, 247-71.

Caspi A, Moffitt T (1995) The continuity of maladaptive behavior: from description to understanding in the study of antisocial behavior. In D Cicchetti, D Cohen (eds), Developmental Psychopathology, Vol 2: Risk, Disorder, and Adaption (pp. 472-511). New York: Wiley.

Cassidy J, Shaver PR (eds) (1999) Handbook of Attachment: Theory, Research and Clinical Applications. New York: Guilford.

Cassidy J, Kirsh SJ, Scolton KL, Parke RD (1996). Attachment and representations of peer relationships. Developmental Psychology 32: 892-904.

Cattell RB (1957) Personality and Motivation Structure and Measurement. Yonkers, NY: New World.

Cavell M (1994) The Psychoanalytic Mind. Cambridge, MA: Harvard University Press.

Champion LA, Goodall GM, Rutter M (1995) Behavioral problems in childhood and stressors in early adult life: a 20 year follow-up of London school children. Psychological Medicine 25, 231-46.

Chasseguet-Smirgel J. (ed.) (1970) Female Sexuality. Ann Arbor, MI: University of Michigan Press.

Chisolm K (1998) A three year follow-up of attachment and indiscriminate friendliness in children adopted from Russian orphanages. Child Development 69: 1092-1106.

Chodorow N (1978) Reproduction of Mothering. Berkeley, CA: University of California Press.

Chodorow N (1989) Feminism and Psychoanalytic Theory. Cambridge: Polity Press.

Chomsky N (1968) Language and Mind. New York: Harcourt, Brace and World.
Churchland PS., Ramachandran VS, Sejnowski TJ (1994) A critique of pure vision. In C Koch, JL Davis (eds), Large-Scale Neuronal Theories of the Brain (pp. 23-60). Cambridge, MA: MIT Press.
Cicchetti D (1989) Developmental psychopathology: some thoughts on its evolution. Development and Psychopathology 1: 1-4.
Cicchetti D (1990a) An historical perspective on the discipline of developmental psychopathology. In J Rolf, A Masten, D Cicchetti, S Weintraub (eds), Risk Protective Factors in the Development of Psychopathology (pp. 2-28). New York: Cambridge University Press.
Cicchetti D (1990b) The organization and coherence of socioemotional, cognitive, and representational development: illustrations through a developmental psychopathology perspective on Down syndrome and child maltreatment. In R Thompson (ed.), Socioemotional Development. Nebraska Symposium on Motivation (pp. 259-79). Lincoln, NB: University of Nebraska Press.
Cicchetti D, Barnett D (1991) Attachment organization in preschool aged maltreated children. Development and Psychopathology 3: 397-411.
Cicchetti D, Cohen DJ (1995a) Developmental Psychopathology, Vols 1 and 2. New York: John Wiley & Sons.
Cicchetti D, Cohen DJ (1995b) Perspectives on developmental psychopathology. In D Cicchetti, DJ Cohen (eds), Developmental Psychopathology, Vol. 1: Theory and Methods (pp. 3-23). New York: John Wiley & Sons.
Cicchetti D, Cummings EM, Greenberg MT, Marvin RS (1990) An organizational perspective on attachment beyond infancy. In D Cicchetti, MT Greenberg, EM Cummings (eds), Attachment in the Preschool Years: Theory, Research, and Intervention (pp. 3-49). Chicago, IL: University of Chicago Press.
Cicchetti D, Rogosch FA, Lynch M, Holt AD (1993) Resilience in maltreated children: processes leading to adaptive outcome. Development and Psychopathology 5: 629-47.
Cierpka M, Bucheim P, Freyberger HJ et al. (1995). Die erste Version einer Operationalisierten Psychodynamischen Diagnostik (OPD-1). Psychotherapeutics 40: 69-78.
Clark HH (1983) Language use and language users. In G Lindzey, E Aronson (eds), Handbook of Social Psychology (pp. 179-231). Reading, MA: Addison-Wesley.
Clarkin J (2001). Borderline personality disorder, mind and brain: a psychoanalytic perspective. Paper presented at the Plenary Presentation, 7th IPA Research Training Program, London, 10 August 2001.
Clarkin JF, Lenzenweger MF (1996) Major Theories of Personality Disorder. New York: Guilford.
Clarkin JF, Kernberg OF, Yeomans F (1999) Transference-Focused Psychotherapy for Borderline Personality Disorder Patients. New York, NY: Guilford Press.
Clarkin JF, Yeomans F, Kernberg OF (1998) Psychodynamic Psychotherapy of Borderline Personality Organization: A Treatment Manual. New York: Wiley.
Clarkin JF, Foelsch PA, Levy KN, Hull JW, Delaney JC, Kernberg OF (2001). The development of a psychodynamic treatment for patients with borderline personality disorder: a preliminary study of behavioral change. Journal of Personality Disorders 15: 487-95.
Clyman RB (1991) The procedural organization of emotions: a contribution from cognitive science to the psychoanalytic theory of therapeutic action. Journal of the American Psychoanalytic Association 39 (Supplement): 349-82.

Cohen DJ (1995) Psychosocial therapies for children and adolescents: overview and future directions. Journal of Abnormal Child Psychology 23: 141-56.

Cohen DJ, Towbin KE, Mayes L, Volkmar F (1994) Developmental psychopathology of multiplex developmental disorder. In SL Friedman, HC Haywood (eds), Developmental Follow-Up: Concepts, Domains and Methods (pp. 155-82). New York: Academic Press.

Cohn JF, Campbell SB (1992) Influence of maternal depression on infant affect regulation. In D Cicchetti, S Toth (eds), Rochester Symposium on Developmental Psychopathology: Vol. 4. A Developmental Approach to Affective Disorders (pp. 103-30). Rochester, NY: University of Rochester Press.

Cohn JF, Tronick EZ (1983) Three-month-old infants' reaction to simulated maternal depression. Child Development 54: 185-90.

Cohn JF, Tronick EZ (1988) Mother-infant interaction: Influence is bidirectional and unrelated to periodic cycles in either partner's behavior. Developmental Psychology 24: 386-92.

Cohn JF, Campbell SB, Matias R, Hopkins J (1990) Face-to-face interactions of postpartum depressed and nondepressed mother-infant pairs at 2 months. Developmental Psychology 26: 15-23.

Coie JD, Dodge KA (1998) Aggression and antisocial behavior. In W Damon (ed.), Handbook of Child Psychology (5th ed.): Vol. 3. Social, Emotional, and Personality Development (pp. 779-862). New York: Wiley.

Cole DA, Martin JM, Powers B, Truglio R (1996) Modelling causal relations between academic and social competence and depression: A multitrait-multimethod longitudinal study. Journal of Abnormal Psychology 105: 505-14.

Cole DA, Peeke LG, Martin JM, Truglio R, Seroczynski AD (1998) A longitudinal look at the relation between depression and anxiety in children and adolescents. Journal of Consulting and Clinical Psychology 66: 451-60.

Collins NL, Read SJ (1990) Adult attachment, working models and relationship quality in dating couples. Journal of Personality and Social Psychology 58: 644-63.

Collins NR, Read SJ (1994) Representations of attachment: the structure and function of working models. In K Bartholomew, D Perlman (eds), Advances in Personal Relationships Vol 5: Attachment Process in Adulthood (pp. 53-90). London: Jessica Kingsley Publishers.

Colvin CR, Block J, Funder DC (1995) Overly positive self-evaluations and personality: negative implications for mental health. J Pers Soc Psychol, 68(6): 1152-62.

Compton A (1981) On the psychoanalytic theory of instinctual drives: Part IV, Instinctual drives and the ego-id-superego model. Psychoanalytic Quarterly 50: 363-92.

Cooley CH (1964) Human Nature and the Social Order (revised edition). New York: Shocken Books (original work published 1902).

Cooper AM (1985) A historical review of psychoanalytic paradigms. In A Rothstein (ed.), Models of the Mind: Their Relationships to Clinical Work (pp. 5-20). New York: International Universities Press.

Cooper AM (1988) Our changing views of the therapeutic action of psychoanalysis: comparing Strachey and Loewald. Psychoanalytic Quarterly 57: 15-27.

Coplan JD, Andrews MW, Rosenblum LA, Owens MJ, Friedman S, Gorman JM, Nemeroff CB (1996) Persistent elevations of cerebrospinal fluid concentrations of corticotropin-releasing factor in adult nonhuman primates exposed to early life stressors: Implications for the pathophysiology of mood and anxiety disorders. Proceedings of the National Academy of Sciences 93: 1619-23.

Cowen EL, Wyman PA, Work WC, Parker GR (1990) The Rochester Child Resilience Project: overview and summary of first year findings. Development and Psychopathology 2: 193-212.
Cowmeadow P (1994) Deliberate self-harm and cognitive analytic therapy. International Journal of Short-Term Therapy 9: 135-50.
Craik K (1943) The Nature of Explanation. Cambridge: Cambridge University Press.
Crews F (1993) The Unknown Freud. New York Review of Books, November 18
Crews F (1995) The Memory Wars: Freud's Legacy in Dispute. London: Granta Books.
Crews F (1996) The verdict on Freud. Psychological Science 7:63-7.
Crick F, Koch C (2000) The unconscious homunculus. Neuro-psychoanalysis 2(1):3-11.
Crick NR, Dodge KA (1994) A review and reformulation of social information-processing mechanisms in children's social adjustment. Psychological Bulletin 115: 74-101.
Crits-Christoph P, Cooper A, Luborsky L. (1988). The accuracy of therapists' interpretations and the outcome of dynamic psychotherapy. Journal of Consulting and Clinical Psychology 56: 490-5.
Crittenden PM (1988) Relationships at risk. In J Belsky, T Nezworski (eds), Clinical Implications of Attachment (pp. 136-74). Hillsdale, NJ: Erlbaum.
Crittenden PM (1990) Internal representational models of attachment relationships. Infant Mental Health Journal 11: 259-77.
Crittenden PM (1994) Peering into the black box: an exploratory treatise on the development of self in young children. In D Cicchetti, SL Toth (eds), Disorders and Dysfunctions of the Self. Rochester Symposium on Developmental Psychopathology, Vol 5 (pp. 79-148). Rochester, NY: University of Rochester Press.
Crittenden PM, Ainsworth MDS (1989) Childhood maltreatment and attachment theory. In D Cicchetti, V Carlson (eds), Childhood Maltreatment: Theory and Research on the Causes and Consequences of Child Abuse and Neglect (pp. 432-63). Cambridge: Cambridge University Press.
Crittenden PM, DiLalla D (1988) Compulsive compliance: the development of an inhibitory coping strategy in infancy. Journal of Abnormal Child Psychology 16: 585-99.
Cummings EM, Cicchetti D (1990) Towards a transactional model of relations between attachment and depression. In D Cicchetti, MT Greenberg, EM Cummings (eds), Attachment in the Preschool Years: Theory, Research, and Intervention (pp. 339-72). Chicago, IL: University of Chicago Press.
Cummings EM, Davies PT (1994) Maternal depression and child development. Journal of Child Psychology and Psychiatry 35: 73-112.
Cummings EM, Zahn-Waxler C (1992) Emotions and the socialization of aggression: adults' angry behavior and children's arousal and aggression. In A Fraczek, H Zumkley (eds), Socialization and Aggression (pp. 61-84). New York and Heidelberg: Springer.
Damasio A (1999) The Feeling of What Happens: Body and Emotion in the Making of Consciousness. New York: Harcourt Brace.
Davidson D (1987) Knowing one's own mind. Proceedings and Addresses of the American Philosophical Association 60: 441-57.
Davidson M, Reichenberg A, Rabinowitz J, Weiser M, Kaplan Z, Mark M (1999) Behavioral and intellectual markers for schizophrenia in apparently healthy male adolescents. American Journal of Psychiatry 156: 1328-35.
Davidson R (1992) Emotion and affective style: hemispheric substrates. Psychological Science 3: 39-43.

Davies JM (1998) Between the disclosure and foreclosure of erotic transference-countertransference: can psychoanalysis find a place for adult sexuality? Psychoanalytic Dialogues 8: 747-66.
Davies JM, Frawley MG (1994) Treating the Adult Survivor of Childhood Sexual Abuse: A Psychoanalytic Perspective. New York: Basic Books.
Davies PT, Cummings EM (1995) Marital conflict and child adjustment: an emotional security hypothesis. Psychological Bulletin 116: 387-411.
Davies PT, Cummings EM (1998) Exploring children's security as a mediator of the link between marital relations and child adjustment. Child Development 69: 124-39.
Deater-Deckard K, Fulker DW, Plomin R (1999) A genetic study of the family environment in the transition to early adolescence. Journal of Child Psychology and Psychiatry 40: 769-95.
DeBellis MD (2001) Developmental traumatology: the psychobiological development of maltreated children and its implications for research, treatment, and policy. Development and Psychopathology 13: 539-64.
DeCasper AJ, Carstens AA (1981) Contingencies of stimulation: effects on learning and emotion in neonates. Infant Behavior and Development 4: 19-35.
DeCasper AJ, Fifer WP (1980) Of human bonding: newborns prefer their mothers' voices. Science 208: 1174-76.
Demos EV (1989) Resiliency in infancy. In TF Dugan, R Coles (eds), The Child in Our Times (pp. 3-22). New York: Brunner-Mazel.
Dennett DC (1983) Styles of mental representation, Proceedings of the Aristotelian Society (pp. 213-26). London: Aristotelian Society.
Dennett DC, Haugeland JC (1987) Intentionality. In RL Gregory (ed.), The Oxford Companion to the Mind. Oxford: Oxford University Press.
Derogatis LR (1983) SCL-90-R: Administration, Scoring and Procedures – Manual II. Baltimore, MD: Clinical Psychometrics Research Inc.
Deutsch H (1942) Some forms of emotional disturbance and their relationship to schizophrenia. Psychoanalytic Quarterly 11: 301-21.
De Wolff MS, van IJzendoorn MH (1997) Sensitivity and attachment: a meta-analysis on parental antecedents of infant attachment. Child Development 68: 571-91.
Diamond A, Blatt SJ, Stayner D, Kaslow N (1991) Self-other Differentiation of Object Representations. Unpublished research manual: Yale University.
Dias MG, Harris PL (1990) The influence of the imagination on reasoning by young children. British Journal of Developmental Psychology 8: 305-18.
Diekstra RFW (1995) Depression and suicidal behaviors in adolescence: sociocultural and time trends. In M Rutter (ed.), Psychosocial Disturbances in Young People. Cambridge: Cambridge University Press.
Dixon NF (1981) Preconscious Processing. Chichester: Wiley.
Dodge K (1990) Developmental psychopathology in children of depressed mothers. Developmental Psychology 26: 3-6.
Doi T (1973) Anatomy of Dependence. Tokyo: Kodansha International Press.
Doidge N (2001) Introduction to Jeffery: why psychoanalysts have low mortality rates. Journal of the American Psychoanalytic Association 49: 97-102.
Dossman R, Kutter P, Heinzel R, Wurmser, L. (1997). The long-term benefits of intensive psychotherapy: a view from Germany. Psychoanalytic Inquiry, Special Supplement, Extended Dynamic Psychotherapy: Making the Case in the Era of Managed Care.
Downey G, Coyne JC (1990). Children of depressed parents: an integrative review. Psychological Bulletin 108: 50-76.

Dozier M (1990) Attachment organization and treatment use for adults with serious psychopathological disorders. Development and Psychopathology 2: 47-60.

Dozier M, Kobak R (1992) Psychophysiology in attachment interviews: converging evidence for deactivating strategies. Child Development 63:1473-80.

Dozier, M, Stovall KC, Albus KE (1999) Attachment and psychopathology in adulthood. In J Cassidy, PR Shaver (eds), Handbook of Attachment: Theory, Research and Clinical Applications (pp. 497-519). New York: Guilford.

Dozier M, Stevenson AI, Lee SW, Velligan DI (1991) Attachment organization and familiar overinvolvement for adults with serious psychopathological disorders. Development and Psychopathology 3: 475-89.

Dührssen A (1972) Analytische Psychotherapie in Theorie, Praxis und Ergebnissen. Göttingen: Vandenhoek and Ruprecht.

Duignan I, Mitzman SF (1994) Measuring individual change in patients receiving time-limited cognitive analytic therapy. International Journal of Time-Limited Psychotherapy 9: 151-60.

Dunkeld J, Bower TG (1980) Infant response to impending optical collision. Perception 9: 549-54.

Eagle MN (1984) Recent Developments in Psychoanalysis: A Critical Evaluation. Cambridge, MA: Harvard University Press.

Eagle MN (1997) Attachment and psychoanalysis. British Journal of Medical Psychology 70: 217-29.

Eagle MN (1998) The relationship between attachment theory and psychoanalysis. Paper presented at the Annual American Psychological Association Convention, Washington, DC.

Eagle MN (1999) Attachment research and theory and psychoanalysis. Paper presented at the Psychoanalytic Association of New York, November 15 1999.

Eaves LJ, Silberg JL, Meyer JM, Maes HH, Simonoff E, Pickles A, Rutter M, Neale MC, Reynolds CA, Erikson MT, Heath AC, Loeber R, Truett KR, Hewitt JK (1997). Genetics and developmental psychopathology: 2. The main effects of genes and environment on behavioral problems in the Virginia Twin Study of Adolescent Behavioral Development. J Child Psychol Psychiatry 38(8): 965-80.

Edelman GM (1987). Neural Darwinism: The Theory of Neuronal Group Selection. New York: Basic Books.

Edelman GM (1992) Bright Air, Brilliant Fire. New York: Basic Books.

Edgcumbe R (2000) Anna Freud: A View of Development, Disturbance and Therapeutic Techniques. London: Routledge.

Edgcumbe R, Burgner M (1973) Some problems in the conceptualisation of early object relationships: Part I: The concepts of need satisfaction and need-satisfying relationships. Psychoanalytic Study of the Child 27: 283-314.

Eggert LL, Thompson EA, Herting JR, Nicholas LJ (1995) Reducing suicide potential among high-risk youth: tests of a school-based prevention program. Suicide and Life-Threatening Behavior 25: 276-96.

Ehrenberg D (1993) The Intimate Edge. New York: Norton.

Eisenberg N, Fabes RA, Guthrie IK, Reiser M (2000) Dispositional emotionality and regulation: their role in predicting quality of social functioning. Journal of Personality and Social Psychology 78: 136-57.

Eisenberg N, Guthrie IK, Fabes RA, Shephard SA, Losoya SH, Murphy BC, Jones S, Poulin R, Reiser M (2000) Prediction of elementary school children's externalizing problem behaviors from attentional and behavioral regulation and negative emotionality. Child Development 71: 1367-82.

Ekecrantz L, Rudhe L (1972) Transitional phenomena: frequency, forms and functions of specially loved objects. Acta Psychiatry Scandinavia 48: 261-73.

Elicker J, Englund M, Sroufe LA (1992) Predicting peer competence and peer relationships in childhood from early parent-child relationships. In R Parke, G Ladd (eds), Family-Peer Relationships: Modes of Linkage (pp. 77-106). Hillsdale, NJ: Erlbaum.

Elkin I (1994) The NIMH treatment of depression collaborative research program: where we began and where we are. In AE Bergin, SL Garfield (eds), Handbook of Psychotherapy and Behavior Change (pp. 114-39). New York: Wiley.

Elmhirst S (1980) Transitional objects in transition. International Journal of Psycho-Analysis 61: 367-73.

Emde RN (1980a) Emotional availability: a reciprocal reward system for infants and parents with implications for prevention of psychosocial disorders. In PM Taylor, F Orlando (eds), Parent-Infant Relationships (pp. 87-115). New York: Grune & Stratton.

Emde RN (1980b) Toward a psychoanalytic theory of affect: Part 1, The organizational model and its propositions. In SI Greenspan, GH Pollock (eds), The Course of Life: Infancy and Early Childhood (pp. 63-83). Washington, DC: DHSS.

Emde RN (1980c) Toward a psychoanalytic theory of affect: Part II, Emerging models of emotional development in infancy. In SI Greenspan, GH Pollock (eds), The Course of Life: Infancy and Early Childhood (pp. 85-112). Washington, DC: DHSS.

Emde RN (1981) Changing models of infancy and the nature of early development: remodelling the foundation. Journal of the American Psychoanalytic Association 29: 179-219.

Emde RN (1983) Pre-representational self and its affective core. The Psychoanalytic Study of the Child 38: 165-92.

Emde RN (1988a) Development terminable and interminable II. Recent psychoanalytic theory and therapeutic considerations. International Journal of Psycho-Analysis 69: 283-6.

Emde RN (1988b) Development terminable and interminable. I. Innate and motivational factors from infancy. International Journal of Psycho-Analysis 69: 23-42.

Emde RN (1990) Mobilizing fundamental modes of development: empathic availability and therapeutic action. Journal of the American Psychoanalytic Association 38: 881-913.

Emde RN, Robinson JA (2000) Guiding principles for a theory of early intervention: a developmental-psychoanalytic perspective. In SJ Meisels, JP Shonkoff (eds), Handbook of Early Childhood Intervention, 2nd edn. New York: Cambridge University Press.

Emde RN, Spicer P (2000) Experience in the midst of variation: new horizons for development and psychopathology. Development and Psychopathology 12(3): 313-32.

Engel GL (1971) Attachment behavior, object relations and the dynamic point of view: a critical review of Bowlby's Attachment and Loss. International Journal of Psycho-Analysis 52:183-96.

Erdelyi MH (1985) Psychoanalysis: Freud's Cognitive Psychology. New York: WH Freeman.

Erickson MF, Sroufe LA, Egeland B (1985) The relationship between quality of attachment and behavior problems in preschool in a high-risk sample. Monographs of the Society for Research in Child Development 50(1-2): 147-66.

Erikson EH (1950) Childhood and Society. New York: Norton.

Erikson EH (1956) The problem of ego identity. Identity and the Life Cycle (pp. 104-64). New York: International Universities Press, 1959.
Erikson EH (1959) Identity and the Life Cycle. New York: International Universities Press.
Etchegoyen H (1991) The Fundamentals of Psychoanalytic Technique. London: Karnac.
Eysenck HJ (1952) The effects of psychotherapy: an evaluation. Journal of Consulting Psychology 16: 319-24.
Fagot BI, Kavanagh K (1990) The prediction of antisocial behavior from avoidant attachment classifications. Child Development 61: 864-73.
Fairbairn WRD (1940) Schizoid factors in the personality. An Object-Relations Theory of the Personality. New York: Basic Books, 1952.
Fairbairn WRD (1944) Endopsychic structure considered in terms of object-relationships. International Journal of Psycho-Analysis 25: 60-93.
Fairbairn WRD (1952a) An Object-Relations Theory of the Personality. New York: Basic Books, 1954.
Fairbairn WRD (1952b) Psychoanalytic Studies of the Personality. London: Tavistock.
Fairbairn WRD (1954) Observations on the nature of hysterical states. British Journal of Medical Psychology 29: 112-27.
Fairbairn WRD (1958) On the nature and aims of psychoanalytical treatment. International Journal of Psycho-Analysis 39: 374-85.
Fairbairn WRD (1963) Synopsis of an object-relations theory of the personality. International Journal of Psycho-Analysis 44: 224-5.
Fairburn CG (1994) Interpersonal psychotherapy for bulimia nervosa. In GL Klerman, MM Weissman (eds), New Application of Interpersonal Psychotherapy (pp. 353-78). New York: Guilford Press.
Fantz R (1963) Pattern vision in newborn infants. Science 140: 296-7.
Farrington DP, Barnes GC, Lambert S (1996) The concentration of offending in families. Legal and Criminological Psychology, 1, 47-63.
Fazio R, Jackson JR, Dunton B, Williams CJ (1995) Variability in automatic activation as an unobtrusive measure of racial attitudes: a bona fide pipeline? Journal of Personality and Social Psychology 69: 1013-27.
Feinman S (1991) Social Referencing and the Social Construction of Reality in Infancy. New York: Plenum Press.
Feiring C, Lewis M (1996) Finality in the eye of the beholder: multiple sources, multiple time points, multiple paths. Development and Psychopathology 8: 721-33.
Fendrich M, Warner V, Weissman MM (1990) Family risk factors, parental depression, and psychopathology in offspring. Developmental Psychology 26: 40-50.
Fenichel O (1941) Problems of Psychoanalytic Technique. New York: Psychoanalytic Quarterly.
Fenichel O (1945) The Psychoanalytic Theory of Neurosis. New York and London: Norton and Routledge.
Ferenczi S (1913) Stages in the development of the sense of reality. First Contributions to Psycho-Analysis (pp. 213-44). London: Karnac Books, 1980.
Ferenczi S (1930) Notes and Fragments, II. New York: Basic Books, 1952.
Fergusson DM, Lynskey MT, Horwood LJ (1993) The effect of maternal depression on maternal ratings of child behavior. Journal of Abnormal Child Psychology 21:245-69.
Field T (1987a) Affective and interactive disturbances in infants. In JD Osofsky (ed.), Handbook of Infant Development (Vol. 2, pp. 972-1005). New York: John Wiley.

Field T (1987b) Interaction and attachment in normal and atypical infants. Journal of Consulting and Clinical Psychology 55: 853-9.
Field T (1989) Maternal depression effects on infant interaction and attachment behavior. In D Cicchetti (ed.), Rochester Symposium on Developmental Psychopathology, Vol.1: The Emergence of a Discipline (pp. 139-63). Hillsdale, NJ: Erlbaum.
Field T (1992) Infants of depressed mothers. Development and Psychopathology 4:49-6.
Field T, Healy B, Goldstein S, Guthertz M (1990) Behavior-state matching and synchrony in mother-infant interactions of nondepressed vs. depressed dyads. Developmental Psychology 26: 7-14.
Field T, Healy B, Goldstein S, Perry S, Bendell D, Schanberg S, Zimmerman E, Kuhn C (1988) Infants of depressed mothers show 'depressed' behavior even with nondepressed adults. Child Development 59: 1569-79.
Fiscalini J, Mann CH, Stern DB (1995) Handbook of Interpersonal Psychoanalysis. Hillsdale, NJ: The Analytic Press.
Fischer KW, Ayoub C (1994) Affective splitting and dissociation in normal and maltreated children: developmental pathways for self in relationships. In D Cicchetti, SL Toth (eds), Rochester Symposium on Developmental Psychopathology: Vol. 5. Disorders and Dysfunctions of the Self (pp. 149-222). Rochester, NY: University of Rochester Press.
Fisher C, Byrne J, Edwards A, Karn E (1970) The psychophysiological study of nightmares. Journal of the American Psychoanalytic Association 18: 747-82.
Fisher S (1973) The Female Orgasm. New York: Basic Books.
Fisher S, Greenberg R (1977) The Scientific Credibility of Freud's Theories and Therapy. Brighton: Harvester Press.
Fisher S, Greenberg R (1996) Freud Scientifically Reappraised: Testing the Theories and Therapy. New York: John Wiley & Sons, Inc.
Fivush R, Haden C, Reese E (1996) Autobiographical knowledge and autobiographical memories. In DC Rubin (ed.), Remembering our Past: Studies in Autobiographical Memory (pp. 341-59). New York: Cambridge University Press.
Flament MF, Rapaport JL (1984) Childhood obsessive compulsive disorders. In TR Insel (ed.), New Findings in Obsessive Compulsive Disorder (pp. 24-43). Washington, DC: American Psychiatric Press.
Flament MF, Whitaker A, Rapaport JL (1988) Obsessive compulsive disorder in adolescence: an epidemiological study. Journal of the American Academy of Child and Adolescent Psychiatry 27: 764-71.
Fleming J (1975) Some observations on object constancy in the psychoanalysis of adults. Journal of the American Psychoanalytic Association 23: 743-59.
Foa EB, Kozak MJ (1986) Emotional processing of fear: exposure to corrective information. Psychological Bulletin 99: 20-35.
Fodor JA, Pylyshyn ZW (1988). Connectionism and cognitive architecture: a critical analysis. Cognition 28: 3-71.
Fodor JA, Bever T, Garrett MF (1974) The Psychology of Language. New York: McGraw-Hill.
Fogel GI (1989) The authentic function of psychoanalytic theory: an overview of the contributions of Hans Loewald. Psychoanalytic Quarterly 58: 419-51.
Fonagy P (1991) Thinking about thinking: some clinical and theoretical considerations in the treatment of a borderline patient. International Journal of Psycho-Analysis 72:1-18.

Fonagy P (1995a) Mental representations from an intergenerational cognitive science perspective. Infant Mental Health Journal 15: 57-68.
Fonagy P (1995b) Playing with reality: the development of psychic reality and its malfunction in borderline patients. International Journal of Psycho-Analysis 76: 39-44.
Fonagy P. (1996a) The future of an empirical psychoanalysis. British Journal of Psychotherapy 13: 106-18.
Fonagy P (1996b) Irrelevance of infant observations. Journal of the American Psychoanalytic Association 44: 404-22.
Fonagy P (1997) Attachment and theory of mind: overlapping constructs? Association for Child Psychology and Psychiatry Occasional Papers 14: 31-40.
Fonagy P (1999a) Achieving evidence-based psychotherapy practice: a psychodynamic perspective on the general acceptance of treatment manuals. Clinical Psychology: Science and Practice 6: 442-4.
Fonagy P (1999b) Memory and therapeutic action (guest editorial). International Journal of Psycho-Analysis 80: 215-23.
Fonagy P, Higgitt A (1984) Personality Theory and Clinical Practice. London and New York: Methuen.
Fonagy P, Moran GS (1991) Studies of the efficacy of child psychoanalysis. Journal of Consulting and Clinical Psychology 58: 684-95.
Fonagy P, Target M (1995) Understanding the violent patient: the use of the body and the role of the father. International Journal of Psycho-Analysis 76: 487-502.
Fonagy P, Target M (1996a) Playing with reality: I. Theory of mind and the normal development of psychic reality. International Journal of Psycho-Analysis 77: 217-33.
Fonagy P, Target M (1996b) Predictors of outcome in child psychoanalysis: a retrospective study of 763 cases at the Anna Freud Centre. Journal of the American Psychoanalytic Association 44: 27-77.
Fonagy P, Target M (1996c) Psychodynamic developmental therapy for children: a contemporary application of child psychoanalysis. In ED Hibbs, PS Jensen (eds), Psychosocial Treatment Research with Children and Adolescents. Washington, DC: National Institutes of Health and the American Psychological Association.
Fonagy P, Target M (1997) Perspectives on the recovered memories debate. In J Sandler, P Fonagy (eds), Recovered Memories of Abuse: True or False? (pp. 183-216). London: Karnac Books.
Fonagy P, Target M (2000) Playing with reality III: The persistence of dual psychic reality in borderline patients. International Journal of Psychoanalysis 81(5): 853-74.
Fonagy P, Moran GS, Target M (1993) Aggression and the psychological self. International Journal of Psycho-Analysis 74: 471-85.
Fonagy P, Redfern S, Charman T (1997) The relationship between belief-desire reasoning and a projective measure of attachment security (SAT). British Journal of Developmental Psychology 15, 51-61.
Fonagy P, Steele H, Steele M (1991) Maternal representations of attachment during pregnancy predict the organization of infant-mother attachment at one year of age. Child Development 62: 891-905.
Fonagy P, Target M, Gergely G (2000) Attachment and borderline personality disorder: a theory and some evidence. Psychiatric Clinics of North America 23: 103-22.
Fonagy P, Gergely G, Jurist E, Target M (2002). Affect Regulation and Mentalization: Developmental, Clinical and Theoretical Perspectives. New York: Other Press.

Fonagy P, Edgcumbe R, Moran GS, Kennedy H, Target M (1993) The roles of mental representations and mental processes in therapeutic action. The Psychoanalytic Study of the Child 48: 9-48.

Fonagy P, Edgcumbe R, Target M, Miller J, Moran G (unpublished manuscript). Contemporary Psychodynamic Child Therapy: Theory and Technique.

Fonagy P, Miller J, Edgcumbe R, Target M, Kennedy H (1993) The Hampstead Manual of Psychodynamic Therapy for Children.

Fonagy P, Moran GS, Edgcumbe R, Kennedy H, Target M (1993). The roles of mental representations and mental processes in therapeutic action. The Psychoanalytic Study of the Child 48: 9-48.

Fonagy P, Steele H, Moran GS, Steele M, Higgitt A (1991) The capacity for understanding mental states: the reflective self in parent and child and its significance for security of attachment. Infant Mental Health Journal 13: 200-17.

Fonagy P, Steele M, Moran GS, Steele M, Higgitt A (1992) The integration of psychoanalytic theory and work on attachment: the issue of intergenerational psychic processes. In D Stern, M Ammaniti (eds), Attaccamento e Psiconalis (pp. 19-30). Bari, Italy: Laterza.

Fonagy P, Steele M, Moran GS, Steele M, Higgitt A (1993) Measuring the ghost in the nursery: an empirical study of the relation between parents' mental representations of childhood experiences and their infants' security of attachment. Journal of the American Psychoanalytic Association 41: 957-89.

Fonagy P, Steele M, Steele H, Higgitt A, Target M (1994). Theory and practice of resilience. Journal of Child Psychology and Psychiatry 35: 231-57.

Fonagy P, Kachele H, Krause R, Jones E, Perron R, Lopez L (1999) An Open Door Review of Outcome Studies in Psychoanalysis. London: International Psychoanalytical Association.

Fonagy P, Steele M, Steele H, Leigh T, Kennedy R, Mattoon G Target M (1995) Attachment, the reflective self, and borderline states: the predictive specificity of the Adult Attachment Interview and pathological emotional development. In S Goldberg, R Muir, J Kerr (eds), Attachment Theory: Social, Developmental and Clinical Perspectives (pp. 233-78). New York: Analytic Press.

Fonagy P, Leigh T, Steele M, Steele H, Kenndy R, Mattoon G, Target M, Gerber A (1996). The relation of attachment status, psychiatric classification, and response to psychotherapy. Journal of Consulting and Clinical Psychology 64: 22-31.

Ford ME (1979) The construct validity of egocentrism. Psychological Bulletin 86: 1169-89.

Forehand R, Lautenschlager GJ, Faust J, Graziano WG (1986) Parent perceptions and parent-child interactions in clinic-referred children: a preliminary investigation of the effects of maternal depressive moods. Behavior Research and Therapy 24: 73-5.

Fosbury JA (1994). Cognitive analytic therapy with poorly controlled type I diabetic patients. Paper presented at the European Association for the Study of Diabetes, Dusseldorf, Germany, September 27- October 1.

Foulkes D (1978) A Grammar of Dreams. New York: Basic Books.

Fraiberg S (1969) Libidinal object constancy and mental representation. The Psychoanalytic Study of the Child 24: 9-47.

Fraiberg S (1980) Clinical Studies in Infant Mental Health. New York: Basic Books.

Fraiberg S (1982) Pathological defenses in infancy. Psychoanalytic Quarterly 51: 612-35.

Fraiberg SH, Adelson E, Shapiro V (1975) Ghosts in the nursery: a psychoanalytic approach to the problem of impaired infant-mother relationships. Journal of the American Academy Child Psychiatry 14: 387-422.

Francis DD, Caldji C, Champagne F, Plotsky PM, Meaney MJ (1999) The role of corticotropine-releasing factor-norepinephrine systems in mediating the effects of early experience on the development of behavioral and endocrine responses to stress. Biological Psychiatry 46: 1153-66.

Frank E, Kupfer DJ, Wagner EF, McEachrn AB, Cornes C (1991) Efficacy of interpersonal therapy as a maintenance treatment of recurrent depression. Archives of General Psychiatry 48: 1053-59.

Frank J (1956) Contribution to scientific proceedings, reported by LL Robbins. Journal of the American Psychoanalytic Association 4: 561-2.

Free K (1988) Transitional object attachment and creative activity in adolescence. In PC Horton, H Gewirtz, KJ Kreutter (eds), The Solace Paradigm: An Eclectic Search for Psychological Immunity (pp. 145-58). Madison, CT: International Universities Press.

Freedman N, Hoffenberg JD, Vorus N, Frosch A (1999) The effectiveness of psychoanalytic psychotherapy: the role of treatment duration, frequency of sessions, and the therapeutic relationship. Journal of the American Psychoanalytic Association 47: 741-72.

Freud A (1926) Four lectures on child analysis, The Writings of Anna Freud, Vol. 1 (pp. 3-69). New York: International Universities Press.

Freud A (1936) The Ego and the Mechanisms of Defence. New York: International Universities Press, 1946.

Freud A (1941-45) Reports on the Hampstead Nurseries. The Writings of Anna Freud. New York: International Universities Press, 1974.

Freud A (1949) On certain difficulties in the pre-adolescent's relation to his parents. The Writings of Anna Freud (Vol. 4, pp. 489-97). New York: International Universities Press.

Freud A (1954) The widening scope of indications for psychoanalysis: discussion. Journal of the American Psychoanalytical Association 2: 607-20.

Freud A (1955) The concept of the rejecting mother. The Writings of Anna Freud (pp. 586-602). New York: International University Press, 1968.

Freud A (1958) Adolescence. The Psychoanalytic Study of the Child 13: 255-78.

Freud A (1960) Discussion of Dr. Bowlby's paper (Grief and mourning in infancy and early childhood), The Writings of Anna Freud (pp. 167-86). New York: International University Press, 1969.

Freud A (1962) Assessment of childhood disturbances. The Psychoanalytic Study of the Child 17: 149-58.

Freud A (1963) The concept of developmental lines. The Psychoanalytic Study of the Child 18: 245-65.

Freud A (1965) Normality and Pathology in Childhood. Harmondsworth: Penguin Books.

Freud A (1969) Adolescence as a developmental disturbance. The Writings of Anna Freud (Vol. 7, pp. 39-47). New York: International Universities Press.

Freud A (1970a) The symptomatology of childhood: a preliminary attempt at classification. The Writings of Anna Freud: Vol 7 Psychoanalytic Psychology of Normal Development 1970-1980 (pp. 157-88). London: Hogarth Press and the Institute of Psychoanalysis.

Freud A (1970b) The Writings of Anna Freud: Vol 8 Psychoanalytic Psychology of Normal Development 1970-1980. London: Hogarth Press and the Institute of Psychoanalysis.

Freud A (1974) A psychoanalytic view of developmental psychopathology. The Writings of Anna Freud, 8 (pp. 119-36). New York: International Universities Press, 1981.

Freud A (1976) Changes in Psychoanalytic Practice and Experience. New York: International University Press, 1981.

Freud A (1978) The principal task of child analysis. The Writings of Anna Freud (Vol. 8, pp. 96-109). New York: International Universities Press, 1981.

Freud A (1981a) Child analysis as the study of mental growth, normal and abnormal. The Writings of Anna Freud (Vol. 8, pp. 315-30). New York: International Universities Press, 1981.

Freud A (1981b) The concept of developmental lines: their diagnostic significance. The Psychoanalytic Study of the Child 36: 129-36.

Freud A (1983) Problems of pathogenesis: introduction to the discussion. The Psychoanalytic Study of the Child 38: 383-8.

Freud A, Burlingham D (1944) Infants without Families. New York: International Universities Press.

Freud A, Burlingham D (1974) Reports on the Hampstead nurseries. Infants without Families and Reports on the Hampstead Nurseries 1939-1945 (pp. 3-540). London: Hogarth.

Freud S (1895) Project for a scientific psychology. In J Strachey (ed.), The Standard Edition of the Complete Psychological Works of Sigmund Freud (Vol. 1, pp. 281-93). London: Hogarth Press.

Freud S (1900) The interpretation of dreams. In J Strachey (ed.), The Standard Edition of the Complete Psychological Works of Sigmund Freud (Vol. 4, 5, pp. 1-715). London: Hogarth Press.

Freud S (1901) The psychopathology of everyday life. In J Strachey (ed.), The Standard Edition of the Complete Psychological Works of Sigmund Freud (Vol. 6, pp. 1-190). London: Hogarth Press.

Freud S (1904a) Freud's psycho-analytic procedure. In J Strachey (ed.), The Standard Edition of the Complete Psychological Works of Sigmund Freud (Vol. 7, pp. 247-54). London: Hogarth Press.

Freud S (1904b) Freud's psychoanalytic procedure. In J Strachey (ed.), The Standard Edition of the Complete Psychological Works of Sigmund Freud (Vol. 7, pp. 247-54). London: Hogarth Press.

Freud S (1905a) Fragment of an analysis of a case of hysteria. In J Strachey (ed.), The Standard Edition of the Complete Psychological Works of Sigmund Freud (Vol. 7, pp. 7-122). London, UK: Hogarth Press.

Freud S (1905b) Jokes and their relation to the unconscious. In J Strachey (ed.), The Standard Edition of the Complete Psychological Works of Sigmund Freud (Vol. 8, pp. 1-236). London: Hogarth Press.

Freud S (1905c) On psychotherapy. In J Strachey (ed.), The Standard Edition of the Complete Psychological Works of Sigmund Freud (Vol. 7, pp. 255-68). London: Hogarth Press.

Freud S (1905d) Three essays on the theory of sexuality. In J Strachey (ed.), The Standard Edition of the Complete Psychological Works of Sigmund Freud (Vol. 7, pp. 123-230). London: Hogarth Press.

Freud S (1906) My views on the part played by sexuality in the aetiology of the neuroses. In J Strachey (ed.), The Standard Edition of the Complete Psychological Works of Sigmund Freud (Vol. 7, pp. 269-80). London: Hogarth Press.

Freud S (1908a) Character and anal eroticism. In J Strachey (ed.), Standard Edition of the Complete Works of Sigmund Freud (Vol. 9 pp. 167-175). London: Hogarth Press.

Freud S (1908b). 'Civilized' sexual morality and modern nervous illness. In J Strachey (ed.), The Standard Edition of the Complete Psychological Works of Sigmund Freud (Vol. 9, pp. 177-204). London: Hogarth Press.

Freud S (1909) Analysis of a phobia in a five-year-old boy. In J Strachey (ed.), The Standard Edition of the Complete Psychological Works of Sigmund Freud (Vol. 10, pp. 1-147). London: Hogarth Press.

Freud S (1911a). Formulations on the two principles of mental functioning. In J Strachey (ed.), The Standard Edition of the Complete Psychological Works of Sigmund Freud (pp. 67-104). London: Hogarth Press.

Freud S (1911b) Psycho-Analytic notes upon an autobiographical account of a case of paranoia (Dementia Paranoides). In J Strachey (ed.), The Standard Edition of the Complete Psychological Works of Sigmund Freud (Vol. 12 pp. 3-82). London: Hogarth Press.

Freud S (1912a) The dynamics of transference. In J Strachey (ed.), The Standard Edition of the Complete Psychological Works of Sigmund Freud (Vol 12 pp. 97-109). London: Hogarth Press and the Institute of Psycho-Analysis.

Freud S (1912b) A note on the unconscious in psycho-analysis. In J Strachey (ed.), The Standard Edition of the Complete Psychological Works of Sigmund Freud (Vol. 12, pp. 257-66). London: Hogarth Press and the Institute of Psycho-Analysis.

Freud S (1912c) Recommendations to physicians practising psychoanalysis. In J Strachey (ed.), The Standard Edition of the Complete Psychological Works of Sigmund Freud (Vol. 12, pp. 109-20). London: Hogarth Press.

Freud S (1913a) The disposition to obsessional neurosis. In J Strachey (ed.), The Standard Edition of the Complete Psychological Works of Sigmund Freud (Vol. 12 pp. 317-326). London: Hogarth Press.

Freud S (1913b) On beginning treatment. In J Strachey (ed.), The Standard Edition of the Complete Psychological Works of Sigmund Freud (Vol. 12, pp. 121-44). London: Hogarth Press.

Freud S (1913c) Totem and taboo. In J Strachey (ed.), The Standard Edition of the Complete Psychological Works of Sigmund Freud (Vol. 13 pp. 1-161). London: Hogarth Press.

Freud S (1914) On narcissism: an introduction. In J Strachey (ed.), The Standard Edition of the Complete Psychological Works of Sigmund Freud (Vol. 14, pp. 67-104). London: Hogarth Press.

Freud S (1915a) Instincts and their vicissitudes. In J Strachey (ed.), The Standard Edition of the Complete Psychological Works of Sigmund Freud (Vol. 14, pp. 109-40). London: Hogarth Press.

Freud S (1915b) Mourning and melancholia. In J Strachey (ed.), The Standard Edition of the Complete Psychological Works of Sigmund Freud (Vol. 14, pp. 237-258). London: Hogarth Press.

Freud S (1915c) Repression. In J Strachey (ed.), The Standard Edition of the Complete Psychological Works of Sigmund Freud (Vol. 14, pp. 143-58).

Freud S (1916) Introductory lectures on psycho-analysis. In J Strachey (ed.), The Standard Edition of the Complete Psychological Works of Sigmund Freud (Vols 15, 16, pp. 13-477). London: Hogarth Press.

Freud S (1916-17) Analytic therapy. Lecture XXVIII in introductory lectures on psychoanalysis. In J Strachey (ed.), The Standard Edition of the Complete Psychological Works of Sigmund Freud (Vol. 17, pp. 448-63). London: Hogarth.

Freud S (1920) Beyond the pleasure principle. In J Strachey (ed.), The Standard Edition of the Complete Psychological Works of Sigmund Freud (Vol. 18, pp. 1-64). London: Hogarth Press.

Freud S (1923) The ego and the id. In J Strachey (ed.), The Standard Edition of the Complete Psychological Works of Sigmund Freud (Vol. 19, pp. 1-59). London: Hogarth Press.

Freud S (1924a) The dissolution of the Oedipus complex. In J Strachey (ed.), The Standard Edition of the Complete Psychological Works of Sigmund Freud (Vol. 19, pp. 173-82). London: Hogarth Press.

Freud S (1924b) The loss of reality in neurosis and psychosis. In J Strachey (ed.), The Standard Edition of the Complete Psychological Works of Sigmund Freud (Vol. 19, pp. 183-90). London: Hogarth Press.

Freud S (1926) Inhibitions, symptoms and anxiety. In J Strachey (ed.), The Standard Edition of the Complete Psychological Works of Sigmund Freud (Vol. 20, pp. 77-172). London: Hogarth Press.

Freud S (1927) Fetishism. In J Strachey (ed.), The Standard Edition of the Complete Psychological Works of Sigmund Freud (Vol. 21, pp. 152-7). London: Hogarth Press.

Freud S (1930) Civilization and its discontents. In J Strachey (ed.), The Standard Edition of the Complete Psychological Works of Sigmund Freud (Vol. 21, pp. 57-146). London: Hogarth Press.

Freud S (1931a) Female sexuality. In J Strachey (ed.), The Standard Edition of the Complete Psychological Works of Sigmund Freud (Vol. 21, pp. 221-46). London: Hogarth Press.

Freud S (1931b) Libidinal types. In J Strachey (ed.), The Standard Edition of the Complete Psychological Works of Sigmund Freud (Vol. 21, pp. 215-20). London: Hogarth Press.

Freud S (1933) New introductory lectures on psychoanalysis. In J Strachey (ed.), The Standard Edition of the Complete Psychological Works of Sigmund Freud (Vol. 22, pp. 1-182). London: Hogarth Press.

Freud S (1937) Analysis terminable and interminable. In J Strachey (ed.), The Standard Edition of the Complete Psychological Works of Sigmund Freud (Vol. 23, pp. 209-53). London: Hogarth Press.

Freud S (1939) Moses and monotheism. In J Strachey (ed.), The Standard Edition of the Complete Psychological Works of Sigmund Freud (Vol. 23, pp. 3-137). London: Hogarth Press.

Freud S (1940) Splitting of the ego in the process of defense. In J Strachey (ed.), The Standard Edition of the complete Psychological Works of Sigmund Freud (Vol. 23, pp. 275-78). London: Hogarth Press.

Freud S, Breuer J (1895) Studies on hysteria. In J Strachey (ed.), The Standard Edition of the Complete Psychological Works of Sigmund Freud (Vol. 2, pp. 1-305). London: Hogarth Press.

Friedan B (1963) The Feminine Mystique. New York: Norton.

Friedlander BZ (1970) Receptive language development in infancy. Merrill-Palmer Quarterly 16: 7-51.

Friedman L (1986) An Appreciation of Hans Loewald's 'On the Therapeutic Action of Psychoanalysis'.

Friedman L (1988) The clinical polarity of object relations concepts. Psychoanalytic Quarterly 57: 667-91.
Friedman SM (1952) An empirical study of the castration and Oedipus complexes. Genetic Psychology Monographs 46: 61-130.
Frieswyk S, Colson D (1980) Prognostic considerations in the hospital treatment of borderline states: the perspective of object relations theory and the Rorschach. In J Kwawer (ed.), Borderline Phenomena and the Rorschach Test (pp. 229-56). New York: International Universities Press.
Frith CD, Frith U (1999) Interacting minds - a biological basis. Science 286(5445): 1692-95.
Fromm-Reichmann F (1948) Notes on the development of treatment of schizophrenics by psychoanalytic psychotherapy. Psychiatry 11: 263-73.
Gaddini R, Gaddini E (1970) Transitional objects and the process of individuation: a study in three different social groups. Journal of the American Academy of Child Psychiatry 9: 347-65.
Gardner RW, Holzman PS, Klein GS, Linton HB, Spence DP (1959) Cognitive Control: A Study of Individual Consistencies in Cognitive Behavior. New York: International Universities Press.
Garmezy N (1983) Stressors of childhood. In N Garmezy, M Rutter (eds), Stress, Coping, and Development in Children (pp. 43-84). Baltimore, MD: John Hopkins University Press.
Garmezy N (1985) Stress-resistant children: the search for protective factors. In JE Stevenson (ed.), Recent Research in Developmental Psychopathology. Journal of Child Psychology and Psychiatry Book. Oxford: Pergamon Press.
Garmezy N, Masten A (1991) The protective role of competence indicators in children at risk. In EM Cummings, AL Greene, KK Karraker (eds), Life-span Developmental Psychology: Perspectives on Stress and Coping (pp. 151-74). Hillsdale, NJ: Erlbaum.
Garmezy N, Masten A (1994) Chronic adversities. In M Rutter, E Taylor, L Hersov (eds), Child and Adolescent Psychiatry: Modern Approaches (pp. 191-208). Oxford: Blackwell Scientific Publications.
Garmezy N, Rutter M (1983) Stress, Coping, and Development in Children. New York: McGraw-Hill.
Gazzaniga MS (1985) The Social Brain: Discovering the Networks of the Mind. New York: Basic Books.
Ge X, Conger RD, Simmons RL (1996) Parenting behaviors and the occurrence and co-occurrence of adolescent symptoms and conduct problems. Developmental Psychology 32: 717-31.
Ge X, Best K, Conger RD, Simons RL (1996) Parenting behaviors and the occurrence and co-occurrence of adolescent symptoms and conduct problems. Developmental Psychology 32: 717-31.
Ge X, Conger RD, Cadoret R, Neiderhiser J, Yates W (1996) The developmental interface between nature and nurture: a mutual influence model of child antisocial behavior and parent behavior. Developmental Psychology 32: 574-89.
Gedo JE (1979) Beyond Interpretation. New York: International Universities Press.
Gedo JE (1980) Reflections on some current controversies in psychoanalysis. Journal of the American Psychoanalytic Association 28: 363-83.
George C, Kaplan N, Main M (1985) The Adult Attachment Interview. Unpublished manuscript, Department of Psychology, University of California at Berkeley.

Gergely G (1991) Developmental reconstructions: infancy from the point of view of psychoanalysis and developmental psychology. Psychoanalysis and Contemporary Thought 14: 3-55.

Gergely G (2001) The development of understanding of self and agency. In U Goshwami (ed.), Handbook of Childhood Cognitive Development. Oxford: Blackwell.

Gergely G, Watson J (1996) The social biofeedback model of parental affect-mirroring. International Journal of Psycho-Analysis 77: 1181-1212.

Gergely G, Watson J (1999) Early social-emotional development: contingency perception and the social biofeedback model. In P Rochat (ed.), Early Social Cognition: Understanding Others in the First Months of Life (pp. 101-37). Hillsdale, NJ: Erlbaum.

Gergely G, Nadasdy Z, Csibra G, Biro S (1995) Taking the intentional stance at 12 months of age. Cognition 56: 165-93.

Gianino AF, Tronick EZ (1988) The mutual regulation model: the infant's self and interactive regulation and coping and defensive capacities. In TM Field, PM McCabe, N Schneiderman (eds), Stress and Coping Across Development (pp. 47-68). Hillsdale, NJ: Erlbaum.

Gill MM (1976) Metapsychology is not psychology. In MM Gill, PS Holzman (eds), Psychology versus Metapsychology: Essays in Memory of George S. Klein. New York: International Universities Press.

Gill MM (1982) Analysis of Transference, Vol I: Theory and Technique. New York: International Universities Press.

Gill MM (1983) The interpersonal paradigm and the degree of the therapist's involvement. Contemporary Psychoanalysis 19: 200-37.

Gill MM (1994) Psychoanalysis in Transition: A Personal View. Hillsdale, NJ: Analytic Press.

Gill MM, Hoffman I (1982) A method for studying the analysis of aspects of the patient's experience of the relationship in psychoanalysis and psychotherapy. Journal of the American Psychoanalytic Association 30: 137-67.

Gilligan C (1982) In a Different Voice: Psychological Theory and Women's Development. Cambridge, MA: Harvard University Press.

Gilligan J (1997) Violence: Our Deadliest Epidemic and Its Causes. New York: Grosset/Putnam.

Giovacchini P (1987) The 'unreasonable' patient and the psychotic transference. In JS Grotstein, MF Solomon, JA Lang (eds), The Borderline Patient: Emerging Concepts in Diagnosis, Psychodynamics and Treatment (pp. 59-68). Hillsdale, NJ: The Analytic Press.

Gitelson M (1955) Contribution to scientific proceedings, reported by L Rangell. Journal of the American Psychoanalytic Association 3: 294-5.

Glasser M (1986) Identification and its vicissitudes as observed in the perversions. Int J Psychoanal 67 (Pt 1): 9-17.

Glover E (1924/1956) Notes on oral character formation. In E Glover (ed.), On the Oral Development of the Mind. London: Mayo.

Glover E (1945) Examination of the Klein system of child psychology. The Psychoanalytic Study of the Child 1: 75-118.

Glover E (1948) Psycho-Analysis. London and New York: Staples.

Glover E (1968) The Birth of the Ego. New York: International Universities Press.

Glover E, Fenichel O, Strachey J, Bergler E, Nunberg H, Bibring E (1937) Symposium on the theory of the therapeutic results of psycho-analysis. International Journal of Psycho-Analysis 18: 125-84.

Gold JR, Wachtel PL (1993) Cyclical psychodynamics. In J Stricker, JR Gold (eds), Comprehensive Handbook of Psychotherapy Integration (pp. 59-72). New York: Plenum Press.

Goldberg A (1978) Self Psychology: A Casebook. New York: International Universities Press.

Goldfried MR, Newman CF (1992) A history of psychotherapy integration. In JC Norcross, MR Goldfried (eds.), Handbook of Psychotherapy Integration (pp. 44-91). New York: Basic Books.

Goldsmith HH, Buss KA, Lemery KS (1997) Toddler and childhood temperament: expanded content, stronger genetic evidence, new evidence for the importance of environment. Developmental Psychopathology 33: 891-905.

Goldstein J, Freud A, Solnit AJ (1973) Beyond the Best Interests of the Child. New York: Free Press, 1979.

Goldstein J, Freud A, Solnit AJ (1979) Before the Best Interests of the Child. New York: Free Press.

Golinkoff RM, Hardig CB, Carlson V, Sexton ME (1984) The infant's perception of causal events: the distinction between animate and inanimate objects. In LP Lipsitt, C Rovee-Collier (eds), Advances in Infancy Research. Norwood, NJ: Ablex.

Goodman R, Meltzer H (1999) The Development and Well-being of Children and Adolescents in Great Britain. London: Office of National Statistics.

Goodyer IM (1995) Life events and difficulties: their nature and effects. In IM Goodyer (ed.), The Depressed Child and Adolescent: Developmental and Clinical Perspectives (pp. 171-93). Cambridge: Cambridge University Press.

Gopnik A (1993) How we know our minds: the illusion of first-person knowledge of intentionality. Behavioral and Brain Sciences 16: 1-14, 29-113.

Gopnik A, Astington JW (1988) Children's understanding of representational change and its relation to the understanding of false belief and the appearance-reality distinction. Child Development 59: 26-37.

Goschke T, Kuhl J (1993) Representations of intentions: persisting activation in memory. Journal of Experimental Psychology: Learning, Memory and Cognition 19: 1211-26.

Gray JA (1990) Brain systems that mediate both emotion and cognition. Cognition and Emotion 4: 269-88.

Green A (1975) The analyst, symbolisation and absence in the analytic setting: on changes in analytic practice and analytic experience. International Journal of Psycho-Analysis 56: 1-22.

Green A (1977) The borderline concept. A conceptual framework for the understanding of borderline patients: suggested hypotheses. In P Hartcollis (ed.), Borderline Personality Disorders (pp. 15-46). New York: International Universities Press.

Green A (1978) Potential space in psychoanalysis. In S Grolnick, L Barkin (eds), Between Reality and Fantasy (pp. 167-90). New York: Jason Aronson.

Green A (1983) The dead mother. In A Green (ed.), On Private Madness. London: Karnac.

Green A (1986) On Private Madness. London: Hogarth.

Green A (1995a) Has sexuality anything to do with psychoanalysis? International Journal of Psycho-Analysis 76: 871-83.

Green A (1995b) Propédeutique. Paris: Champvallon.

Green A (1997) Les chaînes d'Eros. Actualité. Paris: Odile Jacob.

Green A (1999a) Consilience and Rigour. Neuro-Psychoanalysis 1: 40-4.

Green A (1999b) The Fabric of Affect and Psychoanalytic Discourse. London: Routledge, Kegan & Paul.

Green A (1999c) The Work of the Negative. London: Free Association.
Green A (2000a) The central phobic position: a new formulation of free association. International Journal of Psycho-Analysis 81: 429-51.
Green A (2000b) Le temps éclaté. Paris: Minuit.
Green A (2000c) Science and science fiction in infant research. In J Sandler, A-M Sandler, R Davies (eds), Clinical and Observational Psychoanalytic Research: Roots of a Controversy (pp. 41-73). London: Karnac Books.
Green R (1985) Atypical psychosexual development. In M Rutter, L Hersov (eds), Child and Adolescent Psychiatry: Modern Approaches (pp. 638-49). Oxford: Blackwell Scientific Publications.
Greenacre P (1945) Conscience in the psychopath. American Journal of Orthopsychiatry 15: 495-509.
Greenacre P (1952) Pregenital patterning. International Journal of Psycho-Analysis 33: 410-15.
Greenacre P (ed.) (1953) Affective Disorders. New York: International Universities Press.
Greenacre P (1970) The transitional object and the fetish with special reference to the role of illusion. International Journal of Psycho-Analysis 51: 447-56.
Greenberg J (1991) Oedipus and Beyond: A Clinical Theory. Cambridge, MA: Harvard University Press.
Greenberg J (2000) The analytic participation: a new look. Journal of the American Psychoanalytic Association 49: 359-380.
Greenberg JR, Mitchell SA (1983) Object Relations in Psychoanalytic Theory. Cambridge, MA: Harvard University Press.
Greenberg MT (1999) Attachment and psychopathology in childhood. In J Cassidy, PR Shaver (eds), Handbook of Attachment: Theory, Research, and Clinical Applications (pp. 469-96). New York: Guilford.
Greenberg RP, Fisher S (1983) Freud and the female reproductive process: tests and issues. In J Masling (ed.), Empirical Studies of Psychoanalytic Theory. Hillsdale, NJ: Analytic Press.
Greenson RR (1967) The Technique and Practice of Psychoanalysis. New York: International Universities Press.
Greenwald AG, Banaj M (1995) Implicit social cognition: attitudes, self-esteem, and stereotypes. Psychological Review 102: 4-27.
Grey A, Davies M (1981) Mental health as level of interpersonal maturity. Journal of the American Academy of Psychoanalysis 9: 601-14.
Grigg DN, Friesen JD, Sheppy MI (1989) Family patterns associated with anorexia nervosa. Journal of Marital and Family Therapy 15: 29-42.
Grinker R, Werble B, Drye RC (1968) The Borderline Syndrome: A Behavioral Study of Ego Functions. New York: Basic Books.
Grolnick W, Frodi A, Bridges L (1984) Maternal control style and the mastery motivation one-year olds. Infant Mental Health Journal 5: 72-8.
Grosskurth P (1986) Melanie Klein: Her World and Her Work. New York: Knopf.
Grossmann K (1989) Avoidance as a Communicative Strategy in Attachment Relationships. Lugano, Switzerland, September 20-24.
Grossmann K, Grossmann KE, Spangler G, Suess G, Unzer L (1985) Maternal sensitivity and newborn orienting responses as related to quality of attachment in Northern Germany. In I Bretherton, E Waters (eds), Growing Points in Attachment Theory and Research. Monographs of the Society for Research in Child Development (Vol. 50 (1-2, Serial No. 209), pp. 233-56).

Grossman KE, Grossmann K, Schwan A (1986) Capturing the wider view of attachment: a reanalysis of Ainsworth's Strange Situation. In CE Izard, PB Read (eds), Measuring Emotions in Infants and Children (Vol. 2, pp. 124-71). New York: Cambridge University Press.

Grünbaum A (1984) The Foundations of Psychoanalysis: A Philosophical Critique. Berkeley, CA: University of California Press.

Grünbaum A (1992) In defense of secular humanism. Free Inquiry 12: 30-9.

Gunderson JG (1985) Borderline Personality Disorder. Washington, DC: American Psychiatric Press.

Gunderson JG (1996) The borderline patient's intolerance of aloneness: insecure attachments and therapist availability. American Journal of Psychiatry 153(6): 752-8.

Gunderson JG, Sabo A (1993) The phenomenal and conceptual interface between borderline personality disorder and PTSD. American Journal of Psychiatry 150: 19-27.

Gunderson JG, Morris H, Zanarini M (1985) Transitional objects and borderline patients. In TH McGlashan (ed.), The Borderline: Current Empirical Research. Washington, DC: American Psychiatric Press.

Guntrip H (1961) Personality Structure and Human Interaction. New York: International University Press.

Guntrip H (1969) Schizoid Phenomena, Object Relations and the Self. New York: International Universities Press.

Guntrip H (1975) My experience of analysis with Fairbairn and Winnicott. International Review of Psychoanalysis 2: 145-56.

Guntrip H (1978) Psycho-analysis and some scientific and philosophical critics. British Journal of Medical Psychology 51: 207-24.

Guthrie E, Moorey J, Margison F, Barker H, Palmer S, McGrath G, Tomenson B, Creed F (1999) Cost-effectiveness of brief psychodynamic-interpersonal therapy in high utilizers of psychiatric services. Archives of General Psychiatry 56(6): 519-26.

Hadley JL (1983) The representational system: a bridging concept for psychoanalysis and neurophysiology. International Review of Psychoanalysis 10: 13-30.

Halligan PW, Marshall JC (1991) Left neglect for near but not far space in man. Nature 350: 498-500.

Hamilton V (1993) Truth and reality in psychoanalytic discourse. International Journal of Psycho-Analysis 74: 63-79.

Hamilton V (1996) The Analyst's Preconscious. Hillsdale, NJ: The Analytic Press.

Hanley C (1978) A critical consideration of Bowlby's ethological theory of anxiety. Psychoanalytic Quarterly 47: 364-80.

Hanley C (1987) Review. The assault on truth: Freud's suppression of the seduction theory. International Journal of Psycho-Analysis 67: 517-21.

Hans SL, Marcus J, Neuchterlein KH, Asarnow RF, Styr B, Auerbach JG (1999) Neurobehavioral deficits in adolescence in children at risk for schizophrenia: The Jerusalem Infant Development Study. Archives of General Psychiatry 56: 741-8.

Hare RD, Cox DN (1987) Clinical and empirical conceptions of psychopathy, and the selection of subjects for research. In RD Hare, D Schalling (eds), Psychopathic Behavior: Approaches to Research (pp. 1-21). Toronto, Ontario: John Wiley & Sons.

Harlow HF (1958) The nature of love. American Psychologist 13: 673-8.

Harris JR (1998) The Nurture Assumption: Why Children Turn Out the Way They Do. Parents Matter Less than You Think and Peers Matter More. New York: Free Press.

Harris PL (1989) Children and Emotion: The Development of Psychological Understanding. Oxford: Basil Blackwell.
Harris PL (1994) The child's understanding of emotion: developmental change and the family environment. Journal of Child Psychology and Psychiatry 35: 3-28.
Harris PL, Kavanaugh RD (1993) Young children's understanding of pretence. Society for Research in Child Development Monographs (Serial No. 237).
Harter S (1977) A cognitive-developmental approach to children's expression of conflicting feelings and a technique to facilitate such expression in play therapy. Journal of Consulting and Clinical Psychology 45: 417-32.
Harter S (1986) Cognitive-developmental processes in the integration of concepts about emotions and the self. Social Cognition 4: 119-51.
Hartmann H (1939) Ego Psychology and the Problem of Adaptation. New York: International Universities Press, 1958.
Hartmann H (1950) Comments on the Psychoanalytic Theory of the Ego. New York: International University Press, 1964.
Hartmann H (1952) The mutual influences in the development of ego and id. Essays on Ego Psychology (pp. 155-82). New York: International University Press, 1964.
Hartmann H (1953) Contribution to the metapsychology of schizophrenia. The Psychoanalytic Study of the Child 8: 177-98.
Hartmann H (1955) Notes on the theory of sublimation. Essays on Ego Psychology (pp. 215-40). New York: International University Press, 1964.
Hartmann H, Kris E, Loewenstein R (1946) Comments on the formation of psychic structure. The Psychoanalytic Study of the Child 2: 11-38.
Hartmann H, Kris H, Loewenstein R (1949) Notes on the theory of aggression. Psychoanalytic Study of the Child 3-4: 9-36.
Hartup WW, Stevens N (1997 Friendships and adaptation in the life course. Psychological Bulletin, 121, 355-70.
Hatcher R, Krohn A (1980) Level of object representation and capacity for intense psychotherapy in neurotics and borderlines. In J Kwawer, P Lerner, A Sugarman (eds), Borderline Phenomena and the Rorschach Test. New York: International Universities Press.
Havens L (1993) Participant Observation: The psychotherapy schools in action. New York: Jason Aronson.
Hayman A (1969) What do we mean by 'id'? Journal of the American Psychoanalytic Association 17: 353-80.
Hazan C, Shaver PR (1990) Love and work: an attachment theoretical perspective. Journal of Personality and Social Psychology 59: 270-80.
Head H (1926) Aphasia and Kindred Disorders of Speech. New York: Macmillan.
Heard HL, Linehan MM (1993) Problems of self and borderline personality disorder: a dialectical behavioral analysis. In ZV Segal, SJ Blatt (eds), The Self in Emotional Distress: Cognitive and Psychodynamic Perspectives (pp. 301-25). New York and London: Guilford Press.
Hegel G (1807) The Phenomenology of Spirit. Oxford: Oxford University Press.
Heinicke CM, Ramsey-Klee DM (1986) Outcome of child psychotherapy as a function of frequency of sessions. Journal of the American Academy of Child Psychiatry 25: 247-53.
Heinicke CM, Westheimer IJ (1966) Brief Separations. New York: International Universities Press.

Hellman I (1962) Hampstead nursery follow-up studies: I. Sudden separation. Psychoanalytic Study of the Child 17: 159-74.
Hempel C (1965) Aspects of Scientific Explanation. New York: Lasalle.
Herman JL, Perry C, van der Kolk, BA (1989). Childhood trauma in borderline personality disorder. American Journal of Psychiatry 146: 490-5.
Hesse P, Cicchetti D (1982) Perspectives on an integrated theory of emotional development. New Directions for Child Development 16: 3-48.
Hewitt JK, Silberg JL, Rutter M, Simonoff E, Meyer JM, Maes H, Pickles A, Neale MC, Loeber R, Erickson MT, Kendler KS, Heath AC, Truett KR, Reynolds CA, Eaves LJ (1997) Genetics and developmental psychopathology: 1. Phenotypic assessment in the Virginia Twin Study of Adolescent Behavioral Development. J Child Psychol Psychiatry 38(8): 943-63.
Hinshelwood R (1989) A Dictionary of Kleinian Thought. London: Free Association Books.
Hirshberg L, Svejda M (1990) When infants look to their parents: II. Twelve-month-olds' response to conflicting parental emotional signals. Child Development 61: 1187-91.
Hobson JA, McCarley RW (1977) The brain as a dream state generator: an activation-synthesis hypothesis of the dream process. American Journal of Psychiatry 134: 1335-48.
Hobson RF (1985) Forms of Feeling: The Heart of Psychotherapy. New York: Basic Books.
Hofer MA (1995) Hidden regulators: implications for a new understanding of attachment, separation and loss. In S Goldberg, R Muir, J Kerr (eds), Attachment Theory: Social, Developmental, and Clinical Perspectives (pp. 203-30). Hillsdale, NJ: The Analytic Press, Inc.
Hofer MA (1996) On the nature and consequences of early loss. Psychosomatic Medicine 58: 570-81.
Hoffman IZ (1990) In the eye of the beholder: a reply to Levenson. Contemporary Psychoanalysis 26: 291-304.
Hoffman IZ (1991) Discussion: toward a social constructivist view of the psychoanalytic situation. Psychoanalytic Dialogues 1: 74-103.
Hoffman IZ (1994) Dialectic thinking and therapeutic action in the psychoanalytic process. Psychoanalytic Quarterly 63: 187-218.
Hoffman IZ (1998) Ritual and Spontaneity in the Psychoanalytic Process. Hillsdale, NJ: The Analytic Press.
Høglend P (1993) Personality disorders and long-term outcome after brief psychodynamic psychotherapy. Journal of Personality Disorders 7: 168-81.
Holmes DS (1974) Investigations of repression: differential recall of material experimentally or naturally associated with ego threat. Psychological Bulletin 81: 632-53.
Holmes J (1993a) Attachment theory: a biological basis for psychotherapy? British Journal of Psychiatry 163: 430-8.
Holmes J (1993b) John Bowlby and Attachment Theory. London: Routledge.
Holmes J (1998) Defensive and creative uses of narrative in psychotherapy: an attachment perspective. In G Roberts, J Holmes (eds), Narrative and Psychotherapy and Psychiatry (pp. 49-68). Oxford: Oxford University Press.
Holmes J (2000) Attachment theory and psychoanalysis: a rapprochement. British Journal of Psychotherapy 17: 157-80.
Holt RR (1976) Drive or Wish: A Reconsideration of the Psychoanalytic Theory of Motivation.
Hooley JM, Richters JE (1995) Expressed emotion: a developmental perspective. In D Cicchetti, SL Toth (eds), Emotion, Cognition and Representation (Vol. VI). Rochester, NY: University of Rochester Press.

Hopkins J (1992) Psychoanalysis, interpretation, and science. In J Hopkins, A Saville (eds), Psychoanalysis, Mind and Art: Perspectives on Richard Wollheim (pp. 3-34). Oxford: Blackwell.

Hornik R, Gunnar MR (1988) A descriptive analysis of infant social referencing. Child Development 59: 626-34.

Horowitz LM, Rosenberg SE, Bartholomew K (1996) Interpersonal problems, attachment styles and outcome in brief dynamic psychotherapy. Journal of Consulting and Clinical Psychology 61: 549-60.

Horowitz MJ (1986a) Stress Response Syndromes. Northvale, NJ: Jason Aronson.

Horowitz MJ (1986b) Stress-response syndromes: a review of post-traumatic and adjustment disorders. Hospital and Community Psychiatry 37: 241-9.

Horowitz MJ (1987) States of Mind: Configurational Analysis of Individual Psychology (Vol. 2). New York: Plenum.

Horowitz MJ (1988) Introduction to Psychodynamics: A New Synthesis. New York: Basic Books.

Horowitz MJ (1989) Nuances of Technique in Dynamic Psychotherapy. Northvale, NJ: Jason Aronson Inc.

Horowitz MJ (1991a) Emotionality and schematic control processes. In MJ Horowitz (ed.), Person Schemas and Maladaptive Interpersonal Patterns (pp. 413-23). Chicago, IL: University of Chicago Press.

Horowitz MJ (1991b) Person schemas. In MJ Horowitz (ed.), Person Schemas and Maladaptive Interpersonal Patterns (pp. 13-31). Chicago, IL: University of Chicago Press.

Horowitz MJ (1992) Person Schemas and Maladaptive Interpersonal Patterns. Chicago, IL: University of Chicago Press.

Horowitz MJ, Eells TD (1993) Case formulations using role-relationship model configurations: a reliability study. Psychotherapy Research 3: 57-68.

Horton PC, Gewirtz H (1988) Acquisition and termination of first solacing objects in males, females, and in a clinic and nonclinic population: implications for psychological immunity. In PC Horton, H Gewirtz, KJ Kreutter (eds), The Solace Paradigm: An Eclectic Search for Psychological Immunity (pp. 159-84). Madison, CT: International Universities Press, Inc.

Horvath AO, Simmonds BD (1991) Relation between working alliance and outcome in psychotherapy: a meta-analysis. Journal of Consulting and Clinical Psychology 38: 139-49.

Horvath AO, Gaston L, Luborsky L (1993) The therapeutic alliance and its measures. In NE Miller, L Luborsky, JP Barber, JP Docherty (eds), Psychodynamic Treatment Research: A Handbook for Clinical Practice (pp. 247-73). New York: Basic Books.

Howarth E (1980) A test of some old concepts by means of some new scales. Psychological Reports 47: 1039-42.

Howarth E (1982) Factor analytic examination of Kline's scales for psychoanalytic concepts. Personality and Individual Differences 3: 89-92.

Hughes C, Uhlmann C, Pennebaker J (1994) The body's response to processing emotional trauma: linking verbal text with automatic activity. Journal of Personality 62: 565-85.

Hughes J (1989) Reshaping the Psychoanalytic Domain. Berkeley, CA: University of California Press.

Hurry A. (ed.) (1998) Psychoanalysis and Developmental Theory. London: Karnac.

Inoue T, Tsuchiya K, Koyama T (1994) Regional changes in dopamine and serotonin activation with various intensity of physical and psychological stress in the rat brain. Pharmacology, Biochemistry and Behavior 49: 911-20.
Isaacs S (1943) The nature and function of phantasy. In M Klein, P Heimann, S Isaacs, J Riviere (eds), Developments in Psycho-Analysis (pp. 67-121). London: Hogarth Press (1952).
Izard CE (1977) Human Emotions. New York: Plenum Press.
Jacobovitz D, Hazen N (1999) Developmental pathways from infant disorganization to childhood peer relationships. In J Solomon, C George (eds), Attachment Disorganization (pp. 127-59). New York: Guilford Press.
Jacobovitz D, Hazen N, Riggs S (1997) Disorganized mental processes in mothers, frightening/frightened caregiving and disoriented/disorganized behavior in infancy. Paper presented at the Biennial Meeting of the Society for Research in Child Development, Washington, DC.
Jacobson E (1953) Contribution to the metapsychology of cyclothymic depression. In P Greenacre (ed.), Affective Disorders: Psychoanalytic Contributions to Their Study (pp. 49-83). New York: International Universities Press.
Jacobson E (1954a) Contribution to the metapsychology of psychotic identifications. Journal of the American Psychoanalytic Association 2: 239-62.
Jacobson E (1954b) The self and the object world: vicissitudes of their infantile cathexes and their influence on ideational affective development. The Psychoanalytic Study of the Child 9: 75-127.
Jacobson E (1964) The Self and the Object World. New York: International Universities Press.
Jacobson KC, Rowe DC (1999). Genetic and environmental influences on the relationships between family connectedness, school connectedness, and adolescent depressed mood: sex differences. Dev Psychol 35(4): 926-39.
Jahoda M (1972) Social psychology and psychoanalysis: a mutual challenge. Bulletin of British Psychological Society 25: 269-74.
Jeffery EH (2001) The mortality of psychoanalysts. Journal of the American Psychoanalytic Association 49: 103-11.
Jensen MR (1987) Psychobiological factors predicting the course of breast cancer. Journal of Personality 55: 317-42.
Joffe WG (1969) A critical review of the status of the envy concept. International Journal of Psychoanalysis 50: 533-45.
Joffe WG, Sandler J (1965) Notes on pain, depression, and individuation. Psychoanalytic Study of the Child 20: 394-424.
Joffe WG, Sandler J (1967) Some conceptual problems involved in the consideration of disorders of narcissism. Journal of Child Psychotherapy 2: 56-66.
Johnson AM, Szurek SA (1952) The genesis of antisocial acting out in children and adults. Psychoanalytic Quarterly 21: 323-43.
Johnson B (2001) Drug dreams: a neuropsychoanalytic hypothesis. Journal of the American Psychoanalytic Association 49: 75-96.
Johnson JG, Cohen P, Brown J et al. (1999). Childhood maltreatment increases risk for personality disorders during early adulthood. Archives of General Psychiatry 56: 600-5.
Johnson-Laird PN, Byrne RM (1993) Precis of deduction. Behavioral and Brain Sciences 16: 323-80.

Jones E (1922) Some problems of adolescence, Papers on Psycho-Analysis (pp. 389-406). Boston: Beacon Press, 1961.
Jones E (1923) Anal erotic character traits. In E Jones (ed.), Papers on Psychoanalysis. London: Baillière Tindall.
Jones EE (1993) How will psychoanalysis study itself? Journal of the American Psychoanalytic Association 41: 91-108.
Jones EE, Cumming JD, Pulos S (1993) Tracing clinical themes across phases of treatment by a Q-set. In N Miller, L Luborsky, J Barber, J Docherty (eds), Psychodynamic Treatment Research: A Handbook of Clinical Practice (pp. 14-36). New York: Basic Books.
Jones P, Rodgers B, Murray R, Marmot M (1994) Child developmental risk factors for adult schizophrenia in the British 1946 Birth Cohort. Lancet 344: 1398-1402.
Jorgensen RS, Johnson BT, Kolodziej ME, Schreer GE (1996) Elevated blood pressure and personality: a meta-analytic review. Psychological Bulletin 120: 293-320.
Joseph B (1985) Transference: the total situation. International Journal of Psychoanalysis 66: 447-54.
Joseph B (1989) Psychic Equilibrium and Psychic Change. London: Routledge.
Joyce AS, Piper WE (1993) The immediate impact of transference interpretation in short-term individual psychotherapy. American Journal of Psychotherapy 47: 508-26.
Jung CG (1912) Wandlungen und Symbole der Libido. Leipzig and Vienna: Deuticke.
Jung CG (1913) Psychology of the Unconscious. New York: Dodd, Mead, 1949.
Jung CG (1916) Psychology of the Unconscious. London: Routledge & Kegan Paul.
Jung CG (1923) Psychological Types. London: Routledge & Kegan Paul.
Kaehler ST, Singewald N, Sinner C, Thurner C, Phillipu A (2000) Conditioned fear and inescapable shock modify the release of serotonin in the locus coeruleus. Brain Research 859: 249-54.
Kagan J (1987) Psychological Research on the Human Infant: An Evaluative Summary. New York: Wiley.
Kagan J, Lemkin J (1960) The child's differential perception of parental attributes. Journal of Abnormal and Social Psychology 61:440-7.
Kandel ER (1998) A new intellectual framework for psychiatry. American Journal of Psychiatry, 155, 457-69.
Kandel ER (1999) Biology and the future of psychoanalysis: a new intellectual framework for psychiatry revisited. American Journal of Psychiatry 156: 505-24.
Kashani J, Husain A, Shekim W, Hodges K, Cytryn L, McKnew DH (1981). Current perspectives on childhood depression: an overview. American Journal of Psychiatry 38: 143-53.
Kavanagh G (1985) Changes in patients' object representations during psychoanalysis and psychoanalytic psychotherapy. Bulletin Menninger Clinic 49: 546-64.
Kazdin AE (1994) Psychotherapy for children and adolescents. In AE Bergin, SL Garfield (eds), Handbook of Psychotherapy and Behavior Change (4th edn, pp. 543-94). New York: Wiley.
Kazdin AE (2000) Psychotherapy for Children and Adolescents: Directions for Research and Practice. Oxford: Oxford University Press.
Kazdin AE, Wasser G (2000) Therapeutic changes in children, parents and families resulting from treatment of children with conduct problems. Journal of the American Academy of Child and Adolescent Psychiatry 39(4): 414-20.
Kellam SG, Van Horn YV (1997) Life course development, community epidemiology, and preventive trials: a scientific structure for prevention research. American Journal of Community Psychology 25: 177-88.

Kendler KS, Karkowski-Shuman L (1997) Stressful life events and genetic liability to major depression: genetic control of exposure to the environment? Psychological Medicine 27: 549-64.

Kendler KS, Neale MC, Kessler RC, Heath AC, Eaves LJ (1993) A longitudinal twin study of personality and major depression in women. Archives of General Psychiatry 50: 853-62.

Kendler KS, Kessler RC, Walters EE, MacClean C, Neale MC, Heath A, Eaves LJ (1995) Stressful life events, genetic liability and onset of an episode of major depression in women. American Journal of Psychiatry 152: 833-42.

Kendler KS, Neale MC, Prescott CA, Kessler RC, Heath AC, Corey LA, Eaves LJ (1996) Childhood parental loss and alcoholism in women: a causal analysis using a twin-family design. Psychological Medicine 26: 79-95.

Kennedy H (1950) Cover memories in formation. Psychoanalytic Study of the Child 5: 275-84.

Kennedy H (1979) The role of insight in child analysis. Journal of the American Psychoanalytic Association, Supplement 27: 9-28.

Kennedy H, Moran G (1991) Reflections on the aims of child psychoanalysis. The Psychoanalytic Study of the Child 46: 181-98.

Kennedy H, Yorke C (1980) Childhood neurosis v. developmental deviations: two clinical case histories. Dialogue: A Journal of Psychoanalytic Perspectives 4: 20-33.

Kernberg OF (1967) Borderline personality organization. Journal of the American Psychoanalytic Association 15: 641-85.

Kernberg OF (1969) A contribution to the ego-psychological critique of the Kleinian school. International Journal of Psycho-Analysis 50: 317-33.

Kernberg OF (1970) A psychoanalytic classification of character pathology. Journal of the American Psychoanalytic Association 18: 800-22.

Kernberg OF (1971) Prognostic considerations regarding borderline personality organization. Journal of the American Psychoanalytic Association, 19, 595-635.

Kernberg OF (1974). Toward an integrative theory of hospital treatment, Object Relations Theory and Clinical Psychoanalysis. New York: Jason Aronson.

Kernberg OF (1975). Borderline Conditions and Pathological Narcissism. New York: Jason Aronson.

Kernberg OF (1976a). Foreword. In V.D.Volkan (ed.), Primitive Internalized Object Relations (pp. xiii-xvii). New York: International Universities Press.

Kernberg OF (1976b). Object Relations Theory and Clinical Psychoanalysis. New York: Aronson.

Kernberg OF (1976c). Technical considerations in the treatment of borderline personality organisation. Journal of the American Psychoanalytic Association, 24, 795-829.

Kernberg OF (1977). The structural diagnosis of borderline personality organization. In P.Hartocollis (ed.), Borderline personality disorders: The concept, the syndrome, the patient (pp. 87-121). New York: International Universities Press.

Kernberg OF (1980a). Internal World and External Reality: Object Relations Theory Applied. New York: Aronson.

Kernberg OF (1980b). Some implications of object relations theory for psychoanalytic technique. In H.Blum (ed.), Psychoanalytic Explorations of Technique: Discourse on the Theory of Therapy (pp. 207-239). New York: International University Press.

Kernberg OF (1981) Structural interviewing. Psychiatric Clinics of North America 4: 169-95.

Kernberg OF (1982) Self, ego, affects and drives. Journal of the American Psychoanalytic Association 30: 893-917.
Kernberg OF (1984) Severe Personality Disorders: Psychotherapeutic Strategies. New Haven, CT: Yale University Press.
Kernberg OF (1987) Borderline personality disorder: a psychodynamic approach. Journal of Personality Disorders 1: 344-6.
Kernberg OF (1988) Object relations theory in clinical practice. Psychoanalytic Quarterly 57: 481-504.
Kernberg OF (1989) The narcissistic personality disorder and the differential diagnosis of antisocial behavior. Psychiatric Clinics of North America 12: 553-70.
Kernberg OF (1992) Aggression in Personality Disorders and Perversions. New Haven and London: Yale University Press.
Kernberg OF (1993) The current status of psychoanalysis. Journal of the American Psychoanalytic Association 41: 45-62.
Kernberg OF et al. (1972) Psychotherapy and psychoanalysis: final report of the Menninger Foundation Psychotherapy Research Project. Bulletin Menninger Clinic 36: 3-275.
Kernberg OF, Clarkin JF (1993) Developing a disorder-specific manual: the treatment of borderline character disorder. In NE Miller, JP Barber, JP Docherty (eds), Psychodynamic Treatment Research: A Handbook for Clinical Practice (pp. 227-46). New York: Basic Books.
Kernberg OF, Selzer MA, Koenigsberg HW, Carr AC, Appelbaum AH (1989) Psychodynamic Psychotherapy of Borderline Patients. New York: Basic Books.
Kessler RC (1997) The effects of stressful life events on depression. Annual Review of Psychology 48: 191-214.
Kestenbaum R, Farber E, Sroufe LA (1989) Individual differences in empathy among preschoolers' concurrent and predictive validity. In N Eisenberg (ed.), Empathy and Related Emotional Responses: New Directions for Child Development (pp. 51-6). San Francisco, CA: Jossey-Bass.
Khan M (1963b) The concept of cumulative trauma. The Psychoanalytic Study of the Child 18: 283-306.
Khan M (1966) The role of phobic and counter-phobic mechanisms and a separation anxiety in the schizoid character formation. International Journal of Psycho-Analysis 47: 306-13.
Khan M (1971) Infantile neurosis as a false self organization. The Privacy of the Self (1974) (pp. 219-33). New York: International Universities Press.
Khan M (1974) The Privacy of the Self. London: Hogarth Press.
Kihlstrom JF (1987) The cognitive unconscious. Science 237: 1445-52.
Kihlstrom JF, Hoyt IP (1990) Repression, dissociation, and hypnosis. In JL Singer (ed.), Repression and Dissociation (pp. 181-208). Chicago, IL: University of Chicago Press.
King P (1978) Affective response of the analyst to the patient's communications. International Journal of Psycho-Analysis 59: 329-34.
King P, Steiner R (1991) The Freud-Klein Controversies: 1941-45. London: Routledge.
King R, Noshpitz JD (1990) Pathways of Growth: Essentials of Child Psychiatry, Vol.2, Psychopathology. New York: John Wiley & Sons.
Kinsbourne M, Hicks RE (1979) Mapping cerebral functional space: competition and collaboration in human performance. In M Kinsbourne (ed.), Asymmetrical function of the brain (pp. 267-73). Cambridge: Cambridge University Press.

Klauber J (1966) An attempt to differentiate a typical form of transference in neurotic depression. International Journal of Psycho-Analysis 47: 539-45.
Klauber J (1987) Illusion and Spontaneity in Psycho-Analysis: Free Association Books.
Klein GS (1970). Perception, Motives and Personality. New York: Knopf.
Klein GS (1976a) Freud's two theories of sexuality. Psychological Issues, Monograph 36: 14-70.
Klein GS (1976b) Psychoanalytic Theory: An Exploration of Essentials. New York: International Universities Press.
Klein M (1927) Symposium on child analysis. Love, Guilt and Reparation: The Writings of Melanie Klein, Vol. I (pp. 139-69). London: Hogarth Press (1975).
Klein M (1928) Early stages of the Oedipus conflict. Love, Guilt and Reparation (1975, pp. 186-98). London: Hogarth (1975).
Klein M (1929) Infantile anxiety-situations reflected in a work of art and in the creative impulse. Contributions to Psychoanalysis, 1921-1945 (pp. 227-35). New York: McGraw-Hill, 1964.
Klein M (1930) The importance of symbol-formation in the development of the ego. Contributions to Psychoanalysis, 1921-1945. New York: McGraw-Hill, 1964.
Klein M (1931) A contribution to the theory of intellectual inhibitions. Contributions to Psychoanalysis, 1921-1945. New York: McGraw-Hill, 1964.
Klein M (1932) The Psycho-Analysis of Children. London: Hogarth Press.
Klein M (1935) A contribution to the psychogenesis of manic-depressive states. Love, Guilt and Reparation: The Writings of Melanie Klein, Vol. I (pp. 236-89). London: Hogarth Press (1975).
Klein M (1936) The psychotherapy of the psychoses. Contributions to psychoanalysis, 1921-1945. New York: McGraw-Hill, 1964.
Klein M (1937) Love, guilt and reparation. Love, Guilt and Reparation: The Writings of Melanie Klein Vol. I (pp. 306-43). New York: Macmillan, 1984.
Klein M (1940) Mourning and its relation to manic-depressive states. Love, Guilt and Reparation: The Writings of Melanie Klein Vol. I (pp. 344-69). New York: Macmillan, 1984.
Klein M (1945) The Oedipus complex in the light of early anxieties. Love, Guilt and Reparation: The Writings of Melanie Klein, Vol. I (pp. 370-419). London: Hogarth Press, 1985.
Klein M (1946) Notes on some schizoid mechanisms. In M Klein, P Heimann, S Isaacs, J Riviere (eds), Developments in Psychoanalysis (pp. 292-320). London: Hogarth Press.
Klein M (1948a) Contributions to Psycho-Analysis, 1921-1945. London: Hogarth Press.
Klein M (1948b) On the theory of anxiety and guilt. Envy and Gratitude and Other Works, 1946-1963. New York: Delacorte Press, 1975.
Klein M (1950) Contributions to Psycho-Analysis, 1921-1945. London: Hogarth Press, 1977.
Klein M (1952) The mutual influences in the development of ego and id. Envy and Gratitude and other Works, 1946-1963. New York: Delacorte Press, 1975.
Klein M (1957) Envy and gratitude. The Writings of Melanie Klein (Vol. 3, pp. 176-235). London: Hogarth Press.
Klein M (1958) On the development of mental functioning. The Writings of Melanie Klein, Vol. 3, Envy and Gratitude and other Works (pp. 236-46). London: Hogarth Press, 1975.

Klein M (1959) Our adult world and its roots in infancy. In R Money-Kyrle (ed.), The Writings of Melanie Klein (Vol. 3, pp. 247-63). London: Hogarth Press, 1975.

Klein M (1960) The narrative of a child analysis. The Writings of Melanie Klein. London: Hogarth Press.

Klein M, Heimann P, Issacs S, Riviere J (eds) (1946) Developments in Psychoanalysis. London: Hogarth Press.

Klein Milton (1981) On Mahler's autistic and symbiotic phases: an exposition and evolution. Psychoanal.Contemp.Thought 4: 69-105.

Klein R (1989) Introduction to the disorders of the self. In JF Masterson, R Klein (eds), Psychotherapy of the Disorders of the Self (pp. 30-46). New York: Brunner/Mazel.

Klerman GL, Weissman MM, Rounsaville BJ, Chevron ES (1984) Interpersonal Psychotherapy of Depression. New York: Basic Books.

Kline P (1979) Psychosexual personality traits, fixation and neuroticism. British Journal of Medical Psychology 52: 393-5.

Kline P (1981) Fact and Fantasy in Freudian Theory (2nd edn). London: Methuen.

Kline P, Storey R (1978) The dynamic personality: what does it measure? British Journal of Psychology 68: 375-83.

Kline P, Storey R (1980) The aetiology of the oral character. Journal of Genetic Psychology 136: 85-94.

Knight R (1953) Borderline states. Bulletin of the Menninger Clinic 17: 1-12.

Kobak R, Sceery A (1988) Attachment in late adolescence: working models, affect regulation and perceptions of self and others. Child Development 59: 135-46.

Kochanska G (2001) Emotional development in children with different attachment histories: the first three years. Child Development 72: 474-90.

Kochanska G, Murray KT (2000) Mother-child mutually responsive orientation and conscience development: from toddler to early school age. Child Development 71: 417-31.

Kochanska G, Coy KC, Tjebkes TL, Husarek SJ (1998) Individual differences in emotionality in infancy. Child Development 69: 375-90.

Kochanska G, Murray K, Harlan E (2000) Effortful control in early childhood: continuity and change, antecedents, and implications for social development. Developmental Psychology 36: 220-32.

Kog E, Vandereycken W (1985) Family characteristics of anorexia nervosa and bulimia: a review of the research literature. Clin. Psychol. Rev. 5: 159-80.

Kogan I (1995) The Cry of Mute Children: A Psychoanalytic Perspective of the Second Generation of the Holocaust. London: Free Association Books.

Kohlberg L, Ricks D, Snarey J (1984) Childhood development as a predictor of adaptation in adulthood. Genetic Psychology Monographs 110: 91-172.

Kohon G (1986) The British School of Psycho-analysis: The Independent Tradition. London: Free Association Books.

Kohon G (ed.) (1999) The Dead Mother: The Work of André Green. London: Routledge.

Kohut H (1959) Introspection, empathy, and psychoanalysis: an examination of the relationship between mode of observation and theory. Journal of the American Psychoanalytic Association 7: 459-83.

Kohut H (1966) Forms and transformations of narcissism. Journal of the American Psychoanalytic Association 14: 243-72.

Kohut H (1968) The psychoanalytic treatment of narcissistic personality disorders. The Psychoanalytic Study of the Child 23: 86-113.

Kohut H (1971) The Analysis of the Self. New York: International Universities Press.
Kohut H (1972) Thoughts on narcissism and narcissistic rage. The Psychoanalytic Study of the Child 27: 360-400.
Kohut H (1977) The Restoration of the Self. New York: International Universities Press.
Kohut H (1982) Introspection, empathy and the semi-circle of mental health. International Journal of Psychoanalysis 63: 395-407.
Kohut H (1984) How Does Analysis Cure? Chicago, IL: University of Chicago Press.
Kohut H, Wolf ES (1978) The disorders of the self and their treatment: an outline. International Journal of Psycho-Analysis 59: 413-26.
Kovacs M, Gatsonis C, Paulauskas SL, Richards C (1989) Depressive disorders in childhood IV. A longitudinal study of comorbidity with and risk for anxiety disorders. Archives of General Psychiatry 46: 776-82.
Kramer S (1979) The technical significance and application of Mahler's separation-individuation theory. Journal of the American Psychoanalytic Association 27: 241-62.
Kramer S, Akhtar S (1988) The developmental context of internalized preoedipal object relations: clinical applications of Mahler's theory of symbiosis and separation-individuation. Psychoanalytic Quarterly 57: 547-76.
Krause R (1997) Allgemeine Psychoanalytische Krankheitslehre. Grundlagen. Stuttgart: Kohlhammer.
Kris AO (1984) The conflicts of ambivalence. The Psychoanalytic Study of the Child 39: 213-34.
Kris E (1952) Psychoanalytic Explorations in Art. New York: International University Press.
Krohn A, Mayman M (1974) Object representations in dreams and projective tests. Bulletin of the Menninger Clinic 38: 445-66.
Lamb M (1987) Predictive implications of individual differences in attachment. Journal of Consulting Clinical Psychology 55: 817-24.
Lamb ME, Thompson RA, Gardner W, Charnov E (1985) Infant-Mother Attachment: The Origins and Developmental Significance of Individual Differences in Strange Situation Behavior. Hillsdale, NJ: Erlbaum.
Lampl-de-Groot J (1949) Neurotics, delinquents and ideal formation. In KR Eissler (ed.), Searchlights on Delinquency (pp. 225-45). New York: International Universities Press.
Laor N, Wolmer L, Mayes L et al. (1996) Israeli preschoolers under Scud missile attacks. a developmental perspective on risk modifying factors. Archives of General Psychiatry 53: 416-23.
Laplanche J (1989) New Foundations for Psychoanalysis (D Macey, trans.). Oxford: Blackwell.
Laplanche J, Pontalis JB (1973) The Language of Psychoanalysis. New York: Norton.
Lasch C (1978) The Culture of Narcissism: American Life in an Age of Diminishing Expectations. New York: Norton.
Laub JH, Nagin DS, Sampson RJ (1998) Trajectories of change in criminal offending: good marriages and the desistance process. American Sociological Review 63: 225-38.
Laufer M (1976) The central masturbation fantasy, the final sexual organization, and adolescence. Psychoanal. Study Child 31: 297-316.
Laufer M, Laufer E (1984) Adolescence and Developmental Breakdown. New Haven, CT: Yale University Press.
Leahey TH (1980) The myth of operationism. J.Mind and Behavior 1:127-43.

Lebovici S (1982) The origins and development of the Oedipus complex. International Journal of Psycho-Analysis 63: 201-15.
Lebovici S, Weil-Halpern F (1989) Psychopathologie du Bébé. Paris: Presses Universitaires de France.
Lebovici S, Widlöcher, D. (1980). Psychoanalysis in France. New York: International Universities Press Inc.
LeDoux JE (1995) Emotion: clues from the brain. Annual Review of Psychology 46: 209-35.
LeDoux JE (1999) Commentary on Psychoanalytic theory: clues from the brain. Neuropsychoanalysis 1: 44-9.
LeDoux JE, Romanski L, Xagoraris A (1989) Indelibility of subcortical emotional memories. Journal of Cognitive Neuroscience 1: 238-43.
Leff J, Kuipers L, Berkowitz R et al. (1982) A controlled trial of social intervention in the families of schizophrenia patients. British Journal of Psychiatry 141: 121-34.
Leiman M (1994) The development of Cognitive Analytic Therapy. International Journal of Short Term Psychotherapy 9: 67-82.
Lerner HD, St Petr S (1984) Patterns of object relations in neurotic, borderline, and schizophrenic patients. Psychiatry 47: 77-92.
Leslie AM (1986) Getting development off the ground: modularity and the infant's perception of causality. In PLC v Geert (ed.), Theory Building in Developmental Psychology. Amsterdam: Elsevier Science Publishers BV (North Holland).
Leslie AM (1994) TOMM, ToBy, and agency: core architecture and domain specificity. In L Hirschfeld, S Gelman (eds), Mapping the Mind: Domain Specificity in Cognition and Culture (pp. 119-48). New York: Cambridge University Press.
Levenson E (1972) The Fallacy of Understanding. New York: Basic Books.
Levenson E (1981) Facts or fantasies: on the nature of psychoanalytic data. Contemporary Psychoanalysis 17: 486-500.
Levenson E (1982) Language and healing. In S Slipp (ed.), Curative Factors in Dynamic Psychotherapy (pp. 91-103). New York: McGraw Hill.
Levenson E (1983) The Ambiguity of Change. New York: Basic Books.
Levenson E (1987) An interpersonal perspective. Psychoanalytic Inquiry 7, 207-14.
Levenson E (1989) Whatever happened to the cat? Contemporary Psychoanalysis 25: 537-53.
Levenson EA (1990) The Purloined Self. New York: Contemporary Psychoanalysis Books.
Levine S, Haltmeyer GC, Kaas GG, Penenberg VH (1967) Physiological and behavioral effects of infantile stimulation. Physiology and Behavior 2: 55-63.
Levinger G, Clark J (1961) Emotional factors in the forgetting of word associations. Journal of Abnormal and Social Psychology 62: 99-105.
Levinson A, Fonagy P (submitted) Attachment classification in prisoners and psychiatric patients.
Lewin K (1952) Field Theory and Social Science. London: Tavistock Publications.
Lewinsohn PM, Gotlib IH, Seeley JR (1995) Adolescent psychopathology: IV. Specificity of psychosocial risk factors for depression and substance abuse in older adolescents. Journal of the American Academy of Child and Adolescent Psychiatry 34: 1221-9.
Lewis JM (1998) For better or worse: interpersonal relationships and individual outcome. American Journal of Psychiatry 155: 582-9.
Lewis M, Allessandri SM, Sullivan MW (1990) Violation of expectancy, loss of control and anger expressions in young infants. Developmental Psychology 26(5): 745-51.
Lewis M, Brooks-Gunn J (1979) Social Cognition and the Acquisition of Self. New York: Plenum Press.

Lichtenberg JD (1987) Infant studies and clinical work with adults. Psycho-Analytic Inquiry 7: 311-30.
Lichtenstein H (1961) Identity and sexuality: a study of their interrelationship in man. Journal of the American Psychoanalytic Association 9: 179-260.
Lichtenstein H (1963) The dilemma of human identity: notes on self-transformation, self-observation, and metamorphosis. Journal of the American Psychoanalytic Association 11: 173-223.
Lieberman AF (1991) Attachment theory and infant-parent psychotherapy: some conceptual, clinical and research issues. In D Cicchetti, S Toth (eds), Rochester Symposium on Developmental Psychopathology: Vol. 3. Models and Integrations (pp. 261-88). Hillsdale, NJ: Erlbaum.
Lieberman AF, Pawl J (1993) Infant-parent psychotherapy. In CH Zeanah (ed.), Handbook of Infant Mental Health (pp. 427-42). New York: Guilford Press.
Lieberman AF, Zeanah CH (1999) Contributions of attachment theory to infant-parent psychotherapy and other interventions with infants and young children. In J Cassidy, PR Shaver (eds), Handbook of Attachment: Theory, Research and Clinical Applications (pp. 555-74). New York: Guilford.
Limentani A (1977) Affects and the psychoanalytic situation. International Journal of Psycho-Analysis 58: 171-97.
Limentani A (1989) Between Freud and Klein. London: Free Association.
Linehan MM (1993) The Skills Training Manual for Treating Borderline Personality Disorder. New York: Guilford Press.
Links PS, Steiner M, Huxley G (1988) The occurrence of borderline personality disorder in the families of borderline patients. Journal of the Personality Disorders 2: 14-20.
Litt C (1981) Children's attachment to transitional objects: a study of two pediatric populations. American Journal of Orthopsychiatry 51: 131-9.
Little M (1981) Transference Neurosis and Transference Psychosis. New York: Jason Aronson.
Little M (1985) Winnicott working in areas where psychotic anxieties predominate. Free Associations 3: 9-42.
Liu D, Diorio J, Tannenbaum B, Caldji C, Francis D, Freedman A, Sharma S, Pearson D, Plotsky PM, Meany MJ (1997) Maternal care, hippocampal glucocorticoid receptors, and hypothalamic-pituitary-adrenal responses to stress. Science 277: 1659-62.
Loewald HW (1951) Ego and reality. Papers on Psychoanalysis (pp. 3-20). New Haven, CT: Yale University Press, 1980.
Loewald HW (1955) Hypnoid state, repression, abreaction, and recollection. Papers on Psychoanalysis (pp. 33-42). New Haven, CT: Yale University Press, 1980.
Loewald HW (1960) On the therapeutic action of psycho-analysis. International Journal of Psycho-Analysis 41: 16-33.
Loewald HW (1965) Some considerations on repetition and repetition compulsion. Papers on Psychoanalysis (pp. 21-32). New Haven, CT: Yale University Press, 1980.
Loewald HW (1971a) On motivation and instinct theory. Papers on Psychoanalysis (pp. 102-37). New Haven, CT: Yale University Press, 1980.
Loewald HW (1971b) The transference neurosis: comments on the concept and the phenomenon. Papers on Psychoanalysis (pp. 302-14). New Haven, CT: Yale University Press, 1980.
Loewald HW (1973) On internalization. Papers on Psychoanalysis (pp. 69-86). New Haven, CT: Yale University Press.

Loewald HW (1974) Psychoanalysis as an art and the fantasy character of the analytic situation. Papers on Psychoanalysis (pp. 352-71). New Haven, CT: Yale University Press, 1980.
Loewald HW (1978a) Instinct theory, object relations and psychic structure formation. Journal of the American Psychoanalytic Association 26: 453-506.
Loewald HW (1978b) Instinct theory, object relations, and psychic structure formation. Papers on Psychoanalysis (pp. 384-404). New Haven, CT: Yale University Press, 1980.
Loewald HW (1979) The waning of the Oedipus complex. Papers on Psychoanalysis (pp. 384-404). New Haven, CT: Yale University Press, 1980.
Loewald HW (1985) Oedipus complex and development of self. Psychoanalytic Quarterly 54: 435-43.
Loewald HW (1986). Transference-countertransference. Journal of the American Psychoanalytic Association, 34, 275-288.
Londerville S, Main M (1981) Security of attachment, compliance, and maternal training methods in the second year of life. Developmental Psychology 17: 238-99.
Lonigan CJ, Elbert JC, Johnson SB (1998) Empirically supported psychosocial interventions for children: an overview. Journal of Clinical Child Psychology 27: 138-45.
Loranger A, Oldham J, Tullis E (1982) Familial transmission of DSM-III borderline personality disorder. Archives of General Psychiatry 39: 795-9.
Lorenz K (1935) Der Kumpan in der Umvelt des Vogels [Companionship in Bird Life]. In CH Schiller (ed.), Instinctive Behavior (pp. 83-128). New York: International Universities Press.
Losoya SH, Callor S, Rowe DC, Goldsmith HH (1997) Origins of familial similarity in parenting: a study of twins and adoptive siblings. Developmental Psychopathology 33: 1012-23.
Luborsky L, Crits-Christoph P (1990) Understanding Transference: The CCRT Method. New York: Basic Books.
Luborsky L, Luborsky E (1995) The era of measures of transference: the CCRT and other measures. In T Shapiro, R Emde (eds), Research in Psychoanalysis: Process, Development, Outcome (pp. 329-51).
Luborsky L, Barber J, Beutler L (1993) Introduction to special section: a briefing on curative factors in dynamic psychotherapy. Journal of Consulting and Clinical Psychology 61: 539-41.
Lussier A (1988) The limitations of the object relations model. Psychoanalytic Quarterly 57: 528-46.
Lykes MB (1985) Gender and individualistic vs. collectivist bases for notions about the self, Journal of Personality 53: 356-383.
Lyons-Ruth K (1995) Broadening our conceptual frameworks: can we re-introduce relational strategies and implicit representational systems to the study of psychopathology. Developmental Psychology 31: 432-6.
Lyons-Ruth K (1996a) Attachment relationships among children with aggressive behavior problems: the role of disorganized early attachment patterns. Journal of Consulting and Clinical Psychology 64: 32-40.
Lyons-Ruth K (1996b) Attachment relationships among children with aggressive behavior problems: the role of disorganized early attachment patterns. Journal of Consulting and Clinical Psychology 64: 64-73.
Lyons-Ruth K (1998) Implicit relational knowing: its role in development and psychoanalytic treatment. Infant Mental Health Journal 7: 127-31.

Lyons-Ruth K (1999) The two person unconscious: intersubjective dialogue, enactive relational representation and the emergence of new forms of relational organisation. Psychoanalytic Inquiry 19(4): 576-617.

Lyons-Ruth K, Jacobovitz D (1999) Attachment disorganization: unresolved loss, relational violence and lapses in behavioral and attentional strategies. In J Cassidy, PR Shaver (eds), Handbook of Attachment Theory and Research (pp. 520-54). New York: Guilford.

Lyons-Ruth K, Alpern L, Repacholi B (1993) Disorganized infant attachment classification and maternal psychosocial problems as predictors of hostile-aggressive behavior in the preschool classroom. Child Development 64: 572-85.

Lyons-Ruth K, Bronfman E, Atwood G (1999) A relational diathesis model of hostile-helpless states of mind: expressions in mother-infant interaction. In J Solomon, C George (eds), Attachment Disorganization (pp. 33-70). New York: Guilford Press.

Lyons-Ruth K, Bronfman E, Parsons E (1999) Atypical attachment in infancy and early childhood among children at developmental risk. IV. Maternal frightened, frightening, or atypical behavior and disorganized infant attachment patterns. In J Vondra, D Barnett (eds), Typical Patterns of Infant Attachment: Theory, Research and Current Directions (Vol. 64, pp. 67-96): Monographs of the Society for Research in Child Development.

Lyons-Ruth K, Connell DB, Grunebaum HU (1990) Infants at social risk: maternal depression and family support services as mediators of infant development and security of attachment. Child Development 61: 85-98.

Lyons-Ruth K, Zoll D, Connell D, Grunebaum HU (1986) The depressed mother and her one-year-old infant: environment, interaction, attachment and infant development. In EZ Tronick, T Field (eds), Maternal Depression and Infant Disturbance. (pp. 61-82). San Francisco: Jossey-Bass.

Lyons-Ruth K, Zoll D, Connell DB, Grunebaum HU (1989) Family deviance and family disruption in childhood: associations with maternal behavior and infant maltreatment during the first two years of life. Development and Psychopathology 1: 219-36.

McCauley E, Pavidis K, Kendall K (2000) Developmental precursors of depression. In I Goodyear (ed.), The Depressed Child and Adolescent: Developmental and Clinical Perspectives. New York: Cambridge University Press.

McDougall J (1974) The psycho-soma and the psychoanalytic process. International Review of Psycho-Analysis 1: 437-60.

McDougall J (1986) Theater of the Mind. New York: Basic Books.

McEwen BS, Sapolsky RM (1995) Stress and cognitive function. Current Opinion in Neurobiology 5:205-16.

MacFarlane AC (1987) Post-traumatic phenomena in a longitudinal study of children following a natural disaster. Journal of the American Academy of Child and Adolescent Psychiatry 28:764-9.

Macfie J, Toth SL, Rogosch FA, Robinson J, Emde RN, Cicchetti D (1999) Effect of maltreatment on preschoolers' narrative representations of responses to relieve distress and of role reversal. Developmental Psychology 35: 460-5.

McGlashan T (1986) The Chestnut Lodge follow-up study III: Long-term outcome of borderline personalities. Archives of General Psychiatry 43: 20-30.

McLaughlin JT (1981) Transference, psychic reality and countertransference. Psychoanalytic Quarterly 50: 639-64.

McLaughlin JT (1991) Clinical and theoretical aspects of enactment. Journal of the American Psychoanalytic Association 39: 595-614.

McNally RJ, Riemann BC, Kim E (1990) Selective processing of threat cues in panic disorder. Behavior Research and Therapy 28: 407-12.
Mahler MS (1963) Thoughts about development and individuation. The Psychoanalytic Study of the Child 18: 307-24.
Mahler MS (1967) On human symbiosis and the vicissitudes of individuation. Journal of the American Psychoanalytic Association 15: 740-63.
Mahler MS (1968) On Human Symbiosis and the Vicissitudes of Individuation. New York: International Universities Press.
Mahler MS (1971) A study of separation-individuation process and its possible application to borderline phenomena in the psychoanalytic situation. The Psychoanalytic Study of the Child 26: 403-24.
Mahler MS (1972) On the first three subphases of the separation-individuation process. International Journal of Psycho-Analysis 53: 333-8.
Mahler MS (1974) Symbiosis and individuation: the psychological birth of the human infant, The Selected Papers of Margaret S. Mahler. New York: Jason Aronson.
Mahler MS (1975) On human symbiosis and the vicissitudes of individuation. Journal of the American Psychoanalytic Association 23: 740-63.
Mahler MS (1979) The Selected Papers of Margaret S. Mahler. New York: Aronson.
Mahler MS, Furer M (1968) On Human Symbiosis and the Vicissitudes of Individuation, Vol. 1: Infantile Psychosis. New York: International University Press.
Mahler MS, Kaplan L (1977) Developmental aspects in the assessment of narcissistic and so-called borderline personalities. In P Hartocollis (ed.), Borderline Personality Disorders: The Concept, the Syndrome, the Patient (pp. 71-86). New York International Universities Press.
Mahler MS, McDevitt JF (1980) The separation-individuation process and identity formation. In SI Greenspan, GH Pollock (eds), Infancy and Early Childhood, Vol. 1 of The Course of Life, Psychoanalytic Contributions toward Understanding Personality Development (pp. 395-406). Washington, DC: Publication No. (ADM) 80-786. National Institute Mental Health.
Mahler MS, Pine F, Bergman A (1975) The Psychological Birth of the Human Infant: Symbiosis and Individuation. New York: Basic Books.
Main M (1991) Metacognitive knowledge, metacognitive monitoring, and singular (coherent) vs. multiple (incoherent) model of attachment: findings and directions for future research. In CM Parkes, J Stevenson-Hinde, P Marris (eds), Attachment Across the Life Cycle (pp. 127-59). London: Tavistock/Routledge.
Main M. (1995) Recent studies in attachment: overview, with selected implications for clinical work. In S Goldberg, R Muir, J Kerr (eds), Attachment Theory: Social, Developmental, and Clinical Perspectives. (pp. 407-74). Hillsdale, NJ: Analytic Press, Inc.
Main M, Goldwyn R (1990) Adult attachment rating and classification systems. In M Main (ed.), A Typology of Human Attachment Organization Assessed in Discourse, Drawings and Interviews. New York: Cambridge University Press.
Main M, Goldwyn R (1994) Adult Attachment Rating and Classification System, Manual in Draft, Version 6.0. Unpublished manuscript: University of California at Berkeley.
Main M, Hesse E (1990a) Adult lack of resolution of attachment-related trauma related to infant disorganized/disoriented behavior in the Ainsworth Strange Situation: linking parental states of mind to infant behavior in a stressful situation. In MT Greenberg, D Cicchetti, M Cummings (eds), Attachment in the Preschool Years: Theory, Research and Intervention (pp. 339-426). Chicago, IL: University of Chicago Press.

Main M, Hesse E (1990b) Parents' unresolved traumatic experiences are related to infant disorganized attachment status: Is frightened and/or frightening parental behavior the linking mechanism? In M Greenberg, D Cicchetti, EM Cummings (eds), Attachment in the Preschool Years: Theory, Research and Intervention (pp. 161-82). Chicago, IL: University of Chicago Press.

Main M, Hesse E (1992) Disorganized/disoriented infant behavior in the Strange Situation, lapses in the monitoring of reasoning and discourse during the parent's Adult Attachment Interview, and dissociative states. In M Ammaniti, D Stern (eds), Attachment and Psychoanalysis (pp. 86-140). Rome: Gius, Latereza & Figli.

Main M, Morgan H (1996) Disorganization and disorientation in infant Strange Situation behavior: phenotypic resemblance to dissociative states. In LK Michelson, WJ Ray (eds), Handbook of Dissociation: Theoretical, Empirical, and Clinical Perspectives (pp. 107-38). New York, NY: Plenum Press.

Main M, Solomon J (1986) Discovery of an insecure-disorganized/disoriented attachment pattern. In TB Brazelton, MW Yogman (eds), Affective Development in Infancy (pp. 95-124). Norwood NJ: Ablex.

Main M, Solomon J (1990) Procedures for identifying infants as disorganized/disoriented during the Ainsworth Strange Situation. In M Greenberg, D Cicchetti, EM Cummings (eds), Attachment during the Preschool Years: Theory, Research and Intervention (pp. 121-60). Chicago, IL: University of Chicago Press.

Main M, Kaplan N, Cassidy J (1985) Security in infancy, childhood and adulthood: a move to the level of representation. In I Bretherton, E Waters (eds), Growing Points of Attachment Theory and Research. Monographs of the Society for Research in Child Development (Vol. 50, pp. 66-104). Chicago, IL: Chicago University Press.

Main T (1957) The ailment. British Journal of Medical Psychology 30: 129-45.

Malatesta CZ, Culver C, Tesman JR, Shepard B (1989) The development of emotion expression during the first two years of life. Monographs of the Society for Research in Child Development 54: 1-104.

Malmberg A, Lewis G, David A, Allebeck P (1998). Premorbid adjustment and personality in people with schizophrenia. British Journal of Psychiatry 172: 308-13.

Manchanda R, Sethi BB, Gupta SC (1979) Hostility and guilt in obsessional neuroses. British Journal of Psychiatry 135, 52-4.

Mandler G (1975) Mind and Emotion. New York: Wiley & Sons.

Mandler G (1985) Cognitive Psychology. An Essay in Cognitive Science. Hillsdale, NJ: Lawrence Erlbaum Associates.

Mandler G (1997) Human Nature Explored. New York: Oxford University Press.

Marcia JE (1994) The empirical study of ego identity. In HA Bosma, TLG Graafsma, HD Grotevant, DJ de Levita (eds), Identity and Development: An Interdisciplinary Approach (pp. 67-80). Thousand Oaks, CA.: Sage.

Marenco S, Weinberger DR (2000) The neurodevelopmental hypothesis of schizophrenia: following a trail of evidence from cradle to grave. Dev Psychopathol 12(3): 501-27.

Markus H (1991) Culture and self: implications for cognition, emotion, and motivation. Psychological Review 98: 224-53.

Maroda K (1999) Seduction, Surrender, and Transformation. Hillsdale, NJ: The Analytic Press.

Marttunen M (1994) Psychosocial maladjustment, mental disorders and stressful life events precede adolescent suicide. Psychiatrica Fennica 25: 39-51.

Marvin RS, Britner PA (1999) Normative development: the ontogeny of attachment. In J Cassidy, PR Shaver (eds), Handbook of Attachment: Theory, Research and Clinical Applications (pp. 44-67). New York: Guilford.

Masson J (1984) The Assault on Truth: Freud's Suppression of the Seduction Theory. New York: Farrar, Straus & Giroux.
Masten AS, Coatsworth JD (1995) Competence, resilience and psychopathology. In D Cicchetti, DJ Cohen (eds), Developmental Psychopathology. Vol. 2: Risk, Disorder and Adaptation (pp. 715-52). New York: John Wiley.
Masten AS, Curtis WJ (2000) Integrating competence and psychopathology: pathways towards a comprehensive science of adaptation and development. Development and Psychopathology 12: 529-50.
Masterson JF (1972) Treatment of the Borderline Adolescent: A Developmental Approach. New York: Wiley Interscience.
Masterson JF (1976) Psychotherapy of the Borderline Adult: A Developmental Approach. New York: Brunner/Mazel.
Masterson JF (1985) The Real Self: A Developmental, Self, and Object Relations Approach. New York: Brunner/Mazel.
Masterson JF, Klein R (1989) Psychotherapy of the Disorders of the Self: The Masterson Approach. New York: Brunner/Mazel.
Masterson JF, Rinsley D (1975) The borderline syndrome: the role of the mother in the genesis and psychic structure of the borderline personality. International Journal of Psycho-Anal 56: 163-77.
Matas L, Arend RA, Sroufe LA (1978) Continuity of adaptation in the second year: the relationship between quality of attachment and later competence. Child Development 49: 547-56.
Mathews A (1990) Why worry? The cognitive function of anxiety. Behavior Research and Therapy 28: 455-68.
Mathews A, MacLeod C (1986) Discrimination of threat cues without awareness in anxiety states. Journal of Abnormal Psychology 95: 131-8.
Matte Blanco I (1975) The Unconscious as Infinite Sets. London: Duckworth.
Matte Blanco I (1988) Thinking, Feeling and Being. London: Routledge.
Matthys W, Cuperus JM, van Engeland H (1999) Deficient social problem-solving in boys with ODD/CD, with ADHD, and with both disorders. Journal of the American Academy of Child and Adolescent Psychiatry 38: 311-21.
Mayes LC, Cohen DJ (1992) The development of a capacity for imagination in early childhood. Psychoanalytic Study of the Child 47: 23-48.
Mayes LC, Cohen DJ (1993) Playing and therapeutic action in child analysis. International Journal of Psycho-Analysis 74: 1235-44.
Mayes LC, Spence DP (1994) Understanding therapeutic action in the analytic situation: a second look at the developmental metaphor. Journal of the American Psychoanalytic Association 42: 789-816.
Mayes LC, Cohen DJ, Klin A (1991) Experiencing self and others: a psychoanalytic perspective on theory of mind and autism. In H Tager-Flusberg, S Baron-Cohen, D Cohen (eds), Understanding Other Minds: Perspectives from Autism. Oxford: Oxford University Press.
Mead GH (1934) Mind, Self and Society. Chicago, IL: University of Chicago Press.
Meaney MJ, Aitken D, Bhatnager S et al. (1988). Effect of neonatal handling on age-related impairments associated with the hippocampus. Science 239: 766.
Meaney MJ, Aitken DH, Sharma S, Sarrieau A (1989) Neonatal handling alters adrenocortical negative feedback sensitivity and hippocampal type II glucocorticoid receptor binding in the rat. Neuroendocrinology 50: 597-604.

Meehl PE (1986) Diagnostic taxa as open concepts: metatheoretical and statistical questions about reliability and construct validity in the grand strategy of nosological revision. In T Millon, GL Klerman (eds), Contemporary Directions in Psychopathology: Toward DSM IV (pp. 215-31). New York: Guilford Press.

Meins E, Fernyhough C, Russel J, Clark-Carter D (1998) Security of attachment as a predictor of symbolic and mentalising abilities: a longitudinal study. Social Development 7: 1-24.

Meins E, Ferryhough C, Fradley E, Tuckey M (2001) Rethinking maternal sensitivity: mothers' comments on infants mental processes predict security of attachment at 12 months. Journal of Child Psychology and Psychiatry 42: 637-48.

Meissner WW (1980) A note on projective identification. Journal of the American Psychoanalytic Association 28: 43-67.

Meissner WW (1996) The Therapeutic Alliance. New Haven, CT: Yale University Press.

Meltzer D (1974) Mutism in infantile autism, schizophrenia and manic-depressive states. International Journal of Psycho-Analysis 55: 397-404.

Meltzer D (1978) The Kleinian Development. Strathtay: Clunie Press.

Meltzoff AN (1990) Foundations for developing a concept of self: the role of imitation in relating self to other and the value of social mirroring, social modeling and self practice in infancy. In D Cicchetti, M Beeghly (eds), The Self in Transition: Infancy to Childhood. Chicago, IL: University of Chicago Press.

Meltzoff AN (1995) Understanding the intentions of others: re-enactment of intended acts by 18-month-old children. Developmental Psychology 31: 838-50.

Meltzoff AN, Borton W (1979) Intermodal matching by human neonates. Nature 282: 403-4.

Meltzoff AN, Gopnik A (1993) The role of imitation in understanding persons and developing a theory of mind. In S Baron-Cohen, H Tager-Flusberg, D Cohen (eds), Understanding Other Minds: Perspectives from Autism (pp. 335-66). New York: Oxford University Press, Inc.

Meltzoff AN, Moore MK (1989) Imitation in newborn infants: exploring the range of gestures imitated and the underlying mechanisms. Developmental Psychology 25:954-62.

Meltzoff AN, Moore MK (1992) Perception, action and cognition in early infancy. Annals of Paediatrics 32: 63-77.

Meltzoff AN, Moore MK (1997) Explaining facial imitation: theoretical model. Early Development and Parenting 6: 179-92.

Michels R (1985) Perspectives on the nature of psychic reality: panel introduction. Journal of the American Psychoanalytic Association 33: 515-25.

Michels R (2000) The case history. Journal of the American Psychoanalytic Association 48: 355-66, 417-20.

Migone P, Liotti G (1998) Psychoanalysis and cognitive-evolutionary psychology: as attempt at integration. International Journal of Psychoanalysis 79: 1071-95.

Miller NE, Luborsky L, Barber JP, Docherty JP (1993) Psychodynamic Treatment Research: A Handbook for Clinical Practice. New York: Basic Books.

Miller PA, Eisenberg N, Fabes RA et al. (1989) Mothers' emotional arousal as a moderator in the socialization of children's empathy. In N Eisenberg (ed.), Empathy and Related Emotional Responses: New Directions for Child Development. San Francisco, CA: Jossey-Bass.

Millett K (1971) Sexual Politics. London: Rupert Hart-Davies.

Milner B, Squire LR, Kandel ER (1998) Cognitive neuroscience and the study of memory. Neuron Rev 20: 445-68.
Milner M (1969) The Hands of the Living God. London: Hogarth Press.
Milrod B, Busch F, Cooper A, Shapiro T (1997) Manual for Panic-Focused Psychodynamic Psychotherapy. Washington, DC: American Psychiatric Press.
Minuchin P (1988) Relationships within the family: a systems perspective on development. In RA Hinde, J Stevenson-Hinde (eds), Relationships within Families: Mutual Influences (pp. 7-26). Oxford: Clarendon Press.
Mischel W (1973) Toward a cognitive social learning reconceptualization of personality. Psychological Review 80: 252-83.
Mitchell J (1973) Psychoanalysis and Feminism. Harmondsworth: Penguin.
Mitchell SA (1986) The Wings of Icarus: illusion and the problem of narcissism. Contemporary Psychoanalysis 22: 107-32.
Mitchell SA (1988) Relational Concepts in Psychoanalysis: An Integration. Cambridge, MA: Harvard University Press.
Mitchell SA (1991) Contemporary perspectives on the self: toward an integration. Psychoanlytic Dialogues 1: 121-47.
Mitchell SA (1993a) Aggression and the endangered self. Psychoanalytic Quarterly 62: 351-82.
Mitchell SA (1993b) Hope and Dread in Psychoanalysis. New York: Basic Books.
Mitchell SA (1995) Interaction in the Kleinian and interpersonal traditions. Contemporary Psychoanalysis 31: 65-91.
Mitchell SA (1998) Attachment theory and the psychoanalytic tradition: reflections on human relationality. British Journal of Psychotherapy 15: 177-93.
Mitchell SA (2000) Relationality: From Attachment to Intersubjectivity. Hillsdale, NJ: Analytic Press.
Mitchell SA, Black M (1995) Freud and Beyond. New York: Basic Books.
Modell AH (1963) Primitive object relationships and the predisposition to schizophrenia. International Journal of Psycho-Analysis 44: 282-92.
Modell AH (1968) Object Love and Reality. New York: International Universities Press.
Modell AH (1975) A narcissistic defense against affects and the illusion of self-sufficiency. International Journal of Psycho-Analysis 56: 275-82.
Modell AH (1976) 'The holding environment' and the therapeutic action of psychoanalysis. Journal of the American Psychoanalytic Association 24: 285-307.
Modell AH (1984) Psychoanalysis in a New Context. New York: International Universities Press.
Modell AH (1985) Object relations theory. In A Rothstein (ed.), Models of the Mind: Their Relationships to Clinical Work (pp. 85-100). New York: International Universities Press.
Modell AH (1990) Other Times, Other Realities. Cambridge, MA: Harvard University Press.
Moi T (1985) Sexual/Textual Politics. London: Routledge.
Mollon P (1998) Remembering Trauma: A Psychotherapist's Guide to Memory and Illusion. Chichester: Wiley.
Mollon P (2001) Releasing the Self: The Healing Legacy of Heinz Kohut. London: Whurr.
Monsen J, Odland T, Faugli A, Daae E, Eilerstein DE (1995a) Personality disorders and psychosocial changes after intensive psychotherapy: a prospective follow-up study of an outpatient psychotherapy project, 5 years after the end of treatment. Scandinavian Journal of Psychology 36: 256-68.

Monsen J, Odland T, Faugli A, Daae E, Eilerstein DE (1995b) Personality disorders: changes and stability after intensive psychotherapy focussing on affect consciousness. Psychotherapy Research 5: 33-48.
Moran GS, Fonagy P (1987) Psycho-analysis and diabetes: an exploration of single case study methodology. British Journal of Medical Psychology 60: 370-8.
Moran GS, Fonagy P, Kurtz A, Bolton A, Brook C (1991) A controlled study of the psychoanalytic treatment of brittle diabetes. Journal of the American Academy of Child and Adolescent Psychiatry 30: 926-35.
Morgan AC (1998) Moving along to things left undone. Infant Mental Health Journal 19:324-32.
Morling B, Epstein S (1997) Compromises produced by the dialectic between self-verification and self-enhancement. Journal of Personality and Social Psychology 73: 1268-83.
Morris JS, Ohman A, Dolan RJ (1998) Conscious and unconscious emotional learning in the human amygdala. Nature 393: 467-70.
Morton J, Frith U (1995) Causal modeling: a structural approach to developmental psychology. In D Cicchetti, DJ Cohen (eds), Developmental Psychopathology. Vol. 1: Theory and Methods (pp. 357-90). New York: John Wiley.
Moses LJ, Flavell JH (1990) Inferring false beliefs from actions and reactions. Child Development 61: 929-45.
Moss E, Parent S, Gosselin C (1995) Attachment and theory of mind: cognitive and metacognitive correlates of attachment during the preschool period. Paper presented at the biennial meeting of the Society for Research in Child Development, Indianapolis, IN, March-April.
Mufson L, Fairbanks J (1996) Interpersonal psychotherapy for depressed adolescents: a one-year naturalistic follow-up study. Journal of the American Academy of Child and Adolescent Psychiatry 35: 1145-55.
Murphy LG, Moriarity AE (1975) Vulnerability, Coping and Growth. New Haven, CT: Yale University Press.
Murphy ST, Monahan JL, Zajonc R (1995) Additivity of nonconscious affect: combined effects of priming and exposure. Journal of Personality and Social Psychology 69: 589-602.
Murray L, Cooper PJ (1997) The role of infant and maternal factors in postpartum depression, mother-infant interactions and infant outcome. In L Murray, PJ Cooper (eds), Postpartum Depression and Child Development (pp. 111-35). New York: Guilford Press.
Nachmias M, Gunnar MR, Mangelsdorf S, Parritz RH, Buss K (1996) Behavioral inhibition and stress reactivity: moderating role of attachment security. Child Development 67: 508-22.
Nagera H (1966) Early Childhood Disturbances, the Infantile Neurosis, and the Adulthood Disturbances. New York: International University Press.
Neiderhiser JM, Reiss D, Hetherington EM, Plomin R (1999) Relationships between parenting and adolescent adjustment over time: genetic and environmental contributions. Development and Psychopathology 35: 680-92.
Neisser U (1995) Criteria for an ecological self. In P Rochat (ed.), The Self in Infancy: Theory and Research. Advances in Psychology 112. (pp. 17-34). Amsterdam, Netherlands: North-Holland/Elsevier Science Publishers.

Nelson CA, Bloom RE (1998) Child development and neuroscience. Child Development 68: 970-87.

Nelson K (1993a) Explaining the emergence of autobiographical memory in early childhood. In A Collins, SE Gathercole, MA Conway, PE Morris (eds), Theories of Memory (pp. 355-85). Hove: Erlbaum.

Nelson K (1993b) The psychological and social origins of autobiographical memory. Psychological Science 4: 7-14.

Nelson LA (1987) The recognition of facial expressions in the first two years of life: mechanisms of development. Child Development 58: 889-909.

Nemeroff CB (1996) The corticotropin-releasing factor (CRF) hypothesis of depression: new findings and new directions. Molecular Psychiatry 1: 326-42.

Neubauer PB (1984) Anna Freud's concept of developmental lines. The Psychoanalytic Study of the Child 39:15-27.

Newman LS, Duff K, Baumeister R (1997) A new look at defensive projection: thought suppression, accessibility, and biased person perception. Journal of Personality and Social Psychology 72: 980-1001.

Newson J, Newson E, Mahalski P (1982) Persistent infant comfort habits and their sequelae at 11 and 16 years. Journal of Child Psychology and Psychiatry 23: 421-36.

Nigg JT, Lohr NE, Westen D, Gold L, Silk KR (1992) Malevolent object representations in borderline personality disorder and major depression. Journal of Abnormal Psychology 101: 61-7.

Nigg JT, Goldsmith HH (1998) Developmental psychopathology, personality, and temperament: reflections on recent behavioral genetics research. Human Biology 70: 387-412.

Nisbett RE, Wilson TD (1977) Telling more than we can know: verbal reports on mental processes. Psychological Review 84, 231-59.

Noam GG (1990) Beyond Freud and Piaget: biographical world - interpersonal self. In TE Wren (ed.), The Moral Domain (pp. 360-99). Cambridge, MA: MIT Press.

Nolen-Hoeksema, S. (1987) Sex differences in unipolar depression: evidence and theory. Psychological Bulletin 101: 259-82.

Noy P (1977) Metapsychology as a multimodel system. International Review of Psychoanalysis 4: 1-12.

O'Brien JT (1997) The 'glucocorticoid cascade' hypothesis in man: prolonged stress may cause permanent brain damage. British Journal of Psychiatry 170:199-201.

O'Connor TG, Rutter M, Kreppner J (2000) The effects of global severe privation of cognitive competence: extension and longitudinal follow-up. Child Development 71(2): 376-90.

O'Connor TG, Deater-Deckard K, Fulker D, Rutter M, Plomin R (1998) Genotype-environment correlations in late childhood and early adolescence: antisocial behavioral problems and coercive parenting. Developmental Psychology 34: 970-81.

O'Connor TG, McGuire S, Reiss D, Hetherington EM (1998) Co-occurrence of depressive symptoms and antisocial behavior in adolescence: a common genetic liability. Journal of Abnormal Psychology 107: 27-37.

O'Connor TG, Hetherington EM, Reiss D, Plomin R (1995) A twin-sibling study of observed parent-adolescent interactions. Child Dev 66(3): 812-29.

Ogata SN, Silk KR, Goodrich S (1990a) The childhood experience of the borderline patient. In P Links (ed.), Family Environment and Borderline Personality Disorder (pp. 87-103). Washington, DC: American Psychiatric Press.

Ogata SN, Silk KR, Goodrich S, Lohr NE, Westen D, Hill E (1990a) Childhood abuse and clinical symptoms in borderline patients. American Journal of Psychiatry 147: 1008-1013.

Ogata SN, Silk KR, Goodrich, S, Lohr NE, Westen D, Hill E (1990b) Childhood sexual and physical abuse in adult patients with borderline personality disorder. American Journal of Psychiatry 147: 1008-13.

Ogawa JR, Sroufe LA, Weinfield NS, Carlson EA, Egeland B (1997) Development and the fragmented self: longitudinal study of dissociative symptomatology in a nonclinical sample. Development and Psychopathology 9: 855-79.

Ogden T (1979) On projective identification. International Journal of Psycho-Analysis 60: 357-73.

Ogden T (1986) The Matrix of the Mind: Object Relations and the Psychoanalytic Dialogue. New York: Aronson.

Ogden T (1989) The Primitive Edge of Experience. New York: Aronson.

Ogden T (1992) The dialectically constituted/decentred subject of psychoanalysis II. The contributions of Klein and Winnicott. International Journal of Psycho-Analysis 73: 613-26.

Ogden T (1994) The analytic third: working with intersubjective clinical facts. International Journal of Psychoanalysis 75: 3-19.

O'Grady D, Metz JR (1987) Resilience in children at high risk for psychological disorder. Journal of Pediatric Psychology 12: 3-23.

Okimoto JT (2001) The appeal cycle in three cultures: an exploratory comparison of child development. Journal of the American Psychoanalytic Association 49(1): 187-215.

Olinick S (1982) Meanings beyond words: psychoanalytic perceptions of silence and communication, happiness, sexual love and death. International Review of Psycho-Analysis 9: 461-72.

O'Neill RM, Greenberg RP, Fisher S (1992) Humor and anality. Humour 5:283-91.

Oppenheim D, Emde R, Warren S (1997) Children's narrative representations of mothers: their development and associations with child and mother adaptation. Child Development 68:127-38.

Orbach S, Eichenbaum L (1982) Outside In ... Inside Out: Women's Psychology: A Feminist Psychoanalytic Approach. London: Penguin.

Orlofsky J (1993) Intimacy status: theory and research. In JE Marcia, AS Waterman, DR Matteson et al. (eds), Ego Identity: A Handbook for Psychosocial Research. New York: Springer-Verlag.

Ornstein P, Ornstein A (1985) Clinical understanding and explaining: the empathic vantage point. In A Goldberg (ed.), Progress in Self Psychology, Vol. 1 (pp. 43-61). New York: Guilford Press.

Orvaschel H (1983) Maternal depression and child dysfunction. In BB Lahey, AE Kazdin (ed.), Advances in Clinical Child Psychology (pp. 169-97). New York: Plenum Press.

O'Shaughnessy E (1981) A clinical study of a defensive organisation. International Journal of Psycho-Analysis 62: 359-69.

O'Shaughnessy E (1989) The invisible Oedipus complex. In J Steiner (ed.), The Oedipus Complex Today (pp. 129-50). London: Karnac Books.

O'Shaughnessy E (1992) Enclaves and excursions. International Journal of Psychoanalysis 73: 603-11.

Padel JH (1972) The contribution of WRD Fairbairn. Bulletin of the European Psycho-Analytical Federation 2: 13-26.

Palombo J (1987) Selfobject transference in the treatment of borderline neurocognitively impaired children. In JS Grotstein, JA Lang (eds), The Borderline Patient: Emerging Concepts in Diagnosis, Psychodynamics and Treatment Vol 1 (pp. 317-46). Hillsdale, NJ: Atlantic Press.

Panel (1937) Symposium on the theory of the therapeutic results of psycho-analysis. International Journal of Psycho-analysis 18: 125-84.

Panksepp J (1998) Affective Neuroscience: The Foundations of Human and Animal Emotions. Oxford: Oxford University Press.

Panksepp J (2001) The long term psychobiological consequences of infant emotions: prescriptions for the twenty-first century. Infant Mental Health Journal 22:132-73.

Papousek H, Papousek M (1974) Mirror-image and self recognition in young human infants: a new method of experimental analysis. Developmental Psychobiology 7: 149-57.

Parens H (1979) The Development of Aggression in Early Childhood. New York: Aronson.

Parens H (1980) An exploration of the relations of instinctual drives and the symbiosis/separation-individuation process. Journal of the American Psychoanalytic Association 28: 89-114.

Pawl J, Lieberman AF (1997) Infant-parent psychotherapy. In J Noshpitz (ed.), Handbook of Child and Adolescent Psychiatry (Vol. 1, pp. 339-51). New York: Basic Books.

Pawlik K, Cattell RB (1964) Third-order factors in objective personality tests. British Journal of Psychology 55: 1-18.

Pei Q, Zetterstrom T, Fillenz M (1990) Tail pinch induces changes in the turnover and release of dopamine and 5-hydroxytrptamine in different brain regions of the rat. Neuroscience 35: 133-8.

Pennebaker JW (1997) Opening Up: The Healing Power of Expressing Emotions. New York: Guilford Press.

Pennebaker JW, Mayne TJ, Francis ME (1997) Linguistic predictors of adaptive bereavement. J Pers Soc Psychol 72(4): 863-71.

Perelberg RJ (ed.) (1999) Psychoanalytic Understanding of Violence and Suicide. London: Routledge.

Perner J, Leekam S, Wimmer H (1987) Three-year-olds' difficulty in understanding false belief: cognitive limitation, lack of knowledge, or pragmatic misunderstanding? British Journal of Developmental Psychology 5: 125-37.

Perry J, Cooper S (1985) Psychodynamics, symptoms, and outcome in borderline and antisocial personality disorders and bipolar type II affective disorder. In TH McGlashan (ed.), The Borderline: Current Empirical Research. Washington, DC: American Psychiatric Press.

Peterfreund E (1971) Information, Systems, and Psychoanalysis: An Evolutionary Biological Approach to Psychoanalytic Theory. New York: International University Press.

Peterfreund E (1978) Some critical comments on psychoanalytic conceptualizations of infancy. International Journal of Psycho-Analysis 59: 427-41.

Peterfreund E (1980) On information and systems models for psychoanalysis. International Review of Psycho-Analysis 7: 327-45.

Piaget J (1936) The Origins of Intelligence in Children. New York: International Universities Press, 1952.

Piaget J (1954) The Construction of Reality in the Child. New York: Basic Books.

Piaget J (1967) Biology and Knowledge. Chicago: University of Chicago Press, 1972.

Pike A, Reiss D, Hetherington EM, Plomin R (1996) Using MZ differences in the search for nonshared environmental effects. J Child Psychol Psychiatry 37(6):695-704.

Pillemer DB, White SH (1989) Childhood events recalled by children and adults. In HV Reese (ed.), Advances in Child Development and Behavior, Volume 26 (pp. 297-340). New York: Academic Press.
Pine F (1985) Developmental Theory and Clinical Process. New Haven, CT: Yale University Press.
Pitcher EG, Prelinger E (1963) Children Tell Stories: An Analysis of Fantasy. New York: International Universities Press.
Pizer S (1998) Building Bridges: The Negotiation of Paradox in Psychoanalysis. Hillsdale, NJ: The Analytic Press.
Plakun EM, Burkhardt PE, Muller JP (1985) Fourteen-year follow-up of borderline and schizotypal personality disorders. Comprehensive Psychiatry 26: 448-55.
Plomin R (1994) Genetics and Experience: The Interplay Between Nature and Nurture. Thousand Oaks, CA: Sage Publications Inc.
Plomin R, Bergeman CS (1991) The nature of nurture: genetic influences on 'environmental' measures. Behavior and Brain Sciences 14: 373-86.
Plomin R, Daniels D (1987) Why are children in the same family so different from one another? Behavioral and Brain Sciences 10: 1-16.
Plomin R, Chipuer HM, Neiderhiser JM (1994) Behavioral genetic evidence for the importance of non-shared environment. In EM Hetherington, D Reiss, R Plomin (eds), Separate Social Worlds of Siblings (pp. 1-31). Hillsdale, NJ: Erlbaum.
Plotsky PM, Meaney MJ (1993) Early, postnatal experience alters hypothalamic corticotropin-releasing factor (CRF) mRNA, median eminence CRF content and stress-induced release in adult rats. Brain Research. Molecular Brain Research 18: 195-200.
Plutchik R (1993) Emotions and their vicissitudes: emotions and psychopathology. In M Lewis, JM Haviland (eds), Handbook of Emotions (pp. 53-66). New York: Guilford Press.
Polan HJ, Hofer M (1999) Psychobiological origins of infant attachment and separation responses. In J Cassidy, PR Shaver (eds), Handbook of Attachment: Theory, Research and Clinical Applications (pp. 162-80). New York: Guilford.
Pollock PH, Kear-Colwell JJ (1994) Women who stab: a personal construct analysis of sexual victimisation and offending behavior. British Journal of Medical Psychology 67: 13-22.
Pope HG, Hudson JI (1995) Can memories of childhood sexual abuse be repressed? Psychological Medicine 25: 121-6.
Popper K (1959) The Logic of Scientific Discovery. London: Routledge & Kegan Paul, 1992.
Posner MI, Rothbart MK (2000) Developing mechanisms of self-regulation. Development and Psychopathology 12, 427-41.
Provence S, Ritvo S (1961) Effects of deprivation on institutionalized infants: disturbances in development of relationships to inanimate objects. The Psychoanalytic Study of the Child 16: 189-204.
Quinodoz JM (1991) Accepting fusion to get over it. Review Français de Psychoanalyse 55: 1697-1700.
Quinton D, Pickles A, Maughan B, Rutter M. (1993) Partners, peers, and pathways: assortative pairing and continuities in conduct disorder. Special issue: Milestones in the development of resilience. Development and Psychopathology 5: 763-83.
Quinton D, Rutter M (1988) Preventing Breakdown: The Making and Breaking of Intergenerational Links. Aldershot, Hants: Avebury.

Rachman S (1984) Agoraphobia: a safety-signal perspective. Behavioral Research and Therapy 22: 59-70.
Rachman S, De Silva P (1978) Abnormal and normal obsessions. Behavior Research and Therapy 16: 233-48.
Racker H (1968) Transference and Countertransference. London: Hogarth Press.
Raine A, Venables PH, Williams M (1995) High autonomic arousal and orienting at age 15 years as protective factors against crime development at age 29 years. American Journal of Psychiatry 152: 1595-1600.
Rajecki DW, Lamb M, Obmascher P (1978) Toward a general theory of infantile attachment: a comparative review of aspects of the social bond. The Behavioral and Brain Sciences 3: 417-64.
Rangell L (1955) The borderline case. Journal of the American Psychoanalytic Association 3: 285-98.
Rangell L (1982) The self in psychoanalytic theory. Journal of the American Psychoanalytic Association 30: 863-91.
Rangell L (1985) On the theory of theory in psychoanalysis and the relation of theory to psychoanalytic therapy. Journal of the American Psychoanalytic Association 33: 59-92.
Rank O (1924) The Trauma of Birth. New York: Harcourt, Brace, 1929.
Rapaport D (1950) On the psychoanalytic theory of thinking. International Journal of Psycho-Analysis 31: 161-70.
Rapaport D (1951a) The autonomy of the ego. Bulletin of the Menninger Clinic 15: 113-23.
Rapaport D (1951b) Toward a theory of thinking. In D Rapaport (ed.), Organization and Pathology of Thought (pp. 689-730). New York: Columbia University Press.
Rapaport D (1958) The theory of ego autonomy: a generalization. Bulletin of the Menninger Clinic 22: 13-35.
Rapaport D, Gill MM (1959) The points of view and assumptions of metapsychology. International Journal of Psycho-Analysis 40:153-62.
Rayner E (1991) The Independent Mind in British Psychoanalysis. London: Free Association Books.
Read SJ, Vanman EJ, Miller LC (1997) Conectionism, parallel constraint satisfaction processes, and Gestalt principles: (Re)introducing cognitive dynamics to social psychology. Personality and Social Psychology Review 1: 26-53.
Reich A (1960) Empathy and countertransference, Psychoanalytic Contributions (pp. 344-60). New York: International University Press, 1973.
Reich W (1925) The impulsive character. In W Reich (ed.), Early Writings, Vol. 1. New York: Farrar, Strauss.
Reich W (1933) Character Analysis (VR Carfagno, trans.) (3rd edn). New York: Farrar, Strauss & Giroux (1972).
Reiss D, Hetherington EM, Plomin R et al. (1995) Genetic questions for environmental studies: differential parenting and psychopathology in adolescence. Archives of General Psychiatry 52: 925-36.
Reiss D, Neiderhiser J, Hetherington EM, Plomin R (2000) The Relationship Code: Deciphering Genetic and Social Patterns in Adolescent Development. Cambridge, MA: Harvard University Press.
Renik O (1993) Analytic interaction: conceptualizing technique in the light of the analyst's irreducible subjectivity. Psychoanalytic Quarterly 62: 553-71.

Renik O (1994) Publication of clinical facts. International Journal of Psycho-Analysis 75: 1245-50.
Renik O (1996) The perils of analytic neutrality. Psychoanalytic Quarterly 65: 495-517.
Rest JR (1983) Morality. In JH Flavell, EM Markman (eds), Handbook of Child Psychology, Vol. 3, Cognitive Development (pp. 556-629). New York: Wiley.
Rey JH (1979) Schizoid phenomena in the borderline. In A Capponi (ed.), Advances in the Psychotherapy of the Borderline Patient (pp. 449-84). New York: Jason Aronson.
Richards JM, Gross J (1999) Composure at any cost? The cognitive consequences of emotion supression. Personality and Social Psychology Bulletin 35: 1033-44.
Rinsley DB (1977) An object relations view of borderline personality. In P Hartocollis (ed.), Borderline Personality Disorders: The Concept, the Syndrome, the Patient (pp. 47-70). New York: International Universities Press.
Rinsley DB (1978) Borderline psychopathology: a review of etiology dynamics and treatment. International Review of Psycho-Analysis 5: 45-54.
Rinsley DB (1982) Borderline and Other Self Disorders: A Developmental and Object Relations Perspective. New York: Jason Aronson.
Ritzler B, Wyatt D, Harder D, Kaskey M (1980) Psychotic patterns of the concept of the object on the Rorschach. Journal of Abnormal Psychology 89: 46-55.
Riviere J (1936) On the genesis of psychical conflict in early infancy. International Journal of Psycho-Analysis 55: 397-404.
Robertson J (1962) Hospitals and Children: A Parent's Eye View. New York: Gollancz.
Rochat P (1995) Early objectification of the self. In P Rochat (ed.), The Self in Infancy: Theory and Research. Advances in Psychology 112 (pp. 53-71). Amsterdam, Netherlands: North-Holland/Elsevier Science Publishers.
Rochat P, Morgan R (1995) Spatial determinants in the perception of self-produced leg movements in 3- to 5-month-old infants. Developmental Psychology 31: 626-36.
Rochlin G (1971) Review of Bowlby J Attachment and Loss: Attachment. Psychoanalytic Quarterly 50: 504-6.
Roediger HL (1990) Implicit memory: retention without remembering. American Psychologist 45: 1043-56.
Rogers JH, Widiger T, Krupp A (1995) Aspects of depression associated with borderline personality disorder. American Journal of Psychiatry 152, 168-270.
Roiphe H (1976) Review of J Bowlby, Attachment and Loss. II: Separation, Anxiety and Anger. Psychoanalytic Quarterly 65: 307-9.
Rosch E (1978) Principles of categorization. In E Rosch, BB Floyd (eds), Cognition and Categorization (pp. 28-49). Hillsdale, NJ: Lawrence Erlbaum.
Rosenblatt AD, Thickstun JT (1977). Modern Psychoanalytic Concepts in a General Psychology. Part 1: General Concepts and Principles. Part 2: Motivation. New York: International Universities Press.
Rosenfeld H (1952) Notes on the psycho-analysis of the superego conflict in an acute schizophrenic patient. International Journal of Psycho-Analysis 33: 111-31.
Rosenfeld H (1964) On the psychopathology of narcissism: a clinical approach. International Journal of Psycho-Analysis 45: 332-7.
Rosenfeld H (1965) Psychotic States: A Psychoanalytic Approach. New York: International Universities Press.
Rosenfeld H (1971a) A clinical approach to the psychoanalytic theory of the life and death instincts: an investigation into the aggressive aspects of narcissism. International Journal of Psychoanalysis 52: 169-78.

Rosenfeld H (1971b) Contribution to the psychopathology of psychotic states: the importance of projective identification in the ego structure and object relations of the psychotic patient. In EB Spillius (ed.), Melanie Klein Today (pp. 117-37). London: Routledge, 1988.
Rosenfeld H (1971c) Theory of life and death instincts: aggressive aspects of narcissism. International Journal of Psycho-Analysis 52: 169-83.
Rosenfeld H (1978) Notes on the psychopathology and psychoanalytic treatment of some borderline patients. International Journal of Psychoanalysis 59: 215-21.
Rosenfeld H (1987) Impasse and Interpretation. London: Tavistock Publications.
Rosenfeld HJ (1950) Notes on the psychopathology of confusional states in chronic schizophrenias. International Journal of Psychoanalysis 31: 132-7.
Rosenwald CC (1972) Effectiveness of defences against anal impulse arousal. Journal of Consulting and Clinical Psychology 39: 292-8.
Rosolato G (1978) Symbol formation. International Journal of Psycho-Analysis 59: 303-13.
Roth A, Fonagy P (1996) What Works for Whom? A Critical Review of Psychotherapy Research. New York: Guilford Press.
Rothbart MK, Ahadi SA, Evans DE (2000) Temperament and personality: origins and outcomes. Journal of Personality and Social Psychology 78: 122-35.
Rothbart MK, Ahadi SA, Hershey KL (1994) Temperament and social behavior in childhood. Merrill-Palmer Quarterly 40: 21-39.
Rothbart MK, Bates JE (1998) Temperament. In N Eisenberg (ed.), Handbook of Child Psychology: Vol. 3. Social, Emotional, and Personality Development (5th edn., pp. 105-76). New York: Wiley.
Rothbaum F, Pott M, Azuma H, Miyake K, Weisz J (2000) The development of close relationships in Japan and the United States: paths of symbiotic harmony and generative tension. Child Development 71: 1121-42.
Rothstein A (1980) Toward a critique of the psychology of the self. Psychoanalytic Quarterly 49: 423-55.
Rovee-Collier CK (1987) Learning and memory in infancy. In JD Osofsky (ed.), Handbook of Infant Development (2nd edn). New York: Wiley.
Rowe D (1994) The Limits of Family Influence: Genes, Experience and Behavior. New York: Guilford Press.
Ruben D (ed.) (1993) Explanation. Oxford: Oxford University Press.
Rubin D, Wallace W, Houston B (1993) The beginnings of expertise for ballads. Cognitive Science 17: 435-62.
Rubovitz-Seitz P (1988) Kohut's method of interpretation: a critique. Journal of the American Psychoanalytic Association 36: 933-60.
Rumelhart DE, McClelland JL (1986) Parallel Distributed Processing. Cambridge, MA: MIT Press.
Rush F (1977) Freud and the sexual abuse of children. Chrysalis 1: 31-45.
Rutter M (1971) Maternal Deprivation Reassessed. Harmondsworth, Middlesex: Penguin.
Rutter M (1981) Maternal Deprivation Reassessed (2nd edn). Harmondsworth, Middlesex: Penguin.
Rutter M (1989a) Epidemiological approaches to developmental psychopathology. Archives of General Psychiatry 45: 486-500.
Rutter M (1989b) Isle of Wight revisited: twenty-five years of child psychiatric epidemiology. Journal of the American Academy of Child and Adolescent Psychiatry 28: 633-53.

Rutter M (1990) Psychosocial resilience and protective mechanisms. In J Rolf, AS Masten, D Cicchetti, S Weintraub (eds), Risk and Protective Factors in the Development of Psychopathology (pp. 181-214). New York: Cambridge University Press.

Rutter M (1993) Developmental psychopathology as a research perspective. In D Magnusson, P Casaer (eds), Longitudinal Research on Individual Development: Present Status and Future Perspectives (pp. 127-52). New York: Cambridge University Press.

Rutter M (1999) Psychosocial adversity and child psychopathology. British Journal of Psychiatry 174: 480-93.

Rutter M (2000) Psychosocial influences: critiques, findings and research needs. Development and Psychopathology 12: 375-405.

Rutter M, Champion L, Quinton D, Maughan B, Pickles A (1995) Understanding individual differences in environmental risk exposure. In P Moen, GH Elder Jr, K Luscher (eds), Examining Lives in Context: Perspectives on the Ecology of Human Development (pp. 61-93). Washinton, DC: American Psychological Association.

Rutter M, Dunn J, Plomin R, Simonoff E, Pickles A, Maughan B, Ormel J, Meyer J, Eaves L (1997) Integrating nature and nurture: Implications of person-environment correlations and interactions for developmental psychology. Development and Psychopathology 9: 335-64.

Rutter M, Quinton D (1984) Long-term follow-up of women institutionalized in childhood: factors promoting good functioning in adult life. British Journal of Developmental Psychology 18: 225-34.

Rutter M, Silberg J, O'Connor T, Simonoff E (1999a) Genetics and child psychiatry: I Advances in quantitative and molecular genetics. J Child Psychol Psychiatry 40(1): 3-18.

Rutter M, Silberg J, O'Connor T, Simonoff E (1999b) Genetics and child psychiatry: II Empirical research findings. J Child Psychol Psychiatry 40(1): 19-55.

Rutter M, Smith DJ (eds) (1995) Psychosocial Disorders in Young People. Time Trends and Their Causes. Chichester: John Wiley & Sons.

Rutter M, Tizard J, Yule W et al. (1976) Isle of Wight Studies 1964-1974. Psychological Medicine 6: 313-32.

Rutter M, Yule B, Quinton D et al. (1975) Attainment and adjustment in two geographical areas: 3. Some factors accounting for area differences. British Journal of Psychiatry 126: 520-33.

Ryan ER, Bell MD (1984) Changes in object relations from psychosis to recovery. Journal of Abnormal Psychology 93: 209-15.

Ryan ER, Cicchetti DV (1985) Predicting the quality of alliance in the initial psychotherapy interview. Journal of Nervous and Mental Disease 12: 717-25.

Rycroft C (1966) Psycho-Analysis Observed. London: Constable.

Rycroft C (1979) The Innocence of Dreams. London: Hogarth.

Ryle A (1982) Psychotherapy: A Cognitive Integration of Theory and Practice. London: Academic Press.

Ryle A (1985) Cognitive theory, object relations and the self. British Journal of Medical Psychology 58: 1-7.

Ryle A (1990) Cognitive Analytic Therapy: Active Participation in change. Chichester: Wiley.

Ryle A (1992) Critique of a Kleinian case presentation. British Journal of Medical Psychology 65: 309-17.

Ryle A (1993) Addiction to the death instinct? a critical review of Joseph's paper 'Addiction to near death'. British Journal of Psychotherapy 10: 88-92 (with response by Ann Scott, 93-6).

Ryle A (1994) Psychoanalysis and cognitive analytic therapy. British Journal of Psychotherapy 10: 402-5.

Ryle A (ed.) (1995a) Cognitive Analytic Therapy: Developments in Theory and Practice. Chichester: Wiley.

Ryle A (1995b) Research relating to CAT. In A Ryle (ed.), Cognitive Analytic Therapy: Developments in Theory and Practice (pp. 175-89). Chichester: Wiley.

Ryle A, Marlowe MJ (1995) Cognitive analytic therapy of borderline personality disorder: theory and practice and the clinical and research uses of the self states sequential diagram. International Journal of Short Term Psychotherapy 10(1): 21-34.

Safran JD (1990a) Towards a refinement of cognitive analytic therapy in the light of interpersonal theory: practice. Clin. Psychol. Rev. 10: 107-21.

Safran JD (1990b) Towards a refinement of cognitive analytic therapy in the light of interpersonal theory: theory. Clin. Psychol. Rev. 10: 87-105.

Safran JD, Muran JC (2000) Negotiating the Therapeutic Alliance. New York: Guilford Press.

Safran JD, Crocker P, McMain S, Murray P (1990) The therapeutic alliance rupture as a therapy event for empirical investigation. Psychotherapy 27: 154-65.

Sameroff AJ (1998) Understanding the social context of early psychopathology. In J Noshpitz (ed.), Handbook of Child and Adolescent Psychiatry. New York: Basic Books.

Sameroff AJ, Emde R (1989) Relationship Disturbances in Early Childhood. New York: Basic Books.

Sameroff AJ, Seifer R (1990) Early contributors to developmental risk. In J Rolf, N Garmezy (eds), Risk and Protective Factors in the Development of Psychopathology. New York: Cambridge University Press.

Sameroff AJ, Seifer R, Zax M (1982) Early Development of Children at Risk for Emotional Disorder. Monographs of the Society for Research in Child Development 47(7). Chicago, IL: University of Chicago Press.

Sampson, EE (1988) The debate on individualism: indigenous psychologies of the individual and their role in personal and societal functioning. American Psychologist 43: 15-22.

Sandell R (1999) Long-term findings of the Stockholm Outcome of Psychotherapy and Psychoanalysis Project (STOPPP). Paper presented at a conference on Psychoanalytic Long-Term Treatments: A Challenge for Clinical and Empirical Research in Psychoanalysis, Hamburg, Germany.

Sandell R, Blomberg J, Lazar A, Carlsson J, Broberg J, Rand H (2000) Varieties of long-term outcome among patients in psychoanalysis and long-term psychotherapy: a review of findings in the Stockholm outcome of psychoanalysis and psychotherapy project (STOPP). International Journal of Psychoanalysis 81(5): 921-43.

Sander LW (1983) Polarity, paradox, and the organizing process in. In JD Call, E Galenson, RL Tyson (eds), Frontiers of Infant Psychiatry (pp. 333-46). New York: Basic Books.

Sanders MR, Dadds MR (1992) Children's and parents' cognitions about family interaction: an evaluation of video-mediated recall and thought listing procedures in the assessment of conduct-disordered children. Journal of Clinical Child Psychology 21: 371-9.

Sandler J (1960a) The background of safety. International Journal of Psycho-Analysis 41: 191-8.
Sandler J (1960b) On the concept of superego. The Psychoanalytic Study of the Child 15, 128-62.
Sandler J (1962a) The Hampstead Index as an Instrument of Psychoanalytic Research. International Journal of Psycho-Analysis 43: 287-91.
Sandler J (1962b) Psychology and Psychoanalysis. British Journal of Medical Psychology 35: 91-100.
Sandler J (1967) Trauma, strain, and development. In SS Furst (ed.), Psychic Trauma. New York/London: Basic Books.
Sandler J (1972) The role of affects in psychoanalytic theory. In J Sandler (ed.), From Safety to Superego: Selected Papers of Joseph Sandler (pp. 285-300). New York: Guilford Press.
Sandler J (1976a) Actualisation and object relationships. Journal of the Philadelphia Association of Psychoanalysis 3: 59-70.
Sandler J (1976b) Countertransference and role-responsiveness. International Review of Psycho-Analysis 3: 43-7.
Sandler J (1981) Character traits and object relationships. Psychoanalytic Quarterly 50: 694-708.
Sandler J (1983) Reflections on some relations between psychoanalytic concepts and psychoanalytic practice. International Journal of Psycho-Analysis 64: 35-45.
Sandler J (1985) Towards a reconsideration of the psychoanalytic theory of motivation. Bulletin of the Anna Freud Centre 8: 223-43.
Sandler J (1987a) The concept of projective identification. In J Sandler (ed.), Projection, Identification, Projection Identification (pp. 13-26). Madison, CT: International Universities Press.
Sandler J (1987b) From Safety to the Superego: Selected Papers of Joseph Sandler. New York: Guilford Press.
Sandler J (1987c) Projection, Identification, Projective Identification. London: Karnac Books.
Sandler J (1989) Toward a reconsideration of the psychoanalytic theory of motivation. In AM Cooper, OF Kernberg, ES Person (eds), Psychoanalysis: Toward the Second Century (pp. 91-110). New Haven, CT: Yale University Press.
Sandler J (1990) On the structure of internal objects and internal object relationships. Psychoanalytic Inquiry 10(2): 163-81.
Sandler J (1993) Communication from patient to analyst: not everything is projective identification. British Psycho-Analytical Society Bulletin 29: 8-16.
Sandler J (1994) Fantasy, defense, and the representational world. Fifth World Congress of the World Association for Infant Psychiatry and Allied Disciplines (1992, Chicago, IL). Infant Mental Health Journal 15(1) Spec. Issue: 26-35.
Sandler J, Fonagy P (eds) (1997) Recovered Memories of Abuse: True or False? London: Karnac Books.
Sandler J, Freud A (1985) The Analysis of Defence: The Ego and the Mechanisnms of Defence Revisited. New York: International Universities Press.
Sandler J, Joffe WG (1965a) Notes on childhood depression. International Journal of Psycho-Analysis 46: 88-96.
Sandler J, Joffe WG (1965b) Notes on obsessional manifestations in children. Psychoanalytic Study of the Child 20: 425-38.

Sandler J, Joffe WG (1966) On skill and sublimation. Journal of American Psychoanalytic Association 14: 335-55.
Sandler J, Joffe WG (1967) The tendency to persistence in psychological function and development, with special reference to fixation and regression. Bulletin of the Menninger Clinic 31: 257-71.
Sandler J, Joffe WG (1969) Towards a basic psychoanalytic model. International Journal of Psycho-Analysis 50: 79-90.
Sandler J, Rosenblatt B (1962a) The concept of the representational world. The Psychoanalytic Study of the Child 17: 128-45.
Sandler J, Rosenblatt B (1962b) The representational world. In J Sandler (ed.), From Safety to Superego. Selected Papers of Joseph Sandler (pp. 58-72). London: Karnac Books, 1987.
Sandler J, Sandler A-M (1978) On the development of object relationships and affects. International Journal of Psycho-Analysis 59: 285-96.
Sandler J, Sandler A-M (1983) The 'second censorship', the 'three-box model', and some technical implications. International Journal of Psychoanalysis 64: 413-26.
Sandler J, Sandler A-M (1984) The past unconscious, the present unconscious, and interpretation of the transference. Psychoanalytic Inquiry 4: 367-99.
Sandler J, Sandler A-M (1987) The past unconscious, the present unconscious and the vicissitudes of guilt. International Journal of Psychoanalysis 68: 331-41.
Sandler J, Sandler A-M (1992) Psychoanalytic technique and theory of psychic change. Bulletin of the Anna Freud Centre 15: 35-51.
Sandler J, Dare C, Holder A (1982) Frames of reference in psychoanalytic psychology: XII. The characteristics of the structural frame of reference. British Journal of Medical Psychology 55: 203-7.
Sanson A, Oberklaid F, Pedlow R, Prior M (1991) Risk indicators: assessment of infancy predictors of pre-school behavioral maladjustment. Journal of Child Psychology and Psychiatry 32: 609-26.
Sapolsky RM (1994) Why Zebras Don't Get Ulcers: A Guide to Stress, Stress-related Disease and Coping. New York: WH Freeman.
Scaife M, Bruner J (1975) The capacity for joint visual attention in the infant. Nature 253: 265-6.
Scarr S (1992) Developmental theories for the 1990s: development and individual differences. Child Development 63: 1-19.
Schachter DL (1992a) Priming and multiple memory systems: perceptual mechanisms of implicit memory. Journal of Cognitive Neuroscience 4: 244-56.
Schachter DL (1992b) Understanding implicit memory: a cognitive neuroscience approach. American Psychologist 47: 559-69.
Schachter DL (1995) Implicit memory: a new frontier for cognitive neuroscience. In MS Gazzaniga (ed.), The Cognitive Neurosciences (pp. 815-24). Cambridge, MA: MIT Press.
Schafer R (1968) Aspects of Internalisation. New York: International Universities Press.
Schafer R (1974) Problems in Freud's psychology of women. Journal of the American Psychoanalytic Association 22: 459-85.
Schafer R (1976) A New Language for Psychoanalysis. New Haven, CT: Yale University Press.
Schafer R (1983) The Analytic Attitude. New York: Basic Books.

Schafer R (1994a) The conceptualisation of clinical facts. International Journal of Psycho-Analysis 75: 1023-30.
Schafer R (1994b) The Contemporary Kleinians of London. Psychoanalytic Quarterly 63: 409-32.
Schaffer HR, Emerson PE (1964) Patterns of response to physical contact in early human development. Journal of Child Psychology and Psychiatry 5:1-13.
Schmideberg M (1947) The treatment of psychopathic and borderline patients. American Journal of Psychotherapy 1: 45-71.
Schmuckler MA (1996) Visual-proprioceptive intermodal perception in infancy. Infant Behavior and Development 19: 221-32.
Schore AN (1997a) Early organization of the nonlinear right brain and development of a predisposition to psychiatric disorders. Development and Psychopathology 9: 595-631.
Schore AN (1997b) Neurobiology and psychoanalysis. In M Moscowitz, Mark C, Kaye C, Ellman S (eds.), The Neurobiological and Developmental Basis of Psychotherapeutic Intervention. Northville, NJ: Jason Aronson.
Schore AN (1999) Commentary on Freud's affect theory in light of contemporary neuroscience. Neuro-Psychoanalysis 1: 49-55.
Schore AN (2001) Contributions from the decade of the brain to infant mental health: an overview. Infant Mental Health Journal 22: 1-6.
Schuengel C, Bakermans-Kranenburg M, van IJzendoorn M (1999) Frightening maternal behavior linking unresolved loss and disorganised infant attachment. Journal of Consulting and Clinical Psychology 67: 54-63.
Schuengel C, Bakermans-Kranenburg MJ, van IJzendoorn MH, Bom M (1999) Unresolved loss and infant disorganisation: links to frightening maternal behavior. In J Solomon, C George (eds), Attachment Disorganization (pp. 71-94). New York: Guilford Press.
Schur M (1960). Discussion of Dr. John Bowlby's paper. The Psychoanalytic Study of the Child, 15, 63-84.
Schur M (1966) The Id and the Regulatory Principles of Mental Functioning. New York: International Universities Press.
Schwaber E (1983) Psychoanalytic listening and psychic reality. International Review of Psycho-Analysis 10: 379-92.
Schwartz L (1978) Review of 'The Restoration of the Self' by Heinz Kohut. Psychoanalytic Quarterly 47: 436-43.
Searles HF (1960) The Nonhuman Environment. New York: International Universities Press.
Searles HF (1963) Transference psychosis in psychotherapy of chronic schizophrenia. Collected Papers on Schizophrenia and Related Subjects (pp. 654-716). New York: International Universities Press, 1965.
Searles HF (1986) My Work with Borderline Patients. Northvale, NJ: Aronson.
Segal H (1957) Notes on symbol formation. International Journal of Psycho-Analysis 38: 391-7.
Segal H (1964) Introduction to the Work of Melanie Klein. New York: Basic Books.
Segal H (1974) An Introduction to the Work of Melanie Klein. London: Hogarth.
Segal H (1981) The Work of Hanna Segal. New York: Jason Aronson.
Segal H (1983) Some clinical implications of Melanie Klein's work: emergence from narcissism. International Journal of Psycho-Analysis 64: 269-76.

Segal H (1985) The Klein-Bion model. In A Rothstein (ed.), Models of the Mind: Their Relationships to Clinical Work (ed.) (pp. 35-48). New York: International Universities Press, Inc.
Seligman MEP (1975) Helplessness. San Francisco, CA: Freeman.
Settlage CF (1977) The psychoanalytic understanding of narcissistic and borderline personality disorders: advances in developmental theory. Journal of the American Psychoanalytic Association 25: 805-33.
Settlage CF (1980) Psychoanalytic developmental thinking in current and historical perspective. Psychoanalysis and Contemporary Thought 3: 139-70.
Settlage CF, Curtis Z, Lozoff, M, Silberschatz G, Simburg E (1988) Conceptualizing adult development. Journal of the American Psychoanalytic Association 6:347-70.
Shantz CU (1983) Social cognition. In JH Flavell, EM Markman (eds), Handbook of Child Psychology, Vol. 3, Cognitive Developments. New York: Wiley.
Shapiro, DA, Rees A, Barkham M, Hardy G, Reynolds S, Startup M (1995) Effects of treatment duration and severity of depression on the maintenance of gains after cognitive-behavioral and psychodynamic-interpersonal psychotherapy. Journal of Consulting and Clinical Psychology 63: 378-87.
Shaw DS, Vondra JI (1995) Infant attachment security and maternal predictors of early behavior problems: a longitudinal study of low-income families. Journal of Abnormal Child Psychology 23: 335-57.
Shaw DS, Gilliom M, Ingoldsby EM, Schonberg MA (2001) Developmental trajectories of early conduct problems from ages 2 to 10. Symposium on: Developmental Trajectories in Antisocial Behavior from Infancy to Adolescence. Paper presented at the Biennial Meeting of the Society for Research in Child Development, April 19-22, 2001, Minneapolis, MN.
Shaw DS, Owens EB, Vondra JI, Keenan K, Winslow EB (1996) Early risk factors and pathways in the development of early disruptive behavior problems. Development and Psychopathology 8: 679-99.
Shaw DS, Winslow EB, Flanagan C (1999) A prospective study of the effects of marital status and family relations on young children's adjustment among African American and Caucasian families. Child Development 70: 742-55.
Shea MT, Elkin I, Imber SD, Sotsky SM, Watkins JT, Collins JF, Pilkonis PA, Beckham E, Glass DR, Dolan RT, Parloff MB (1992) Course of depressive symptoms over follow-up: findings from the NIMH treatment of depression collaborative research programme. Archives of General Psychiatry 49: 782-7.
Sheeber L, Hops H, Alpert A, Davies B, Andrews J (1997) Family support and conflict: prospective relations to adolescent depression. Journal of Abnormal Child Psychology 25: 333-44.
Shengold L (1989) Soul Murder: The Effects of Childhood Abuse and Deprivation. New York: Ballantine Books.
Sherman M, Hertzig M (1983) Treasured object use – a cognitive and developmental marker. Journal of the American Academy Child Psychiatry 22: 541-4.
Sherman M, Hertzig M, Austrian R, Shapiro T (1981) Treasured objects in school-aged children. Pediatrics 68: 379-86.
Sherman S, Judd CM, Park B (1989) Social cognition. Annual Review of Psychology 40: 281-326.
Shevrin H (1997) Psychoanalysis as the patient: high in feeling, low in energy. Jounal of the American Psychoanalytic Association 45: 841-64.

Shevrin H (2001) Drug dreams: an introduction. Journal of the American Psychoanalytic Association 49: 69-71.
Siegel DJ (2001) Toward an interpersonal neurobiology of the developing mind: attachment relationships, 'mindsight' and neural integration. Infant Mental Health Journal 22: 67-94.
Silberg J, Rutter M, Nealre K, Eaves LJ (2001) Genetic moderation of environmental risk for depression and anxiety in adolescent girls. British Journal of Psychiatry 179: 116-21.
Silverman LH (1983) The subliminal psychodynamic activation method: overview and comprehensive listing of studies. In J Masling (ed.), Empirical Studies of Psychoanalytic Theories. Hillsdale, NJ: Analytic Press.
Silverman R, Lieberman AF, Pekarsky JH (1997) Anxiety disorders. In AF Lieberman, S Wieder, E Fenichel (eds), Casebook of the Zero to Three Diagnostic Classification of Mental Health and Developmental Disorders of Infancy and Early Childhood (pp. 47-59). Arlington, Virginia: Zero to Three.
Simpson JA, Rholes WS, Nelligan JS (1992) Support seeking and support giving within couples in an anxiety provoking situation: the role of attachment styles. Journal of Personality and Social Psychology 60: 434-46.
Singer M (1975) The borderline delinquent: the interlocking of intrapsychic and interactional determinants. International Review of Psycho-Analysis 2: 429-40.
Sissons Joshi M, MacLean M (1995) Indian and English children's understanding of the distinction between real and apparent emotion. Child Development 65: 1372-84.
Slade A (1996) A view from attachment theory and research. Journal of Clinical Psychoanalysis 5: 112-23.
Slade A (1999a) Attachment theory and research: implications for the theory and practice of individual psychotherapy with adults. In J Cassidy, PR Shaver (eds), Handbook of Attachment: Theory, Research and Clinical Applications (pp. 575-94). New York: Guilford.
Slade A (1999b) Representation, symbolization and affect regulation in the concomitant treatment of a mother and child: attachment theory and child psychotherapy. Psychoanalytic Inquiry 19: 824-57.
Slade A (2000) The development and organisation of attachment: implications for psychoanalysis. Journal of the American Psychoanalytic Association 48: 1147-74.
Slade A, Belsky J, Aber JL, Phelps JL (1999) Mothers' representations of their relationships with their toddlers: links to adult attachment and observed mothering. Developmental Psychology 35(3): 611-19.
Slade P (1982) Towards a functional analysis of anorexia nervosa and bulimia nervosa. British Journal of Clinical Psychology 21: 167-79.
Smalley SL (1997) Genetic influences in childhood-onset psychiatric disorders: autism and attention-deficit/hyperactivity disorder. American Journal of Human Genetics 60: 1276-82.
Sohn L (1985) Narcissistic organisation, projective identification and the formation of the identificate. International Journal of Psychoanalysis 66: 201-13.
Solms M (1997a) The Neuropsychology of Dreams: A Clinico-Anatomical Study. Mahwah, NJ: Erlbaum.
Solms M (1997b) What is consciousness? Journal of the American Psychoanalytic Association 45: 681-703.

Solms M (2000) Dreaming and REM sleeping are controlled by different brain mechanisms. Behavior and Brain Sciences 23: 843-50; 904-1121.
Solms M, Nersessian E (1999) Freud's theory of affect. Neuro-psychoanalysis 1: 5-14.
Solomon J, George C (1999) Attachment Disorganization. New York: Guilford.
Solomon JD (1962) The fixed idea as an internalized transitional object. American Journal of Psychotherapy 16:632-44.
Sorce J, Emde R, Campos J, Klinnert MO (eds) (1985) Maternal emotional signalling: its effect on the visual cliff behavior of 1 year olds. Developmental Psychology 21: 195.
Spangler G, Grossman KE (1993) Biobehavioral organization in securely and insecurely attached infants. Child Development 64: 1439-50.
Spear W, Sugarman A (1984) Dimensions of internalized object relations in borderline and schizophrenic patieints. Psychoanalytic Psychology 1: 113-29.
Speigel D, Lazar SG (1997) The need for psychotherapy in the medically ill. Psychoanalytic Inquiry, Special Supplement, Extended Dynamic Psychotherapy: Making the Case in the Era of Managed Care.
Speigel D, Kraemer H, Gottheil E (1989) Effective psychosocial treatment on survival of patients with metastatic breast cancer. Lancet 2: 888-91.
Spelke ES (1985) Preferential looking methods as tools for the study of cognition in infancy. In G Gottlieb, N Krasnegor (eds), Measurement of Audition and Vision in the First Year of Post-Natal Life (pp. 323-63). Hillsdale, NJ: Lawrence Erlbaum.
Spelke ES (1990) Principles of object perception. Cognitive Science 14:29-56.
Spemann H (1938) Embryonic Development and Induction. New Haven, CT: Yale University Press.
Spence DP (1982) Narrative Truth and Historical Truth. Meaning and Interpretation in Psychoanalysis. New York/London: Norton.
Spence DP (1984) Narrative Truth and Historical Truth. New York: Norton.
Sperling M (1959a) Equivalents of depression in children. Journal of the Hillside Hospital 8: 138-48.
Sperling M (1959b) A study of deviate sexual behavior in children by the method of simultaneous analysis of mother and child. In L Jessnor, E Davenstad (eds), Dynamic Psychopathology in Childhood. New York: Grune & Stratton.
Spillius EB (1988a) General Introduction. In EB Spillius (ed.), Melanie Klein Today: Developments in Theory and Practice. Vol. 1: Mainly Theory. London: Routledge.
Spillius EB (1988b) Melanie Klein Today: Developments in Theory and Practice. Vol. I: Mainly Theory. Vol. II: Mainly Practice. London: Routledge.
Spillius EB (1988c) Vol. 1. Mainly theory; Vol. 2. Mainly practice. In EB Spillius (ed.), Melanie Klein Today: Developments in Theory and Practice. London: Routledge.
Spillius EB (1992) Clinical experiences of projective identification. In R Anderson (ed.), Clinical Lectures on Klein and Bion (pp. 59-73). London: Routledge.
Spillius EB (1993) Developments in Kleinian thought: overview and personal view. British Psycho-Anal.Society Bulletin 29: 1-19.
Spillius EB (1994). Developments in Kleinian thought: overview and personal view. Psychoanalytic Inquiry 14: 324-64.
Spitz RA (1945) Hospitalism: an inquiry into the genesis of psychiatric conditions in early childhood. The Psychoanalytic Study of the Child 1: 53-73.
Spitz RA (1957) No and Yes: On the Genesis of Human Communication. New York: International Universities Press.

Spitz RA (1959) A Genetic Field Theory of Ego Formation: Its Implications for Pathology. New York: International University Press.
Spitz RA (1960) Discussion of Dr. John Bowlby's paper. The Psychoanalytic Study of the Child 15: 85-94.
Spitz RA (1965) The First Year of Life. New York: International University Press.
Spitz RA, Wolf R (1946). Anaclitic depression. Psychoanalytic Study of the Child 5: 113-17.
Spruiell V (1988) The indivisibility of Freudian object relations and drive theories. Psychoanalytic Quarterly 57, 597-625.
Squire LR (1987) Memory and Brain. New York: Oxford University Press.
Squire LS, Kandel ER (1999) Memory: From Molecules to Memory. New York: Freeman Press.
Sroufe LA (1979) Socioemotional development. In J Osofsky (ed.), Handbook of Infant Development (pp. 462-516). New York: Wiley.
Sroufe LA (1983) Infant-Caregiver Attachment and Patterns of Adaptation in Preschool: The Roots of Maladaption and competence (Vol. 16). Hillsdale, NJ: Erlbaum.
Sroufe LA (1989) Pathways to adaptation and maladaptation: psychopathology as a developmental deviation. In D Cicchetti (ed.), Rochester Symposium on Developmental Psychopathology: The Emergence of a Discipline (pp. 13-40). Hillsdale, NJ: Erlbaum.
Sroufe LA (1990) An organizational perspective on the self. In D Cicchetti, M Beeghly (eds), The Self in Transition: Infancy to Childhood (pp. 281-307). Chicago, IL: University of Chicago Press.
Sroufe LA (1996) Emotional Development: The Organization of Emotional Life in the Early Years. New York: Cambridge University Press.
Sroufe LA, Fleeson J (1988) The coherence of family relationships. In RA Hinde, J Stevenson-Hinde (eds), Relationships within Families: Mutual Influences (pp. 27-47). Oxford: Clarendon Press.
Sroufe LA, Rutter M (1984) The domain of developmental psychopathology. Child Development 83: 173-89.
Sroufe LA, Waters E (1977) Attachment as an organizational construct. Child Development 48: 1184-99.
Sroufe LA, Egeland B, Kreutzer, T. (1990) The fate of early experience following developmental change: longitudinal approaches to individual adaptation in childhood. Child Development 61: 1363-73.
Sroufe LA, Carlson E, Levy AK, Egeland B (1999) Implications of attachment theory for developemntal psychopathology. Development and Psychopathology 11: 1-13.
Stechler G, Kaplan S (1980) The development of the sense of self: a psychoanalytic perspective. The Psychoanalytic Study of the Child 35: 85-105.
Steele H, Steele M, Fonagy P (1996) Associations among attachment classifications of mothers, fathers, and their infants: evidence for a relationship-specific perspective. Child Development 67, 541-55.
Steele RS (1979) Psychoanalysis and hermeneutics. International Review of Psycho-Analysis 6: 389-411.
Stein MH (1979) Book review: The Restoration of the Self by Heinz Kohut. Journal of the American Psychoanalytic Association 27: 665-80.
Steiner J (1987) The interplay between pathological organisations and the paranoid-schizoid and depressive positions. International Journal of Psychoanalysis 68: 69-80.
Steiner J (1992a) The equilibrium between the paranoid-schizoid and the depressive positions. In R Anderson (ed.), Clinical Lectures on Klein and Bion (pp. 46-58). London: Routledge.

Steiner J (1993) Psychic Retreats: Pathological Organisations in Psychotic, Neurotic and Borderline Patients. London: Routledge.
Steiner J (1994) Patient-centred and analyst-centred interpretations: some implications of 'containment' and 'counter-transference'. Psychoanalytic Inquiry 14: 406-422.
Stern A (1938) Psychoanalytic investigation and therapy in borderline group of neuroses. Psychoanalytic Quarterly 7: 467-89.
Stern DN (1985) The Interpersonal World of the Infant: A View from Psychoanalysis and Developmental Psychology. New York: Basic Books.
Stern DN (1990) Joy and Satisfaction in Infancy. New Haven, CT: Yale University Press.
Stern DN (1993) Acting versus remembering and transference love and infantile love. In E Person, A Hagelin, P Fonagy (eds), On Freud's 'Observations on Transference-Love'. New Haven, CT: Yale University Press.
Stern DN (1994) One way to build a clinically relevant baby. Infant Mental Health Journal 15: 36-54.
Stern DN (1995) The Motherhood Constellation: A Unified View of Parent-Infant Psychotherapy. New York: BasicBooks.
Stern DN (1998) The process of therapeutic change involving implicit knowledge: some implications of developmental observations for adult psychotherapy. Infant Mental Health Journal 19: 300-8.
Stern DN, Hofer L, Haft W, Dore J (1985) Affect attunement: the sharing of feeling states between mother and infant by means of inter-modal fluency. In TM Fields and NA Fox (eds), Social Perception in Infants. Norwood, NJ: Ablex.
Stern DN, Sander L, Nahum J, Harrison A, Lyons-Ruth K, Morgan A, Brusch Weiler Stern N, Tronick E (1998). Non-interpretive mechanisms in psychoanalytic therapy: the 'something more' than interpretation. International Journal of Psycho-Analysis 79(5): 903-21.
Stern SL, Dixon KN, Jones D, Lake M, Nemzer E, Sansone R (1989) Family environment in anorexia nervosa and bulimia. International Journal of the Eating Disorders 8: 25-31.
Stevenson J, Meares R (1992) An outcome study of psychotherapy for patients with borderline personality disorder. American Journal of Psychiatry 149: 358-62.
Stewart H (1989) Technique at the basic fault: regression. International Journal of Psycho-Analysis 70: 221-30.
Stoker J, Beenen F, Dutch Psychoanalytic Institute (1996) Outline of a quality monitoring and checking system for longterm (4 or 5 times a week) psychoanalytic treatment. Paper presented at the Stuttgart Kolleg, February 1996.
Stoller RJ (1985) Presentations of Gender. New Haven, CT and London: Yale University Press.
Stolorow RD (1997) Review of 'A dynamic systems approach to the development of cognition and action'. International Journal of Psycho-Analysis 78: 620-3.
Stolorow RD, Atwood G (1984) Psychoanalytic phenomenology: toward science of human experience. Psychoanalytic Inquiry 4: 87-104.
Stolorow RD, Atwood G (1989) The unconscious and unconscious fantasy: an inter-subjective-developmental perspective. Psychoanalytic Inquiry 9: 364-74.
Stolorow RD, Atwood G (1991) The mind and the body. Psychoanalytic Dialogues 1: 190-202.
Stolorow RD, Brandschaft B, Atwood G (1987) Psychoanalytic Treatment: An Intersubjective Approach. Hillsdale, NJ: Analytic Press.

Stone L (1954) The widening scope of indications for psychoanalysis. Journal of the American Psychoanalytical Association 2: 567-94.
Stone LJ, Smith HT, Murphy LB (1973) The Competent Infant. New York: Basic Books.
Stone MH (1990) The Fate of Borderline Patients: Successful Outcome and Psychiatric Practice. New York: Guilford Press.
Stone MH, Hurt SW, Stone DK (1987) The PI 500: long-term follow-up of borderline inpatients meeting DSM-III criteria: I. Global outcome. Journal of Personality Disorders 1: 291-8.
Stoolmiller M (1999) Implications of the restricted range of family environments for estimates of heritability and nonshared environment in behavior-genetic adoption studies. Psychological Bulletin 125: 392-409.
Stormshak EA, Bierman KL, Bruschi C et al. and Conduct Problems Prevention Research Group (1999) The relation between behavior problems and peer preference in different classroom contexts. Child Development 70: 169-82.
Strenger C (1989) The classic and romantic visions in psychoanalysis. International Journal of Psycho-Analysis 70: 595-610.
Strober M, Humphrey LL (1987) Familial contributions to the etiology and course of anorexia nervosa and bulimia. Journal of Consulting and Clinical Psychology 55: 654-9.
Suess GJ, Grossmann K, Sroufe LA (1992) Effects of infant attachment to mother and father on quality of adaptation in preschool: from dyadic to individual organisation of self. International Journal of Behavioral Development 15: 43-65.
Sullivan HS (1940) Conceptions of Modern Psychiatry. New York: Norton.
Sullivan HS (1953) The Interpersonal Theory of Psychiatry. New York: Norton.
Sullivan HS (1954) The Psychiatric Interview. New York: Norton.
Sullivan HS (1956) Clinical Studies in Psychiatry. New York: Norton.
Sullivan HS (1962) Schizophrenia as a Human Process. New York: Norton.
Sullivan HS (1964) The Fusion of Psychiatry and Social Science. New York: Norton.
Sulloway FJ (1979) Freud: Biologist of the Mind. New York: Basic Books.
Susman-Stillman A, Kalkoske M, Egeland B, Waldman I (1996) Infant temperament and maternal sensitivity as predictors of attachment security. Infant Behavior and Development 19: 33-47.
Sutherland JD (1980) The British object-relations theorists: Balint, Fairbairn, Guntrip. Journal of the American Psychoanalytic Association 28: 829-60.
Svartberg M, Stiles TC (1994) Therapeutic alliance, therapist competence, and client change in short-term anxiety-provoking psychotherapy. Psychotherapy Research 4: 20-33.
Swedo SC, Rapoport JL, Leonard HI, Lenane M (1989) Obsessive-compulsive disorder in children and adolescents: clinical phenomonology of 70 consecutive cases. Archives of General Psychiatry 46: 335-41.
Target M (1998) The recovered memories debate. International Journal of Psychoanalysis 79: 1015-28.
Target M, Fonagy P (1994a) The efficacy of psychoanalysis for children with emotional disorders. Journal of the American Academy of Child and Adolescent Psychiatry 33: 361-71.
Target M, Fonagy P (1994b) The efficacy of psychoanalysis for children: developmental considerations. Journal of the American Academy of Child and Adolescent Psychiatry 33: 1134-44.

Target M, Fonagy P (1996) Playing with reality II: the development of psychic reality from a theoretical perspective. International Journal of Psycho-Analysis 77: 459-79.

Tausk V (1919) On the origin of the 'influencing machine' in schizophrenia. Psychoanalytic Quarterly 2: 519-56 (1933).

Taylor DC (1985) Psychological aspects of chronic sickness. In M Rutter, L Hersov (eds), Child and Adolescent Psychiatry: Modern Approaches (pp. 614-24). Oxford: Blackwell Scientific Publications.

Terman DM (1987) The borderline concept: a critical appraisal and some alternative suggestions. In JS Grotstein, JA Lang (eds), The Borderline Patient: Emerging Concepts in Diagnosis, Psychodynamics and Treatment. Hillsdale, NJ: The Analytic Press.

Terr LC (1983) Chowchilla revisited: the effects of psychic trauma four years after a school-bus kidnapping. American Journal of Psychiatry 140: 1543-50.

Terr LC (1994) Unchained Memories: True Stories of Traumatic Memories, Lost and Found. New York: Basic Books.

Teti D, Gelfand D, Isabella R (1995) Maternal depression and the quality of early attachment: an examination of infants, preschoolers and their mothers. Developmental Psychology 31: 364-76.

Thapar A, McGuffin P (1996) A twin study of antisocial and neurotic symptoms in childhood. Psychological Medicine 26: 1111-18.

Thomä, H., Kächele H (1987). Psychoanalytic Practice. I: Principles. New York: Springer-Verlag.

Thompson C (1964) Transference and character analysis. In M Green (ed.), Interpersonal Psychoanalysis (pp. 22-31). New York: Basic Books.

Thompson LW, Gallagher D, Breckenridge JS (1987) Comparative effectiveness of psychotherapies for depressed elders. Journal of Consulting and Clinical Psychology 55: 385-90.

Thompson RA (1999) Early attachment and later development. In J Cassidy, PR Shaver (eds), Handbook of Attachment: Theory, Research and Clinical Applications (pp. 265-86). New York: Guilford.

Tishler CL, McKenry PC, Morgan KC (1981) Adolescent suicide attempts: some significant factors. Suicide and Life Threatening Behavior 11(2): 86-92.

Tobias BA, Kihlstrom JF, Schacter DL (1992) Emotion and implicit memory. In S Christianson (ed.), The Handbook of Emotion and Memory: Research and Theory (pp. 67-92). Hillsdale, NJ: Erlbaum.

Tolpin M (1983) Corrective emotional experience: a self-psychological reevaluation. In A Goldberg (ed.), The Future of Psychoanalysis (pp. 255-71). New York: International Universities Press.

Tolpin M (1987) Injured self-cohesion: developmental, clinical and theoretical perspectives. In JS Grotstein, JA Lang (eds), The Borderline Patient: Emerging Concepts in Diagnosis, Psychodynamics and Treatment (pp. 233-49). Hillsdale, NJ: Atlantic Press.

Topolski TD, Hewitt JK, Eaves LJ, Silberg JL, Meyer JM, Rutter M, Pickles A, Simonoff E (1997) Genetic and environmental influences on child reports of manifest anxiety and symptoms of separation anxiety and overanxious disorders: a community-based twin study. Behav Genet 27(1): 15-28.

Toth SL, Cicchetti D, Macfie J, Emde, RN (1997) Representations of self and other in the narratives of neglected, physically abused, and sexually abused preschoolers. Development and Psychopathology 9: 781-96.

Trevarthen C (1977) Descriptive analyses of infant communicative behavior. In HR Schaffer (ed.), Studies in Mother-Infant Interaction. London: Academic Press.
Trevarthen C (1990) Intuitive emotions: their changing role in communication between mother and infant. In M Ammaniti, N Dazzi (eds), Affetti: Natura e sviluppo delle relazione interpersonali (pp. 97-139). Roma-Bari: Laterza.
Tronick EZ (1989) Emotions and emotional communication in infants. American Psychologist 44: 112-19.
Tronick EZ (1998) Dyadically expanded states of consciousness and the process of therapeutic change. Infant Mental Health Journal 19: 290-9.
Tronick EZ (2001) Emotional connection and dyadic consciousness in infant-mother and patient-therapist interactions: commentary on paper by Frank M Lachman. Psychoanalytic Dialogue 11: 187-95.
Tronick EZ, Cohn JF (1989) Infant-mother face-to-face interaction: age and gender differences in coordination and the occurrence of miscoordination. Child Development 60: 85-92.
Tronick EZ, Gianino AF (1986) The transmission of maternal disturbance to the infant. In EZ Tronick, T Field (eds), Maternal Depression and Infant Disturbance (pp. 5-11). San Francisco, CA: Jossey Bass.
Tuckett D (1993) Some thoughts on the presentation and discussion of the clinical material of psychoanalysis. International Journal of Psycho-Analysis 74 (Pt 6), 1175-89.
Tuckett D (2000a) Comments on Michels's 'The case history'. Journal of the American Psychoanalytic Association 48: 403-11.
Tuckett D (2000b) Theoretical pluralism and the construction of psychoanalytic knowledge. In J Sandler, R Michels, P Fonagy (eds), Changing Ideas in a Changing World: The Revolution in Psychoanalysis. Essays in Honour of Arnold Cooper (pp. 237-46). New York: Karnac.
Tustin F (1981) Autistic States in Children. London: Routledge & Kegan Paul.
Tyrka AR, Cannon TD, Haslam N, Mednick SA, Schulsinger F, Schulsinger H, Parnas J (1995) The latent structure of schizoptypy: 1. Premorbid indicators of a taxon of individuals at risk for schizophrenia spectrum disorders. Journal of Abnormal Psychology 104: 173-83.
Tyson P, Tyson RL (1990) Psychoanalytic Theories of Development: An Integration. New Haven, CT and London: Yale University Press.
Tyson RL, Tyson P (1986) The concept of transference in child psychoanalysis. Journal of the American Academy of Child Psychiatry 25: 30-9.
Underwood G (ed.) (1996) Implicit Cognition. New York: Oxford University Press.
Urist J (1977) The Rorschach test and the assessment of object relations. J.Personality Assessment 41: 3-9.
Urist J, Schill M (1982) Validity of the Rorschach mutuality of autonomy scale: a replication using excerpted responses. J.Personality Assessment 46: 450-4.
Vaillant GE (1992) Ego Mechanisms of Defense: A Guide for Clinicians and Researchers. Washington, DC: American Psychiatric Association Press.
van der Kolk BA (1994) The body keeps the score: memory and the evolving psychobiology of post-traumatic stress. Harvard Review of Psychiatry 1: 253-65.
van der Kolk BA (1996) Trauma and memory. In BA van der Kolk, AC McFarlane, L Weisaeth (eds), Traumatic Stress. New York: Guilford.
van IJzendoorn MH (1995) Adult attachment representations, parental responsiveness, and infant attachment: a meta-analysis on the predictive validity of the Adult Attachment Interview. Psychological Bulletin 117: 387-403.

van IJzendoorn MH, Juffer F, Duyvesteyn MGC (1995) Breaking the intergenerational cycle of insecure attachment: a review of the effects of attachment-based interventions on maternal sensitivity and infant security. Journal of Child Psychology and Psychiatry 36: 225-48.

van IJzendoorn M, Scheungel C, Bakermanns-Kranenburg MJ (1999) Disorganized attachment in early childhood: meta-analysis of precursors, concomitants and sequelae. Development and Psychopathology 22: 225-49.

van IJzendoorn MH, Moran G, Belsky J, Pederson D, Bakermans-Kranenburg MJ, Kneppers K (2000) The similarity of siblings attachments to their mothers. Child Development 71: 1086-98.

Vaughn CE, Leff JP (1981) Patterns of emotional response in relatives of schizophrenic patients. Schizophrenia Bulletin 7: 43-4.

van Bertalanffy L (1968) General System Theory: Foundations, Development, Applications. New York: George Braziller.

Vondra JI, Hommerding KD, Shaw DS (1999) Atypical attachment in infancy and early childhood among children at developmental risk. VI. Stability and change in infant attachment in a low-income sample. Monographs of the Society for Research in Child Development 64:, 119-44.

Vondra JI, Shaw DS, Swearingen L, Cohen M, Owens EB (2001) Attachment stability and emotional and behavioral regulation from infancy to preschool age. Development and Psychopathology 13: 13-33.

Vygotsky LS (1966) Development of the Higher Mental Functions. Cambridge, MA: MIT Press.

Vygotsky LS (1978) Mind in Society: The Development of Higher Psychological Processes. Cambridge, MA: Harvard University Press.

Waelder R (1930) The principle of multiple function: observations on over-determination. In SA Guttman (ed.), Psychoanalysis: Observation, Theory, Application (pp. 68-83). New York: International University Press, 1976.

Waelder R (1960) Basic Theory of Psychoanalysis. New York: International Universities Press.

Wallerstein RS (1981) The bipolar self: discussion of alternate perspectives. Journal of American Psychoanalytic Association 29: 377-94.

Wallerstein RS (1986) Forty-two Lives in Treatment: A Study of Psychoanalysis and Psychotherapy. New York: Guilford Press.

Wallerstein RS (1989) The psychotherapy research project of the Menninger Foundation: an overview. Journal of Consulting and Clinical Psychology 57: 195-205.

Wallerstein RS (ed.) (1992) The Common Ground of Psychoanalysis. Northvale, NJ: Jason Aronson.

Wallerstein RS (1993). The effectiveness of psychotherapy and psychoanalysis. In T Shapiro, R Emde (eds), Research in Psychoanalysis: Process, Development, Outcome (pp. 299-312). New York: International University Press.

Ward MJ, Carlson EA (1995) Associations among Adult Attachment representations, maternal sensitivity, and infant-mother attachment in a sample of adolescent mothers. Child Development 66: 69-79.

Warner V, Weissman MM, Mufson L, Wickramaratne PJ (1999) Grandparents, parents and grandchildren at high risk for depression: a three generation study. Journal of the American Academy of Child and Adolescent Psychiatry 38: 289-96.

Warren SL, Huston L, Egeland B, Sroufe LA (1997) Child and adolescent anxiety disorders and early attachment. Journal of the American Academy of Child and Adolescent Psychiatry 36: 637-44.

Wartner UG, Grossman K, Fremmer-Bombrik E, Suess G (1994) Attachment patterns at age six in South Germany: predictability from infancy and implications for pre-school behavior. Child Development 65: 1014-27.

Wason PC, Johnson-Laird PN (1972) Psychology of Reasoning: Structure and Content. Cambridge, MA: Harvard University Press.

Wasserman GA, Miller LS, Pinner E, Jaramillo B (1996) Parenting predictors of early conduct problems in urban, high-risk boys. Journal of the American Academy of Child and Adolescent Psychiatry 35: 1227-36.

Waters E, Wippman J, Sroufe LA (1979) Attachment, positive affect, and competence in the peer group: two studies in construct validation. Child Development 50: 821-9.

Watson JB (1930) Behaviorism (rev. edn). New York: Norton.

Watson JS (1972) Smiling, cooing, and 'the game'. Merrill-Palmer Quarterly 18: 323-39.

Watson JS (1979) Perception of contingency as a determinant of social responsiveness. In EB Thoman (ed.), The Origins of Social Responsiveness (pp. 33-64). New York: Lawrence Erlbaum.

Watson JS (1984). Bases of causal inference in infancy: time, space, and sensory relations. In LP Lipsitt, C Rovee-Collier (eds), Advances in Infancy Research. Norwood, NJ: Ablex.

Watson JS (1985) Contingency perception in early social development. In TM Field, NA Fox (eds), Social Perception in Infants (pp. 157-76). Norwood, NJ: Ablex.

Watson JS (1991) Detection of Self: The Perfect Algorithm, Sonoma State University, Sonoma, CA.

Watson JS (1994) Detection of self: the perfect algorithm. In S Parker, R Mitchell, M Boccia (eds), Self-Awareness in Animals and Humans: Developmental Perspectives (pp. 131-49). Cambridge: Cambridge University Press.

Watson JS (1995) Self-orientation in early infancy: the general role of contingency and the specific case of reaching to the mouth. In P Rochat (ed.), The Self in Infancy: Theory and Research (pp. 375-93). Amsterdam: Elsevier.

Watson MW, Getz K (1990) The relationship between Oedipal behaviors and children's family role concepts. Merrill-Palmer Quarterly 36: 487-505.

Webster R (1995) Why Freud Was Wrong: Sin, Science and Psychoanalysis. London: HarperCollins.

Weil AP (1970) The basic core. The Psychoanalytic Study of the Child 25: 442-60.

Weil AP (1978) Maturational variations and genetic-dynamic issues. Journal of the American Psychoanalytic Association 26: 461-91.

Weinberger DA (1990) The construct validity of the repressive coping style. In JL Singer (ed.), Repression and Dissociationi. Chicago, IL: University of Chicago Press.

Weinfield NS, Sroufe LA, Egeland B, Carlson AE (1999) The nature of individual differences in infant-caregiver attachment. In J Cassidy, PR Shaver (eds), Handbook of Attachment: Theory, Research and Clinical Applications (pp. 68-88). New York: Guilford.

Wellman HM, Banerjee M (1991) Mind and emotion: children's understanding of the emotional consequences of beliefs and desires. British Journal of Developmental Psychology 9: 191-214.

Wellman HM, Bartsch K (1988) Young children's reasoning about beliefs. Cognition 30, 239-77.
Welsh-Allis G, Ye W (1988) Psychopathology in children of parents with recurrent depression. Journal of Abnormal Child Psychology 16: 17-28.
Werner EE (1989) Children of the garden island. Scientific American 260(4): 106-11.
Werner EE (1990) Protective factors and individual resilience. In SJ Meisels, M Shonkoff (eds), Handbook of Early Childhood Intervention (pp. 97-116). New York: Cambridge University Press.
Werner H, Kaplan B (1963) Symbol Formation. New York: Wiley.
Werthheimer M (1945) Productive Thinking. New York: Harper & Brothers.
Westen D (1989) Are 'primitive' object relations really preoedipal? Amer.J.Orthopsychiat. 59: 331-45.
Westen D (1990a) The relations among narcissism, egocentrism, self-concept, and self-esteem. Psycho-Analysis and Contemporary Thought, 13, 185-241.
Westen D (1990b) Towards a revised theory of borderline object relations: contributions of empirical research. International Journal Psycho-Analysis 71: 661-94.
Westen D (1991a) Cognitive-behavioral interventions in the psychoanalytic psychotherapy of borderline personality disorders. Clin. Psychol. Rev. 11: 211-30.
Westen D (1991b) Social cognition and object relations. Psychological Bulletin 109: 429-55.
Westen D (1992) The cognitive self and the psychoanalytic self: can we put our selves together? Psychological Inquiry 3: 1-13.
Westen D (1998) The scientific legacy of Sigmund Freud: toward a psychodynamically informed psychological science. Psychological Bulletin 124(3): 333-71.
Westen D (1999) The scientific status of unconscious processes: is Freud really dead? Journal of the American Psychoanalytic Association 47(4): 1061-1106.
Westen D, Cohen RP (1993) The self in borderline personality disorder: a psychodynamic perspective. In ZV Segal, SJ Blatt (eds), The Self in Emotional Distress: Cognitive and Psychodynamic Perspectives (pp. 334-60). New York and London: Guilford Press.
Westen D, Lohr N, Silk K, Gold L, Kerber K (1990) Object relations and social cognition in borderlines, major depressives, and normals: A TAT analysis. Psychological Assessment: A Journal of Consulting and Clinical Psychology 2: 355-64.
Westen D, Ludolph P, Block MJ, Wixom J, Wiss C. (1990) Developmental history and object relations in psychiatrically disturbed adolescent girls. American Journal of Psychiatry 147: 1061-8.
Westen D, Ludolph P, Lerner H, Ruffins S, Wiss FC (1990) Object relations in borderline adolescents. J.Acad.Child and Adolesc.Psychiatry 29: 338-48.
Westen D, Muderrisoglu S, Fowler C, Shedler J, Koren D (1997) Affect regulation and affective experience: individual differences, group differences, and measurement using a Q-sort procedure. Journal of Consulting and Clinical Psychology 65: 429-39.
Westen D, Moses MJ, Silk KR, Lohr NE, Cohen R, Sega H (1992) Quality of depressive experience in borderline personality disorder and major depression: when depression is not just depression. Journal of Personality Disorders, 6: 383-92.
Wilkinson FR, Cargill DW (1955) Repression elicited by story material based on the Oedipus complex. Journal of Social Psychology 42: 209-14.
Williams JMG, Watts FN, MacLeod C, Mathews A (1988) Cognitive Psychology and Emotional Disorders. Chichester: Wiley.

Willick MS (2001) Psychoanalysis and schizophrenia: a cautionary tale. Journal of the American Psychoanalytic Association 49: 27-56.

Wilson TD, Schooler JW (1991) Thinking too much: introspection can reduce the quality of preferences and decisions. Journal of Personality and Social Psychology 60: 181-92.

Winnicott DW (1948) Paediatrics and psychiatry. In DW Winnicott (ed.), Collected Papers (pp. 157-73). New York: Basic Books, 1958.

Winnicott DW (1952) Psychoses and child care. Through Paediatrics to Psychoanalysis (pp. 229-42). New York: Basic Books, 1975.

Winnicott DW (1953) Transitional objects and transitional phenomena. International Journal of Psycho-Analysis 34: 1-9.

Winnicott DW (1956a) The antisocial tendency. In DW Winnicott (ed.), Collected Papers: Through Paediatrics to Psycho-analysis. London: Tavistock, 1958.

Winnicott DW (1956b) Mirror role of mother and family in child development. In DW Winnicott (ed.), Playing and reality (pp. 111-118). London: Tavistock.

Winnicott DW (1956c) Primary maternal preoccupation. In DW Winnicott (ed.), Collected Papers: Through Paediatrics to Psycho-analysis (pp. 300-5). London: Tavistock, 1958.

Winnicott DW (1958a) The capacity to be alone. The Maturational Processes and the Facilitating Environment (pp. 29-36). New York: International Universities Press, 1965.

Winnicott DW (1958b) Collected Papers: Through Paediatrics to Psycho-analysis. London: Tavistock.

Winnicott DW (1959) Classification: is there a psycho-analytic contribution to psychiatric classification? The Maturational Processes and the Facilitating Environment. New York: International Universities Press, 1965.

Winnicott DW (1960a) Ego distortion in terms of true and false self. In DW Winnicott (ed.), The Maturational Processes and the Facilitating Environment (pp. 140-52). New York: International Universities Press, 1965.

Winnicott DW (1960b) The theory of the parent-infant relationship. International Journal of Psycho-Analysis 41: 585-95.

Winnicott DW (1960c) The theory of the parent-infant relationship. In DW Winnicott (ed.), The Maturational Process and the Facilitating Environment (pp. 37-55). New York: International Universities Press.

Winnicott DW (1962a) Ego integration in child development. In DW Winnicott (ed.), The Maturational Processes and the Facilitating Environment (pp. 56-63). London: Hogarth Press, 1965.

Winnicott DW (1962b) The theory of the parent–infant relationship: further remarks. International Journal of Psycho-Analysis 43: 238-45.

Winnicott DW (1963a) Communicating and not communicating leading to a study of certain opposites. In DW Winnicott (ed.), The Maturational Processes and the Facilitating Environment (pp. 179-92). New York: International Universities Press, 1965.

Winnicott DW (1963b) Dependence in infant care, in child care, and in the psycho-analytic setting. In DW Winnicott (ed.), The Maturational Processes and the Facilitating Environment (pp. 171-8). New York: International Universities Press, 1965.

Winnicott DW (1963c) The development of the capacity for concern. In DW Winnicott (ed.), The Maturational Processes and the Facilitating Environment (pp. 73-82). New York: International Universities Press, 1965.

Winnicott DW (1963d) From dependence toward independence in the development of the individual. In DW Winnicott (ed.), The Maturational Processes and the Facilitating Environment (pp. 83-92). New York: International Universities Press, 1965.

Winnicott DW (1963e) Morals and education. In DW Winnicott (ed.), The Maturational Processes and the Facilitating Environment. New York: International Universities Press, 1965.

Winnicott DW (1963f) Psychotherapy of character disorders. In DW Winnicott (ed.), The Maturational Processes and the Facilitating Environment. London: Hogarth Press, 1965.

Winnicott DW (1965a) Ego distortion in terms of true and false self. In DW Winnicott (ed.), The Maturational Process and the Facilitating Environment (pp. 140-52). New York: International Universities Press.

Winnicott DW (1965b) The Maturational Process and the Facilitating Environment. London: Hogarth Press.

Winnicott DW (1967a) The location of cultural experience. Playing and Reality (pp. 95-103). London: Tavistock Publications.

Winnicott DW (1967b) Mirror-role of the mother and family in child development. In P Lomas (ed.), The Predicament of the Family: A Psycho-Analytical Symposium (pp. 26-33). London: Hogarth Press.

Winnicott DW (1971a) Playing and Reality. London: Tavistock.

Winnicott DW (1971b) Playing: creative activity and the search for the self. In Playing and Reality (pp. 62-75). New York: Basic Books.

Winnicott DW (1971c) Transitional objects and transitional phenomena. In DW Winnicott (ed.), Playing and Reality (pp. 1-25). London: Tavistock.

Winnicott DW (1973) Fear of breakdown. International Review of Psycho-Analysis 1: 103-7.

Winnicott DW (1986) Home Is Where We Start From. New York: WW Norton & Co.

Wittgenstein L (1969) The Blue and Brown Books. Oxford: Blackwell.

Wolf ES (1988a) Case discussion and position statement. Psychoanalytic Inquiry 8: 546-51.

Wolf ES (1988b) Treating the Self. New York: Guilford.

Wolff PH (1996) The irrelevance of infant observations for psychoanalysis. Journal of the American Psychoanalytic Association 44: 369-92.

Wollheim R (1995) The Mind and Its Depths. Cambridge, MA: Harvard University Press.

Wolstein B (1977) Psychology, metapsychology, and the evolving American school. Contemporary Psychoanalysis 13: 128-54.

Wolstein B (1994) The evolving newness of interpersonal psychoanalysis: from the vantage point of immediate experience. Contemporary Psychoanalysis 30: 473-98.

Wong P, Bernat E, Bunce S, Shevrin H (1997) Brain indices of nonconscious associative learning. Consciousness and Cognition 6: 519-44.

Woody GE, McLellan AT, Luborsky L, O'Brien CP (1995) Psychotherapy in community methadone programs: a validation study. American Journal of Psychiatry 192: 1302-8.

Wootton JM, Frick PJ, Shelton KK, Silverthorn P (1997) Ineffective parenting and childhood conduct problems: the moderating role of callous-unemotional traits. Journal of Consulting and Clinical Psychology 65: 301-8.

Yager J (1982) Family issues in the pathogenesis of anorexia nervosa. Psychosomatic Medicine 44: 43-60.

Yorke CSB (1971) Some suggestions for a critique of Kleinian psychology. The Psychoanalytic Study of the Child 26: 129-55.
Yorke CSB (1980) The contributions of the diagnostic profile and the assessment of developmental lines to child psychiatry. Psychiat.Clinics N. America 3: 593-603.
Yorke CSB (1983) Anna Freud and the psychoanalytic study and treatment of adults. International Journal of Psycho-Analysis 64: 391-400.
Yorke CSB (1986) Reflections on the problem of psychic trauma. The Psychoanalytic Study of the Child 41: 221-36.
Yorke CSB, Kennedy H, Wiseberg S (1981) Some clinical and theoretical aspects of two developmental lines. The Course of Life (pp. 619-37). Adelphi, MD: US Dept. of Health.
Yorke CSB, Wiseberg S, Freeman T (1989) Development and Psychopathology: Studies in Psychoanalytic Psychiatry. New Haven, CT and London: Yale University Press.
Young JE (1990) Cognitive Therapy for Personality Disorders: A Schema-Focused Approach. Sarasota, FL: Professional Resource Exchange.
Younger BA, Cohen LB (1986) Developmental change in infants' perception of correlations among attributes. Child Development 57: 803-15.
Yule W, Rutter M (1985) Reading and other learning difficulties. In M Rutter, L Hersov (eds), Child and Adolescent Psychiatry: Modern Approaches (pp. 444-64). Oxford: Blackwell Scientific Publications.
Zahn-Waxler C, Kochanska G (1990) The development of guilt. In R Thompson (ed.), Nebraska Symposium on Motivation: Vol 36. Socioemotional development (pp. 183-258). Lincoln, NB: University of Nebraska Press.
Zahn-Waxler C, Cole P, Barrett KC (1991) Guilt and empathy: sex differences and implications for the development of depression. In J Garber, K Dodge (eds), The Development of Emotion Regulation and Dysregulation (pp. 243-72). Cambridge: Cambridge University Press.
Zahn-Waxler C, Cummings EM, McKnew D, Radke-Yarrow M (1984) Altruism, aggression and social interactions in young children with a manic-depressive parent. Child Development 55: 112-22.
Zahn-Waxler C, Ianotti RJ, Cummings EM, Denham S (1990) Antecedants of problem behavior in children of depressed mothers. Development and Psychopathology 2: 271-92.
Zahn-Waxler C, Klimes-Dougan B, Slattery MJ (2000) Internalizing problems of childhood and adolescence: prospects, pitfalls, and progress in understanding the development of anxiety and depression. Development and Psychopathology 12: 443-66.
Zamansky HS (1958) An investigation of the psychoanalytic theory of paranoid delusions. Journal of Personality 26: 410-25.
Zanarini MC, Frankenburg FR (1997) Pathways to the development of borderline personality disorder. Journal of Personality Disorders 11: 93-104.
Zanarini MC, Gunderson JG, Frankenburg FR (1990a) Cognitive features of borderline personality disorder. American Journal of Psychiatry 147: 57-63.
Zanarini M, Gunderson JG, Frankenburg FR (1990b) Discriminating borderline personality disorder from other Axis II disorders. American Journal Psychiatry 147: 161-7.
Zekoski EM, O'Hara MW, Wils KE (1987) The effects of maternal mood on mother-infant interaction. Journal of Abnormal Child Psychology 15: 361-78.

Zigler E (1989) Foreword. In D Cicchetti (ed.), Rochester Symposium on Developmental Psychopathology, Vol. 1: The Emergence of a Discipline (pp. ix-xii). Hillsdale, NJ: Erlbaum.

Zigler E, Glick M (1986) A Developmental Approach to Adult Psychopathology. New York: John Wiley & Sons.

Zoccolillo M, Pickles A, Quinton D, Rutter M (1992) The outcome of childhood conduct disorder: implications for defining adult personality disorder and conduct disorder. Psychological Medicine 22: 971-86.

Zuckerman BS, Beardslee WR (1987) Maternal depression: a concern for pediatricians. Pediatrics 79: 110-17.

監訳者あとがき

　精神分析理論にとって根幹ともいえる発達論は，Freud, S. 以来大きな変遷を遂げて来た。欲動の発達を中心に据え，父息子間のエディプス葛藤を関係性の軸としたFreud理論から始まった発達論は，今や出生当初からの母子関係を軸とし，一者，二者，三者の関係性の展開を論じる発達論へと変遷して来ている。しかも，Freudによる発達論も，今なおしっかりと位置づけられ，盛んに用いられているというのが精神分析理論の特質であろう。病理は発達様式を再現するという視点を最初に示して，発達精神病理の重要性に注目させ，現在の理論展開の緒を開いたのはFreudであることを忘れてはならない。

　多くの理論が並列され，また次々に提起されるのは，著者Fonagy, P. らの言う通り，精神分析の理論がどれも部分的なものであり，すべての理論を扱わなければ全体を理解できないからであるかもしれない。しかし言葉を変えて言えば，精神分析学が複雑で重層的な事象を扱う学であり，それゆえに多面的な理解を可能にする理論構成が必要になるのだと言えるであろう。理論はどれかが消えて代わりが現れるのではなく，またどれかを肯定してどれかを否定するべきものではなく，すべて並列されることに意義があるのだという著者らの見解に同意したい。

　著者らが取り上げた理論は多数にのぼるが，選択の基準は，知られている事実と調和すること，および理論に一貫性があることだという。この基準で取り上げられている発達病理理論家は，Freud, S. から始まり，構造論的（自我心理学的）アプローチのErikson, Spitz, Jacobson, Loewald, これを発展させたFreud, A., Mahler, Sandler, 対象関係論のAndré Green, Klein, Bion, 独立学派のBalint, FairbairnとGuntrip, Winnicott, 他多数，北米対象関係論のKohut, Kernberg, 対人関係論のSullivan, Mitchell, 愛着理論のBowlby, スキーマ理論のHorowitz, Stern, Ryle, メンタライゼーションモデルのFonagyとTarget, その他であるが，著者らが指摘する通り，これでもアングロアメリカンの精神分析家を取り上げただけで，フランス，ドイツ，イタリア，ラテンアメリカなどの流れは省略されている。それほどまでに，現

代の代表的と言える精神分析家はすべて，発達精神病理の理論を重視して論じているのである。

　これら多くの理論を取り上げて論じる際の著者らのスタンスについて，われわれが重要と思うところを述べておきたい。その第一はすでに述べたように，多様な理論を併存させ，そのすべてを抱えることが有用だとする観点である。第二に，発達精神病理学が重要なのは，成人に至るまで，さらに至ってから後も，生涯を通しての不適応の経過を，発達過程という観点から説明できるところにある。個人の発達過程を生成する心的―生物学的―環境的（人的）なあらゆる要素の中に，その個人のひずみ，すなわち精神病理を生み出し発展させる要因がある。それらの要因を，個人の不適応の起源と軌跡という観点から見るところに発達論的観点の意義がある。しかしそれは，個人の治療に当たって乳幼児期以来の（過去の）病理形成要因を追求し詳細に見直すことではない（それは見直しても分からないことが多い）。むしろ，**現在**の患者に作用している諸要因がどのようであるかを理解し，それがどのように過去の諸要因とそれに対する適応様式に関連しているかを解明することが重要なのである。特に人的要因への適応様式を改変するには，現在の治療者とのかかわりが必須となる。

　第三に，著者らはどの理論についても，実証的研究に基づくエビデンスがどのようであるかを取り上げている。しかしそれは，理論をエビデンスという角度から見直すためなのであって，エビデンスの有無によって理論の意義を評価するためではない。実際，精神分析的思考にとって重要な多くの理論は実証不可能なのであって（そうなる理由は本文に詳細に論じられている），実証可能性と理論の重要性とは関係がない，というのが著者らの立場である。理論の実証可能性についての目配りを忘れないと同時に，それによって理論の価値を評価しないこと，この二つの視点を常に持つことは，これからの精神分析の理論家および実践家にとって必要な姿勢だと言えるであろう。

　本書を訳すに当たって，Fonagyの用語や文体の難しさに苦労したことも事実である。極力平易な文章になるよう心がけたが，固い部分が残ったことをご容赦頂きたい。訳出は章ごとに分担し，それを監訳者がとりまとめた。全体の内容，訳出表現については，馬場が担当し，専門用語の整理は，青木が主に担当した。用語として第一段階でリスト化された用語数は，1565語であった。各訳者の尽力により，できるだけ，既存の邦訳を参照した。しかし，本書の専門用語は，精神分析をはじめ多分野にわたっており，なおかつ必ずしもその訳語

が一つに定まらないものもあり，作業は難航した。訳者と何度か連絡を取り合い，一語の確認をするために，必要文献を探して取り寄せる，などが続いた。彼らは，それぞれ多忙な毎日の中，気持ちよく，資料に当たることを手伝ってくれ，助けられた。しかし，原稿の中の一語にピンポイントで立ち戻って，全体を整えるという作業は，空中ブランコのようで，なかなか取りかかれないことも多かった。そういうわけで，訳出作業は，予想以上に遅延してしまった。

このような中で，第一著者のFonagy博士には，2008年のごく短い来日の際，本書の翻訳について直接快諾いただき，翻訳に携わったメンバーを励まして下さった。数年たってようやく全訳の見通しが立った頃，日本語の序をさりげなく送って下さった。本当に感謝である。

そして，岩崎学術出版の唐澤礼子氏の励ましと助けがなければ，到底この作業はなし得なかった。また，その後長谷川純氏に引き継がれて，ようやく出版の運びとなった。ここにもまた感謝の意を表したい。

監訳の仕事をしながらわれわれ自身学ぶところが多く，考えさせられるところも多かった。本書が多くの実践家や研究者の役に立つことを，心から願い，期待している。

2013年夏

馬場　禮子
青木紀久代

人名索引

Abend, S.M.   73, 74
Abraham, K.   6
Abrams, S.   63
Adler, A.   6, 12
Adler, G.   199
Aichhorn, A.   75
Ainsworth, M.D.S.   11, 266, 269, 286, 287
Akhtar, S.   123, 194
Alexander, F.   184, 208, 238
Anderson, B.   106
Anzieu, D.   126
Appignanesi, L.   15
Aron, L.   32, 231, 252
Atwood, G.   191, 241

Bacal, H.A.   201
Bahrick, L. R.   107
Bakhtin, M.   303
Balint, M.   30, 124, 140, 156, 159, 170, 174, 183
Bandura, A.   31
Beebe, B.   329
Behrends, R.S.   108
Bell, M. D.   225
Benjamin, J.   32, 231, 245, 246
Benvenuto, B.   20
Berger, R.J.   40
Bibring, E,   324
Bion, W.R.   133–154, 167, 228, 318
Blatt, S.J.   108, 226, 258, 275, 276
Bleiberg, E.   305
Blum, H.   125
Bollas, C.   155, 169, 183
Borton, W.   151
Bowlby, J.   12, 29, 33, 66, 104, 241, 261 –287, 288, 308
Brandschaft, B.   191, 199
Brenneis, C.B.   226
Brenner, C.   64, 125
Bromberg, P.   32, 231
Bronstein, C.   142
Brown, G. R.   106

Buie, D.H.   199
Burlingham, D.   89, 97, 98

Campbell, K.   325
Cargill, D.W.   51
Carstens, A.A.   201
Casement, P.   183
Cassidy, J.   269
Cattel, R.B.   50
Cavell, M.   241, 298
Chasseguet-Smirgel, J.   17
Chodorow, N.   21, 245
Cicchetti, D.   31, 225
Cixous, H.   18, 20
Clara, T.   32
Clark, J.   51
Clarkin, J.   223, 226
Clyman, R.B.   295
Cohn, J.F.   177
Cooley, C.H.   298
Craik. K.   265
Crews, H.   8
Crittenden, P.M.   296, 312

Damasio, A.   292
Davidson, R.   241, 298
De Casper, A.J.   201
Demos, E.V.   177
Deutsch, H.   15
Dixon, N.F.   41

Eagle, M.N.   274, 282, 283
Edelman, G.M.   294
Edgcumbe, R.   87
Ehrenberg, D.   253
Emde, R.   67, 261
Engel, G.L.   268
Erikson, E.H.   64–66, 74, 81

Fairbairn, W.R.D.   30, 123, 143, 155–157, 164, 166, 167, 169, 183, 213, 233, 241, 245, 246
Faust, J.   204

Fenichel, O.   75, 324
Ferenczi, S.   6, 124, 156, 232
Field, T.   178
Fisher, S.   42, 46, 56
Fonagy, P.   94, 108, 151, 305–320
Forehand, G.J.   204
Forrester, J.   15
Fraiberg, S.   285, 286
Freeman, T.   73
French, T.   208, 238
Freud, A.   6, 28, 29, 61, 64, 80–100, 110, 119, 124, 183, 323, 332
Freud, S.   1–6, 8, 12, 15–23, 26, 27, 36–60, 62, 63, 66, 72, 125, 133, 134, 139, 141, 174, 188, 197, 231, 234, 251, 293, 319, 322, 325, 327, 328, 330–334, 350
Friedman, L.   17, 69, 123
Fromm, E.   231
Fromm-Reichmann, F.   231, 247
Furer, M.   101

Gedo, J.E.   323
Gergley, G.   107, 150, 202, 205, 305, 307
Gianino, A.F.   176–178
Gill, M.M.   232, 249
Giovacchini, P.   173
Glasser, M.   95
Glick, M.   226
Glover, E.   324
Gold, J.R.   302
Goldman, E.   16
Gosselin, C.   308
Graziano, W. G.   204
Green, A.   126–130, 172
Greenacre, P.   76
Greenberg, J.R.   42, 46, 56, 67, 119, 121, 231, 232, 240, 258
Greenberg, M.T.   274, 281
Gunderson, J.   276
Guntrip, H.   124, 155, 169

Hanley, C.   268
Harris, P.L.   91
Hartmann, H.   6, 7, 27, 60–64, 76, 80, 87, 119
Havens, L.   238

Head, H.   111
Hegel, G.   298
Heimann, P.   141
Heinicke, C.M.   263, 336
Herman, J.L.   156
Hesse, E.   277
Higgitt, A.   305
Hobson, R.F.   40, 335
Hofer, M.A.   280, 284
Hoffman, I.Z.   231, 252
Holmes, D.S.   51
Holmes, J.   283, 284
Horowitz, M.J.   124, 288–291, 302
Howarth, E.   44
Hudson, J.I.   51

Irigaray, L.   18
Issacs, S.   141

Jacobovitz, D.   277
Jacobson, E.   7, 29, 68, 74, 81, 111, 121, 211, 212, 228
Joffe, W.G.   112, 116, 119
Johnson-Laird, P. N.   327
Johnson, A.M.   75
Johoda, M.   36
Jones, E.   15
Joseph, B.   114, 258
Jung, C.   6, 38
Jurist, E.   305, 306

Kaplan, C.   17, 23
Kavanaugh, R.D.   91
Kennedy, H.   86
Kennedy, R.   20
Kernberg, O.   7, 32, 34, 104, 121, 123, 124, 172, 194, 209, 210–230, 245, 249, 258, 288, 290, 325
Khan, M.   155, 164, 168, 169, 173
Klauber, J.   155
Klein, M.   6–9, 15, 16, 30, 33, 81, 123, 124, 133–135, 137, 139–141, 143–145, 147, 148, 150–153, 166, 183, 208, 213, 228, 258, 323, 330, 332, 344
Kline, P.   43, 47, 51
Kohon, G.   165

Kohut, H.   7, 9, 12, 22, 31, 32, 34, 185, 187–210, 219, 225, 228, 290, 323
Krause, R.   329, 340
Kris, E.   6, 63, 119, 258
Kristeva, J.   18, 20

Lacan, J.   18–20
Lampl-de-Groot, J.   15, 75
Laplanche, J.   126, 322
Laufer, E.   94
Lautenschlager, G.J.   204
Leonjew,   303
Lerner, H.D.   226
Levenson, E.   231–233, 243, 249, 251, 259
Levinger, G.   51
Lewin, K.   67
Lewis, J.M.   255
Lichtenstein, H.   101
Lieberman, A.F.   286
Limentani, A.   165
Little, M.   172, 185
Loewald, H.W.   68–70, 88–70, 76, 124, 172, 208, 241, 244
Loewenfeld,   333
Loewenstein, H.   6, 119
Loranger, A.   105
Luborsky, L.   296, 302
Lussier, A.   121
Lyons-Ruth, K.   278, 282, 297

MacLean, M.   13
Mahler, M.   7, 81, 83, 100–110, 121, 124, 189, 212, 213, 225, 228, 258, 283
Main, M.   277, 297
Malatesta, C.Z.   177
Manchanda, R.   54
Masson, J.   24
Masterson, J.F.   12, 29, 104, 105
Matte Blanco, I.   165, 324
McCarley, R.W.   40
McLaughlin, J.T.   231
Mead, G.H.   298
Meins, E.   203, 309
Meltzoff, A.N.   151
Millet, K.   16–18
Milner, M.   165

Mischel, W.   260
Mitchell, J.   17, 67
Mitchell, S. A.   32, 119, 121, 122, 231, 232, 240–255, 259, 283
Modell, A.H.   12, 164, 165, 173
Moi, T.   17
Moran, G.S.   108, 151, 305
Morgan, A.C.   298
Moses, L.J.   94
Moss, E.   308

Nagera, H.   88
Nersessian, E.   59
Newman, L.S.   201
Nunberg, H.   324

Ogden, T.   118, 231, 244, 254
Oldham, J.   105

Palombo, J.   199
Panksepp, J.   78
Parens, H.   102
Parent, S.   308
Pawlik, K.   50
Peterfreund, E.   23
Piaget, J.   70, 111
Pizer, S.   231
Plomin, R.   181
Pontalis, J.B.   322
Pope, H.G.   51
Porter, M.S.   74

Rachman, S.   73
Rank, O.   6
Rapaport, D.   62, 63, 119
Rayner, E.   165
Reich, W.   75, 207
Renik, O.   231
Rinsley, D.B.   12, 29, 105
Robertson, J.   262
Rochlin, G.   268
Roiphe, H.   268
Rosenfeld, H.   127, 137, 141, 145, 146, 149, 153, 167, 219
Rosenwald, C.C.   44
Rosolato, G.   126

Rothstein, A.   207
Rutter, M.   345
Ryan, E.R.   225
Ryle, A.   261, 301–304, 303

Safran, J.D.   302
Sandler, A-M.   63, 114
Sandler, J.   29, 63, 81, 94, 110–120, 121, 124, 128, 257, 259, 288, 294, 295, 320
Schafer, R.   77, 142
Schill, M.   225
Schimek, J.G.   226
Schuengel, C.   278
Schwartz, L.   207
Searles, H.F.   153, 173, 247
Segal, H.   136, 146, 147
Seligman, M.E.P.   11
Settlage, C.F.   102
Shaver, P. R.   269
Shengold, L.   24, 125
Shevrin, H.   77
Siegel, D.J.   292
Silva, P.   73
Silverman, R.   54
Singer, M.   75
Sissons Joshi, M.   13
Slade, A.   11, 268, 269, 271, 284, 285
Solams, M.   128
Solms, M.   40, 41, 59, 78, 79
Spence, D.P.   25
Spezzano, C.   231
Spillius, E.B.   136, 142, 148
Spitz, R.   66–68, 211
Spruiell, V.   121, 125
Sroufe, A.   265, 266
St Petr, S.   226
Steele, H.   305
Steele, M.   305
Steiner, J.   143
Stern, D.   12, 33, 107, 161, 203, 231, 261, 291–301
Stolorow, R.D.   191, 199, 201, 241
Stone, L.   208

Storey, R.   43
Strachey, E.   324
Strenger, C.   123
Sullivan, H.S.   9, 32, 231–240, 241–243, 247, 251
Szurek, S.A.   75

Target, M.   94, 108, 151, 305–330
Terman, D.M.   199
Thompson, R.A.   194, 239
Tolpin, M.   199
Tompson, C.   231
Tronick, E.Z.   176–178, 297, 298, 329
Tuckett, D.   185
Tulis, E.   105, 209
Tyson, P.   125, 209
Tyson, R.L.   125, 209

Urist, J.   225

von bertalanffy, L.   288
Vygotsky, L.S.   303

Wachtel, P. L.   302
Wason, P.C.   327
Waters, E.   265
Watson, J.B.   8, 36, 307
Watson, J.S,   107, 175, 202
Weil, A.P.   101
Westen, D.   11, 23, 56–59, 225, 226, 348
Westheimer, M.   263
Wilkinson, F.R.   51
Willick, M.S.   24, 74
Winnicott, D.W.   9, 12, 27, 30, 124, 131, 155–165, 167–179, 182–185, 189, 200, 202, 208, 241, 247, 258, 297
Wiseberg,   73
Wittgenstein, L.   241
Wolf, E.S.   193, 194, 208
Wolstein, B.   232

Yorke, C.S.B.   73, 90

事項索引

あ行

愛着パターン　269
　　──の分類　296
愛着理論　262
甘え　14
あやす環境　161
安全感　266
安定/自律型　270
安定型　secure　174, 269, 273
Anna Freud の発達モデル　80
育児室のお化け　285
移行関係性　173
移行現象　158
異質自己　alien self　316
依託性病理　anaclitic pathology　276
一次的不安　primary anxiety　139
一者心理学　one person psychology　187
一般システム理論　288
偽りの自己　162, 168
　　──構造　false self structure　162
今のモーメント　297, 299
映し返し　mirroring　138, 159
英国学派の発達モデル　155
エス　76
エディプスコンプレックス　21, 44
エナクトメント　33
応答可能性　availability　265
置き換え　51
オクノフィリックな態度　157
オクノフィリックな防衛　174
思いやり　concern　164

か行

回避型　273
快─不快原則　3
抱える環境　27, 160
隔離　51
カセクシス　49
葛藤外の領域　61
葛藤理論　80
「関係的/構造的」モデル　240
間主観性　205, 244

感情形態　feeling shapes　293
奇怪な対象　bizarre objects　143
基底欠損　156
基本的信頼　65
CAT（認知分析療法）　302
鏡映自己対象　187
境界性パーソナリティ構造　228
境界性パーソナリティ障害　170
　　──のモデル　74
境界例　199
　　──概念　198
共感的共鳴性　200
共生期　100
鏡像段階　19
局所論的モデル　39
クライン派の精神病理モデル　143
クライン─ビオン　モデル　133
欠損　privation　164
原型自己　292
原物語封筒　proto-narrative envelopes　293
原初の母性的没頭　primary maternal preoccupation　158
攻撃欲動　aggressive drive　139
口唇期　42
構造モデル　48
構造論　37
　　──モデル　47
行動遺伝学　179, 180
行動化　51
肛門期　42
誤信念課題　308
誇大自己　195
Kohut のモデル　31
Kohut の理論　187
コンテイナー/コンテインド　154
コンテイン　138, 308
コンテインメント　139, 318

さ行

最接近期　rapprochement　102
Sullivan のパーソナリティ発達のモデル　233
Sullivan のパラタクシックな歪曲　236

Sandler の心理的障害のモデル　116
ジェンダーアイデンティティ　21
自我　48
自我心理学のモデル　60
自我同一性　212
自我の一次的自律性　61
自我の二次的自律性　61
自己愛性パーソナリティ障害　194
自己感　33
自己心理学　187, 206
「自己対象 selfobject」の発達理論　155
自己調整　67
自己の編成　305
シゾイド　167
自分でない not me　247
社会的バイオフィードバック理論　307
修正感情体験　238, 250
自由に漂う応答性　113
主観的自己感　292
主観的対象 subjective object　172
循環的精神力動論 Cyclical Psychodynamics　302
昇華　51
情緒的対象恒常性　103
情動調性　305, 306
情動―トラウマモデル　38
情動の浸透性　244
情動のミラリング　307
神経症病理　214
神経症理論　46, 53
真摯さ authenticity　250
新生自己 emerging self　291
新生モーメント　293
心的決定論　3
心的等価モード　310
心的発動主体 a mental agent　305
ストレンジ・シチュエーション　296
全て良い　212
全て悪い　212
性格病理　215
性器期　42
正常な自閉　100
精神・性的発達理論　6
成人愛着面接（ＡＡＩ）　270
精神性的発達　41
精神病の構造論　76

精神分析的科学　355
精神分析的発達論　23
生体の生物的特質　3
摂食障害　198
絶対的依存　172
潜伏期　42
羨望　140
双極自己　188
相互調節モデル　176
創造的な身振り creative gestures　160
想像を絶する恐怖　170
相対的依存　172

た行

退行　51
対象関係理論　121
対象不安 objective anxiety　89
対人学派　231
対人関係的精神医学　231
対人的―関係論的アプローチ　231
男根期　44
探索行動システム　264
知性化　51
中核葛藤関係テーマ（Core Conflictual Relationship Themes: CCRT）　296
中核自己 core self　188, 292
超自我　48
償い的な reparative　168
償いの感情　135
出会いのモーメント　299300
抵抗型　273
デストルドー destrudo　139
手続き記憶　296
手続き系列モデル（procedural sequence model: PSM）　301
同一化　211
投影　50
投影同一化　30, 117, 136, 210, 221
統合失調症の病因となる母親　247
倒錯　198
同調行動　203
同調不全 dysynchrony　315
共にあるあり方のスキーマ　293
トラウマ　98
取り入れ　211

な行

内省機能　319
内省モード　311
内的作業モデル　265
乳児期不安　infantile anxiety　9
人間主義的精神分析　232
認知分析療法　301

は行

パーソナリティ障害の構造論　72
迫害不安　persecutory anxiety　135, 143
剥奪　deprivation　164
8カ月不安　67
発生的発達的命題　3
発達精神病理学　1, 7
　――の構造論モデル　71
発達の不調和　91
発達ライン　81
発達論的精神分析　2
パラタクシックな歪曲　237
パラノイド変換　237
反社会性パーソナリティ障害　167
　――の構造論　75
反動形成　50, 221
Bionのアルファ機能　138
Bionのベータ要素　138
非内省的前象徴的な行動　244
否認　50
広場恐怖　197
不安／回避型　269
不安／抵抗型　269
不安定拒絶型　insecure-dismissing　174
不安定／軽視型　270
不安定／とらわれ型　insecure-preoccupied　174, 270
フィロパティックな態度　157
フィロパティックな防衛　174
FonagyとTargetの発達図式　305
Freudの発達モデル　37
分化期　102
分析的対象　172
分裂　195
平均的に期待できる環境　62
ペニス羨望　45
変容性内在化　188

防衛メカニズム　50
ポジション　position　134
補助自我　auxiliary ego　139
母性的共感　234
ほどよい育児　160
ほどよく　good-enough　159, 177

ま行

Margaret Mahlerの発達モデル　100
枚挙的帰納法　enumerative inductivism　326
未解決型　270
Mitchellの関係論モデル　240
3つのボックス・モデル　114
無秩序／無方向型　270, 273
無秩序型愛着　277
メンタライジング　282
メンタライズされた情動性　mentalized affectivity　306, 316
メンタライゼーション　305, 311
妄想―分裂ポジション　134, 144
モーメント理論　299
物語的自己　292

や行

薬物依存　198
役割関係モデル（role-relationship models: RRMs）　288
優しい行動　234
良い自己対象表象　212
良い対象　140
良い母親　good mother　235
養育者的自己　162
幼児的万能感　203
抑圧　repression　50, 195
抑うつ不安　135
抑うつポジション　134
抑制　51
「欲動的／構造的」モデル　240
欲望のダイナミズム　234

ら・わ行

力動的無意識　3
レジリエンス　9
理想化された親のイマーゴ　188
両価性（アンビバレンス）　84

練習期　*102*
Rosenfeld の自己愛の発達モデル　*145*
悪い自己対象表象　*212*

悪い自分 bad-me　*237*
悪い対象　*140*
悪い母親 bad mother　*235*

監訳者略歴

馬場禮子（ばば　れいこ）
1934年　東京に生まれる
1958年　慶應義塾大学社会学部研究科心理学専攻・修士課程修了
同　年　慶應義塾大学医学部精神神経科勤務
　　　　同時に三恵病院などにて精神科臨床に従事
1984年　常磐大学人間科学部教授
同　年　中野臨床心理研究室を開設，現在にいたる
1991年　東京都立大学人文学部教授
1997年　放送大学教養学部教授
2005年　山梨英和大学大学院（臨床心理学専攻）教授
現　職　中野臨床心理研究室　臨床心理士
著訳書　改訂境界例，改訂ロールシャッハ法と精神分析，精神分析的心理療法の実践，精神分析的人格理論の基礎（岩崎学術出版社），心理療法と心理検査（日本評論社），精神力動論（共著　金子書房），芸術の精神分析的研究　E. クリス著（岩崎学術出版社），親－乳幼児心理療法　D. N. スターン著（共訳　岩崎学術出版社）

青木紀久代（あおき　きくよ）
1993年　東京都立大学大学院博士課程修了。博士（心理学）
1993年　東京都立大学人文学部助手
1999年　お茶の水女子大学生活科学部助教授
現　職　お茶の水女子大学大学院人間文化創成科学研究科准教授　臨床心理士
著訳書　調律行動から見た母子の情緒的交流と乳幼児の人格形成（風間書房），親のメンタルヘルス（編著　ぎょうせい），一緒に考える家族支援（編著　明石書店），社会的養護における生活臨床と心理臨床（共編著　福村出版），親－乳幼児心理療法　D. N. スターン著（共訳　岩崎学術出版社）

訳者紹介

岩藤裕美（いわふじ　ひろみ）　社会福祉法人山梨立正光生園　臨床心理士　　　　1・8 章担当
矢野由佳子（やの　ゆかこ）　和泉短期大学　臨床心理士　　　　　　　　　　　　2・13 章担当
谷田征子（やつだ　まさこ）
　　　　　お茶の水女子大学 人間発達教育研究センター　博士（人文科学）　臨床心理士　3・9 章担当
井梅由美子（いうめ　ゆみこ）　東京未来大学　臨床心理士　　　　　　　　　　　4・5 章担当
島上多賀子（しまがみ　たかこ）　深谷メンタルクリニック　臨床心理士　　　　　6・7 章担当
三上謙一（みかみ　けんいち）　北海道教育大学保健管理センター　臨床心理士　　10・11 章担当
平野直己（ひらの　なおき）　北海道教育大学札幌校　臨床心理士　　　　　　　　12・14 章担当

発達精神病理学からみた精神分析理論
ISBN978-4-7533-1069-2

監訳者
馬場　禮子
青木紀久代

第1刷　2013年11月16日
第2刷　2019年3月22日

印刷　㈱新協／製本　㈱若林製本工場
発行所　㈱岩崎学術出版社　〒101-0062　東京都千代田区神田駿河台3-6-1
発行者　杉田　啓三
電話　03-5577-6817　FAX　03-5577-6837
2013Ⓒ　岩崎学術出版社
乱丁・落丁本はおとりかえいたします。検印省略

メンタライゼーション・ハンドブック──MBTの基礎と臨床
アレン／フォナギー編　狩野力八郎監修　池田暁史訳
多面的かつエビデンスに基づく治療理論　　　　　　　　　本体5000円

メンタライゼーションと境界パーソナリティ障害
ベイトマン／フォナギー著　狩野力八郎・白波瀬丈一郎監訳
MBTが拓く精神分析的精神療法の新たな展開　　　　　　本体5300円

精神力動的精神療法──基本テキスト
ギャバード著　狩野力八郎監訳　池田暁史訳
米国精神分析の第一人者による実践的テキスト（DVD付き）　本体5000円

解釈を越えて──サイコセラピーにおける治療的変化プロセス
ボストン変化プロセス研究会編　丸田俊彦訳
精神分析的治療はいかにして変化をもたらすか　　　　　　本体4000円

乳児研究から大人の精神療法へ──間主観性さまざま
ビービー／ノブローチ／ラスティン／ソーター著　丸田俊彦監訳
精神分析から神経科学へ──間主観性理論の新たな展開　　本体4100円

子どもを理解する〈0～1歳〉
ボズウェル／ジョーンズ著　平井正三・武藤誠監訳
タビストック 子どもの心と発達シリーズ　　　　　　　　本体2200円

母子臨床の精神力動──精神分析・発達心理学から子育て支援へ
ラファエル-レフ編　木部則雄監訳
母子関係を理解し支援につなげるための珠玉の論文集　　　本体6600円

精神分析的発達論の統合①
P・タイソン／R・L・タイソン著　馬場禮子監訳
現代精神分析における発達論の臨床的統合　　　　　　　　本体4000円

精神分析的発達論の統合②
P・タイソン／R・L・タイソン著　皆川邦直・山科満監訳
乳児期から青年期に至る超自我の発達過程　　　　　　　　本体3800円

この本体価格に消費税が加算されます。定価は変わることがあります。